Elementos de comportamento organizacional

Dados Internacionais de Catalogação na Publicação (CIP)

B785e Bowditch, James L.
Elementos de comportamento organizacional / James L. Bowditch, Anthony F. Buono ; tradução José Henrique Lamendorf. - Ed. rev. - São Paulo, SP : Cengage Learning, 2017.
344 p. ; 26 cm.

1. reimpr. da ed. rev. de 2016.
Inclui bibliografia, índice e apêndice.
Tradução de: A primer on organizational behavior.
ISBN 978-85-221-2599-9

1. Comportamento organizacional. 2. Administração. I. Bono, Anthony F. II. Lamendorf, José Henrique. III. Título.

CDU 658.013 CDD 658.4

Índice para catálogo sistemático:

1. Comportamento organizacional 658.013

(Bibliotecária responsável: Sabrina Leal Araújo - CRB 10/1507)

JAMES L. BOWDITCH
ANTHONY F. BUONO

Elementos de comportamento organizacional

Tradução
José Henrique Lamendorf

CENGAGE
Austrália • Brasil • México • Cingapura • Reino Unido • Estados Unidos

CENGAGE

Elementos de comportamento organizacional
Edição revista

James L. Bowditch
Anthony F. Buono

Gerente editorial: Noelma Brocanelli

Editora de desenvolvimento: Gisela Carnicelli

Supervisora de produção gráfica: Fabiana Alencar Albuquerque

Editora de aquisições: Guacira Simonelli

Especialista em direitos autorais: Jenis Oh

Título original: A Primer on Organizational Behavior

Tradução: José Henrique Lamendorf

Revisão: Luicy Caetano de Oliveira,
Beatriz Simões e FZ Consultoria

Projeto gráfico e diagramação: PC Editorial Ltda.

Pesquisa iconográfica: ABMM Iconografia

Capa: BuonoDisegno

ISBN-13: 978-85-221-2599-9
ISBN-10: 85-221-2599-6

Cengage Learning
Condomínio E-Business Park
Rua Werner Siemens, 111 – Prédio 11 – Torre A – Conjunto 12
Lapa de Baixo – CEP 05069-900 – São Paulo – SP
Tel.: (11) 3665-9900 – Fax: (11) 3665-9901
SAC: 0800 11 19 39

Para suas soluções de curso e aprendizado, visite
www.cengage.com.br

Impresso no Brasil
Printed in Brazil
1. reimpr. – 2017

Para Flee e Buttons

Sumário

Prefácio

Embora esse livro seja baseado em uma década de experiência em classe com alunos de cursos de graduação e pós-graduação, a ideia inicial surgiu no começo de nossas carreiras no ensino. Após discussões em classe sobre motivação, percepção, comunicação e dinâmica de grupo, um aluno perspicaz perguntou: "Qual é o objetivo do curso?". Embora tivéssemos dedicado algumas aulas à introdução dos diversos tópicos do comportamento organizacional, aquele aluno (e uma discussão posterior revelou que havia muitos outros como ele) não tinha uma ideia muito clara da inter-relação nem da utilidade dos diversos temas. Visto que a classe não parecia satisfeita com a resposta clássica de que eles "entenderiam melhor à medida que continuássemos", tornou-se cada vez mais claro que seria produtivo começar o curso com um apanhado geral da área. Esse livro surgiu então como um meio de oferecer um material que os alunos pudessem ler rapidamente e usar como referência. Não visamos à abrangência, mas procuramos dar uma visão geral sucinta dos tópicos do comportamento organizacional.

Elementos de comportamento organizacional nasceu como uma série de ensaios de capítulos, os quais nossos alunos leram durante as primeiras semanas do curso. Essa leitura inicial foi complementada por breves palestras, discussões, exercícios experimentais, estudos de casos, artigos orientados à pesquisa e aplicação, e assim por diante. Descobrimos que não só nossos alunos pareceram se beneficiar com essa abordagem, mas também que preferiram materiais variados para o curso em lugar de um texto que procurasse cobrir tudo. Desse modo, começamos a escrever esse livro para ser utilizado em conjunto com palestras, artigos de publicações periódicas, casos, exercícios, textos experimentais ou trabalhos de campo. Além disso, percebemos que os alunos que vinham aos nossos cursos de Administração de Recursos Humanos, Psicologia Industrial e Desenvolvimento Organizacional, sem a base habitual em comportamento organizacional, saíam-se bem após a leitura do manuscrito. Assim, esse texto oferece uma visão geral bastante útil para pessoas que precisem de uma base para cursos relacionados ou que tenham estado afastadas desta área, assim como uma introdução rápida para os participantes de um curso ou seminário sobre comportamento organizacional.

Basicamente, esse livro tem três objetivos: primeiro, introduzir o leitor aos termos e conceitos necessários para uma melhor compreensão do comportamento organizacional (CO) e a gerência; segundo, dar aos alunos um panorama geral de um curso "típico" de comportamento organizacional, particularmente das facetas micro (motivação, percepção, comunicação, dinâmica de grupo e liderança) e macro (estrutura organizacional, cultura e ambiente), bem como sua aplicação nas organizações contemporâneas; e, terceiro, oferecer uma base suficiente na área de modo a capacitar alunos para a leitura de textos sobre CO em publicações especializadas e acadêmicas, como *Harvard Business Review*, *California Management Review*, *Academy of Management Journal*, e alguns dos artigos menos quantitativos do *Administrative Science Quarterly*.

Para atingir esses objetivos, o livro apresenta algumas características únicas se comparado à maioria dos textos sobre comportamento organizacional. Primeiro, como muitos professores dependem largamente de pesquisas em campo para tornar os conceitos e dados compreensíveis, achamos que apêndices sobre como interpretar estatísticas elementares e sobre como ler um artigo numa revista especializada orientada para a pesquisa seriam úteis para muitos usuários. Em conjunto com o capítulo sobre desenvolvimento organizacional, esse material propicia uma base aos leitores interessados em seguir um curso baseado em pesquisas. Segundo, em face do interesse crescente nos meios acadêmicos, devido à utilidade da teoria e da pesquisa sobre comportamento organizacional, incluímos dois capítulos voltados para a aplicação prática. Com base no material exposto ao longo do livro, esses capítulos finais enfocam o desenvolvimento organizacional, a qualidade de vida no trabalho e diversas técnicas de diagnóstico, abordagens de gerência participativa e inovações relacionadas ao trabalho. Também procuramos incluir um número suficiente de referências de obras "clássicas", assim como artigos, textos e resultados de pesquisas mais recentes como guia para os interessados em se aprofundar mais nesta área.

A segunda edição norte-americana (na qual se baseia essa primeira edição brasileira), além de uma atualização geral, inclui aspectos novos e mais aprofundados sobre diversos tópicos a níveis micro e macro. Por exemplo, foram acrescentadas seções novas sobre a atitude e sua formação, preocupações de cunho ético no comportamento organizacional, os efeitos da tecnologia emergente nas organizações e no comportamento, os processos de socialização de grupos e organizações, abordagens de processamento de informações à percepção, liderança e formulação de cargos, questões de gênero na liderança, e liderança transformacional. Muitas das modificações e adições foram feitas em função de comentários e sugestões recebidas dos usuários da primeira edição.

Em qualquer trabalho como esse, há muitas pessoas a quem gostaríamos de agradecer por seu apoio e contribuição. Muitos de nossos colegas, particularmente Aaron Nurick, Judith Gordon, Jean Bartunek, John Lewis, Dalmar Fisher, William Torbert, Joseph Byrnes, Joseph Weiss, Judith Kamm, Duncan Spelman, Marcy Crary, Fernando Bartolome, Jeffrey Suman, Edward Marshall, William Stevenson e Frank Dubinskas, direta ou indiretamente influenciaram nossas ideias ao escrevermos esse livro. Nossas instituições, Boston College e Bentley College, também nos prestaram grande apoio e incentivo. Nossas assistentes de pesquisa, particularmente Cheryl Tully, Catherine Celezna e Polly Guiles, nos ajudaram bastante em pesquisas bibliográficas. Edward Addvensky, Tim MaCauley, Virginia O'Malley, Frank Getman e Paul Stankovics fizeram a revisão e a elaboração do índice. Sharon Winans, Claire White-Sullivan e Jean Beattie nos dedicaram muito tempo e esforço na preparação dos rascunhos e tabelas dos primeiros capítulos. Terry Tierney, nosso assistente de departamento em Bentley, demonstrou grande disposição ao nos deixar usar "temporariamente" os processadores de texto e as impressoras do escritório. Também devemos nosso reconhecimento aos revisores dos originais, Paula Morrow, Michelle Mathias, Debra Steele Johnson, James McElroy, Deborah Wells e Howard Rudd Jr. Finalmente, Cheryl Mehalik, nossa editora na Wiley, foi muito compreensiva, paciente e prestativa ao trabalhar conosco enquanto estávamos (novamente!) atrasados no cronograma dos originais.

Esse livro é dedicado a nossas esposas, Felicity e Mary Alice, que novamente nos deram grande apoio e compreensão ao longo das muitas horas que passamos trancados lendo, discutindo e até escrevendo esse livro.

Finalmente, queremos agradecer aos inúmeros alunos do Boston College e do Bentley College que usaram a primeira edição e nos deram muitos comentários, sugestões e queixas, que foram bastante úteis para criarmos o que esperamos que seja um texto interessante e de fácil leitura.

James L. Bowditch
Anthony F. Buono

capítulo 1

Administração e comportamento organizacional

Tradicionalmente, a formação e o desenvolvimento em administração têm enfatizado o que poderia ser chamado *conteúdo* do trabalho administrativo. De fato, boa parte do ensino atual de administração concentra-se no aprimoramento da competência técnica dos administradores, atuais e futuros, em áreas tais como contabilidade, finanças, marketing, processamento de dados e outras. Essa ênfase no conteúdo tem sido definida como *o quê* do trabalho de um administrador, envolvendo questões tais como o desenvolvimento de procedimentos adequados para auditoria e controle de estoque, criação de novos programas de marketing, estabelecimento de sistemas de informações gerenciais e outros aspectos específicos do trabalho administrativo.[1]

Embora os aspectos técnicos da administração sejam, evidentemente, de grande importância para o bom funcionamento de uma organização, a compreensão do *processo* administrativo, ou do *como* do trabalho de um administrador, também é um elemento crítico do ensino de administração.

Sob esse prisma da administração como processo, é mais frequente se dar atenção aos papéis, comportamentos e habilidades necessárias para um desempenho gerencial eficaz. Algumas dessas habilidades comportamentais são a comunicação com pares, subordinados e chefes; a obtenção de informações e o ato de compartilhá-las; a condução de reuniões; a alocação de recursos a grupos diversos e a solução de conflitos nos grupos ou entre eles.[2] Essa compreensão dos processos administrativos, frequentemente chamada *Comportamento Organizacional*, amplia assim a formação dos administradores, levando-os ao estudo de pessoas, grupos e suas interações nas estruturas organizacionais.

Críticas recentes feitas às nossas escolas de administração, bem como pesquisas efetuadas em relação à percepção que executivos e recém-formados têm dessas instituições e seus currículos, destacaram a importância do processo gerencial.[3] Embora o treinamento técnico seja considerado um aspecto vital da formação do administrador, os executivos pesquisados acharam os formados pelas escolas de administração atuais bem preparados nesse aspecto. Os principais problemas notados, porém, foram de natureza mais ampla, tais como a incapacidade de integrar as funções empresariais, capacidade de comunicação deficiente, insensibilidade a membros da organização que não compartilhem da mesma formação, falta de habilidade de relacionamento pessoal e dificuldades para trabalhar em grupo de modo eficaz. Assim, em vez de continuar aperfeiçoando habilidades técnicas comparativamente restritas, os estudantes de administração foram encorajados a desenvolver sua competência de forma mais ampla em áreas tais como planejamento, tomada de decisões, comunicação e relações interpessoais. Além disso, depois de uns dois ou três anos de experiência profissional, os próprios formados por escolas de administração colocaram as matérias sobre comportamento organizacional e política de negócios entre as mais úteis que tiveram no curso.

APRENDENDO SOBRE COMPORTAMENTO ORGANIZACIONAL

O campo do comportamento organizacional, portanto, tornou-se um elemento de importância crescente na formação de administradores, à medida que a visão da administração como processo trouxe uma imagem mais prática da natureza do trabalho administrativo. Nesse contexto, há dois níveis distintos de aprendizado: uma *compreensão cognitiva* dos comportamentos administrativos apropriados a contextos diversos e a *capacidade de efetivamente realizar* essas atividades. Essa distinção conduziu a duas abordagens diferentes no ensino do comportamento organizacional.[4] A abordagem tradicional procura desenvolver o domínio de mapas conceituais e estruturas teóricas pelo aluno, o que facilita a compreensão do comportamento humano nas organizações. A essência dessa orientação é encorajar o entendimento dos conceitos básicos da área e desenvolver a capacidade de aplicá-los. Uma abordagem alternativa, frequentemente denominada orientação experimental, utiliza um processo de aprendizado mais natural. Os defensores desse método argumentam que as escolas de administração somente serão capazes de influenciar significativamente as práticas gerenciais quando conseguirem ensinar as diversas "habilidades" associadas ao verdadeiro trabalho do administrador.[5] Assim, supõe-se que um tipo de aprendizado baseado em simulação ou experiências, que envolva a prática de uma habilidade (como a tomada de decisões sob pressão) em uma situação artificial (como a sala de aula), pode aumentar a capacidade de um indivíduo atuar a contento no trabalho. Nesse contexto, muitos instrutores de comportamento organizacional procuram desenvolver habilidades gerenciais como trabalho em equipe, a capacidade de escutar com atenção, assertividade, solução de problemas, administração de conflitos, delegação, o modo de dar instruções, motivar outras pessoas, falar em público e avaliar o desempenho.[6]

Embora haja diferenças de opinião em relação a qual dessas abordagens é a mais eficaz, parece que uma combinação de aprendizado cognitivo e desenvolvimento de habilidades é a chave para a formação do gerente. Esse livro procura desenvolver uma base para a *compreensão cognitiva* do comportamento organizacional. Não temos a intenção de esgotar o assunto, em vez disso, oferecemos uma visão sucinta dos tópicos comumente encontrados em cursos sobre comportamento organizacional. Dessa forma, pretende-se que, combinada com textos baseados em experiências e/ou coletâneas de artigos sobre comportamento organizacional e administração, essa obra faça parte de uma *abordagem integrativa* ao aprendizado sobre o comportamento organizacional.

Nesse contexto, o livro tem três objetivos básicos. Primeiro, introduzir a terminologia, os conceitos e as pesquisas que se precisa conhecer para um melhor entendimento do comportamento organizacional e da gerência. Segundo, oferecer aos estudantes uma visão geral de um curso "típico" sobre comportamento organizacional. O campo do comportamento organizacional engloba conceitos de psicologia, sociologia e administração, entre outras disciplinas. Como consequência, um problema comumente enfrentado é o de que os alunos não têm uma ideia clara dos objetivos do curso nem das relações entre as áreas abrangidas. O terceiro objetivo é oferecer conhecimentos suficientes sobre comportamento organizacional para que os alunos possam ler revistas especializadas e publicações acadêmicas, tais como *Harvard Business Review*, *California Management Review*, *Academy of Management Journal* e alguns dos artigos menos quantitativos da *Administrative Science Quarterly*.

Ao escrevermos esse livro, tomamos o cuidado de oferecer uma visão abrangente dos temas relativos ao comportamento organizacional. Entretanto, há duas coisas em relação a esse livro ou quaisquer outros textos sobre comportamento organizacional que o leitor precisa ter em mente. Primeiro, o tema está em expansão e mudança. Um livro escrito recentemente poderia ser ampliado com 40% de novas informações em sua segunda edição. Embora haja resultados de pesquisas que tenham sido confirmados com o passar do tempo, outras descobertas têm sido modificadas ou qualificadas. Em outros casos, novos caminhos têm sido abertos, os quais podem levar a um entendimento melhor, ou a uma visão mais profunda, de um problema específico. Segundo, tudo indica que nenhuma abordagem gerencial é eficaz em todas as circunstâncias. O leitor vai notar, por exemplo, que em algumas situações uma liderança participativa tenderá a ser mais eficaz. Em outras situações, um estilo diferente poderá apresentar eficácia maior. Isso também pode ser dito a respeito de estrutura organizacional, abordagens à motivação e outros assuntos. Entretanto, mesmo que abordagens diferentes sejam mais eficazes em circunstâncias diferentes, *não* se deve concluir que seja indiferente *qual* a abordagem adotada. Em vez disso, é preciso tomar cuidado ao especificar quando e sob que condições uma abordagem pode ser mais eficaz do que outra.

A ÉTICA E O COMPORTAMENTO ORGANIZACIONAL

Durante os últimos anos, diversos escândalos atingiram a Wall Street. Uma renomada empresa de investimentos estava envolvida na emissão sistemática de cheques sem fundo, bancos foram acusados de fazer lavagem de dinheiro e empreiteiras de instalações bélicas exageraram nos valores cobrados do governo dos Estados Unidos. Os escândalos éticos não apenas abalaram profissionais e executivos respeitáveis, mas também tiveram seu impacto sobre a Casa Branca, candidatos à presidência e até evangelistas de TV. Em vista disso, surgiu uma atenção renovada quanto à questão da ética na vida da organização.

Embora o leitor possa não pensar nisso ao longo desse livro, um dos temas mais difíceis do comportamento organizacional trata da questão da ética nas organizações. Temas como a motivação, a confiança nos relacionamentos, contratos psicológicos, influência e persuasão, estabelecimento de metas e modificação do comportamento, todos eles têm um forte conteúdo ético. A aplicação de conceitos de comportamento organizacional em atividades gerenciais, tais como gerência por objetivos (em inglês, MBO), avaliações de desempenho, centros de avaliação e sistemas de controle e recompensa, bem como questões suscitadas pela estrutura, liderança, poder e política na organização, também é influenciada por preocupações de cunho ético.[7] De fato, um estudo recente sobre as "decisões difíceis" que gerentes precisam tomar no seu cotidiano profissional demonstraram que as fontes mais frequentemente citadas de preocupação com a ética recaíam na área da gerência dos recursos humanos da empresa: (1) avaliação de desempenho e as decisões de contratar, demitir, promover ou passar para trás; (2) o desenvolvimento e a administração de políticas e sistemas de pessoal (por exemplo, políticas de auxílio-saúde, sistemas de premiação); e (3) a administração das relações interpessoais no trabalho.[8] Tais estudos destacam os dilemas éticos no trabalho como uma parte complexa das rotinas gerenciais, e não algo isolado.

A ideia da ética comercial se concentra na avaliação sistemática, orientada por valores, que a gerência faz do significado moral dos atos pessoais e da organização, e das respectivas consequências para outras pessoas e a sociedade em geral. Na prática, contudo, muitos de nós têm dificuldade para determinar o que efetivamente constitui um comportamento ético ou antiético. De fato, parece haver uma teoria ética para justificar virtualmente qualquer forma de comportamento: desde a ética teológica que examina as consequências de um ato (tanto sob a perspectiva do interesse próprio como sob a do bem comum) até a ética deontológica que analisa até que ponto um comportamento está de acordo com certos princípios universalmente aceitos.[9]

Para que se possa pensar nessas questões em uma estrutura prática, o Centro de Ética Empresarial do Bentley College formulou seis perguntas simples sobre um ato ou comportamento para o "filósofo prático" utilizar nos programas de treinamento de sua empresa:

1. *É certo?* (baseado na teoria deontológica dos direitos morais)
2. *É justo?* (baseado na teoria deontológica da justiça)
3. *Quem será prejudicado?* (baseado na noção utilitária do maior benefício para o maior número de pessoas)
4. *Você se sentiria à vontade se os detalhes da sua decisão fossem publicados na primeira página do jornal da sua cidade?* (baseado no princípio universalista da revelação)
5. O *que você diria a seu filho para fazer?* (baseado no princípio deontológico da reversibilidade)
6. *Cheira bem ou mal?* (baseado no princípio do atrevimento, ou seja, usando ou não a teoria da ética, geralmente temos a sensação de se algo cheira bem ou mal)

Essas perguntas não têm a intenção de sugerir que um ecleticismo ingênuo de diversas teorias da ética produzirá decisões "boas". Pretende-se com elas destacar um processo de pensamento ético que possa ser aplicado à tomada de decisões empresariais. Ao ler esse livro, pense nas questões éticas propostas pelos diversos temas. Há uma tênue distinção entre a motivação e a manipulação, entre a participação e o engodo, entre o estabelecimento de metas e a coação, bem como em diversos outros aspectos importantes do comportamento organizacional. Embora essas seis perguntas não possam ajudá-lo a resolver automaticamente essas preocupações, elas poderão ajudá-lo a pensar nas suas decisões de uma maneira responsável e ponderada.

PLANO DO LIVRO

O restante desse capítulo é dedicado a uma visão geral do desenvolvimento do pensamento administrativo e sua relação com o campo do comportamento organizacional. O Capítulo 2 apresenta o processo de pesquisa do comportamento organizacional. Nele são analisados diversos tipos de montagem de teorias, pesquisa e trabalho de coleta de dados.

No final do livro, dois apêndices ampliam o conteúdo desse capítulo. O Apêndice A enfoca *como interpretar* técnicas estatísticas comumente encontradas em artigos de revistas especializadas. O Apêndice B desmembra e analisa um artigo relativamente complexo para facilitar sua compreensão.

O restante do livro dedica-se a três níveis do comportamento organizacional e sua aplicação em contextos organizacionais. Os Capítulos 3 e 4 enfocam os temas mais diretamente ligados ao indivíduo: motivação e percepção. Os três capítulos subsequentes tratam dos comportamentos interpessoal e grupal, incluindo temas como comunicação, interações nos grupos e liderança. Os Capítulos 8 e 9 se ocupam de questões organizacionais mais amplas, lidando com o ambiente e a estrutura organizacional. O livro termina com uma discussão do desenvolvimento organizacional e da qualidade de vida no trabalho (Capítulo 10) e de aplicações dos conceitos de comportamento organizacional expostos no livro, às organizações existentes (Capítulo 11).

UM QUADRO DE REFERÊNCIA HISTÓRICA PARA O ESTUDO DA ADMINISTRAÇÃO E DO COMPORTAMENTO ORGANIZACIONAL

De modo geral, as tentativas de se estudar a administração como uma área distinta e separada foram confinadas aos últimos cem anos. Embora alguns trabalhos sobre administração e organizações aparecessem de tempos em tempos na primeira metade do século XIX, o estudo sistemático das organizações e sua administração só começou depois que a Revolução Industrial se alastrou pela Europa e pelos Estados Unidos. Mesmo tendo se passado tão pouco tempo, estudantes frequentemente menosprezam as ideias dos primeiros estudiosos da administração, considerando-as ingênuas ou obsoletas. A teoria atual da administração, entretanto, é parte de uma evolução lógica e vital no pensamento administrativo. Já foi até sugerido que as opiniões sobre administração e organização expressas nos últimos cem anos seriam, na verdade, dimensões separadas da mesma realidade.[10]

O desenvolvimento dos conceitos e práticas da administração moderna pode ser analisado por meio do exame da evolução da sociedade, à medida que essa passou de uma estrutura agrária a uma estrutura industrial, e depois a uma estrutura pós-industrial. O quadro de referência usado para orientar essa exposição se encontra na Figura 1.1.* O raciocínio subjacente a essa perspectiva histórica vem de uma área de estudo da sociologia chamada *sociologia do conhecimento.* Essa área alega que diversas teorias e explicações do mundo são, até certo ponto, produtos sociais, influenciados por forças culturais, econômicas e tecnológicas mais amplas. Examinando algumas das transições fundamentais que têm revolucionado nossa sociedade, transformando-a de uma cultura rural baseada na agricultura, com a família como unidade de produção básica, em uma cultura baseada em tecnologia, indústria e ambiente urbano, poderemos entender melhor o desenvolvimento da teoria da administração ao longo dos tempos.

A administração pré-científica

Antes do início do século XX, deu-se pouca atenção sistemática ao desenvolvimento de um corpo de conhecimentos sobre administração e organização. Embora houvesse certo interesse nos problemas de administração na Grécia e no Egito da Antiguidade, e mesmo nos tempos bíblicos, as sociedades pré-industriais mantinham fortes preconceitos contra a ideia de administrar organizações de maneira eficiente e eficaz.[11]

Nessas sociedades, a classe governante tinha uma percepção do trabalho e do comércio como algo abaixo de sua dignidade, algo a ser realizado por escravos e cidadãos "pouco respeitáveis". Visto que as fontes da autoridade eram baseadas em instituições antigas e em procedi-

*Essa tabela é baseada em uma síntese de diversos estudos sobre a natureza mutante da sociedade e o desenvolvimento do pensamento administrativo, entre elas: Talcott Parsons e Neil Smelser, *Economy and Society* (Londres, Routledge e Kegan Paul, 1956), Neil Smelser, *Social Change* In: *The Industrial Revolution* (Londres: Routledge e Jegan Paul, 1959), Daniel Bell, *The Coming of Post-Industrial Society: A Venture* In: *Social Forecasting* (Nova York: Basic Books, 1973), Raymond Miles, *Theories of Management* (Nova York: McGraw-Hill, 1975), Capítulo 3; William G. Scott, "Organization Theory: An Overview and an Appraisal", *Academy of Management Journal* (1961): v. 4, 7-26; Edgar Schein, *Organizational Psychology*, 2. ed. (Englewood Cliffs: Prentice-Hall, 1980), Capítulos 4 e 6, e Shoshana Zuboff, "New Worlds of Computer-Mediated Work", *Harvard Business Review* (1982): v. 60, n. 5, 142-152.

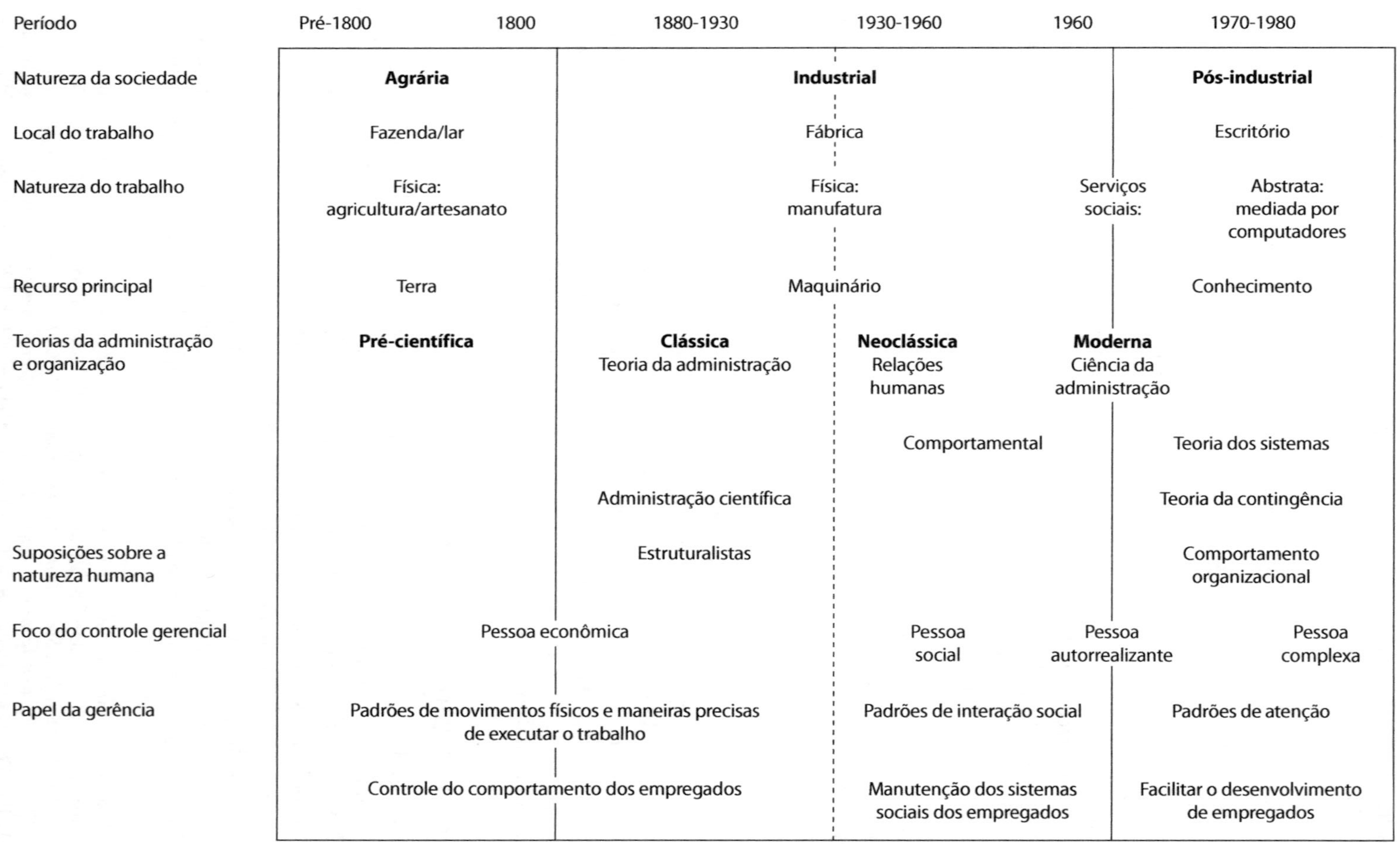

Figura 1.1 Evolução das teorias da administração e organização.

mentos entendidos como legítimos pelos integrantes dessas sociedades, a maioria das pessoas obedecia à elite governante conforme os hábitos *tradicionais*.[12] Assim, dois temas principais parecem caracterizar essas sociedades pré-industriais: (1) as pessoas tinham uma visão relativamente limitada do papel que os administradores poderiam desempenhar nas organizações, basicamente devido à natureza estática da sociedade (por exemplo, os indivíduos eram predestinados às suas situações na vida e as regras não podiam ser questionadas); e (2) as culturas prevalecentes tinham uma visão desfavorável da atividade com fins lucrativos.[13]

Embora algumas tentativas tivessem sido feitas para desenvolver a administração e organização durante essa era (por exemplo, os antigos egípcios sabiam da importância do planejamento, da organização e da amplitude de controle administrativo; Sócrates discutiu a universalidade dos princípios de administração e Platão descreveu a especialização do trabalho), esses esforços foram em boa parte esporádicos e geograficamente dispersos. Foi somente no final da Idade Média, quando o comércio começou a florescer na região do Mediterrâneo, que alguns dos instrumentos importantes da administração atual começaram a ser desenvolvidos. Por exemplo, no final do século XV, as necessidades dos comerciantes da Itália levaram à criação da contabilidade em partidas dobradas para manter o controle das transações. Uma vez que a autoridade ainda era vista como depositada nas instituições tradicionais e nos indivíduos associados a essas instituições, pouco se fez para efetivamente formular teorias de administração. Além disso, tendo-se em conta que a força de trabalho era majoritariamente composta de agricultores e artesãos, e que a produção era parte da vida social em família, não havia nenhuma necessidade real de dar ênfase a práticas de administração.

Graças a aperfeiçoamentos gradativos na tecnologia e a um questionamento da ordem social existente pelos membros mais jovens da sociedade, os meios tradicionais de autoridade foram sendo lentamente minados, e finalmente cederam lugar a uma nova estrutura de autoridade na sociedade. Em vez de sistemas de autoridade legitimados pela tradição, emergiu uma forma de legitimação *racional-legal*, baseada na crença de que os detentores do poder obtêm sua autoridade por meio de conjuntos gerais de leis, criados como parte de hierarquias organizacionais.[14] Em outras palavras, em vez de a tradição ser o principal motivo pelo qual algumas pessoas escutam ou obedecem outras pessoas, alguns indivíduos têm poder sobre outros em função da posição ou do papel que exercem em uma estrutura organizacional. O acesso a esse papel é baseado em regras e políticas amplamente difundidas e aceitas, formando uma base "racional" e "legal" para a autoridade.

Assim, essa mudança gradativa no modo pelo qual a autoridade é legitimada na sociedade lançou as bases para a nossa forma atual de capitalismo. Durante o século XVIII, nossa sociedade começou a se interessar mais explicitamente pela economia e pela lucratividade (por exemplo, a ênfase de Adam Smith em uma *divisão do trabalho* para assegurar um meio mais eficiente e eficaz de se utilizar homens e máquinas). Os aperfeiçoamentos tecnológicos começaram a minimizar a necessidade da mão de obra agrícola (por exemplo, o descaroçador de algodão) e criou as bases para um sistema de produção contínua (por exemplo, o conceito da intercambialidade de componentes). Essas mudanças criaram o cenário para o exame das práticas administrativas e dos meios de se melhorar essas atividades.

A administração Clássica

Perto do final do século XIX e no início do século XX, o ambiente social, econômico e tecnológico começou a oferecer as condições necessárias ao estudo sistemático da administração. Uma Revolução Industrial, iniciada pelas invenções e aperfeiçoamentos tecnológicos do século XVIII, levou a mudanças, não somente no papel do trabalho, mas também na própria natureza de nossa sociedade. Conceitualmente, essa industrialização ocorre por meio de dois estágios básicos: (1) o desenvolvimento de uma infraestrutura industrial e (2) a criação do setor de bens de capital. Essencialmente, uma *infraestrutura industrial* consiste de elementos como:[15]

1. Sistemas de transporte de alcance nacional (inicialmente canais e ferrovias).
2. Fontes de energia a custo relativamente baixo (carvão e petróleo).
3. Inovações tecnológicas (tais como o descaroçador de algodão e a máquina a vapor).
4. Sistemas modernos de telecomunicação (o telégrafo).
5. Redes de instituições financeiras (bancos, bolsa de valores, moeda nacional).
6. Preparação da força de trabalho (por meio de educação vocacional e do treinamento técnico).

Essa infraestrutura oferece a base para o desenvolvimento de um setor de bens de capital, o qual consiste do maquinário e das fábricas que possibilitam a produção em massa de bens e serviços de consumo.

O processo de industrialização mudou a natureza do trabalho, da agricultura e do artesanato para formas mais complexas de fabricação e trabalho com máquinas. Também causou a urbanização de nossa sociedade à medida que o processo industrial transferia o local de trabalho da fazenda e a moradia rural para a fábrica e a cidade. À medida que fábricas foram sendo construídas em locais centrais (próximos aos sistemas de transporte), as pessoas começaram a migrar das áreas rurais para onde seus "novos" empregos se localizavam. As empresas e a divisão complexa do trabalho que evoluíram dessa transição intensificaram ainda mais os esforços de se estudar seriamente essas novas formas de organização e sua administração.

A escola clássica da administração e a teoria organizacional que se desenvolveram durante esse período foram assim, influenciadas por forças sociais, econômicas e tecnológicas mais amplas, que precipitaram a transição de uma sociedade agrária para uma sociedade industrial. O conjunto dominante de suposições sobre a natureza humana caracterizava as pessoas como seres racionais e econômicos, que agiriam de modo a maximizar seus próprios interesses pessoais. Da mesma forma, o enfoque na prática gerencial que emergiu lidava com *como* essas novas formas de organização industrial poderiam ser estruturadas, como o trabalho poderia ser delegado e coordenado e como as pessoas nessas estruturas organizacionais poderiam ser motivadas.

Teoria da administração Uma das principais linhas da escola Clássica é chamada escola da Teoria da administração ou Princípios universais da administração. Com base no raciocínio dedutivo, esse grupo examinou certas formas de organização, como a eclesiástica e a militar, e concluiu que havia algumas dimensões básicas da estrutura organizacional e características da administração que eram comuns a *todas* as organizações.

Talvez o mais conhecido teórico dessa escola seja Henri Fayol, um industrial francês, que identificou cinco funções básicas da administração: planejamento, organização, direção, coordenação e controle.[16] Baseado nessas funções, Fayol descreveu *como* a administração *deveria* ser realizada em catorze princípios que incluíam:

1. *Divisão do trabalho.* Esse princípio refere-se à especialização das tarefas e ao controle da quantidade de objetos sob cada trabalhador ou gerente para melhorar a eficiência e a eficácia.
2. *Autoridade e responsabilidade.* Esse princípio confere à pessoa com autoridade o direito de dar ordens e o poder para obter obediência. A responsabilidade emerge diretamente da autoridade.

3. *Unicidade de comando.* Esse princípio afirma que ninguém deve ter mais de um chefe, provavelmente extraído da injunção bíblica de que "[...] nenhum homem deve seguir dois mestres".
4. *Remuneração.* Esse princípio estabelece que o pagamento deve ser justo e satisfatório para o empregador e para o empregado. Ninguém deve ser super nem sub-remunerado.
5. *Espírito de equipe.* Essa afirmação propõe que o moral e um sentimento positivo em relação à organização são intensificados pela comunicação face a face e pela coesão do time.

Com o passar do tempo, os teóricos universalistas concentraram-se em cinco facetas básicas da organização, destiladas dos catorze princípios de Fayol:

1. A *estrutura* ou o esquema da organização, representado por um organograma.
2. A *divisão do trabalho*, que separa o trabalho em partes que possam ser executadas por pessoas ou grupos.
3. A *coordenação* das diversas partes da organização para atingir as metas estabelecidas para a organização.
4. As *relações escalares*, que prescrevem uma cadeia hierárquica de comando e permite a coordenação. Os relacionamentos laterais, interceptando a cadeia de comando, com pessoas do mesmo nível, só seriam permitidos quando os respectivos superiores autorizassem a transação.
5. O *princípio funcional* que se refere à diferenciação do trabalho de acordo com as diversas áreas funcionais da organização, tais como produção, marketing, finanças e assim por diante.

Concluindo, boa parte do nosso conhecimento e interesse atuais sobre a estrutura organizacional veio da Escola da teoria da administração. Seu enfoque era na estrutura formal das organizações, e sua alta e média administração. A orientação, no entanto, era autoritária, com uma forma ideal de se abordar todos os problemas organizacionais e gerenciais. Os empregados eram vistos, basicamente, como extensões da estrutura e do maquinário da organização.

Administração científica Contrastando com a ênfase nos princípios da organização e da administração, a escola da Administração científica enfocava a medição e a estrutura do próprio trabalho".[17] Lançada por Frederick Taylor, um especialista em produção e consultor industrial, o objetivo dessa abordagem era criar a forma mais eficaz de se realizar tarefas. Visto que as pessoas eram tidas como seres racionais e econômicos, que não passavam de extensões das máquinas com que trabalhavam, chegou-se à conclusão de que elas agiriam em favor de seus próprios interesses (e subsequentemente dos da organização) se entendessem os procedimentos de trabalho "corretos" e se fossem recompensadas por segui-los.

A Administração científica tinha quatro princípios básicos:

1. Desenvolver a melhor forma de se executar cada tarefa.
2. Escolher o melhor indivíduo para fazê-lo.
3. Assegurar que o trabalho seja executado da maneira indicada, por meio de treinamento e do aumento da remuneração para os trabalhadores que seguirem os procedimentos corretos.
4. Dividir a carga de trabalho entre os empregados, de modo que atividades como planejamento, organização e controle sejam as responsabilidades principais dos gerentes, e não dos operários.

Embora Taylor defendesse que caberia à gerência e não aos operários a escolha dos métodos de execução das tarefas da organização, as dimensões básicas da Administração científica mostradas anteriormente se caracterizavam pelo *princípio da exceção*. Depois que os padrões de produtividade e os procedimentos dos trabalhos de rotina tivessem sido estabelecidos (por meio da aplicação do método científico e de medições precisas), a gerência só dedicaria sua atenção a situações em que os padrões ou os procedimentos não estivessem de acordo com essas normas. Outros avanços da escola da Administração científica incluem os estudos de tempos e movimentos de Frank e Lillian Gilbreth.[18] Baseados nos princípios da economia de movimentos, os Gilbreth adotaram uma abordagem analítica, na qual mediam os movimentos do corpo para descobrir a maneira mais eficiente de executar uma tarefa específica. Henry Gantt, que, assim como Taylor, se interessava pela eficiência da produção, também prestou sua contribuição a essa escola. Diferentemente de Taylor, Gantt concentrou-se em desenvolver procedimentos de remuneração que oferecessem um pagamento justo àqueles que executassem corretamente a tarefa, e um bônus para quem a concluísse em tempo hábil.[19] Sua principal contribuição é um recurso auxiliar de programação da produção, chamado gráfico de Gantt, que é um modo de plotar o trabalho em andamento contra um calendário, e que continua sendo a base para as técnicas de programação modernas.

Escola Estruturalista Contrastando com a abordagem dedutiva dos universalistas em seu estudo das organizações e da administração, a escola Estruturalista adotou uma abordagem indutiva no seu estudo das organizações. Em vez de criar um modelo conceitual da estrutura organizacional e depois generalizar para todas as organizações, os integrantes dessa escola examinaram diversas organizações diferentes para determinar empiricamente os elementos estruturais comuns que poderiam caracterizar a forma como as organizações funcionam na realidade.

Um dos principais fundadores da abordagem estruturalista foi Max Weber, um sociólogo alemão que descobriu empiricamente os aspectos básicos que caracterizavam o tipo ideal de organização, o que ele chamava de burocracia:[20]

1. As regras e procedimentos controlam as funções organizacionais.
2. Existe um alto grau de diferenciação entre as funções organizacionais.
3. Uma organização de cargos que é determinada hierarquicamente; não se permite que nenhuma unidade se desvie, e cada subunidade é diretamente subordinada a um cargo de um nível superior.
4. Enfatizam-se as regras prescritas ou as normas estabelecidas que regulam o comportamento.
5. A posse e a administração de uma organização são separadas: o presidente não é proprietário da empresa, o reitor não é dono da universidade.
6. Um administrador não deve poder controlar a disposição física ou os adornos de um escritório.
7. Todos os atos administrativos são registrados por escrito.

Embora Weber tivesse reconhecido que nem todas as organizações eram burocracias puras, é evidente que ele achava as burocracias preferíveis às outras formas de organização. Obviamente, esse parecer contrasta nitidamente com os estereótipos atuais sobre a ineficiência de qualquer forma de organização burocrática. Para Weber, a burocracia era uma das formas mais características e onipresentes da administração na sociedade moderna. Era eficiente, consistia de especialistas e peritos (necessários) e, visto que lidava com as pessoas de modo impessoal, assegurava que as regras seriam consistentemente aplicadas a todas as situações.

Embora houvesse diferenças entre o modo em que os universalistas e os estruturalistas criaram seus modelos de organização, há diversos aspectos comuns a ambas. De um modo geral, como tentativa inicial de criar uma teoria da organização e administração, a teoria Clássica foi um avanço considerável. Apesar de atualmente ser de consenso geral que essa orientação deixa de incluir aspectos importantes do comportamento humano e das influências ambientais nas organizações e na administração delas, a compreensão das funções e das estruturas formais que ela oferece ainda é uma parte importante do nosso entendimento nos aspectos visíveis e tangíveis das organizações.[21] É preciso observar, entretanto, que, como indica a Figura 1.1, considerando-se a transição que a sociedade havia atravessado e as suposições sobre a natureza humana que prevaleciam na época, essa teoria refletia as preocupações mais evidentes daqueles tempos. Resumindo, enquanto a teoria Clássica da administração e da organização oferece visões relevantes da natureza da organização, o valor dessa teoria é limitado pelo seu enfoque relativamente restrito da anatomia formal da organização.

A administração neoclássica e a teoria organizacional

Já na década de 1920, diversos críticos sociais começaram a apontar os efeitos potencialmente nocivos das tentativas de se padronizar as pessoas assim como os trabalhos. Embora muitos dos princípios básicos da organização clássica e da teoria da administração (tais como estrutura e estabilidade, divisão do trabalho e especialização das tarefas) *não* tenham sido diretamente questionados, as críticas *eram* especificamente dirigidas aos administradores e estudiosos que pareciam tratar os empregados como meras extensões das máquinas.[22] De fato, quando Frederick Taylor propôs sua teoria da Administração científica, seu trabalho foi recebido com antagonismo e hostilidade. Taylor defendeu seus princípios baseando-se em uma "revolução mental" que ocorreria nas atitudes da administração e do operariado, na qual ambas as partes reconheceriam a necessidade de cooperação e a importância da pesquisa científica em vez dos pareceres e opiniões individuais como base para se estruturar a distribuição das tarefas".[23] Outros, entretanto, argumentaram que, enquanto a administração podia tentar padronizar as técnicas e os métodos, não poderia esperar um comportamento perfeitamente padronizado, apático, de seus empregados.

Estudos realizados durante esse período também começaram a chamar a atenção para a possibilidade de que os colegas de trabalho poderiam exercer uma influência maior sobre o comportamento no trabalho do que os incentivos econômicos oferecidos pela administração. O reconhecimento de que os trabalhadores tinham necessidades sociais trouxe um novo conjunto de hipóteses sobre a natureza humana. Em vez de verem as pessoas como criaturas racionais e econômicas, as considerações de cunho social passaram a ser tidas como o principal motivador do comportamento humano e do desempenho no trabalho. Uma vez que a mecanização do trabalho durante a Revolução Industrial privou os cargos de boa parte de seu significado intrínseco, as pessoas buscaram o significado em suas atividades profissionais por meio do relacionamento social no trabalho. Argumentava-se que, dessa forma, a administração precisava ajudar as pessoas a satisfazerem esses desejos naturais. Embora esses argumentos possam parecer um tanto moralistas, foram vinculados a prescrições para a eficácia e eficiência organizacionais. Se os administradores não respondessem a essas necessidades socialmente orientadas com maior consideração e calor, via-se como prováveis consequências o desempenho deficiente no trabalho e a resistência à autoridade.

Em uma tentativa de compensar a negligência da interação humana na escola Clássica, a teoria Neoclássica introduziu as ciências comportamentais nas ideias da administração. O raciocínio subjacente era que, visto que administrar envolve obter coisas feitas com, e por meio de, pessoas, o estudo da administração precisa ser centrado na compreensão das relações interpessoais. De modo geral, a escola Neoclássica de pensamento pode ser vista como uma crítica à doutrina Clássica:[24]

1. Cada organização deveria ter uma *estrutura*; o comportamento humano é capaz de semear a desordem nas atividades organizacionais mais cuidadosamente planejadas.
2. Embora uma *divisão do trabalho* possa fazer sentido do ponto de vista da organização, alguns dos resultados involuntários para os trabalhadores são as sensações de isolamento e anonimato devidas a cargos insignificantes.
3. Embora os *princípios do escalonamento e funcionais* possam ser teoricamente válidos, eles se deterioram na prática, devido à maneira como esses processos são executados (por exemplo, delegação insuficiente, sobreposição de autoridade, vácuo de autoridade).
4. Finalmente, a *amplitude de controle* de um gerente é uma função de fatores humanos, e não pode ser reduzida a uma escala precisa, universalmente aplicável.

Há duas fontes principais da teoria Neoclássica: (1) os sociólogos e psicólogos sociais que se dedicaram ao estudo da interação e das relações entre grupos, comumente chamados escola das Relações humanas, e (2) os psicólogos que enfocaram o comportamento individual, ou a escola Comportamental.

Escola das Relações humanas Os princípios da escola das Relações humanas (aproximadamente de 1920 a 1950) emergiram basicamente de um grupo de estudos no final da década de 1920 e no início dos anos 1930, que ficaram conhecidos como as "Experiências de Hawthorne". Baseadas na tradição da teoria clássica, essas experiências foram conduzidas na fábrica da Western Electric em Hawthorne para avaliar o efeito das condições de trabalho na produtividade.[25] Diversos estudos foram conduzidos, variando aspectos do ambiente de trabalho como iluminação, períodos de descanso, duração da jornada de trabalho e outras facetas. Inicialmente, um grupo de mulheres especialmente selecionadas para a experiência foi colocado em uma sala preparada para a experiência e seu comportamento foi cuidadosamente acompanhado à medida que as condições de trabalho eram alteradas.

Para total surpresa dos pesquisadores, eles descobriram que, não obstante o que fizessem com as condições de trabalho, melhorando ou piorando-as, a produtividade do grupo, ou seja, por trabalhador, aumentava. Visto que as condições sob as quais essas pessoas realizavam seus trabalhos não explicavam a mudança na produtividade, os pesquisadores foram obrigados a buscar outros fatores no local de trabalho. Uma das coisas que observaram foi que os integrantes daquele grupo de trabalho haviam desenvolvido um moral elevado durante as experiências, o que parecia influenciar positivamente seu desempenho. Uma análise mais profunda revelou três fatores básicos responsáveis pelo moral elevado do grupo:

1. As trabalhadoras viram-se como "especiais" e importantes para a administração, por terem sido selecionadas para esse trabalho de pesquisa.
2. As mulheres desenvolveram bons relacionamentos interpessoais entre si e com seu supervisor, porque contavam com uma autonomia (liberdade) considerável para decidir sobre sua própria divisão do trabalho e seu próprio ritmo de atividade.
3. O contato social e o relacionamento fácil que surgiu no grupo criaram um ambiente de trabalho agradável.

Com base nessas descobertas preliminares, os pesquisadores estabeleceram a hipótese de que a natureza do *relacionamento social* entre os integrantes de um grupo de trabalho e entre subordinados e supervisor era um motivador influente do desempenho, tanto em termos de produtividade como qualidade do trabalho. Em uma tentativa de testar essa hipótese, foi conduzida outra série de estudos, na qual três pequenos grupos de homens que trabalhavam em equipamentos de comutação telefônica foram estudados, para avaliar a eficácia relativa de um plano completo de remuneração, com adicional por produtividade. Os pesquisadores descobriram que as normas de produção, ou padrões que o grupo estabelecia para si mesmo, influíam mais fortemente na produção que os incentivos na remuneração. Os trabalhadores tinham estabelecido uma norma implícita de o que era "um dia de trabalho honesto", e aqueles que produziam a mais ou a menos eram reconduzidos aos padrões ("ninguém deve ser recordista nem preguiçoso"). Essas descobertas, bem como os resultados de várias outras pesquisas, confirmaram a importância do grupo de trabalho e indicaram a existência de uma *organização informal* na estrutura formal de uma empresa.

Com o passar do tempo, esses estudos foram popularizados por diversas interpretações da própria pesquisa e de suas implicações para a administração. A Experiência de Hawthorne foi um marco decisivo na evolução da teoria da administração, pois introduziu um novo modo de se pensar a respeito das pessoas nas organizações. Não se trata de os teóricos anteriores, da administração científica, Taylor, Gilbreths e Gantts, terem interpretado mal o fator humano – esse nunca chegou a ser o foco central dos estudos deles.[26] Embora diversas questões relativas à metodologia e às descobertas relacionadas à pesquisa tenham sido cobertas pelo apoio avassalador que foi dado à escola das Relações humanas,[27] essa perspectiva reforçou a crença emergente de que a gerência não poderia tratar as pessoas como se fossem meras extensões da estrutura e do maquinário da organização.

Escola Comportamental Como consequência do interesse pela escola das Relações humanas e o enfoque nas pessoas no grupo de trabalho, um número crescente de teóricos começou a prestar mais atenção no indivíduo e na natureza do próprio trabalho.[28] Partindo da suposição neoclássica de que o trabalho perdera o seu significado por meio da mecanização que acompanhou a Revolução Industrial, essa nova escola de pensamento argumentava que os trabalhadores haviam se alienado do trabalho porque seus cargos os impediam de usar plenamente suas habilidades e sua capacidade. Embora esses teóricos concordassem que as pessoas tinham suas necessidades de aceitação, *status* e reconhecimento, eles iam além da perspectiva das relações humanas e propunham que os trabalhadores também queriam obter satisfação pessoal do trabalho, desenvolvendo suas habilidades (e a si mesmos) na consecução de um trabalho significativo e compensador.

As suposições básicas subjacentes ao comportamento humano foram então percebidas como orientadas ao crescimento pessoal, à realização e ao desenvolvimento interior. Argumentava-se que, se os gerentes tivessem de ser realmente eficazes, eles deveriam ir além do simples oferecimento de remuneração e tratamento justos, e procurar fazer que os membros da organização se sentissem importantes. No interesse de um desempenho organizacional eficiente e eficaz, os gerentes deveriam desenvolver cargos e estruturas organizacionais que dessem às pessoas uma oportunidade de desenvolverem suas habilidades e experimentarem o crescimento pessoal.

Essa perspectiva é frequentemente citada como escola Comportamental. Ela foi desenvolvida no início da década de 1950, e foi baseada no trabalho de teóricos como Abraham Maslow, Douglas McGregor, Rensis Likert, Chris Argyris, Frederick Herzberg e David McClelland. As contribuições desses indivíduos serão discutidas ao longo desse livro. Tem havido um desenvolvimento contínuo da perspectiva comportamental, ela permanece como uma das bases de grande parte da formação de gerência e supervisão da atualidade. Pode ser vista como uma ponte unindo a teoria Neoclássica e vários dos estudos contemporâneos das teorias da administração e da organização.

Em resumo, a escola Neoclássica defende que há uma dimensão da realidade organizacional que não se encontra contida na orientação formal, estrutural, da escola Clássica: o comportamento dos indivíduos na organização. As ideias da doutrina Neoclássica, assim, melhoraram nossa compreensão da complexidade das organizações. Ela foi criticada, entretanto, por deixar de integrar as diversas facetas do comportamento humano que ocorrem nas organizações e, como a escola Clássica, por ser míope incompleta.[29] Além disso, embora a escola Neoclássica tivesse começado a perceber que as organizações eram afetadas por um elenco maior de forças do que se pensava anteriormente, sua visão das forças ambientais relevantes (influenciadas pelas condições da sociedade da época) é bem restrita para os padrões atuais.

Teoria moderna da administração organização

A teoria contemporânea, ou "moderna" da administração e organização, é diferente, tanto da escola Clássica como da Neoclássica, por enfatizar a conceituação, por se basear muito na pesquisa empírica e, talvez acima de tudo, por tentar integrar os diversos elementos que contribuem para a organização inteira.[30] O tema subjacente é que as organizações são *sistemas* compostos de variáveis mutuamente relacionadas e interdependentes. Isso não equivale a inferir que a teoria moderna seja um pensamento unificado. De fato, vários teóricos e pesquisadores têm suas ênfases particulares no que consideram um sistema organizacional, ou os componentes mais influentes desse sistema. O ponto comum é a tentativa de analisar as organizações em seu todo.

O desenvolvimento da teoria moderna da administração e organização tem sido influenciado por várias mudanças sociais, políticas, econômicas e tecnológicas na sociedade como um todo. Muitos observadores sociais, por exemplo, defendem que, da mesma forma que a sociedade passou por transições, na sua evolução de uma estrutura agrária para uma estrutura industrial, começamos uma nova transição de uma sociedade industrial para uma sociedade *pós-industrial.* Contrastando com as sociedades baseadas na agricultura e na indústria de eras anteriores, a sociedade pós-industrial é caracterizada por dimensões bem diferentes.[31]

1. Uma mudança básica da orientação da força de trabalho da produção de bens para a prestação de serviços/processamento de informações.
2. Um aumento gradual e constante da influência das ocupações profissionais e técnicas.
3. Uma influência crescente e centralização do conhecimento teórico como fonte de inovações e formulação de políticas para a sociedade.
4. Uma necessidade maior de planejamento, bem como controle da tecnologia e seu desenvolvimento.
5. O surgimento de sistemas de computadores integrados em massa, que criarão uma nova "tecnologia intelectual".

Assim, devido a essa mudança sem precedentes, os teóricos da administração e organização começaram a desenvolver novos paradigmas, sensíveis a essas transições sociais e outras correlatas.

Embora haja alguma discussão sobre se a nossa sociedade está realmente desenvolvendo a estrutura pós-industrial visualizada por Bell e outros,[32] ficou claro que o meio ambiente mais amplo exerce uma influência considerável no sucesso empresarial. Além da mudança tecnológica rápida e frequentemente volátil visualizada pelo pós-industrialismo, as organizações também são confrontadas com uma infinidade de pressões: (1) concorrência crescente na arena mundial; (2) regulamentações governamentais que, cada vez mais, têm tratado de controvérsias sociais (tais como discriminação, segurança no local de trabalho, proteção do meio ambiente); (3) escassez de recursos; (4) maior diversidade de força de trabalho; (5) normas culturais em mudança; e (6) as pressões empresariais mais tradicionais, por parte de concorrentes, fornecedores e forças de oferta e procura. Além disso, a influência crescente de diversos novos *interessados* (pessoas que tenham interesses em jogo – Capítulo 8 – a saber: grupos de interesse público, ecologistas, grupos de defesa de comunidades locais, advogados de defesa do consumidor, e outros) enfatizam ainda mais as exigências e expectativas que estão sendo postas nas empresas comerciais da atualidade. A teoria moderna da administração e organização reconhece essa relação, sendo o enfoque na organização em seu ambiente e na congruência ou ajuste de subsistemas organizacionais dentro do mosaico mais amplo.

À medida que começamos a perceber a complexidade dos ambientes organizacionais, muitas de nossas suposições básicas, subjacentes à natureza humana, também foram postas em dúvida. O movimento na direção de mais pesquisas empíricas gerou uma base inconsistente para muitos de nossos conceitos genéricos. Em outras palavras, enquanto essas teorias gerais eram apoiadas em alguns estudos, outros esforços de pesquisa produziam resultados diferentes. O principal impacto dessas tendências foi a mudança na direção de modelos mais complexos da natureza humana, e as implicações resultantes sobre como administrar pessoas. Começou a surgir um novo conjunto de suposições complexas sobre as pessoas.[33]

1. As necessidades humanas recaem em diversas categorias e variam de acordo com o estágio de desenvolvimento do indivíduo e a situação global de sua vida.
2. Visto que as necessidades e os motivos interagem para formar padrões motivacionais complexos, devemos concluir que o mesmo objeto ou resultado (por exemplo, dinheiro) poderá variar em importância, e satisfazer necessidades bem diferentes.
3. As pessoas são capazes de adquirir novos motivos por meio de experiências organizacionais.
4. O mesmo indivíduo pode demonstrar necessidades diferentes em organizações diferentes, ou em grupos diferentes na mesma organização.
5. Os empregados podem se tornar produtivamente envolvidos com as organizações devido a muitos motivos diferentes.
6. Os membros da organização podem responder a estratégias administrativas variadas, dependendo de seus próprios motivos e habilidades, bem como da natureza da tarefa.

Essas mudanças amplas influenciaram uma série de avanços na teoria administrativa e organizacional: (1) o surgimento da Ciência administrativa e da Pesquisa operacional, que enfatiza a utilização de computadores e modelos matemáticos na tomada de decisões organizacionais; (2) o desenvolvimento da Teoria dos sistemas, que vê a organização e seu meio ambiente na totalidade; (3) o nascimento da Teoria da contingência, que toma uma visão situacional (em lugar de uma solução única melhor) da estrutura organizacional e da atividade administrativa; e (4) a influência crescente do comportamento organizacional que, para muitos, se tornou quase que o sinônimo da administração.

Ciência administrativa A diretriz básica da Ciência administrativa é aplicar técnicas quantitativas aos problemas administrativos e organizacionais e combinar a preocupação estratégica do planejamento e da previsão à preocupação administrativa com os objetivos organizacionais e o atingimento de metas. Embora houvesse alguns avanços no uso da teoria estatística e dos métodos quantitativos nas organizações empresariais, a maioria das pessoas identifica a Segunda Guerra Mundial como o marco inicial da Ciência administrativa. Durante esse período, a primeira equipe de "pesquisa operacional" (a profissão analítica dentro da Ciência administrativa) foi empregada para desenvolver um plano que capacitasse os ingleses a colocar seus aviões em uma formação eficiente, ao mesmo tempo que oferecesse um reconhecimento aéreo eficaz contra esquadras nazistas no Canal da Mancha e águas vizinhas.[34] A abordagem é baseada em modelos quantitativos (representações das condições reais) e computadores para simulações e cálculos que facilitem decisões, que anteriormente eram tomadas quase que exclusivamente por discernimento e experiência. Assim, calculando as velocidades e trajetórias das embarcações inimigas juntamente com o tempo e o combustível necessários para que seus aviões cobrissem dado setor, os comandantes aliados puderam reduzir o número de voos de reconhecimento necessários e aumentar a eficácia de seus esforços de vigilância.

Após a guerra, no final da década de 1940 e durante toda a década de 1950, foram desenvolvidas inúmeras técnicas matemáticas, desde a Teoria da ordenação e programação matemática até a Teoria dos jogos, que se tornaram um componente básico da "caixa de ferramentas" do profissional de gerência de operações.[35] Durante a década de 1960, o setor continuou a crescer à medida que o enfoque dominante em técnicas comparativamente restritas de otimização cedeu seu lugar à importância de se enxergar o processo produtivo como uma parte de um sistema global maior. Essa perspectiva ampliada foi ainda mais influenciada durante a década de 1970 pela aplicação generalizada de computadores para a solução de problemas operacionais. Do ponto de vista da fabricação, talvez o desenvolvimento mais significativo tenha sido o planejamento de materiais necessários, que relaciona (em um programa de computador) todas as peças que compõem um produto final. O programa resultante fornece as informações necessárias aos controladores de produção para que possam planejar a produção e a compra de suprimentos de modo a atender às exigências do produto. Por exemplo, a "dinâmica do sistema" de Forrester, que descreve em termos quantitativos a interação entre as funções internas da organização e o ambiente externo, considera seis variáveis básicas (pedidos de compradores, matérias-primas, dinheiro, pessoal, maquinário e fluxo de informações).[36] Embora essa estrutura comece a mostrar um quadro mais amplo da organização, se comparada às teorias anteriores, ela é frequentemente criticada como uma visão exageradamente simplificada da realidade. Mesmo assim, apesar de utilizar apenas seis variáveis, o modelo é difícil de ser aplicado, visto que é altamente quantitativo e exige grandes volumes de dados, bem como computadores de porte relativamente grande.

Os últimos anos testemunharam outro período importante da evolução da Ciência administrativa e da Pesquisa operacional. As circunstâncias mutantes da concorrência em um mundo cada vez mais integrado comercialmente submeteram os fabricantes norte-americanos a uma necessidade ainda maior de aumentar a produtividade. Essas pressões levaram os especialistas em gerência de operações a se envolverem mais na aplicação de tecnologias avançadas, tais como sistemas flexíveis de fabricação e fabricação integrada por computadores, bem como novas filosofias de produção. De fato, devido ao sucesso impressionante da indústria japonesa no final da década de 1970 e na década de 1980, o campo da Ciência administrativa ampliou seu campo de visão para incluir técnicas gerenciais como a produção *just-in-time* e sistemas de qualidade assegurada. Mesmo assim, a adoção e a implementação dessas novas tecnologias e abordagens quantitativas demonstraram que os problemas enfrentados pelos gerentes e suas empresas são tão sociais e organizacionais como científicos e tecnológicos.[37]

Teoria dos sistemas À medida que os pesquisadores começaram a perceber a interação entre as dimensões estruturais (mecanísticas) e humanas (comportamentais) das organizações e a influência das forças ambientais externas, o conceito de uma empresa comercial como um sistema começou a dominar a teoria organizacional. Dessa perspectiva, uma organização é um sistema composto de subunidades ou *subsistemas* que interagem continuamente e que dependem mutuamente uns dos outros.[38] Ações que ocorram em uma parte do sistema afetam não somente aquela unidade (departamento, seção, grupo etc.), mas podem sofrer uma disseminação, atingindo outros subsistemas organizacionais também. A implicação da Teoria dos sistemas, portanto, é que as coisas não acontecem simplesmente, mas se desenvolvem a partir de pressões múltiplas, podendo portanto trazer resultados múltiplos.

Nesse contexto, as organizações são frequentemente chamadas sistemas de variáveis múltiplas ou sociotécnicos, compostos de, no mínimo, quatro elementos básicos.[39]

1. Um *Subsistema tecnológico/de tarefa*, que consiste no trabalho básico ou inerente a ser executado pela organização, atividades ou funções específicas, e as ferramentas ou tecnologias que permitem que o trabalho seja realizado.
2. Um *Subsistema administrativo/estrutural* (organização formal), que abrange coisas como agrupamentos por tarefa (unidades, divisões, departamentos), regras e políticas de trabalho; sistemas de autoridade (relações de subordinação, bases de poder, procedimentos de controle), o modo como os cargos são formulados e o ambiente físico (interno) de trabalho.
3. Um *Subsistema de indivíduos* que envolve as diversas pessoas que desempenham as várias tarefas organizacionais, bem como a natureza e as características dessas pessoas em termos de conhecimento, habilidade, atitudes, valores, expectativas e percepções.
4. Um *Subsistema informal/emergente* (organização informal), que se desenvolve com o passar do tempo à medida que as pessoas interagem com o sistema formal e que inclui dispositivos implícitos verbais como normas (padrões de comportamento), níveis de *status* intraorganizacionais, cooperação e competição entre grupos, e outras atividades e interações "não programadas".

Como já foi dito anteriormente, esses quatro subsistemas são altamente interdependentes entre si. Uma mudança nas políticas administrativas, por exemplo, vai afetar não somente as próprias políticas, mas também poderá ter sua influência sobre a tarefa, as pessoas que a realizam e o sistema informal.

As organizações também são chamadas *sistemas abertos.* Conceitualmente, costumamos comparar sistemas abertos e fechados. Sistemas completamente autossuficientes, que não envolvam qualquer interação com o meio ambiente são chamados *sistemas fechados.* Sistemas que interagem com seu meio ambiente e sejam influenciados por forças externas são definidos como sistemas abertos. Nenhum sistema, entretanto, é totalmente aberto ou totalmente fechado. Um termostato, por exemplo, frequentemente é visto como um sistema fechado, já que reage a um único fator externo: a mudança de temperatura. Um termostato ligado a um aquecedor vai ligar o aquecedor quando a temperatura do ar cair abaixo de certo valor, e desligará o aquecedor quando o ar se aquecer a uma temperatura acima daquele valor. Basicamente, nada mais importa.

As organizações, em contrapartida, são sistemas abertos, influenciados por uma infinidade de forças ambientais, ou *inputs*, tais como a disponibilidade de matéria-prima, mudanças tecnológicas, concorrência, mudança na escala de valores dos trabalhadores, políticas governamentais e assim por diante. A organização transforma esses *inputs* em produtos e serviços (*outputs*), dentro das limitações impostas pelo seu ambiente. Em um banco, por exemplo, os depósitos podem ser vistos como um *input* que é transformado (por meio de registros e políticas do banco) em *outputs* ao consumidor (empréstimos, financiamentos etc.). Entretanto, como tendências recentes têm demonstrado, esse processo é influenciado por vários fatores externos, tais como mudanças nas taxas de inflação, políticas governamentais, atitudes do público consumidor e em outros fatores. Assim, as organizações recebem *inputs* de seu meio ambiente e os transformam em *outputs* utilizáveis por seus fregueses ou clientes no contexto de seu meio ambiente.

Há, entretanto, limites ou *fronteiras à abertura* dos sistemas organizacionais. Essas fronteiras são baseadas no processo de *input* – transformação – *output* que conecta a organização a outros sistemas; o comportamento desvinculado dessas funções permanece fora do sistema. Embora o conceito de fronteira seja algo de certa forma arbitrário e varie de sistema para sistema, ele é importante, visto que os sistemas abertos não são afetados por toda e qualquer força ou mudança externa.

Como parte do processo de *input*–transformação–*output*, uma organização recebe *feedback*, ou seja, informações referentes ao seu desempenho. O fluxo contínuo de informações entre um sistema, seus componentes internos e o ambiente externo cria um *circuito fechado de* feedback, que capacita a organização a se adaptar a condições ambientais em mudança. Assim, a capacidade de usar essas informações, para controlar o sistema e fazer as mudanças necessárias, é crucial se as organizações tiverem de se tornar sistemas autocorrigíveis. Como se tornou evidente em eventos recentes nas indústrias automotivas e aeronáuticas dos Estados Unidos, nem sempre o *feedback* provoca uma correção ainda em tempo.

Outro aspecto dos sistemas é que eles buscam o *equilíbrio*, uma condição permanente de regularidade ou consistência. Quando ocorre algo que desequilibra o sistema, esse reage de modo a voltar ao ponto de equilíbrio. Isso não significa que as organizações sejam, *nem* que devam ser, sistemas estáticos e imutáveis. Em vez disso, como indica o processo de *feedback* exposto anteriormente, os sistemas organizacionais podem usar as informações obtidas por meio de seus circuitos de *feedback* para garantir certos ajustes a condições em mudança (adaptação), para assim atingir e manter (por tanto tempo quanto for apropriado) um novo ponto de equilíbrio. Esse ponto de equilíbrio torna-se o regime constante, até que outra mudança venha a indicar a necessidade de outra adaptação.

A principal vantagem da Teoria dos sistemas é que ela oferece uma estrutura para se pensar nas organizações em termos mais complexos e dinâmicos do que com as teorias da administração e da organização anteriores. A aplicação de uma perspectiva de Sistemas é particularmente útil ao se avaliar a necessidade de grandes mudanças organizacionais. A teoria pode orientar o pensamento dos administradores para a análise de como a mudança em uma parte da organização pode afetar outros aspectos dela, bem como os seus efeitos (potenciais) ao meio ambiente.

Um problema potencial, porém, é a tendência a fazer avaliações durante processos analíticos, ou seja, percebendo um comportamento específico como "bom" ou "mau". A análise de sistemas é baseada na *funcionalidade* de certo evento ou comportamento, ou o ponto até qual o evento contribui para a manutenção do sistema.[40] Se ocorrer certo evento que venha a deslocar um sistema (ou subsistema) específico, e que prossiga rompendo aquele sistema, o evento será *disfuncional ao* sistema. Se um evento reforçar o sistema, ele será *funcional* ao sistema. É preciso tomar cuidado, no entanto, ao se determinar a funcionalidade. Alguns comportamentos que podem parecer disfuncionais ao desempenho das tarefas (por exemplo, jogos, brincadeiras, relacionamento social) podem ser bastante funcionais para os indivíduos e o sistema informal, satisfazendo necessidades sociais e reforçando certas normas e padrões de interação.

Teoria da contingência Uma das decorrências da perspectiva dos Sistemas é o conceito da Teoria da contingência. A tese central dessa teoria é que *não há* princípios universais de administração que possam ser aplicados indiscriminadamente a todas as situações. As abordagens à organização e à administração precisam variar de uma empresa para outra porque dependem de condições ambientais exclusivas e fatores internos inerentes a cada organização. Assim, é necessária uma abordagem situacional às decisões sobre a estrutura organizacional e o comportamento administrativo apropriado.

Há três ênfases principais na escola da Contingência.[41]

1. Uma corrente se baseia intensamente no *planejamento de sistemas* (desenvolvido a partir da Teoria dos sistemas) e enfatiza que não há uma solução "ideal" para todas as organizações, visto que cada empresa precisa lidar com seu conjunto exclusivo de *inputs* técnicos, humanos e mercadológicos.
2. Outra grande ênfase concentra-se no *projeto formal de organizações* para tecnologias e ambientes econômicos diferentes. Pesquisas demonstraram que, por exemplo, em mercados relativamente previsíveis e com tecnologias simples e repetitivas, as estruturas de organização mais formais, em pirâmide, tendem a ser eficazes, enquanto em ambientes mais incertos e com tecnologias complexas, uma organização mais "achatada" ou matricial tende a apresentar maior eficácia. Essa orientação será discutida mais profundamente no Capítulo 9.
3. O terceiro componente principal da Teoria da contingência concentra-se no *estilo de liderança* e no comportamento. A principal conclusão dessa corrente é que, em vez de tomar uma abordagem básica à liderança em todas as situações, o estilo de liderança deve variar de acordo com fatores tais como a natureza do relacionamento entre o líder e os membros do grupo, o grau de estruturação da tarefa, o poder (formal e pessoal) que o líder tem, a capacidade e disposição dos subordinados para assumir responsabilidades e assim por diante. Esse aspecto da Teoria da contingência será examinado no Capítulo 7.

Embora a Teoria da contingência tenha sido criticada por ser mais um esquema de classificação que uma verdadeira formulação teórica, ela contribuiu bastante para a nossa base de conhecimentos sobre as organizações e sua administração. Ela emergiu da Teoria dos sistemas, de uma apreciação crescente da influência das limitações impostas às organizações pelo ambiente e pela tecnologia, e do desenvolvimento de suposições mais complexas sobre a natureza humana.

O COMPORTAMENTO ORGANIZACIONAL E A TECNOLOGIA EMERGENTE

Atualmente, atravessamos uma onda de desenvolvimento tecnológico e inovação empresarial sem precedentes. Embora a maioria das análises dessa tendência aponte para o potencial que essa tecnologia tem para melhorar nossas vidas, criando trabalhos mais interessantes e desafiadores e melhorando a eficiência e a eficácia, de modo geral, de nossos processos de trabalho, há uma preocupação crescente voltada para: (1) nossa incapacidade de administrar essas tecnologias de maneira competente,[42] e (2) o "lado sombrio" desses desenvolvimentos tecnológicos.[43] Historicamente, há muitas pesquisas que documentam o efeito da tecnologia nos trabalhadores e na força de trabalho. Os focos desses estudos vão desde o exame dos fatores da engenharia humana relativos à adaptação homem-máquina e os efeitos da automatização no deslocamento de trabalhadores até preocupações psicológicas e sociológicas sobre os aspectos desumanizantes do trabalho automatizado.[44] Embora esses esforços de pesquisa tenham exercido uma influência marcante na natureza de muitas políticas e programas organizacionais orientados para os funcionários, a magnitude das mudanças atuais na tecnologia do local de trabalho submete os gerentes a novas tensões e exigências.

As tecnologias emergentes, como microprocessadores, robótica, projeto e fabricação auxiliados por computadores (CAD/CAM), fibras óticas nas telecomunicações, *lasers* e a holografia, continuam a revolucionar a maneira como as organizações operam e como as pessoas realizam seus trabalhos.[45] Como foi esboçado na Figura 1.1, com o passar do tempo, a atenção principal do controle gerencial evoluiu da supervisão de padrões de movimento físico e maneiras precisas de se realizar o trabalho para padrões de interação social e a gerência de amplitudes e atenção.[46] À medida que técnicas avançadas continuaram a influenciar o modo como o trabalho é realizado, cada vez mais os gerentes terão de se concentrar nos padrões de atenção, aprendizado e envolvimento mental de seus subordinados com suas tarefas. As pessoas, é claro, sempre tiveram de "prestar atenção" aos seus trabalhos para concluírem adequadamente suas tarefas. Mesmo assim, como foi demonstrado pela maioria das observações de trabalho de rotina, os empregados tipicamente sonham acordados, conversam sobre banalidades e se envolvem com uma série de atividades para ajudar o tempo a passar mais rápido.[47] Eles precisam prestar atenção a seus trabalhos com seus olhos, mas não necessariamente com seus cérebros. A qualidade da atenção exigida por trabalhos mediados por computadores é muito diferente. Trabalhadores que se concentram em um monitor de vídeo ou que interagem com um robô precisam prestar muito mais atenção no que estiverem fazendo. De fato, se tiverem de entender e responder adequadamente às informações com que estiverem lidando, terão de se envolver mentalmente com seus trabalhos.

Essa situação começou a enfatizar o que poderia ser chamado paradigma da gerência do compromisso ou da orientação para o envolvimento.[48] Tradicionalmente, os gerentes confiavam em um modelo burocrático *orientado para o controle* para assegurar que as metas e objetivos da organização fossem cumpridos. Como já foi ressaltado pela discussão anterior da teoria clássica da administração e organização, a premissa básica é que o modo mais eficaz para as organizações fazerem que as pessoas executem suas tarefas é por meio de sistemas formais de recompensa e castigo. Sendo assim, os cargos são descritos em detalhe, o desempenho no cargo é medido cuidadosamente e as recompensas são distribuídas em função dos resultados. Os membros da organização pertencentes aos escalões inferiores não são solicitados a participar ativamente no planejamento, programação, coordenação nem no controle dos esforços operacionais. Em vez disso, seus atos e atividades são coordenados por meio de regras, procedimentos e direção contínua da supervisão. Em oposição, a abordagem *orientada para o envolvimento* baseia-se em um conjunto bem diferente de premissas sobre o que torna as organizações eficazes. Ela enfatiza que os empregados podem ser intrinsecamente motivados (Capítulo 3), que eles têm capacidade de autogestão e autocontrole e que a maioria dos empregados é capaz de oferecer ideias importantes sobre como a empresa deveria funcionar. Essa orientação é manifestada em programas como círculos de qualidade, forças-tarefa, remuneração pela qualificação e distribuição de lucros (Capítulo 11) e organizações planas e enxutas (Capítulo 9).

A maioria dos especialistas em administração defende que, enquanto a abordagem voltada para o controle funciona bem com tarefas relativamente simples e repetitivas, ela é muito menos eficaz na supervisão de trabalhos que exijam conhecimento técnico complexo. Entretanto, na evolução do modelo gerencial de controle para o de envolvimento, ou orientado para o compromisso, não ocorre necessariamente em todas as situações de trabalho mediadas por computadores. A monitoração por computador, às vezes chamada supervisão eletrônica, por exemplo, está se tornando rapidamente uma questão controvertida nas relações trabalhistas.[49] Utilizando computadores como uma ferramenta de eficiência, os administradores procuram fazer que os empregados trabalhem mais rápido, apresentando-lhes a tarefa seguinte automaticamente, e avisando-os quando deixam de cumprir os padrões predeterminados de produtividade. Os computadores podem registrar prontamente quando os operadores ligam e desligam seus terminais, marcar o tempo para executar transações com clientes, contar a quantidade de toques no teclado por segundo e fazer um acompanhamento dos erros cometidos por um operador durante certo intervalo de tempo. Sem ser visto, de um escritório distante, um supervisor pode simplesmente apertar uma tecla e receber informações detalhadas sobre diversas atividades, desde os operadores que já deixaram suas estações de trabalho e a quantidade de trabalho que produziram até se eles fizeram quaisquer telefonemas particulares. Devido a pressões crescentes da concorrência, tanto local como estrangeira, muitos gerentes parecem cada vez mais justificar a *espionagem* sobre os subordinados, a exigência de trabalho mais rápido, e controles mais rígidos, como um modo de reduzir os custos de mão de obra e aumentar os ganhos de produtividade necessários. Embora alguns possam aplaudir a eficiência e a eficácia dessas possibilidades, a monitoração por meio de computadores está sendo associada a um maior estresse, menor satisfação no trabalho e no compromisso com a organização, e ainda, ironicamente, iniciativas por parte dos empregados para subverter a meta da gerência de atingir uma produtividade maior.

No início do século XX, a administração científica de Taylor utilizava especialistas para resolver problemas para os trabalhadores. Seguindo os movimentos das relações humanas e comportamentais da tradição neoclássica, a ideia da gerência participativa, ou seja, envolver as pessoas na solução de seus próprios problemas, começou a ter seu lugar no pensamento gerencial. Contudo, à medida que os sistemas começaram a aparecer, novamente foram utilizados especialistas para resolver problemas sistêmicos para outras pessoas. Conforme o campo do Comportamento organizacional continua a se desenvolver e evoluir, parece que hoje estamos no ponto em que o melhor conceito da verdadeira participação seria fazer que os membros da organização se envolvessem não só na solução de seus próprios problemas, mas também na solução daqueles que, por sua natureza, envolvessem o sistema inteiro.[50] Mesmo assim, a natureza exata desses problemas, bem como a miríade de ramificações da robótica, CAD/CAM, microcomputadores e outras tecnologias baseadas na informática ainda está sendo definida. As tecnologias avançadas de fabricação estão criando ondas por meio de organizações inteiras, enfatizando a necessidade de se desenvolver a capacidade para mudar e para lidar com questões tais como realocação de cargos, redistribuição de responsabilidades, mudanças nos requisitos de qualificação, novos sistemas de remuneração e assim por diante.[51] O desenvolvimento dessas tecnologias continuará a afetar a natureza da administração e da organização.

RESUMO

Essa rápida visão geral da teoria da administração e organização deve ter deixado claro que os nossos modelos e maneiras de examinar as pessoas e as organizações se tornaram mais complexos e dinâmicos. O foco da atenção foi gradualmente deslocado de uma ênfase nos fatores físicos e estruturais, para as relações e interações humanas, passando em seguida à aplicação de métodos quantitativos e da tecnologia da informática na tomada de decisões organizacionais. Os teóricos atuais da administração desenvolveram uma abordagem mais integrada à análise sistêmica das organizações, seus integrantes e seus ambientes. Mudamos das abordagens de "melhor maneira" para uma perspectiva situacional ou contingencial.

Nesse contexto, o estudo do comportamento organizacional hoje é um resultado da convergência gradual dessas diversas escolas de pensamento. O próprio campo evoluiu do que foi denominado uma orientação *micro* (ênfase nas estruturas e processos, entre e em indivíduos, pequenos grupos e seus líderes), para incluir também uma perspectiva mais *macro* (ênfase nas estruturas e processos, entre e em grandes subsistemas, organizações e seus ambientes).[52] Há uma tentativa de combinar a "lógica" da escola Clássica com as sensações "ilógicas" da tradição Neoclássica mediante análises integradas, mais sistemáticas, do comportamento e da estrutura aos níveis individual, grupal, organizacional e interorganizacional. Esse livro não se propõe a oferecer uma compreensão plena de todas as sutilezas e complicações desse campo em desenvolvimento. Ele procura, entretanto, oferecer uma base sólida para estudos mais profundos dos comportamentos que ocorrem entre e dentro de organizações contemporâneas.

NOTAS

1. Essa discussão foi extraída de James A. Waters. "Managerial Skill Development". *Academy of Management Review* 5, n. 3 (1980): 449-53.
2. Henry Mintzberg. *The Nature of Managerial Work* (Nova York: Harper & Row, 1973); Cynthia M. Pavett e Alan W. Lau. "Managerial Roles, Skills, and Effective Performance". In: Kae H. Chung (ed.) *Academy of Management Proceedings* 1982 (Loveland, CO: Lithographic Press, 1982), p. 95-100.
3. J. Sterling Livingston. "The Myth of the Well Educated Manager". *Harvard Business Review* 49, n. 1 (1971): 79-87; John A. Pollock, Jon R. Bartol, Bruce C. Sherony e George R. Carnahan. "Executive Perceptions of Future MBA Programs". *Collegiate News and Views* 36, n. 3 (1983): 23-25; Frank Hoy e William R. Boulton. "Problem-Solving Styles of Students – Are Educators Producing What Business Needs?'. *Collegiate News and Views* 36, n. 3 (1983): 15-21; William V. Muse. "If All the Business Schools In: the Country Were Eliminated... Would Anyone Notice?". *Collegiate News and Views* 36, n. 3 (1983): 1-5.
4. W. Ed. McMullan e Allan Cahoon. "Integrating Abstract Conceptualizing with Experimental Learning." *Academy of Management Review* 4, n. 3 (1979): 453-58.
5. Mintzberg. *Nature of Managerial Work*, p. 188-93; Douglas T. Hall, Donald D. Bowen, Roy J. Lewicki e Francine S. Hall. *Experiences.* In: *Management and Organizational Behavior* (Nova York: John Wiley & Sons, 1982), p. 1-6.
6. Veja Mary Dean Lee, James A. Waters, Nancy J. Adler e John Hartwick, "Evaluating Managerial Skill Development". *The Organizational Behavior Teaching Review* 12, n. 1 (1987-88): 16-34; e Glen M. McEvoy e John R. Cragum. "Management Skill-Building In: an Organizational Behavior Course". *The Organizational Behavior Teaching Review* 11, n. 4 (1986-87): 60-73.
7. John E. Flemming. "On Business Ethics". *Exchange: The Organizational Behavior Teaching Journal* 8, n. 1 (1983): 3-9.
8. Barbara Ley Toffler. *Tough Choices: Managers Talk Ethics* (Nova York: Wiley, 1986).
9. Para uma discussão mais profunda dessas teorias éticas, veja Manuel Velasquez, *Business Ethics: Concepts and Cases* (Englewood Cliffs: Prentice Hall, 1988); Richard DeGeorge. *Business Ethics* (Nova York: MacMillan, 1986); e Anthony F. Buono e Lawrence T. Nichols. *Corporate Policy, Values and Social Responsibility* (Nova York: Praeger, 1985), Capítulo 2.
10. James T. Ziegenfuss. "Do Your Managers Think. In: Organizational 3-D?" *Sloan Management Review* 24, n. 1 (1982): 55-59.
11. Essa discussão sobre a evolução histórica do pensamento administrativo foi extraída de Daniel Wren. *The Evolution of Management Thought* (Nova York: John Wiley & Sons, 1979); e Claude George. *The History of Management Thought* (Englewood Cliffs: Prentice-Hall, 1972).
12. Para uma discussão mais completa do desenvolvimento do capitalismo e sua relação com o tipo de estrutura da autoridade na sociedade, veja Max Weber. *The Protestant Ethic and the Spirit of Capitalism*, trad. T. Parsons (Nova York: Scribner, 1930) (Trad. Livraria Pioneira Editora: *A Ética Protestante e o Espírito do Capitalismo*, 6. ed., 1989) e Max Weber. *The Theory of Social and Economic Organization*, trad. A. Henderson e T. Parsons (Nova York: Free Press, 1947).
13. Wren. *Evolution of Management Thought.*
14. Weber. *Theory of Social and Economic Organization.*
15. Amitai Etzioni. "Choose America Must – Between 'Reindustrialization' and 'Quality of Life'". *Across the Board* 17, n. 10 1980: 42-49.
16. Henri Fayol. *General and Industrial Management*, trad. C. Storrs (Londres: Pitman, 1949).
17. Frederick Taylor. *The Principles of Scientific Management* (Nova York: Harper & Brothers, 1911).

18. Frank Gilbreth. *Primer of Scientific Management* (Nova York: Harper & Brothers, 1912); também George. *History of Management Thought*, p. 96-98.
19. Wren. *Evolution of Management Thought*, p. 148-58.
20. Weber. *Social and Economic Organization.*
21. William G. Scott. "Organization Theory: An Overview and an Appraisal". *Academy of Management Journal* 4 (1961): 7-26; e Ziegenfuss. "Organizational 3-D".
22. Essa discussão foi extraída de Raymond E. Miles. *Theories of Management: Implications for Organizational Behavior and Development* (Nova York: McGraw-Hill, 1975), p. 39-40; Scott. "Organization Theory", p. 13-14; Edgar Schein. *Organizational Psychology*, 2. ed. (Englewood Cliffs: Prentice-Hall, 1980), p. 62-64; e Harold Koontz. "The Management Theory Jungle". *Academy of Management Journal* 4 (1961): 174-78.
23. Extraído do depoimento de Frederick Taylor nas audiências perante o Comitê Especial da Assembleia dos Representantes para Investigar Taylor e outros sistemas de administração fabril, 25 jan. 1912, p. 1387-89. Foi incluído como um dos textos em Michael T. Matteson e John M. Ivancevich, (eds.). *Management Classics*, 2. ed. (Santa Monica: Goodyear, 1981), p. 5-8.
24. Scott. "Organization Theory", p. 14-17.
25. Para a análise inicial das Experiências de Hawthorne, veja Frederick J. Roetlisberger e William J. Dickson. *Management and the Worker* (Cambridge: Harvard University Press, 1939) e George Homans. *The Human Group* (Nova York: Harcourt, Brace, 1950). A exposição nesta seção foi extraída de Schein, *Organizational Psychology*, p. 56-67; e Miles, *Theories of Management*, p. 39-42.
26. Ronald G. Greenwood e Charles D. Wrege. "The Hawthorne Studies". In: Daniel A. Wren (Ed.) *Papers Dedicated to the Development of Modern Management* (Academy of Management, 1986), p. 24-35.
27. O impacto da metodologia de pesquisa nos resultados dos Estudos de Hawthorne, bem como as implicações que podem ser extraídas dessa pesquisa, formam o ponto central de muitas discussões até o presente. Veja, por exemplo, Michael Argyle, "The Relay Assembly Test Room In: Retrospect". *Occupational Psychology* 27 (1953): 98-103; Alex Carey. "The Hawthorne Studies: A Radical Criticism". *American Sociological Review* 32 (1967): 403-16; Robert Sommer. "Hawthorne Dogma". *Psychological Bulletin* 70 (1968): 592-95; A. J. M. Sykes, "Economic Interest and the Hawthorne Researches", *Human Relations* 18 (1965): 253-63; e Richard H. Franke e James D. Kaul. "The Hawthorne Experiments: First Statistical Interpretation". *American Sociological Review* 43 (1978): 623-42.
28. Essa seção foi extraída de Schein, *Organizational Psychology*, p. 68-72; e Miles, *Theories of Management*, p. 41-44.
29. Scott. "Organizational Theory", p. 17.
30. Scott. "Organizational Theory", p. 17-18.
31. Daniel Bell. *The Coming of Post-Industrial Society: A Venture*. In: *Social Forecasting* (Nova York: Basic Books, 1973).
32. A controvérsia que cerca o pós-industrialismo é explorada com mais profundidade em Dennis Little. "Post-Industrial Society and What It May Mean". *The Futurist* (dez. 1973): 259-62; Michael Marien. "Daniel Bell and the End of Normal Science." *The Futurist* (dez. 1973): 262-68; Gary Gappert. "Post Affluence: The Turbulent Transition to a Post-Industrial Society". *The Futurist* (out. 1974): 212-16; e Richard Hill. "The Coming of Post-Industrial Society". *The Insurgent Sociologist* 4 (1974): 37-51.
33. Schein, *Organizational Psychology*, p. 93-94.
34. C. W. Churchman, R. L. Ackoff, e E. L. Arnoff, *Introduction to Operations Research* (Nova York: Wiley, 1957).
35. Essa discussão foi extraída de Richard B. Chase e Eric L. Prentis. "Operations Management: A Field Rediscovered". *Journal of Management* 13, n. 2 (1987): 351-366; e Richard J. Schonberg, "The Rationalization of Production". In: Daniel A. Wren (Ed.) *Papers Dedicated to the Development of Modern Management* (Academy of Management, 1986), p. 64-70.
36. J. W. Forrester. "Conterintuitive Behavior of Social Systems". *Technology Review* 73 (jan. 1971): 52-68.
37. Ver Donald D. Davis & Associates. *Managing Technological Innovation: Organizational Strategies for Implementing Advanced Manufacturing Technologies.* (San Francisco: Jossey-Bass, 1986); Judith B. Kamm. *An Integrative Approach to Managing Innovation* (Lexington, MA: Lexington Books, 1987).
38. Para uma discussão mais completa e aprofundada da Teoria dos sistemas, veja von Bertalanffy. *General Systems Theory: Foundations, Development, and Applications* (Nova York: Braziller, 1967); L. von Bertalanffy. "The History and Status of General Systems Theory". *Academy of Management Journal* 15, n. 4 (1972): 411; C. G. Schoderbek, P. P. Schoderbek, A. G. Kefalas. *Management Systems: Cónceptual Considerations* (Dallas: Business Publications, 1980); e D. Katz e R. L. Kahn. *The Social Psychology of Organizations* (Nova York: Wiley, 1966).
39. Harold J. Leavitt. "Applied Organizational Change In: Industry: Structural, Technical, and Human Approaches". In: W. W. Cooper, H. J. Leavitt, e M. W. Shelly. *New Perspectives*. In: *Organizational Research* (Nova York: Wiley, 1964); Paul Hersey e Kenneth Blanchard. *Management of Organizational Behavior: Utilizing Human Resources* (Englewood Cliffs: Prentice-Hall, 1977); David Nadler e Michael Tushman. "A Diagnostic Model for Organizational Behavior". In: J. R. Hackman, (Ed.). *Perspectives on Behavior*. In: *Organizations* (Nova York:

McGraw-Hill, 1977), p. 85-101; e David Nadler e Michael Tushman. "A Model for Diagnosing Organizational Behavior". *Organizational Dynamics* (1980): 35-51.

40. Para uma boa visão geral do conceito de função, veja Alexander H. Leighton. "The Functional Point of View". Jean Bartunek e Judith Gordon (Eds.). In: *Behavior.* In: *Organizations: A Diagnostic Approach* (Lexington, MA: Xerox, 1978), p. 13-15; e A. R. Radcliffe-Brown. "Concept of Function In: Social Science". *American Anthropologist* 37 (jul.-set. 1935).
41. Veja Greiner, "Recent-History". p. 10-11; John A. Seiler. *A Systems Analysis.* In: *Organizational Behavior* (Homewood, Il: Richard D. Irwin, 1967); Joan Woodward. *Industrial Organization: Theory and Practice* (Londres: Oxford University Press, 1965); Paul R. Lawrence e Jay W. Lorsch. *Organization and Environment: Managing Differentiation and Integration* (Homewood, III: Richard D. Irwin, 1969); James Thompson. *Organizations.* In: *Action* (Nova York: McGraw-Hill, 1967); Fred E. Fiedler. *A Theory of Leadership Effectiveness* (Nova York: McGraw-Hill, 1967); e Hersey e Blanchard, *Management of Organizational Behavior.*
42. Veja R. Jaikumar. "Post-Industrial Manufacturing". *Harvard Business Review* 64 (1986): 69-76.
43. Veja K. Chin. "Life on the Line: Silicon Valley's Anonymous Workers". *Infoworld* 6, n. 2 (1984): 50-56; K. Nussbaun e V. du Rivage. "Computer Monitoring: Mismanagement by Remote Control". *Business and Society Review* n. 56, Winter (1986): 16-20; Don Mankin. *Toward a Post-Industrial Psychology* (Nova York: Wiley, 1978), p. 7-10; Francis W. Steckmest. *Corporate Performance: The Key to Public Trust* (Nova York: McGraw-Hill, 1982); e Larry Greiner. "A Recent History of Organizational Behavior", In: Steven Kerr (ed.). *Organizational Behavior* (Columbus: Grid Pub., 1979), p. 3-14.
44. Veja R. Blauner. *Alienation and Freedom: The Factory Worker and His Industry* (Chicago: University of Chicago Press, 1964); C. R. Walker & R. H. Guest. "The Man on the Assembly Line". *Harvard Business Review* 30, n. 3 (1952): 71-83; E. B. Shils. *Automation and Industrial Relations* (Nova York: Holt, Rinehart & Winston, 1963); e W. A. Faunce. *Problems of an Industrial Society* (Nova York: Mc-Graw-Hill, 1968).
45. Veja Joseph Finkelstein e David Niewman. "The Third Industrial Revolution: A. Special Challenge to Managers". *Organizational Dynamics*, (1984): 53-65.
46. Shosana Zuboff. "New Worlds of Computer-Mediated Work". *Harvard Business Review* 60, n. 5 (1982): 142-52.
47. Para um bom exemplo desses estudos, veja Donald Roy. "Efficiency and 'The Fix': Informal Intergroup Relations In: a Piecework Machine Shop". In: S. M. Lipset N. J. Smelser (Eds.). *Sociology: The Progress of a Decade* (Englewood Cliffs: Prentice Hall, 1961), p. 378-390; e Robert Schrank. *Ten Thousand Working Days* (Cambridge, MA: MIT Press, 1978).
48. Essa discussão é baseada em Edward E. Lawler. "Transformation from Control to Involvement". In: Ralph H. Kilmann, Teresa Joyce Covin & Associates. *Corporate Transformation: Revitalizing Organizations for a Competitive World* (San Francisco: Jossey-Bass, 1988), p. 46-65; e Robert E. Walton. "From Control to Commitment In: the Workplace". *Harvard Business Review* 63, n. 2 (1985): 76-84.
49. "Worker Monitoring and Privacy". *The Futurist* 22, n. 2 (1988): 51; Nussbaun & duRivage. "Computer Monitoring"; G. T. Marx e S. Sherizen. "Corporations Spy on their Employees". *Business and Society Review*, n. 60, (1987): 32-37.
50. Marvin Weisbord. "Toward Third-Wave Managing and Consulting". *Organizational Dynamics*, (1987): 5-24.
51. Louis G. Tornatzky. "Technological Change and the Structure of Work". In: Michael S. Pallak e Robert O. Perloff (Eds.). *Psychology and Work: Productivity, Change, and Employment* (Washington, D. C.: American Psychological Association, 1986), p. 53-84.
52. Para um bom exemplo desses estudos, veja Robert Milles. *Macro Organizational Behavior* (Santa Monica: Goodyear, 1980), Capítulo 1.

capítulo 2

O processo de pesquisa no comportamento organizacional

Uma das maneiras com que as pessoas procuram simplificar o mundo é decompor os conjuntos complexos de informações que as cercam em porções administráveis. Dentro do campo do comportamento organizacional, esse processo frequentemente assume a forma de proposições sobre o comportamento humano e suas causas.[1] Por exemplo, muitos administradores provavelmente concordariam que a satisfação no trabalho gera produtividade elevada, que empregados dos escalões mais baixos apenas buscam a recompensa monetária pelo seu trabalho, que diversos traços de personalidade diferenciam os líderes eficazes dos ineficazes, e assim por diante. Como já foi exposto no Capítulo 1, a crença nessas proposições influenciou prontamente a natureza da administração e do pensamento gerencial. Mesmo assim, segundo pesquisas recentes, há dúvidas sérias quanto à validade genérica de muitas dessas proposições e crenças.[2]

Como membros de organizações, evidentemente, é importante entender o que as pessoas *acreditam* ser verdade em relação aos comportamentos organizacionais. No entanto, também é crítico saber até que ponto essas crenças são sustentadas por pesquisas empíricas. Para fazê-lo, é preciso ter um conhecimento básico de como a pesquisa organizacional é conduzida e analisada. Além de ajudar a esclarecer o campo do comportamento organizacional, para que estudantes e profissionais possam entender as pesquisas que estão sendo realizadas nessa área, há diversos outros motivos pelos quais isso é importante. Primeiro, tal conhecimento pode contribuir para a solução eficaz de problemas organizacionais, em comparação com esforços de tentativa e erro. Estudando os métodos de pesquisa e análise, pode-se desenvolver uma maior capacidade de entender e *aplicar* as pesquisas feitas por outros. Além disso, uma compreensão dos porquês e comos da pesquisa e análise de dados também pode facilitar a capacidade de se apreciar a validade de afirmações fundamentadas em pesquisas e de pesar a sensatez de diversas teorias que tratam de comportamentos organizacionais.[3]

Tanto acadêmicos de pesquisa como profissionais de organizações se envolvem em diversos esforços de pesquisa para aumentar seus conhecimentos sobre comportamentos e interações organizacionais. Na maioria dos casos, porém, seus objetivos serão diferentes. Os pesquisadores organizacionais frequentemente criam estudos para desenvolver uma nova teoria ou testar uma existente, ao passo que a principal preocupação do profissional, geralmente é diagnosticar problemas organizacionais e ajudar a organização a se tornar mais eficaz. Da mesma forma, embora o profissional e o cientista possam usar as mesmas técnicas de coleta de dados, a maneira como planejam seus esforços de pesquisa e analisam seus dados será geralmente diferente. Por exemplo, os profissionais podem se satisfazer em saber que uma mudança ocorreu e tornou a organização mais eficaz. Em contrapartida, os pesquisadores organizacionais vão querer saber, tão especificamente quanto possível, *por que* a mudança foi eficaz, o que *causou* a mudança ou, se for impossível identificar as causas da mudança, o que *é relacionado* a ela. Esses objetivos determinam, em grande parte, como a pesquisa é montada e executada.

Para entender melhor o processo de pesquisa, duas seções deste capítulo foram dedicadas a uma breve explicação sobre como as pessoas desenvolvem o conhecimento nos diversos campos do comportamento organizacional e como os dados são coletados.

MÉTODOS E TÉCNICAS DE PESQUISA ORGANIZACIONAL

Uma das considerações básicas ao se avaliar a coerência de certa proposição (por exemplo, que a satisfação no trabalho causa alta produtividade) é avaliar a maneira como o "conhecimento" sobre a proposição foi inicialmente estabelecido e subsequentemente testado. Nesse contexto, há duas abordagens gerais para aumentar o conhecimento: o raciocínio dedutivo e o indutivo.

Raciocínio dedutivo

No raciocínio dedutivo, o pesquisador observa fenômenos genéricos e desenvolve premissas específicas sobre eles. Com base nessas premissas, o pesquisador cria um modelo e, por meio dos princípios da lógica, chega a uma conclusão sobre os fenômenos em questão. A conclusão é então comparada às observações iniciais para avaliar o grau de convergência esperado (veja a Figura 2.1). Essencialmente, esse é um processo de "somar dois mais dois", combinando pedaços de conhecimento obtidos em situações distintas ou tirando conclusões baseando-se nas informações existentes. Embora seja um processo lógico, pelo qual conclusões válidas podem ser obtidas a partir de observações e premissas, um problema com o raciocínio dedutivo é a necessidade de ter certeza de que as premissas estão corretas. Como exemplo, observe o seguinte conjunto de afirmações.

- John é um gerente ineficaz ao lidar com seus subordinados. (Observação)
- O comportamento organizacional proporciona uma compreensão das relações entre gerente e subordinado. (Premissa)

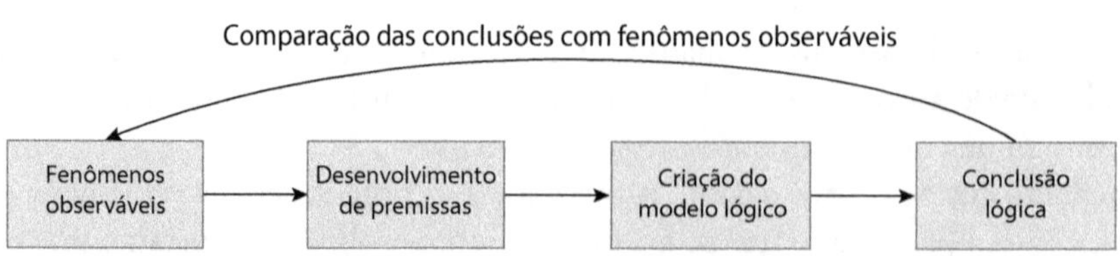

Figura 2.1 Processo de raciocínio dedutivo.

Fonte: Com base na adaptação de W. Jack Duncan, *Organizational Behavior*, 2. ed. © 1981 by Houghton Mifflin Company.

- Gerentes eficazes ao lidarem com seus subordinados compreendem o comportamento organizacional. (Modelo lógico)
- John não compreende o comportamento organizacional. (Conclusão)

Com base nesse raciocínio, o chefe de John pode sugerir que ele faça um curso sobre comportamento organizacional para melhorar sua habilidade gerencial. Embora isso possa parecer uma "solução" rápida obtida por meio da conclusão, esta pode estar errada por vários motivos. Por um lado, a premissa, por si, pode não estar correta. Além disso, como pode haver uma série de fatores para a ineficácia de John, a conclusão não é plenamente sustentada pelas informações disponíveis. Dessa forma, simplesmente fazer um curso sobre comportamento organizacional não vai necessariamente melhorar a eficácia interpessoal e gerencial de John.

Raciocínio indutivo

Para a maioria dos problemas organizacionais complexos, não há uma única resposta "certa", e as exigências da situação não podem ser atendidas simplesmente juntando-se as provas disponíveis. Algo de novo precisa ser acrescentado pelos pesquisadores (indo do conhecido para o desconhecido), se eles tiverem de entender perfeitamente a situação. Esse processo é chamado raciocínio indutivo.

O processo indutivo é essencialmente o método da descoberta. Ele se move a partir de objetos ou incidentes críticos para o desenvolvimento de ideias. Como já foi dito aqui, as conclusões tiradas exclusivamente do raciocínio dedutivo somente serão válidas se forem decorrentes de premissas sustentáveis. Entretanto, visto que assegurar a exatidão de premissas em ciências sociais é muito difícil, os pesquisadores procuraram um modo mais preciso de determinar se suas observações são justificadas. Esse processo indutivo pode, assim, ser considerado um modo de *complementar o* raciocínio dedutivo.[4]

Essencialmente, os pesquisadores identificam uma questão ou um comportamento para analisar. Eles então coletam informações (por meio de pesquisas ou entrevistas, experiências em laboratório ou em campo, e assim por diante) sobre os pesquisadores e as condições ou os comportamentos do grupo específico a ser estudado. Esses dados geralmente são recolhidos de uma *amostra* (um conjunto finito de pessoas, objetos ou coisas selecionadas para estudo) da população total ou do universo do grupo maior. Os pesquisadores então usam esses dados para fazer certas inferências sobre a população maior ou sobre o universo com base nas observações feitas na amostra (veja a Figura 2.2). Isso é feito por meio de análise estatística e das probabili-

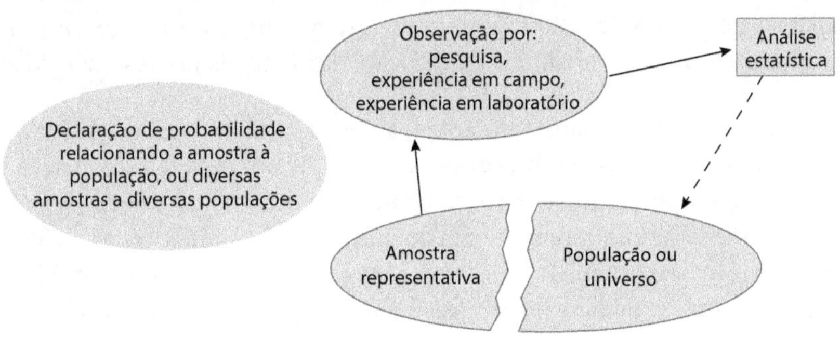

Figura 2.2 Processo de raciocínio indutivo.

Fonte: Com base na adaptação de: W. Jack Duncan, *Organizational Behavior*, 2. ed. © 1981 by Houghton Mifflin Company.

dades de que certos fenômenos que ocorrem na amostra sejam representativos da população inteira (veja o Apêndice A).

Esse procedimento, é claro, baseia-se na *generalização*. Um pressuposto básico desse processo é que, se a pesquisa fosse repetida com outras amostras aleatórias da população, os resultados seriam consistentes. Sendo assim, uma consideração importante é assegurar que o tamanho e a representatividade da amostra sejam adequados e que a explicação (teoria) resultante não seja vulnerável a explicações mais plausíveis. Para conseguir isso, é preciso tentar incorporar em um estudo uma variedade tão ampla de observações quanto se queira generalizar.

Desenvolvimento da teoria

Como os processos indutivo e dedutivo ajudam a entender e ordenar as observações, os pesquisadores usam ambos os métodos no desenvolvimento de teorias. Basicamente, uma teoria é uma relação ordenada de hipóteses sustentadas por dados. Quando um sociólogo empreende uma pesquisa, os fatos existentes (pesquisas anteriores, observações, literatura etc.), sobre um problema teórico ou prático, são observados. Com base nessas observações, diversas perguntas de pesquisa são formuladas (por exemplo, "Qual é a relação entre A e B?"; "Melhorando a satisfação no trabalho vai melhorar a produtividade?"). Essas perguntas servem, então, como guia para estabelecer *hipóteses* (tentativas de explicações sobre a relação entre duas ou mais variáveis), que são postas à prova por meio de pesquisa experimental. Então, é preparada uma estratégia (*projeto do estudo*), a qual orientará os esforços de coleta de dados e será usada para testar a hipótese. Os dados serão então analisados (estatisticamente ou de outra forma) para se avaliar se sustentam ou não a hipótese. Finalmente, serão tiradas conclusões (explicações, teorias) que pareçam justificáveis pelos resultados do estudo e que se tornarão os "fatos existentes" para outros esforços de pesquisa.[5]

Um exemplo desse processo pode ser visto na controvérsia satisfação – desempenho.[6] Inicialmente, acreditava-se que a satisfação do trabalho resultava em bom desempenho. Embora dedutivamente essa premissa pareça fazer sentido (hipótese), a pesquisa empírica não a corroborou plenamente (teste da hipótese). Pesquisas sobre a hipótese satisfação – desempenho indicaram que não há uma relação simples e direta entre a satisfação do trabalho individual em certo momento e o desempenho no trabalho em momento posterior. Embora alguns pesquisadores de comportamento organizacional ainda defendam que a relação causal entre satisfação e desempenho pode existir em certas situações, uma hipótese emergente é que o bom desempenho realmente causa satisfação quando é sucedido por recompensas valorizadas. Testes empíricos dessa hipótese indicaram, de modo geral, uma relação mais forte que a encontrada entre a satisfação inicial do trabalho e o desempenho posterior. Assim, sondando os fatos existentes, formulando perguntas de pesquisa e, então, testando hipóteses, as teorias sobre a relação causal entre o desempenho no trabalho e a satisfação obtida têm sido desenvolvidas e refinadas.

Tipos de hipóteses Como foi sugerido antes, a pedra fundamental do desenvolvimento de teorias é a criação de hipóteses. As hipóteses são sempre formuladas aos pares, e chamadas hipótese operacional e hipótese nula, embora na maioria dos artigos em revistas especializadas a hipótese nula seja mais comumente implícita do que explicitamente declarada (veja o Apêndice B). Considere a seguinte afirmação: "A redução da jornada de trabalho de 40 para 36 horas semanais vai afetar a produtividade". Essa frase é uma *hipótese operacional*. Como as hipóteses precisam ser feitas em pares que sejam exaustivos (que considerem todas as possibilidades) e mutuamente exclusivos (que apenas um deles possa ser sustentado), a *hipótese nula* para essa afirmação é "A redução da jornada de trabalho de 40 para 36 horas semanais *não* vai afetar a produtividade".

Esse par de hipóteses é chamado *hipótese de dois extremos*. Nesse caso, a hipótese operacional não específica que haverá um aumento ou uma diminuição na produtividade; ela afirma que haverá uma mudança em *qualquer* um dos sentidos. A hipótese nula, que é mutuamente exclusiva e exaustiva, afirma que não haverá qualquer mudança na produtividade. Em uma hipótese de dois extremos, a hipótese nula é frequentemente chamada *hipótese indiferente*. Como essas duas hipóteses cobrem todas as alternativas possíveis, tão logo se obtenham dados sobre a produtividade da organização após a mudança na jornada de trabalho, um teste estatístico, como o teste-t (veja o Apêndice B), pode ser usado para "testar" qual das hipóteses é sustentada.

Suponhamos que, em vez de simplesmente predizer uma mudança na produtividade com base apenas nas suas próprias observações ou pesquisas anteriores, o leitor acreditasse que a redução da jornada de trabalho de 40 para 36 horas semanais efetivamente aumentasse a produtividade. Visto que haveria, nesse caso, uma previsão de que os resultados seriam em certo sentido (aumento de produtividade), a hipótese operacional cria um teste *de um extremo*. A hipótese nula teria de ser reformulada: "A redução da jornada de trabalho de 40 para 36 horas semanais diminuirá a produtividade ou vai deixá-la inalterada". Nesse caso, a hipótese nula não é simplesmente uma hipótese indiferente, visto que também considera a possibilidade de uma redução na produtividade. Como as hipóteses de um extremo são mais fortes e mais úteis na elaboração de teorias, os testes de dois extremos são mais usados em pesquisas.

Designação de variáveis

Em pesquisas das ciências comportamentais, há quatro classes ou símbolos que de alguma forma identificam grupos de pessoas (ou objetos), ou como estes foram tratados. Esses símbolos são chamados *variáveis*. *Variáveis independentes* são aquelas que ocorrem anteriormente, ou, no caso de experiências, que são manipuladas para causar um efeito. *Variáveis dependentes* são aquelas previstas ou mensuradas; nas experiências, são as causadas por uma variável independente. Uma *variável interventora* é um processo ou estado não observável, hipoteticamente deduzido do exame das variáveis independente e dependente, que ajuda a esclarecer a relação entre essas variáveis. Finalmente, as *variáveis moderadoras* causam mudanças nas relações entre as variáveis independente e dependente.

Há dois tipos de variáveis interventoras: moderadora e mediadora.[7] Uma *variável moderadora* é uma variável qualitativa (por exemplo, gênero, nível de gerência, classe socioeconômica) ou quantitativa (por exemplo, nível salarial, tempo passado em treinamento) que afeta a direção e a força da relação entre uma variável independente e uma dependente. Por exemplo, a posição de uma pessoa na organização pode moderar os efeitos das intenções no comportamento. Embora possamos pretender nos comportar de uma forma, o nosso comportamento real frequentemente é influenciado pelo nosso papel e *status* (veja Capítulo 6). Uma *variável mediadora*, em contrapartida, reconhece que "um organismo ativo intervém entre o estímulo e a resposta".[8] Enquanto as variáveis moderadoras definem quando certos efeitos ocorrerão, as *variáveis mediadoras* tratam de como ou por que vão ocorrer esses efeitos. A noção básica é que diversos processos internos ao organismo (indivíduo, grupo, organização) mediam os efeitos de um estímulo no comportamento daquele organismo. Por exemplo, enquanto a liberdade de escolha pode moderar o impacto de um incentivo na mudança e atitude causada por atas inconsistentes ou discordância, esse efeito é mediado adicionalmente pela tentativa da pessoa de reduzir qualquer dissonância que ela possa perceber (veja Capítulo 4). Diversas variáveis mediadoras em nível de grupo, tais como conflito de papéis, de normas, pensamento grupal, coesão etc. desempenharam um papel fundamental na análise, na compreensão e na explicação do comportamento de grupos (veja o Capítulo 6).

No exemplo anterior da controvérsia da satisfação – desempenho, pensava-se inicialmente que a satisfação do trabalho (variável independente) causava o bom desempenho (variável dependente). Entretanto, a designação dessas variáveis é baseada na forma como a pesquisa de pesquisa é formulada. Por exemplo, no desenvolvimento de teorias mais recentes, foi hipotetizado que desempenho no trabalho (variável independente) causa a satisfação na função (variável dependente) quando o bom desempenho é seguido de recompensas valorizadas (variável moderadora). As variáveis mediadoras também auxiliam nessas análises, pois podem ajudar a explicar por que uma variável independente influencia uma dependente. No exemplo da satisfação-desempenho, uma variável mediadora que tem esse potencial explicativo é a "motivação". Pesquisadores afirmaram que a maior satisfação do trabalho para certos indivíduos resulta na quantidade de motivação que eles têm para realizar tarefas ligadas ao trabalho (variável mediadora), que resulta no desempenho melhor. No entanto, diferentemente dos valores das variáveis independentes e dependentes, os valores das variáveis interventoras não podem ser diretamente (ou indiretamente) observados, e precisam ser inferidos dos valores das observáveis. Assim, a motivação individual para realizar uma tarefa (não observável) precisa ser inferida da quantidade de esforço observável exercido na realização daquela tarefa, ou das respostas dos pesquisados, que também são observáveis.

Resultados *versus* processo em pesquisa organizacional A maioria das pesquisas em comportamento organizacional é dirigida a variáveis de resultados específicos: atitudes, desempenho no cargo, produtividade em unidades, uma mudança organizacional específica, e assim por diante. Como resultado, muitos especialistas em comportamento organizacional estão se tornando cada vez mais críticos em relação à falta de atenção que as pesquisas no campo têm dado à documentação dos processos organizacionais e às dinâmicas relacionadas à mudança.[9] Assim, embora seja muito provável que um enfoque nos resultados continue a dominar a pesquisa organizacional, as variáveis de *processo* e as relativas ao *contexto* surgem como uma área de interesse substancial. Os pesquisadores, por exemplo, estão cada vez mais começando a explorar como as pessoas se socializam nas suas organizações, como a cultura de uma organização se desenvolve ao longo do tempo, as fases em que os gerentes desenvolvem suas competências e, de modo geral, por que e como as organizações mudam e desenvolvem maior eficácia. Nesse contexto das intervenções organizacionais específicas e dos esforços planejados de mudança (veja os capítulos 10 e 11), começou-se a dedicar mais atenção ao papel e à influência do ambiente externo (Capítulo 8) e às condições internas da organização (Capítulo 9). Dessa forma, está se tornando cada vez mais claro que estudos em longo prazo, longitudinais, que explorem as relações entre as variáveis contextuais, de processo e de resultados são importantes para o desenvolvimento de teorias consistentes.

Abordagens e projetos de pesquisa

No início deste capítulo, fizemos uma distinção entre o tipo de pesquisa conduzido por profissionais da organização em comparação com pesquisadores acadêmicos. Embora ambos utilizem as mesmas técnicas para a coleta de dados, uma vez que os objetivos de seus esforços de pesquisa são diferentes, a abordagem geral, ou o projeto da pesquisa que vão adotar será igualmente diferente. Resumindo, a diferença crítica é o grau de rigor científico envolvido no processo.

A Tabela 2.1 resume algumas das abordagens à pesquisa usadas por profissionais da organização e cientistas organizacionais. O leitor vai perceber na tabela que os tipos de pesquisa variam da edificação rigorosa e científica de teorias, passando por esforços relativamente sistemáticos e chegando aos esforços não sistemáticos. Cada abordagem tem seus

Tabela 2.1 Tipos de abordagem de pesquisa em comportamento organizacional.

	MAIS RIGOROSAS		MENOS RIGOROSAS
Dimensão	**Pesquisa comportamental formal**	**Pesquisa de ação**	**Mudança casual**
1. Objetivos	Desenvolver teorias sustentadas por dados que serão amplamente generalizadas para outros ambientes organizacionais	Obter dados que, em última análise, vão sustentar as mudanças organizacionais necessárias para tornar uma organização eficaz	Fazer mudanças de "bom senso", limitadas, para corrigir problemas identificados por gerentes
2.	O pesquisador acadêmico tenta obter uma amostra representativa da população, ou do universo; isso pode ser feito aleatoriamente ou por outros meios de amostragem em subsetores estabelecidos pela população	O profissional utilizará uma parte da organização ou toda ela como alvo da pesquisa	Os gerentes podem observar suas equipes de trabalho para ver se as mudanças implementadas foram eficazes
3.	Antes da coleta de dados, um projeto de pesquisa é cuidadosamente planejado, e subsequentemente executado. São controladas tantas variáveis importantes, quanto possível. Observa-se cuidadosamente quaisquer influências experimentais	São desenvolvidos procedimentos gerais, os quais, porém, não serão seguidos se durante o procedimento for encontrado "um jeito melhor". Não há controle formal nem grupos experimentais. Embora os profissionais procurem ser imparciais na sua abordagem, não se pode garantir a isenção de influências	Há um mínimo de planejamento prévio e inexiste um projeto formal ou um comum acordo sobre quais os procedimentos que serão utilizados. Da mesma forma, não se espera que os resultados sejam generalizáveis
4.	Procuram-se as medidas mais válidas possíveis. Invariavelmente, haverá estudos piloto antes do estudo principal para verificar minuciosamente os instrumentos ou abordagens de coleta de dados	As medidas de verificação são menos rigorosas; geralmente não haverá um teste piloto antes da medição do estudo principal	Geralmente não haverá uma coleta de dados formal sobre a eficácia da intervenção. Pode-se procurar um parecer subjetivo
5.	É necessária uma análise quantitativa e/ou qualitativa profunda. Geralmente se enfatiza o significado estatístico	Enfatiza-se a simplicidade de procedimentos. Dá-se mais importância ao significado prático que o estatístico. As opiniões subjetivas são consideradas importantes	Buscam-se as opiniões dos participantes. Não há qualquer tentativa de ser imparcial.
6.	Os resultados são generalizáveis, mas frequentemente a situação é tão única que é difícil generalizar para uma situação prática	Os resultados são aplicados à situação organizacional imediata, mas inexiste o desenvolvimento de teorias. Os resultados não podem ser generalizados.	As decisões tomadas são aplicadas imediatamente, mas não se procura coletar provas de que a mudança tenha sido eficaz. Mudanças como essas são frequentemente revertidas

Fonte: Adaptado de Educational Research: An Introduction, 1. ed. por Walter R. Borg. © 1963 by Longman Inc. Reproduzido sob permissão de Longman Inc., New York e adaptado de *Training: Program Development and Evaluation* por I. L. Goldstein. Copyright 1974 by Wadsworth Publishing Co., Inc. Reproduzido sob permissão de Brooks/Cole Publishing Company, Monterey, CA 93940.

problemas e seus benefícios. Embora a pesquisa rigorosa seja usada no desenvolvimento de teorias, frequentemente é problemático generalizá-las para situações práticas, porque é difícil controlar variáveis múltiplas em situações reais. A pesquisa ativa pode ter seu valor para certa situação prática, porém não costuma ser generalizável e tem menor utilidade na construção de teorias ou no progresso da área. Mudanças ocasionais são necessárias de tempos em tempos, mas não há nenhuma tentativa real de medir sua eficácia. O rigor científico traz consigo um cronograma longo. A pesquisa científica leva bastante tempo para ser planejada e executada; mudanças casuais, em contrapartida, podem ser conseguidas bem rapidamente.

Na Tabela 2.1, o uso de um projeto experimental é esboçado rapidamente. Dependendo da finalidade do estudo, diversos tipos de projeto podem ser adequados. Nesta seção, discutiremos rapidamente quatro tipos de projetos de pesquisa: estudo de caso, estudo de campo, experiências em laboratório e experiências de campo. Finalmente, faremos uma apresentação rápida de uma abordagem para se acumular conhecimentos de estudos idênticos, conhecida como *meta-análise.*

O estudo de caso O método do estudo de caso envolve um exame profundo de um indivíduo, um grupo ou uma organização, por um pesquisador ou por uma equipe de pesquisadores. O estudo de caso simples é a versão mais familiar dessa abordagem, embora haja variações, como estudo comparativo de casos, no qual dois ou mais grupos são analisados, e a pesquisa em fases, na qual o caso é usado como estudo piloto. Embora a abordagem do caso seja normalmente usada para pesquisa descritiva ou exploratória, há tentativas de usá-la para fins explicativos e de previsão.[10]

Existem diversas vantagens e desvantagens para o método do estudo de caso. A principal vantagem é que os pesquisadores podem se envolver diretamente com o assunto (pessoa, grupo ou organização) com relativa rapidez e obter uma "sensação" do que está acontecendo. Entretanto essa vantagem é severamente limitada pelo fato de que não é praticável generalizar a partir de uma amostra de um só; observador escolhe o que relatar, e de fato pode estar vendo e ouvindo apenas certas coisas. Além disso, as variáveis não são controladas, e as pessoas geralmente se comportam de modo diferente do "normal" quando sabem que estão sendo observadas. Finalmente, as características mais "interessantes" de uma situação costumam ser relatadas, quando, na verdade, os aspectos menos excitantes podem ter a mesma importância.

A abordagem de estudo de caso geralmente é considerada uma fonte importante de dados no início de alguns projetos de pesquisa. O estudo de caso pode identificar facetas de uma situação a serem examinadas mais detalhadamente por meio de outros métodos. Também é um método de ensino muito popular em administração e comportamento organizacional. Entretanto, por si só, o estudo de caso não é um meio adequado para apoiar ou desmentir uma hipótese, sendo mais útil para a pesquisa descritiva e exploratória. A despeito dessas limitações, estudo de caso competente vai muito além da observação casual ou da descrição superficial, pois exige a mesma atenção a detalhes, planejamento e execução que outros projetos de pesquisa. A coleta de dados ao acaso e o registro descuidado das informações ou investigações superficiais podem tornar o estudo de caso virtualmente inútil como instrumento de pesquisa.[11]

O estudo de campo O estudo de campo utiliza o ambiente natural do assunto a ser investigado. A coleta de dados pode ser feita por questionários, entrevistas ou outros tipos de dados, tais como medidas de produtividade. Basicamente, em um estudo de campo, o pesquisador identifica questões a serem exploradas, desenvolve e faz testes piloto do(s) instrumento(s) de coleta de dados e dá seguimento à coleta de dados. Na maioria dos casos, os estudos de campo são pós-fato por natureza, ou seja, as variáveis independentes sendo estudadas já ocorreram, e o pesquisador começa observando as variáveis dependentes. As variáveis independentes são então estudadas em *retrospectiva* para apurar suas possíveis relações com as variáveis dependentes.[12]

Depois disso, não se tenta dividir os pesquisados em grupos nem "controlar" as variáveis independentes. Como resultado, uma grande quantidade de dados é frequentemente coletada, e as *relações* entre as variáveis podem ser determinadas. Entretanto, mesmo que uma relação seja encontrada, será difícil estabelecer a causalidade. Isso foi parte do problema ocorrido com a controvérsia da satisfação/desempenho exposta anteriormente. Em um estudo de campo, em que há poucas tentativas de controlar as variáveis e as variáveis independentes já ocorreram, estabelecer a causalidade é muito difícil. Além disso, quando duas ou mais variáveis se combinam, elas podem produzir um efeito muito maior do que a soma dos efeitos isolados das variáveis (um efeito de interação), o que não pode ser determinado apenas pelo estudo de campo.

Mesmo assim, o estudo de campo pode ser a única abordagem praticável quando não for possível controlar as variáveis. Uma grande vantagem do estudo de campo é que, como os dados são coletados no ambiente natural, os resultados são transferíveis a outras situações. Se o pesquisador estiver interessado em estabelecer padrões entre variáveis (e não relações causais), o estudo de campo pode ser o projeto apropriado de pesquisa. É importante ressaltar, contudo, que a fim de generalizar para populações mais amplas, as amostras estudadas precisam ser representativas desses grupos. A pesquisa tem determinado, por exemplo, que as amostras organizacionais mais frequentemente usadas em estudos industriais e organizacionais provêm de um grupo relativamente restrito em sua concepção, composto predominantemente de empregados do sexo masculino, de níveis profissional, técnico e gerencial. Sendo assim, a natureza homogênea dessas amostras organizacionais típicas desafia a noção de generalidade a outras situações. Além disso, muitos especialistas defendem que a propriedade de se poder generalizar para outras populações, situações e variáveis não é algo que se possa obter com qualquer estudo isolado, mas uma questão empírica, que exige a comparação de diversos esforços de pesquisa em locais diferentes.[13]

Experiência em laboratório A experiência em laboratório refere-se a um estudo que seja conduzido em um local *diferente* do ambiente natural do grupo, onde o pesquisador pode controlar (manipular) as variáveis. Essa abordagem permite que o pesquisador enfoque fatores específicos e filtre outras, variáveis que sejam distrações em potencial. Como exemplo, um pesquisador pode conduzir uma experiência em laboratório para avaliar a eficácia de um programa de treinamento. Usando um projeto experimental básico, no mínimo seria feito o seguinte: dois grupos de pessoas escolhidas aleatoriamente seriam designados para um grupo experimental e um grupo de controle. O grupo experimental receberia o programa de treinamento, enquanto o grupo de controle *não* o receberia. Ambos os grupos seriam observados antes e depois para verificar a eficácia relacionada ao treinamento.

Esquematicamente, o processo é o seguinte:[14]

	Observação 1 (O_1)	Treinamento	Observação 2 (O_2)
Grupo experimental	O_1	Sim	O_2
Grupo controle	O_1	Não	O_2

Se o desempenho do grupo experimental durante a segunda observação tiver melhorado significativamente em relação ao inicial (Observação 1) e não houver diferença notável no desempenho do grupo 2 entre as Observações 1 e 2, o pesquisador concluiria que o programa de treinamento foi eficaz, que causou uma melhora no desempenho do grupo experimental. Se, entretanto, não houver diferença significativa ou se o desempenho do grupo de controle tiver melhorado igualmente, o estudo seria inconclusivo quanto à eficácia do programa de treinamento, ou (dependendo dos resultados) poderia até sugerir que o programa de treinamento *não* foi eficaz.

Há duas variações desse projeto experimental: a abordagem de "dose única" e o estudo "antes e depois". Embora essas abordagens sejam úteis para a pesquisa ativa, não são apropriadas para o desenvolvimento de teorias científicas (veja a Tabela 2.1).

Abordagem de dose única. Essa técnica não utiliza um grupo de controle e simplesmente mede os resultados (por exemplo, o desempenho) de um grupo após uma intervenção (por exemplo, um programa de treinamento). E esquematizado da seguinte forma:

	Treinamento	Observação 2
Grupo experimental	T	O_2

A partir dessa abordagem, não é possível determinar se foi o treinamento ou algum outro evento que produziu os resultados encontrados em 0_2. Se o pesquisador não estiver interessado em *como* os participantes melhoraram o desempenho, mas simplesmente que o desempenho seja eficaz, a abordagem de "dose única" pode ser justificada. É preciso, entretanto, supor que não houvesse conhecimento prévio do tema abrangido pelo treinamento.

Abordagem de "antes e depois". Esse método é similar ao projeto experimental básico, entretanto não utiliza o grupo de controle.

	Observação 1	Treinamento	Observação 2
Grupo experimental	O_1	T	O_2

Semelhante à abordagem de "dose única", esse projeto também tem valor limitado, porque pesquisador não pode determinar o que causou o efeito em 0_2, o programa de treinamento (T) ou a observação inicial (O_1). Por exemplo, se o programa de treinamento oferece uma orientação sobre as regras e procedimentos da companhia, o questionário ou entrevista inicial (O_1), pode ter levantado dúvidas quanto às regras da companhia, que "causaram" os resultados notados em O_2. Assim, o melhor conhecimento das regras e procedimentos organizacionais pode ser um resultado da observação inicial e não do programa de treinamento.

As vantagens evidentes das experiências em laboratório são que elas oferecem controles adequados para a montagem de teorias e o exame de relações causais. Esses controles, no entanto, devem ser equilibrados com a natureza artificial da situação de laboratório. Quando a pesquisa examina os efeitos de variáveis manipuladas em um ambiente artificial, deve haver alguma preocupação com o efeito do ambiente em questão sobre a manipulação experimental em si e sobre os resultados do estudo.

A experiência de campo As experiências de campo são esforços de pesquisa conduzidos em ambientes naturais, nos quais uma ou mais variáveis independentes podem ser controladas (manipuladas) pelo pesquisador sob condições tão cuidadosamente controladas quanto a situação o permitir.[15] Embora as experiências de laboratório permitam um controle mais intenso durante a pesquisa que as experiências em campo, o ambiente natural em que a pesquisa é conduzida nestas últimas sobrepuja a artificialidade do laboratório.

Embora tais circunstâncias sejam raras, os benefícios são claros. Primeiro, o desenvolvimento de teorias pode ser realizado, porque o pesquisador pode controlar variáveis relevantes e, portanto, encontra-se em posição de estabelecer relações causais. Segundo, visto que o estudo é conduzido em um ambiente natural, os resultados são generalizáveis para outros ambientes naturais. Como já foi apontado, essa generalização nem sempre é possível por meio de um ambiente de laboratório, devido à natureza artificial da situação. Assim, as experiências de campo combinam as vantagens dos estudos de campo e das experiências de laboratório. Entretanto é difícil encontrar situações adequadas para a experimentação em campo.

Uma distinção final sobre os projetos de pesquisa precisa ser observada aqui: a diferença entre pesquisa longitudinal e transversal. Frequentemente, uma teoria que é sustentada por *pesquisa transversal* (pesquisa essencialmente feita em certo momento do tempo) não é apoiada por *pesquisa longitudinal* (um estudo conduzido durante um período de tempo prolongado). A teoria da motivação de Maslow é um caso clássico desse fenômeno. Como será apresentado no Capítulo 3, a teoria postula que os indivíduos se deslocam por meio de diversos estágios de motivação, ou seja, tipos ou níveis diferentes de necessidades motivam as pessoas em estágios diferentes: há uma progressão ordenada de níveis motivacionais à medida que as pessoas passam de um estágio mais primitivo a um mais avançado, com pouca sobreposição entre eles. A pesquisa transversal reconheceu que esses estágios de fato existiam, porém a pesquisa longitudinal descobriu que as pessoas não se moviam para cima e para baixo da progressão, como fora postulado. Em vez disso, às vezes se encontravam em dois estágios simultaneamente, pulavam estágios, e assim por diante. Nesse caso, a pesquisa transversal, conduzida em certo instante, foi inadequada para testar a teoria. A pesquisa longitudinal, conduzida por um período mais prolongado, com diversos pontos de coleta de dados, foi necessária para desafiar a teoria e trazer uma teoria revista da motivação.[16]

Meta-análise Na maioria dos casos, os projetos de pesquisa enfocam um único local ou massa de dados para desenvolver e testar um conjunto de hipóteses. Como resultado disso, as descobertas de um estudo muitas vezes são difíceis de se comparar com as de outro. Embora esse problema ocorra para análises estatísticas de experiências em laboratório e em campos diferentes, isso é particularmente real em estudos individuais de casos e em campo. Como a maioria dos estudos de caso não atende aos padrões genericamente aceitos do rigor metodológico, a experiência e o aprendizado desses esforços de pesquisa muitas vezes não são integrados à corrente principal da pesquisa. Assim, embora exista uma massa volumosa de estudos de caso e em campo, bem como experiências em laboratório e em campo, no comportamento organizacional e áreas correlatas, essa literatura não foi assimilada em uma massa empírica de conhecimentos.

Uma técnica de análise de aceitação crescente, chamada *meta-análise*, tenta superar essa falha.[17] Na sua forma mais genérica, a meta-análise pode ser concebida como um "estudo dos estudos". Às vezes é chamada estudo qualitativo da literatura, porque converte as descobertas de estudos semelhantes em um conjunto unificado de variáveis, que extrai as descobertas médias estatísticas do grupo de estudos, bem como a variância entre as descobertas dos diversos estudos (veja o Apêndice A).

O resultado é uma sustentação (ou desmentido) muito mais forte de dada hipótese, do que aquela que poderia ser obtida com um único esforço de pesquisa. Esse processo envolve reunir estudos que se relacionem a uma questão específica de pesquisa, codificar sistematicamente as descobertas e analisar as variáveis resultantes por meio de processos estatísticos. Na meta-

-análise convencional, a unidade de análise é uma experiência; na meta-análise de caso, a unidade de análise é o estudo de caso individual.

Embora a meta-análise possa ser uma ferramenta poderosa, é preciso tomar cuidado tanto na coleta de dados como na sua interpretação. Primeiro, é importante assegurar que todos os estudos relevantes tenham sido incluídos, não somente aqueles que estivessem facilmente disponíveis.

Segundo, embora estudos semelhantes possam conter as mesmas variáveis, é comum pesquisadores enfatizarem variáveis ou resultados diferentes. Dessa forma, é possível chegar a conclusões errôneas sobre a relação entre duas variáveis, que possam ser mais bem explicadas por alguma influência ou enfoque por parte dos pesquisadores. Entretanto, à medida que aumenta a popularidade da meta-análise, muitas revistas acadêmicas começaram a exigir apêndices metodológicos, que forneçam informações que facilitem estudos cruzados no futuro. Mesmo assim, como alertam alguns pesquisadores, é preferível considerar essas análises um recurso auxiliar para o pensamento, e não um substituto deste.[18]

COLETA E APURAÇÃO DOS DADOS

Há diversas técnicas e métodos diferentes para obter informações para a pesquisa do comportamento organizacional. As quatro técnicas mais frequentemente empregadas são questionários, entrevistas, observação direta e medições discretas. Visto que cada uma dessas técnicas pode obter tipos diferentes de dados, o método mais adequado dependerá da natureza do problema proposto na pesquisa.[19]

Questionários

Questionários de pesquisa são provavelmente a técnica mais largamente utilizada para a coleta de dados na sociedade contemporânea. Além de serem utilizados em pesquisa de comportamento organizacional, esses questionários são o melhor método para acumular grandes quantidades de dados de opinião pública sobre um grande elenco de questões sociais e políticas. As pesquisas por meio de questionários são particularmente úteis para o estudo das atitudes, crenças e valores de uma população específica. Elas também podem proporcionar informações úteis sobre mudanças nessas variáveis. Outra qualidade dessa abordagem é que os dados se prestam à análise estatística rigorosa, que pode ajudar na análise de tendências em diversas situações.

Os questionários frequentemente empregam o que se chama *escala tipo Likert*, na qual as pessoas são solicitadas a se posicionar em um contínuo, que varia de "concordo totalmente" a "discordo totalmente", em termos de suas atitudes em relação a uma questão específica:

Questão: De modo geral, estou satisfeito com meu trabalho.

Contínuo da resposta:	Concordo totalmente	Concordo	Neutro	Discordo	Discordo totalmente

Esses questionários, entretanto, têm diversos pontos fracos em potencial que, se não forem cuidadosamente considerados, podem levar a resultados de utilidade mínima. Por exemplo, cada pergunta precisa ser formulada com cuidado, de modo a não conduzir os pesquisados em suas respostas (por exemplo, fazer uma pergunta que influencie as pessoas a responderem de determinado modo). Visto que os questionários são um tanto impessoais, os pesquisadores são frequentemente confrontados com o problema da resposta em branco, na qual as pessoas (por motivos implícitos ou explícitos, nem sempre bem compreendidos) decidem não responder a algumas ou muitas das respostas, ou mesmo deixam o questionário inteiro em branco. Uma vez que o questionário é autoadministrado em particular, geralmente não há modo de se sondar essa informação com maior profundidade. As pesquisas também exigem um alto grau de confiança por parte do pesquisado (a pessoa que responde ao questionário). Se as pessoas envolvidas suspeitarem que podem ser identificadas ou que os dados poderão ser usados com fins punitivos, os pesquisados frequentemente preferirão responder ao pesquisador do modo como ele quer obter a resposta. Consequentemente, o que se pensa realmente sobre certa questão não virá à tona.

Entrevistas

As entrevistas pessoais são outra forma para coletar informações sobre como as pessoas se sentem a respeito de certas questões e problemas. Essa abordagem é mais direta que uso de questionários, e pode levar a uma visão mais profunda do significado real de dados subjetivos. Visto que a situação face a face oferece maior flexibilidade que o método dos questionários de pesquisa, as pessoas podem ser inquiridas mais plenamente sobre suas atitudes e opiniões sobre uma questão em particular, o que frequentemente pode esclarecer relações causais.

Entrevistas bem-sucedidas, entretanto, exigem entrevistadores habilidosos e bastante tempo disponível para efetivamente sondar os aspectos pertinentes da situação. Não é incomum uma entrevista com uma pessoa chegar a durar uma hora ou mais. Essas entrevistas podem abranger desde perguntas relativamente abertas (por exemplo, "O que você mais gosta no seu trabalho?") até perguntas formais, altamente estruturadas, similares às encontradas nos questionários (por exemplo, "Até que ponto você está satisfeito com a sua remuneração: muito satisfeito, moderadamente satisfeito, ligeiramente satisfeito ou insatisfeito?").

Mesmo nas perguntas mais estruturadas, assegurar a compatibilidade de dados entre os diversos indivíduos frequentemente é difícil, especialmente quando se usa diversos entrevistadores. Desse modo, embora a entrevista seja altamente direta e possa oferecer informações mais profundas, é um processo caro e que toma tempo, além de muitas vezes gerar dados que não são válidos para fins comparativos. Da mesma forma que, com o uso de questionários, é importante que se tenha um alto nível de confiança entre pesquisador e pesquisado.

Observação direta

Uma das maneiras mais eficazes de descobrir como o trabalho realmente é executado em certo grupo ou organização consiste em observar o comportamento das pessoas enquanto elas trabalham ou interagem com as outras. Essas observações podem abranger desde a observação casual, informal, do processo de trabalho a observações altamente estruturadas, que utilizem um quadro formal para especificar atividades e comportamentos. As principais vantagens dessa abordagem são a flexibilidade e a objetividade. Além disso, com a observação o pesquisador coleta informações do comportamento real, e não de relatórios a respeito do assunto.

Visto que o pesquisador é coletado no papel de "instrumento de medição", essa técnica fica sujeita a uma série de influências da percepção (veja o Capítulo 4). Como o que vemos é influenciado por nossos sentimentos e experiências, frequentemente distorcemos a realidade para ajustá-la aos nossos preconceitos de como ela deveria ser. Além disso, quando as pessoas sabem que estão sendo observadas, muitas vezes agem de modo diferente do "normal".

Medidas discretas

Uma das principais dificuldades com os três métodos de coleta de dados apresentados anteriormente é que o pesquisador precisa interagir com os indivíduos que fornecem os dados. Isso pode criar o problema da *reatividade*, quando o ato de medir alguma coisa influencia a resposta que está sendo medida.[20] Para "controlar" essa influência em potencial, frequentemente são usadas medidas discretas.

Medidas discretas são modos altamente indiretos de coletar informações sobre uma questão, na qual as pessoas envolvidas não estão cientes do processo de coleta de dados. Essas medidas podem assumir a forma de observações nas quais as pessoas não sabem que estão sendo observadas, e o uso de dados de arquivo, tais como o absenteísmo na organização, níveis de produção e taxas de retorno. Esses dados têm a vantagem de não ser influenciados pelo processo de pesquisa. Em muitos casos, porém, essas medidas são geradas para fins específicos, e serão enganosas, se analisadas fora do contexto. Sendo assim, essas informações não devem ser analisadas pelo seu valor nominal; terão de ser refinadas e vistas no contexto situacional apropriado, se tiverem de ser úteis.

Visto que todas essas abordagens à coleta de dados têm, cada uma, seus pontos fortes e fracos, o processo mais eficaz de coleta de informações engloba uma combinação desses métodos. Embora uma dessas técnicas possa ser usada mais extensamente que a(s) outra(s), os projetos de pesquisa de comportamento organizacional mais bem-sucedidos foram baseados em informações geradas por uma mistura de técnicas complementares.

Medição

Independentemente do tipo de técnica de coleta de dados adotados, uma preocupação importante da pesquisa nas ciências comportamentais envolve as propriedades de mensuração das informações coletadas. Nas ciências exatas, quando um cientista coleta um quilo de mercúrio e o pesa novamente depois de algum tempo, o mercúrio ainda pesará um quilo. Entretanto com relação aos dados coletados nas ciências comportamentais, o material obtido variará de um ponto a outro. Nos testes de aptidão, por exemplo, esperamos que o Q.I. de uma pessoa permaneça constante ao longo do tempo. Os psicólogos, porém, não conseguiram desenvolver um teste de aptidão que não fosse fortemente influenciado pela *realização* de outros fatores. Esse é o motivo pelo qual as pontuações no Teste de Aptidão Acadêmica (SAT = Scholastic Aptitude Test) e no Teste de Aptidão Diferencial (Differential Aptitude Test) do American Council of Testing mudam ao longo do tempo. Assim, diferentemente do quilo de mercúrio, que pesa sempre um quilo, o Q.I. e a pontuação no SAT não se mantêm constantes. Isso também ocorre com as medidas de satisfação do trabalho, motivação e assim por diante.

Confiabilidade e validade dos dados Considerando-se os problemas inerentes à coleta de dados precisos em pesquisas das ciências comportamentais, há duas perguntas que devem ser feitas a quaisquer medidas usadas para a obtenção dessas informações: as medidas são confiáveis? As medidas são válidas? A *confiabilidade* refere-se à consistência ou estabilidade das medidas em questão. Em contrapartida, a *validade* refere-se ao ponto até o qual foram usadas medidas que realmente meçam o que se propõem a medir. Por exemplo, podemos ser capazes de medir consistentemente as atitudes das pessoas em relação a certos aspectos de seu trabalho (confiabilidade), mas antes que possamos inferir se essa informação oferece uma descrição do nível de satisfação no trabalho, precisamos nos certificar de que os dados coletados efetivamente refletem a satisfação no trabalho (validade). Assim, embora as duas dimensões sejam importantes, a validade é mais crucial, visto que nos diz se estamos medindo a coisa certa.

Há duas classes principais de validade: uma enfoca a diferença entre a validade interna e a externa, e a outra entre a validade de concorrência e previsibilidade.[21] A *validade interna* refere-se a se a manipulação da variável independente efetivamente modifica a variável dependente em estudo. Por exemplo, se uma organização usa uma campanha de propaganda para estimular as vendas de seus detentores de fumaça e há um incêndio amplamente propalado durante a campanha, não se poderá ter certeza do fator causal (a campanha publicitária ou o incêndio), se as vendas de detentores de fumaça aumentarem repentinamente. Da mesma forma, se um pré-teste (T_1) que sensibilizar um grupo a buscar respostas para uma preocupação organizacional específica for sucedido por um programa de treinamento sobre o mesmo tema, o pesquisador não poderá ter certeza sobre qual das duas variáveis influenciou as respostas subsequentes (T_2), sem controles adicionais.

Em contrapartida, a *validade externa* ocupa-se de até que ponto os resultados de certo projeto de pesquisa podem ser generalizados para outras situações. Como já foi dito aqui, o problema da reatividade pode influenciar o comportamento e as respostas das pessoas, quando essas sabem que estão sendo estudadas. Os estudos de Hawthorne, apresentados no Capítulo 1, são um exemplo clássico do fenômeno da reatividade. Visto que as pessoas envolvidas na experiência reagiram de forma diversa da que teriam feito se não percebessem que estavam sendo estudadas, os resultados da pesquisa poderiam ter sido bem diferentes.

Dessa forma, em muitos casos, os resultados de um estudo teriam de ser repetidos em outra situação para assegurar a validade externa.

A última distinção a ser feita sobre a validade trata das validades de concorrência e de previsibilidade. A *validade de concorrência* refere-se a descobertas de pesquisa que ocorram ao mesmo tempo. A *validade de previsibilidade*, em contrapartida, refere-se a esforços de pesquisa em que um conjunto de medições feito em certo tempo é correlacionado a (ou associado com) resultados futuros (por exemplo, um teste que separe, com exatidão, os trabalhadores potencialmente "bons" dos potencialmente "ruins").

Níveis de medição Como parte do processo de coleta de dados, são atribuídos valores diferentes às várias respostas dadas pelos pesquisados. O ato de atribuir esses valores constitui o processo de medição. Visto que esses valores são diferenciados entre si, com base nas propriedades de ordenação e distância inerentes ao processo de medição, a diferença entre os níveis de medição é importante. Além disso, como será mostrado na breve exposição sobre técnicas estatísticas do Apêndice A, o nível de medição de um conjunto específico de dados determina as técnicas estatísticas adequadas para a análise. Há quatro níveis básicos de medição: nominal, ordinal, em intervalos e absoluto.[22]

Dados em nível nominal Os dados em nível nominal são a forma mais elementar de medição. São usados para colocar as coisas em categorias básicas, mutuamente exclusivas, onde não há um único contínuo subjacente. Por exemplo, gênero, raça e cargos, como secretária, caixa ou gerente de filial e assim por diante, são considerados dados nominais. Embora frequentemente se atribua valores numéricos às diversas categorias, eles não terão propriedades quantitativas, e servirão apenas para representar cada categoria.

Dados em nível ordinal O nível de medição seguinte supõe um contínuo subjacente. Os dados são ordenados conforme um critério específico, entretanto a distância entre as diversas categorias é desconhecida. Por exemplo, em pesquisas organizacionais, frequentemente se pede aos empregados que avaliem certo(s) benefício(s) conforme o(s) considerarem "excelente", "bom", "regular" ou "ruim". Embora seja possível ordenar essas percepções em termos de valor relativo (por exemplo, melhor ou pior, mais positivo ou menos positivo), não sabemos quanto o "bom" é pior que o "excelente". Ainda mais, não podemos supor com segurança que a diferença entre "bom" e "excelente" seja igual à diferença entre "bom" e "regular". As distâncias permanecem indefinidas.

Dados em nível de intervalo Os dados em nível de intervalo diferem dos dados em nível ordinal pelo fato de, neste caso, os intervalos entre os itens ou artigos em uma escala graduada serem conhecidos. Assim, além de ordenar os valores, as distâncias entre as categorias são definidas em unidades fixas e iguais. O exemplo clássico de uma escala de intervalos é um termômetro, que indica a temperatura em termos de graus; um grau representa a mesma quantidade de calor, não importa se a temperatura estiver na parte superior ou inferior da escala. Mesmo porque a diferença entre 30 e 45 graus Celsius é a mesma que entre 60 e 45 graus Celsius.

Dados em nível absoluto O nível mais elaborado de medição consiste em uma escala graduada, com um zero absoluto. As réguas e as balanças de pesagem são exemplos da medição de nível absoluto.

A maioria dos esforços de pesquisa nas ciências comportamentais lida primariamente com dados nominais, ordinais, e, às vezes, em intervalos, o uso de dados em nível absoluto é muito raro. Realmente, a maioria dos dados de pesquisas em ciências comportamentais não tende aos padrões rigorosos da medição em intervalos.

Originalmente, pensava-se que os diversos tipos de análises estatísticas exigia um nível apropriado de medida. Em outras palavras, o nível de medida em certo conjunto específico de dados determinava quais as técnicas estatísticas relevantes para a sua análise. Visto que os testes estatísticos de maior ordem são baseados na suposição de que os dados são intervalados por natureza, a regra prática geral era que os dados ordinais e especialmente os nominais limitavam os tipos de técnicas estatísticas que podiam ser utilizadas (veja o Apêndice A). Um ponto de vista mais recente é que a distinção entre dados categóricos (nominais) e contínuos (ordinais, intervalados, absolutos) é mais apropriada para a determinação da técnica estatística adequada aos diversos níveis de medida por si.[23] Por exemplo, os dados coletados por meio de escalas do tipo Likert (concordo totalmente, concordo, neutro, discordo, discordo totalmente) ficam no nível ordinal, visto que seus dados contínuos atendem às suposições das técnicas estatísticas de ordem maior. Além disso, como estudos têm demonstrado que a confiabilidade dessas escalas tende a ser bastante boa, é frequente a aplicação de testes estatísticos sofisticados nesses dados. Entretanto, os dados em nível nominal, por natureza, são claramente categóricos, e não contínuos. Sendo assim, as técnicas estatísticas que seriam adequadas para dados em nível ordinal podem não ser apropriadas para dados em nível nominal. O ponto importante a lembrar na escolha de métodos estatísticos é que a análise será tão boa como a qualidade e a natureza dos dados utilizados.

RESUMO

Este capítulo examinou rapidamente alguns aspectos da construção de teorias, do projeto de pesquisas e da coleta de dados em comportamento organizacional. Seu objetivo principal foi o de oferecer ao leitor uma *introdução* a alguns elementos básicos subjacentes à pesquisa do comportamento organizacional. Recomendamos consultar textos diversos sobre métodos de pesquisa para obter mais esclarecimentos e discussões sobre essas ideias.

Com a leitura deste livro, deve se tornar cada vez mais evidente que o conhecimento nesse campo (e nas ciências em geral) depende muito de pesquisas anteriores. Sendo assim, é importante entender como essas pesquisas foram formuladas e conduzidas antes de se descartar uma teoria como irrelevante para administradores profissionais, ou antes de se aceitar um relatório de pesquisa. A capacidade de fazer diagnósticos bem fundamentados e de escolher seletivamente entre os materiais apresentados nesse livro é uma habilidade essencial, se houver efetivamente uma necessidade de *aplicar* esses conceitos no trabalho. Esperamos que este capítulo tenha proporcionado uma base para examinar e avaliar criticamente as teorias, resultados de pesquisa e técnicas administrativas no campo do comportamento organizacional.

NOTAS

1. A primeira parte deste capítulo foi inspirada em uma discussão bem lúcida em W. J. Duncan. *Organizational Behavior* (Boston: Allyn e Bacon, 1981), p. 48-68.
2. Eugene F. Stone. "Research Methods and Philosophy of Science". In: Steven Kerr (Ed.). *Organizational Behavior* (Columbs: Grid Pug., 1979), p. 16-17.
3. Stone. "Research Methods", p. 17-19.
4. Bill Turney e George Robb. *Research in Education: An Introduction* (Hinsdale, IL: Dryden Press, 1971), p. 4-5.
5. Stone. "Research Methods", p. 24-26.
6. Para uma discussão completa dessa controvérsia, veja Charles N. Greene. "The Satisfaction-Performance Controversy". *Business Horizons* 15 (out. 1972): 31-41; Charles N. Greene e Robert E. Craff, Jr. "The Satisfaction-Performance Controversy Revisited". In: Kirk Downey, Don Hellreigel, e John Slocum (Eds.). *Organizational Behavior: A Reader* (St. Paul, MN: West Pub. 1977), p. 187-201; e Dennis Organ. "A Reappraisal and Reinterpretation of the Satisfaction-Causes-Performance Hypothesis". *Academy of Management Review* 2, n. 1 (1977): 46-53.
7. Essa discussão utiliza bastante o texto de R. M. Baron D. A. Kenny. "The Moderator-Mediator Variable Distinction in Social Psychological Research: Conceptual, Strategic, and Statistical Considerations" *Journal of Personality and Social Psychology* 51, n. 6 (1986): 1173-1182.
8. Baron e Kenny. "The Moderator-Mediator Variable Distinction", p. 1.176.
9. Veja M. Beer. "Towards a Redefinition of OD: A Critique of Research Focus and Method". *Academy of Management OD Newsletter*, (1988): 6-7; e B. M. Staw. "Organizational Behavior: A Review and Reformulation of the Field's Outcome Variables". *Annual Review of Psychology* 35 (1984): 627-666.
10. James E. Post e Patti N. Andrews. "Case Research in Corporation and Society Studies". In: Lee E. Preston (Ed.). *Research in Corporate Social Performance Policy*, v. 4 (Greenwich, CT: JAI Press, 1982), p. 1-33.
11. Turney e Robb. *Research in Education*, p. 63-64.
12. Fred N. Kerlinger. *Foundations of Behavioral Research* (Nova York: Holt, Rinehart e Winston, 1965), p. 30.
13. Veja J. Greenberg. "The College Sophomore as Guinea Pig: Setting the Record Straight". *Academy of Management Review* 12, n. 1 (1987): 157-159; e R. L. Dipboye; M. F. Flanagan. "Research Settings in Industrial and Organizational Psychology: Are Findings in the Field More Generalizable than in the Laboratory?" *American Psychologist* 34 (1979): 141-150.
14. D. T. Campbell e J. C. Stanley. *Experimental and Quasi-Experimental Designs for Research* (Chicago: Rand McNally, 1963).
15. Kerlinger. *Foundation of Behavioral Research*, p. 382.
16. Edward E. Lawler III e J. Suttle. "A Causal Correlational Test of the Need Hierarchy Concept". *Organizational Behavior and Human Performance* 7, n. 2 (1972): 265-87; D. T. Hall e K. Nougaim. "An Examination of Maslow's Need Hierarchy in an Organizational Setting". *Organizational Behavior and Human Performance* 3, n. 1 (1968): 12-35; C. p. Alderfer. "An Empirical Test of a New Theory of Human Needs". *Organizational Behavior and Human Performance* 4, n. 2 (1969): 142-75; E. Schein. *Organizational Psychology*, 2. ed. (Englewood Cliffs: Prentice-Hall, 1980), p. 58 ss.
17. Esta seção se baseia em R. J. Bullock. "A Meta-Analysis Method of QD Case Studies". *Group* e *Organization Studies* 11, n. 1-2 (1986): 33-48; G. V. Glass, B. McGaw e F. J. Smith. *Meta-Analysis in Social Re*search (Beverly Hill, CA: 1981); e R. A. Guzzo, S. E. Jackson; R. A. Katzell. "Meta-Analysis Analysis." In: L. L. Cummings e B. M. Staw (Eds.). *Research in Organizational Behavior*, v. 9 (Greenwich, CT: JAI Press, 1987), p. 407-442.
18. G. F. Green e J. A. Hall. "Quantitative Methods for Literature Reviews". *Annual Review of Psychology* 35 (1984): 27-53.

19. Esta seção foi adaptada de J. L. Bowditch e A. F. Buono. *Quality of Work Life Assessment: A Survey-Based Approach* (Boston: Auburn House, 1982), p. 30-39.
20. Para uma discussão completa do tema da reatividade, veja E. J. Webb, D. T. e Campbell, R. D. Schwartz, e L. Sechrest, *Unobtrusine Measures: Non Reactive Research in the Social Sciences*, 2. ed. (Chicago: Rand McNally, 1966).
21. Campbell e Stanley. *Experimental and Quasi-Experimental Designs.*
22. Esses níveis de medida foram inicialmente identificados por S. S. Stevens. "On the Theory of Scales of Measurement". *Science* 103 (1946): 667-80. Uma discussão de sua importância e propriedades pode ser encontrada na maioria dos textos sobre estatística e metologia para as ciências sociais. Veja, por exemplo, N. H. Nie, C. H. Hull, J. G. Jenkins, K. Steinbrenner, D. Bent. *SPSS: Statistical Package for the Social Sciences* (Nova York: McGraw-Hill, 1975), Capítulo 1, e R. P. Runyon e Haber. *Fundamentals of Behavioral Statistics* (Reading, Mass: Addison Wesley, 1972) Capítulo 3. Nossa discussão foi adaptada de Bowditch e Buono. *Quality of Work Life Assessment*, p. 114-15.
23. Para uma discussão mais aprofundada sobre a controvérsia da medição, veja J. Gaito. "Measurement Scales and Statistics: Resurgence of an Old Misconception". *Psychological Bulletin 87*, n. 3 (1980): 564-567.

capítulo 3

Motivação

Um dos principais problemas no estudo do comportamento organizacional refere-se a *por que* as pessoas desempenham e se comportam da maneira como o fazem em seu trabalho e em suas organizações. Perguntas como "O que faz algumas pessoas darem o máximo de si enquanto outras procuram apenas fazer o mínimo indispensável?" e "Como posso influenciar o desempenho daqueles que trabalham para mim?" são feitas por virtualmente todos os administradores em uma ou outra ocasião. De fato, a questão de como motivar as pessoas permanece como uma das áreas mais fascinantes e mistificantes da atividade gerencial.

Na discussão do processo de motivação há essencialmente três áreas principais de interesse.[1]

1. O que energiza o comportamento humano?
2. O que dirige esse comportamento?
3. Como certos comportamentos podem ser sustentados ou mantidos ao longo do tempo?

Nos últimos trinta anos, uma quantidade incrível de teorias e pesquisas enfocaram essas questões. Como alguns pesquisadores tomaram uma visão global e outros adotaram uma perspectiva mais específica, situacional, é difícil criar um esquema totalmente abrangente para simplificar o estudo da motivação. Não se trata de essas questões não terem resposta; pelo contrário, existem respostas em demasia.[2] Foram criados modelos que descrevem o processo de motivação por meio de abordagens indutivas e dedutivas. A motivação, por si, já foi tratada como variável dependente e independente. Finalmente, alguns modelos atraentes do ponto de vista conceitual produziram resultados experimentais conflitantes, ao passo que modelos mais simplistas parecem se manter bem sob o escrutínio da pesquisa, mas explicam apenas segmentos específicos do processo de motivação.

Este capítulo vai examinar essas três áreas de interesse, aprofundando-se em três grandes classificações das teorias motivacionais: (1) as teorias de *conteúdo estático*, que observam o que energiza o comportamento humano; (2) as teorias de *processo*, que analisam os fatores que dirigem o comportamento; e finalmente (3) as teorias *baseadas no ambiente*, que enfocam genericamente a sustentação ou manutenção do comportamento ao longo do tempo. Não é nossa intenção aqui propor que qualquer uma dessas teorias seja superior às outras. Todas essas perspectivas têm dados que sugerem que elas podem explicar o comportamento, entretanto nenhuma delas explica o comportamento em todas as situações. Esse é um dos motivos pelo qual há tantas teorias concorrentes.

AS SUPOSIÇÕES ADMINISTRATIVAS SOBRE A NATUREZA HUMANA

Antes de passar a uma discussão dessas diversas teorias motivacionais, é preciso falar um pouco sobre a influência de nossas suposições sobre o comportamento humano. Em muitos casos, os gerentes profissionais têm suas próprias teorias sobre como motivar seus subordinados. Embora cada gerente talvez nunca chegue a explicitar por que tenta motivar seus subordinados da forma como o faz (ou talvez nem perceba que está usando essas "teorias"), os gerentes típicos têm conjuntos de ideias e conceitos diferentes, que influenciam seus comportamentos e suas tentativas de motivar.[3] Alguns gerentes, por exemplo, tendem a ser bastante coercivos e supõem que a motivação consiste em nada mais que controlar o comportamento das pessoas. Esses indivíduos frequentemente veem as punições e ameaças como as chaves para a motivação. Outros gerentes podem achar que o dinheiro é o principal motivador e, consequentemente, passarão seu tempo desenvolvendo incentivos econômicos para melhorar o desempenho no trabalho. Mais alguns acham que as pessoas são motivadas pelas considerações sociais e tentam se assegurar de que os trabalhadores estejam felizes, que os grupos de trabalho se apoiem mutuamente e que seja agradável estar neles. Como há gerentes que acham que os trabalhadores procuram responsabilidades e oportunidades de se tornarem mais qualificados e competentes em seus trabalhos, eles procuram desenvolver maneiras para manter os cargos interessantes e desafiantes. Como já foi visto no Capítulo 1, essas suposições básicas influenciaram muito a natureza do pensamento administrativo e os tipos de teorias que foram usadas para conceitualizar o processo de administração.

Numa tentativa de descrever alguns dos conceitos básicos (ou *conjuntos de suposições*) que os administradores têm sobre as pessoas, Douglas McGregor identificou duas imagens extremas, que ele rotulou de *Teoria X* e *Teoria Y*.[4] McGregor defendeu que cada uma dessas orientações refletia crenças básicas sobre a natureza do comportamento humano, as quais subsequentemente influenciam um gerente a adotar uma abordagem motivacional em vez de outra. Essas orientações *não são*, como algumas vezes foram citadas, estratégias gerenciais. Em vez disso, essas suposições são o determinante básico das maneiras como administradores *preferem* controlar as pessoas no trabalho.

Em uma extremidade, as crenças da Teoria X tendem a levar os gerentes a pensar em termos de direção e controle rígido dos subordinados, visto que as pessoas são consideradas, de modo geral, inerentemente preguiçosas, desprovidas de ambição e de desejo de assumir responsabilidades, egocêntricas, com tendência a agir contra as necessidades da organização e resistentes à mudança. McGregor argumentava que o "lado humano" dos negócios foi fortemente influenciado pelas crenças e suposições dessa Teoria X. Em contrapartida a essa visão um tanto negativa da natureza humana, a Teoria Y supõe que as pessoas são mais orientadas para o crescimento e desenvolvimento, e *não* necessariamente irresponsáveis nem naturalmente resistentes às mudanças organizacionais.

Dada essa orientação, a tarefa central da gerência deveria ser a de proporcionar condições organizacionais para criar oportunidades para as pessoas, dar orientação, remover barreiras e encorajar o seu crescimento.

Embora McGregor tenha injetado seus próprios valores nessa explicação, e tenha deixado implícito que as suposições da Teoria X levam inevitavelmente a uma gerência autoritária enquanto a Teoria Y leva a uma gerência participativa, a relação entre essas crenças e os estilos gerenciais foi esclarecida no contexto de uma abordagem contingencial à administração.[5] Gerentes imbuídos das crenças da Teoria X podem perfeitamente achar difícil utilizar práticas organizacionais que dependam da confiança nos subordinados. Os gerentes com crenças da Teoria Y terão maior probabilidade de utilizar "testes reais", em outras palavras, optar por confiar nos subordinados quando seus comportamentos e outros aspectos da situação organizacional assim o permitirem. Dessa forma, a Teoria Y pode ser vista como uma abordagem situacional, já que os gerentes com essas suposições tenderão a adotar uma orientação mais diagnóstica e a fazer uma avaliação mais realista dos requisitos das tarefas, das pressões de tempo e dos climas organizacionais.

Uma conclusão importante a ser tirada dessa discussão é que as suposições que fazemos sobre as pessoas têm uma influência significativa sobre a nossa abordagem à motivação. Essas crenças também influenciarão nossa interpretação das diversas teorias motivacionais que se seguem. Do ponto de vista gerencial, portanto, parece que usar as teorias e perspectivas discutidas neste capítulo como parte de uma atividade permanente de diagnóstico organizacional (em vez de supormos que sabemos todas as respostas sobre o que motiva as pessoas) é a abordagem mais realista para entender a motivação.

TEORIAS DA MOTIVAÇÃO DE CONTEÚDO ESTÁTICO

Uma das principais questões no entendimento da motivação enfoca as diversas variáveis que energizam o comportamento humano. Nesse contexto, as várias teorias discutidas nesta seção tratam mais do *conteúdo* que efetivamente motiva as pessoas. Esses modelos também são chamados estáticos, porque observam apenas um (ou poucos) ponto(s) no tempo, e assim são orientados para o passado ou para o presente. Embora essas teorias, portanto, não possam prever necessariamente a motivação ou o comportamento, elas podem oferecer uma compreensão básica sobre o que energiza (motiva) os indivíduos.[6]

A hierarquia de necessidades de Maslow

Um dos modelos mais conhecidos e atraentes da motivação é a hierarquia de necessidades de Abraham H. Maslow.[7] Como mostra a Figura 3.1, Maslow defendia que as necessidades subjacentes a toda a motivação humana poderiam ser organizadas em uma hierarquia de cinco níveis básicos. A teoria ainda propunha que as necessidades de nível mais baixo de um indivíduo precisavam ser satisfeitas antes que ele pudesse se interessar pelas de nível superior.

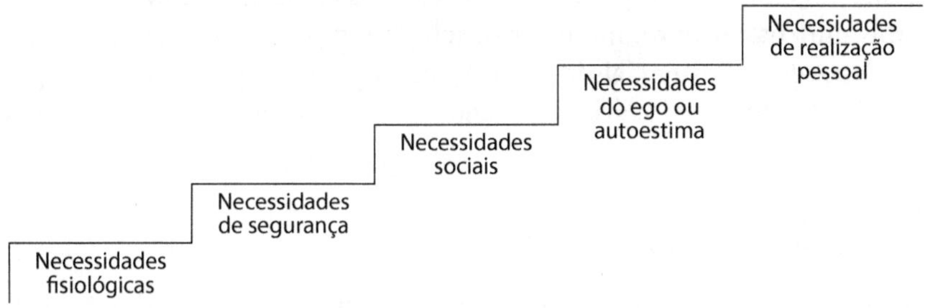

Figura 3.1 A hierarquia das necessidades de Maslow.

Fonte: Adaptado de A. H. Maslow, "A theory of Human Motivation", Psychological Review, 50, n. 4 (1943): 370-96.

Basicamente, a necessidade de ar para respirar e as tentativas de saciar a sede e a fome (necessidades fisiológicas) de alguém são de importância primária. Quando essas necessidades básicas de sobrevivência forem satisfeitas, a pessoa passará a se preocupar com segurança e abrigo. Assim que uma sensação de segurança e ordem tiver sido satisfeita, as pessoas começarão a desenvolver desejos de afiliação ou relacionamento interpessoal. Nesse momento, as pessoas desejarão se associar com outras e experimentar laços interpessoais de amizade e afeto. Depois que as necessidades básicas de sobrevivência e segurança tiverem sido satisfeitas, a oportunidade de participar de interações sociais se torna importante. Quando essa necessidade for satisfeita, as pessoas experimentarão a necessidade de sentir a estima pessoal, o reconhecimento (especialmente por aqueles que sejam importantes em suas vidas) e prestígio, bem como de satisfazer as necessidades do ego, orientadas para a realização, o sucesso e certo grau de autonomia ou independência. O estágio final da hierarquia enfoca a continuidade do autodesenvolvimento e o atingimento da plenitude do potencial do indivíduo como ser humano. Embora isso seja um tanto arbitrário, Maslow sugeriu que apenas 10% de nossa sociedade chega a atingir a realização pessoal.

Maslow desenvolveu esse modelo por meio do raciocínio dedutivo com base em seus estudos clínicos. O modelo é conceitualmente simples e tem validade nominal. Há poucas provas, entretanto, que sustentem o conceito da progressão hierárquica. Embora pesquisas empíricas transversais do modelo sugiram enfaticamente que os níveis da hierarquia efetivamente existem, a progressão ao longo desta, de um estágio a outro, não é claramente sustentada por estudos longitudinais.[8] Além disso, pesquisas têm suscitado questões sobre até que ponto (1) necessidades altamente satisfeitas deixam de ser motivadores; (2) uma necessidade altamente satisfeita em um nível leva a necessidades cada vez mais salientes no nível seguinte; e (3) as pessoas podem ser motivadas simultaneamente por necessidades sociais, do ego e de realização pessoal.[9] De fato, não há uma verificação empírica adequada na estrutura da hierarquia das necessidades.

É importante enfatizar, contudo, que a concepção de Maslow tinha a intenção de ser mais uma perspectiva humanística da motivação humana, um modo geral, do que a criação de um modelo empiricamente testável.[10] O principal valor dessa abordagem é o reconhecimento e a identificação das necessidades individuais com o propósito de motivar o comportamento. Apelando às necessidades insatisfeitas dos subordinados, os gerentes poderiam tentar influenciar o comportamento deles. É óbvio que pessoas diferentes estarão em pontos diferentes da hierarquia e que a mesma pessoa pode estar em pontos diferentes em momentos diferentes. Além disso, muitas pessoas podem querer satisfazer suas necessidades de nível mais alto fora do local de trabalho. Portanto, não se pode motivar todas as pessoas da mesma forma. Nesse sentido, a teoria de Maslow enfatiza uma abordagem contingencial à motivação, do ponto de vista que os gerentes e as organizações devem ser flexíveis e capazes de adaptar incentivos sob medida para cada funcionário, se quiserem maximizar as respectivas contribuições. Essa estratégia pode consumir bastante tempo e ser difícil de ser posta em prática. Além disso, para aproveitar a totalidade do potencial da motivação, os gerentes precisam ser capazes de relacionar as necessidades dos funcionários envolvidos, e não apenas as suas próprias necessidades ou suposições.[11]

A teoria ERC de Alderfer

Uma tentativa de modificar a hierarquia de Maslow, reduzindo o número de categorias de necessidades, foi feita por C. P. Alderfer.[12] Com base em uma análise das pesquisas existentes, bem como de seu próprio trabalho, Alderfer encontrou evidências de três níveis de necessidade

(ERC): as necessidades básicas de *existência* ou sobrevivência, as *necessidades de relacionamento*, que tratam da interação social e dos aspectos externos da estima (reconhecimento e *status* por parte dos outros), e as *necessidades de crescimento*, que enfocam o desejo de uma pessoa de realizar e desenvolver seu potencial, além das facetas internas da satisfação do ego (sucesso e autonomia). Embora Alderfer notasse que, às vezes, havia uma progressão de um estágio para outro, havia certa sobreposição entre eles, e as pessoas podiam passar de um nível a outro sem ter plenamente satisfeito o primeiro. A Figura 3.2 ilustra a relação entre as teorias ERC e a da hierarquia das necessidades de Maslow. Estudos encontraram (1) provas empíricas das três dimensões das necessidades; e (2) de que as pessoas tendem a caracterizar suas necessidades em termos dos níveis propostos por essa estrutura.[13] As críticas ao modelo de Alderfer, contudo, voltam-se para o fato de as pesquisas sobre a teoria ERC serem escassas, e que a sua popularidade é, em grande parte, devida à sua consistência com as teorias da escolha racional.[14] A noção de que as pessoas moldam seus atos para satisfazer necessidades insatisfeitas oferece um propósito e uma direção ao comportamento individual, uma ideia atraente para muitos cientistas sociais. Além disso, de maneira semelhante à da hierarquia de Maslow, foram levantadas dúvidas quanto a se a teoria é suficientemente verificável para ter valia para os profissionais.[15]

A teoria das necessidades socialmente adquiridas de McClelland

David McClelland identificou três necessidades básicas que as pessoas desenvolvem: necessidades por *realização*, *poder* e *afiliação*.[16] Sua teoria propõe que cada um de nós será, em momentos diferentes, influenciado por realização, poder ou afiliação, e que a força de cada necessidade específica (e a sua influência no nosso comportamento) variará de acordo com a situação. Cada um, entretanto, provavelmente terá desenvolvido uma tendência dominante para *uma* dessas necessidades, baseada nas suas experiências sociais e de vida. Sendo assim, alguns indivíduos serão mais motivados pela necessidade de afiliação (necessidades sociais), enquanto outros serão movidos pela necessidade de atingir diversas metas ou conquistar certo grau de poder ou influência sobre outras pessoas. De modo geral, a necessidade de afiliação influencia a orientação do indivíduo para as tarefas que este enfrenta em uma organização. Por exemplo, a pessoa é motivada pelas recompensas por um trabalho bem feito? As necessidades de afiliação e poder governam as relações interpessoais de um indivíduo. A pessoa procura amigos, busca a liderança, age com calor humano e cordialidade para com os colegas e assim por diante?[17]

Embora boa parte da pesquisa que sustenta essa teoria tenha sido produzida pelo próprio McClelland,[18] outras iniciativas testaram aspectos das necessidades socialmente adquiridas com resultados igualmente positivos. Estudos concluíram que funcionários com grande necessidade

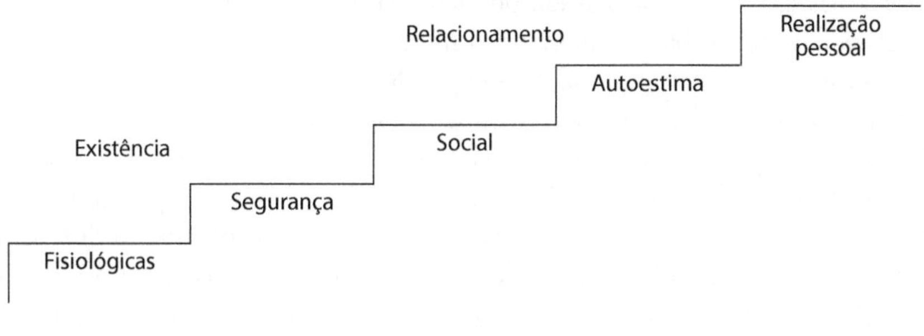

Figura 3.2 Uma comparação entre a hierarquia das necessidades de Maslow e a teoria ERC de Alderfer.

de realização (1) ficam satisfeitos com o bom desempenho; (2) estabelecem metas mais elevadas que os com pouca necessidade de realização; e (3) melhoraram o desempenho após terem recebido *feedback*. Assim, uma implicação óbvia para os gerentes é que eles devem exigir o máximo dos indivíduos com uma grande necessidade de realização. Contudo, um aspecto exclusivo do trabalho de McClelland é que ele sugere que as pessoas podem ser ensinadas a ter certas necessidades.[20] Por exemplo, poderiam ser desenvolvidos programas de treinamento para aumentar a motivação por realização em gerentes e subordinados. Essa tese apresenta dois pontos interessantes: (1) a teoria sugere que a motivação é mutável, mesmo na idade adulta, e (2) em vez de se tratar a motivação como uma variável independente (como nas teorias anteriores), a motivação se torna uma variável dependente à medida que os pesquisadores se concentram nas condições antecedentes ao desenvolvimento de uma necessidade particular.

A teoria da motivação-higiene de Herzberg

Outra teoria baseada em pesquisa é a abordagem de motivação-higiene de Frederick Herzberg.[21] A pesquisa de Herzberg sugeriu que a motivação é composta de duas dimensões, não relacionadas: (1) os aspectos e atividades do trabalho que podem impedir a insatisfação, mas que não influenciam os empregados a crescerem e se desenvolverem (fatores de higiene), e (2) os aspectos e atividades relacionados ao trabalho que efetivamente encorajam esse desenvolvimento (motivadores). A principal implicação dessa teoria é que uma concentração nos fatores de higiene apenas pode impedir a insatisfação no trabalho. Para que os empregados fiquem plenamente satisfeitos e obtenham um desempenho melhor que os padrões mínimos, é preciso incorporar motivadores ao trabalho. A Figura 3.3 ilustra essa dimensão e a relativa influência sobre satisfação e a insatisfação no trabalho.

A teoria da higiene-motivação levou a uma massa substancial de pesquisas contraditórias. Embora tenha havido algum apoio à tese de Herzberg, a maioria dos estudos empíricos refuta as previsões feitas com base na sua teoria. Foi demonstrado, por exemplo, que as necessidades por salários, reconhecimento e responsabilidade funcionam igualmente como motivadores e fatores de higiene.[22] Além disso, como sugere o interesse crescente pelos planos de participação nos lucros, a ligação dos salários dos empregados à produtividade e lucratividade da organização está conquistando seu lugar como ferramenta motivacional (veja o Capítulo 11). Outra crítica à teoria de Herzberg é que seus resultados foram largamente determinados por sua metodologia.[23] Herzberg perguntou a um grupo de contadores e técnicos o que eles gostavam e o que não gostavam em seus trabalhos. Nossa sociedade, entretanto, tem uma tendência cultural a atribuir a insatisfação de alguém a outros (ou ao "sistema") e a satisfação a si mesma. Sendo assim, não é de surpreender que a pesquisa tenha indicado que os aspectos que eram realmente parte do conteúdo do trabalho tivessem sido ligados à satisfação, enquanto os aspectos mais periféricos ao trabalho (contexto) foram ligados à insatisfação. Finalmente, na sua pesquisa original, somente foram usados relatos sobre o próprio desempenho dos relatores e, na maioria das situações, estes descreveram atividades no trabalho que ocorreram durante um longo intervalo de tempo.[24] De modo geral, seu modelo equaciona uma disposição de investir esforço no trabalho com a satisfação do trabalho. Mesmo assim, não há qualquer explicação sobre por que os diversos fatores intrínsecos e extrínsecos do trabalho extraídos no estudo deveriam afetar o desempenho.

Embora a teoria da higiene-motivação tenha sido criticada nesse aspecto, Herzberg recebe o crédito por ter oferecido uma nova forma de pensar sobre a motivação dos trabalhadores. Antes de sua iniciativa, a satisfação no trabalho era geralmente vista como um conceito adimensional: a satisfação em um extremo de um contínuo, e a insatisfação no outro. Da mesma forma, sua distinção entre os fatores de higiene e motivação, bem como as respectivas implicações na

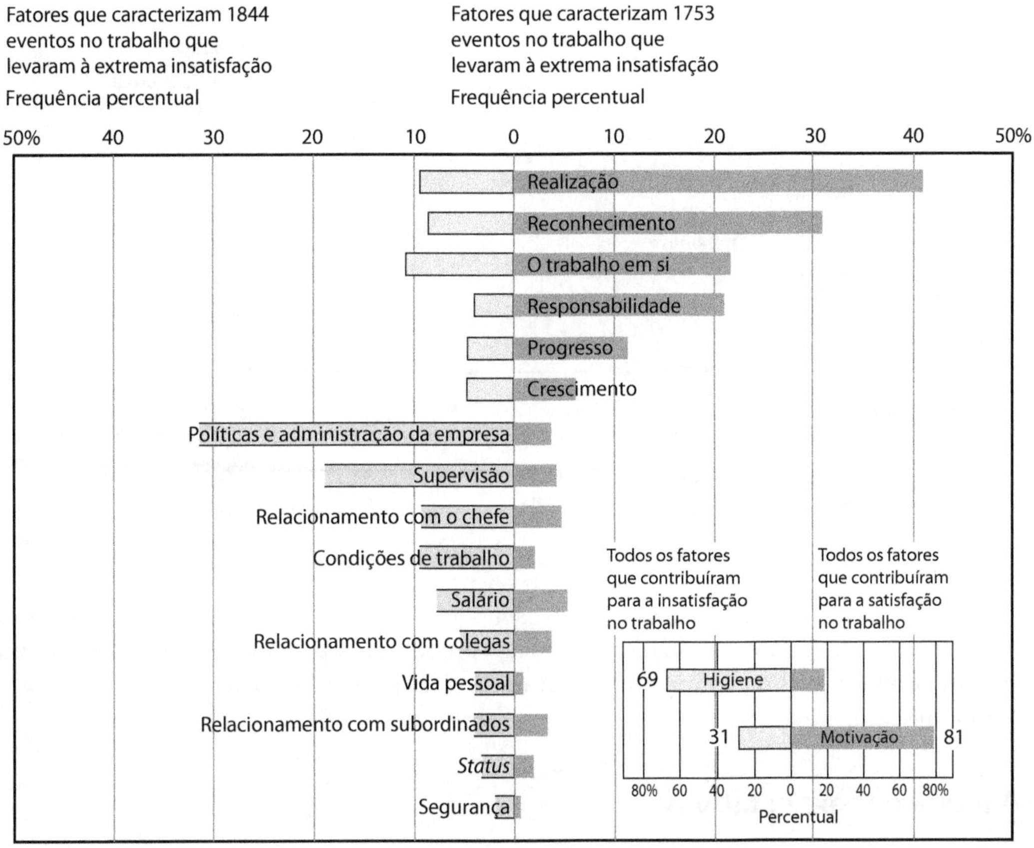

Figura 3.3 Fatores que afetam a atitude no trabalho, conforme relatado em 12 pesquisas.

Fonte: Reproduzido sob permissão de *Harvard Business Review*. Um exemplo de "*One More time: How Do Yoú Motivate Employees*" por Frederick Herzberg (jan.-fev. de 1968).

motivação, puseram em questão diversas práticas de organizações que enfatizam os fatores de higiene à custa dos aspectos mais intrínsecos do cargo. Além disso, boa parte do trabalho básico à reformulação de cargos, particularmente o enriquecimento de cargos (veja Capítulo 11), foi influenciada por esse trabalho. Assim, embora a popularidade acadêmica da estrutura de Herzberg tenha decaído nos últimos anos, ela ainda é um fator influente nas tentativas de se operacionalizar a teoria da motivação.[25]

A Figura 3.4 ilustra as relações entre as diversas teorias de conteúdo estático sobre a motivação. De modo geral, essas teorias forneceram a base para boa parte do desenvolvimento administrativo e organizacional que ocorreu nas décadas de 1960 e 1970. O Capítulo 11 apresenta algumas aplicações dessas teorias na reformulação do trabalho, no desenvolvimento de carreiras e em outros tipos de intervenções.

TEORIAS DE PROCESSO DA MOTIVAÇÃO

Embora as teorias de conteúdo estático da motivação nos alertem para os tipos de fatores que podem energizar o comportamento humano, elas têm sido criticadas em diversos níveis.[26] A pesquisa tem indicado, por exemplo, que as pessoas variam consideravelmente no modo como reagem aos mesmos aspectos de seus trabalhos, que muitas necessidades diferentes podem estar em ação simultaneamente e que podem haver outros fatores além de necessidades insatisfeitas

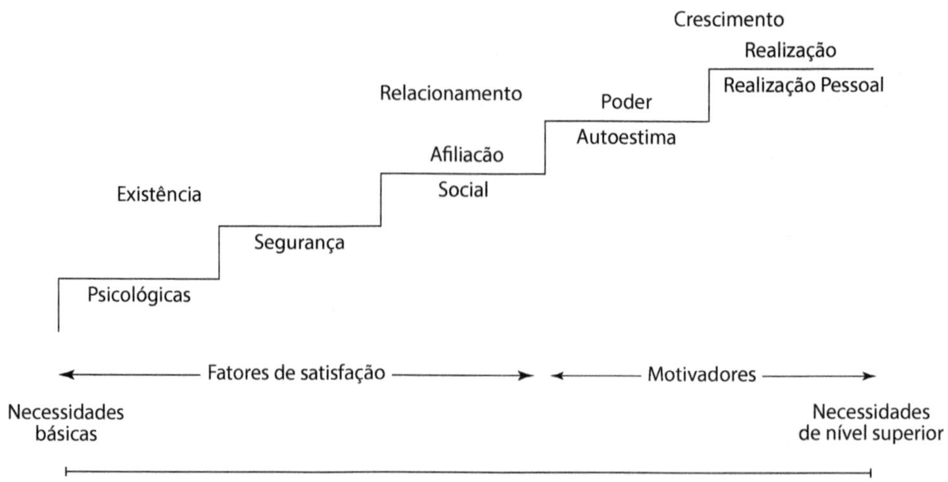

Figura 3.4 Relação entre os modelos motivacionais de conteúdo estático.

influenciando a motivação. Além disso, como os modelos de conteúdo enfocam as necessidades das pessoas em certo instante e não na previsão do comportamento, foram desenvolvidas outras teorias para explicar mais plenamente o *processo* de motivação em termos dos fatores que dirigem o comportamento.

A teoria das expectativas

O modelo básico do processo de motivação é chamado teoria das expectativas, ou VIE.[27] Essencialmente, o modelo supõe que a motivação é uma função de três componentes: (1) uma expectativa de esforço – desempenho, no sentido de que um esforço maior trará um bom desempenho (*expectativa*), (2) uma percepção de desempenho-resultado, no sentido de que um bom desempenho trará certos resultados ou recompensas (*instrumentalidade*), e (3) o valor ou atração de certa recompensa ou resultado para a pessoa (*valência*). Assim, para que um indivíduo esteja motivado, ele precisa dar valor ao resultado ou à recompensa; precisa acreditar que um esforço adicional o levará a um desempenho melhor e que o desempenho melhor, subsequentemente, resultará em recompensas ou resultados maiores.

A vantagem da teoria das expectativas é que ela oferece um esquema para se entender *como* a motivação funciona. Suponha, por exemplo, que haja a possibilidade de uma recompensa (promoção, bônus em dinheiro) para a preparação de um relatório especial, que precise ser bem feito e que será útil para a administração. A recompensa é importante para o indivíduo (alta valência), de modo que ele está disposto a trabalhar duro nesse relatório. No entanto, se o trabalhador não tiver certeza quanto ao tipo de relatório que a administração quer, trabalhar duro pode ser percebido como perder tempo. Visto que o esforço envolvido no relatório pode exigir trabalhar horas a mais, que podem interferir com as obrigações familiares, as expectativas de uma discordância conjugal poderiam sobrepujar a recompensa potencial, particularmente se a definição de um relatório "útil" não estiver clara. Assim, a probabilidade de se ligar o esforço ao desempenho será relativamente baixa. Ainda que se aceitasse o fato de o indivíduo ter trabalhado duro e produzido um relatório de alta qualidade, esse relatório ainda poderia não ser útil para a administração (instrumentalidade baixa). Portanto, obter a recompensa (item de valência) poderia ser visto como improvável, solapando a motivação daquela pessoa para desempenhar bem (veja a Figura 3.5).

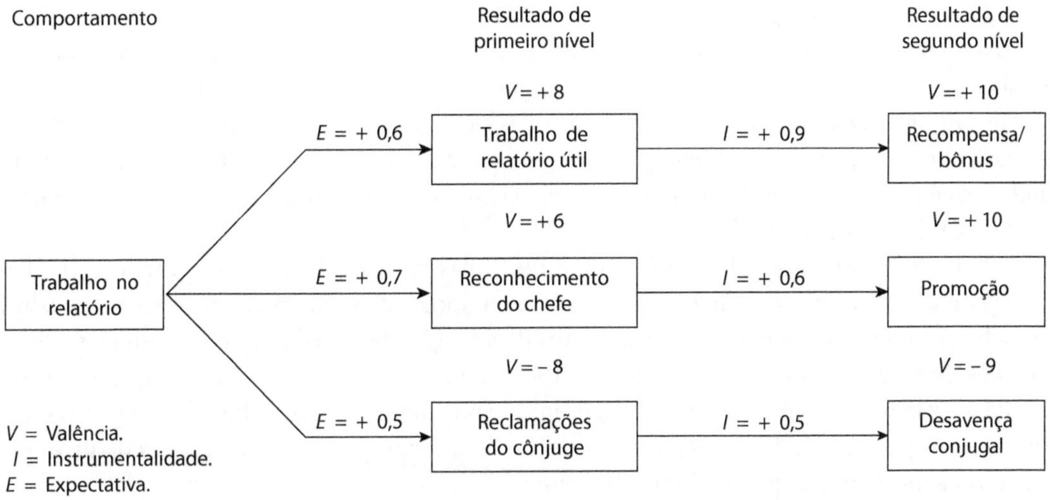

Figura 3.5 O modelo da teoria das expectativas.

Se for considerado que o nível de motivação de um funcionário está baixo, cada um dos três componentes do modelo poderia ser analisado, numa tentativa de se identificar o(s) fator(es) causador(es). As principais implicações que podem ser extraídas da teoria das expectativas são:

1. As recompensas ou outros resultados para motivar as pessoas *precisam* ser desejados por esses indivíduos. Os gerentes, portanto, precisam *identificar* resultados de valor, não simplesmente *supor* que sabem exatamente o que os funcionários desejam nem *atribuir* as suas próprias necessidades ou desejos a outras pessoas.
2. Se os funcionários tiverem de ser motivados, precisam perceber que a diferença no comportamento real resultará em diferenças nas recompensas ou resultados (válidos). A menos que os sistemas organizacionais de recompensa possam oferecer flexibilidade suficiente nos modos como as pessoas são recompensadas, e isso seja efetivamente feito, a ligação entre o bom desempenho e a obtenção de metas será enfraquecida (por exemplo, sistemas de mérito que recompensem mais o tempo na empresa do que o verdadeiro mérito).
3. Os funcionários também precisam perceber que o seu esforço (comportamento) resultará em bom desempenho. Algumas das maneiras com que se pode reforçar esta ligação entre esforço e desempenho são o treinamento adequado para a função de cada um, o esclarecimento das expectativas do que a gerência considera um "bom" desempenho, e a tentativa de aumentar a autoconfiança dos indivíduos ou sua sensação de competência.

A teoria das expectativas gerou um volume considerável de pesquisas, que examinam até que ponto (1) os três componentes básicos (valência, instrumentalidade e expectativa) podem ser medidos de maneira confiável e válida (veja o Capítulo 2) e (2) o modelo efetivamente prediz como as pessoas se comportarão em dada situação. Primeiro, embora as pesquisas iniciais salientassem que os questionários utilizados nas pesquisas da teoria das expectativas eram genericamente bem pobres,[28] os esforços subsequentes procuraram identificar as técnicas de avaliação mais válidas e confiáveis.[29] Diversas questões de medição e metodologia, contudo, permaneceram sem solução; por exemplo: deveriam ser usadas entrevistas em vez de questionários para avaliar os componentes dos modelos, e quantos resultados diferentes deveriam ser estudados?[30] Segundo, embora as pesquisas iniciais usando um formato interdisciplinar tivessem encontrado uma exatidão relativamente baixa nas previsões, pesquisas posteriores, usando um formato com assuntos isolados (em que a quantidade de esforço despendida em diversas tarefas diferentes é prevista separadamente para cada pesquisado) encontraram um nível de previsibilidade significativamente maior.[31]

Visto que os modelos VIE contam com múltiplas ramificações, os pesquisadores podem começar a diagnosticar por que um indivíduo se comporta de certa maneira.[32] Assim, os administradores podem se concentrar nos aspectos da situação de trabalho que possam assegurar o bom desempenho. Um problema da teoria das expectativas é que ela pressupõe que as pessoas se comportem de maneira racional e que pesem todas as alternativas que lhes forem propostas.[33] Visto que as pessoas são limitadas na quantidade de informações que são capazes de processar a qualquer momento e que as interações entre as expectativas, instrumentos e valências são bastante complexas, algumas pesquisas sugerem que a teoria VIE não explica tão completamente a variação do esforço aplicado no trabalho quanto seria de se esperar.

A teoria da motivação pelo caminho-meta

Uma segunda teoria de processo da motivação, derivada da teoria das expectativas, é o modelo caminho-meta.[34] Embora essa abordagem seja frequentemente mencionada em termos de eficácia da liderança (veja o Capítulo 7), seu enfoque básico é o exame da motivação e o modo como um diagnóstico pode influenciar a administração do desempenho. A ideia é que as pessoas fazem opções que refletem suas preferências em termos da relativa *utilidade* delas para si (ou seja, uma espécie de hierarquia de resultados pessoais). Assim, como sugere a teoria das expectativas, as pessoas serão motivadas a produzir quando perceberem que seus esforços as levarão a um desempenho bem-sucedido e à obtenção das recompensas almejadas. Os esforços da gerência para motivar, portanto, devem se concentrar em esclarecer o "caminho" de um subordinado para uma meta ou objetivo desejados.

Um problema básico da teoria caminho-meta consiste nas dificuldades envolvidas na operacionalização de seus elementos teóricos: caminho, meta, estilo de liderança.[35] Da mesma forma, diversos estudos empíricos trouxeram resultados mistos, uma pesquisa até chegando à conclusão de que os subordinados viam a relação caminho-meta com *menos* clareza sob uma liderança muito autoritária, se comparada a outros estilos mais liberais.[36] Quando as hipóteses de caminho-meta foram testadas em estudos especificamente criados, que refletiam as condições delineadas na teoria, os resultados foram mais promissores.[37] O principal ponto aqui é que os gerentes podem motivar as pessoas aumentando os benefícios pessoais da realização de trabalhos/metas (procurando aumentar a valência de uma meta específica). Ao fazê-lo, a probabilidade subjetiva de que o esforço (desempenho) levará ao atingimento de metas (instrumentalidade) será maior. Se, entretanto, o modo como certa meta pode ser atingida já estiver claro, essas informações adicionais podem ser vistas pelo subordinado como desnecessárias. O resultado pode ser uma satisfação reduzida e uma motivação menor. Assim, a ênfase para os gerentes deve ser em examinar cuidadosamente as expectativas, utilidades e instrumentalidades percebidas pelos subordinados em situações diferentes. Os outros aspectos dessa abordagem, por exemplo sua relação aos diversos estilos e orientações da liderança, serão discutidos mais profundamente no Capítulo 7.

Teoria do estabelecimento de metas

A ideia de que o estabelecimento de metas pode ser uma *causa* do bom desempenho é intimamente relacionada à teoria das expectativas. A premissa básica da teoria do estabelecimento de metas é que as intenções conscientes (metas) de uma pessoa são os principais determinantes da motivação relacionada à tarefa, visto que as metas dirigem nossos pensamentos e ações.[38] No entanto, nem todas as metas levam necessariamente ao desempenho, visto que certa meta pode entrar em conflito com outras que uma pessoa possa ter, ou pode ser percebida como inadequada para aquela situação em particular.

Há uma quantidade razoável de pesquisas feitas sobre a ligação entre o estabelecimento de metas e o comportamento.[39] Como a teoria do caminho-meta sugeriria, metas específicas parecem resultar em um esforço maior que metas generalizadas (ou inexistentes). Além disso, mesmo quando as pessoas estabelecem metas difíceis de atingir, *se* essas forem "aceitas" como razoáveis, o desempenho parece ser melhor em comparação com pessoas que estabelecem metas relativamente fáceis para si mesmas (por outro lado, metas irrealisticamente difíceis *podem* ser piores do que a inexistência de metas).

Infelizmente, as pesquisas sobre a participação e o estabelecimento de metas continuam inconclusivas. A maior parte das pesquisas sobre o estabelecimento de metas sugere que metas específicas, em vez da participação em si, são a variável principal associada a um desempenho melhor.[40] Entretanto, essas descobertas, que contradizem muitas de nossas ideias contemporâneas sobre maior participação e envolvimento no local de trabalho, emergiram dos ambientes cuidadosamente controlados de experiências em laboratório ou em campo.[41] Essa situação, portanto, trouxe dúvidas quanto à sua generalizabilidade (veja o Capítulo 2). Além disso, outros interpretaram os estudos de uma forma que indica o desempenho, e não a especificidade de metas, como determinante principal.[42] Uma vez que (1) as metas estabelecidas de maneira participativa são mais altas que as designadas a uma pessoa por outras, e (2) metas mais altas (mais difíceis) resultam em níveis superiores de desempenho, defende-se que a participação no estabelecimento de metas leva a um desempenho melhor. Enquanto o debate sobre participação, estabelecimento de metas e desempenho continua,[43] fica razoavelmente claro que a participação no desenvolvimento de metas aumenta a probabilidade de *aceitação* de metas difíceis.[44] Embora seja preciso contar com mais pesquisas, o papel da participação no estabelecimento de metas para uma pessoa, particularmente no contexto de práticas gerenciais como a gerência por objetivos (Capítulo 11), parece ser um componente importante do processo de motivação. Assim, nos termos da teoria do estabelecimento de metas, os gerentes devem (1) estabelecer metas claras e específicas para seus subordinados, (2) fazer metas suficientemente difíceis para ser percebidas como desafiantes, mas não tão difíceis para ser consideradas impossíveis, e (3) envolver os subordinados no estabelecimento de metas quando for possível.

TEORIAS DA MOTIVAÇÃO BASEADAS NO AMBIENTE

Até aqui, este capítulo examinou diversas teorias que procuram ilustrar o que energiza e direciona o comportamento humano. Esses modelos trataram a motivação como uma variável predominantemente independente, ou seja, considerando que uma necessidade ou meta específica é a causa de um desejo particular, o qual resulta em certos tipos de comportamento. Passaremos agora à exploração de algumas das maneiras como o comportamento pode ser mantido ao longo do tempo. Diversamente das teorias anteriores, as perspectivas apresentadas nesta seção veem a motivação como uma variável interventora e dependente. Assim, o enfoque é nos *antecedentes* das variáveis às quais normalmente atribuímos o comportamento motivado.

Teoria do condicionamento e reforço operantes

A suposição básica que sustenta a teoria de Skinner do *condicionamento operante é* que o comportamento humano é determinado e mantido pelo ambiente da pessoa. Embora o comportamento possa ser inicialmente aleatório, à medida que o indivíduo explora o meio ambiente e reage a ele, certos comportamentos serão *reforçados* e subsequentemente repetidos. Assim, de acordo com a teoria de Skinner, o comportamento ou a motivação de um indivíduo é uma função das consequências daquele comportamento:[45] se formos recompensados por nos comportarmos de certo modo, começaremos a fazer a ligação entre o comportamento apropriado e a recompensa, e continuaremos a apresentar aquele comportamento.

Do ponto de vista gerencial, a teoria do reforço sugere que, se alguém quiser manter certo comportamento no trabalho, precisará poder manipular as consequências daquele comportamento.[46] Por exemplo, oferecendo aos funcionários um prêmio valorizado pela pontualidade, um gerente deve ter condições de controlar os atrasos. Como essa escola supõe que todo comportamento tem uma base condicionadora operante, a motivação fica reduzida a identificar as necessidades e oferecer as recompensas apropriadas.

Até aqui, esta exposição se ateve ao *reforço positivo* (recompensa) para encorajar a repetição de certos comportamentos. Embora a maioria dos teóricos do reforço defenda que o reforço positivo é a maneira mais eficaz de manter certos comportamentos, o *reforço negativo* (punição; comportar-se de certa maneira para *evitar* certa consequência) é uma alternativa que pode ser empregada para moldar o comportamento. *Esquemas de reforço* diferentes também podem ter efeito sobre os comportamentos resultantes: para conseguir a adoção rápida de certo comportamento, o reforço contínuo e imediato é útil (ou seja, a cada vez que o comportamento ocorrer, as recompensas devem ser dadas sem demora); o comportamento tende a ser persistente, por outro lado, quando é adquirido sob condições de *reforço parcial e retardado* (ou seja, o reforço é dado a intervalos fixos ou variáveis depois de certo período de tempo decorrido entre o comportamento e o reforço).

O conceito do condicionamento operante é útil para explicar a relação entre a satisfação e o desempenho.[47] Originalmente se pensava que a satisfação intensa no trabalho levava ao bom desempenho. Hoje, entretanto, é de consenso geral que isso funciona ao inverso, ou seja, que bom desempenho, quando suficientemente recompensado (reforçado), é que leva à satisfação que, por sua vez, mantém o bom desempenho.

A maioria das críticas dirigidas à teoria do reforço concentra-se em preocupações de ordem ética quanto à manipulação de trabalhadores e modificação do comportamento. Outros argumentam que, embora essa tentativa de moldar comportamento funcione bem com cães, pombos e outros animais, ela é menos eficaz com as pessoas, seres complexos com necessidades e motivos de facetas múltiplas.[48] Entretanto, não obstante as opiniões sobre as implicações éticas dos condicionadores operantes ou da adequação dessa abordagem ao local de trabalho, permanece o fato de que os princípios do reforço e as estratégias a eles associadas podem ser úteis para os administradores em influenciar o comportamento de seus subordinados. Valorizando os reforços positivos, tais como elogios, reconhecimento, remuneração ou promoções, dependentes de certos comportamentos (por exemplo, atingimento de metas, esforço maior), os administradores podem aumentar a probabilidade de que esses comportamentos sejam mantidos ao longo do tempo.

Modificação do comportamento organizacional Uma aplicação gerencial da teoria de Skinner é encontrada na modificação do comportamento organizacional, um processo voltado para a aquisição e manutenção de certos comportamentos preferidos, concomitantemente com a extinção dos comportamentos indesejáveis.[49] Muitas vezes denominada *gerência do desempenho* nos ambientes empresariais, a modificação do comportamento organizacional tenta fazer que certos comportamentos relativos ao trabalho ocorram mais ou menos frequentemente, dependendo se favorecem ou prejudicam os objetivos da organização, mediante a manipulação sistemática das condições antecedentes a um comportamento e suas consequências imediatas. De modo geral, há três características básicas, comuns à maioria das aplicações de modificação do comportamento organizacional:[50]

1. O tema principal é o comportamento de uma pessoa, e não seus estados internos (valores, atitudes).
2. O propósito expresso da modificação do comportamento organizacional é tornar a organização mais eficiente, aumentando a produtividade dos trabalhadores e aumentando a satisfação deles.
3. A abordagem fundamental é ligar o comportamento dos funcionários a condições antecedentes (às vezes chamadas mecanismos de disparo) que pareçam evocá-lo, e às consequências que parecem encorajar ou desencorajar a reincidência.

Do ponto de vista das vantagens para a organização, as aplicações bem-sucedidas dos programas de modificação do comportamento organizacional são relacionadas a até que ponto os gerentes (1) recompensam as pessoas com o que estas dão valor; (2) relacionam explicitamente a recompensa com o comportamento desejado; (3) ajustam corretamente a magnitude da recompensa à magnitude do comportamento; (4) são capazes de recompensar mais os que desempenham melhor do que aqueles que apresentam um desempenho médio; e (5) dão o *feedback* e a recompensa após o desempenho.[51]

Em geral, a maioria dos estudos de modificação do comportamento organizacional enfoca comportamentos organizacionais relativamente simples, tais como quantidade produzida e absenteísmo, em vez de outros potencialmente mais complexos, tais como qualidade de desempenho e serviço a clientes.[52] Assim, de maneira semelhante às críticas ao condicionamento de operadores, a modificação do comportamento organizacional ficou desfalcada, por ser menos eficaz ao lidar com os tipos complexos de comportamento no trabalho exigido da maioria dos adultos em idade ativa.[53] Entretanto, estudos recentes, particularmente os que enfocaram a modificação do comportamento organizacional como parte do desenvolvimento da capacidade de solução de problemas dos funcionários, sugerem que o processo pode ser eficaz ao lidar com tecnologias emergentes e os tipos de tarefas do trabalho pós-industrial discutidos no Capítulo 1.[54]

Teoria da comparação social

Outras teorias da motivação enfocam as variáveis que cercam o indivíduo que precisa ser "motivado". Uma dessas abordagens é o processo de *comparação social*, que examina como as pessoas veem a realidade com base em suas próprias experiências.[55] Como as pessoas desejam sentir a coerência das diversas situações (realidades), elas são capazes de atribuir significado e/ou relações de causa/efeito a experiências específicas. Essas experiências, por sua vez, permitem que as pessoas interpretem, entendam ou mesmo eliminem certos aspectos do seu trabalho, organização ou meio ambiente. Assim, essa teoria sugere que as atitudes em relação a um trabalho em particular serão construídas com base tanto na situação atual do trabalho como de comportamentos passados, ligados ao trabalho atual.

Outro aspecto da teoria da comparação social é a tendência a justificar ou racionalizar certos comportamentos, visto que essa justificativa nos ajuda a "entender" atitudes e comportamentos específicos. Embora as pessoas prefiram usar critérios objetivos para esse fim, quando não houver meios objetivos, as pessoas farão essas comparações em bases altamente subjetivas.[56] Dessa forma, mesmo quando não houver justificativas objetivas suficientes para certo comportamento, os indivíduos serão capazes de criar significados subjetivos que justifiquem seus esforços. Considere-se, por exemplo, uma situação na qual uma pessoa esteja executando uma tarefa extremamente monótona, que não apresente qualquer resultado significativo. Embora realmente não haja justificativa objetiva para realizar a tarefa, mesmo nessas condições as pessoas dirão que gostaram de realizá-la. Especialmente depois de uma pessoa ter feito algum esforço, ela tentará racionalizar aquele esforço (ao menos temporariamente), mesmo que isso não possa ser objetivamente explicado.

Dessa forma, a teoria da comparação social explica como as pessoas usam de comparações internas e externas para determinar a propriedade de certo comportamento. Em vez de conflitar com as outras teorias motivacionais expostas anteriormente, ela pode ser usada para ampliar a nossa capacidade de entender os níveis de desempenho e satisfação dos funcionários. Um modelo baseado na abordagem da comparação social é a teoria da equidade.

Teoria da equidade A base da teoria da equidade é que as pessoas comparam a proporção entre seus *inputs* (esforços) e os resultados (recompensas) com as relações *input* – resultados de outras pessoas que sejam vistas como comparáveis.[57] A questão reside em se o indivíduo percebe equidade ou iniquidade na seguinte relação:

$$\frac{\textbf{resultados}}{\textit{inputs}\text{ da própria pessoa}} = \frac{\textbf{resultados}}{\textit{inputs}\text{ de pessoas comparáveis}}$$

Se um indivíduo enxergar essa relação como desigual, haverá uma tentativa de restaurar a igualdade, seja trabalhando com uma eficácia reduzida ou tentando obter recompensas maiores por outros meios (dirigir o comportamento para outras atividades, deixar a organização etc.). Por exemplo, funcionários experientes provavelmente achariam que estão sendo tratados injustamente se um recém-contratado ou recém-formado recebesse um salário maior. A teoria sugere que esses indivíduos tentariam reduzir essa iniquidade: reclamar ao gerente, "expressar" seu descontentamento chegando atrasados ou faltando ao trabalho, diminuindo o esforço empenhado no trabalho, procurando outro emprego e assim por diante.

A teoria da equidade supõe, evidentemente, que as pessoas estão conscientes umas das outras e que têm condições de fazer essas comparações em uma organização. Embora a teoria tenha se preocupado originalmente com discrepâncias na remuneração, ela foi generalizada igualmente para outras situações. Um dos resultados de pesquisa sugere que as pessoas que se acham super-recompensadas tendem a produzir mais. Essas pessoas também podem tentar aumentar os resultados de outras. Uma questão que, entretanto, permanece sem resposta, é se as pessoas que se acham super-recompensadas mudam o seu autoconceito com o tempo – uma comparação interna que tornaria a relação "equitativa". As pesquisas sobre a teoria da equidade também são mais bem definidas sobre as reações das pessoas que se percebem sub-remuneradas por seus esforços. Além disso, com base nas diferenças individuais (veja o Capítulo 4), um conceito recente sugere que as reações a situações de equidade e iniquidade são uma função da preferência de um indivíduo por diferentes relações entre esforço e resultado.[58] Algumas pessoas, por exemplo, podem ser mais benevolentes (em termos de pensar mais em dar que em receber) nas suas interpretações de equidade, ao passo que outras podem achar que merecem mais do que aquilo a que realmente fazem jus. A despeito dessas distinções, a implicação importante para a motivação é que as pessoas podem usar comparações externas (e assemelhadas) para determinar a propriedade de certo nível de desempenho ao longo do tempo em relação à recompensa resultante que elas e outras pessoas comparáveis recebem.

Teoria do intercâmbio Outra perspectiva relacionada à teoria da equidade é a teoria do intercâmbio. Basicamente, a teoria do intercâmbio procura explicar o comportamento de grupos em termos de recompensas trocadas e os custos incorridos nas diversas interações. A teoria baseia-se na microeconomia ao ver o comportamento como resultado de diversos incentivos (econômicos, sociais, orientados ao desenvolvimento, de facetas múltiplas) para aquele comportamento, que sejam proporcionados por uma organização. Quatro conceitos básicos fundamentam essa teoria:[59]

1. *recompensas* ou resultados que saiam de uma interação específica;
2. *custos* concebidos de forma ampla, abrangendo fatores como cansaço, ansiedade, castigo e perda de *status*, assim como o valor de outras recompensas e perdas individuais por não participar de outros intercâmbios;
3. *resultados*, que são definidos como recompensas menos custos; e
4. *níveis de comparação*, ou os processos pelos quais um indivíduo avalia o resultado de uma interação específica contra o resultado potencial de uma interação anterior.

O processo subjacente à teoria do intercâmbio é que o comportamento é causado por incentivos (recompensas) de diversos tipos somente quando os resultados (recompensas menos custos) excederem algum nível mínimo de expectativa que o indivíduo não poderia obter em outro lugar (nível de comparação). Em organizações, a relação sistêmica é que o comportamento resultante dos funcionários (produção do trabalho) permite que a organização proporcione incentivos futuros para encorajar comportamentos futuros. Entretanto, o comportamento vai cessar, se não houver mais recompensas (econômicas ou não) aos incentivos sucessivos, podendo desencadear o fracasso da organização. Assim, a organização e os indivíduos que nela trabalham, cada um tem algo que o outro quer, daí a motivação para entrar em um processo de intercâmbio.

De modo geral, a teoria da comparação social parece ser mais eficaz em nos ajudar a compreender as formas como são formuladas nossas percepções do que é justo (ou injusto) nas organizações, do que para predizer o desempenho como um resultado dessas percepções.[60] Além disso, visto que a maior parte das pesquisas nessa área foi dirigida para resultados a relativamente curto prazo, é preciso contar com mais estudos longitudinais para determinar a dinâmica e as consequências dessas comparações ao longo do tempo.[61]

Teoria do aprendizado social A teoria do aprendizado social pode ser conceitualizada como uma integração do determinismo ambiental do condicionamento de operadores e a modificação do comportamento organizacional (em que o comportamento é visto como uma função de sinais e consequências externas) e a visão autodeterminística da teoria tradicional da motivação, tal como de Maslow, Alderfer e McClelland (em que o comportamento é causado por necessidades internas, satisfação e/ou expectativas). Basicamente, a teoria do aprendizado social é caracterizada por uma noção de *determinismo recíproco*, em que o comportamento é visto como uma função de sinais e consequências internas e externas, bem como funcionamento cognitivo.[62] Essa abordagem se baseia na premissa de que adquirimos boa parte do nosso comportamento observado e imitando outros em um contexto social maior. Essa modelagem, entretanto, não é um processo em um só sentido, visto que o nosso comportamento e o ambiente se influenciam mutuamente. Por exemplo, espera-se que obedeçamos a leis impopulares até que elejamos governantes que as emendem ou as revoguem (por exemplo, Lei Seca, serviço militar obrigatório), nos engajamos em desobediência civil como uma forma de influenciar mudanças na legislação (por exemplo, greves) e assim por diante. De modo análogo, nas organizações podemos ser forçados a seguir políticas questionáveis até conseguirmos convencer nossos chefes, verbalmente ou por meio de nossos atos, a mudá-las. Portanto, enquanto o ambiente influencia o nosso comportamento, nosso comportamento também pode ter efeito sobre o ambiente.

A teoria do aprendizado social também nos ajuda a entender três processos importantes que não são adequadamente tratados pelas outras teorias da motivação: o aprendizado vicário, o uso do simbolismo e o papel do autocontrole. Primeiro, gerentes e executivos parecem adquirir muito mais do seu comportamento no trabalho mediante a observação e imitação de outros com quem se identificam pessoalmente (*aprendizado vicário*) do que por modelagem de tentativa e erro (como no condicionamento de operadores, em que uma pessoa recebe reforço sistemático para exibir certo comportamento). Da mesma forma, muitos professores modelam seu próprio estilo de ensino com base nas técnicas utilizadas por acadêmicos influentes em suas vidas. Segundo, em vez de simplesmente deixar que algumas coisas aconteçam, ou esperar até que tenhamos de reagir a elas, muitas vezes tentamos prever as consequências de diversos atos ou imaginar soluções para problemas antes de os termos experimentados (*simbolismo mental*). Por exemplo, considerando o estilo de vida tenso e insalubre de muitos executivos, tanto eles mesmos como as corporações a que pertencem estão enfatizando mais a dieta (apoiada por controle do colesterol na empresa) e o exercício físico (apoiado por instalações de ginástica na empresa) como "soluções" mais eficazes do que um ataque cardíaco. Finalmente, de acordo com a teoria do aprendizado social, as pessoas poderão controlar melhor seu comportamento e seus atos (*autocontrole*) se puderem administrar seu ambiente e seus processos cognitivos. Por exemplo, se quisermos emagrecer, poderíamos imaginar nossa aparência depois de perder alguns quilos (processo cognitivo) ou eliminando algumas guloseimas carregadas de calorias que há pela casa (alterar o ambiente).

Assim como com as outras teorias da motivação expostas neste capítulo, é preciso contar com mais pesquisas para determinar a utilidade global da teoria do aprendizado social. Seu principal atrativo está na capacidade de responder às duas principais críticas à teoria da motivação: a crítica comportamentalista da teoria tradicional da motivação, que enfatiza demais os processos mentais e os estados emocionais (por exemplo, necessidades percebidas, expectativas) e a crítica humanista do comportamentalismo, pela sua relutância em considerar o papel dos processos sociais, da modelagem e do autocontrole no aprendizado.[63]

MOTIVAÇÃO E RECOMPENSAS INTRÍNSECAS E EXTRÍNSECAS

Uma distinção final nos tipos de motivação e recompensas é a diferença entre as recompensas intrínsecas e extrínsecas, e como essas motivações são relacionadas ao desempenho e à satisfação.[64] As *recompensas extrínsecas* são os resultados que nos vêm à mente quando pensamos genericamente sobre recompensas: salário, benefícios adicionais e condições de trabalho agradáveis são exemplos comuns. Em contrapartida, as *recompensas intrínsecas* são mais intangíveis por natureza e compreendem coisas como a realização pessoal e profissional, a estima de outras pessoas ou o interesse que um trabalho possa despertar nelas. Assim, as recompensas intrínsecas são intimamente ligadas à natureza do trabalho em si, ao passo que as recompensas extrínsecas se relacionam ao contexto e os aspectos materiais do trabalho sendo executado. No contexto da teoria dos fatores de motivação e higiene de Herzberg, os fatores de motivação são intrínsecos por natureza enquanto os fatores de higiene tendem a uma orientação mais extrínseca.

A *motivação extrínseca* refere-se essencialmente a um tipo de relação entre meios e fins, ou seja, adotamos certos comportamentos para receber (ou evitar) certos incentivos (ou punições) externos a certa tarefa. Assim, somos motivados a realizar a tarefa (meios) para receber a recompensa desejada (fins). A *motivação intrínseca é* essencialmente a motivação pelo próprio trabalho, ou seja, um desejo de trabalhar duro simplesmente pelo prazer de cumprir a missão. Esse tipo de motivação (e comportamento) é um fim por si só; exemplos do esforço que as pessoas aplicam nos esportes, em jogos e na solução de quebra-cabeças frequentemente nos vêm à mente quando falamos de motivação intrínseca.

Evidentemente, se o trabalho for visto como parte do autoconceito de uma pessoa, como um meio de crescimento e desenvolvimento pessoal e como um modo de avaliar e desafiar a capacidade pessoal, a realização da tarefa torna-se um fim por si só, e os incentivos extrínsecos tornam-se menos importantes como motivadores. Por exemplo, trabalhadores de serviços sociais e professores muitas vezes reclamam de suas condições de trabalho e de seus níveis de remuneração, porém mesmo assim dedicam muitas horas de trabalho duro pela realização e satisfação obtidas do trabalho em si. Com isso *não* se pretende sugerir que os incentivos extrínsecos deixem de ter importância. Bom salário e benefícios tais como assistência médica e odontológica, complementação de auxílio-doença e planos de aposentadoria são aspectos significativos do pacote de remuneração de uma pessoa (veja no Capítulo 11 uma discussão sobre o assunto e uma aplicação em distribuição de lucros).

A interação das recompensas intrínsecas e extrínsecas com a motivação não é perfeitamente clara. Em um nível, as pessoas podem ser induzidas a trabalhar porque gostam do trabalho em si e do ambiente de trabalho. Em outro nível, as recompensas extrínsecas podem influenciar as pessoas a tentarem trabalhos novos, difíceis ou até perigosos. Entretanto, diversos estudos sugerem que as recompensas extrínsecas podem solapar a motivação intrínseca de um indivíduo.[65] Ao induzir uma pessoa a realizar uma tarefa específica por motivos monetários, um gerente pode diminuir o interesse intrínseco daquela pessoa na tarefa. A sensação interna de realização pode ser menor quando a tarefa for executada primariamente pela recompensa externa oferecida pelo gerente. Além disso, pesquisas demonstraram que a adição de recompensas extrínsecas a um trabalho que já seja intrinsecamente compensador não aumenta necessariamente a motivação, o desempenho nem a satisfação do indivíduo. Outros estudos, no entanto, não conseguiram encontrar esses efeitos.[66] De fato, sugere-se os resultados extrínsecos (tais como a sensação de segurança econômica, dinheiro aplicado no sucesso da empresa) integrados a resultados intrínsecos (como um maior controle, reconhecimento e uma sensação de apreciação pela contribuição individual), sejam elementos importantes de programas eficazes de melhoria da produtividade da organização.[67] Portanto, embora as provas empíricas sejam inconclusivas, parece que as recompensas extrínsecas monetárias e correlatas são ingredientes importantes no aumento da motivação e da satisfação dos funcionários. Entretanto, os gerentes e as organizações devem tomar cuidado ao usá-los de maneiras que possam ser interpretadas como falta de atenção às outras necessidades e recompensas.

A MOTIVAÇÃO E O CONTRATO PSICOLÓGICO

Um dos determinantes básicos da motivação de administradores e subordinados é o contexto organizacional do comportamento. Como sugerem as teorias da motivação baseadas no meio ambiente, a interação que ocorre entre pessoas e organizações se baseia em um senso permanente de reciprocidade e influência mútua. Assim, as maneiras como as organizações tratam seus membros, os tipos de estruturas de poder e autoridade utilizados e as espécies de normas e valores que atuam simultaneamente afetam os motivos e os comportamentos dos funcionários. Da mesma forma, já foi argumentado que, se as pessoas terão vontade de trabalhar de maneira eficaz, se terão entusiasmo em relação às metas da organização e se obterão satisfação do próprio trabalho, isso tudo dependerá em grande parte de duas condições básicas:[68]

1. Até que ponto as *expectativas das pessoas* sobre o que a organização lhes dará e o que eles devem dar à organização em troca coincidirem com as *expectativas da organização* em relação ao que ela vai dar e receber; e
2. Supondo que haja um acordo entre os dois conjuntos de expectativas, a natureza do que *é efetivamente intercambiado* (por exemplo, dinheiro em troca de tempo no serviço, satisfação social e segurança no emprego em troca de trabalho duro e lealdade, oportunidades de crescimento e desenvolvimento em troca de trabalho de alta qualidade e esforços criativos ou combinações variadas dessas coisas).

A interação entre um indivíduo e uma organização é um processo de intercâmbio dinâmico e bidirecional. Em um sentido amplo, como foi sugerido antes, ambos os lados participam nessa relação somente por aquilo que cada um espera obter em troca do seu envolvimento. As organizações empregam pessoas, porque os serviços delas são essenciais para que a organização possa atingir suas metas com sucesso. Os indivíduos, por sua vez, cedem uma parte de sua autonomia e independência pessoal à organização para atender às suas necessidades pessoais. Desse modo, a relação pode ser vista como cooperativa e satisfatória somente quando oferecer a ambas as partes, ao indivíduo e à organização, a oportunidade de atender a suas respectivas necessidades.[69]

No campo do comportamento organizacional, essa relação recíproca é chamada *contrato psicológico*, a ligação entre o indivíduo e a organização, representada pelas expectativas de cada um. Esse "contrato" é chamado psicológico por não ser, em sua maior parte, escrito nem falado. Algumas recompensas materiais e benefícios são especificamente estipulados e concordados, porém os fatores psicológicos, tais como a satisfação no trabalho e as expectativas de trabalho desafiante, tratamento imparcial e assim por diante são mais implícitas por natureza. Mesmo assim, embora não declaradamente, essa "renda psicológica" talvez seja o componente mais crítico do contrato.

Esses contratos não garantem necessariamente o desempenho eficaz do indivíduo e da organização. Como dissemos anteriormente, o tipo de contrato que se desenvolve depende de diversos fatores, inclusive a maneira como as organizações tratam seus membros, os muitos valores e normas que atuam em uma organização, a base de poder e as disposições institucionais utilizadas por uma organização. Amitai Etzioni, por exemplo, desenvolveu uma tipologia dessa relação indivíduo – organização em função da *estrutura de poder e autoridade* utilizada para conseguir a obediência das pessoas e o tipo de *envolvimento* subsequentemente obtido dos membros da organização.[70] Basicamente, as organizações têm três bases de poder à sua disposição: coerciva, remunerativa e normativa. As organizações que utilizam uma base de poder predominantemente *coerciva*, ou seja, o controle por meio de ameaças e punição, tendem a obter um envolvimento *alienativo* por parte de seus membros. Os indivíduos não estão de verdade envolvidos psicologicamente com a organização e sua participação é mantida pela força. Muita gente é filiada a sindicatos, por exemplo, apenas porque essa filiação é exigida para certas atividades. Se a restrição fosse removida, essas pessoas provavelmente se desligariam do sindicato.

O segundo tipo de sistema de controle é baseado na autoridade racional-legal e utiliza recompensas e incentivos econômicos em troca da participação e do desempenho. Essa base de poder *remunerativa* ou *utilitária* tende a evocar uma participação calculista, um relacionamento extrínseco frequentemente caracterizado pela expressão "hoje ganhei o meu dia". Finalmente, as organizações que enfatizam uma base de poder *normativa*, ou seja, o uso de recompensas e incentivos simbólicos como prestígio, reconhecimento e respeito, trazem um tipo de *compromisso moral* de seus integrantes. Nessa situação, a participação frequentemente é, por si, mais um fim do que um meio para se chegar a outros fins. A maioria das organizações com esses laços normativos-morais costuma ser sem fins lucrativos e de participação voluntária.

Esses três sistemas de controle, os níveis de envolvimento que tendem a causar e os tipos de contratos psicológicos formulados encontram-se resumidos na Tabela 3.1. Embora seja possível haver contratos "incongruentes" ou mistos (por exemplo, um contrato utilitário-coercivo, frequentemente encontrado nas forças armadas), o tipo de contrato feito depende muito do *sistema de controle predominante* da organização. Assim, embora essa tabela represente tipos "puros" de relações organizacionais raramente encontrados em situações reais, pesquisas empíricas têm indicado a validade previsiva dessa tipologia.[71] Por exemplo, organizações que utilizam primariamente incentivos salariais e outras recompensas econômicas para envolver e motivar seus integrantes a desempenharem deveriam esperar um compromisso calculista de seus funcionários. Se for esperado que os membros da organização demonstrem lealdade, que estejam intrinsecamente motivados em seus trabalhos ou que estejam psicologicamente comprometidos com as metas da organização, esta poderá estar pedindo a seus integrantes para darem mais do que estão recebendo em troca. Além disso, pesquisas recentes sugerem que o nível de confiança existente no contrato psicológico de uma organização é um determinante-chave do ponto até em que seus integrantes se envolverão em absenteísmo sistemático.[72]

À medida que o nosso ambiente empresarial e as demandas impostas às empresas continuarem a crescer em complexidade, as organizações, particularmente nas indústrias voltadas para a prestação de serviços, dependerão cada vez mais de um desempenho de alta qualidade a todos os níveis da hierarquia.[73] Sendo assim, é importante que as organizações desenvolvam contratos do tipo remunerativo-normativo. Em outras palavras, embora as empresas comerciais ainda dependam majoritariamente de uma estrutura de poder remunerativo como base para seu contrato psicológico, muitas delas começaram a se deslocar na direção de sistemas de controle com implicações normativas. Essas companhias estão tentando desenvolver novas relações com seus membros, abandonando as formas puramente remunerativas e extrínsecas, para incluir as mais normativas e intrínsecas por natureza.

De uma perspectiva contingencial ou situacional, obviamente, é importante reconhecer que as pessoas são seres complexos, e que coisas diferentes podem motivar pessoas diferentes em momentos diferentes. É preciso tomar cuidado para assegurar que os tipos de recompensas

Tabela 3.1 Sistema de controle organizacional, nível de envolvimento dos membros e tipos de contrato psicológico

	Tipo de sistema de controle		
Nível de envolvimento	**Coercivo**	**Remunerativo**	**Normativo**
Alienativo	Contrato forçado		
Calculista		Contrato extrínseco	
Moral			Contrato Intrínseco

Fonte: Adaptado de Amitai Etzioni, *A Comparative Analysis of Complex Organizations* (Glencoe, Ill: Free Press, 1961).

vistos por um gerente e sua organização sejam vistos do mesmo modo pelos funcionários da empresa. Se, no entanto, analisarmos os dados coletados em pesquisas de atitude nos últimos 25 anos, parece que mudanças de valor centradas muito mais plenamente no desenvolvimento individual são a explicação para o desencanto crescente em nossa força de trabalho.[74] Com base nesses dados, parece que, se for esperado que as pessoas demonstrem mais compromisso e motivação em relação ao trabalho, à organização e às suas metas, em troca elas precisarão ter oportunidades de satisfazer metas pessoais, tais como uma sensação de autonomia, autoridade e influência sobre os processos de tomada de decisões na organização.

A ESCOLHA DE UM MODELO MOTIVACIONAL APROPRIADO

Um dos problemas envolvidos na apresentação de uma variedade de modelos motivacionais é identificar qual dessas estruturas conceituais é a mais apropriada para certa situação. Talvez o melhor modo de proceder seja, em vez de interpretar essas teorias como regras universais que expliquem exatamente o comportamento em todos os casos, considerar os modelos motivacionais teorias intermediárias: não tão ambiciosas nem tão abrangentes como modelos universais, porém ainda úteis para considerar como motivar pessoas de diversas maneiras.[75] É evidente que certos tipos de modelo são mais adequados para certos tipos de previsões e entendimentos.

Uma abordagem para a criação de uma teoria intermediária da motivação como essa é agrupar as pessoas segundo as formas em que elas são motivadas.[76] Outro método é considerar os diversos tipos de situações motivadoras. Por exemplo, a teoria das expectativas é útil para avaliar as opções com as quais uma pessoa é confrontada: a escolha que certo indivíduo vai fazer depende das valências, instrumentalidades e expectativas envolvidas. A teoria da equidade e os modelos de estabelecimento de metas também parecem ter utilidade na previsão de escolhas. Entretanto, a quantidade de esforço que uma pessoa provavelmente dedicará a uma tarefa poderá ser mais bem explicada pelas teorias da necessidade e da equidade do que pela teoria do reforço, que enfoca primariamente o comportamento, e não as emoções. O desempenho no cargo parece bem explicado pelas teorias do reforço, da equidade ou das metas, ao passo que é difícil explicar um desempenho insatisfatório pela teoria da expectativa, ou mesmo pela das necessidades. Finalmente, comportamentos de afastamento, tais como rotatividade e absenteísmo podem ser bem analisados pelas teorias do reforço, da equidade e da expectativa. Se uma pessoa pede demissão, a decisão pode ser explicada por recompensas inadequadas (teoria do reforço); recompensa desigual, se comparada à de outras pessoas que executam serviços semelhantes (teoria da equidade); ou pouca probabilidade de atingir as metas ou valências esperadas (teoria da expectativa). Em contrapartida, as teorias das necessidades e do estabelecimento de metas não parecem explicar comportamentos de afastamento tão bem.

A implicação gerencial dessa rápida exposição deve ter ficado clara. Como se considera que os gerentes fazem diagnósticos em outros aspectos de seus cargos, por exemplo, ao tomarem decisões sobre investimentos financeiros, eles também devem diagnosticar questões de motivação.[77] É preciso descobrir quais são os aspectos da motivação que faltam para certa situação, e trabalhar no desenvolvimento deles. Dependendo das circunstâncias, isso pode incluir atos como: tornar os cargos mais desafiantes; melhorar os sistemas de recompensas intrínsecas e extrínsecas; estabelecer metas mais difíceis ou mais abrangentes; ajudar as pessoas a atingirem suas metas; remover barreiras que possam impedir as pessoas de atingirem seus objetivos; e reforçar os comportamentos apropriados, enquanto se desencoraja outros.

RESUMO

Este capítulo esboçou as diversas teorias da motivação em cinco dimensões básicas:

1. O que *energiza* o comportamento (teorias de conteúdo estático, de necessidades).
2. O que *dirige* ou orienta esse comportamento (teorias de processo).
3. Como o comportamento pode ser *mantido* ou sustentado ao longo do tempo (teorias baseadas no ambiente).
4. A diferença entre motivação e recompensas *intrínsecas* e *extrínsecas*.
5. O *contexto organizacional* da motivação (contrato psicológico).

Como foi mostrado por esta apresentação, há uma ampla variedade de material sobre a motivação e o comportamento. Apesar de toda a pesquisa e literatura existentes sobre a motivação, ainda não contamos com uma "grande teoria" que possa abranger mesmo a maior parte das descobertas. Embora algumas das teorias baseadas no meio ambiente, tais como a abordagem de comparação social, pareçam promissoras, até o momento há uma quantidade insuficiente de pesquisas que confirmem que o modelo tem validade previsiva. Como uma medida da adequação de um modelo é sua capacidade de prever com exatidão os diversos resultados em certas condições (e não o que aconteceu no passado devido a essas condições), a utilidade global dessa perspectiva ainda é incerta. Outros sugeriram que alguns dos desenvolvimentos mais surpreendentes se deram na integração das teorias da expectativa e do estabelecimento de metas.[78] Essa abordagem sugere que o estabelecimento de metas exerce seu efeito principal sobre a motivação por meio do orgulho ou da vergonha das pessoas em relação ao próprio desempenho, e a sua sensação de eficácia, ou de que são capazes de trabalhar no nível de desempenho desejado.

Considerando-se essa complexidade, talvez a abordagem mais útil seja ver essas várias teorias como complementares (ou suplementares) em vez de mutuamente exclusivas. No entanto, ainda há muitas questões relativas à motivação que permanecem sem resposta.[79] Também é importante notar que nem todos os aspectos de se energizar, direcionar e manter os comportamentos dos funcionários são controlados pelos gerentes e suas organizações. O desafio é entender essas diversas teorias e desenvolver uma filosofia gerencial que permita incorporar essas teorias da motivação ao estilo gerencial.

NOTAS

1. R. M. Steers e L. W. Porter (Eds.) *Motivations and Work Behaviors* (Nova York: Mc-Graw-Hill, 1975); e W. Clay Hamner. "Motivation Theories and Work Applications". In: Steven Kerr (Ed.). *Organizational Behavior* (Columbus: Grid Pub., 1979), p. 42.
2. David E. Terpstra. "Theories of Motivation – Borrowing The Best". *Personnel Journal* (jun. 1979): 461-66.
3. Raymond E. Miles. *Theories of Management: Implications for Organizational Behavior and Development* (Nova York: McGraw-Hill, 1975), p. 32-34.
4. Douglas McGregor. *The Human Side of Enterprise* (Nova York: McGraw-Hill, 1960).
5. Edgar Schein. "In Defense of Theory Y". *Organizational Dynamics* (1975): 17-30.
6. Edgar F. Huse e James L. Bowditch. *Behavior in Organizations: A Systems Approach to Managing* (Reading, MA: Addison-Wesley, 1977), p. 100; e Hamner. "Motivation Theories", p. 42.

7. Abraham H. Maslow. "A Theory of Human Motivation". *Psychological Review* (jul., 1943): 370-96; e Abraham H. Maslow. *Motivation and Personality* (Nova York: Harper & Row, 1954).
8. Veja um exemplo dessa pesquisa em L. M. Porter. "Job Attitudes in Management: Perceived Deficiencies in Need Fulfillment as a Function of Job Level". *Journal of Applied Psychology* 46, n. 6 (1962): 375-87; e C. P. Alderfer. "An Empirical Test of a New Theory of Human Needs". *Organizational Behavior and Human Performance* 4, n. 2 (1969): 142-75.
9. Veja H. E. Wilkinson, C. D. Orth e R. C. Benfari. "Motivation Theories: An Integrated Operational Model". *SAM Advanced Management Journal* 51 (1986): 24-31; M. A. Wahba; L. G. Bridwell. "Maslow Reconsidered: A Review of the Research on the Need Hierarchy Theory". *Organizational Behavior and Human Performance* 15 (1976): 212-240; e E. E. Lawler e J. L. Sutle, "A Causal Correlational Test of the Need Hierarchy Concept". *Organizational Behavior and Human Performance* 7 (1972): 265-287.
10. L. Siegl e L. M. Lane. *Personnel and Organizational Psychology* (Homewood, IL: Irwin, 1987), p. 376-377.
11. Terpstra, "Theories of Motivation"; e Hammer, "Motivation Theories", p. 44.
12. Alderfer, "An Empirical Test"; e C. P. Alderfer, *Existence, Relatedness, and Growth* (Nova York: Free Press, 1972).
13. J. Rauschenberger, N. Schmitt e J. E. Hunter. "A Test of the Need Hierarchy Concept by a Markov Model of Change in Need Strenght". *Administrative Science Quarterly* 25 (1980): 645-670; C. P. Alderfer e R. A. Guzzo. "Life Expectancies and Adults" Enduring Strength of Desires in Organizations". *Administrative Science Quarterly* 9 (set. 1979): 347-361; e J. P. Wanous e A. Zwany. "A Cross-Sectional Test of Need Hierarchy Theory". *Organizational Behavior and Human Performance* 12 (1977): 78-97.
14. G. R. Salancik e J. Pfeffer. "An Examination of Need-Satisfaction Models of Job Attitudes". *Administrative Science Quarterly* 22 (set. 1977): 427-456.
15. Veja B. M. Staw, N. E. Bell e J. A. Clausen. "The Dispositional Approach to Job Attitudes". *Administrative Science Quarterly* 31 (mar. 1986): 56.
16. D. C. McClelland. *The Achieving Society* (Princeton: Van Nostrand, 1961); e D. C. McClelland. "Business Drive and National Achievement". *Harvard Business Review* (jul.-ago. 1962): 99-112.
17. Wilkinson et al. "Motivation Theories", p. 28-29.
18. Veja D. C. McClelland. "Managing Motivation to Expand Human Freedom". *American Psychologist* 33 (marco, 1978): 201-210; D. C. McClelland e D. Burnham. "Power is the Great Motivator". *Harvard Business Review* 54, n. 2 (1976): 100-111; e D. C. McClelland e D. C. Winter. *Motivating Economic Achievement* (Nova York: Free Press, 1969).
19. R. M. Steers e D. G. Spencer. "The Role of Achievement Motivation in Job Design". *Journal of Applied Psychology* 62 (1977): 472; G. A. Yukl e G. p. Latham. "Interrelationships Among Employee Participation, Individual Differences, Goal Difficulty, Goal Acceptance, Instrumentality, and Performance". *Personnel Psychology* 31 (1978): 305-324; e T. Matsui, A. Okada e T. Kakuyama. "Influence of Achievement Need on Goal Setting, Performance, and Feedback Effectiveness". *Journal of Applied Psychology* 67 (1982): 645-648.
20. D. C. McClelland. "Toward a Theory of Motive Acquisition". *American Psychologist* 20 (1965): 321-33.
21. F. W. Herzberg, B. Mauser e B. Snyderman. *The Motivation to Work* (Nova York: Wiley, 1959); e F. W. Herzberg. "One More Time; How Do You Motivate Employees?", *Harvard Business Review* (jan.-fev. 1968): 53-62.
22. Veja T. D. Wall. "Ego Defensiveness as a Determinant of Reported Differences in Sources of Job Satisfaction and Job Dissatisfaction". *Journal of Applied Psychology* 58 (1973): 125-128; e M. Dunnette, J. Campbell e M. Hakel. "Factors Contributing to Job Dissatisfaction in Six Occupational Groups". *Organizational Behavior and Human Performance* 2 (maio, 1967): p. 147.
23. B. L. Hinton. "An Empirical Investigation of the Herzberg Methodology and Two-Factor Theory". *Organizational Behavior and Human Performance* 3, n. 3 (1968): 286-309; e E. A. Locke. "Satisfiers and Dissatisfiers Among White-Collar and Blue-Collar Employees". *Journal of Applied Psychology* 58, n. 1 (1973): 67-76.
24. Veja E. E. Lawler. *Motivation in Work Organizations* (Monterey, CA: Brooks/Cole, 1973).
25. Por exemplo, veja Wilkinson et al. "Motivation Theories", p. 29-31; Terpstra, "Theories of Motivation".
26. Para uma visão geral dessas críticas, veja T. R. Mitchell. "Organizational Behavior". *Annual Review of Psychology* 30 (1979): 243-81. Veja também C. L. Hulin e M. R. Blood. "Job Enlargement, Individual Differences, and Worker Responses". *Psychological Bulletin* 69 (1968): 41-55.
27. O primeiro trabalho a articular completamente essa teoria foi V. H. Vroom. *Work and Motivation* (Nova York: Wiley, 1964). Ele foi desenvolvido no apogeu de pesquisa de Herzberg, e suas contribuições só começaram a ser plenamente percebidas cerca de 8 a 10 anos mais tarde. A versão apresentada nesta seção foi extraída de J. P. Campbell, M. D. Dunnette, E. E. Lawler III, e K. E. Weick. *Managerial Behavior, Performance, and Effectiveness* (Nova York: McGraw-Hill, 1970).
28. P. J. DeLeo e R. D. Pritchard. "An Examination of Some Methodological Problems in Testing Expectancy-Valence Models with Survey Techniques". *Organizational Behavior and Human Performance* 13 (1974): 143-148.

29. D. R. Ilgen, D. M. Nebeker e R. D. Pritchard. "Expectancy Theory Measures: An Empirical Comparison in an Experimental Simulation". *Organizational Behavior and Human Performance* 20 (1981): 189-223.
30. Veja J. P. Wanous, T. L. Keon e J. C. Latack. "Expectancy Theory and Occupational/Organizacional Choises: A Review and Test". *Organizational Behavior and Human Performance* 22 (1983): 66-86, e D. Schwab, J. Olian-Gottlieb e H. Heneman. "Between Subjects Expectancy Theory Research: A Statisfical Review of Studies Predicting Effort and Performance". *Psychological Bulletin* 86 (1979): 139-147.
31. Veja R. D. Pritchard e M. S. Sanders. "The Influence of Valence. Instrumentality, and Expectancy on Effort and Performance". *Journal of Applied Psychology* 57 (1973): 55-60; C. W. Kennedy, J. A. Fossum e B. J. White. "An Empirical Comparison of Within-Subjects and Between-Subjects Expectancy Theory Models". *Organizational Behavior and Human Performance* 22 (1983): 124-143; e Wanous et al., "Expectancy Theory and Occupational Organizational Choices".
32. A teoria das expectativas foi usada para prever atitudes e o desempenho em diversos estudos. Para uma revisão dessas pesquisas, veja R. J. Howe, H. J. Shapiro, M. A. Wahba. "Expectancy Theory as a Predictor of Work Behavior and Attitudes: A Re-Evaluation of Empirical Evidence". *Decision Sciences* 5 (1974); 481-506; H. G. Henehan e D. P. Schwab. "Evaluation of Research on Expectancy Theory and Predictions of Employee Performance". *Psychological Bulletin* 78 (1972): 1-9; e T. R. Mitchell e L. R. Beech. "A Review of Occupational Preference and Choice Research Using Expectancy Theory and Decision Theory". *Journal of Occupational Psychology* 99 (1976): 231-48.
33. M. A. Wahba e R. J. House. "Expectancy Theories in Work and Motivation: Some Logical and Methodological Issues". *Human Relations* 27, n. 2 (1974): 121-47; e T. R. Mitchell. "Expectancy Model of Job Satisfaction, Occupational Preference and Effort: A Theoretical, Methodological and Empirical Appraisal". *Psychological Bulletin* 81, n. 12 (1974): 1053-77.
34. R. J. House. "A Path-Goal Theory of Leadership Effectiveness". *Administrative Science Quarterly* 16, n. 3 (1971): 321-38.
35. Siegel e Lane, *Personal and Organizational Psychology*, p. 499.
36. Veja J. F. Schriesheim e C. A. Schriesheim. "A Test of Path-Goal Theory of Leadership and Some Suggested Directions for Future Research". *Personnel Psychology* 33 (1980): 349-370; e T. H. Hammer e H. P. Dachler. "A Test of Some Assumptions Underlying Path-Goal Models of Supervision: Some Suggested Conceptual Modifications". *Organizational Behavior and Human Performance* 14 (1975): 60-75.
37. Veja J. Indvik. "Path-Goal Theory of Leadership: A Meta-Analysis". In: J. A. Peace e R. B. Robinson (Eds.). *Academy of Management Best Paper Proceedings 1986* (Academy of Management, 1986), p. 189-192; e C. A. Schriesheim e A. S. DeNisi. "Task Dimensions as Moderators of the Effects of Instrumental Leadership: A Two-Sample Replicated Test of Path-Goal Leadership Theory". *Journal of Applied Psychology* 66 (1981): 589-597.
38. E. A. Locke. "Toward a Theory of Task Motivation and Incentives". *Organizational Behavior and Human Performance* 3 (1968): 157-89.
39. Para uma visão geral dessa pesquisa, veja G. p. Lantham e G. A. Yukl. "A Review of Research on the Application of Goal-Setting in Organizations". *Academy of Management Journal* 18 (1975): 824-45.
40. G. P. Lantham e T. P. Steele. "The Motivational Effects of Participation versus Goal Setting in Performance". *Academy of Management Journal* 26 (1983): 406-17; e E. A. Locke, L. Shaw, L. M. Saari e G. P. Latham. "Goal Setting and Task Performance: 1969-1990". *Psychological Bulletin* 90 (1981): 125-152.
41. Veja R. E. Walton. "From Control to Commitment in the Workplace". *Harvard Business Review* 63, n. 2 (1985): 76-84; E. E. Lawler. *High Involvement Management* (San Francisco; Jossey-Bass, 1986); e H. L. Tosi, J. R. Rizzo e S. J. Carrol, *Managing Organizational Behavior* (Marshfield, MA: Pitman, 1986), p. 252-253.
42. Veja M. Sashkin. "Participative Management Remains an Ethical Imperative". *Organizational Dynamics* 14, n. 4 (1986): 62-75.
43. Veja E. A. Locke, D. M. Schweiger e G. p. Latham. "Participation in Decision Making: When Should It Be Use?" *Organizational Dynamics* 14, n. 3 (1986): 65-79.
44. G. P. Latham e G. A. Yukl. "Assigned Versus Participative Goal-Setting with Educated and Uneducated Wood Workers". *Journal of Applied Psychology* 60 (1975): 299-302; R. M. Steers. "Task-Goal Attributes, Need for Achievement, and Supervisory Performance", *Organizational Behavior and Human Performance* 13 (1975): 392-403; Terpstra "Theories of Motivation"; e Sashkin, "Participative Management", p. 67-69.
45. B. F. Skinner. *The Behavior of Organisms: An Experimental Approach* (Nova York: Appleton-Century, 1938); B. F. Skinner. *Science and Human Behavior* (Nova York: Free Press, 1953); e B. F. Skinner. *Contingencies of Reinforcement* (Nova York: Appleton-Century-Croffs, 1969).
46. Veja artigos representativos que descrevem a aplicação do condicionamento de operadores na administração em D. G. Kopp. "Applications of Behavior Modification in Organizations: A Review and Critique". *Academy of Mana*

gement Review 3, n. 2 (1978): 281-92; e W. C. Hamner E. P. Hamner. "Behavior Modification on the Botton Line". *Organization Dynamics* (1976): 8-21.

47. Para uma boa análise do debate sobre satisfação e desempenho, veja Charles N. Greene. "The Satisfaction--Performance Controversy". *Business Horizons 15* (out. 1972): 31-41; e Charles N. Greene e Robert E. Craft, Jr. "The Satisfaction-Performance Controversy Revisited". In: Kirk Downey, Don Hellreigel, e John Slocum (Eds.). *Organizational Behavior: A Reader* (St. Paul, MN: West Pub., 1977), p. 187-201.
48. Veja William F. Whyte. "Pigeons, Persons and Piece Rates: Skinnerian Theory in Organizations". In: Jean M. Bartunek e Judith R. Gordon (Eds.). *Behavior in Organizations: A Diagnostic Approach* (Lexington, Mass.: Xerox, 1978), p. 49-54; Terpstra, "Theories of Motivation", Babb e Kopp, "Applications of Behavior Modification", S. Kerr, "On the Folly of Rewarding A. While Hoping for B". *Academy of Management Journal* 18 (1975): 769-83.
49. F. Luthans e R. Kreitner. *Organizational Behavior Modification* (Glenview, IL: Scott, Foresman, 1975; F. Luthans e R. Kreitner. *Organizational Modification and Beyond* (Glenview, IL: Scott, Foresman, 1985); e R. Kreitner. "The Feedforward and Feedback Control of Job Performance Through Organizational Behavior Management". *Journal of Organizational Behavior Management* 3, n. 3 (1982): 3-20.
50. Veja L. W. Frederiksen. *Handbook of Organizational Behavior Management* (Nova York: Wiley, 1982).
51. W. C. Hamner e E. P. Hamner. "Behavior Modification on the Bottom Line". *Organizational Dynamics* 4 (1976): 8-21.
52. Uma boa síntese desta pesquisa pode ser encontrada em K. O'Hara, C. M. Johnson e T. A. Beehr. "Organizational Behavior Management in the Private Sector: A Review of Empirical Research and Recommendations for Further Investigation". *Academy of Management Review* 10, n. 4 (1985): 848-864; ver A. C. Daniels. "Performance Management: The Behavioral Approach to Productivity Improvement". *National Productivity Review* (1985): 225-236.
53. C. J. Schneier. "Behavior Modification in Management: A Review and Critique". *Academy of Management Journal* 17 (1974): 528-548.
54. Veja R. A. Scott, J. E. Swan, M. E. Wilson e J. J. Roberts. "Organizational Behavior Modification: A General Motivational Tool for Sales Management". *Journal of Personal Selling & Sales Management* (ago. 1986): 61-70; F. Luthans, R. Paul e D. Baker. "An Experimental Analysis of the Impact of Contingent Reinforcement of Salesperson's Performance Behavior". *Journal of Applied Psychology* 66 (1981): 314-323; M. G. Brown, R. Mallott, M. J. Dillon e E. J. Keeps. "Improving Customer Service in a Large Department Store Through the Use of Training and Feedback". *Journal of Organizational Behavior Management* 2 (1980): 251-266; e O'Hara et al., "Organizational Behavior Management."
55. Veja dois artigos bem abrangentes, porém fáceis de entender, sobre esse assunto: B. M. Staw, "Motivation in Organizations: Toward Synthesis and Redirection", P. 55-95, e P. S. Goodman. "Social Comparison Processes in Organizations", p. 97-132. In: B. M. Staw e G. R. Salancik (Eds.). *New Directions in Organizational Behavior* (Chicago: St. Clair, 1977).
56. L. Festinger, "A Theory of Social Comparison Process". *Human Relations* 7 (1954): 117-40.
57. Veja J. Stacy Adams. "Inequity in Social Exchange". In: L. Berkowitz (Ed.). *Advances in Experimental Social Phychology*, v. 2 (Nova York: Academic Press, 1965), p. 267-99. Veja pesquisas que sustentam a teoria da equidade em J. S. Adams W. E. Rosenbaum. "The Relationship of Worker Productivity to Cognitive Dissonance About Wage Inequities". *Journal of Applied Psychology* 55, n. 1 (1971): 161-64. Veja pesquisas que contrariam a teoria da equidade em E. R. Valenzi e I. R. Andrews. "Effect of Hourly Overpay and Underpay Inequity When Tested With a New Induction Procedure". *Journal of Applied Psychology* 55, n. 1 (1971): 22-27.
58. R. C. Huseman, J. D. Hatfield, e E. W. Miles. "A New Perspective on Equity Theory: The Equity Sensitivity Construct". *Academy of Management Review* 12, n. 2 (1987): 222-234.
59. Veja C. I. Bernard. *The Functions of an Executive* (Cambridge: Harvard University Press, 1938); H. Simor. *Administrative Behavior*, 3. ed. (Nova York: Macmillan, 1976); e Joe Kelly. *Organizational Behavior: Its Data, First Principles, and Applications* (Homewood, IL: Richard D. Irwin, 1980), p. 297-98.
60. Veja J. Greenberg. "A Taxonomy of Organizational Justice Theories". *Academy of Management Review* 12, n. 1 (1987): 9-22; e P. S. Goodman e A. Friedman. "An Examination of Adam's Theory of Inequity". *Administrative Science Quarterly* 16 (dez. 1971): 271-288.
61. Veja, por exemplo, R. Folger. "Rethinking Equity Theory: A Referent Cognitions Models". In: H. W. Bierhoff, R. L. Cohen e J. Greenberg (Eds.). *Justice in Social Relations* (Nova York: Plenum, 1986), p. 145-162; R. Vecchio. "Predicting Worker Performance in Inequitable Settings". *Academy of Management Review* 7, n. 1 (1982): 103-110; R. A. Cosier e D. R. Dalton. "Equity Theory and Time: A Reformulation". *Academy of Management Review* 8, n. 2 (1983): 311-319.

62. A discussão da teoria de aprendizado social baseia-se muito em R. Kreitner e F. Luthans. "A Social Learning Approach to Behavioral Management: Radical Behaviorists 'Mellowing Out'". *Organizational Dynamics* 13, n. 2 (1984): 47-65.
63. Veja A. Bandura. *Social Learning Theory* (Englewood Cliffs: Prentice-Hall, 1977).
64. B. M. Staw. *Intrinsic and Extrinsic Motivation* (Morristown, N. J.: Silver Burdett, 1976); e E. L. Deci. *Intrinsic Motivation* (Nova York: Plenum Press, 1975).
65. Veja, por exemplo P. C. Jordan. "Effects of an Extrinsic Reward on Intrinsic Motivation". *Academy of Management Journal* 29, n. 2 (1986): 405-412; B. M. Staw. "The Attitudinal and Behavior Consequences of Changing a Major Organizational Reward". *Journal of Personality and Social Psychology* (jun. 1974): 743-751; e K. B. Boone & L. L. Cummings. "Cognitive Evaluation Theory: An Experimental Test of Processes and Outcomes". *Organizational Behavior and Human Performance* 20 (dez. 1981): 289-310.
66. J. S. Phillips e R. G. Lord. "Determinants of Intrinsic Motivation: Locus of Control and Competence Information as Components of Deci's Cognitive Evaluation Theory". *Journal of Applied Psychology* (abr. 1980): 211-218; e Boone & Cummings. "Cognitive Evaluation Theory".
67. J. E. Hamerstone. "How to Make Gainsharing Pay Off". *Training and Development Journal* 41, n. 4 (abr. 1987): 80-81; V. Kafka. "A New Look at Motivation – for Productivity Improvement". *Supervisory Management* 31, n. 4 (abr. 1986): 19-24; e J. S. Overstreet. "The Case for Merit Bonuses". *Business Horizons* 28, n. 3 (1985): 53-58.
68. Edgar H. Schein. *Organizational Psychology*, 2. ed. (Englewood Cliffs: Prentice-Hall, 1980), p. 44, 98-100.
69. K. Thomas. "Managing the Psychological Contract". Intercollegiate Case Clearing House, Harvard Business School, Case n. 9-474-159, 1974; Schein. *Organizational Psychology*, 5, ver capítulos. 3 e 5.
70. Amitai Etzioni. *A Comparative Analysis of Complex Organizations* (Glencoe, III.: Free Press, 1961).
71. Veja, por exemplo R. Scott. "Job Expectancy – An Important Factor in Labor Turnover". *Personnel Journal* 55, n. 5 (1972): 360-63; Schein. *Organizational Psychology*, p. 46-47.
72. N. Nicholson e G. Johns. "The Absence Culture and the Psychological Contract – Who's in Control of Absence?" *Academy of Management Review* 10, n. 3 (1985): 397-407.
73. Thomas. "Managing the Psychological Contract"; Schein. *Organizational Psychology*, p. 47-48.
74. M. Cooper, B. S. Morgan, P. M. Foley, e L. B. Kaplan. "Changing Employee Values: Deepening Discontent?" *Harvard Business Review* (jan.-fev., 1979): 117-25; D. Yankelovich. *New Rules: Searching for Self-Fulfillment in a World Turned Upside Down* (Nova York: Randon House, 1981); T. F. O'Boyle. "Loyalty Ebbs at Many Companies as Employees Grow Disillusioned". *Wall Street Journal*, jul., 11, 1985, p. 27.
75. Essa discussão se baseia em F. J. Landy e W. S. Becker. "Motivation Theory Reconsidered", in: L. L. Cummings e B. M. Staw (Eds.). *Research in Organizational Behavior*, v. 9 (Greenwich, CT: JAI Press, 1987), p. 1-38.
76. Veja C. C. Pinder. *Work Motivation* (Glenview, IL: Scott, Foresman, 1984).
77. M. G. Evans. "Organizational Behavior: The Central Role of Motivation". *Journal of Management* 12, n. 2 (1986): 203-222.
78. Veja Evans. "Organizational Behavior", p. 204-222.
79. Veja Hamner, "Motivation Theories", p. 57-58; e Evans, "Organizational Behavior", p. 216-218.

capítulo 4

Percepção, atitudes e diferenças individuais

A exposição sobre a motivação, no capítulo anterior, enfocou primariamente os fatores que podem energizar, dirigir e manter o comportamento. Como já foi observado, é importante notar que essas várias teorias procuram explicar a motivação e o comportamento de modo geral, e não necessariamente a motivação de um indivíduo específico. No entanto, entendendo e ampliando essas teorias gerais, podemos começar a nos aproximar de uma compreensão de por que certa pessoa pode se comportar do modo como o faz.

Um dos principais determinantes de *como* e *por que* um indivíduo assume e mantém certas formas de comportamento se baseia nos conceitos de sensação e percepção. A *sensação* refere-se ao estímulo físico dos sentidos: visão, audição, olfato, paladar e tato. Embora o conhecimento dessas diversas sensações ajude a explicar *alguns* dos comos e porquês do comportamento, também precisamos compreender como um indivíduo reage a essas sensações e como as organiza. Esse processo é denominado *percepção* e refere-se ao modo como interpretamos as mensagens de nossos órgãos dos sentidos para dar alguma ordem e significado ao nosso meio ambiente. A chave dessa definição é a palavra *interpretar.* Como pessoas diferentes podem ver a mesma situação de maneiras diferentes (veja o Capítulo 3, sobre a suposição da complexidade do indivíduo), a interpretação do significado de um evento em particular determina como esses indivíduos reagirão. Assim, a percepção pode ser considerada uma *variável interventora*, que influencia o processo de motivação.[1]

Este capítulo começa com uma breve exposição sobre a percepção visual e auditiva, e prossegue em direção à percepção interpessoal (pessoa a pessoa), e a influência da personalidade e do autoconceito. Uma suposição, feita pelos teóricos e pesquisadores da percepção, é que certos tipos de processos mentais, que funcionam em situações auditivas e visuais relativamente simples, ocorrem de maneira semelhante em situações interpessoais mais complexas. Assim, a capacidade de examinar formas mais complexas de percepção é baseada na nossa compreensão desses processos mais simples.

Há muitos fatores internos e externos que influenciam o modo como vemos o mundo que nos cerca. Entretanto, antes de passar a uma análise dessas variáveis, é necessário identificar duas fontes de variação perceptiva: as *limitações fisiológicas* e as *restrições culturais e ambientais.* Muitos dados perceptivos são transmitidos através dos meios, experiências educacionais, vida familiar e nossos processos sociais em geral. O aspecto fisiológico da percepção define os limites daquilo que efetivamente somos capazes de ver, ouvir, cheirar e assim por diante desses dados. Mesmo apesar dessas limitações, as informações coletadas pelos nossos órgãos dos sentidos não adentram nossas mentes como dados brutos, não processados. Em vez disso, as pessoas tendem a interpretar essas informações de um modo que seja congruente com seus conjuntos de crenças, valores e atitudes, moldados por experiências culturais e ambientais mais amplas. Assim, a percepção é determinada pela interação entre esses fatores fisiológicos e psicológicos.

PADRÕES DE ORGANIZAÇÃO SOB UMA PERCEPTIVA INTERNA BÁSICA

Como as pessoas são continuamente submetidas a uma enxurrada de estímulos auditivos e visuais do mundo externo, é necessário contar com um processo interno, um modo de *selecionar* e *organizar* todos esses dados em informações que tenham significado. Esse tipo de processo seletivo ocorre em dois níveis básicos: (1) os dados dos quais a pessoa tem consciência e que pode reconhecer com relativa rapidez após a seleção, e (2) os dados que possam estar abaixo do limiar da consciência.[2] Depois de as pessoas terem selecionado os dados a serem "processados" ou interpretados, o passo seguinte é ordenar ou classificar esses dados de maneira coerente. Como foi relatado antes, isso não ocorre de maneira aleatória ou casual, mas de modo consistente com nossas crenças e valores.

A psicologia da *gestalt*

Segundo uma escola de pensamento, os dados que selecionamos como parte do processo perceptivo, em vez de nos oferecerem uma imagem especular do mundo exterior, adentram nossas mentes em formas altamente abstratas, que são chamadas estruturas ou *gestalts*.[3] Embora parte das informações seja inevitavelmente perdida na tradução de dados brutos nesses *gestalts*, essas transformações estruturais de dados primários do mundo real nos capacitam a interpretar ou entender esse mundo. Assim, quando percebemos algo, essencialmente estamos tentando encaixar esse objeto ou evento em um quadro de referência ou esquema de classificação preestabelecidos.

O princípio básico da teoria da *gestalt* é que a organização dos dados que nos cercam é parte do processo perceptivo, e *não* algo que é acrescentado depois de as variáveis terem sido selecionadas. Na percepção visual, por exemplo, a psicologia da *gestalt* explica por que organizamos os estímulos abaixo para "ver" grupos de pontos (2 grupos de 3, 3 grupos de 2 etc.), em vez de seis pontos individuais.

Em termos de fenômenos auditivos, o Código Morse é uma série de sons curtos e longos. Para algumas pessoas, ele pode parecer simplesmente ruídos ao acaso. Entretanto, para outro ouvinte, que tenha sido treinado para entender esses sons, esses "ruídos" são uma forma de comunicação.

O fenômeno figura-fundo Outros fenômenos resultantes da organização perceptiva são chamados relações *figura-fundo*.[4] Ao observarmos diversos fenômenos ao nosso redor, tendemos a organizar esses dados de maneira a minimizar as diferenças e mudanças, preservando a sua unidade e a integridade. A base desse processo é a nossa tendência a perceber uma figura contra o seu fundo. Comparada a esse fundo, uma figura parecerá ter formas, dimensões e substância, bem como proximidade e realidade superiores às que efetivamente possam existir. Esse fenômeno de figura-fundo pode influenciar nossa tendência a perceber configurações, mesmo quando os elementos individuais não mantêm qualquer relação com o composto que "vemos". Por exemplo, ao olhar para as nuvens, frequentemente percebemos caras vivas, mosaicos ou outras "figuras" que, na realidade, não passam de uma massa de vapor d'água condensado.

Às vezes, entretanto, certo padrão pode ser organizado de modo que se possa perceber mais de uma relação figura-fundo. Na Figura 4.1, por exemplo, o leitor poderá "ver" duas faces se entreolhando ou um cálice decorado. Em termos de fenômenos auditivos, uma analogia próxima à relação figura-fundo é a razão entre *sinal e ruído*. Se um sinal de rádio for fraco e a interferência estática for intensa, não ouviremos o sinal de rádio. Em situações sociais pode haver diversos sinais que não "ouvimos" (por exemplo, insatisfação e reclamações de nossos subordinados) devido ao "ruído" em torno de nós (por exemplo, pressão para terminar um trabalho e agradar a *nosso* chefe). Embora o sinal, por si, possa ser bastante forte, o ruído de fundo frequentemente limita nossa capacidade de ouvi-lo.

Fechamento Esse termo refere-se à nossa tendência de perceber figuras incompletas como se estivessem completas. Quando olhamos para a Figura 4.2, por exemplo, geralmente vemos um triângulo em vez de três linhas separadas; "fechamos" aquela parte do triângulo que foi deixada aberta. Da mesma forma antecipamos o final de uma música porque os finais dessas obras geralmente seguem um padrão relativamente uniforme. Assim, mesmo se as últimas notas da música fossem omitidas, provavelmente poderíamos completá-la com base no que soaria "correto". Em situações sociais, também podemos "fechar" uma conversa com uma pessoa quando anteciparmos o que ela vai responder. Como será exposto no próximo capítulo, essa tendência pode levar rapidamente a falha de comunicação.

Figura 4.1 Um exemplo de incerteza quanto a qual é a figura e qual é o fundo.

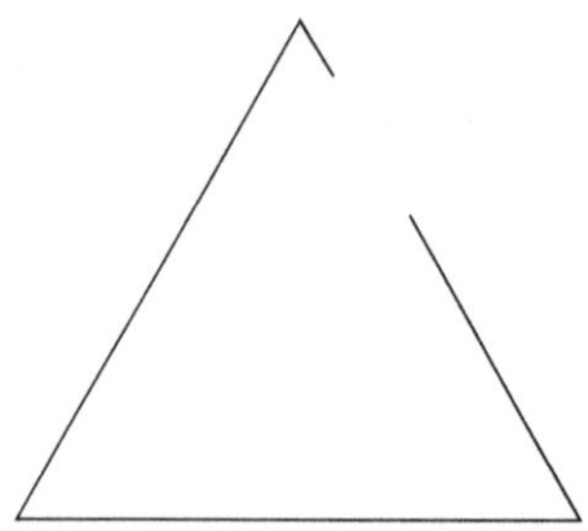

Figura 4.2 Um exemplo de fechamento.

Em resumo, essas tendências internas são alguns dos fatores que influenciam o que vemos e ouvimos do mundo que nos rodeia. Conforme já foi dito, essas tendências são moldadas por nossas experiências culturais e sociais. De fato, como a pesquisa tem demonstrado, eventos similares são percebidos de forma bem diferente por pessoas de ambientes culturais diferentes, devido à influência de experiências e socialização passadas.[5]

FATORES EXTERNOS NA PERCEPÇÃO

Embora o que vemos e ouvimos seja substancialmente influenciado pelos nossos processos internos, o modo como diversos estímulos nos são apresentados também influencia a percepção que temos deles. Diversamente da exposição anterior, esses fatores são mais relacionados à natureza dos próprios estímulos do que aos mecanismos humanos usados para captá-los.

A *intensidade* ou força relativa de um objeto, ruído ou ocorrência pode influenciar significativamente a nossa percepção dele. Na nossa breve alusão anterior à razão sinal/ruído, observamos que uma transmissão de rádio será mais provavelmente ouvida se ela for mais alta que o ruído de fundo. Da mesma forma, um odor pungente terá maior probabilidade de ser notado do que um aroma sutil, prova disso é a nossa consciência do odor de um gambá, em comparação ao perfume de uma rosa.

O *contraste* refere-se à extensão em que algo se destaca do seu fundo. Uma luz forte tende a ser mais notável que uma luz fraca (intensidade), mas uma luz particularmente forte tem menor probabilidade de ser notada numa área muito iluminada, porque estará cercada por outras luzes fortes. Da mesma forma, alguns comportamentos que tendem a passar despercebidos em um contexto se destacarão em outras situações sociais. O comportamento brincalhão de uma criança é muito mais notável entre adultos do que em meio a outras crianças.

O *tamanho* também influencia nossa percepção visual. De maneira simples, objetos grandes são mais notados que objetos menores. Visto que eles se destacam mais em relação a seus fundos (contraste), os objetos maiores têm maior probabilidade de serem selecionados para dentro de nossa percepção.

A *proximidade* é outro fator que pode influenciar o que vemos. Coisas fisicamente próximas tendem a ser vistas como "pertencentes" uma à outra, mais do que coisas similares mais afastadas. Por exemplo, no caso abaixo, é provável que o leitor veja pares de XOs, em vez de diversos Xs e Os alternados.

XO XO XO XO XO XO

A *semelhança* das coisas, entretanto, tende a influenciar nossa percepção quando os objetos estão próximos e à mesma distância entre si. Coisas semelhantes são vistas mais como integrantes de um conjunto do que outras coisas igualmente próximas, porém menos similares. Na figura abaixo, por exemplo, há uma tendência a vermos colunas de Xs e de Os, em vez de linhas de séries de letras alternadas X O X O X O.

XOXOXO
XOXOXO
XOXOXO
XOXOXO

A *repetição* ou frequência é outro fator externo que influencia o que percebemos. Coisas que se repetem ou ocorrem frequentemente são "vistas" mais prontamente do que eventos ou objetos raros ou não repetidos. Isso faz parte do raciocínio de campanhas eleitorais e publicitárias, em que é dada exposição repetida a um indivíduo ou um produto.

O *movimento* também influencia nossa capacidade de selecionar vários estímulos, já que tendemos a notar as coisas que se movem contra um fundo relativamente fixo. Isso também pode se aplicar a estímulos auditivos, quando rastreamos sons, como o da sirene de um carro da polícia ou do corpo de bombeiros, à medida que estes se aproximam ou se afastam de nós.

Cenários perceptuais *novos* ou *extremamente familiares* são selecionados mais prontamente do que situações que não sejam muito novas nem muito familiares. Por exemplo, tendemos a prestar mais atenção quando a "nossa" rua aparece na TV ou no jornal. Da mesma forma, quando os primeiros Volkswagens foram levados aos Estados Unidos, eles pareciam suficientemente diferentes para atrair bastante atenção.

Em resumo, tendemos a selecionar diversos objetos, sons e eventos externos que sejam mais intensos, de maior tamanho, que contrastem com o fundo, que estejam próximos entre si, que sejam repetitivos, que estejam em movimento e que sejam novos ou extremamente familiares.[6] Nesta seção, vimos alguns dos aspectos externos mais simples que influenciam a percepção. Passaremos agora a examinar algumas das maneiras com que esses fatores internos e externos interagem com tendências internas mais complexas para afetar a percepção social e interpessoal.

PERCEPÇÃO SOCIAL E INTERPESSOAL

Assim como a percepção de fenômenos visuais e auditivos é influenciada por diversos fatores internos e externos, da mesma forma, a percepção de outras pessoas e situações sociais é um processo ativo. Para "compreender" ou obter coerência do comportamento complexo de outras pessoas, frequentemente fazemos inferências ou suposições sobre suas motivações, intenções, personalidades, emoções e assim por diante. Essas inferências ou impressões posteriormente se tornam um determinante significativo do nosso comportamento e interação para com esses indivíduos.

Distorção perceptiva

De modo semelhante ao da nossa percepção de diversos objetos ou sons, nossa percepção de outras pessoas também está sujeita a uma série de distorções e ilusões. Em outras palavras, muitas vezes "vemos" pessoas de modo bem diferente das que elas são ou daquela como estas nos são objetivamente apresentadas. Assim como utilizamos dispositivos internos para reduzir (selecionar) a quantidade de dados visuais e auditivos que nos cercam a porções digeríveis, também temos uma série de dispositivos, às vezes chamados *conjuntos perceptivos*, que influenciam o modo como interpretamos ou "entendemos" o comportamento e a interação social. Embora algumas dessas tendências perceptivas contem com um maior apoio de pesquisas que outras, todas são prontamente observáveis em situações do cotidiano.[7]

Estereotipagem Estereotipagem é o processo de usar uma impressão padronizada de um grupo de pessoas para influenciar a nossa percepção de um indivíduo em particular. É um modo de se formar impressões consistentes sobre as outras pessoas, supondo que todas tenham certas características comuns em virtude de sua afiliação (tanto atribuída como obtida) a algum grupo ou categoria tal como raça, gênero, profissão ou classe social. Há três aspectos básicos na estereotipagem:[8]

1. Identifica-se alguma categoria de pessoas (por exemplo, contabilistas, grupos étnicos, militares etc.)
2. Faz-se uma suposição de que os indivíduos pertencentes a essas categorias possuam certos traços (por exemplo maçantes, preguiçosos, fomentadores de guerras etc.).
3. Finalmente, forma-se uma percepção geral de que todos os pertencentes àquela categoria possuem esses traços (por exemplo, todos os contadores são maçantes, todos os membros de certo grupo étnico são preguiçosos, todos os militares são fomentadores de guerras etc.).

Assim, criamos certas imagens das pessoas com base em caracterizações que fazemos sobre um grupo em particular, em vez do próprio indivíduo. Em relação ao comportamento organizacional, os estereótipos de profissão, gênero, etnia e idade são particularmente relevantes. Como veremos no Capítulo 6, os estereótipos ocupacionais (por exemplo, o pessoal da área financeira é frio e calculista) são frequentemente a base do conflito entre grupos. Além disso, os estereótipos negativos que focalizam especificamente um gênero, uma raça ou uma faixa etária têm limitado severamente o acesso dessas pessoas a papéis e posições organizacionais de nível mais alto.

Nem todos os estereótipos, contudo, são necessariamente errôneos, e eles podem nos ser úteis para processarmos as informações com certa rapidez. Por exemplo, muitas das tentativas recentes de se entender a administração japonesa se baseiam nos estereótipos das empresas japonesas "típicas" ou dos trabalhadores japoneses "típicos". Além disso, muitas vezes utilizamos "tipos ideais" (uma forma de estereotipagem) para fazer comparações entre extremos como capitalismo e socialismo, ou ambientes mecanísticos e orgânicos, como base para estudos adicionais. O risco está em usar estereótipos para desenvolver nossas percepções sobre pessoas ou situações específicas.

Efeito halo O efeito halo consiste em deixar que uma característica de um indivíduo ou grupo encubra todas as demais características daquele indivíduo ou grupo. A característica saliente pode ser positiva ou negativa, criando assim uma impressão geral que seria correspondentemente positiva ou negativa. É comum supormos, por exemplo, que simplesmente porque um indivíduo é excelente em uma atividade (teatro, esportes), ele está evidentemente bem informado sobre as outras coisas da vida (automóveis, desodorantes). As agências de propaganda põem muita fé (e muito dinheiro) no efeito halo, supondo que, se gostarmos de uma pessoa, também "gostaremos" do produto que ela endossa.

É particularmente importante estar consciente do efeito halo ao realizar uma entrevista de avaliação de desempenho, de modo que uma característica não influencie a avaliação global. Tem havido casos em que o avaliador que não gostava de bigodes ou cabelos longos deixando essas características desviassem uma avaliação inteira, ignorando as qualidades "boas" ou as contribuições do subordinado. Em outros casos, se uma pessoa desempenha bem o trabalho, mas chega atrasada constantemente, os atrasos poderão afetar demais sua avaliação de desempenho, levando o avaliador a desvalorizar o esforço do subordinado. Assim, o efeito halo pode se referir a algo favorável ou desfavorável sobre uma pessoa e que influencia nossa percepção global no que refere-se a ela.

Expectativa Outro fator que pode influenciar prontamente a percepção social trata das nossas *expectativas* sobre o que veremos (ou ouviremos). Muitas vezes, "vemos" o que esperamos ver, e não o que está realmente acontecendo. Essas expectativas subsequentemente influenciam nossas atitudes e nosso comportamento para com a(s) pessoa(s) envolvida(s) e podem distorcer a situação.

A *profecia autorrealizada.* Se alguém espera ou percebe que outra pessoa vai se comportar de certa forma, essa outra pessoa vai cumprir ou atender a expectativa. Essa tendência é chamada *profecia autorrealizada.*[9] Quando nos comportamos em relação aos outros em função da reação que esperamos deles (por exemplo, acompanhando de perto pessoas que imaginamos que serão preguiçosas), elas frequentemente vão agir como esperamos, devido ao *nosso* comportamento. Na verdade, nossas ações criaram a situação que esperávamos, assim reforçando nossas percepções iniciais.

Percepção seletiva. Outro modo em que nossas expectativas podem distorcer certa situação é por meio da *percepção seletiva.* Dois fatores subjacentes a esse processo são a *atenção seletiva* (quando prestamos atenção em certas mensagens e ignoramos as outras) e a *retenção seletiva* (quando nos lembramos de algumas mensagens e nos esquecemos de outras).[10] Por exemplo, quando esperamos que um indivíduo se comporte de certa maneira, tendemos a nos concentrar nessas atividades (esperadas) e ignorar iniciativas que não estejam dentro de nossas expectativas. Então, temos tendência a nos lembrar dos comportamentos inicialmente esperados, o que influencia nossas atitudes e nosso comportamento e que pode levar ao tipo de profecia autorrealizada que vimos antes. Frequentemente utilizamos esse mecanismo quando tiramos conclusões injustificadas de situações obscuras ou ambíguas.

Projeção. A projeção refere-se a colocar a culpa pelos nossos problemas ou dificuldades nos outros ou a atribuir nossas emoções a outras pessoas. Em situações de trabalho, por exemplo, gerentes frequentemente projetam motivos de poder para "explicar" o comportamento de outros gerentes ou seus subordinados, quando os gerentes que fazem a observação podem ser os que realmente têm necessidades relacionadas ao poder. Isso também se aplica a muitas negociações entre empresa e sindicato, em que ambas as partes projetam, uma na outra, seus próprios sentimentos de desconfiança.[11]

Defesa perceptiva. Depois de termos desenvolvido nossa percepção de uma pessoa, temos tendência a aderir àquela percepção, moldando o que vemos e ouvimos de modo a se ajustar às nossas crenças. Assim, podemos nos recusar a aceitar um estímulo se ele não se encaixar em nossas percepções iniciais. Podemos distorcê-lo, negá-lo, torná-lo insignificante ou até reconhecer a incongruência, mas não o deixaremos fazer qualquer mudança real.[12] De certo modo, os diversos tipos de distorções perceptivas ou atalhos apresentados anteriormente são tipos de defesas perceptivas.

Teoria da atribuição

A teoria da atribuição trata daquilo que as pessoas identificam como razões ou causas aparentes para o comportamento e a motivação. Já que o modo como vemos uma situação determina como tentaremos lidar com ela, essa teoria tem implicações importantes para os gerentes. Por exemplo, se um de nossos subordinados não estiver se saindo bem no trabalho e acharmos que o desempenho ruim é devido à preguiça, teremos uma solução muito diferente da que se achássemos que o desempenho deficiente fosse causado por uma descrição ou estruturação do cargo imprecisas. Dessa forma, os motivos que *achamos* que são os causadores de um comportamento influenciam diretamente a maneira como lidamos com a situação.

Essencialmente, a teoria da atribuição funciona da seguinte forma:[13] primeiro observamos o comportamento e tentamos determinar se ele foi acidental ou intencional; se acharmos que foi intencional, procuramos determinar se o ato foi determinado pela situação ou pela personalidade do indivíduo, e finalmente atribuímos um significado (causa) àquele comportamento. Por exemplo, se o comportamento do mesmo funcionário em cargos diferentes for igual, quando o comportamento de outros varia de cargo para cargo, provavelmente atribuiríamos isso a seus traços de personalidade, em vez de características relativas ao cargo, e agiríamos de acordo.

Diversos fatores ajudam-nos a determinar por que uma pessoa agiu de certa forma. Entretanto, os métodos que utilizamos para fazer isso não são inteiramente racionais; eles são chamados *preconceitos atributivos*. Por exemplo, embora fatores pessoais e situacionais possam ter influenciado o comportamento do indivíduo no exemplo anterior, muitas vezes procuramos simplificar o processo de formação da opinião enfocando apenas *um* conjunto desses fatores. Assim, algumas pessoas tenderão a perceber as causas internas ou pessoais como responsáveis pelo comportamento (tais como inteligências, motivação, personalidade), enquanto outras se basearão mais nos fatores ambientais ou situacionais (tais como as regras organizacionais, a estrutura do cargo e assim por diante). Algumas pessoas, evidentemente, percebem a causa em termos da soma dos fatores internos e externos. A chave para a teoria da atribuição, entretanto, não é o que determina ou causa o comportamento, mas o que nós percebemos que o faz.

Embora tanto gerentes como subordinados frequentemente procurem determinar a extensão em que certo comportamento varia entre diversas entidades, contextos ou pessoas (chamada análise da covariação), devido a limitações de tempo ou falta de motivação, esses mesmos indivíduos simplesmente adotam suas próprias suposições para "explicar" o comportamento.[14] Como foi sugerido antes, esses padrões de suposições, chamados esquemas causais, são fortemente influenciados pelos preconceitos atributivos do indivíduo, que podem variar bastante de uma pessoa para outra. Assim, em muitos casos, o que poderia ser uma interação saudável e produtiva entre um gerente e seus subordinados pode ser corrompido por preconceitos atributivos conflitantes entre as duas partes.[15] De fato, muitos teóricos defendem que boa parte do conflito entre gerentes e seus subordinados resulta de líderes agindo com base em seus próprios esquemas causais (ou seja, interpretações de situação) bem diferentes dos de seus subordinados. Sendo assim, os pesquisadores sugerem, como um meio de se criar um relacionamento mais produtivo entre líder e liderados, tentativas de se reduzir percepções e perspectivas divergentes entre as partes (ou seja, uma interação interpessoal mais intensa, canais de comunicação abertos, reuniões dedicadas à redução de erros atributivos) e de se prestar mais atenção às diferenças existentes entre os indivíduos.

Ponto de controle Um corolário disso é o conceito de *ponto de controle*, o modo geral como as pessoas veem as causas em suas próprias vidas. Alguns indivíduos veem seus comportamentos e resultados como internamente controlados, e assim acreditam que estão no comando de suas vidas. Outros, entretanto, acham que seus comportamentos e resultados são controlados externamente, acreditando que suas vidas são controladas por diversas circunstâncias, em vez de seus próprios esforços. Se um indivíduo percebe que está no controle da situação, o resultado provavelmente será bem diferente do que se ele se achasse controlado por forças externas. Pesquisas têm indicado, por exemplo, que funcionários que se percebem com controle interno manifestam maior satisfação no trabalho, e se sentem mais confortáveis sob um estilo gerencial participativo do que outros, com controle externo.[16] Esses funcionários internamente orientados gostam de participar de decisões relacionadas ao trabalho, como um modo de exercerem controle sobre seu ambiente.

A teoria da atribuição e a motivação Como foi exposto no Capítulo 3, há diversos conjuntos diferentes de suposições sobre por que as pessoas se comportam do modo como o fazem, que influencia a maneira como tentamos motivá-las. Um gerente operando com base em suposições economicamente orientadas pode fazer experiências com esquemas salariais para influenciar e reforçar o bom desempenho. Outro, que considere o modelo social mais apropriado, pode concentrar seus esforços na melhoria do clima no grupo de trabalho, tornando a organização um local de trabalho "alegre". Em contrapartida, um gerente que se basear no modelo do crescimento pode tentar tornar os cargos tão desafiantes quanto puder. Finalmente, aquele que adotar as suposições da pessoa complexa poderá tentar descobrir "o que excita os trabalhadores" e desenvolver esquemas motivacionais individualmente.

Do prisma da objetividade, cada um desses gerentes pode estar certo ou errado sobre o que motiva cada pessoa. No entanto, o fato de o gerente ter a *percepção* de que uma ou outra coisa motiva o trabalhador, em última análise, determina suas políticas e seu comportamento, os quais têm uma influência direta sobre o comportamento dos funcionários. Visto que cada uma dessas suposições tenderá a influenciar as pessoas envolvidas de maneira bem diversificada, a chave é como a motivação é percebida em termos de o que motiva as pessoas, e não a precisão do modelo motivacional adotado. Essa é a base da teoria da atribuição.

PERCEPÇÃO E DIFERENÇAS INDIVIDUAIS

Como foi mostrado anteriormente, há diversos fatores internos e externos, bem como tendências perceptivas, que influenciam o que cada um de nós vê e ouve do mundo que nos cerca. Assim, pessoas diferentes organizam suas percepções da realidade de modo diferente, exclusivamente seu. No contexto do trabalho, essas diferenças podem motivar prontamente as maneiras como as pessoas reagem a diversas práticas organizacionais e gerenciais. Pessoas diferentes, por exemplo, darão importâncias diferentes a recompensas intrínsecas, relacionadas ao trabalho, o estilo de liderança que preferem, suas necessidades de contato e interações interpessoais, e à sua tolerância e aceitação das responsabilidades do cargo.[17]

Assim, em termos de comportamento organizacional, o conceito de diferenças individuais subentende que as características pessoais influenciam o desempenho das pessoas no cargo e no local de trabalho. Como explicaremos no capítulo de aplicações organizacionais (Capítulo 11), muitas das nossas intervenções e práticas atuais no trabalho (tais como horário flexível e outros programas alternativos de trabalho) são orientadas para essas diferenças. Esta seção faz uma breve análise de como a personalidade e o autoconceito de um indivíduo podem influenciar a percepção e o comportamento relacionado ao trabalho, bem como as implicações para a tomada de decisões gerenciais e organizacionais.

Personalidade

Apesar de muitos fatores influenciarem a percepção, o principal determinante é a personalidade do indivíduo. Os psicólogos utilizam o termo em um sentido neutro e universal, como representando aquilo que *caracteriza* o indivíduo.[18] Embora haja uma grande variedade de definições da personalidade, o ponto básico parece ser a *consistência*, a similaridade das reações que uma pessoa tem em diversas situações. Por exemplo, pesquisas têm sugerido que diversos traços interagem para formar tipos diferentes de personalidade como (1) a personalidade *autoritária*, caracterizada pela rigidez, obediência, submissão à autoridade e uma tendência a estereotipar; (2) a personalidade *maquiavélica*, orientada para a manipulação e o controle, com pouca sensibilidade às necessidades dos outros; e (3) a personalidade *existencial*, que tende a valorizar a escolha e as tentativas de manter uma percepção exata da realidade e procura compreender as outras pessoas.[19] A personalidade age como uma espécie de filtro perceptivo ou quadro de referência, que influencia nossa visão do mundo.

Parece que há três influências no desenvolvimento da personalidade: (1) nossos traços físicos e o revestimento biológico, que limitam os modos com que somos capazes de nos adaptar ao nosso meio circundante; (2) nossa socialização e a cultura do nosso grupo e sociedade; e (3) os diversos eventos vividos, as sensações e outros fatores situacionais que experimentamos.[20] Essas influências, que moldam e interagem com nossas interpretações, estabelecem o fato de cada indivíduo ser único e são responsáveis pelos comportamentos e manifestações que chamamos personalidade.

Embora algumas teorias sugiram que nossas personalidades estão praticamente formadas aos 6 anos de idade, outras opiniões do desenvolvimento da personalidade defendem que há períodos críticos ao longo de toda a fase adulta.[21] Assim, parece que, embora a personalidade possa ser inicialmente formada durante os nossos primeiros anos, ela continua a ser alterada à medida que deparamos com diversas experiências na vida. Em termos de comportamento organizacional, as implicações dessas ligações à idade no desenvolvimento da personalidade refletem-se em pesquisas, que indicam que não somente as experiências vividas de modo geral afetam a nossa adaptação ao trabalho, mas que experiências com ele podem efetivamente ter um impacto maior na nossa adaptação psicológica do que o contrário.[22] Em resumo, a personalidade desenvolve-se ao longo da vida de uma pessoa e influencia a percepção que aquela pessoa tem da realidade e do comportamento nas organizações.

Como as organizações só podem ser tão criativas e adaptativas quanto às pessoas que elas puderem empregar, essas descobertas refletem algumas das razões para o desenvolvimento de carreiras e programas de aconselhamento que serão discutidos no Capítulo 11.

Talvez o exemplo prático mais significativo do efeito da personalidade na vida da organização seja refletido em pesquisas que tenham traçado o paralelismo entre estilos neuróticos comuns de comportamento e os tipos de fracasso organizacional.[23] "Burocracias estagnadas", por exemplo, são demonstradas por organizações que não têm metas claras, carecem de iniciativa, reagem lentamente a mudanças no ambiente e que são possuídas por apatia, frustração e inércia gerenciais. Em nível individual, o estilo depressivo de personalidade apresenta características bem semelhantes. Essa relação é particularmente significativa no contexto de estudos que indicam que a estratégia, a cultura e até a estrutura (veja o Capítulo 9) de uma organização podem ser significativamente influenciadas pela personalidade do executivo principal. Como todos nós possuímos certos padrões para lidar com o nosso ambiente, os quais estão profundamente arraigados e têm probabilidade de continuar imutáveis, a personalidade daqueles no topo de uma organização podem moldar a forma como está se adapta ao seu ambiente. Evidentemente, em uma organização em que o poder seja amplamente distribuído, a estratégia, a cultura e a estrutura serão determinadas por muitos gerentes, e a relação entre o uso excessivo de um estilo neurótico e a patologia organizacional será mais tênue. Em contrapartida, as organizações em que o poder é concentrado, um estilo neurótico no topo pode ter impacto em todos os níveis. Por exemplo, executivos principais desconfiados, que frequentemente esperam encontrar sabotagem e farsas no comportamento dos outros, e que buscam "fatos" para confirmar suas piores expectativas, gradualmente criam culturas infestadas de desconfiança, suspeitas, medo e a identificação de "inimigos". Tipicamente, o moral dos funcionários sofre bastante nessas condições, à medida que pessoas de todos os níveis contêm suas contribuições e se concentram em se proteger da exploração. Embora sejam necessárias mais pesquisas nessa área, a relação entre a personalidade dos gerentes principais da empresa, a eficácia organizacional e a capacidade de se adaptar a mudanças promete oferecer visões mais profundas da dinâmica de organizações complexas.

Autoconceito

O *autoconceito*, a maneira como vemos a nós mesmos, é intimamente relacionado à noção de personalidade.[24] Conscientemente ou não, cada um de nós tem uma imagem de si mesmo que influencia tudo o que dizemos, fazemos ou percebemos em relação ao mundo. Essa imagem age como um filtro que separa certas coisas e dá um sabor de idiossincrasia ao nosso comportamento. Muito do que expusemos sobre a percepção seletiva é influenciado pelo nosso autoconceito.

Segundo uma conceitualização, o autoconceito é composto de quatro fatores que interagem entre si:[25]

1. *Valores*, que tendem a formar a base do caráter de uma pessoa, refletindo as coisas que realmente são importantes na vida e básicas para alguém como pessoa.
2. *Crenças*, que são as ideias que as pessoas têm do mundo e de como ele funciona (por exemplo, as teorias X e Y).
3. *Competências*, ou as áreas de conhecimento, capacidade e habilidade que aumentam a eficácia de um indivíduo ao lidar com o mundo.
4. *Metas pessoais*, os objetivos, ou eventos futuros que perseguimos para satisfazer nossas necessidades básicas.

O autoconceito reflete a maneira exclusiva de cada indivíduo organizar suas metas pessoais, objetivos, crenças e valores. A resposta natural é manter nosso autoconceito. Em outras palavras, as pessoas procuram manter suas imagens de si mesmas adotando comportamentos consistentes com seus valores, crenças, competências e metas pessoais *da maneira como os veem*. Embora algumas pessoas possam se engajar em esforços contrários a suas metas pessoais e competências, a maioria tende a reagir defensivamente quando suas crenças e valores forem ameaçados. Tais ameaças frequentemente levam ao uso das defesas perceptivas discutidas anteriormente. Dessa forma, embora possamos perceber o comportamento de um indivíduo como ilógico ou autodestrutivo, ele normalmente faz sentido para aquela pessoa em particular, visto que as pessoas geralmente fazem opções consistentes com seus autoconceitos.

ATITUDES E A FORMAÇÃO DA ATITUDE

Em qualquer situação organizacional, as atitudes de uma pessoa são um determinante importante dos comportamentos relacionados com o desempenho: a quantidade e a qualidade da produção, o compromisso com a organização, absenteísmo, rotatividade e assim por diante. Em nível genérico, as atitudes de uma pessoa a influenciam a agir de certa forma e não de outra.[26] Evidentemente, se uma atitude efetivamente produz certo comportamento depende de diversos outros fatores tais como pressões da família e de colegas, experiências profissional passada e presente, e as normas do grupo (Capítulo 6). Por exemplo, pessoas podem não gostar de seus empregos ou da empresa para a qual trabalham, mas podem preferir continuar trabalhando lá porque empregos alternativos que paguem igualmente não são encontráveis. Da mesma forma, uma pessoa pode gostar do que faz, mas conter o seu empenho por falta de recompensas percebidas.

As atitudes podem ser definidas como uma predisposição a reagir a um estímulo (algo no ambiente de uma pessoa, como um acontecimento, uma coisa, um lugar ou outra pessoa) de maneira positiva ou negativa.[27] Por exemplo, quando falamos de uma atitude positiva no trabalho ou satisfação no trabalho, queremos dizer que as pessoas envolvidas tendem a ter sensações internas positivas quando pensam em seus trabalhos.

Como foi sugerido no Capítulo 3, é óbvio que os diversos aspectos do trabalho de uma pessoa tenderão a gerar tipos diferentes de sensações. As atitudes têm três componentes básicos: cognitivo, afetivo e comportamental. O *componente cognitivo* de uma atitude compreende as crenças e os conhecimentos sobre os estímulos e a avaliação deles. O *componente afetivo* refere-se às nossas emoções. Finalmente, o *componente comportamental* de uma atitude é a tendência a se comportar de certa forma, reagindo às próprias emoções e cognições.

As atitudes também têm quatro características básicas: direção, intensidade, saliência e diferenciação.[28] A *direção* de uma atitude é favorável, desfavorável ou neutra (sem direção). Podemos gostar, não gostar ou ser neutros em relação a certos aspectos do nosso trabalho, a organização para a qual trabalhamos, nosso chefe e assim por diante. A *intensidade* de uma atitude refere-se à força do componente afetivo.

Embora possamos não gostar de certos aspectos de nosso trabalho, a intensidade do nosso desagrado pode variar entre fraca e forte. De modo geral, quanto mais intensa uma atitude, mais ela tenderá a gerar comportamentos consistentes. A *saliência* refere-se à importância percebida da atitude. Por exemplo, a aversão que um artista pode ter em relação a computadores pode não ser percebida como tão importante quanto uma atitude semelhante por parte de um estudante de Administração de Empresas, em que a familiaridade com sistemas de processamento de dados pode desempenhar um papel essencial na sua carreira. Finalmente, as atitudes não existem num vácuo. Elas são parte de uma mistura inter-relacionada de crenças, valores e outras atitudes. As atitudes que contam com um grande número de crenças, valores e atitudes que as sustentam são *altamente diferenciadas;* aquelas baseadas em poucas crenças, valores e atitudes são *pouco diferenciadas.*

Há diversos processos por meio dos quais as atitudes são adquiridas: (1) pelos resultados de nossas próprias experiências (tentativa e erro), (2) por nossas tendências e preconceitos perceptivos, (3) por nossas observações das reações de outra pessoa a uma situação específica, (4) por nossa observação dos resultados das experiências de outra pessoa, e (5) pelas instruções verbais sobre as respostas apropriadas a certo estímulo e as características deste.[29] Embora algumas atitudes sejam *adotadas* no início da vida (por exemplo, aprendidas da nossa família ou ambiente cultural), a maioria delas é gradualmente *desenvolvida* ao longo do tempo por experiências vividas e observações.

Mudança de atitude

Muitas vezes gerentes enfrentam o desafio de mudar a atitude de alguém: um subordinado, chefe, fornecedor, cliente e assim por diante. Embora o *status* daquele gerente em particular na organização (Capítulo 6) e sua capacidade de liderança (Capítulo 7) possam ser aspectos influentes nesse processo, a extensão em que certa atitude pode ser mudada dependerá da direção, da intensidade, da saliência e do grau de diferenciação dessa atitude. As atitudes não muito arraigadas e de pouca diferenciação muitas vezes são relativamente fáceis de se mudar por meio de esforços de educação, treinamento e comunicação. Quando nossas atitudes estão tão profundamente instaladas dentro de nós, a ponto de mal as percebermos (um alto grau de intensidade, saliência e diferenciação), elas são bem difíceis de mudar. De fato, uma quantidade significativa de pesquisas em ciências sociais indica que uma das formas mais eficazes de se mudar atitudes profundamente arraigadas é mudar primeiro os comportamentos correspondentes.[30]

Atitudes e comportamento Muitas vezes, gerentes que procuram introduzir grandes mudanças na organização começam avaliando e tentando mudar as atitudes dos funcionários.[31] Essa abordagem é consistente com a sapiência convencional de que as atitudes influenciam o comportamento. De modo geral, as crenças e os valores antecedem as atitudes, que então influenciam o comportamento. Contudo, a ligação entre atitudes e comportamento é tentativa. Embora uma atitude possa levar a uma *intenção de se comportar* de certa maneira, a intenção pode ser ou não consumada, dependendo da situação ou das circunstâncias. Ao mesmo tempo, embora as atitudes influenciem o comportamento, é importante enfatizar que o comportamento também influencia as atitudes.

Como ressalta um volume significativo de pesquisas em ciências sociais, uma das formas mais eficazes de se mudar crenças e valores é começar com mudanças nos comportamentos a elas relacionados.[32] Os valores e atitudes individuais, particularmente aqueles profundamente enraizados, são notoriamente difíceis de ser mudados diretamente, porque os valores de uma pessoa tendem a ser parte de um sistema inter-relacionado, no qual cada valor é preso a outros, e reforçado por estes. Sendo assim, os gerentes precisam perceber que é virtualmente impossível mudar certo valor isoladamente dos outros mantidos por uma pessoa. Em contrapartida, concentrando-se nos valores e nas interações relevantes, os gerentes podem começar a moldar os resultados desejados estabelecendo explicitamente expectativas e padrões de desempenho, recompensando os comportamentos apropriados e provendo canais através dos quais as pessoas possam contribuir para as metas e objetivos. Mudanças nos comportamentos organizacionais, por si, não se traduzem em mudança de atitude. Na verdade, mudanças nas atitudes de uma pessoa podem demorar muito para causar mudanças de comportamento que, em alguns casos, podem nem chegar a ocorrer. Em particular quando uma empresa depende exclusivamente de motivadores extrínsecos, seus integrantes podem racionalizar facilmente por que "aceitaram" a mudança, deixando suas atitudes e orientações intactas. Em contrapartida, se os membros da organização puderem ver o valor inerente da mudança, terão muito mais probabilidade de aceitar e se identificar com aquilo que a organização está tentando conseguir.

Portanto, se uma mudança de atitude tiver de ocorrer, os gerentes deverão apoiar mudanças de comportamento relevantes com motivadores intrínsecos, dentro do possível.[33] Como parte desse processo, é preciso fazer explicações e justificativas da mudança aos membros da organização. Uma abordagem é convencer os integrantes da organização a examinarem suas crenças e valores existentes, mostrando-lhes que suas suposições conflitam com o que acontece ao seu redor.[34] Para que a mudança de atitude seja duradoura, porém, os gerentes também terão de articular e comunicar as novas crenças e valores e fazer que sejam adotadas.

Dissonância cognitiva Uma área importante na esfera da mudança de atitude envolve o conceito da *consistência cognitiva*. Basicamente, as pessoas buscam uma sensação de equilíbrio entre suas crenças, atitudes e comportamentos. Se, por exemplo, o leitor mantém ideias políticas liberais, seria pouco provável que votasse em um candidato extremamente conservador. Para ter uma sensação de consistência, suas crenças e atitudes o levariam a votar em um liberal. Há momentos, no entanto, em que uma pessoa pode, impensadamente ou sendo forçada, fazer algo que não se "ajuste" às suas crenças e atitudes. Essa situação cria uma inconsistência ou desequilíbrio cognitivo. Como o resultado psicológico é desagradável ou incômodo, tentamos diminuir o desequilíbrio para restaurar a consistência cognitiva. Uma das formas de fazê-lo é modificar nossas atitudes ou racionalizar nosso comportamento de modo que crie uma sensação de equilíbrio.[35]

A teoria da *dissonância cognitiva* procura explicar como as pessoas reduzem os conflitos internos quando enfrentam um choque entre seus pensamentos e seus atos.[36] Por exemplo, se alguém acha importante apoiar a indústria automobilística nacional, mas acha que os carros importados são de melhor qualidade, poderá sentir alguma dissonância depois de ter comprado um carro nacional. Uma das maneiras de reduzir esse desequilíbrio é alterar suas crenças sobre a qualidade comparativa, por exemplo, achando que os carros nacionais são tão bons ou melhores que os importados. Se, por sua vez, a pessoa comprar um carro importado, poderá tentar reduzir a dissonância argumentando que a indústria nacional só vai melhorar a sua qualidade se perder algumas vendas para os importados ou que a concorrência vai levar a melhoria da qualidade aos carros nacionais. Em ambos os casos, as crenças e as atitudes foram modificadas para sustentar o comportamento.

Outras fontes de dissonância cognitiva podem ser encontradas em situações...

1. em que a escolha ou a decisão de uma pessoa tiver consequências negativas: se alguém vota em um candidato que acaba sendo eleito, porém mais tarde se mostra um político ruim, pode-se procurar os aspectos positivos da escolha. Pode-se tentar reduzir a dissonância argumentando que o candidato poderia ter se saído ainda pior, que seu oponente teria sido muito pior ou que as condições mudaram de tal forma que ninguém poderá ter se saído bem.
2. quando nossas expectativas não são realizadas ou confirmadas: em um estudo recente que fizemos, logo após a fusão de dois bancos, um grande número de funcionários foi "dispensado", devido a sobreposição de responsabilidades funcionais. Embora o executivo principal de um dos bancos esperasse que a fusão amistosa levasse a um aumento no número de oportunidades para os funcionários, em vez de corte de pessoal, ele finalmente afirmou que "devido às condições econômicas voláteis no ramo, o banco teria que demitir muitas pessoas, mesmo que a fusão não tivesse ocorrido".[37] Assim, quando suas expectativas de que a fusão teria um impacto favorável para os funcionários dos bancos não foram cumpridas, ele racionalizou suas emoções, alegando que a situação teria sido igualmente ruim sem a fusão.
3. sob obediência forçada ou justificativas insuficientes: se formos forçados a fazer algo monótono, trivial ou difícil sem qualquer compensação extrínseca, muitas vezes pensaremos nos aspectos interessantes da tarefa para racionalizar o tempo investido.[38] As recompensas extrínsecas, contudo, podem reduzir suficientemente a dissonância, como no caso de uma tarefa maçante que tenhamos feito "só pelo dinheiro", a ponto de a racionalização ser dispensável.

Como indicam esses breves exemplos, a teoria da dissonância cognitiva ajuda a explicar por que as pessoas adotam diversos comportamentos ou atitudes que, em condições normais, seriam difíceis de explicar.

Uma abordagem de processamento de informações à percepção social

Um problema básico, subjacente ao tema da percepção, é que boa parte da pesquisa e do desenvolvimento de teorias é um tanto fragmentada. Entretanto, trabalhos recentes baseados na teoria de processamento de informações tentaram nos levar na direção de uma estrutura teórica mais abrangente.[39] A abordagem de processamento de informações vê a percepção como um processo que ocorre em cinco etapas básicas:

1. *Atenção seletiva.* Visto que somos constantemente bombardeados com informações sobre diversas coisas, eventos, pessoas e assim por diante, utilizamos nossas experiências e expectativas anteriores para nos ajudarem a selecionar esses diversos estímulos e prestar atenção nas coisas que têm importância para nós. Nesse sentido, filtramos as informações em categorias que tenham significado (para nós), padrões familiares que tenhamos organizado em nossas mentes, e reagimos de acordo.
2. *Codificação.* No passo seguinte, tentamos confirmar que o comportamento ou evento, em virtude de suas características, se enquadra no nosso esquema de classificação. Por exemplo, se identificamos uma pessoa como gerente, tentamos reduzir a configuração do estímulo para um rótulo generalizado de "gerente", que incorpora certas propriedades que, embora não tenham sido efetivamente observadas, acompanham nossas expectativas ou nosso conceito de um "gerente".
3. *Armazenagem e retenção.* A armazenagem e a retenção na memória são parte de um processo a longo prazo, ainda não muito bem entendido no campo das ciências. Entretanto, para a maioria das pessoas, é evidente que reter uma informação por um período relativamente longo exige mais esforço do que simplesmente ler alguma coisa. Pense na diferença entre simplesmente ler este livro e lembrar (colocar na memória em longo prazo) as incontáveis teorias e conceitos do comportamento organizacional.
4. *Recuperação.* O modo como recuperamos informações depende do esquema que utilizamos durante a fase de codificação e, como resultado, é sujeito a influências. Por exemplo, uma *influência de ponto de vista afeta* as informações que recuperamos com base em perspectivas que tínhamos anteriormente. Esse tipo de influência é semelhante ao efeito halo, já discutido. Por exemplo, durante uma avaliação de desempenho, uma característica específica que possa ser importante para o avaliador poderá influenciar a avaliação global. Além disso, às vezes até "identificamos" certas características que podem nem estar presentes porque são consistentes com a nossa visão geral de certo tipo de pessoa ou acontecimento.
5. *Julgamento.* Essa fase final ocorre quando recuperamos informações, e parece ter uma relação interativa com o processo de recuperação. Em outras palavras, a maneira como julgamos alguém ou alguma coisa é influenciada pela nossa capacidade de recuperar informações relevantes, a facilidade com que recuperamos as informações e a visibilidade do evento ou comportamento. Por exemplo, um conjunto de estudos sugere que, quanto maior a visibilidade e disponibilidade de um certo comportamento, mais provável será que esse comportamento seja julgado mais frequente do que realmente o é.[40]

Como foi indicado nesta rápida exposição, o modo como percebemos e nos lembramos de informações pode ser explicado por uma abordagem de processamento. É óbvio que essa linha de pesquisa não está concluída. À medida que forem encontradas novas formas de compreender os processos cognitivos, parece que essa perspectiva será capaz de acomodar as futuras descobertas nessa área.

Percepção, diferenças individuais e tomada de decisões

Como foi apontado antes, a percepção refere-se ao processo por meio do qual as pessoas recebem, organizam e interpretam informações de seu meio ambiente. Em termos de tomar decisões eficazes, os gerentes precisam primeiro obter informações de suas organizações (colegas, subordinados, chefes) e ambientes (clientes, fornecedores e outros elementos críticos), e então interpretar acuradamente esses dados pelo processo de percepção. Embora muitas discussões do processo de tomada de decisões gerenciais sugiram que este deve ser um processo consciente, racional e sistemático, com diversos passos precisos, incluindo definição e diagnóstico do problema, especificação de objetivos da decisão, desenvolvimento e avaliação de soluções alternativas, e então escolha e implementação da melhor linha de ação,[41] pessoas com personalidade e autoconceitos diferentes divergem nas maneiras com que abordam essa tomada de decisões.[42]

De certa forma, as pessoas são limitações ao processo de tomada de decisões. As decisões que os gerentes tomam são intensamente afetadas por seus valores, crenças, competências, metas e personalidades. Assim, do prisma do comportamento organizacional, para *compreender* por que certas decisões emergem de um grupo ou organização é importante examinar as premissas dos indivíduos envolvidos na tomada dessas decisões. Os membros da organização, por exemplo, diferem em termos de suas valorizações das metas do sistema, seus próprios ideais, suas percepções das discrepâncias entre o estado atual das coisas e o desejado, o nível de risco que estão dispostos a assumir e assim por diante. Enquanto algumas dessas tendências são explícitas e discutidas abertamente, em muitos casos elas existem a um nível implícito, inconsciente. Frequentemente estabelecem-se metas, identificam-se problemas e classificam-se e escolhem-se alternativas com base nesses valores e crenças implícitas, que nem sempre estão claros para o tomador de decisões.

Os modelos que esboçam como os gerentes *deveriam* tomar decisões são baseados principalmente na *teoria clássica da decisão*, que vê o mundo da administração como algo estável e definido. Os gerentes, confrontados com um problema claramente definido, saberão todas as alternativas para agir e suas consequências, e serão capazes de escolher a alternativa que lhes proporcione a melhor linha de ação (ou a "ideal"). A *teoria comportamental da decisão*, em contrapartida, defende que os indivíduos têm limitações cognitivas e que agem unicamente em termos do que percebem de certa situação. Além disso, devido à complexidade do mundo, tais percepções são frequentemente imperfeitas. Assim, em vez de trabalharem em um mundo de certezas, os administradores são vistos operando sob incertezas e com informações limitadas, muitas vezes ambíguas.

As principais diferenças entre os modelos decisórios clássico e comportamental são os graus de certeza e estabilidade que rodeiam o processo de tomada de decisão e a presença de limitações cognitivas e suas influências nas percepções. Entretanto, as pessoas diferem nas suas estruturas cognitivas, ou seja, o modo como organizam suas percepções. Alguns indivíduos tendem para a complexidade, enquanto outros têm tendência a serem mais simplistas em seus processos de tomada de decisões. Por exemplo, pessoas com estruturas cognitivas simples tendem a categorizar e estereotipar imediatamente, gerando poucas alternativas e pensando em termos de "isso ou aquilo". Os tomadores de decisões mais complexos, por seu lado, passam mais tempo processando informações, gerando um número maior de interpretações, considerando as implicações alternativas das informações, e pensando nas decisões em termos de um contínuo (ou seja, um espectro de possibilidades).[43] As diferenças de personalidade também influenciam o modo como preferimos abordar o processo de tomada de decisões: as personalidades autoritárias tendem mais a impor suas decisões, ao passo que as personalidades mais igualitárias tendem a preferir a participação (e o acompanhamento, quando for permitido pelas características da situação).[44]

O contexto social do julgamento e escolha

Como foi ressaltado neste capítulo, boa parte da pesquisa sobre percepção e julgamento é baseada numa visão psicológica micro-orientada dos processos cognitivos. De fato, uma grande proporção do trabalho na psicologia cognitiva baseia-se em estudos de laboratório, em que controles rígidos são usados para sondar os processos de pensamento de uma pessoa e examinar como são formadas as percepções e tomadas as decisões. Esses estudos fizeram uma contribuição importante para o nosso entendimento da cognição e processos correlatos, entretanto eles não podem prever completamente o comportamento de julgamento ou escolha fora do laboratório, devido às inúmeras realidades sociais que podem influenciar prontamente nossas decisões. Como alguns críticos enfatizaram, a tomada de decisões em condições de laboratório é diferente da tomada de decisões real, devido à ausência das pressões sociais, tão comuns em nosso cotidiano.[45] Assim, surgiram preocupações sobre como ligar com nossa compreensão dos processos cognitivos com base em estudos de laboratório ao comportamento de julgamento e escolha no cotidiano.

Um trabalho recente nessa área examina a tomada de decisões no contexto de influências ou pressões políticas.[46] Essa abordagem procura identificar diversas estratégias de comportamento que as pessoas normalmente usam em ambientes sociais ou organizacionais para descobrir padrões de como as pessoas reagem a situações correntes. Um padrão básico, por exemplo, é que a maioria das pessoas busca obter aprovação e *status*. Usando a metáfora do político como tomador de decisões, algumas pessoas tentam agradar a tantos eleitores quanto possível, ao tomarem suas decisões. Assim, uma decisão sobre o curso de ação a tomar ou o julgamento a fazer é influenciada pelo número de pessoas ou grupos importantes que serão afetados pela decisão, e se serão favoráveis a uma alternativa ou outra. Assim, o contexto social do julgamento e da escolha vai além dos processos cognitivos em si e envolve nossos relacionamentos com outras pessoas e como esses relacionamentos influenciam o modo como tomamos nossas decisões. Portanto, como parte do processo de tomada de decisões, é importante que os gerentes compreendam a percepção, as diversas distorções perceptivas que afetam esse processo e como as diferenças individuais influenciam o que percebemos, e subsequentemente utilizamos como base para tomar nossas decisões. Visto que muitas das informações que os gerentes utilizam são coletadas por meio de interações com pessoas de dentro e de fora de suas organizações, o modo como essas informações são percebidas e processadas por meio de interações não apenas enquadra as alternativas consideradas, mas também a própria decisão. A chave é questionar e testar ativamente essas percepções para assegurar até onde for possível a exatidão das informações utilizadas na tomada de decisões.

RESUMO

Neste capítulo, vimos alguns dos princípios básicos subjacentes à percepção visual e auditiva, a percepção de indivíduos e eventos sociais e a influência da personalidade e do autoconceito no processo de percepção. Ao tentar explicar e predizer várias coisas, eventos ou comportamentos, o que é percebido como verdade é mais importante do que o que efetivamente existe, visto que as reações das pessoas se baseiam em suas percepções. Embora frequentemente suponhamos que as pessoas percebam a realidade claramente, as pesquisas indicam que há diversos fatores internos e externos que podem distorcer o que as pessoas veem.

As percepções realistas, do ambiente que nos cerca e de outras pessoas, são a base para a solução eficaz de problemas, comunicação e outras atividades organizacionais e gerenciais, bem como as relações no trabalho. Se, contudo, o comportamento for percebido por outros indivíduos de maneira diferente da intencionada, a probabilidade de se conseguir um relacionamento eficaz no trabalho será restrita. Por exemplo, pesquisas feitas sobre a percepção que os gerentes têm sobre as necessidades dos funcionários revelaram que eles tendem a superestimar muito a importância que os funcionários dão a altos salários, a entender mal o que os funcionários realmente querem de seus cargos e por que agem de certas formas.[47] Como essas percepções influenciam as maneiras em que os gerentes agem com seus subordinados, elas se encontram entre as razões subjacentes para o fato de subordinados terem manifestado níveis decrescentes de satisfação no trabalho e compromisso com a organização, além de certa decepção com suas organizações.[48] Assim, é importante estar consciente das diversas maneiras como distorcemos e influenciamos as informações sobre outras pessoas, eventos e objetos, de modo a podermos ser mais eficazes ao lidarmos com outros. Como disse o famoso sociólogo W. I. Thomas, as situações, que são percebidas como reais, são reais em suas consequências.

NOTAS

1. Para um aprofundamento desse tema, veja B. Berelson e G. Steiner. *Human Behavior* (Nova York: Harcourt, Brace & World, 1964), p. 87; e F. Luthans. *Organizational Behavior*, 3. ed. (Nova York: McGraw-Hill, 1981), p. 84.
2. Veja Joe Kelly. *Organizational Behavior: Its Data, First Principles, and Applications* (Homewood, IL: Richard D. Irwin, 1980), p. 139-41; J. S. Bruner. *The Relevance of Education* (Nova York: W. W. Norton, 1971); e J. S. Bruner e C. C. Goodman. "Value and Need as Organizing Factors in Perception". *Journal of Abnormal and Social Psychology* 42 (1947): 33-44.
3. A teoria da *gestalt* baseia-se no trabalho de psicólogos da escola de Berlim – Max Wertheimer, Kurt Kofka, Wolfgang Kohler, e posteriormente Kurt Lewin. Veja um bom apanhado geral desse trabalho em F. L. Ruch e P. G. Zimbardo. *Psychology and Life* (Glenview, IL: Scott, Foresman, 1971), p. 283-90.
4. D. Fisher. *Communication in Organization* (St. Paul, MN: West Pub., 1981), p. 74-78; e Luthans. *Organizational Behavior*, p. 90-104.
5. M. H. Segall, D. T. Campbell e M. J. Herkovits. *The Influence of Culture on Perception* (Nova York: Bobbs-Merrill, 1966).
6. A discussão nesta seção foi extraída de Ruch e Zimbardo, *Psychology and Life*, p. 286-90; Luthans, *Organizational Behavior*, p. 259-61; e D. Coon, *Introduction to Psychology: Exploration and Application* (St. Paul, MN: West Pub., 1977).
7. Esta discussão foi extraída de Ruch e Zimbardo. *Psychology and Life*, p. 303-306; Edgar F. Huse e James L. Bowditch. *Behavior in Organizations: A Systems Approach to Managing* (Reading, MA: Addison-Wesley, 1977), p. 122-25.
8. P. F. Secord, C. W. Backman, e D. R. Slavitt. *Understanding Social Life: An Introduction to Social Psychology* (Nova York: McGraw-Hill, 1976).
9. R. Rosenthal. *Experimenter Effects in Behavioral Research* (Nova York: Appleton-Century Crofts, 1966).
10. T. V. Bonoma e G. Zaltman. *Psychology for Management* (Boston: Kent Publ., 1981), p. 307.
11. S. S. Zalkind e T. W. Costello. "Perception: Some Recent Research and Implications for Administration". *Administration Science Quarterly* 7 (1962): 218-35.
12. M. Haire e W. F. Grunes. "Perceptual Defenses: Processes Protecting an Organized Perception of Another Personality". *Human Relations* 3 (1950): 403-12.
13. J. Bartunek. "Why Did You Do That? Attribution Theory in Organizations". *Business Horizons* 24, n. 5 (1981): 66-71; K. G. Shaver. *An Introduction to Attribution Processes* (Cambridge, MA: Winthrop, 1975); e H. H. Kelly. *Attribution Theory in Social Interaction* (Morristown, NJ: General Learning Press, 1971).
14. Veja S. G. Green e T. R. Mitchell. "Attributional Processes of Leader-Member Interactions". *Organizational Behavior and Human Performance* 23 (1979): p. 429-458; e H. H. Kelley. "Attribution in Social Interaction". In: E. Jones, D. Kanouse, H. Kelley, R. Nisbett, S. Valins e B. Weiner (Eds.) *Attribution: Perceiving the Causes of Behavior* (Morristown, NJ: General Learning Press, 1972), p. 1-26.
15. M. J. Martinko e W. L. Gardner. "The Leader-Member Attribution Process". *Academy of Management Review* 12, n. 2 (1987): p. 235-249; J. C. e McElroy. "A Typology of Attribution Leadership Research". *Academy of Management Review* 7, n. 3 (1982): p. 413-417.
16. J. B. Rotter. "Generalized Expectancies for Internal vs. External Control of Reinforcement". *Psychological Monographs* 80 (1966): 1-28; e T. R. Mitchell, C. M. Smysert e S. E. Weed. "Locus of Control: Supervision and Work Satisfaction". *Academy of Management Journal* 18 (1975): 623-31.

17. Andrew J. DuBrin. *Foundations of Organizational Behavior: An Applied Perspective* (Englewood Cliffs: Prentice-Hall, 1984), p. 52-53; e W. Clay Hamner Dennis W. Organ. *Organizational Behavior: An Applied Psychological Approach* (Plano, TX: Business Publications, 1978), p. 186.
18. Ruch e Zimbardo. *Psychology and Life*, p. 417-18.
19. Para uma discussão profunda desses diversos tipos de personalidade, e uma parte da controvérsia, veja T. W. Adorno, E. Frenkel-Brunswick, D. J. Levinson e R. N. Stanford. *The Authoritarian Personality* (Nova York: Harper, 1950); Roger Brown. *Social Psychology* (Nova York: Free Press, 1965), capítulo 10; Jacob Siegel. "Machiavellianism, MBA's and Managers: Leadership Correlates and Socialization Effects". *Academy of Management Journal* 16 (1973): 404-12; Gary Gemmill e William Heisler. "Machiavellianism as a Factor in Managerial Job Strain, Job Satisfaction and Upward Mobility". *Academy of Management Journal* 15 (1972): 51-64; Kelly. *Organizational Behavior*, p. 163-64.
20. A discussão que se segue foi adaptada de Donald D. White e H. William Vroman. *Action in Organizations* (Boston: Allyn & Bacon, 1982), p. 23-33.
21. Para uma discussão dos diversos fatores que influenciam o desenvolvimento da personalidade, veja Clyde Kluckhohn e Henry A. Murray. *Personality in Nature, Society and Culture* (Nova York: Alfred A. Knopf, 1953), p. 53-55; Leon Rappoport. *Personality Development* (Glenview, IL: Scott, Foresman, 1972), p. 70-92; e Erik H. Erikson. *Childhood and Society* (Nova York: W. W. Norton, 1963), p. 225-74.
22. Daniel J. Levinson. "Periods in the Adult Development of Men: Ages 18 to 45". *The Counseling Psychologist* 6 (1976): 21-25.
23. A discussão que segue foi extraída de M. F. R. Kets De Vries e D. Miller. "Personality, Culture and Organization". *Academy of Management Review* 11, n. 2 (1986): 266-279; D. Miller e P. H. Friesen. *Organizations: A Quantum View* (Englewood Cliffs: Prentice-Hall, 1984); e D. Miller, M. F. R. Kets De Vries e J. M. Toulouse. "Top Executives Locus of Control and Its Relationship to Strategy-Malking, Structure and Environment". *Academy of Management Journal* 25, n. 2 (1982): 237-253.
24. Paul J. Brouwer. "The Power to See Ourselves". *Harvard Business Review* 42 (nov.-dez., 1964): 156-65.
25. Allan R. Cohen, Stephen L. Fink, Herman Gadon, e Robin D. Willits. *Effective Behavior in Organizations* (Homewood, IL: Richard D. Irwin, 1980), Cap. 8.
26. Veja J. Cooper e R. T. Croyle. "Attitude and Attitude Change". *Annual Review of Psychology* 35 (1984): 395-426; e J. B. Miner. *Organizational Behavior: Performance and Productivity* (Nova York: Random House, 1988), p. 224.
27. Veja M. Fishbein e 1. Ajzen. *Belief, Attitude, Intention and Behavior: An Introduction to Theory and Research* (Reading, MA: Addison-Wesley, 1975); e C. C. Pinder. *Work Motivation: Theory, Issues and Applications* (Glenview, IL: Scott, Foresman, 1984).
28. A discussão que se segue foi extraída do R. L. Weaver. *Understanding Interpersonal Communication* (Glenview, IL: Scott, Foresman, 1987), p. 204-206.
29. Veja D. T. Campbell. "Social Attitudes and Other Acquired Behavioral Dispositions". In: S. Koch (Ed.). *Psychology: A Study of a Science*, v. 6. (Nova York: McGraw-Hill, 1963), p. 94-172; e G. W. Allport. *The Nature of Prejudice* (Reading, MA: Addison-Wesley, 1954).
30. Veja, E. J. Bem. *Beliefs, Attitudes, and Human Affairs* (Monterey, CA: Brooks/Cole, 1970), capítulo 6.
31. A. Fonvielle. "Behavior versus Attitude: Which Comes First in Organizational Change?" *Management Review*, 1984 (agosto, p. 14; e V. Sathe. *Culture and Related Corporate Realities* (Homewood, IL: Richard D. Irwin, 1985).
32. Veja E. Aronson. *The Social Animal* (San Francisco: W. H. Freeman, 1976; Bem, Beliefs, *Attitudes and Human Affairs;* e P. G. Zimbardo, E. B. Ebbesen e C. Maslach. *Influencing Attitudes and Changing Behavior* (Reading, MA: Addison-Wesley, 1977).
33. Sathe. *Culture and Related Corporate Realities*, p. 367-369.
34. E. H. Schein. "Personal Change through Interpersonal Relations". In: W. G. Bennis, D. E. Berlew, E. H. Schein e F. L. Steele (Eds.). *Interpersonal Dynamics* (Homewood, IL: Dorsey Press, 1973), p. 237-267.
35. W. J. McGuire. "The Current State of Cognitive Consistency Theories Feldman (Ed.). *Cognitive Consistency: Motivation Antecedents and Behavioral Consequences* (Nova York: Academic Press, 1966), p. 1; e C. A. Insko. *Theories of Attitude Change* (Nova York: Appleton-Century-Croffs, 1967), p. 161-176.
36. L. Festinger. *A Theory of Cognitive Dissonance* (Stanford, CA: Stanford University Press, 1957).
37. A. F. Buono e J. L. Bowditch. *The Human Side of Mergers and Acquisitons: Managing Collisions between People, Cultures, and Organizations* (San Francisco: Jossey-Bass, 1989).
38. Veja L. Festinger e L. M. Carlsmith. "Cognitive Consequences of Forced Compliance". *Journal of Abnormal and Social Psychology*, 1959, 58, 203-210.
39. A discussão que se segue foi baseada em R. G. Lord. "An Information Processing Approach to Social Perceptions, Leadership and Behavioral Measurements in Organizations". L. L. Cummings e B. M. Staw (Eds.). *Research in Organizational Behavior*, v. 7 (Greenwich, CT: JAI Press, 1985), p. 87-128.

40. Veja A. Tversky e D. Kahneman. "Availability: A Heuristic for Judging Frequency and Probability". *Cognitive Psychology*, 5 (1973): 207-232.
41. Earnest A. Archer. "How to Make a Business Decision: An Analysis of Theory and Practice". *Management Review* 69 (fev. 1980): 54-61.
42. Bernard M. Bass. *Organizational Decision Making* (Homewood, IL: Richard D. Irwin, 1983), capítulo 7. A discussão que se segue foi extraída do seu trabalho, particularmente p. 140-50.
43. M. J. Driver e S. Streufert. "Integrative Complexity: An Approach to Individuals and Groups as Information-Processing Systems". *Administrative Science Quarterly* 14 (1969): 272-85; P. Suefeld e S. Streufert. "Information Search as a Function of Conceptual and Environmental Complexity". *Psychonomic Science* 4 (1966): 351-52.
44. Bass, *Organizational Decision Making*, p. 145-46.
45. Veja, por exemplo, H. Einhorn e R. M. Hogarth. "Behavioral Decision Making". *Annual Review of Psychology*, 1981, 31, 53-88.
46. P. E. Teltock. "Accountability: The Neglected Social Context of Judgment and Choice". In: L. L. Cummings e B. M. Staw (Eds.). *Research in Organizational Behavior*, v. 7 (Greenwich, CT: JAI Press, 1985), p. 87-128.
47. Veja R. L. Kuhn. "Human Reactions on the Shop Floor". In: E. M. Hugh-Jones, (Ed.). *Human Relations and Modern Management* (Chicago: Quadrangle Books, 1959); P. Hersey e K. Blanchard. *Management of Organizational Behavior* (Englewood Cliffs: Prentice-Hall, 1982), p. 38-40; e U. M. Gluskinos e B. J. Kestlemen. "Management and Labor Leaders' Perception of Worker Needs as Compared with Self-Reported. Needs". *Personnel Psychology* (1971): 239-46.
48. M. Cooper, B. S. Morgan, P. M. Foley e L. B. Kaplan. "Changing Employee Values: Deepening Discontent? *Harvard Business Review* 57 (jan.-fev., 1979): 117-25.

capítulo 5

Comunicação

Um dos processos fundamentais, que constitui a base para quase todas as atividades nas organizações, é a comunicação. De certa forma, a comunicação é o processo pelo qual conduzimos nossas vidas. Assim que dois ou mais indivíduos se reúnem, há a necessidade de comunicação entre eles, algum modo de facilitar o entendimento do que cada um quer e precisa daquela situação. Em um contexto empresarial, a importância da comunicação é demonstrada pelo fato de que os gerentes passam mais de 75% do tempo se comunicando.[1] Assim, essa atividade oferece uma perspectiva importante para a análise do comportamento organizacional.

Este capítulo foi dividido em três seções: o processo básico da comunicação, comunicação interpessoal e comunicação organizacional. São apresentados diversos modelos, atividades de comunicação, técnicas, barreiras e problemas.

O PROCESSO DE COMUNICAÇÃO

A comunicação é frequentemente definida como a troca de informações entre um transmissor e um receptor, e a inferência (percepção) do significado entre os indivíduos envolvidos. Embora não haja um modelo único de comunicação humana que leve em consideração todos os elementos que possam ser envolvidos em uma situação específica, todos os modelos incluem os quatro elementos básicos da definição anterior: uma fonte de informação, uma mensagem, um receptor e uma interpretação da mensagem.[2] A mensagem pode ser transmitida por meio de *símbolos*, tais como palavras, escritas, desenhos e assim por diante, ou a troca de *comportamentos*, tais como gestos, contato visual, linguagem corporal e outros atos não verbais.[3] Em muitos casos, os esforços de comunicação são intercâmbios tanto simbólicos como comportamentais. A chave é o entendimento desses símbolos e comportamentos.

Essa visão da comunicação sugere que há uma distinção entre a *transmissão* da comunicação e a *compreensão* do significado dessa informação.[4] A transmissão é tratada pela teoria da informação, geralmente expressa em símbolos matemáticos e importante em aplicações de computadores.[5] O foco principal é o problema técnico de se transmitir um sinal de um ponto a outro a despeito de diversas interferências que possam afetá-lo durante a transmissão. Assim, a comunicação é vista como um processo mecânico, dedicado a fazer que uma mensagem chegue a um destino em particular com um mínimo de distorções e erros. Embora essa seja uma visão exageradamente simplificada da teoria da informação, a chave para os nossos propósitos é que, nesse contexto, a *exatidão da comunicação* se refere ao ponto até onde o sinal básico transmitido pelo emissor é recebido, sem distorções, pelo receptor. Esse processo se reflete no modelo de Shannon-Weaver, ilustrado na Figura 5.1.[6]

Embora a teoria da informação tenha desempenhado um papel vital na solução de muitos dos problemas técnicos da transmissão de sinais por meio de canais com ruído, ela não pode ser aplicada literalmente à comunicação humana.[7] Como a Figura 5.1 sugere, ao fazer a distinção entre a fonte da informação e o transmissor, Shannon e Weaver reconhecem que há um processo de *codificação*, que a informação é escrita, falada, posta em cartões, discos ou fitas e assim por diante. De modo análogo, na outra extremidade, o receptor *decodifica* (interpreta) a mensagem e a coloca em ação. O sinal é afetado pela quantidade de ruído, estática ou erros no sistema. Assim, a comunicação não estará completa enquanto o receptor não tiver interpretado (percebido) a mensagem, se o ruído for demasiadamente forte em relação ao sinal, a mensagem não chegará ao seu destino, ou chegará embaralhada. Nesse contexto mais amplo, no entanto, a *exatidão da comunicação* refere-se a até que ponto o receptor consegue interpretar (perceber) o sinal de um modo consistente com a intenção do transmissor.

Como já vimos no Capítulo 4, considerando-se que pessoas diferentes frequentemente dão significados diferentes a coisas e eventos, as mensagens comunicadas nem sempre são percebidas da forma como se pretendia. Assim, diversamente da teoria da informação, os diversos modelos comportamentais de comunicação concentram-se nos significados da comunicação e nas formas como esses significados são interpretados. Nesse sentido, a comunicação é mais complexa do que simplesmente receber uma mensagem sem distorções; o simples ato de receber a mensagem não garante que o receptor vá interpretá-la corretamente (ou seja, como se pretendia).

Como os significados surgem a partir da interação social, o significado em uma mensagem é influenciado tanto pela *própria informação* como pelo *contexto* da mensagem. Em vista disso, para entender o processo de comunicação, é preciso considerar uma série de fatores:[8]

1. quem está comunicando a quem, em termos dos *papéis* que essas pessoas desempenham (por exemplo, administração e operariado, gerente e subordinado);

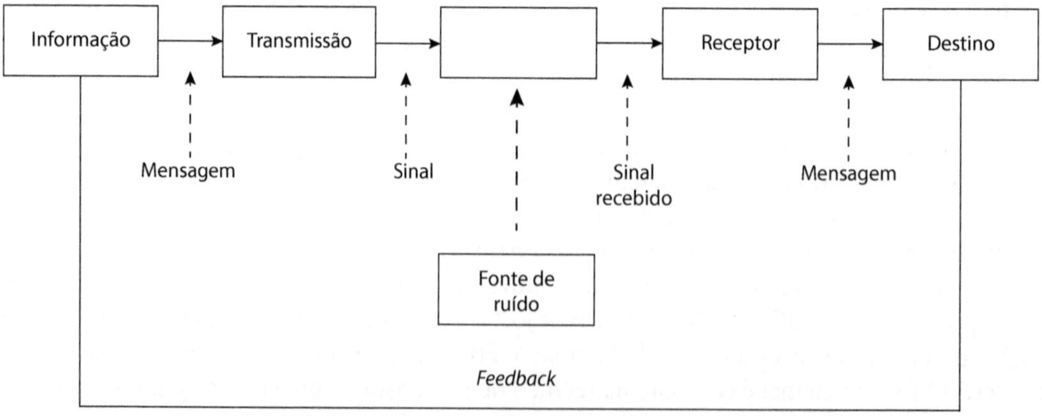

Figura 5.1 O modelo de Shannon-Weaver do processo de comunicação.

Fonte: Adaptado de C. F. Shannon e W. Weaver, *The Mathematical Theory of Communication* (Urbana: University of Illinois Press, 1949), p. 5 e 98.

2. a *linguagem* ou o(s) símbolo(s) usados para a comunicação, e a respectiva capacidade de levar a informação e esta ser entendida por ambas as partes;
3. o *canal* de comunicação, ou o meio empregado e como as informações são recebidas por meio dos diversos canais (tais como comunicação falada ou escrita);
4. o *conteúdo* da comunicação (boas ou más notícias, relevantes ou irrelevantes, familiares ou estranhas);
5. as *características interpessoais* do transmissor (veja o Capítulo 4) e as *relações interpessoais* entre o transmissor e o receptor (em termos de confiança, influência etc.);
6. o *contexto* no qual a comunicação ocorre, em termos de estrutura organizacional (por exemplo, em ou entre departamentos, níveis e assim por diante), espaço físico (por exemplo, a distância entre o transmissor e o receptor) e o ambiente social (por exemplo, no escritório de quem, trajando uniformes ou não etc.).

Em suma, esses diversos fatores e o modelo básico da comunicação ilustrado na Figura 5.1 proporcionam uma base para analisar e compreender a comunicação. Passamos agora a uma breve análise das questões relativas à comunicação interpessoal e organizacional.

A COMUNICAÇÃO INTERPESSOAL

A comunicação é essencialmente um processo interativo e didático (de pessoa a pessoa). Como inferimos em nossa exposição anterior, é um processo transacional no qual as pessoas *constroem o significado e desenvolvem expectativas* sobre suas experiências, o que está acontecendo e o mundo que as cerca, e compartilham mutuamente esses significados e expectativas por meio da *troca de símbolos*.[9] Esses símbolos podem ser verbais ou não e são influenciados por fatores intencionais ou não (tais como nossas emoções e sentimentos). Há quatro funções básicas da comunicação interpessoal:[10]

1. *controle*, para esclarecer as obrigações, implantar normas e estabelecer autoridade e responsabilidade;
2. *informação*, para propiciar a base para se tomar decisões e executar ordens e instruções;
3. *motivação*, para influenciar os outros e obter cooperação e compromisso com as diversas metas e objetivos;
4. *emoção*, para expressar sentimentos e emoções.

Assim, a comunicação interpessoal tem finalidades diferentes, e as informações são trocadas por muitas razões, nem todas elas dirigidas a uma tarefa específica.

Modos de comunicação

No decurso de um dia normal de trabalho, um gerente típico passa uma quantidade enorme de tempo se reunindo, falando e interagindo com outros. Entretanto, apesar da importância dessas atividades, temos tendência a considerar a comunicação algo que acontece por si. Mesmo em um modo de comunicação que nos seja familiar, como uma conversa, tendemos a nos esquecer de que o que dizemos nem sempre tem o mesmo significado para outras pessoas. O processo complica-se ainda mais quando percebemos que as pessoas se comunicam por meio de diversos modos ou canais: verbal, simbólico e não verbal. De fato, muito do que uma pessoa "diz" é comunicado mediante imagens, cenário e linguagem corporal, assim como por meio da expressão verbal.[11]

Verbal A comunicação verbal é o modo de comunicação mais familiar e mais frequentemente usado. *Verbal-oral* refere-se a esforços de comunicação tais como dar instruções a um colega, entrevistar um candidato a emprego, informar alguma coisa a alguém, e assim por diante. Comunicação *verbal-escrita* refere-se a memorandos, relatórios por escrito, normas e procedimentos.[12] Mesmo nesse canal de comunicação relativamente simples, as palavras podem ter significados bem diferentes para pessoas diferentes.

Jargão. Em muitos cargos, ocupações e organizações, desenvolvemos uma linguagem especializada que frequentemente facilita a comunicação entre o pessoal interno, impedindo porém o entendimento por gente de fora. Vejam a seguinte conversa entre os autores:

Jim: Como está a sua programação de aulas neste semestre?
Tony: Nada má. Tenho duas turmas de 150 e...
Jim: 150?
Tony: É! O equivalente ao seu 021.
Jim: Ah, sim!
Tony: e...

Neste caso, 150 e 021 referem-se aos cursos básicos de comportamento organizacional nas nossas respectivas instituições. A suposição é que os outros saberão o que o jargão (a designação numérica) significa. Na maioria dos casos, entretanto, pessoas de fora e recém-chegados à organização acham que o uso desse jargão os confunde e intimida.

Significado. Ainda que o jargão não seja utilizado, os antropólogos linguistas demonstraram que as palavras "comuns" são interpretadas de maneira bem diferente pelas pessoas, porque o significado delas está na mente das pessoas e não nas palavras em si. Por exemplo, uma análise do *The Oxford Dictionary* mostrou que cada uma das 500 palavras mais comumente usadas na língua inglesa tem, em média, 28 significados diferentes.[13] Assim, não podemos supor que o que dissermos seja necessariamente recebido e interpretado exatamente como pretendíamos.

Também há perigo em interpretar frases comerciais puramente pelo significado das palavras. Orientadores profissionais, por exemplo, apontaram os problemas que recém-formados frequentemente enfrentam ao tomarem literalmente o que ouvem de gerentes. Como exemplo, um recrutador de pessoal pode dizer: "Somos orientados para as pessoas" quando quiser comunicar que "Os salários aqui não são grande coisa, mas distribuímos cestas de natal aos funcionários"; ou "Somos um departamento muito criativo" para dizer que o salário é baixo e as promoções são *raras*, mas que cada um pode se vestir como quiser para vir ao trabalho.[14]

Perguntas. Outro aspecto importante do ambiente verbal do mundo empresarial são as perguntas. Frequentemente elas contêm suposições que não só enquadram o problema de certa forma, mas também tendem a forçar a sua solução de acordo com as suposições implícitas, subjacentes. Por exemplo, durante uma reunião na qual um vice-presidente de divisão estava tentando desenvolver um estilo participativo de gerência entre seus subordinados, um deles perguntou "Quem está dirigindo o ônibus?", dando a entender que ninguém, de fato, estava. A suposição era que uma pessoa deveria estar "dirigindo" (ou seja, gerenciando) e que a abordagem participativa não iria funcionar.[15] Assim, em muitos casos as perguntas são na verdade afirmações, e não são tão simples quanto pode parecer.

Simbólica As pessoas cercam-se de vários símbolos, os quais podem comunicar muito a outras.[16] O lugar em que moramos, as roupas que usamos, carro que dirigimos e outras coisas mais retratam alguns aspectos de nós para outras pessoas. Da mesma forma, o tipo de decoração que uma pessoa tem no escritório, o modo como as cadeiras foram dispostas e como o espaço foi utilizado podem comunicar bastante sobre um gerente. Por exemplo, a maioria das pessoas dispõe seus escritórios de modo a encorajar certos tipos de interação, alguns gerentes colocam as cadeiras bem próximas entre si, enquanto outros colocam as cadeiras para visitantes do outro lado da mesa. A primeira forma sugere um desejo de interagir em uma base mais igualitária, enquanto a outra retrata uma situação em que a pessoa quer deixar bem claro "quem é o chefe".

O uso do local também é um símbolo importante. Quando um gerente e um subordinado se reúnem, por exemplo, na sala de quem eles fazem? Usando o local como símbolo, o tipo de reunião frequentemente resolve a questão: para realizar discussões controversas, enfatizar a hierarquia e a autoridade ou dar ordens, os gerentes devem realizar a reunião em suas próprias salas para descer ao nível dos subordinados ou conversar mais nos termos deles, o gerente pode considerar a possibilidade de ir até a sala do subordinado.

Entretanto, como os símbolos comunicam coisas diferentes a pessoas diferentes, há riscos em se generalizar sobre as pessoas ou estereotipá-las em função de seus símbolos. Em muitos casos, as palavras e os símbolos não combinam, levando a mensagens misturadas. Isso tende mais à confusão do que à compreensão da comunicação. A forma mais eficaz de comunicação ocorre quando os símbolos combinam com as palavras e comportamentos. Assim, a chave para os gerentes é examinar os símbolos que estão "comunicando", visto que podem não estar comunicando o que tencionavam comunicar.

Não verbal A comunicação não verbal, que refere-se à transmissão de uma mensagem por algum meio diverso da fala e da escrita, é uma das facetas mais interessantes da comunicação.[17] De certo modo, a linguagem de sinais é uma forma de comunicação não verbal. Entretanto a comunicação não verbal vai muito além dessa linguagem e incorpora coisas como o modo com que usamos nosso corpo, nossos gestos e nossa voz para transmitir certas mensagens. A comunicação não verbal ocorre diariamente no ambiente empresarial, mas frequentemente passa despercebida. Embora as mensagens não verbais possam ser muito importantes, elas são ambíguas e sutis. Assim, as pessoas frequentemente as interpretam mal ou simplesmente não as aceitam. Entretanto, como essas mensagens não são exatas, frequentemente são indicadores mais seguros e reais da mensagem do transmissor, especialmente em situações sensíveis. Assim, o gerente precisa estar alerta aos sinais espaciais, visuais e vocais envolvidos no processo de comunicação.

Sinais espaciais. A distância que as pessoas ficam umas das outras comunica bastante sobre seu relacionamento.[18] Cada um de nós ocupa o que é chamado nosso "espaço pessoal", que se expande e contrai de acordo com a situação. Tendemos a não nos sentir à vontade quando alguém que não conhecemos muito bem se aproxima demais de nós (espaço íntimo) ou se alguém de quem gostamos e conhecemos bem se afasta de nós (espaço público). Embora o nosso senso de qual é a distância natural para nós nos seja profundamente embutido pela nossa cultura, tende a variar com base em fatores tais como o gênero dos envolvidos (tendemos a ficar mais próximos de pessoas do sexo oposto), o tema envolvido (mais próximo durante apresentações agradáveis), o ambiente da interação (mais próximos em situações informais), a orientação emocional e das atitudes das pessoas (mais próximas em situações de amizade ou afeto) e as características individuais dos envolvidos (mais próximos quando as pessoas têm grande autoconsideração e necessidades de afiliação).

Linguagem corporal. Uma das maneiras como as pessoas comunicam seus sentimentos é por meio de diversos movimentos corporais e a sua proximidade física do receptor.[19] Alguns dos elementos mais comuns da linguagem corporal são: (1) como as pessoas movimentam o corpo; (2) sua postura; (3) quando e onde as pessoas se tocam; (4) até que ponto as pessoas mantêm contato visual; e (5) gestos e a distância física que as pessoas mantêm entre si. Por exemplo, frequentemente interpretamos braços cruzados como um sinal de falta de receptividade, e braços abertos como sinal de receptividade. Quando as pessoas se sentem à vontade em uma conversa, elas costumam posicionar os braços e pernas de maneira casual, assimétrica, sentar-se em uma posição reclinada e assim por diante. E perigoso, no entanto, fazer uma interpretação exageradamente simplista desses movimentos corporais. A ausência de qualquer gesto, por exemplo, tem um significado único e imutável, mas depende das normas culturais, do estilo pessoal e do ambiente físico, entre outros fatores. Assim, embora a compreensão da linguagem corporal possa ajudar bastante a se entender o significado de uma mensagem específica (particularmente quando houver uma contradição entre o que a pessoa diz verbalmente e suas ações físicas), é preciso tomar muito cuidado ao se interpretar a linguagem corporal.

Paralinguística Outra forma de linguagem corporal é a paralinguística, que abrange o tom de voz, o ritmo e outros aspectos extralinguísticos da fala.[20] O modo como algo é dito, o modo como o silêncio é utilizado, as "pausas cheias" (como "hmmm" para preencher os espaços entre ideias, o que indica ao receptor que você ainda está no processo de preparar uma resposta) e o timbre ou qualidade da voz, tudo isso tem diversos significados que são transmitidos às outras pessoas. Entretanto, como tendemos a nos concentrar principalmente no que é dito, em vez de *como é* dito, muitas vezes deixamos de aproveitar essa valiosa fonte de informações nos contatos face a face.

Barreiras à comunicação eficaz

O objetivo da comunicação eficaz é o entendimento. Entretanto, considerando-se o modo complexo como usamos os meios verbais, simbólicos e não verbais para transmitir mensagens, nem sempre se chega a esse entendimento. Mesmo em interações relativamente simples, face a face, por exemplo, enquanto uma pessoa fala, muitas vezes a outra está preparando uma resposta, em vez de realmente escutar o que a primeira diz. Assim, por não estar escutando nem prestando atenção a todas as facetas da mensagem, as pessoas envolvidas não estão efetivamente se comunicando, mas cada uma está falando *para* a outra.

Em muitos casos, dificuldades físicas inibirão a transmissão e a recepção de uma mensagem. Além disso, é virtualmente impossível que as pessoas prestem atenção em todas as comunicações com que são bombardeadas. Entretanto, nossa tendência a (1) considerar a comunicação como algo automático e (2) avaliar antes de ter entendido são razões importantes pelas quais os esforços de comunicação às vezes fracassam.[21] Assim, há diversas barreiras físicas, interpessoais e intrapessoais à comunicação eficaz.

Sobrecarga de informações A sobrecarga refere-se a uma situação em que tenhamos mais informações do que somos capazes de ordenar e utilizar.[22] Quando ocorrer uma situação de sobrecarga, filtraremos as informações, delegaremos a outras pessoas a tarefa de cuidar das informações, ou vamos evitá-las totalmente. Embora algumas dessas táticas sejam bastante úteis, as outras (tais como deixar tudo de lado) reduzem nossa capacidade de ação.

Tipos de informações As informações que se encaixarem em nosso autoconceito (veja o Capítulo 4) tendem a ser recebidas e aceitas muito mais prontamente do que dados que venham a contradizer o que já "sabemos".[23] Em muitos casos negamos informações que entram em conflito como nossas crenças e valores (percepção seletiva). Particularmente no caso de informações delicadas, os processos de atenção e retenção seletivas limitam os nossos esforços de comunicação.

Fontes de informações Como algumas pessoas contam com mais credibilidade que as outras, temos tendência a acreditar nessas pessoas e descontar de informações recebidas de outras.[24] Essa credibilidade é influenciada pelo grau de confiança, *status* e influência do transmissor ou receptor. Como a confiança é um determinante forte da fraqueza e da exatidão, tendemos a acreditar nas pessoas em quem confiamos. De modo análogo, temos tendência a atribuir mais confiabilidade no que pessoas de *status* mais elevado nos dizem, em comparação às mensagens que recebemos de pessoas de *status* mais baixo. Os estereótipos também influenciam nossa percepção da credibilidade de um indivíduo (por exemplo, comerciantes de carros usados e políticos).

Localização física e distrações A localização física e a proximidade entre transmissor e receptor também influenciam a eficácia da comunicação.[25] Resultados de pesquisas têm sugerido que a probabilidade de duas pessoas se comunicarem decresce proporcionalmente ao quadrado da distância entre elas. De um prisma organizacional, isso implica a posição central ou periférica de um indivíduo em relação aos demais influenciar a capacidade e a eficácia da comunicação daquela pessoa. Outras barreiras físicas, tais como esquinas, caminhos tortuosos e escadas também dificultam os esforços de comunicação. Embora isso possa parecer bastante óbvio, a localização e a distância entre diversas pessoas e grupos (departamentos, unidades etc.) em uma organização, por si só, gera problemas de comunicação.

Há diversas distrações comuns que podem igualmente reduzir a eficácia da comunicação. Interrupções como telefonemas, visitantes inesperados, solicitações de colegas e limitações de tempo (como passar de reunião em reunião) são exemplos de eventos cotidianos que prejudicam os esforços de comunicação. Na maioria dos casos, atenção e planejamento adequados podem minimizar esse tipo de interrupções, entretanto, devido à natureza alvoroçada do trabalho de um gerente, essas barreiras "simples" podem ser bem significativas.

Defensividade

Uma das principais causas de muitas falhas de comunicação ocorre quando um ou mais dos participantes assume a defensiva.[26] Indivíduos que se sintam ameaçados ou sob ataque tenderão a reagir de maneiras que diminuem a probabilidade de entendimento mútuo. Por exemplo, quando a comunicação assumir um aspecto de julgamento ou avaliação, em vez de tentar discutir e entender a mensagem, as pessoas envolvidas geralmente agirão defensivamente para proteger seu autoconceito, atacando a outra pessoa, recorrendo ao sarcasmo e à gozação, questionando os motivos e a competência da outra pessoa ou tentando evitar a situação como um todo. Embora essas estratégias de autodefesa possam proteger o autoconceito do indivíduo, elas também incentivam a uma abordagem ritual à comunicação, desencorajando a interação espontânea.[27] Assim, a probabilidade de comunicação eficaz é muito menor. A Tabela 5.1 resume as diversas categorias de comportamentos passíveis de precipitar a defensividade, e seus opostos correspondentes, que provavelmente vão reduzir as respostas defensivas.

Como melhorar a comunicação interpessoal

A despeito das muitas barreiras à comunicação interpessoal, há diversas formas de se minimizar essas dificuldades. De fato, a eficácia dos esforços de comunicação de um indivíduo é influenciada por duas habilidades básicas: (1) *habilidade de transmissão*, que é a capacidade de se fazer compreender por outras pessoas (por exemplo, o uso da linguagem e outros símbolos importantes de comunicação); e (2) *habilidade de escutar*, que é a capacidade de entender os outros (por exemplo, ter empatia, prestar atenção e ler a linguagem corporal e os sinais não verbais).[28]

Tabela 5.1 Estilos de comunicação defensiva e de apoio

Estilo defensivo	Estilo de apoio	Comentário
Avaliação	Descrição	Comentários avaliativos ou julgamentos tendem a pôr as pessoas na defensiva.
Controle	Orientação para problemas	Se um comunicador parecer estar tentando controlar os receptores, estes se colocarão na defensiva.
Estratégia	Espontaneidade	Se parecer que o comunicador está preparando uma armadilha para o receptor ou tentando levar o receptor a uma conclusão que possa não ser garantida, o receptor se colocará na defensiva.
Neutralidade	Empatia	Um comunicador que pareça frio e distante provocará mais defensiva do que um que expresse amizade e calor humano.
Superioridade	Igualdade	Um comunicador que pareça superior provocará a defensividade.
Certeza	Condicionalidade	Um comunicador que "sabe tudo" sem qualquer sombra de dúvida cria defensividade.

Fonte: Adaptado de Jack Gibb, "Defensive Communication" 3 (1961): p. 141-148.

Habilidades de transmissão A chave para a comunicação eficaz é evitar os diversos tipos de falhas de comunicação vistos anteriormente. Isso pode ser conseguido parcialmente: (1) usando linguagem *apropriada* e direta (evitando o uso de jargão e termos eruditos quando palavras simples forem suficientes); (2) fornecer informações tão *claras* e completas quanto for possível; (3) tentar evitar *interferências físicas* (tais como as interrupções comuns no escritório mencionadas anteriormente) e *interferências psicológicas* (preocupação com outras coisas, sonhar acordado etc.); (4) usar *canais múltiplos* para estimular vários sentidos do receptor (audição, visão etc.); e (5) usar a comunicação *face a face* sempre que possível.[29]

Escuta Ativa. Costumamos pensar na escuta como uma atividade passiva, na qual simplesmente nos sentamos e recebemos informações. Entretanto, como foi destacado na exposição anterior, devido à probabilidade de ocorrer alguma distorção, a comunicação eficaz exige uma troca de informações ativa e bidirecional. A chave para essa escuta ativa ou eficaz é a *vontade* e a *capacidade* de escutar a mensagem inteira (verbal, simbólica e não verbal) e responder apropriadamente ao conteúdo e à intenção (sentimentos, emoções etc.) da mensagem.[30] Ao aceitarem a legitimidade dos sentimentos de outra pessoa e tentarem compreender uma mensagem no contexto desses sentimentos, as pessoas podem começar a reforçar a exatidão da comunicação. Como administrador, é importante criar situações que ajudem as pessoas a falarem o que realmente querem dizer.

Empatia. A escuta ativa exige certa sensibilidade às pessoas com quem estamos tentando nos comunicar, suas atitudes, emoções e sentimentos. Em sua essência, a empatia significa colocar-se na posição ou situação da outra pessoa, em um esforço de entendê-la.[31] Embora isso possa parecer simples, é difícil de pôr em prática, pois a nossa sociedade, de modo geral, ensina as pessoas (particularmente os homens) a esconderem suas emoções. Entretanto, um dos modos de se desenvolver a empatia é entender como os outros nos veem. Isso pode ser feito encorajando os outros a nos darem *feedback* direto e significativo sobre nossa comunicação e nosso comportamento. Embora seja arriscado, uma abertura progressiva de si mesmo e o encorajamento de um diálogo com os outros pode começar a desenvolver uma atmosfera de confiança, em que uma comunicação tão aberta pode ocorrer.

Reflexão. Uma das formas de aplicar a escuta ativa é reformular a mensagem que tenha sido recebida. Ao refletir tanto sobre o conteúdo como sobre a emoção ou os sentimentos existentes por trás dele, e então repetir a mensagem com suas próprias palavras, a outra pessoa terá oportunidade de responder com informações adicionais. No entanto, ao usar o processo da reflexão, é preciso evitar os diversos estilos defensivos indicados na Tabela 5.1. A chave é refletir que foi dito sem incluir um julgamento, apenas para testar o seu entendimento da mensagem.

"Feedback". Como a comunicação eficaz é um processo de troca bidirecional, o uso do *feedback* é uma maneira de reduzir falhas de comunicação e distorções. Basicamente, o *feedback* é o processo de dizer a uma pessoa como você se sente em razão do que ela fez ou disse.[32] Um problema das organizações, entretanto, é que a comunicação é frequentemente unidirecional, de gerentes para subordinados, sem qualquer reflexão ou *feedback.*

O segredo é dar *feedback* de modo que ele seja aceito e construtivamente utilizado pelo seu receptor. Isso é particularmente difícil quando um *feedback* envolve crítica ao trabalho ou às atividades de uma pessoa. Infelizmente, aquilo que muitas vezes resulta da intenção positiva de dar *feedback* se transforma em um confronto fútil, que leva à defensividade, queixas mútuas e ressentimentos, que não trazem qualquer solução ao problema ou às preocupações que originalmente geraram o *feedback.* Embora dar *feedback* eficaz seja uma verdadeira arte que precisa ser desenvolvida ao longo do tempo, há algumas linhas básicas que podem tornar essas ocasiões mais produtivas e voltadas para a solução do problema:[33]

1. Examine seus próprios motivos para assegurar-se de que sua intenção é ajudar, e não exibir sua perspicácia ou superioridade.
2. Especialmente em situações de *feedback* negativo, vá direto ao assunto; começar uma discussão com questões periféricas e rodeios geralmente gera ansiedade em vez de minimizá-la.
3. Considere a disposição do receptor para ouvir o *feedback.*
4. Descreva a situação tão clara e especificamente quanto puder; evite introduções avaliativas a qualquer preço, pois elas prejulgam o ponto de vista do receptor e abrem caminho para o confronto.
5. Evite sobrecarregar o receptor com excesso de informações e críticas; concentre-se no mais importante e que possa ser modificado.
6. Entre em acordo quanto à origem do problema e sua solução; de outra forma haverá pouca probabilidade de chegar a uma conclusão.
7. Esteja preparado para receber *feedback*, visto que o seu comportamento pode estar contribuindo para o comportamento do receptor.
8. Use as técnicas da escuta ativa e observe o comportamento de seu interlocutor durante o *feedback*, o que pode confirmar ou desmentir o *feedback.* Ao encerrar, faça um resumo e reflita sobre a sessão para assegurar de que tanto você como o receptor estão deixando a reunião com o mesmo entendimento sobre o que foi decidido.

COMUNICAÇÃO ORGANIZACIONAL

Como foi destacado no início deste capítulo, a comunicação é um dos processos fundamentais da gerência e do comportamento organizacional. Do ponto de vista da organização, a comunicação pode ser analisada no que refere-se a três funções amplas: (1) *produção e controle* (comunicação dirigida à realização do trabalho e ao cumprimento de objetivos de produção da organização, tais como o controle de qualidade); (2) *inovação* (mensagens sobre novas ideias e mudanças de procedimentos que ajudam a empresa a se adaptar e responder ao seu meio ambiente); e (3) *socialização e manutenção* (comunicação voltada para os *meios* de realização do trabalho e não o trabalho em si, e para o envolvimento pessoal, as relações interpessoais e a motivação das pessoas na empresa).[34] Cada uma dessas funções é importante para uma organização administrada de maneira eficiente e eficaz.

Embora o processo básico da comunicação e os modos, barreiras e habilidades de comunicação interpessoal evidentemente influenciem essa forma de comunicação, a chave para a comunicação organizacional é a disposição e a estrutura de *como* a comunicação é dirigida a pessoas específicas e grupos que dela precisam para fins de trabalho, solução de problemas, controle ou tomada de decisões. Na verdade, o modo como um grupo ou organização são estruturados, em última análise, é que determinam a acessibilidade e a facilidade com que os seus integrantes podem se comunicar entre si. As diversas formas de estrutura organizacional, com suas vantagens e desvantagens, serão discutidas no Capítulo 9. O objetivo principal aqui é examinar as redes de comunicação, formais e informais, que influenciam a comunicação nas organizações.

Redes de comunicação

Os padrões reais da comunicação nas organizações são mais complexos e mais sutis que os representados nos organogramas. No entanto, a estrutura formal pode moldar e limitar os padrões de comunicação.[35] As características comuns de muitas organizações burocráticas (por exemplo, padronização de cargos e posicionamento hierárquico claro e distinto para todos os trabalhadores) podem influenciar as atividades de comunicação, por exemplo, no modo como relatórios são tratados e submetidos, os canais formais utilizados para relatórios, os tipos de informações que fluem por esses canais e assim por diante. Uma organização mais flexível, do tipo matricial, já pode determinar, da mesma forma, o uso de outros tipos de fluxo de informações e esforços de comunicação. Mesmo assim, em cada uma dessas formas organizacionais, as redes informais de comunicação também influenciam o fluxo de informações e os padrões de comunicação.

Portanto, para compreender bem como a informação é canalizada nas organizações e como ela realmente flui, é preciso examinar tanto as redes formais de comunicação como os caminhos mais informais da comunicação nas organizações, por meio de rumores e "fofocas".

Redes formais de comunicação

Embora haja diversas maneiras para estruturar a comunicação nas organizações, pesquisas têm indicado a existência de cinco padrões ou redes de comunicação (quem pode falar com quem em um grupo de organização).[36] Esses padrões, ilustrados na Figura 5.2, são as redes em círculo, em todos os canais, em roda, em cadeia e em "Y". Os estudos nos quais essas descobertas se basearam envolviam tipicamente pequenos grupos em ambiente de laboratório. Consequentemente, as conclusões são limitadas pelo ambiente artificial do laboratório e pelo número relativamente pequeno de participantes. Não obstante, as descobertas consistentes de que a estrutura da rede afetava os resultados relacionados à tarefa, tais como solução de problemas e satisfação do papel desempenhado, sugerem implicações importantes para os administradores.

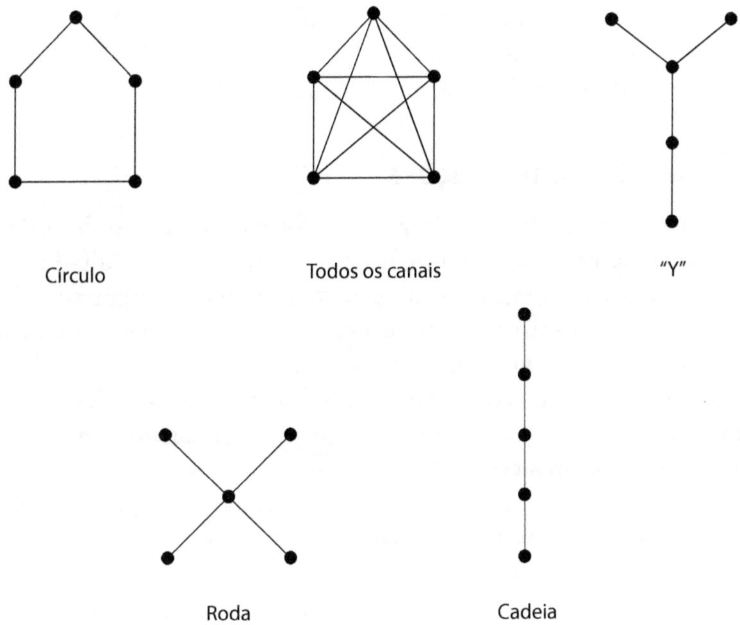

Figura 5.2 Redes básicas de comunicação.

Uma das descobertas consistentes foi que redes centralizadas (as que exigem que uma pessoa receba as informações das outras) eram mais eficientes no que refere-se à rapidez na solução de problemas, com poucos erros envolvendo tarefas simples. Em contrapartida, redes descentralizadas ou completamente conectadas eram mais eficientes ao lidar com tarefas de complexidade maior. Entretanto havia variações na satisfação e no envolvimento dos participantes.

Um modo de conceituar esses diversos padrões de comunicação é colocá-los em um contínuo com base na quantidade de comunicação direta entre os membros da rede. Por exemplo, na *roda*, enquanto o membro central pode se comunicar com todos da rede, os outros só podem se comunicar com aquela pessoa central. Assim, trata-se de uma rede altamente centralizada. Como já foi dito, esse padrão é bem eficiente para tarefas relativamente simples, mas a satisfação dos membros "externos" tende a ser baixa. Em oposição, os padrões em *círculo* e em *todos os canais* permitem uma maior interação entre os membros. Como resultado, a satisfação tende a ser maior, porém a comunicação geralmente consome mais tempo. Entretanto, como tarefas complexas exigem uma variedade maior de recursos, essas redes descentralizadas tendem a ser mais precisas que as centralizadas em trabalhos complexos. Os padrões em *cadeia* e em *"Y"* refletem formas mais tradicionais de relacionamento hierárquico entre gerentes e seus subordinados. Usando o critério da centralização, a roda, o "Y" e a cadeia são as formas mais centralizadas, enquanto o círculo e todos os canais são as menos centralizadas.

A despeito das dificuldades inerentes à natureza das pesquisas subjacentes a essas redes (pequenos grupos, ambiente de laboratório), pode-se fazer algumas generalizações. Para tarefas simples, redes altamente centralizadas parecem ser mais eficazes em termos de solução de problemas, rapidez e precisão. Para problemas complexos, os padrões descentralizados são mais exatos. Contudo, indiferentemente à natureza da tarefa, a satisfação dos membros parece ser maior em redes descentralizadas. As redes descentralizadas também parecem ser mais adaptáveis e reativas a mudanças organizacionais, e o *feedback* é mais direto e imediato. Assim, os padrões de comunicação podem influenciar a velocidade e a precisão da solução de problemas na organização, bem como o moral e a satisfação dos seus membros.

Redes informais de comunicações

De modo geral, as necessidades de comunicação e informação dos membros de uma organização não são supridas pela rede formal à qual pertencem. Como resultado, surgem padrões informais ou não oficiais de comunicação em torno dos padrões existentes de interação social e relacionamento social para satisfazer a essas necessidades. Virtualmente em qualquer organização, rumores sobre o que está acontecendo ou vai acontecer, os "verdadeiros" motivos por trás de certas decisões e outras informações extraoficiais florescem pelas redes informais.[37]

As *redes* informais de comunicação em uma organização constituem o caminho primário por meio do qual tanto rumores como informações fatuais são transmitidos às pessoas. Em muitos casos, os membros da organização sabem quais as decisões que vão ser tomadas, quem foi contratado ou transferido e assim por diante, *antes* de essa informação ser formalmente anunciada. A fofoca diária e conversas relacionadas ao trabalho que ocorrem por meio de grupos de amigos e associações casuais são os canais informais mais comumente usados. Dependendo do tamanho da organização, pode haver centenas de redes informais.

Embora seja impossível predizer a velocidade, exatidão, direção ou o conteúdo final de uma mensagem transportada pela rede informal, estudos indicaram que cerca de 75% de todas as informações recebidas por meio de canais informais estavam corretas.[38] Quando as informações não eram fatuais, os erros tendiam a ser dramáticos, e os membros da organização se lembravam disso muito bem. Assim, tudo indica que a comunicação informal pode ser tanto funcional como disfuncional para a organização. Como esses padrões de comunicação informal não podem ser eliminados, os gerentes terão de entender as redes informais que existem e por que os rumores aparecem e fluem por elas.

Os *rumores*, que são mensagens baseadas em especulação, imaginação ou certos desejos, não têm qualquer base fatual. Geralmente, eles são criados a partir de informações limitadas ou distorcidas, mas, à medida que fluem por meio de uma organização, podem ser vistos como bastante reais e "verdadeiros" pelos seus integrantes. Normalmente esses rumores surgem como uma reação a situações onde haja ambiguidade e ansiedade sobre algo importante para as pessoas envolvidas.[39] Se não forem dadas informações precisas sobre essas situações, criam-se rumores para "responder" às perguntas. Em muitos casos, esses rumores podem ter uma influência tão nefasta sobre o trabalho e os processos operacionais que as organizações são forçadas a emitir memorandos e declarações formais para contra-atacar as inconsistências. Portanto, como os rumores, boatos e fofocas fazem parte da rede de comunicações de uma organização, os gerentes devem tentar evitar a ambiguidade e o sigilo que criam as ansiedades, as quais, por sua vez, trazem os rumores; e devem procurar usar a rede informal para passar informações fatuais aos membros da organização.

Símbolos e rituais da organização

Algumas das comunicações mais significativas da vida da organização ocorrem em um nível implícito. Essas formas de comunicação compreendem rituais, costumes, cerimônias, histórias, metáforas, folclore, heróis, logotipos e outros modos simbólicos de expressão (veja o Capítulo 9).[40] É importante que os gerentes compreendam como os aspectos simbólicos e expressivos de seus atos, decisões e políticas enviam mensagens aos outros membros da organização sobre os valores e orientações da empresa. Por exemplo, a história de que o ex-presidente da IBM, Tom Watson, elogiou um funcionário que lhe negou acesso a uma área restrita, porque ele não estava usando o crachá de identificação, enfatiza que os funcionários da IBM devem cumprir e cumprem as regras da corporação.[41] Como as histórias e os símbolos da organização criam imagens bem fortes da empresa, eles podem facilmente reforçar ou solapar as comunicações diretas e explícitas (por exemplo, declarações, memorandos, políticas) aos integrantes da organização. Se bem utilizados, esses símbolos podem influenciar positivamente a maneira como as pessoas veem suas organizações.[42] Ao mesmo tempo, só porque símbolos, histórias e atos amplamente difundidos refletem compromissos e crenças importantes dos gerentes e demais funcionários, isso não significa necessariamente que tudo isso ajude a causa da empresa.[43] De fato, em muitos casos, histórias "negativas" sobre a vida na organização ensinam aos funcionários com o que devem tomar cuidado ou como "passar por baixo da cerca".

Os símbolos e rituais da organização podem ser especialmente importantes durante esforços de mudança em grande escala. Mediante uma série de processos que se reforçam reciprocamente, tais como histórias e mitos que enfatizem uma filosofia gerencial específica, cerimônias e rituais que signifiquem a passagem de um estado a outro, e atos que tragam os valores da organização à vida, os membros da organização podem ser integrados para compreender e aceitar a mudança organizacional.[44] As interações sociais necessárias para criar e estabelecer novas identidades e orientações se refletem no conceito dos "ritos de criação".[45] Esses conjuntos de atividades relativamente elaborados, dramáticos e planejados combinam várias formas de símbolos e expressões em um esforço para estabelecer novos padrões de atitudes e comportamento e embuti-los nas interações e disposições existentes na organização. Outros exemplos incluem: ritos de renovação, tais como atividades de desenvolvimento organizacional (veja o Capítulo 11), que assegurem aos funcionários de que algo está sendo feito sobre os problemas deles; ritos de integração tais como festas de Natal no escritório, que permitem a descarga emocional enquanto reafirmam a correção das práticas da organização; e ritos de reforço tais como seminários e reuniões da organização para espalhar boas-novas sobre a empresa, dar reconhecimento público a indivíduos valiosos e enfatizar o valor social dos diversos papéis e posições.

Os papéis na comunicação

Em relação direta às redes de comunicação nas organizações há o conceito *do papel na comunicação*, que é a função de comunicação que uma pessoa desempenha na rede.[46] Do ponto de vista organizacional, esses papéis são importantes para o fluxo de informações. Do ponto de vista dos membros da organização, a pesquisa indica que as posições mais centrais nas estruturas de comunicação organizacional são associadas a atividades de comunicação mais intensas, poder e satisfação organizacional, enquanto as posições mais periféricas são relacionadas a uma participação menor e atitudes e comportamentos menos apegados à organização. Uma das principais implicações dessas descobertas é que são o papel e a posição designados, e *não* quaisquer traços intrínsecos dos indivíduos, que parecem ser os principais determinantes desses resultados. Além disso, apesar da importância desses papéis, a designação das pessoas é frequentemente efetuada sem um projeto explícito. Portanto é preciso que os gerentes prestem mais atenção nessas funções e nas pessoas que vão desempenhá-las.

Qualquer que seja o número de pessoas envolvidas, há quatro papéis principais na comunicação: guardiães, ligações, formadores de opinião e participantes/isolados.

Guardiães O *papel de guardião* refere-se a indivíduos que precisam passar informações a outros ou que controlam o fluxo de informações como parte de seu trabalho. Embora do ponto de vista da comunicação essa seja uma função muito importante, funcionários de *status* relativamente baixo frequentemente servem como guardiães (secretárias e assistentes administrativos que decidem quais os assuntos e fontes de informação que serão levados à atenção do gerente). Em muitos casos, uma função específica de guardião pode ser uma atividade designada sob a direção específica de um gerente. Como a sobrecarga de informações é um problema que atinge a todos os gerentes, os de maior nível terão de confiar na exatidão e no julgamento desses guardiães designados. No entanto, em outras situações, um indivíduo pode agir como guardião informal (tal como um assistente administrativo superprotetor, que esconda informações do gerente). Sendo assim, é importante examinar as redes de comunicação organizacional para avaliar quem está agindo como guardião formal e informal dos diversos tipos de informação.

De modo ideal, parece que há três características principais que os indivíduos que atuam como guardiães formais têm: (1) a capacidade de acompanhar as mudanças nas necessidades de informação do gerente; (2) a capacidade de perceber quando a informação é desejada ou não; e (3) a capacidade de avaliar a qualidade da informação. Sendo humanos, os guardiães frequentemente têm tendência a preconceitos sistemáticos, o que pode distorcer o fluxo de informações destinado a posições específicas. Assim, esses indivíduos podem exercer uma considerável influência sobre os gerentes e executivos de nível mais alto, e nas informações que são passadas a eles. Para assegurar a exatidão e o fluxo de informações de modo oportuno e para reduzir a dependência de guardiães individuais, portanto, as organizações frequentemente recorrem à sobreposição e, às vezes, a manter guardiães e sistemas de informações redundantes. Embora essa visão dos guardiães reflita principalmente uma perspectiva organizacional interna, as pessoas que acompanham a evolução do ambiente externo da empresa também servem a uma função crítica de *guardiães de fronteira*, ou ponto de ligação com grupos e eventos externos.

Ligações Com papel semelhante ao dos guardiães, há as *ligações*, ou pessoas que servem de elo entre grupos na organização. Embora esses papéis impliquem uma função de guardião, a responsabilidade principal dessas posições é coordenar as atividades dos diversos grupos. A literatura sobre comportamento organizacional refere-se a esses papéis usando diversos nomes, tais como pinos de ligação, inovadores e integradores.[47]

Frequentemente, as ligações são formalmente designadas, como no caso de o contato entre três ou mais departamentos de uma organização ser desejável para assegurar uma comunicação eficiente. Em outras situações, as ligações podem emergir informalmente para servir de elo entre grupos diferentes. Essa é uma das formas como os canais informais surgem entre departamentos, unidades ou mesmo divisões de uma empresa. Da mesma forma que os guardiães, as ligações idealmente devem ter certas qualidades, tais como a habilidade de transmitir informações sem distorção, ter discernimento em termos de saber quando servir de ligação e como transmitir informações sem causar conflitos, além de manter contato com muitos segmentos da organização.

Formadores de opinião Em qualquer organização, alguns indivíduos têm mais influência que outros, independentemente de sua autoridade formal. Esses indivíduos são chamados *formadores de opinião* porque frequentemente são capazes de influenciar de modo informal outros membros da organização. Esses indivíduos podem ser proativos (dão sua opinião sem terem sido solicitados) ou reativos (esperam até que lhes seja perguntado) em seus atos. Indiferentemente ao seu estilo preferido, esses indivíduos são bastante poderosos na tomada de decisões da organização.

Embora os formadores de opinião possam ser encontrados por toda parte em uma organização, eles costumam ser influentes em uma esfera relativamente limitada. Não obstante, esses indivíduos podem moldar as alternativas que um departamento ou unidade venha a considerar em suas decisões e como essas alternativas serão avaliadas. Como este é um papel informal nas organizações, é importante que os gerentes identifiquem os formadores de opinião nas diversas questões. Em muitos casos, estes são os indivíduos que começam e mantêm os rumores nos canais informais da organização. Assim, se os gerentes souberem quem são essas pessoas, eles poderão proporcionar a elas informações positivas ou negativas em relação a uma questão específica, dependendo da opinião que o gerente queira ter comunicado às outras pessoas. Isso pode ser importante, visto que uma comunicação vinda diretamente do gerente pode ter menos impacto que a mesma informação procedente de um formador de opinião. Há riscos, entretanto, de uma profecia autorrealizável ao se criar um "formador de opinião". Portanto, os gerentes devem avaliar cuidadosamente quem realmente são os formadores de opinião nas diversas situações e usar de discrição em termos de quando usar este papel como parte de seus esforços de comunicação.

Participantes/Isolados A frequência com que as diversas posições interagem com as outras em uma organização oferece uma boa indicação da atividade das pessoas na comunicação. Os *isolados* são indivíduos que têm poucos ou nenhum contato com os demais membros da organização, apesar dos canais informais. Em oposição, os *participantes* são aqueles que têm contatos ativos com os outros membros da organização. Os participantes podem desempenhar papéis de guardiães, ligação ou formadores de opiniões, ou podem simplesmente fazer parte da rede de comunicações.

Embora as pesquisas existentes não permitam estabelecer inferências causais, parece que a participação ativa nos esforços de comunicação organizacional traz benefícios tanto para as pessoas envolvidas como para a empresa. Enquanto o isolamento é muitas vezes típico de certos tipos de cargos (tais como vigia noturno), também pode ser um sinal de insatisfação e alienação. Desse modo, apesar das questões causais que permanecem (por exemplo, é o isolamento que causa a falta de afeto ou é a falta de afeto que causa o isolamento?), a pesquisa sugere que tanto as organizações como seus integrantes se beneficiarão se a interação e a comunicação entre os indivíduos e entre diversos grupos e departamentos for encorajada e reforçada.

RESUMO

Este capítulo examinou o processo da comunicação e diversas facetas da comunicação interpessoal e organizacional. Esperamos que a exposição tenha mostrado que a comunicação é um processo complexo, que requer altos níveis na transmissão e na recepção. Para um comunicador eficaz, é importante ser sensível ao funcionamento do processo de comunicação, às diversas barreiras que podem distorcer e frustrar esforços de comunicação, e às redes organizacionais e papéis que também influenciam esse processo. Concentrando-se na estrutura, no processo e nos resultados dos esforços e atividades de comunicação, esse aspecto fundamental do comportamento organizacional pode não só ser entendido mais plenamente, mas também ser melhorado.

NOTAS

1. Henry Mintzberg. *The Nature of Managerial Work* (Englewood Cliffs: Prentice-Hall, 1980); e James J. Cribbin. *Effective Managerial Leadership* (Nova York: American Management Assoc., 1972), p. 161.
2. Veja, por exemplo, Charles A. O'Reilly e Louis R. Pondy. "Organizational Communication". In: Steven Kerr (Ed.). *Organizational Behavior* (Columbus: Grid Pub., 1979), p. 121-22; Michele T. Myers e Gail E. Myers. *Managing By Communication: An Organizational Approach* (Nova York: McGraw-Hill, 1982), capítulo 3; Dan L.

Costley e Ralph Todd. *Human Relations*. In: *Organizations* (St. Paul, MN: West Pub., 1983), capítulo 5; e William V. Haney. *Communication and Interpersonal Relations* (Homewood, IL: Richard D. Irwin, 1979).
3. F. Luthans. *Organizational Behavior* (Nova York: McGraw-Hill, 1981), p. 347-48.
4. O'Reilly e Pondy. "Organizational Communication", p. 121.
5. N. Wiener. *Cybernetics of Control and Communication*. In: *the Animal and the Machine* (Nova York: Wiley, 1948).
6. C. F. Shannon e W. Weaver. *The Mathematical Theory of Communication* (Urbana: University of Illinois Press, 1949), p. 5 e 98.
7. Myers e Myers. *Managing By Communication*, p. 64-65.
8. O'Reilly e Pondy. "Organizational Communication", p. 137-44.
9. Myers e Myers. *Managing By Communication*, p. 7-8.
10. William G. Scott e Terence R. Mitchell. *Organizational Theory: A Structural and Behavioral Analysis* (Homewood, IL: Richard D. Irwin, 1976), p. 192-203.
11. Michael B. McCaskey. "The Hidden Messages Managers Send". *Harvard Business Review* 57 (nov.-dez., 1979): 135-48; e John E. Jones. "Communication Models: An Experimental Lecture". In: J. William Pfeiffer e John E. Jones (Eds.). *The 1972 Annual Handbook For Group Facilitators* (Iowa City: University Assoc., 1972), p. 173-77.
12. Myers e Myers. *Managing By Communication*, p. 10.
13. Veja S. L. Hayakawa. *Language*. In: *Thought and Action* (Nova York: Harcourt, Brace & World, 1949). (Trad. Livraria Pioneira Editora, *A Linguagem no Pensamento e na Ação*, 1977); John J. Gumperz e Dell Hymes, (Eds.), *Directions*. In: *Sociolinguistics* (Nova York: Holt, Rinehart & Winston, 1972); e Willian M. Sattler. "Talking Ourselves Into Communication Crisis". *Michigan Business Review* (jul. 1957): p. 30.
14. Mary Bralove. "Taking the Boss at His World May Turn Out To Be a Big Mistake at a Lot of Companies". *Wall Street Journal*, 4 jun. 1982, p. 29.
15. McCaskey. "Hidden Messagers", p. 136-37.
16. Esta seção foi extraída de Jones. "Communication Modes"; Hyler Bracey, Aubrey Sanford e James C. Quick. *Effective Management: An Experience-Based Approach* (Plano, TX: Business Publications, 1981), p. 47-48; e McCaskey. "Hidden Messages", p. 138-44.
17. F. Davis. *Inside Intuition: What We Know About Nonverbal Communication* (Nova York: McGraw-Hill, 1973); e McCaskey, "Hidden Messages".
18. Veja R. L. Weaver. *Understanding Interpersonal Communication*, 4. ed. (Glenview, IL: Scott, Foresman, 1987), p. 176-179.
19. Veja P. Bull. *Body Movement and Interpersonal Communication* (Nova York: Wiley, 1983); J. Fast. *Body Language* (Philadelphia: Lippincott, 1970); M. Poiret. *Body Talk: The Science of Kinesis* (Nova York: Award Books,1970) e G. Nierenberg e H. Calera. *How to Read a Person Like a Book* (Nova York: Pocket Books, 1973).
20. McCaskey. "Hidden Messages".
21. Bracey et al. *Basic Management*, p. 46-49.
22. G. Miller. "The Magical Number 7, Plus or Minus Two: Some Limits on Our Capacity for Processing Information". *Psychological Review* 63, n. 1 (1956): 81-97.
23. Veja Weaver. *Understanding Interpersonal Communication*, p. 256-257; e E. F. Huse e J. L. Bowditch. *Behavior*. In: *Organizations: A Systems Approach to Managing* (Reading, MA: Addison-Wesley, 1977), p. 134.
24. R. Burke e T. Weir. "Helper Perceptions of Effective, Ineffective, and Nonhelpers" (Tese apresentada na 35ª Revisão Anual da New Orleans, 10-13 ago. 1975); e O'Reilly e Pondy, "Organizational Communication", p. 140-42.
25. J. Allen. "Communication Networks In: R&D Laboratories". *R&D Management* 1, n. 1 (1970): 14-21.
26. J. R. Gibb. "Defensive Communications". *Journal of Communication* 11, n. 3 (1961): 141-48; e C. R. Rogers e F. J. Roethlisberger. "Barriers and Gateways To Communications". *Harvard Business Review* 30 (jul.-ago. 1952): 46-52.
27. Myers e Myers. *Managing By Communication*, p. 164-66; Warren Bennis. *Interpersonal Dynamics: Essays and Readings*. In: *Human Interaction* (Homewood, IL: Dorsey Press, 1969), p. 211-12.
28. Veja Robert L. Katz, "Skills of An Effective Administrator". *Harvard Business Review* 33 (set.-out. 1974): p. 91, e Bracey et al. *Basic Management*, p. 46.
29. Costley e Todd, *Human Relations*, p. 144-55.
30. Carl Rogers e R. E. Farson. Active Listening. In: A. R. Cohen, S. L. Fink, H. Gadon e R. D. Willits. *Effective Behavior*. In: *Organizations* (Homewood, IL: Richard D. Irwin, 1976).
31. Myers e Myers. *Managing By Communication*, p. 168-71; Carl Rogers. "Communication: its Blocking and Facilitating". *Northwestern University Information* 20 (1952); 9-15; e Kenneth B. Clark. "Empathy: A Neglected Topic. In: Psychological Research". *American Psychologist* 35, n. 2 (1980): 187-90.
32. John Anderson. "Giving and Receiving Feedback". In: P. R. Lawrence, L. B. Barnes e J. W. Lorsch. *Organizational Behavior and Administration*, 3. ed. (Homewood, IL: Richard D. Irwin, 1976), p. 103-11; e H. J. Leavitt e R. H. Mueller. "Some Effects of Feedback on Communication". *Human Relations* 4 (1951): 401-10.

33. Adaptado de Anderson. "Giving and Receiving Feedback", p. 109; J. Stephen Morris. "How To Make Criticism Sessions Productive". *Wall Street Journal*, 12, out. 1981, p. 26; e Cohen et al. *Effective Behavior*. In: *Organizations*, p. 230.
34. Myers e Myers. *Managing By Communication*, p. 16-18.
35. Veja O'Reilly e Pondy. "Organizational Communication", p. 130.
36. O'Reilly e Pondy. "Organizational Communication", p. 130-32; Barry E. Collins e Bertram H. Raven. "Group Structure: Attraction, Coalitions, Communication, and Power". In: Gardner Lindzey e Elliot Aronsen (Eds.). *Handbook of Social Psychology*, 2. ed., v. 4 (Reading, MA: Addison-Wesley, 1969), p. 137-55; M. E. Shaw. "Communication Networks". In: L. Berkowitz (Ed.). *Advances*. In: *Experimental Social Psychology* (Nova York: Academic Press, 1964), p. 111-47; e J. Allen, "Communication Networks. In: R&D Networks".
37. Keith Davis. "Management Communication and the Grapevine". *Harvard Business Review* 31 (set.-out. 1953): 43-49.
38. Eugene Walton. How Efficient is the Grapevine? *Personnel* (mar.-abr. 1961): p. 48, e Roy Rowan, "Where Did That Rumor Come From?" *Fortune*, 13 ago. 1979, p. 134.
39. Veja Ralph L. Rosnow e Gary A. Fine. *Rumor and Gossip: The Social Psychology of Hearsay* (Nova York: Elsevier, 1976).
40. Veja L. R. Pondy, P. J. Frost, G. Morgan e T. C. Dandridge (Eds.). Veja *Organizational Symbolism* (Greenwich, CT: JAI Press, 1983).
41. Relatado em J. M. Beyer e H. M. Trice. "How an Organization's Rites Reveal Its Culture". *Organizational Dynamics* 15, n. 4 (1987): p. 6.
42. Veja P. C. Nystrom e W. H. Starbuck. "Managing Beliefs In: Organizations". *Journal of Applied Behavioral Science* 20, n. 3 (1984): 277-287; e B. E. Ashforth. "Climate Formation: Issues and Extensions". *Academy of Management Review*, 10, n. 4 (1985): 837-847.
43. A. L. Wilkins. "The Creation of Company Cultures: The Role of Stories and Human Resource Systems". *Human Resource Management*, 23, n. 1 (1984): 41-60.
44. T. E. Deal e A. A. Kennedy. *Corporate Cultures: The Rites and Rituals of Corporate Life* (Reading, MA: Addison-Wesley, 1982); T. J. Peters. "Symbols, Patterns, and Settings: An Optimistic Case for Getting Things Done". *Organizational Dynamics*, 7, n. 2 (1978): 3-23.
45. Beyer e Trice. "How an Organization's Rites Reveals Its Culture". p. 5-24.
46. A seção sobre papéis da comunicação é baseada em O'Reilly e Pondy. "Organizational Communication", p. 132-34; e T. V. Bonoma e G. Zaltman. *Psychology for Management* (Boston: Kent Pub., 1981), p. 263-70.
47. Veja Rensis Likert. *The Human Organization* (Nova York: McGraw-Hill, 1967); E. G. Rogers e F. Schoemaker. *Communication of Innovations* (Nova York: Free Press, 1971); e Paul R. Lawrence e Jay W. Lorsch. *Organization and Environment: Managing Differentiation and Integration* (Homewood, IL: Richard D. Irwin, 1969).

capítulo 6

Comportamento grupal e intergrupal

Desde os estudos de Hawthorne e o movimento das relações humanas no pensamento administrativo, os pesquisadores cada vez mais voltaram sua atenção para a estrutura, a dinâmica e o impacto do comportamento grupal. Esse volume crescente de pesquisas indicou prontamente as diversas maneiras como os grupos podem afetar tanto positiva como negativamente a satisfação e o desempenho de seus integrantes, a produtividade, a qualidade dos produtos e serviços e mais uma variedade de metas organizacionais. De fato, o sucesso de uma organização complexa é substancialmente influenciado pelo desempenho de diversos grupos que interagem entre si por toda a hierarquia da empresa.

Apesar do papel central dos grupos em nossa vida, bem como sua importância e inevitabilidade nas organizações, frequentemente consideramos esses grupos como algo natural. Raramente nos damos ao tempo e ao trabalho de observar o que acontece em um grupo, por que alguns de seus membros se comportam de certo modo, por que alguns grupos parecem mais eficazes que outros, como um grupo pode afetar outro e assim por diante. Entretanto, para termos uma compreensão mais plena do comportamento organizacional, é crítico que desenvolvamos consciência e habilidade para analisar a influência dos grupos nos seus membros em nível individual, nas relações interpessoais e nas atividades organizacionais.

Como base para tal entendimento, este capítulo enfocará os processos e as dinâmicas *intragrupais* e *intergrupais*. Do ponto de vista intragrupal, examinaremos diversos tipos de grupos, seus atributos básicos, alguns dos estágios e comportamentos frequentemente encontrados no desenvolvimento deles e algumas maneiras como podemos observar os processos e sua interação. O capítulo conclui com uma análise do comportamento intergrupal, uma discussão dos conflitos intergrupais e as maneiras como podemos reduzir esses conflitos.

TIPOS DE GRUPOS

Antes de examinar os diversos tipos de grupos, é importante definir o que queremos dizer com "grupo". Embora provavelmente existam tantas definições de grupos quantos pesquisadores de comportamento organizacional, os grupos parecem ter certas características comuns. Um grupo consiste de (1) *duas ou mais pessoas*, que são (2) *psicologicamente conscientes* umas das outras e que (3) *interagem* para atingir uma (4) *meta comum*. Assim, um grupo é mais do que um simples ajuntamento de pessoas, e essas quatro condições precisam ser atendidas. As metas de um grupo podem ser voltadas para a tarefa (como em um grupo de trabalho) ou sociais (como em grupos de amigos e clubes). Dessa forma, os passageiros de um avião não seriam considerados um grupo, ao passo que os integrantes de uma excursão aérea seriam um grupo, pois preenchem as condições citadas antes (consciência mútua, interação para atingir uma meta comum).

Há cinco distinções básicas que a literatura pertinente faz sobre grupos: (1) primários ou secundários; (2) formais ou informais; (3) heterogêneos ou homogêneos; (4) interativos ou nominais; e (5) temporários ou permanentes. Embora às vezes sejam usadas outras classificações (por exemplo, grupos de trabalho ou grupos sociais), essas categorizações são baseadas nas distinções anteriores.

Grupos primários e secundários

Os sociólogos fazem uma distinção entre os grupos no que refere-se aos tipos de relacionamentos que existem entre os membros.[1] Os *grupos primários* são predominantemente voltados para relacionamentos interpessoais diretos, ao passo que os *grupos secundários* são mais orientados para tarefas ou metas. Assim, a família e pequenos grupos de amigos íntimos são exemplos de grupos primários. Os grupos de trabalho e de interesse público, que são mais impessoais e voltados para a tarefa, são exemplos de grupos secundários. É possível, evidentemente, que grupos primários surjam a partir de grupos secundários à medida que amizades íntimas se desenvolverem no trabalho. Ao analisar os grupos nas organizações, é preciso enfocar tanto os grupos secundários como os primários.

Grupos formais e informais

Nem todos os grupos que existem nas organizações são formalmente sancionados pela administração e pela própria organização.[2] *Grupos formais* são aqueles que têm metas estabelecidas, voltadas para objetivos, e que são explicitamente formados como parte da organização, tais como grupos de trabalho, departamentos, equipes de projeto e assim por diante. Em oposição, *grupos informais* são aqueles que surgem com o passar do tempo, por meio da interação dos membros da organização. Embora esses grupos não tenham quaisquer metas formalmente definidas, eles têm metas implícitas, que são frequentemente recreativas e interpessoais por natureza. Uma distinção superficial entre esses tipos de grupos é que os grupos formais são representados por um organograma, enquanto os grupos informais não são. Em relação ao exposto antes, os grupos formais são secundários por natureza, ao passo que os grupos informais são geralmente considerados primários.

Os membros da organização podem fazer parte simultaneamente de grupos formais e informais. Por exemplo, o departamento de marketing de uma organização é um grupo formal com metas e requisitos específicos. Se os integrantes desse grupo se reunirem regularmente por outros motivos, socialmente orientados, esse grupo específico será considerado informal. Tanto os grupos formais como os informais têm suas metas, interações e consciência interpessoal. Além disso, os dois tipos de grupos podem ser funcionais (contributórios) ou disfuncionais (obstáculos) para atingir as metas organizacionais. Os grupos informais, por exemplo, podem estabelecer padrões (altos ou baixos) que governem a quantidade de trabalho que cada um de seus membros vai realizar, a despeito de políticas e normas estabelecidas pela administração. A exposição sobre os estudos de Hawthorne no Capítulo 1 é um bom exemplo da influência desses grupos informais no local de trabalho.

Grupos homogêneos e heterogêneos

Outro modo de ver os grupos é com base em seu grau de semelhança (homogeneidade) ou dessemelhança (heterogeneidade).[3] Se fossem consideradas todas as dimensões possíveis, é claro, virtualmente todos os grupos seriam heterogêneos. Entretanto, consideramos a homogeneidade ou heterogeneidade de um grupo em relação a um conjunto específico de dimensões, pontos de vista ou características. Um *grupo homogêneo* é um grupo cujos membros têm certas coisas em comum, seja em termos pessoais (por exemplo, atitudes, valores, metas) ou no que refere-se a características sociodemográficas (por exemplo, instrução, idade, gênero). Os *grupos heterogêneos* são aqueles que apresentam variações em dimensões significativas.

A chave para a homogeneidade ou heterogeneidade de um grupo depende da importância relativa da dimensão considerada. Por exemplo, embora as características sociodemográficas possam fazer um grupo parecer heterogêneo, o grupo pode ser bastante homogêneo em relação a uma questão ou conjunto de questões sobre as quais seus membros compartilhem valores ou metas comuns, tal como o movimento contra a proliferação de armas nucleares. Além disso, a pesquisa tem indicado que pessoas com atitudes homogêneas tendem a interagir mais entre si e têm maior probabilidade de se engajar em grupos informais.[4]

Grupos interativos ou nominais

Grupos interativos são aqueles nos quais os participantes se envolvem diretamente com algum tipo de intercâmbio entre si. No outro extremo, *grupos nominais* são aqueles cujos membros interagem indiretamente entre si. Embora os grupos interativos sejam, evidentemente, mais comuns que os nominais, estes são frequentemente encontrados como uma alternativa à tomada de decisão direta (interativa) em um grupo.[5] Há duas variedades no uso de grupos não interativos na tomada de decisões: a técnica do grupo nominal e a técnica de Delfos (Delphi). Na técnica de grupo nominal, os membros se reúnem formalmente, porém a discussão ou comunicação interpessoal entre eles é restrita. Isso é feito para minimizar a influência de fatores pessoais e interpessoais nos tipos de ideias e argumentos que uma pessoa possa ter. Assim, antes de qualquer discussão ou colaboração, os membros registram suas ideias e comentários, e compartilham-nos abertamente *antes* que se faça qualquer discussão ou avaliação. A técnica de Delfos é uma variante da técnica do grupo nominal, pois não exige que seus integrantes estejam fisicamente presentes; assim, é frequentemente usada para a tomada de decisões por pessoas ou grupos geograficamente dispersos. Nessa abordagem, um problema específico é identificado, e os membros do grupo são solicitados a oferecer soluções potenciais ou análises do problema. Isso é feito anônima e independentemente. As informações são então compiladas em um local central, transcritas e retornadas aos diversos integrantes. Depois de terem visto o resultado, os membros novamente são solicitados a propor suas análises e soluções. Esse processo geralmente passa por uma série de interações (ciclos) antes de ser concluído. Embora essa abordagem controle o efeito das influências individuais e interpessoais no processo de tomada de decisões e reduza o custo e os problemas de reunir vários especialistas, consome tempo e pode não chegar a desenvolver a riqueza de ideias que resulta de discussões e debates em uma interação direta em grupo, ou mesmo a interação mais limitada da técnica do grupo nominal.

Grupos permanentes e temporários

A última distinção entre os tipos de grupos refere-se à duração esperada de sua existência.[6] Um *grupo temporário* é aquele formado com uma tarefa ou problema específico em mente, e cuja dispersão é algo esperado assim que o grupo concluir a tarefa. *Grupos permanentes* são aqueles que se espera que continuem ao longo de diversas tarefas e atividades. Na maioria dos casos, as organizações terão grupos permanentes para atingir suas metas e objetivos. Assim, temos departamentos específicos, unidades de trabalho, escritórios etc., que se concentram em uma função ou conjunto de funções em particular. Em alguns casos, entretanto, certo grupo pode não ter o conhecimento ou os recursos para se desincumbir de uma tarefa ou problema específico. Nessas situações, são formados grupos-tarefa temporários, com a participação de pessoas de outros grupos da organização, ou mesmo com pessoas de fora, como consultores. Esses grupos são normalmente chamados forças-tarefa ou grupos multifuncionais, visto que sua composição se estende por meio de linhas grupais, departamentais ou funcionais (como reunindo gente de pesquisa e desenvolvimento, produção e vendas para tratar de problemas relativos a um novo produto). Quando o problema tiver sido solucionado, as forças-tarefa dispersam e seus membros retornam aos seus grupos originais.

ATRIBUTOS BÁSICOS DOS GRUPOS

Há diversos fatores que influenciam e limitam o comportamento de cada membro de um grupo, bem como a eficácia do grupo como um todo. Esta seção enfoca algumas das maneiras como o *status* e o papel, tanto do grupo como do indivíduo, podem afetar os respectivos comportamentos e os modos em que as normas, a coesão e outras tendências, como os fenômenos do pensamento grupal e da mudança de níveis de risco, influenciam a eficácia do grupo.

Status individual e do grupo

O *status* refere-se ao nível ou posição de uma pessoa em um grupo ou de um grupo em uma organização.[7] Frequentemente falamos de indivíduos ou grupos tendo pouco ou muito *status* em uma organização. Nesse critério, o *status* pode advir tanto da posição formal como das qualidades individuais. Ele reflete a percepção do indivíduo ou grupo pelos demais elementos da organização, geralmente no que refere-se a influência e prestígio relativos. Como a maioria dos grupos é composta de gente de *status* diferente (e as organizações também são feitas de grupos de *status* desiguais), a noção de *status* envolve uma comparação social.

Na maioria das situações grupais e organizacionais, espera-se uma congruência de *status*, ou seja, que o título do cargo de uma pessoa defina o seu *status* em um grupo. Seria de esperar, por exemplo, que um gerente tivesse mais *status* que seu assistente. Da mesma forma, nos hospitais, os médicos têm mais *status* que as enfermeiras. No entanto, em alguns casos, os atributos ou qualidades das pessoas chegam a encobrir suas posições formais na organização e elas podem efetivamente exercer maior influência que alguém acima delas na hierarquia de organização. Em outros casos, fatores situacionais podem aumentar o *status* de uma pessoa em particular. Como as pessoas de mais *status* têm dificuldade em aceitar ordens de gente de *status* inferior, essas situações de *incongruência de status* podem gerar conflitos e ansiedades no local de trabalho. Essa é uma das razões, por exemplo, por que enfermeiras tradicionalmente relutavam em dar sugestões aos médicos, ainda que pudessem ter passado mais tempo com certo paciente. O *status* relativo de diversos grupos, contudo, pode se modificar com o passar do tempo, alterando essa incongruência em potencial. A enfermagem, por exemplo, está atravessando uma evolução notável, à medida que as enfermeiras estão recebendo maior autonomia em hospitais, realizando mais pesquisas em enfermagem e complementando a formação acadêmica em níveis de mestrado e doutorado. Sendo assim, a diferença de *status* entre médicos e enfermeiras, atualmente, é muito menor.

Papéis

O conceito de papel refere-se aos diversos comportamentos que as pessoas esperam de um indivíduo ou de um grupo em certa situação.[8] Essas expectativas comportamentais são influenciadas pela localização de um papel na hierarquia da organização, pelas atividades associadas a esse papel e pelos seus padrões de interação social, o que determina a gama de comportamentos tidos como aceitáveis. Como exemplo, pense em suas expectativas de como professores e alunos ou gerentes e seus subordinados "deveriam" se comportar. Quando as pessoas nesses papéis adotam comportamentos que transcendem essas expectativas, achamos que não estão se comportando "adequadamente". O poder dos papéis nos nossos comportamentos e atitudes se reflete em pesquisas, indicando que, quando os papéis das pessoas são alterados, suas atitudes tendem a se modificar também. Da mesma forma, voltam ao estado anterior quando os papéis são restaurados à situação original.

Conflito de papéis e ambiguidade Seria relativamente fácil cumprir as expectativas de nossos papéis se tivéssemos um único papel na vida. Entretanto, cada um de nós desempenha diversos papéis, os quais geram expectativas que, frequentemente, se contradizem. O resultado dessas expectativas divergentes dos papéis é chamado *conflito de papéis*. Sabemos o que é esperado de nós em certa posição, porém, devido a conjuntos diversos de expectativas em relação a outros papéis que ocupamos, a concordância pode ser difícil. Em outras situações, podemos receber sinais incertos ou ambíguos sobre o que é esperado de nós em um papel em particular. Nessas circunstâncias, podemos enfrentar alguma confusão ou *ambiguidade de papéis*, visto que não temos certeza de como devemos nos comportar ou o que devemos fazer. Tanto o conflito como a ambiguidade de papéis são associados a baixos níveis de satisfação no trabalho e desempenho, bem como experiências mais frequentes de estresse.

Normas

Normas são os padrões ou ideias comuns que norteiam o comportamento dos integrantes em todos os grupos estabelecidos.[9] Embora em alguns casos as normas possam ser formalizadas e escritas (por exemplo, códigos de conduta), na maioria das vezes há *regras não escritas* relativas a esses comportamentos, que são apropriadas e aceitas pelos demais membros do grupo. As normas são mais frequentemente explícitas do que implícitas por natureza, ou seja, é comum supor que os membros do grupo entendam o que é esperado deles. Nessas situações, a única maneira como uma norma se torna observável é quando um membro acidentalmente a desobedece e enfrenta as reações negativas dos demais integrantes do grupo. Por exemplo, havia uma norma grupal determinando que os homens que trabalhassem em certas companhias deveriam trajar camisas brancas e ternos de feitio conservador. Qualquer um que vestisse uma camisa colorida era visto com um *dissidente* do grupo, ou seja, alguém que se manifesta contra suas normas e que era pressionado para se conformar a seus padrões. Se o desvio fosse alto e suficientemente representativo, o grupo poderia relegar aquele membro ao ostracismo, e essencialmente torná-lo um *isolado* do grupo.

Nem todas as normas têm o mesmo peso. *Normas centrais* são aquelas consideradas particularmente importantes para o grupo ou para a organização. Elas são básicas para o trabalho e as interações dos membros do grupo. Em contrapartida, as *normas periféricas* são aquelas não tão importantes para os membros do grupo. Como a distinção entre normas centrais e periféricas variam de grupo para grupo, as centrais são frequentemente aquelas que enfocam os comportamentos relacionados à tarefa (tais como ser um "batedor de recordes" ou um "preguiçoso") ou os comportamentos socialmente relacionados, essenciais ao funcionamento do grupo. O desvio das normas periféricas não é punido tão severamente quanto o das normas que o grupo considera centrais por natureza. Essas punições podem variar da ridicularização e sarcasmo, passando pelo ostracismo, até o abuso físico. A chave para se associar a um novo grupo é entender as suas normas e suas implicações em relação ao seu comportamento. Entretanto, como a maioria das normas é entendida implicitamente, elas precisam ser inferidas a partir de observações do comportamento de outros membros, porque as normas do grupo são suas crenças sobre quais são os comportamentos apropriados, e não os próprios comportamentos.

Coesão

A coesão refere-se a (1) o grau que os membros do grupo têm desejo de permanecer no mesmo e (2) a força de seus compromissos para com o grupo e suas metas.[10] Um *grupo coeso* é aquele cujos membros refletem sensações de intimidade, manifestadas por meio de opiniões, atitudes, gostos, desempenho e comportamentos semelhantes. Os grupos coesos tendem a ter normas mais fortes e maneiras mais ásperas de lidar com dissidentes que grupos menos coesos. Como a coesão varia consideravelmente de um grupo para outro, é importante entender alguns dos fatores que podem influenciar a coesão de um grupo:

1. O grau de concordância com as metas e a finalidade do grupo por parte de seus membros (a concordância leva à coesão, a discordância mina a coesão).
2. Quando os membros do grupo interagem frequentemente entre si, mas não além do ponto de "retorno decrescente", quando os grupos se tornam "viciados" (por exemplo, quando fazem reuniões em excesso).
3. A atração mútua entre os membros do grupo (a atração aumenta a coesão).
4. Quando houver conflitos *intergrupais* que provoquem a união dos membros e ancoragem a cooperação; esses conflitos, no entanto, podem se tornar fortes demais, levando a uma competição *intragrupal*, que reduz a coesão.
5. O grau de sucesso que um grupo tem em atingir suas metas e objetivos; o bom desempenho tende a aumentar a coesão, ao passo que o desempenho ruim frequentemente leva à busca por bodes expiatórios, a jogar a culpa nos outros etc., o que diminui a cooperação e a coesão.

A coesão de certo grupo é um determinante poderoso do seu desempenho. Entretanto, nem todos os grupos coesos se concentram necessariamente nos objetivos da organização. A coesão resultante das metas convidativas de um grupo influenciará positivamente a realização da tarefa. Por sua vez, a coesão decorrente da atração pessoal ou da amizade entre integrantes do grupo pode levar a comportamentos sociais e interações que mantenham a associação ao grupo, mas que não atinjam os objetivos. Como veremos adiante, ambos os aspectos da atividade em grupo são importantes; a chave para os gerentes é equilibrar os comportamentos orientados socialmente e à tarefa.

Pensamento grupal ("*Groupthink*")

Embora a coesão possa ser vista como uma força positiva nos grupos e nas organizações, ela pode levar a um padrão de comportamento chamado *pensamento grupal*, que diminui a capacidade de tomada de decisões do grupo.[11] À medida que os grupos se tornarem mais coesos, eles poderão desenvolver um clima de "elite", caracterizado por sensações de superioridade, exclusividade e invulnerabilidade. Isso frequentemente ocorre em grupos homogêneos que começam a banir opiniões divergentes. Assim, qualquer informação nova, levada à atenção dos membros do grupo que possa ser vista como inadequada, irrelevante ou mesmo ameaçadora, será subsequentemente ignorada. A falta de vontade de examinar as opiniões e alternativas divergentes leva a um tipo de "autocensura", à medida que os membros do grupo tendem a se fechar para novas ideias. Como exemplo do poder do pensamento grupal, pesquisas feitas por Irving Janis sugerem que a razão pela qual os Estados Unidos calcularam tão mal o poder militar de Cuba durante a invasão da Baía dos Porcos foi que o presidente Kennedy e seus conselheiros mais próximos (voluntária ou involuntariamente) não toleraram qualquer dissenção sobre a situação. O resultado foi que as informações disponíveis da inteligência foram descontadas, e o grupo de conselho fez suposições incorretas sobre a resistência cubana, levando uma intervenção militar ao desastre.

O trabalho de Janis também identificou os principais sintomas do pensamento grupal. Primeiro, há uma "ilusão de invulnerabilidade", que leva a um otimismo exagerado e encoraja os integrantes do grupo a assumirem riscos descabidos. Há esforços coletivos para racionalizar as decisões do grupo, de modo que seus membros são "avisados" para não questionar essas decisões e faz-se pressão sobre aqueles que discordarem. Surge uma "ilusão de moralidade" (ou seja, uma sensação de que o grupo tem as principais metas em mente e, portanto, não deve ser criticado) como justificativa adicional dos atos do grupo. Finalmente, aparece a autocensura, visto que se compartilha de uma "ilusão de unanimidade" em relação aos julgamentos e opiniões da maioria do grupo e aparecem os autodesignados "vigilantes de ideias" para proteger o grupo de informações divergentes que possam corromper a "complacência compartilhada do grupo em relação à eficácia e à moralidade" da decisão.

Pesquisas posteriores sobre o fenômeno do pensamento grupal levantaram dúvidas sobre o seu impacto potencial no local de trabalho.[12] Por exemplo, tentativas de induzir o fenômeno do pensamento grupal em estudos de laboratório, de modo geral, não tiveram sucesso, o que suscitou dúvidas quanto a até que ponto o conceito é uma ocorrência grupal típica. Há, entretanto, bons motivos para criticar esses estudos, visto que a ameaça do pensamento grupal parece ser maior em grupos altamente coesos no longo prazo, que tenham sido isolados por pressões e tensões externas. Mesmo no mais bem planejado estudo em laboratório, as condições encontradas na pesquisa de Janis, de decisões políticas de alto nível, são extremamente difíceis de reproduzir. Ao mesmo tempo, os críticos destacaram que o conceito é rotineiramente aplicado a grupos que não atendem a essas condições.

Uma implicação importante decorrente do trabalho de Janis é que, embora a coesão possa ser uma força positiva nos grupos, os excessivamente coesos podem perder eficácia devido às exigências de lealdade e conformidade às normas grupais. Os gerentes devem, portanto, permanecer conscientes dos sintomas do pensamento grupal. Encorajando-se os membros do grupo a expressar suas dúvidas ou críticas em relação a decisões, dando a todos a chance de desempenhar o papel de "advogado do diabo" para questionar as soluções, mostrando receptividade às críticas, trazendo gente qualificada de fora periodicamente para reunir-se com o grupo e alertando-se os integrantes do grupo quanto aos perigos do pensamento grupal, o aspecto negativo da coesão do grupo pode ser minimizado.

O fenômeno da mudança da escolha (nível de risco)

Outra tendência na interação e tomada de decisões em grupo é a de o grupo assumir uma posição mais ousada, em relação a uma questão específica, do que qualquer um de seus membros individualmente.[13] De fato, pode-se considerar que os integrantes estejam se escondendo por trás do anonimato do grupo. Alguns estudos, no entanto, têm achado que os grupos de discussão contribuem para reforçar posições favoráveis no grupo – inicialmente posições conservadoras tendem a gerar opiniões conservadoras, enquanto posições favoráveis envolvendo riscos tendem a gerar disposição para assumir perigosos riscos.[14] Embora algumas pesquisas sugiram que fatores culturais e situacionais também possam produzir uma mudança nas decisões do grupo para o lado conservador, a maioria dos estudos indica uma mudança na direção de se assumir riscos maiores.[15]

O fenômeno da mudança do nível de risco pode ser considerado um caso especial de pensamento grupal.[16] Como as decisões de um grupo refletem normas que se desenvolveram ao longo do tempo, essas normas orientadas para decisões podem tender para a aceitação de alternativas mais agressivas e arriscadas do que os membros alcançariam como indivíduos. Embora não exista um consenso sobre o porquê dessa mudança, diversas explicações plausíveis sugerem que, à medida que informações otimistas são compartilhadas, as pessoas se tornam mais dispostas a assumir riscos, visto que se percebem mais bem informadas, que as normas grupais encorajam esses comportamentos agressivos e que a responsabilidade por perdas potenciais fica distribuída sobre várias pessoas.

Parece que os membros do grupo ficam mais dispostos a assumir riscos quando os outros forem "dividir a culpa" se algo der errado. Sejam quais forem as razões para o fenômeno da mudança do nível de risco, é importante que os gerentes percebam que os grupos frequentemente tomam decisões que contêm um maior elemento de risco, se comparadas às decisões tomadas individualmente.

PROCESSO E DESENVOLVIMENTO DE GRUPOS

Ao tentar compreender como funcionam os grupos, é importante distinguir entre o *conteúdo* da atividade grupal e o processo que o grupo efetua para atingir suas metas e objetivos. Exemplos do conteúdo da atividade grupal podem ser um enfoque nas atividades do grupo, o tema da tomada de decisões ou as questões específicas nas quais o grupo trabalha. Em contrapartida, um enfoque em como o grupo se desincumbe de suas tarefas, a dinâmica de como as decisões são tomadas ou a maneira como o grupo decide as questões que vai tratar. Portanto, a ênfase não é no que o grupo está fazendo, mas em como o grupo o está fazendo.

Esta seção examina as dinâmicas e os processos subjacentes às atividades do grupo no que refere-se a como os grupos se desenvolvem ao longo do tempo, que métodos os grupos e as organizações utilizam para socializar seus integrantes e algumas das maneiras como podemos observar e entender os processos grupais.

Desenvolvimento de grupos

Os grupos atravessam diversas fases de desenvolvimento ao longo do tempo. Como são entidades dinâmicas, pode-se considerar que estejam em um estado contínuo de atividade e mudança. Quando um grupo é inicialmente formado, as dinâmicas e os processos que dirigem as interações entre seus membros são bem diferentes dos padrões esperados após o grupo ter existido por algum tempo. Não se pode esperar que os grupos sejam plenamente eficazes logo de início; isso leva tempo e exige a administração do processo de desenvolvimento do grupo.

Uma análise abrangente da literatura sobre desenvolvimento de grupos sugere que estes atravessam um processo relativamente previsível de quatro estágios: formação, erupção, normalização e realização.[17] No início, ou estágio de *formação*, os membros do grupo descobrem que vão fazer, os estilos de liderança aceitáveis e os tipos de relacionamento, interpessoal e com a tarefa, que serão possíveis. O período de *erupção* ocorre quando os estilos individuais entram em conflito. As pessoas resistem à influência do grupo, e tende a haver um conflito sobre abordagens concorrentes ao alcance das metas do grupo. Durante o estágio de *normalização*, a resistência é vencida à medida que o grupo estabelece normas, desenvolve a coesão intragrupal e esboça os padrões e expectativas da tarefa. Finalmente, no estágio de *realização*, o grupo está pronto para dirigir sua atenção para alcançar suas metas. As questões pertinentes a relações interpessoais, *status* dos integrantes e à divisão das tarefas são solucionadas e a energia básica do grupo é dirigida para o trabalho a executar.

Alguns grupos atravessarão essas fases mais rapidamente que outros. Em alguns casos, pode-se ter a impressão de que grupos tenham se "congelado" em um desses estágios, devido ao surgimento de novos problemas ou a um fluxo de membros reciclando em estágios anteriores. Os gerentes precisam saber que os grupos atravessam esse processo de desenvolvimento e devem estar conscientes das diversas questões que preocuparão os integrantes durante cada um desses estágios. Como o processo ao longo dessas etapas não é algo inevitável, os gerentes devem prestar muita atenção às preocupações dos integrantes do grupo, para facilitar o seu desenvolvimento durante todo o processo, desde a formação até a realização. Como será exposto no Capítulo 11, uma das maneiras de se fazer isso é por meio da atividade de integração de equipe (*team building*).

Socialização grupal e organizacional

O processo de desenvolvimento de grupos descrito anteriormente reflete os diversos estágios que os grupos atravessam quando inicialmente formados. A participação em um grupo, no entanto, não é algo estático. Se houver uma rotatividade suficiente de membros, o grupo geralmente repetirá o processo de formação, erupção, normalização e realização. Mesmo grupos "realizadores" comparativamente estáveis precisam tratar do ingresso de novos membros, ao doutrinar-lhes as maneiras do grupo. Esse processo é chamado *socialização organizacional*, um processo de adaptação durante o qual os recém-admitidos aprendem os valores, normas, expectativas e procedimentos estabelecidos para assumirem papéis específicos e se tornarem membros aceitos pelo grupo ou pela organização.[18] Assim, há dois objetivos básicos nesse processo. Do ponto de vista dos novos integrantes, o processo reduz a ambiguidade de papéis e aumenta a sensação de segurança, visto que as expectativas do grupo são esclarecidas. Do ponto de vista da organização, o processo de socialização cria uma maior uniformidade comportamental entre seus membros, desenvolvendo assim uma base para o entendimento e a colaboração e reduzindo o potencial de conflito.

Em um nível genérico, a socialização organizacional é caracterizada por um processo de três fases: socialização antecipada, encontro organizacional ou grupal e aquisição das normas e valores do grupo. A *socialização antecipada* pode ser considerada um estágio preliminar ou preparatório, durante o qual uma pessoa deve receber uma visão realista das metas e expectativas organizacionais, quais serão os seus deveres e responsabilidades e as habilidades necessárias em função do trabalho a realizar. Durante essa fase, os recém-admitidos podem (ao menos inicialmente) avaliar a extensão da congruência entre os seus próprios valores e necessidades e os da organização.

A segunda fase da socialização ocorre quando o recém-chegado efetivamente entra para o grupo ou organização. Essa fase de *encontro* é uma espécie de período de iniciação, durante o qual o indivíduo é confrontado com a necessidade de equilibrar diversas exigências pessoais e relacionadas ao trabalho, que podem conflitar entre si. *Simultaneamente*, o recém-chegado estará aprendendo novas tarefas, esclarecendo expectativas do seu papel e travando conhecimento com seus colegas. Como parte dessa "iniciação", as pessoas deverão aprender a importância relativa e a alocação de tempo apropriada para as tarefas que lhes foram designadas. É nesse momento que as expectativas de *como* seria o trabalho são comparadas com a realidade da situação. Se as expectativas durante a fase preparatória tiverem sido exatas, o encontro real servirá para confirmar essas percepções iniciais. Em muitos casos, porém, aquilo que as pessoas esperam de um grupo ou organização não se coaduna com o que efetivamente encontram. Isso pode levar à atividade de "erupção" que vimos anteriormente.

Durante a fase de encontro, as pessoas resolvem os diversos problemas que possam ter surgido por meio da associação ao grupo. A socialização organizacional, entretanto, só estará completa enquanto os recém-chegados forem capazes de conciliar exigências conflitantes de seus papéis, dominarem suficientemente suas tarefas e *se ajustarem às normas e valores do grupo*. Se isso for satisfatoriamente executado, o novo membro se sentirá aceito pelo grupo como um integrante valioso e de confiança e terá uma sensação de segurança nessa nova associação. Tem-se constatado que a socialização bem-feita também contribui para a produtividade do indivíduo, assim como para o seu compromisso para com o grupo ou a organização.

Os programas de socialização organizacional podem ser formais ou informais, dirigidos a indivíduos específicos ou a grupos deles, e realizados em curtos ou longos espaços de tempo. O ponto importante é que os recém-chegados a um grupo tenham a oportunidade de aprender o que o grupo ou organização espera deles, seus papéis e os trabalhos que estes envolvem e as implicações das normas e valores do grupo.

Os passos da socialização organizacional Há diversas formas como as organizações socializam seus novatos. As forças armadas usam um campo de treinamento básico, organizações religiosas usam o noviciado, hospitais usam a residência para médicos recém-formados e assim por diante. Da mesma forma, organizações empresariais costumam utilizar uma série de programas de treinamento que, em parte, têm o objetivo de socializar os novos trabalhadores. Como foi demonstrado por pesquisas recentes, as organizações frequentemente utilizam diversos meios sistemáticos para integrar seus novos membros. Pascale destaca sete passos inter-relacionados, mostrados na Figura 6.1, adotados por empresas altamente socializadas, como IBM, Procter & Gamble, Morgan Guaranty e AT&T: seleção, experiências indutoras de humildade, treinamento na linha de fogo, uso de sistemas de recompensa e controle, aderência aos valores principais da empresa, folclore de reforço e modelos consistentes de papéis.[19]

Embora essas sete dimensões da socialização possam não surpreender ao serem examinadas uma a uma, elas tendem a ser negligenciadas e subgerenciadas em muitas organizações. De fato, na mesma organização, as práticas de socialização frequentemente variam bastante entre os diversos níveis e os cargos hierárquicos.

A socialização e as previsões realistas do cargo Previsões realistas do cargo são baseadas na premissa de que comunicações precisas e realistas sobre os deveres e as responsabilidades do cargo são um componente importante da socialização de recém-chegados a uma organização.[20] As pessoas que entram para uma organização precisam saber o que esperar no trabalho, de modo que possam se preparar adequadamente para dar conta das pressões e exigências do trabalho de forma eficaz. Além disso, tendo recebido uma descrição precisa de como será o seu trabalho, um funcionário terá menos probabilidade de ficar desapontado quando expectativas irreais deixarem de ser cumpridas. Embora algumas pesquisas tenham sugerido que previsões

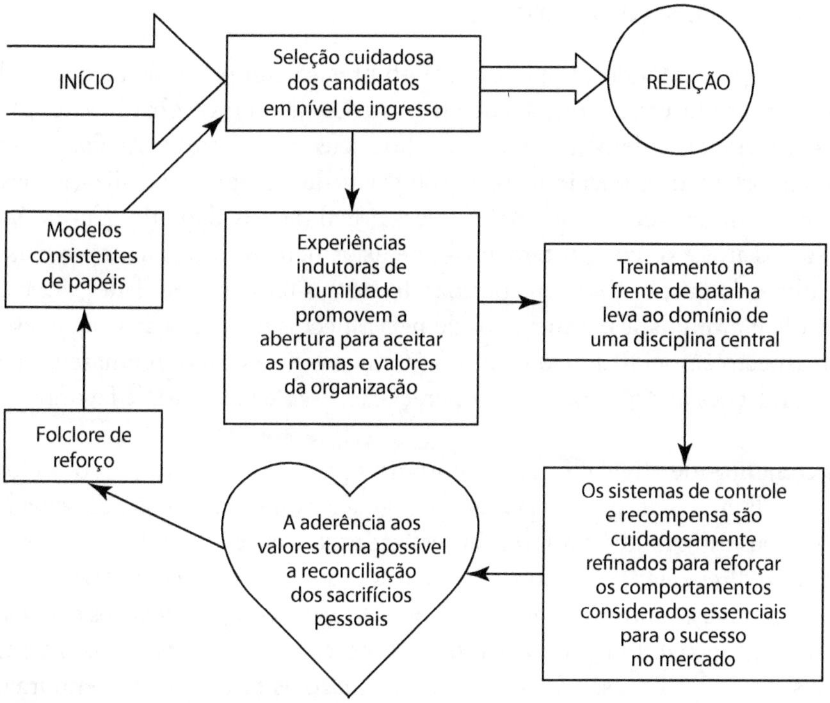

Figura 6.1 Os passos da socialização organizacional.

Fonte: Richard T. Pascale, "The Paradox of 'Corporate Culture': Reconciling Ourselves to Socialization", *California Management Review*, v. 27, n. 2, 1985, p. 38.

exatas do cargo nem sempre reduzem a rotatividade nem aumentam a satisfação,[21] a maior parte dos resultados empíricos parece promissora. Em geral, as pessoas que recebem ilustrações factuais de como serão os seus cargos tendem a ficar mais satisfeitas e comprometidas com suas empresas, com menos estresse e probabilidade de rotatividade que funcionários que não recebem essas informações.[22]

Resultados da socialização Embora a socialização organizacional seja uma parte importante dos esforços da organização para estabelecer a ordem e consistência, o impacto geral que esses processos têm sobre pessoas diferentes parece ser bem variado.[23] Como sugerem pesquisas recentes, mesmo processos de socialização idênticos podem afetar as pessoas de forma diferente, dependendo de suas experiências anteriores e do fato de algumas pessoas serem mais proativas que outras na busca da própria socialização em uma organização nova. Como resultado, tão logo os trabalhadores entram em uma organização, eles podem desenvolver tipos bem diferentes de relacionamento com a empresa. Por exemplo, foram encontrados três padrões básicos de socialização nas organizações:[24] (1) padrão *organizacionalista*, que retrata os integrantes ascendentes, que se identificam virtualmente com tudo que a organização representa; (2) o padrão ambivalente ou *profissionalista*, no qual o indivíduo se identifica mais com a sua profissão do que com a organização; e (3) padrão indiferente ou *externalista*, no qual o indivíduo extrai pouca satisfação do trabalho e satisfaz suas necessidades em atividades externas. Visto que esses padrões representam tipos puros, algumas pessoas terão padrões de socialização mistos. A pesquisa, contudo, não sugere que as pessoas tenham tendência a corresponder mais diretamente a qualquer um dos tipos.

Observação do processo grupal

Para sobreviver à passagem do tempo, um grupo precisa cumprir dois conjuntos básicos de atividades: (1) ser produtivo em termos de atingimento de metas e objetivos, e (2) atender às necessidades emocionais e de bem-estar pessoal de seus integrantes.[25] As *funções de tarefa* são os atos e os comportamentos relacionados à produtividade e dirigidos à realização das tarefas do grupo. Elas refletem o aspecto racional e operacional da atividade do grupo. As *funções de manutenção* são os atos e os comportamentos que exprimem as necessidades sociais e emocionais dos membros do grupo. Visto que pessoas diferentes terão necessidades variáveis de integração, controle e intimidade em meio aos demais aspectos da interação grupal, essas funções representam aspecto emocional, não racional da atividade do grupo. A ênfase está em estabelecer e manter relações interpessoais de cooperação, coesão e uma atitude favorável em relação ao grupo.

Os dois conjuntos de atividades são importantes para a eficácia do grupo no longo prazo. Entretanto, em alguns casos, grupos podem negligenciar ou sacrificar as necessidades sociais e emocionais de seus integrantes em favor da realização da tarefa. Quando isso ocorrer, os indivíduos poderão redirecionar seus esforços para atos *egocêntricos* (tais como fazer objeções repetidamente para bloquear o progresso do grupo, questionar a competência dos demais membros, tentar dominar o grupo etc.) a fim de satisfazer suas necessidades pessoais. Esses comportamentos tendem a ser nocivos à coesão do grupo e à realização da tarefa. Assim, embora uma ênfase excessiva nas funções de tarefa possa aumentar o desempenho do grupo no curto prazo, um enfoque contínuo exclusivamente nas necessidades da tarefa pode minar a eficácia do grupo no longo prazo. Isso também pode levar a tentativas infrutíferas de socializar novos membros, bem como ao "congelamento" do grupo em uma de suas primeiras etapas de desenvolvimento.

Como *participantes observadores*, os gerentes podem facilitar o desenvolvimento satisfatório dos grupos aos quais pertencem. O participante observador é um indivíduo que, como membro regular do grupo, se envolve ativamente em suas atividades. Ao mesmo tempo, porém, aquele indivíduo também estará observando, avaliando e se adaptando aos processos e procedimentos do grupo. Assim, entendendo a importância das atividades, tanto de tarefa como de manutenção em um grupo, e estando consciente dos tipos de atos e comportamentos que atendem a essas necessidades, os membros do grupo podem agir como participantes observadores e assim contribuir para o desempenho e a estabilidade do grupo. Uma das técnicas para essa intervenção é chamada *consultoria de processo*, que será apresentada no Capítulo 10. Nesta seção, examinaremos rapidamente alguns modelos e ferramentas que podem ser usados como base para o entendimento e a observação nos processos grupais.

Sociograma É um método de medir padrões de interação, influência e atividade em um grupo.[26] Essa abordagem é baseada nas percepções que os integrantes do grupo têm uns dos outros no que refere-se à estima, influência, produtividade e assim por diante. O procedimento envolve *perguntar* aos integrantes do grupo com quem preferem trabalhar, de quem gostam ou não gostam e assim por diante; bem como observar os padrões reais de interação durante a atividade do grupo. Com base nesses dados, os padrões de atração e interação podem ser representados de maneira esquemática.

A Figura 6.2 ilustra um sociograma simples. O diagrama mostra quais os membros preferidos pelos demais, quem fala com quem, com que frequência os membros participam, a formação de subgrupos, o domínio por membros específicos e outros padrões de interação em grupo. Cada vez que uma pessoa interage com outra no grupo, traça-se uma seta ligando esses indiví-

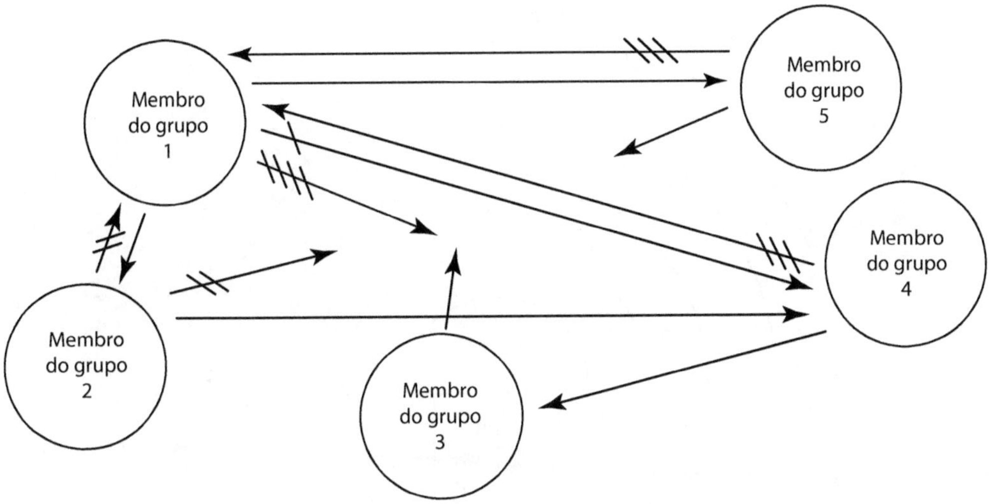

Figura 6.2 Ilustração de um sociograma.

duos. A ponta da seta indica a direção dos comentários ou a preferência. Comentários posteriores dirigidos à mesma pessoa são indicados por pequenos traços transversais na outra extremidade da seta. Se alguém dirigir um comentário ao grupo inteiro, a seta é traçada em direção ao centro do grupo.

Os sociogramas oferecem um modo de se identificar atração, preferência e interações entre os diversos membros do grupo. Também podem ser usados como medida da coesão do grupo, achando-se o número de pessoas mutuamente atraídas e dividindo-o pelo número de "atrações" possíveis. Quanto maior o quociente, mais coeso será o grupo.[27] É mais importante observar, no entanto, que essas preferências e padrões de interação podem mudar, especialmente à medida que os grupos evoluírem com o tempo. Assim, observações feitas em um estágio de desenvolvimento de certo grupo podem deixar de refletir as preferências e interações de seus integrantes em um estágio posterior.

Análise do processo de interação Outra abordagem à classificação dos comportamentos dos integrantes durante a atividade de grupo é a *análise do processo de interação*.[28] Esse método envolve a observação das interações que ocorrem entre os membros do grupo e a classificação desses comportamentos em papéis diferentes. Como mostra a Figura 6.3, há três categorias básicas que descrevem a área da tarefa, o apoio (positivo) ao grupo e o desvio (negativo) do grupo. O conjunto define seis "pares" de comportamentos opostos, primariamente ao longo da dimensão de dar–receber. Por exemplo, par "e" (comportamentos 2 e 11) descreve um tipo de comportamento ("dramatiza, faz gracejos, ri, mostra satisfação") e o oposto ("demonstra tensão, pede ajuda, afasta-se"). Com base nesses comportamentos distintos, é possível construir um sociograma registrando cada transação verbal e não verbal, descrevendo-a no que refere-se a doze categorias, e indicando a quem a transação foi dirigida e sua duração. Evidentemente, esse é um procedimento incômodo. Entretanto essa abordagem permite que o observador classifique precisamente os comportamentos e avalie até que ponto cada pessoa utiliza certo estilo ou conjunto de comportamentos. Com o advento da gravação em vídeo, não é mais tão necessário fazer uma grande quantidade de apontamentos como anteriormente, o que torna essa abordagem um método mais praticável para observar e analisar comportamento do grupo.

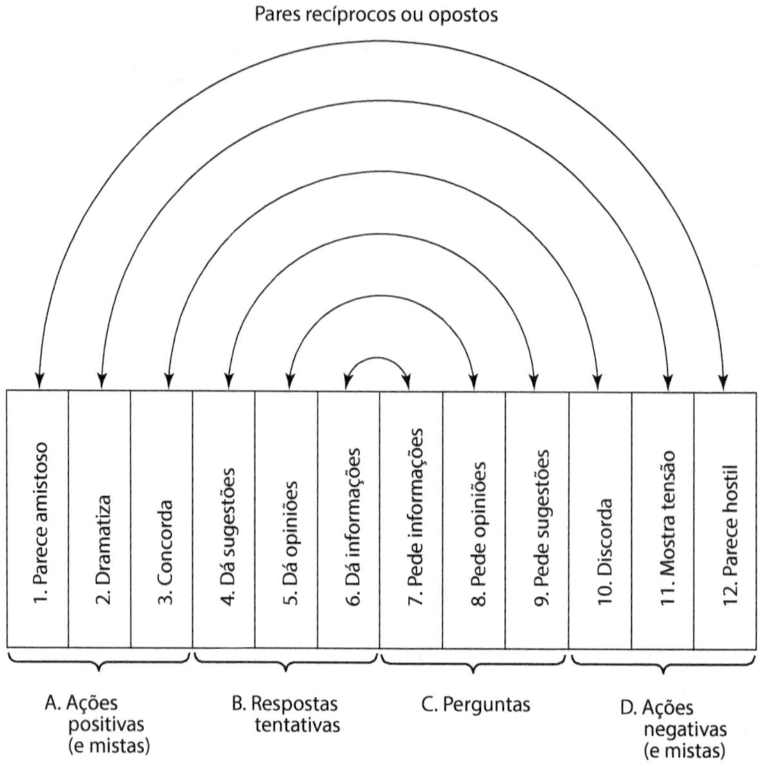

Figura 6.3 Categorias para a análise do processo de interação.

Fonte: Com base em: *Personality and Interpersonal Behavior*, por Robert F. Bales. Copyright 1970 by Holt, Rinehart and Winston, Inc.

Áreas para observação Uma versão simplificada do esquema de análise do processo de interação oferece aos observadores outro modelo, mais fácil de trabalhar, e perfeitamente aplicável a muitos casos.[29] Como mostra a Tabela 6.1, em vez de enfocar os comportamentos ou papéis específicos, essa abordagem examina os padrões e atributos básicos do processo grupal. Cada uma dessas áreas de observação, desde os processos de participação e tomada de decisões até a identificação das normas do grupo e sensações de seus integrantes, é traduzida em um conjunto de perguntas, que serve como guia para a observação e análise. Embora a lista nos seja completamente abrangente, ela oferece ao observador principiante uma ideia dos tipos de interações e atributos que podem ser observados nos grupos.

Embora essas diversas abordagens, sociogramas, análise do processo de interação e áreas de observação possam proporcionar aos gerentes uma indicação dos níveis de satisfação, coesão e eficácia de um grupo para melhorar seu desempenho é preciso dar *feedback* dessas informações ao grupo de forma que esse seja capaz de utilizá-las. Considerando que o *feedback* poderá resultar em comportamentos defensivos por parte dos integrantes do grupo, vale a pena refletir a respeito da abordagem do Capítulo 5 sobre comunicação defensiva e as diretrizes para *feedback* eficaz.

Tabela 6.1 O que observar em grupos

Áreas	Perguntas típicas
Participação	Quem participa muito? Qual é a natureza da sua participação? Quem não participa? Como são tratados os que não participam?
Influência	Os participantes são influentes? Há competição pela influência? Qual é o estilo da pessoa mais influente? Há um "redutor de conflitos"?
Processo de tomada de decisões	Como são tomadas as decisões? Antes de se tomar decisões, solicita-se a opinião das pessoas? As maiorias vencem as minorias?
Funções de tarefa	Alguém faz resumo dos processos? Alguém sugere ou pergunta por maneiras de continuar? Quem mantém o grupo na tarefa?
Funções de manutenção	Quem ajuda os outros a melhorar a comunicação? Qual é o processo de aceitação e rejeição de ideias?
Emoções	Que tipo de sinais não verbais indicam as emoções dos membros do grupo? As sensações negativas são manifestadas ou contidas?
Normas	Há algumas áreas relevantes que são evitadas? Os membros caem na armadilha do "pensamento grupal"? As pessoas são apenas bem-educadas umas com as outras? Evita-se o confronto?

Fonte: Adaptado de Leland P. Bradford, *Making Meetings Work: A Guide for Leaders and Group Members*, San Diego, CA: Copyright 1976. Pfeiffer & Co.

Uma teoria das reuniões

Embora o comportamento grupal tenha sido amplamente pesquisado, relativamente pouco esforço foi dedicado ao estudo de reuniões de grupos. Em nível genérico, as reuniões servem a uma multidão de propósitos das organizações, da tomada de decisões e discussão de problemas à solução de conflitos.[30] Em um nível mais amplo, entretanto, as reuniões podem ser vistas como muito mais do que simplesmente o comportamento grupal por si. As reuniões também podem ser analisadas como rituais, metáforas sociais e mantenedoras do *status quo*.

Os antropólogos culturais nos dizem que os *rituais* são importantes em razão do modo como ajudam a estruturar, interpretar e legitimizar as realidades que nos cercam.[31] Nesse sentido, as reuniões podem ser vistas como um mecanismo por meio do qual os membros do grupo interpretam a realidade social da organização. A pesquisa clássica de Mintzberg sobre a natureza do trabalho gerencial ressalta que as reuniões têm padrões previsíveis que incluem cerimonial, elaboração de estratégias e negociação.[32] Como tal, sugere-se que as reuniões sejam um microcosmo da organização inteira, no qual padrões da organização como um todo se reproduzem na reunião. A participatividade das reuniões, por exemplo, reflete tipicamente o ponto até onde a gerência participativa é praticada naquela organização. Nesse sentido, a reunião é um dos símbolos da organização; como um ritual organizacional, ela oferece meios para os indivíduos interpretarem e lidarem com as realidades da organização. De fato, algumas pessoas chegam a sugerir que, embora as organizações precisem de reuniões para atingirem suas metas e objetivos, muitas crises são criadas porque essas exigem reuniões, e a interação resultante entre os membros é uma das atividades subjacentes que sustenta as organizações ao longo do tempo.[33]

As reuniões também são consideradas *metáforas sociais*, no sentido de que elas oferecem oportunidades para as pessoas misturarem suas relações formais e informais, à medida que lidam com os problemas da organização. Conforme os integrantes do grupo atacam problemas específicos, seus estilos de expressão individual interagem na tentativa de seguir a agenda da reunião. Em muitos casos, contudo, essa interação gera uma situação metafórica e o verdadeiro "movimento" da agenda frequentemente se torna uma ilusão: uma porção considerável de tempo pode ser consumida em fazer pose, politicagem, tomar decisões de "não decidir" e assim por diante. O verdadeiro resultado da reunião acaba sendo pouco mais do que um fórum para que pessoas interajam entre si.

A terceira função de uma reunião é a de homeostasia ou *busca do equilíbrio*. Nesse sentido, embora a premissa para certa reunião possa ser a de realizar uma mudança organizacional, a reunião acaba reforçando a situação vigente. Como as reuniões frequentemente mantêm as mesmas ambiguidades da organização que se contava com os participantes para esclarecer, tipicamente, as reuniões apoiam o *status quo*. Quem é que nunca participou de uma reunião na qual uma decisão de "adiar a decisão" ou de "não decidir" foi tomada sobre uma questão, depois de todos os pontos de vista e as perspectivas divergentes terem sido expostos? Embora seja preciso mais pesquisa sobre o papel e a função das reuniões na vida da organização, a noção da reunião como um ritual, metáfora social e busca pelo equilíbrio oferece uma perspectiva interessante sobre os significados ocultos dessa forma de interação grupal.

RELAÇÕES INTERGRUPAIS

Um modo de pensar determinada organização é concebê-la como uma série de grupos inter-relacionados, operando nos vários níveis de uma hierarquia. De fato, um dos problemas de estudar grupos isoladamente é que se ignora o contexto mais amplo no qual os grupos operam. Para esse propósito, alguns pesquisadores sugerem que o estudo de todas as interações interpessoais, das relações em nível micro, individual àquelas em nível macro, grupal ou organizacional, seja feito com uma compreensão da afiliação maior que esses grupos apresentam.[34] Por exemplo, para compreender bem o comportamento e o desempenho de um departamento de marketing em uma organização específica, precisamos conhecer as suas interações com os diversos outros departamentos na própria organização, bem como as interações entre a organização e as outras empresas do seu ambiente. Sempre que houver uma interação entre dois grupos, forma-se uma interface, a qual cria um novo contexto no qual os grupos precisam ser compreendidos. No restante deste capítulo, estudaremos as relações *intergrupais*. As relações *interorganizacionais* serão vistas no Capítulo 9.

Um fator importante para alcançar as metas organizacionais é a extensão em que os grupos, tanto formais como informais, veem suas metas como congruentes com as da organização. Essa percepção da congruência de metas é uma das bases para a cooperação e a colaboração. Evidentemente, quanto maior for o número desses diversos grupos em uma organização, mais difícil poderá ser o desenvolvimento de uma sensação de metas compartilhadas. Esse problema varia, entretanto, em virtude do padrão de *interdependência* entre os grupos (ou seja, até que ponto um ato ou mudança em determinado grupo afeta outro).

Thompson identificou três tipos dessa interdependência: conjunta, sequencial e recíproca.[35] A *interdependência conjunta* descreve uma situação em que dois ou mais grupos funcionam paralelamente, executando o mesmo conjunto de tarefas e sendo coordenados por um grupo superior. Exemplo disso seria um banco, com uma matriz e diversas agências. Essa interdependência conjunta apresenta pouca probabilidade de conflito, já que as áreas geográficas servidas pelas agências são diferentes e a interação intergrupal é, em sua maior parte, por meio da organização inteira. A *interdependência sequencial* refere-se a uma situação na qual um grupo precisa concluir uma tarefa antes que outro possa iniciar a sua tarefa. Um subconjunto, como um motor, precisa estar terminado antes que se possa montar um carro ou caminhão. O grupo de produção de motores precisa terminar o seu trabalho antes que o grupo de montagem de veículos possa fazer o seu. Como isso exige maior coordenação e planejamento, há uma probabilidade maior de que ocorram conflitos. Finalmente, a *interdependência recíproca* refere-se a uma situação na qual o trabalho feito por um grupo é necessário para manter a continuidade do trabalho de outro, e esse processo tem efeito de *feedback* sobre o primeiro grupo. Isso pode ser imaginado no que refere-se à interdependência mútua entre os grupos envolvidos. Cada grupo influencia e é influenciado pelos demais. Um exemplo é o processo de inovação de produtos, no qual se envolvem pesquisa e desenvolvimento, produção, suprimentos e marketing para modificar o produto. Considerando-se os altos níveis de interação e colaboração necessários, esse tipo de interação tem probabilidade máxima de conflito, uma vez que a coordenação pode ser difícil. Assim, pode surgir o conflito entre grupos se essas interdependências não forem administradas.

Conflito intergrupal

O conflito intergrupal refere-se a divergências ou discordâncias entre os membros ou representantes de dois ou mais grupos, quanto a autoridade, metas, territórios ou recursos.[36] O conflito pode ocorrer devido a uma série de razões: disputa de papéis, escassez de recursos, mal-entendidos, diferenciação de tarefas, e orientações diferentes em relação a tempo, estrutura e relações interpessoais. Alguns dos exemplos clássicos desses conflitos são os que ocorrem entre linha e *staff*, produção e marketing, produção e manutenção e assim por diante.

Entretanto, o conflito entre grupos não é necessariamente disfuncional ou "ruim". Na verdade, a falta de qualquer conflito pode ser indício da exclusão sistemática de certas informações, ou de "pensamento grupal". O conflito pode levar a ideias sobre novas abordagens aos processos organizacionais, o aparecimento de problemas antigos que podem ser resolvidos, a oportunidade para pessoas colocarem à prova suas capacidades, e ao interesse e criatividade ao lidar com problemas da organização. Esse conflito se torna "negativo" quando as pessoas começam a se sentir derrotadas, quando se desenvolve um clima de desconfiança e suspeita, quando a resistência passa a ser a norma e a cooperação passa a ser a exceção, e quando as pessoas se põem na defensiva. Assim, para entender o conflito entre grupos, é preciso examinar sua dinâmica subjacente e seus níveis.

Um modo de conceitualizar o conflito intergrupal é analisar o seu processo causal.[37] Primeiro, há *condições preliminares* que criam potencial para o conflito, como a escassez de recursos. Isso pode levar a certas sensações ou *estados emocionais* (frustração, tensão, estresse), que são projetados nos outros grupos da organização. Essas emoções são então externadas por meio de diversos *comportamentos*, que vão da resistência passiva, não verbal, até atos declaradamente agressivos. Quanto maior e mais intenso for esse processo, maior será a probabilidade de o conflito em questão ser disfuncional à organização.

O conflito também ocorre em diversos níveis: latente, percebido, sentido, manifestado e o desfecho. O *conflito latente* refere-se à fonte do conflito, tal como conflito de papéis ou competição por recursos escassos. A suposição é que, devido a certas condições anteriores, o conflito "deveria" ocorrer. O *conflito percebido* é a conclusão de que há um conflito, porém nenhuma das partes se incomoda com isso. O conflito percebido pode acompanhar o conflito latente ou ocorrer sem ele. Por exemplo, se houver uma questão sobre qual entre dois departamentos terá vagas abertas para novos funcionários, mas nenhum deles estiver preocupado com o possível resultado final, esse seria um caso de conflito percebido. O *conflito sentido*, por sua vez, poderia ocorrer na mesma situação se as pessoas nesses departamentos estivessem aborrecidas com essa situação, mas não fizessem nada a respeito. Os resultados do conflito sentido costumam ser a tensão e o estresse.

O *conflito manifestado* é o nível seguinte, e geralmente é aquele que imaginamos, quando pensamos em conflitos. A diferença entre o conflito sentido e o manifestado é que o segundo envolve comportamentos declaradamente agressivos. A agressão explícita pode variar desde a resistência passiva branda, passando pela sabotagem, até o conflito físico real. Finalmente, há *desfecho do conflito*, ou resultado, que, se o conflito tiver sido efetivamente solucionado, pode levar a uma satisfação maior entre os participantes, em um clima mais harmonioso. Se o conflito não tiver sido resolvido, o que pode parecer uma solução satisfatória poderá ser apenas um dos níveis anteriores de conflito.

A administração do conflito intergrupal

Até certo ponto, os conflitos entre grupos nas organizações são algo inevitável. Em virtude da diferenciação que existe nas organizações complexas da atualidade, a integração e a coordenação de diversos grupos pode ser difícil. Assim, em vez de pensarmos no sentido de resolver ou eliminar totalmente esses conflitos, podemos examinar diversas maneiras em que os grupos lidam com tais conflitos.

Como mostra a Figura 6.4, há duas dimensões subjacentes às intenções dos grupos envolvidos em uma situação de conflito: (1) a *cooperatividade* (disposição para satisfazer aos desejos do outro grupo); e a (2) *assertividade* (tentativa de satisfazer os desejos do próprio grupo).[38] Essas duas dimensões se refletem nos cinco modos de lidar com conflitos:

1. *Evitar*: uma abordagem não assertiva e não cooperativa, na qual ambos os grupos negligenciam as preocupações envolvidas, desviando-se da questão ou adiando o conflito, optando por não tratar de resolvê-lo.
2. *Competir*: um modo dissertivo, não cooperativo, no qual cada grupo tenta atingir suas próprias metas à custa do outro, por meio de discussão, uso da autoridade, ameaças ou mesmo força física.
3. *Acomodar*: uma posição não assertiva, cooperativa, na qual um grupo procura resolver os problemas do outro, negligenciando suas próprias preocupações ou metas.

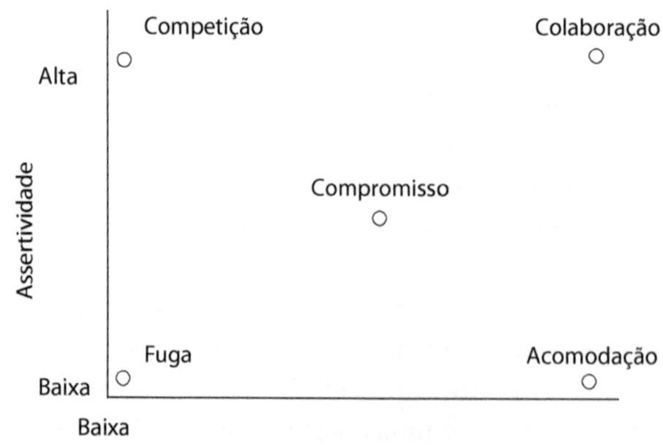

Figura 6.4 Modelo bidimensional das maneiras de se lidar com o conflito.

Fonte: Adaptado de T. Ruble e K. Thomas, "Support for a Two-Dimensional Modelo of Conflict Behavior", Organizational Behavior and Human Performance 16 (1976): 145.

4. *Comprometer-se*: uma abordagem intermediária, na qual se busca uma satisfação parcial por meio de uma posição neutra, que envolva sacrifício mútuo. Essa situação é, assim, intermediária entre a assertividade e a cooperatividade, porque cada grupo faz algumas concessões, mas também recebe algumas concessões do outro.
5. *Colaborar*: um modo assertivo e cooperativo de atender aos anseios de ambos os grupos. Essa satisfação mútua envolve a concordância em se enfrentar o conflito, identificar as preocupações de cada um dos grupos e solucionar problemas para encontrar alternativas que satisfaçam a ambos.

Cada um desses modos é usado em ocasiões diferentes, e a adequação do estilo depende da natureza da situação. Se o conflito for relativamente pequeno, por exemplo, evitá-lo ou acomodar as preocupações do outro grupo pode ser a melhor alternativa para os interesses das partes envolvidas. Em outras situações, nas quais a ação rápida e decisiva for vital, e quando o seu grupo estiver conscientemente "certo", competir parece ser o mais adequado. Para situações mais importantes, nas quais as preocupações dos grupos envolvidos sejam fundamentais para comprometer, a colaboração seria o ideal. Isso pode levar a um conhecimento mais profundo, um compromisso mais sólido e uma visão mais clara dos diferentes pontos de vista.[39] O importante é que o conflito entre grupos deve ser visto como um processo natural, que surge a partir da atividade cotidiana de grupos em organizações, e que pode ser resolvido de diversos modos diferentes.

Consequências do conflito intergrupal e da competição

Nossa cultura, tradicionalmente, tem visto o conflito como algo disfuncional (ou "ruim") e a harmonia entre os grupos como algo funcional (ou "bom"). Entretanto, como já dissemos, há tanto consequências disfuncionais por nunca ter tido conflitos, ou de se tê-los suprimido, quanto consequências disfuncionais por ter tido conflitos. Às vezes podem haver simultaneamente consequências funcionais e disfuncionais wde conflitos. Um exemplo seria o debate permanente entre a indústria automobilística e o governo sobre poluição e normas de segurança. Alguns dos benefícios (aspectos funcionais) desse conflito são carros mais seguros e motores mais eficientes. Um dos custos (disfunções sistêmicas) tem sido um meio de transporte muito mais caro, devido às necessidades de pesquisa e desenvolvimento sobre segurança e controle da poluição. Assim, o resultado ou consequência desse processo de conflito têm custos e benefícios para os grupos envolvidos, que podem ser compartilhados por eles mediante compromisso, ou reduzidos por meio de uma exploração inovadora de dispositivos ou soluções para problemas de segurança e controle da poluição.

Entretanto, quando um conflito desses for tratado principalmente pela competição, os resultados para os grupos envolvidos podem não só reduzir o potencial para cooperação e colaboração no futuro, mas também alterar a dinâmica dos comportamentos inter e intragrupais. Na verdade, há vários fenômenos observáveis que ocorrem entre e em grupos concorrentes, e entre grupos ganhadores e perdedores. A Tabela 6.2 faz um resumo das diversas coisas que acontecem aos grupos em competição. Se um grupo se vê como perdedor, ele pode começar a assumir as características dos grupos perdedores. Essa tendência, contudo, depende mais da autopercepção de um grupo sobre como está se saindo do que a verdade sobre se está ganhando ou perdendo.

A Tabela 6.2 sugere enfaticamente que as consequências em longo prazo de uma competição permanente entre grupos em certa organização pode ser mais nociva do que benéfica. Embora possa ser desejável ter grupos competindo entre si (por exemplo, concursos de vendas

Tabela 6.2 Consequências observáveis da competição intergrupal

Em grupos concorrentes	Entre grupos concorrentes
1. Os grupos se tornam mais coesos.	1. Cada grupo percebe o outro como um inimigo, não como um grupo neutro.
2. As normas do grupo tendem a exigir mais lealdade de seus membros; a dissidência não é tolerada.	2. Cada grupo vê o melhor em si e o pior nos outros grupos: ocorrem o "pensamento grupal" e outros estereótipos negativos.
3. O clima no grupo se torna muito empresarial: as necessidades de trabalho aumentam e as necessidades sociais são abandonadas.	3. A hostilidade aumenta, ao passo que a comunicação diminui.
4. Os membros do grupo toleram uma liderança mais autocrática, voltada para o trabalho, em contraste com uma liderança democrática.	4. Quando os grupos concorrentes são forçados a interagir, os membros de cada grupo prestam atenção ao próprio porta-voz, mas não ao dos outros.
5. A estrutura do grupo se torna aparente, os papéis são mais formais.	
Em grupos vencedores	**Em grupos derrotados**
1. Os grupos se tornam ainda mais coesos.	1. Os grupos encontram maneiras de pôr a culpa nos outros, na situação, no arbítrio e assim por diante.
2. Nesse momento, as necessidades sociais recebem atenção; os membros se tornam mais brincalhões e mais relaxados.	2. Tendência a rusgas; afloram conflitos interpessoais pendentes sobre estratégia, o que leva à derrota e assim por diante.
3. Grande cooperação intragrupal, pouco interesse pelo trabalho.	3. Se o grupo não estiver completamente desmoralizado, ele tende a trabalhar mais, a aprender as regras, a se politizar.
4. Os membros do grupo acham que os seus estereótipos sobre si mesmos e os outros foram confirmados: eles são "bons" e os outros são "maus".	4. Inicialmente, os membros do grupo tendem a baixos níveis de cooperação intragrupal e preocupação com as necessidades de seus colegas, preocupando-se principalmente em trabalhar com mais afinco.
	5. Os membros do grupo aprendem sobre si mesmos, ao verem sua autoimagem desmentida pela derrota, é provável que os perdedores se reagrupem e se tornem mais eficazes se a derrota for aceita de maneira realista.

Fonte: Adaptado de Edgar Schein, *Organizational Psychology* (Englewood Cliffs: Prentice-Hall, 1980), p. 172-76.

entre diversas filiais), as tensões, distorções perceptivas e estereótipos negativos decorrentes poderão precipitar uma série de problemas organizacionais. Há, porém, diversas formas de minimizar a concorrência disfuncional:[40] o uso de contatos ou elementos de ligação para coordenar as atividades dos grupos; a *sobreposição de afiliações a grupos*, que pode desenvolver a devida apreciação pelos problemas do outro grupo; *reuniões conjuntas* ou forças-tarefa; localização de um *inimigo comum* externo à organização, que possa mudar as consequências da concorrência intergrupal de dentro da organização para entre organizações diferentes; e o desenvolvimento de *metas superiores* que exijam um esforço colaborativo.

Desempenho e eficácia do grupo de trabalho

Visto que a maior parte do trabalho é executada em um contexto de grupo (por exemplo, comitês, grupos-tarefa, departamentos e assim por diante), o nosso exame da dinâmica intergrupal precisa ser ampliado para cobrir questões relativas ao desempenho e à eficácia desses grupos. Embora a ideia de eficácia do grupo, de modo geral, se refira aos resultados finais do desempenho do grupo, há diversos modelos que tratam desde resultados específicos, tais como produtividade do grupo, satisfação dos seus integrantes, quantidade de aprendizado e desenvolvimento individual e a capacidade do grupo de sobreviver ao longo do tempo, até a eficácia global em literalmente tudo o que o grupo faz.[41] Outros paradigmas enfatizam a interação e o *feedback* entre essas variáveis, e o papel do grupo no ambiente da organização (veja o Capítulo 8).

Também se sugere que a missão de um grupo (complexidade, interdependência, previsibilidade, padronização) e a tecnologia (em cadeia longa, mediadora, intensiva) seja a chave para a compreensão do funcionamento e da interação entre grupos.[42] Como tipos distintos de situações de trabalho têm conjuntos diferentes de dimensões tecnológicas, o modo como um grupo em particular funcionará pode variar consideravelmente. Por exemplo, *tecnologias intensivas*, tais como um hospital que ofereça uma grande variedade de especialidades médicas, são caracterizadas por interação contínua e adaptação mútua entre os membros do grupo e entre membros de grupos diferentes (interdependência recíproca). Uma *tecnologia mediadora*, em contrapartida, proporciona produtos ou serviços que ligam clientes do ambiente externo. Como resultado, cada grupo tende a trabalhar independentemente dos demais, como no caso de corretoras de imóveis, que intermedeiam compradores e vendedores, departamentos autônomos em uma organização maior (interdependência reunida). Finalmente, a *tecnologia de cadeia longa*, que combina fases sucessivas de produção, leva a interações estruturadas entre grupos, visto que o resultado (*output*) de um grupo é a matéria-prima (*input*) de outro (interdependência sequencial). Além disso, a natureza do próprio trabalho influencia o modo de operar do grupo. Por exemplo, em trabalhos de grande *complexidade técnica* (nível de automatização e previsibilidade), a maior parte é executada por máquinas, em trabalhos de pouca complexidade técnica, os membros da organização desempenham um papel maior no processo produtivo. Da mesma forma, alguns trabalhos são mais padronizados que outros, com poucas exceções na maneira com que devem ser realizados.[43] Essas dimensões diferentes do trabalho e da tecnologia influenciam diretamente a forma como um grupo executa o seu trabalho.

Outra forma de visualizar o desempenho e a eficácia do trabalho em grupo é baseada nos conceitos e normas da coesão. Embora se considere que grupos altamente coesos tipicamente atinjam altos níveis de produtividade, estudos empíricos encontraram resultados contraditórios. Como consequência, foram feitas tentativas para integrar a coesão do grupo e a produtividade pelos conceitos de (1) *coesão* no que refere-se a compromisso dos membros para com a tarefa o grupo, e (2) *compromisso* como a força que prende o indivíduo aos seus atos comportamentais. De modo análogo, são necessárias mais pesquisas sobre a relação entre as normas do grupo e a produtividade, visto que as normas podem variar em diversas dimensões: (1) aquelas que tratam do processo de produção ou prestação de serviços; (2) aquelas relativas às disposições sociais informais; e (3) aquelas que se referem à alocação de recursos.[44]

RESUMO

Os grupos constituem uma parte importante do campo do comportamento organizacional. Neste capítulo, examinamos diversos tipos de grupos, alguns de seus processos e atributos básicos, e como eles podem ser observados e analisados. No aspecto das interações entre grupos, observamos os diversos níveis e tipos de interdependência e conflito, como esse conflito pode ser gerenciado e alguns dos resultados ou consequências do conflito e da competição intergrupal. A importância e as implicações dos grupos para os gerentes é clara. Nas organizações complexas da atualidade, uma empresa eficaz requer a interação eficiente e eficaz de diversos grupos por toda sua hierarquia. Considerando-se que virtualmente todas as nossas atividades acontecem em um contexto grupal, uma compreensão ampla dos grupos e suas dinâmicas é uma parte essencial da formação gerencial.

NOTAS

1. Robert E. Park e Ernest W. Burgess. *Introduction to the Science of Sociology* (Chicago: University of Chicago Press, 1970), p. 47-51. Publicado originalmente em 1921, esse livro contém uma boa visão geral das bases da sociologia e suas implicações para indivíduos, grupos e a sociedade.
2. Veja M. Knowles e H. Knowles. *Introduction to Group Dynamics*, rev. ed. (Nova York: Association Press, 1972). Para uma discussão básica da dinâmica de grupo, veja também S. L. Tubbs. *A Systems Approach to Small Group Interaction*, 3. ed. (Nova York: Random House, 1988).
3. Veja Park e Burgess, *Science of Sociology*, p. 30-33.
4. George Homans. *Social Behavior: Its Elementary Forms* (Nova York: Harcourt, Brace & World, 1961).
5. A. Van De Ven e A. Delbecq. "The Effectiveness of Delphi and Interacting Group Decision Making Process". *Academy of Management Journal* 17, n. 4 (1974): 605-21.
6. Adaptado de Edgar F. Huse e James L. Bowditch. *Behavior in Organizations: A Systems Approach to Managing* (Reading, Mass: Addison-Wesley, 1977), p. 183-87.
7. Para uma boa discussão breve sobre questões de *status* nos Estados Unidos, veja D. Yankelovich, "Who Gets Ahead in America". *Psychology Today* (julho 1979); para um tratado mais extenso, veja C. Jenks. *Who Gets Ahead: The Determinants of Economic Success in America* (Nova York: Basic Books: 1979).
8. Veja R. L. Kahn, E. M. Wolfe, R. P. Quinn, J. D. Snoek, e R. A. Rosenthal. *Organizational Stress Studies in Role Conflict and Ambiguity* (Nova York: Wiley, 1964); e S. Lieberman. "The Effects of Changes in Roles on the Attitudes of Role Incumbents". *Human Relations* 9 (1956): 385-402.
9. Veja um bom exemplo do efeito das normas do grupo no desempenho de seus integrantes em F. J. Roethlisberger e W. J. Dickson. *Management and the Worker* (Cambridge: Harvard University Press, 1939), p. 387 ss.; esta seção também foi extraída de Edgar Schein. "Organizational Socialization and the Profession of Management". In: D. A. Kolb, I. M. Rubin, e J. McIntyre (Eds.). *Organizational Psychology: A Book of Readings* (Englewood Cliffs: Prentice-Hall, 1971).
10. Veja C. R. Shepard. *Small Groups* (San Francisco: Chandler, 1954); e L. Festinger, S. Schacter, e K. Baek. *Social Pressure in Informal Groups* (Nova York: Harper & Row, 1959). Esta seção também foi extraída de A. D. Szilagyi e M. J. Wallace. *Organizational Behavior and Performance* (Glenview, Ill.: Scott, Foresman, 1980), p. 221-22; D. A. Cartwright. "The Nature of Group Cohesiveness". In: D. A. Cartwright e A. Zander (Eds.). *Group Dynamics* (Nova York: Harper & Row, 1968).
11. Veja I. Janis. *Victims of Groupthink* (Boston: Houghton Miffin, 1972).
12. Veja C. R. Leana. "A Partial Test of Janis' Groupthink Model: Effects of Group Cohesiveness and Leader Behavior on Defective Decision Making". *Journal of Management* 11 (1985): 5-17; e P. L. Bouvier. "The Emperor's New Clothes: Management Texts, Management Education and Misinformation". In: J. A. Pearce e R. B. Robinson, Jr. (Eds.) *Academy of Management Procedings '84* (Academy of Management, 1984), p. 116-120.
13. Esta seção foi baseada em N. Kogan e M. A. Wallach. "Risk Taking as a Function of the Situation, the Person, and the Group". In: *New Directions in Psychology III* (Nova York: Holt, Rinehart & Winston, 1967); A. Vinokaur. "Distribution of Initial Risk Levels and Group Decisions Involving Risk". *Journal of Personality and Social Psychology* 13 (1969); 207-14; e R. D. Clark III e E. P. Willems. "Where is the Risky Shift? Dependence on Instructions". *Journal of Personality and Social Psychology* 13 (1969): 215-21.
14. R. F. Bordley. "A Baysian Model of Group Polarization". *Organizational Behavior and Human Performance* 32 (1983): 262-274; e A. Vinokur e E. Burnstein. "Effects of Partially Shared Persuasive Arguments on Group Induced Shifts". *Journal of Personality and Social Psychology* 29 (1974): 305-315.
15. Veja Tubbs. *A Systems Approach to Small Group Interaction*, p. 338-339; J. E. McGrath e D. A. Kravitz. "Group Research". *Annual Review of Psychology* 33 (1982): 195-230.

16. Veja S. Robbins. *Organizational Behavior: Concepts, Controversies, and Applications* (Englewood Cliffs: Prentice-Hall, 1983), p. 246.
17. B. Tuckman. "Developmental Sequence in Small Groups". *Psychological Bulletin* 63, n. 6 (1965): 384-99.
18. Esta seção foi baseada em Schein. "Organizational Socialization and the Profession of Management"; e D. C. Feldman. "The Multiple Socialization of Organizational Members". *Academy of Management Review* 6 (1981): 309-18.
19. A discussão que se segue foi extraída de R. T. Pascale. "The Paradox of 'Corporate Culture': Reconciling Ourselves to Socialization". *California Management Review* 27, n. 2 (1985): 26-41.
20. Veja J. P. Wanous. *Organizational Entry: Recruitment, Selection and Socialization of Newcomers* (Reading, MA: Addison-Wesley, 1980).
21. Veja R. M. Guion & W. M. Gibson. "Personnel Selection and Placement". *Annual Review of Psychology* 36 (1985): 573-611.
22. S. L. Premack & J. P. Wanous. "A Meta-Analysis of Realistic Job Preview Experiments". *Journal of Applied Psychology* 70 (1985): 706-719; também J. A. Breaugh. "Realistic Job Previews: A Critical Appraisal and Future Research Directions". *Academy of Management Review* 8, n. 4 (1983): 612-619.
23. Veja G. R. Jones, "Psychological Orientation and the Process of Organizational Socialization: An Interactionist Perspective". *Academy of Management Review* 8, n. 3 (1983): 464-474; M. R. Louis, B. Z. Posner; G. N. Powell. "The Avaliability and Helpfulness of Socialization Practices". *Personnel Psychology* 36 (1983): 857-881; e D. C. Feldman & J. M. Brett. "Coping with New Jobs: A Comparative Study of New Hires and Job Changers". *Academy of Management Journal* 26 (1983): 258-272. Para uma boa revisão, veja B. Schneider. "Organizational Behavior". *Annual Review of Psychology* 36 (1985): 573-611.
24. Veja R. Presthus. *The Organizational Society* (Nova York: St. Martin's Press, 1978). Veja também H. Tosi. *Theories of Organizations* (Nova York: Wiley, 1983).
25. K. D. Benne e P. Sheats. "Functional Roles of Group Members". *Journal of Social Issues* 4 (1948): 41-49.
26. J. L. Moreno. "Contributions of Sociometry to Research Methodology in Sociology". *Sociological Review* 12 (1947): 287-92.
27. Veja J. L. Moreno. *Who Shall Survive?* (Beacon, N. Y.: Beacon House, 1953); e G. Murphy, L. B. Murphy, e T. M. Newcomb. *Experimental Social Psychology* (Nova York: Harper, 1939), p. 306-20.
28. R. F. Bales. *Interaction Process Analysis* (Reading, Mass.: Addison-Wesley, 1950).
29. Veja a discussão completa dessa categoria de observação em P. G. Hanson. "What to Look for in Groups" In: L. P. Bradford. *Making Meetings Work* (La Jolla: University Assoc., 1976), p. 104-07.
30. Essa discussão foi extensamente baseada em H. B. Schwartzman. "The Meeting as a Neglected Social From in Organizational Studies". In: L L. Cummings e B. M. Staw (Eds.). *Research in Behavior in Organizations*, v. 8 (Greenwich, CT: JAI Press, 1986), p. 233-258.
31. Veja S. F. Moore e B. Meyerhoff (Eds.). *Secular Ritual* (Amsterdam: Van Gorcum, 1977).
32. H. Mintzberg. *The Nature of Managerial Work* (Nova York: Harper & Row, 1973), p. 42.
33. Schwartzman. "Meeting as a Neglected Social Form", p. 250.
34. C. P. Alderfer. "An Intergroup Perspective on Group Dynamics". In: J. Lorsch (Ed.). *Handbook of Organizational Behavior* (Englewood Cliffs: Prentice Hall, 1983), p. 190-222; veja também L. D. Brown. *Managing Conflict at Organizational Interfaces* (Reading, MA: Addison-Wesley, 1983).
35. J. Thompson. *Organizations in Action* (Nova York: McGraw-Hill, 1967).
36. Veja A. Rahim e T. V. Bonoma. "Managing Organizational Conflict: A Model for Diagnosis and Intervention". *Psychological Reports* 44 (1979): 1323-44.
37. Louis R. Pondy. "Organizational Conflict: Concepts and Models". *Administrative Science Quarterly* 12, n. 2 (1967): 296-320.
38. Veja K. Thomas. "Conflict and Conflict Management". In: M. D. Dunnette (Ed.). *Handbook of Industrial and Organizational Psychology* (Chicago: Rand McNally, 1976); e T. Ruble e K. W. Thomas. "Support for a Two-Dimensional Model of Conflict Behavior". *Organizational Behavior and Human Performance* 16 (1976): 143-55.
39. Veja K. W. Thomas. "Toward Multi-Dimensional Values in Teaching: The Example of Conflict Behaviors". *Academy of Management Review* 2 (1977): 484-90.
40. Veja M. Serif, O. H. Harvey, B. J. White, W. R. Hood e C. Sherif. *Intergroup Conflict and Cooperation: The Robbers' Cave Experiment.* (Norman, OK: University Book Exchange, 1961); R. R. Blake e J. S. Mouton. "Reactions to Intergroup Competition Under Win-Lose Conditions". *Management Science* 7 (1961): 420-435; Edgar Schein. *Organizacional Psychology* (Englewood Cliffs: Prentice-Hall, 1980), p. 176-79; e A. R. Cohen, S. L. Fink, H. Gadon, e R. D. Willits. *Effective Behavior in Organizations* (Homewood, IL: Richard D. Irwin, 1980), p. 310-15.
41. Esta discussão foi extraída de P. S. Goodman, E. Ravlin, e M. Schminke, "Understanding Groups in Organizations". In: L. L. Cummings e B. M. Staw (Eds.), *Research in Organizational Behavior*, v. 9 (Greenwich, CT: JAI Press, 1987); p. 121-173; J. R. Hackman e G. R. Oldham. *Work Redesign* (Reading, MA: Addison-Wesley,

1980); e P. S. Goodman. "Impact of Task and Technology on Group Performance". In: P. S. Goodman (Ed.). *Designing Effective Work Groups* (San Francisco: Jossey-Bass, 1986), p. 120-167.

42. Goodman, Ravlin e Schminke. "Understanding Groups", p. 140; também Thompson, *Organizations in Action.*
43. Veja Joan Woodward. *Industrial Organization: Theory and Practice* (Londres: Oxford University Press, 1965).
44. Goodman, Ravlin e Schminke. "Understanding Groups", p. 158-160.

capítulo 7

Liderança e o gerente

A liderança tem sido o tema de pesquisas importantes nos campos da psicologia social e do comportamento organizacional desde a década de 1930. Embora houvesse muitos livros e artigos ilustrando a "boa" liderança antes desse período, tais obras eram, principalmente, teorias filosóficas ou sugestões com poucos ou nenhum dado para sustentar seus pontos de vista. Com o passar do tempo, a pesquisa e a literatura sobre a liderança organizacional evoluíram, de teorias que descreviam traços e características pessoais dos líderes eficazes, passando por uma abordagem funcional básica que esboçava o que líderes eficazes deveriam fazer, e chegando a uma abordagem situacional ou contingencial, que propõe um estilo mais flexível e adaptativo para a liderança eficaz. No entanto, nos últimos anos, boa parte dessas pesquisas e obras escritas tem sido criticada por ser de escopo muito restrito, mais preocupada com a explicação dos comportamentos de líderes face a face com seus subordinados, em vez de examinar os líderes no contexto maior de suas organizações, prestando pouca atenção ao papel da liderança organizacional no que refere-se ao tratamento da mudança ambiental. Além disso, outras pesquisas empíricas sugeriram enfaticamente que a liderança, como tradicionalmente foi definida, é apenas uma pequena parte do papel gerencial e que essa falta de amplitude ou perspectiva nas pesquisas sobre a liderança pode ajudar a explicar boa parte das inconsistências encontradas nos resultados assim obtidos.[1]

Este capítulo enfoca as pesquisas sobre liderança. Seu principal objetivo é separar os diversos pontos de vista que foram utilizados para examinar a liderança e posicionar o conceito de liderança no contexto da administração das organizações modernas. Como uma parte considerável dos trabalhos atualmente existentes sobre liderança são tentativas de tornar a liderança mais útil para os profissionais ou oferecer recomendações para futuros gerentes, este capítulo integra as teorias sobre o que os gerentes e líderes *deveriam fazer* e pesquisas sobre o que eles *realmente fazem* em suas organizações.

O capítulo começa com a definição de liderança e a análise do conceito de poder como variável, tanto independente como dependente. Em seguida, apresenta um retrospecto histórico das diversas abordagens ao estudo da liderança, começando pelas de características ou traços da liderança, passando pelo comportamento pessoal e estilo de liderança e chegando às teorias situacional e contingencial. Entre os desenvolvimentos mais recentes da teoria e da pesquisa sobre liderança, este capítulo examina brevemente o modelo caminho-meta (intimamente relacionado à teoria VIE da motivação), dois modelos situacionais (a teoria do ciclo de vida da eficácia de um líder e um esquema de árvore de decisões) e as implicações da teoria da atribuição para a liderança. O capítulo é finalizado com o estudo da liderança no contexto dos outros papéis desempenhados.

LIDERANÇA E PODER

Embora os termos líder e liderança sejam frequentemente usados na literatura sobre comportamento organizacional, bem como na conversa do dia a dia, em muitos casos há uma quantidade razoável de mal-entendidos sobre o seu verdadeiro significado. Assim, é preciso contar com um entendimento comum sobre a noção de liderança. Embora haja um grande número de definições para o termo, a liderança pode ser considerada um *processo de influência*, geralmente de uma pessoa, por meio do qual um indivíduo ou grupo é orientado para o estabelecimento e atingimento de metas. Há, evidentemente, uma série de maneiras diferentes como isso pode ser conseguido: há diversos tipos de liderança, vários deles podendo operar simultaneamente; os grupos frequentemente têm objetivos múltiplos, que podem ser tratados por diversos líderes e assim por diante. A chave, porém, é o tema subjacente a todas as definições de liderança: (1) a liderança é uma relação entre pessoas em meio às quais a influência e o poder foram distribuídos de maneira desigual em uma base legítima (contratual ou consensual); e (2) a liderança não ocorre no isolamento (ou seja, não há líderes sem seguidores).[2]

Poder e autoridade

Como sugerimos antes, as questões de poder e autoridade estão diretamente ligadas ao conceito de liderança. *Poder* é a capacidade de influenciar diversos resultados. Se ele for sancionado formalmente por uma organização (contratual) ou informalmente apoiado por indivíduos ou grupos (consensual), será descrito como poder *legítimo*. A *autoridade* refere-se a situações em que uma pessoa (ou um grupo) recebeu formalmente uma posição de liderança. Nesse contexto, o poder *executivo* ou gerencial é muitas vezes distinguido do poder "simples" por seu enfoque exclusivo. Ele refere-se ao poder dirigido para a criação e manutenção de uma organização ativa e na direção da transformação dessa organização no seu potencial máximo. Portanto, o poder executivo consiste em compreender o que a organização é, visualizar o que ela pode ou deve se tornar e iniciar os processos que percorram o caminho entre os ideais da organização e a realidade.[3]

Embora o indivíduo possa receber a posição formal, isso não implica necessariamente que ele vá ser eficaz ao "liderar" outros ou ao exercer influência sobre eles.[4] Essa distinção é frequentemente citada em termos da diferença entre líderes nomeados e naturais. *Líderes nomeados* refere-se àqueles indivíduos que ocupam um papel organizacional específico, tais como executivo, gerente, supervisor e assim por diante. A descrição de cargo desse papel dá ao indivíduo a autoridade de executar certas tarefas organizacionais. Em muitos casos, entretanto, outras pessoas são definidas como líderes pelos demais membros do grupo ou da organização. Esses *líderes naturais* podem não ter o papel formal nem a autoridade da posição do líder nomeado, mas recebem poder dos demais membros da organização devido à sua capacidade de conseguir a realização da tarefa ou a manutenção da rede social do grupo.[5]

Tipos de poder Embora as lideranças nomeada e natural, especificamente em um grupo ou organização, possam estar nas mãos de um mesmo indivíduo, frequentemente são assumidas por pessoas diferentes, com fontes diferentes de poder.[6] Como vimos anteriormente, a forma mais comum de poder para líderes nomeados é o poder da *posição* ou da autoridade formal. Essa forma de poder é impessoal e não se baseia nas características do indivíduo. Líderes nomeados também podem utilizar os sistemas de recompensa formais da organização (por exemplo, promoções, aumentos de mérito) ou punições (por exemplo, ameaça de demissão) para influenciar as pessoas a fazer certas coisas. Essas bases de poder são respectivamente chamadas *poder de recompensa* e de *coerção*. Embora os líderes naturais também tenham controle sobre algumas recompensas (por exemplo, respeito e estima) e punições (por exemplo, reprovação social), seu poder é baseado mais nas características pessoais que nas organizacionais.

O poder do *conhecimento* é baseado no domínio de um indivíduo sobre certos assuntos, se isso for percebido como um recurso valioso. Como essa perícia pode estar nas mãos de pessoas de *status* inferior, sua influência informal pode criar situações incongruentes de *status* como as apresentadas no Capítulo 6. O poder de *referência* é baseado no magnetismo ou carisma pessoal. Em muitos casos, as pessoas se identificam com outra devido a certos traços pessoais ou características da personalidade. Esse carisma pode ser muito potente, a ponto de influenciar pessoas, mesmo que essas não se encontrem sob o controle direto ou formal daquela. É frequente os líderes naturais terem uma combinação de poder de referência e conhecimento, o que pode criar uma base forte para exercerem influência sobre os outros.

Cada um desses cinco tipos trata o poder como *variável independente*, ou seja, o poder como a capacidade de fazer as coisas acontecerem e obter trabalhos realizados. Em contrapartida, o poder também tem sido visto como *variável dependente* ou *situacional* (no que refere-se à natureza de uma situação específica em uma organização que dá poder a um grupo ou indivíduo). Nesse contexto, presume-se que os indivíduos, grupos ou subunidades em uma organização tenham poder com base em fatores como:[7]

1. *Capacidade de lidar com a incerteza.* Se uma unidade de registro ou previsão de uma organização de vendas puder prever com exatidão o ciclo de demanda de certo produto, ela terá poder a partir de sua capacidade de lidar com a incerteza.
2. *Substitubilidade.* A dificuldade de uma pessoa ser substituída por qualquer outra da organização dá poder à primeira (quanto mais insubstituível, maior o poder).
3. *Centralidade organizacional.* Quanto mais central uma pessoa ou um grupo for para os trabalhos ou processos da organização, maior será o seu poder (veja, por exemplo, a discussão da comunicação organizacional e os guardiães no Capítulo 5).
4. *Interdependência do papel* e *da tarefa.* Se as atividades de uma pessoa ou grupo dependerem das atividades de outra pessoa ou grupo, supõe-se que o segundo terá um controle maior sobre diversas contingências, o que é mais uma dimensão de poder.

Também pode ser feita outra distinção entre o poder aberto e reservado.[8] O *poder aberto* refere-se às situações em que o poder é utilizado para produzir resultados preferidos em face de conflitos entre partes distintas. Em outras palavras, o poder aberto é usado no intuito de derrotar a oposição. Controlando as fontes de poder relevante, tais como o acesso a informações, arenas políticas, recompensas e castigos e conhecimento especializado, os gerentes frequentemente tentam triunfar em face da competição e do conflito. O poder, no entanto, também pode ser usado para assegurar que não ocorram conflitos. Esse aspecto do poder é chamado *poder reservado*, não pela forma com que o poder é usado por si, porém mais devido às circunstâncias e aos objetivos desejados. Enquanto o poder aberto é usado em situações de conflito evidente, com a intenção de derrotar a oposição, o poder reservado é empregado antes que surja um confronto direto para evitar o conflito.

Se certas metas puderem ser legitimizadas a ponto de não serem questionadas, mesmo por um opositor em potencial, os gerentes podem ter sucesso em obter seus resultados desejados usando seu poder para evitar que o conflito apareça. Nesse contexto, o conflito é evitado por meio de condições, percepções e preferências que moldam as pessoas a ponto de essas aceitarem "a ordem existente". Os indivíduos que se utilizarem do poder aberto tenderão a depender das interdependências de recursos, ao passo que os que fizerem uso do poder reservado tenderão a depender mais dos aspectos simbólicos do poder, tais como o uso de histórias e mitos para administrar os significados que as pessoas atribuem às diversas coisas e situações (veja os Capítulos 5 e 9).

Assim, o poder pode ser conceitualizado como a causa de certos comportamentos ou o *resultado* de certos fatores situacionais. Provavelmente é mais correto pensar no poder como uma variável tanto independente como dependente. Os cientistas comportamentais e estudiosos do comportamento organizacional, portanto, precisam determinar como o poder será tratado nas diversas situações. Em um sentido real, o estudo do poder é parte de um processo de interpretação e avaliação dos meios e fins. Pode ser visto como um conceito isolado ou como parte da dinâmica da liderança e da influência, bem como de outras facetas do comportamento organizacional como a dinâmica de grupo, tomada de decisões e solução de conflitos.

A necessidade de poder para o desempenho gerencial Líderes eficazes tendem a ter uma grande motivação por poder. Como indicam as pesquisas, eles também têm, frequentemente, uma baixa necessidade de afiliação, acoplada a uma grande inibição à atividade. Em outras palavras, uma pessoa com probabilidade de ser um líder deseja poder, não tem necessidades sociais muito intensas e deve ser capaz de trabalhar independentemente. Ao mesmo tempo, os líderes precisam ser capazes de restringir, sem embaraço, seu uso do poder, de modo que não sejam percebidos como impulsivos, coercivos ou manipulativos. O padrão geral é chamado *síndrome do motivo da liderança*.[9] A imagem é uma pessoa que utiliza o poder com cautela, vendo-o como a capacidade de obter coisas para outros ou para uma causa, e não para o próprio benefício ou dominância. Ao mesmo tempo, essa síndrome sugere que a necessidade de poder precisa ser maior que a necessidade de afiliação, visto que os líderes precisam permanecer socialmente a certa distância dos outros. Como sugere a pesquisa, os líderes que têm a síndrome do motivo da liderança tendem a ficar mais satisfeitos e a ser mais eficazes que os que não a têm.[10]

As tendências atuais e as pressões que o gerente de hoje enfrenta ressaltam a relevância da verdade rudimentar proposta por Chester Barnard em sua obra clássica *The Functions of the Executive*: os gerentes são essencialmente impotentes até seus seguidores lhes concederem a autoridade de conduzir.[11] Isso cria um paradoxo para os gerentes, pelo poder ser efetivamente exercido em uma organização somente quando aqueles que são o alvo do poder consentirem no seu uso.[12] A realidade das organizações complexas é que a autoridade formal investida em certo cargo raramente dá a um indivíduo poder suficiente para conseguir que as coisas sejam feitas. Em razão de dois "fatos da vida" básicos da organização, a divisão do trabalho e a limitação de recursos, os gerentes, em diversos graus de intensidade, dependem de seus superiores, subordinados, colegas de outras áreas da organização, subordinados desses colegas e uma série de elementos externos como fornecedores, clientes, concorrentes, sindicatos e autarquias para realizarem seu trabalho. A "falta de poder" resultante, ou seja, a diferença entre o poder que lhes foi atribuído pelo cargo e o poder necessário para atingir as metas e objetivos da organização, determina que os gerentes precisam ser capazes de adquirir e manter um poder suficiente para administrar de maneira positiva os conflitos inevitáveis que surgirão entre grupos tão diversos, porém interdependentes.

As bases de poder adicionais necessárias para o alcance das metas e objetivos da organização, contudo, não são dadas gratuitamente aos gerentes. A realidade é que elas precisam ser gradativamente acumuladas por meio de uma grande variedade de atos e habilidades como (1) obter informações e ideias; (2) avaliar quem realmente tem poder relevante para diversas questões específicas; (3) criar boas relações de trabalho com aqueles que tenham interesses envolvidos; (4) imaginar e criar programas de ação válidos; (5) aperfeiçoar as habilidades de diagnóstico e interpessoais; (6) construir redes de cooperação e apoio; e (7) manter uma boa imagem e um bom histórico. A imagem de poder criada a partir dessa perspectiva é a de "um sistema de unidades interagindo em evolução", a habilidade de juntar diversas pessoas de modo cooperativo com a "força sedutora de uma visão comum com a qual eles possam apreciar o próprio significado".[13] O uso do poder nesse contexto é muito distante da ideia de indivíduos solitários com lampejos de esplendor; em lugar disso, o poder é parte de um processo comportamental sistemático, congenitamente ligado à liderança.[14]

TEORIAS DA LIDERANÇA

Boa parte das pesquisas e teorias sobre liderança pode ser agrupada em três categorias básicas: a abordagem de traços, a perspectiva comportamental ou funcional e a visão situacional ou contingencial. Esta seção examina rapidamente essas diversas escolas do pensamento e suas implicações na nossa compreensão da liderança. Embora algumas dessas teorias atualmente sejam mais difundidas que outras, nenhuma dessas orientações parece ser capaz de explicar, isoladamente, todas as dinâmicas subjacentes à liderança. Além disso, mesmo as teorias que foram criticadas por serem muito restritas em seu escopo ou que se mostraram inconsistentes em situações diferentes (como a abordagem de traços) parecem descrever certos tipos de liderança. Sendo assim, nosso objetivo é examinar essas diversas perspectivas, concentrando-se nos aspectos críticos para a compreensão da teoria da liderança.

Teoria dos traços

As primeiras abordagens à liderança se concentravam nas características e atributos pessoais, físicos, mentais e culturais, que pareciam diferenciar os líderes dos seguidores. Essa pesquisa é frequentemente chamada teoria da liderança das "grandes personalidades", uma vez que supõe que os líderes são bem diferentes das pessoas comuns no que refere-se a várias características físicas e de personalidade. Embora tenha-se achado alguns atributos comuns, grande parte dessa pesquisa é contraditória. Com base em estudos abrangentes das pesquisas sobre liderança; por exemplo, cinco características pessoais pareciam relacionadas à liderança eficaz: inteligência, dominância, autoconfiança, altos níveis de energia e atividade e conhecimentos relacionados à tarefa.[15] No entanto, a relação entre essas características e fatos concretos de liderança eficaz não é particularmente próxima. De fato, no estudo de cada uma dessas características há estudos representativos que demonstraram que *não* há qualquer relação delas com a liderança eficaz ou que a correlação é negativa.

Também já foi sugerido que certas características culturais, tais como educação superior e *status* social de classe alta, têm relação com a liderança. Entretanto, muitos dos estudos da teoria dos traços foram criticados por suas metodologias de pesquisa simplistas. Como muitos desses esforços de pesquisa examinavam a relação entre certo traço e a liderança, eles ofereciam um quadro incompleto, uma vez que é necessário observar combinações de traços e suas relações com a liderança. Além disso, considerando-se que muitas dessas pesquisas foram conduzidas com crianças, tudo indica que outros fatores (como idade, experiência, posição social) influenciaram os resultados.[16]

Embora as teorias dos traços tenham permanecido desprezadas durante vários anos, elas parecem estar retornando na forma de uma área promissora para pesquisa, particularmente no que refere-se ao se examinar os traços específicos relacionados à eficácia e ao sucesso em situações organizacionais específicas. Além disso, muitos dos estudos mais difundidos sobre administração e negócios escritos no início da década de 1980 destacaram a importância dos líderes corporativos fortes e sua capacidade de desenvolver um senso compartilhado de valores e da missão entre seus subordinados como um elemento importante da organização em busca da excelência.[17]

Teorias comportamental e funcional

Outro grande impulso na pesquisa sobre liderança enfocou os diversos padrões ou estilos comportamentais usados pelos vários líderes e as funções desempenhadas por esses indivíduos. As primeiras pesquisas em grupos pequenos, por exemplo, procuraram avaliar o efeito de três estilos diferentes de liderança no desempenho e na satisfação dos integrantes do grupo: *autocrático* (liderança pelo comando), *democrático* (liderança por meio da geração de ideias e tomada de decisões pelo grupo), e "*laissez-faire*" (liderança mediante participação mínima do líder e total liberdade ao grupo). Em um conjunto de estudos de clubes juvenis para meninos, líderes adultos de grupos diferentes usaram esses três estilos diferentes para a realização de certo conjunto de tarefas.[18] Um líder disse aos meninos exatamente o que fazer (autocrático), outro adotou uma abordagem participativa, encorajando os meninos a dar sugestões sobre como realizar a tarefa (democrático), e um terceiro deixou os meninos fazerem o que quisessem (*laissez-faire*). O estudo revelou que o grupo autocrático produziu mais por uma pequena diferença, mas que o democrático fez coisas de qualidade melhor e apresentou um nível maior de satisfação entre seus integrantes. O grupo do *laissez-faire* foi o que se saiu pior dos três em quantidade, qualidade e satisfação dos integrantes. Embora esses estudos tenham recebido numerosas críticas (por exemplo, que com adultos liderando meninos durante as décadas de 1930 e 1940, tudo o que realmente se teria seriam três variações de liderança autocrática), os resultados foram generalizados para o ambiente industrial e geraram muitas pesquisas empíricas correlatas.

Os pesquisadores das universidades de Ohio e Michigan (EUA) prosseguiram com essa pesquisa dos aspectos comportamentais da liderança. Os estudos de Michigan se preocuparam com duas orientações do líder: uma dirigida aos *subordinados* e outra dirigida à *produção*.[19] Os resultados da pesquisa sugeriram que uma orientação intensa à produção se parecia com a liderança autocrática, ao passo que uma orientação aos funcionários apontava o estilo democrático. De modo semelhante, os estudos de Ohio desenvolveram duas dimensões da liderança, baseadas em questionários entregues a supervisores e seus subordinados, que tratavam de como os líderes percebiam seus próprios estilos, e como esses estilos eram percebidos pelas pessoas supervisionadas. Foram obtidos dois fatores básicos: *estrutura inicial* e *consideração* pelos outros.[20] Líderes fortes em estrutura inicial tinham tendência a dizer a seus subordinados o que fazer e como fazê-lo. Líderes com grande dose de consideração se concentravam na satisfação, nas necessidades interpessoais e no conforto geral dos subordinados. Assim, líderes com muita estrutura inicial e pouca consideração eram vistos como autoritários, ao passo que aqueles com grande consideração e pouca estrutura inicial eram percebidos como democráticos, embora essas relações não fossem exatas. Também era possível a existência de líderes com alta ou baixa dosagem em *ambas* as dimensões, simultaneamente.

O resultado inicial desses sugeriu que a consideração era mais satisfação eficaz que a estrutura inicial, particularmente em manter a satisfação e o desempenho dos membros e reduzir o absenteísmo e a rotatividade. Posteriormente, foi argumentado que a liderança e a gerência eficazes eram caracterizadas por alto nível em ambas as dimensões.[21] No entanto, o nível alto em ambas as dimensões *não* resultava em bom desempenho e satisfação dos membros do grupo em todas as situações; a pesquisa revelou dados inconclusivos e, por vezes, até contraditórios. Tudo indica que o estilo com alto nível tanto em estrutura inicial como consideração era, de modo geral, mais favorável, mas havia um número suficiente de exceções para sugerir que outros fatores situacionais deveriam ser levados em conta.

O *Grid* Gerencial Durante a década de 1960, o dr. Robert Blake e a dra. Jane Mouton desenvolveram duas dimensões atitudinais (e comportamentais também); uma *preocupação com as pessoas* e uma *preocupação com a produção*.[22] Essas duas dimensões foram combinadas para formar o *Grid* Gerencial, ilustrado na Figura 7.1. Essa teoria defende que a abordagem 9,9, ou seja uma intensa preocupação tanto com as pessoas como com a produção, é o estilo gerencial mais eficaz em todas as situações. Essa orientação para a "equipe" é superior às orientações de liderança direcionadas exclusivamente para a tarefa (9,1), o "clube de campo" (1,9), ou a empobrecida (1,1), visto que a liderança envolve tanto trabalhar com pessoas como realizar diversas tarefas.

Um dos aspectos exclusivos dessa abordagem particular é a suposição de que as pessoas podem ser treinadas para ser líderes 9,9 e o esquema elaborado para esse treinamento. Esse método, chamado *desenvolvimento do* Grid *Organizacional*, é discutido mais profundamente no

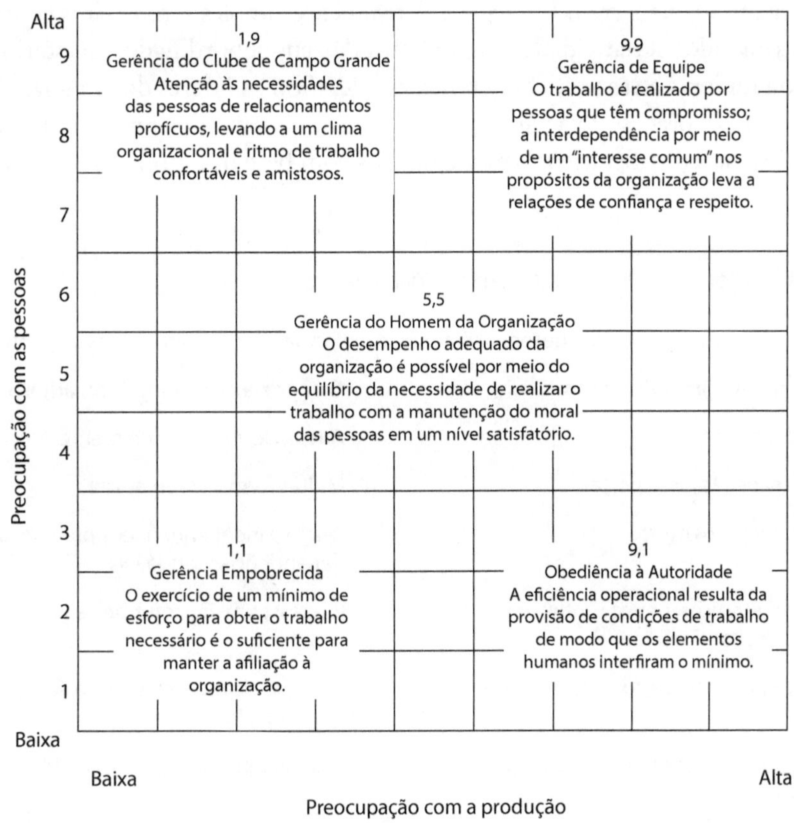

Figura 7.1 O *Grid* Gerencial.

Fonte: A figura do *Grid* Gerencial de *The New Managerial Grid* de Robert R. Blake e Jane Srygley Mouton. Houston Gulf Publishing Company, Copyright 1985, p. 11.

Capítulo 11. Entretanto, parte da dificuldade desse modelo está nos resultados inconclusivos de pesquisas e na escassez de provas materiais de que a abordagem 9,9 seja efetivamente a forma mais eficaz de liderança em todas as situações.[23]

Teoria da imaturidade-maturidade Outra forma de examinar o comportamento de um líder é observar o efeito da liderança no comportamento dos subordinados. Uma dessas abordagens é a da psicologia do desenvolvimento de Argyris, que analisou as diferenças comportamentais da infância até a idade adulta.[24] Argyris defendeu que eram necessárias sete mudanças de personalidade para que uma pessoa se desenvolvesse até a maturidade. Essas mudanças, resumidas no contínuo da imaturidade–maturidade da Tabela 7.1 representam tendências gerais para todas as pessoas. No entanto, em alguns casos, os padrões de uma cultura específica podem inibir o desenvolvimento da "maturidade" de um indivíduo, ainda que esse processo continue com o envelhecimento cronológico.

As implicações dessa teoria se refletem na maneira como estruturamos as organizações e a sua administração. Como muitas estruturas organizacionais operam sob escalas de valores burocráticas ou piramidais (baseadas nas suposições da Teoria X; veja o Capítulo 3), os funcionários são frequentemente tratados como crianças imaturas. Consequentemente, muitos dos problemas que parecem relacionados à apatia, ou mesmo à preguiça dos trabalhadores, na verdade, são causados por práticas organizacionais e gerenciais que constrangem a "maturidade" das pessoas. Assim, os comportamentos de liderança que procuram aumentar a eficácia e a eficiência organizacionais criando cargos relativamente simples e requisitos comuns, na verdade, estão restringindo a criatividade e a iniciativa de seus subordinados. Posteriormente, Argyris questionou muitas dessas práticas gerenciais e desafiou os líderes de organizações a estabelecer condições que favorecessem a participação e o envolvimento dos funcionários, tais como estilos de liderança mais democráticos e participativos com base nas suposições da Teoria Y.

Tabela 7.1 O contínuo da imaturidade-maturidade de Argyris

Argyris supõe que o contínuo de desenvolvimento, da infância à fase adulta tem as seguintes características:

Comportamento imaturo, infantil	Comportamento maduro, adulto
1. Passividade	Atividade, iniciativa crescente
2. Poucas maneiras de se portar	Muitas formas de se portar
3. Dependência dos outros	Relativa independência, porém reconhecendo as dependências saudáveis
4. Interesses erráticos, pouco profundos, rapidamente abandonados	Interesses mais profundos e desafiantes
5. Visão de curto alcance, foco no presente	Visão de alcance mais longo, foco no presente, passado e futuro
6. Posição subordinada em hierarquia relevantes (família, sociedade)	Posição igual ou superior nas hierarquias relevantes
7. Falta de autoconscientização	Consciente de si mesmo, tem valor próprio, suas próprias decisões determinam o resultado do esforço

Fonte: Chris Argyris, *Personality and Organization* (New York: Harper Brothers, 1957), p. 50-53.

A teoria dos elos de ligação

Outra abordagem ao exame dos comportamentos e das funções dos gerentes é por meio do conceito dos *elos de ligação* de Rensis Likert.[25] No seu estudo das organizações, Likert constatou que a visão tradicional da gerência (supervisão constante, bem estruturada) explicava apenas em parte os papéis desempenhados pelos gerentes. Ele defendia que os gerentes, na verdade, eram membros de dois grupos de trabalho diferentes: um de pessoas *pelas quais* eles eram responsáveis (a visão tradicional da supervisão) e outro perante o qual eram responsáveis. Assim, os gerentes podem ser vistos como *líderes* de um grupo e *subordinados* de outro. A liderança eficaz, portanto, é caracterizada pela capacidade de exercer influência para *cima*, assim como de "liderar" os de baixo. Como esse papel de elo é um aspecto importante da gerência, ao criarem condições que encorajem o desenvolvimento da maturidade em seus subordinados, os gerentes estarão se capacitando a desenvolver suas próprias habilidades de liderança no que refere-se a planejamento no longo prazo e coordenação interdepartamental.

Em razão à orientação tradicional, de cima para baixo, das organizações, a ideia de exercer influência para cima, em suma, gerenciar o próprio chefe, é muitas vezes vista com certo ceticismo, algo que as pessoas tipicamente fariam por motivos pessoais ou políticos.[26] No contexto da teoria dos elos de ligação, contudo, essa ideia refere-se ao processo de trabalhar conscientemente com os seus superiores na hierarquia organizacional, de modo a obter os melhores resultados possíveis para si, para seu chefe e para a empresa. A chave é: (1) desenvolver uma boa compreensão do próprio chefe e de si mesmo, particularmente em relação a pontos fortes, pontos fracos, necessidades e estilos pessoais de trabalho, e (2) usar então essas informações para desenvolver um relacionamento profissional compatível, salutar e de apoio mútuo. É importante destacar o significado desse aspecto de liderança. A capacidade de representar um grupo ante os superiores da organização, bem como estabelecer e gerenciar eficazmente os relacionamentos organizacionais com outros, até mesmo o próprio chefe, é uma dimensão vital, apesar de pouco enfatizada, da gerência.

Sistema 4 Trabalhos posteriores de Likert enfocaram diversos padrões gerenciais e de liderança organizacional em relação a comportamentos, estruturas, controle e o respectivo efeito destes nas atitudes, na motivação e na percepção dos funcionários. Com base em uma série de questionários que ilustravam graficamente as organizações no que refere-se a esses diversos padrões, Likert identificou quatro perfis de características organizacionais: *Sistema 1* (Explorador--Autoritário); *Sistema 2* (Benevolente-Autoritário); *Sistema* 3 (Consultivo); e *Sistema* 4 (Participativo).[27] Enquanto os Sistemas 1 e 4 encontram seus correspondentes, respectivamente, nas Teorias X e Y de McGregor (veja Capítulo 3), Likert enfatizou o ambiente no qual o gerente trabalha, a organização e o grupo, além das suposições do gerente sobre os trabalhadores.

No Sistema 1, os supervisores não confiam em seus subordinados, e a cadeia de comando de cima para baixo é usada para transmitir as metas e decisões organizacionais. Do ponto de vista dos empregados, esse sistema leva a suspeitas, a uma forte resistência camuflada às metas organizacionais e ao surgimento de um sistema informal que resiste ao formal. Em contrapartida, no Sistema 4, os supervisores confiam em seus subordinados e o estabelecimento de metas e a tomada de decisões são atividades conjuntas. Como resultado, os subordinados tendem a ser mais receptivos à comunicação (tanto ao vir de cima como de baixo) e há pouca ou nenhuma resistência às metas e decisões organizacionais. Likert deixa bem clara a sua preferência: o Sistema 4. Como ideal, Likert refere-se ao desempenho organizacional no que refere-se a satisfação e moral, assim como aos critérios comerciais mais tradicionais, associados à produção e lucros. Além disso, ele defende que uma mudança no comportamento do líder é um dos fatores que mais podem influenciar uma mudança na direção dos padrões do Sistema 4.

Resumo Nesta seção examinamos rapidamente diversas abordagens comportamentais à liderança. Embora haja diferenças evidentes entre essas teorias, pode-se observar alguns pontos em comum. Todas essas teorias se baseiam na crença de que o *estilo de líder* é o principal fator determinante do processo de liderança. Em segundo lugar, cada um desses pontos de vista supõe que há duas funções primárias da liderança: (1) uma orientação para a estrutura da tarefa, da direção e da produção; e (2) uma orientação para as pessoas e um apoio às suas necessidades e às necessidades de manutenção dos grupos. Finalmente, cada uma dessas perspectivas diferentes sugere enfaticamente que há "um modo ideal" de abordar a liderança: uma orientação para o trabalho de equipe, a participação e uma preocupação com os processos democráticos na tomada de decisões ou uma considerável preocupação, tanto com as pessoas como com os processos de produção.

No entanto, essas teorias têm sido criticadas por não terem englobado a verdadeira complexidade do processo de liderança.[28] Embora a abordagem comportamental pareça ir além da teoria dos traços de liderança, a única diferença é que essas teorias oferecem uma lista de estilos ou comportamentos em vez de uma lista de traços pessoais. Além disso, visto que as pesquisas experimentais levaram a conclusões inconsistentes, tudo indica que os pesquisadores precisam examinar sistematicamente a influência das diferenças individuais e limitações situacionais do processo de liderança.

Teorias contingenciais

À medida que os pesquisadores continuaram a explorar a liderança em ambientes organizacionais diferentes, pareceu que, em algumas circunstâncias, um estilo de preocupação autoritária com a produção era bastante eficaz. Em outras circunstâncias, no entanto, pareceu que um estilo de preocupação democrática com as pessoas foi mais eficaz. Embora essas observações começassem a sugerir que os líderes deveriam ser flexíveis em suas abordagens à liderança, foi argumentado que pessoas em posições de liderança não eram capazes de mudar seus estilos com facilidade. De fato, defendeu-se que era mais eficaz desenvolver uma situação específica de liderança para se adaptar ao estilo de um líder específico, ou mesmo mudar o líder quando uma mudança de estilo se fizesse necessária, que tentar mudar o estilo de liderança de um indivíduo.

Esses pontos de vista ressaltaram que *não há* "um modo ideal" de liderar em todas as situações; em vez disso, o estilo mais eficaz de liderança é *contingencial*, ou seja, depende da situação. De fato, as teorias da contingência combinaram a abordagem de traços e as teorias comportamentais/funcionais para sugerir que os líderes mais eficazes são aqueles *capazes de adaptar* seus estilos e as suas próprias escalas de valores às exigências de uma situação ou grupo específico.[29]

A teoria contingencial de Fiedler Uma das teorias contingenciais clássicas provém do trabalho de Fred Fiedler, que propõe que a liderança eficaz é baseada no grau de ajuste entre o estilo de um líder e o ponto até o qual uma situação específica permite que ele exerça influência sobre o grupo *(favorabilidade de uma situação)*.[30] Segundo o modelo de Fiedler, há três variáveis situacionais básicas que influenciam a favorabilidade de uma situação para um líder:

1. *Relações entre líder* e *membros do grupo*, o relacionamento pessoal que o líder tem com os membros do grupo no que refere-se a confiança e respeito
2. *Estrutura da tarefa*, ou até que ponto a tarefa do grupo está definida (por exemplo, estruturada ou não, clara ou ambígua)
3. *Posição de poder do líder*, ou o grau de poder e influência que um líder tem sobre seus subordinados.

Com base em um grande número de estudos, Fiedler e seus associados descobriram que, quando a situação geral era extremamente favorável (boas relações líder-membros, tarefa estruturada, posição de forte influência) ou muito desfavorável (relações líder-membros ruins, tarefa não estruturada, posição pouco influente), o estilo de liderança mais eficaz era autoritário por natureza (*orientado para a tarefa*). Entretanto, quando a situação se caracterizava por favorabilidade intermediária, como no caso de as relações líder-membros serem boas, mas a tarefa não ser estruturada e o líder ter posição de pouca influência, o estilo mais eficaz era democrático/considerado por natureza (*orientado para o relacionamento*). Estudos mais recentes sugeriram que outros fatores salientes deveriam ser considerados, tais como a interação da compatibilidade pessoal entre líderes e seguidores, com a colaboração na execução da tarefa.[31] Embora essa descoberta pareça tornar o modelo de Fiedler mais preciso, ela também faz que essa abordagem seja muito mais complexa e difícil de aplicar em um local de trabalho.

Um problema com a abordagem de Fiedler é que as variáveis situacionais (favorabilidade) são muitas vezes difíceis de avaliar (por exemplo, até que ponto as reações entre líder e subordinados são boas? Ou até que ponto uma tarefa é estruturada ou não?). Em segundo lugar, Fiedler fez uma escala de *colaborador menos desejável* (*LPC* = *"least preferred co-worker"*). Esse era um simples questionário, que solicitava aos líderes que descrevessem a pessoa com quem trabalhavam pior, no que refere-se a dezesseis extremos, tais como prestativo-frustrante, eficiente--ineficiente. Ele usava a escala para medir a extensão até a qual a pessoa era orientada para a tarefa ou para o relacionamento. Embora Fiedler usasse então o LPC para classificar os estilos de liderança, o raciocínio subjacente ao LPC e o próprio instrumento têm sido questionados, e pesquisas têm demonstrado que a pontuação do LPC de um líder pode variar. Finalmente, a despeito de desenvolvimentos mais recentes (por exemplo, compatibilidade, colaboração na tarefa), esse modelo tem sido criticado por ser exageradamente simplista na análise das complexidades situacionais da liderança. Não obstante, a abordagem de Fiedler influenciou significativamente nossas ideias sobre a liderança e provocou mais pesquisas sobre as contingências do processo de liderança.

Utilização de recursos cognitivos Embora a pesquisa tenha sugerido que o sucesso de um líder era genericamente relacionado com sua inteligência, competência técnica e conhecimentos relevantes ao cargo, diversos estudos concluíram que esses fatores não prediziam necessariamente o sucesso na liderança. Com base em uma extensão de sua pesquisa sobre o colega menos preferido (LPC), Fiedler estudou essas preocupações e descobriu que os líderes efetivamente usam os recursos cognitivos somente quando (1) são autoritários, (2) não estão sob tensão, (3) têm um bom relacionamento com seus subordinados, e (4) possuem conhecimento relevante da tarefa.[32] Quando os líderes estão sob tensão, por exemplo, devido a um mau relacionamento com seus subordinados, eles tendem a depender mais de experiências passadas do que a procurar diagnosticar e compreender a situação corrente. De fato, nesses casos, Fiedler descobriu que a inteligência era, na verdade, *inversamente* proporcional à eficácia da liderança.

A dinâmica subjacente a essa dependência em experiências anteriores é bem semelhante ao que acontece quando alguém tenta defender uma posição que não seja mais sustentável e precisa recorrer a defesa mais primitivas e menos desenvolvidas para manter essa posição. Embora ambas as práticas sejam tipicamente malsucedidas, uma característica importante dessa pesquisa enfatiza o papel do estresse e a importância do gerenciamento do estresse (veja o Capítulo 11) na liderança. Além disso, começando a combinar variáveis situacionais a características de personalidade, essa linha de pesquisa promete o desenvolvimento de uma boa teoria sobre a liderança.[33]

A teoria do caminho-meta Outra teoria contingencial desenvolvida por meio da pesquisa empírica foi o modelo do caminho-meta.[34] Essa abordagem surgiu a partir de uma tentativa de esclarecer as discrepâncias encontradas nas primeiras pesquisas da Universidade de Ohio, as quais concluíram que, embora os líderes eficazes tivessem tendência a altos níveis de estrutura inicial e consideração como dimensões de liderança, havia muitas exceções. Dessa forma, a pesquisa enfocou as circunstâncias em que a abordagem de altos níveis em ambas as dimensões seria mais eficaz.

A teoria do caminho-meta é baseada na teoria das expectativas e também é vista como um modelo motivacional (veja o Capítulo 3). O conceito provém da capacidade de um líder esclarecer o caminho do subordinado para uma meta ou resultado desejados. Em outras palavras, um líder frequentemente vai tentar esclarecer os meios para um fim específico, para aumentar a motivação na busca de um objetivo importante (valência) e atingível. Se, entretanto, o caminho para aquela meta já estiver claro, qualquer esclarecimento adicional será considerado redundante pelos subordinados, e a satisfação com o líder diminuirá. Portanto, a alta consideração parece ser importante (ou seja, leva a uma satisfação maior) quando as pessoas trabalham em tarefas rotineiras ou estruturadas, ao passo que a estrutura inicial é mais eficaz em situações de tarefas ambíguas.

Embora a teoria do caminho-meta tenha feito previsões eficazes dos resultados em diversas estruturas de tarefa, o estudo também apresentou resultados inconsistentes. Parte da dificuldade em obter conclusões firmes a partir da teoria do caminho-meta se deve a ela ser relativamente recente. Em razão de pesquisas adicionais, essa teoria está sendo modificada, por exemplo considerando o ponto de controle do subordinado (veja o Capítulo 3). Tudo indica que pesquisas futuras continuarão a esclarecer as contingências da situação em que essa abordagem poderá predizer os resultados do desempenho da liderança.[35]

Liderança situacional Uma das teorias contingenciais mais recentes é uma tentativa de integrar boa parte do que sabemos sobre liderança e gerência em um modelo abrangente. Essa abordagem, chamada *liderança situacional*, enfoca três fatores básicos: (1) a quantidade de comportamento orientado para o trabalho (orientação e direção) de um líder; (2) a quantidade de comportamento voltado para os relacionamentos (apoio socioemocional) que um líder oferece; e (3) o nível de disposição que os membros da organização demonstram ao realizar certa tarefa, função ou objetivo.[36] Portanto, de maneira similar aos estudos anteriores da Universidade de Ohio, Hersey e Blanchard delinearam duas dimensões do comportamento de um líder: o *comportamento de tarefa* (estrutura inicial) e o *comportamento de relacionamento* (consideração). Como mostra a Figura 7.2, essas duas dimensões formam quatro estilos possíveis de liderança. Embora essa visão básica dos padrões de liderança seja semelhante ao *Grid* Gerencial de Blake e Mouton, o estilo de liderança mais adequado (eficaz) depende da disposição dos subordinados em relação à tarefa.

Nesse contexto, a disposição é definida com base em:

1. nível de motivação dos subordinados por resultados;
2. disposição e capacidade dos subordinados para assumirem responsabilidades;
3. instrução e experiência dos subordinados, relevantes à tarefa.

Essas variáveis básicas de disposição são combinadas com a avaliação, pelo líder, do desempenho passado e atual do grupo e com o nível qualitativo da interação entre os membros do grupo (por exemplo, ao resolver conflitos, tomar decisões) para determinar o estilo de liderança adequado. Como mostra a Figura 7.2, o estilo preferível para subordinados relativamente

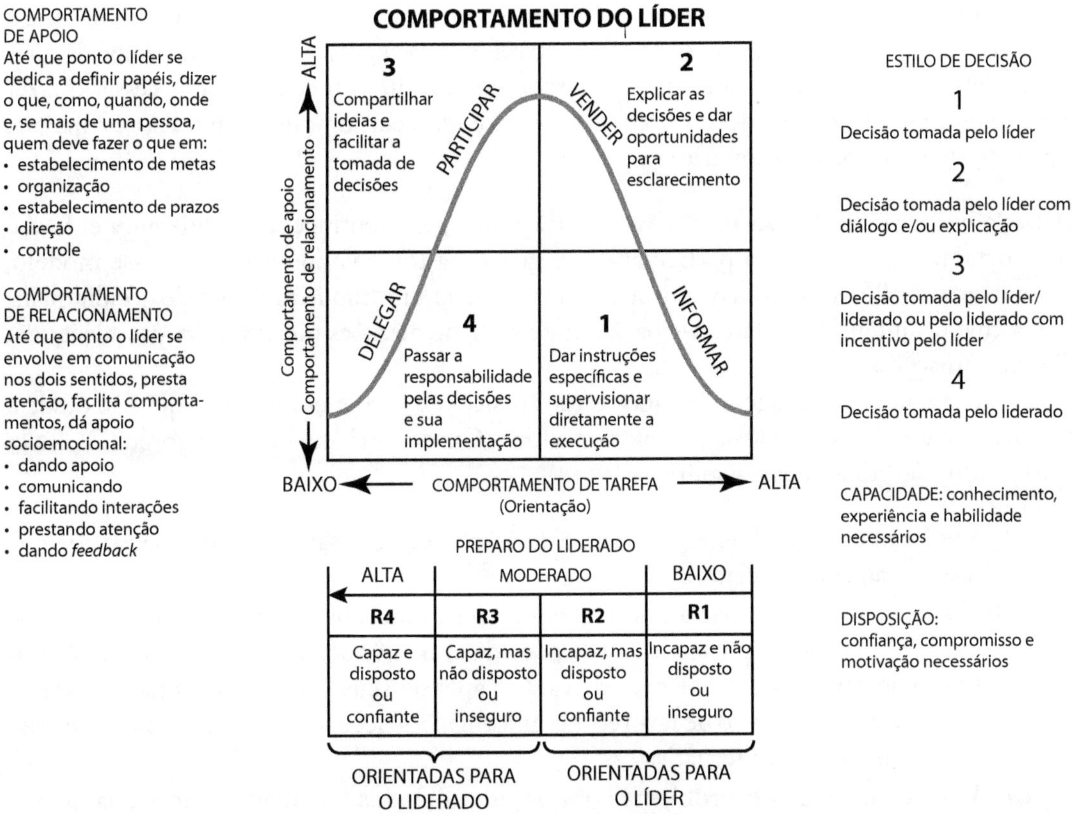

Quando o comportamento do líder é usado adequadamente com seu correspondente nível de disposição, isso se chama uma combinação de alta probabilidade. As descrições abaixo podem ser úteis ao se usar a liderança situacional para aplicações específicas:

S1	S2	S3	S4
Mandar Guiar Dirigir Estabelecer	Vender Explicar Estabelecer Persuadir	Participar Encorajar Colaborar Comprometer-se	Delegar Observar Acompanhar Cumprir

Figura 7.2 O modelo de liderança situacional.

Fonte: Com base em Paul Hersey e Kenneth H. Blanchard, *Management of Organizational Behavior: Utilizing Human Resources*, 5. ed., 1988, p. 182.

imaturos (no que refere-se à dimensões apresentadas) é diferente do preferível para membros com mais maturidade.

Uma das características interessantes desse modelo é que um padrão de liderança pode aparecer (ou ser desenvolvido ao longo do tempo) onde houver um nível suficiente de confiança de que a delegação de autoridade e responsabilidade (para membros muito maduros) reflita um estágio mais evoluído que outro, onde ainda haja altos níveis de preocupação com as tarefas e as pessoas. O ponto máximo será quando a organização e seus gerentes estiverem tão confiantes nos subordinados e *vice-versa* que será preciso despender menos tempo em considerações de tarefa ou relacionamento.

Embora esse modelo impressione pela sua abrangência, ele precisa ser considerado *post hoc*, pois ainda requer um maior apoio de pesquisas para lhe dar a credibilidade necessária como dispositivo de previsão. Ainda que alguns estudos recentes apoiem essa abordagem, foram feitas críticas à metodologia desses estudos, bem como à própria abordagem (por exemplo, que a abordagem de ambos os níveis nesse modelo não reflete o verdadeiro espírito de equipe do *Grid* Gerencial).[37] Assim, da mesma forma que a teoria do caminho-meta, parece necessário fazer mais pesquisas para cuidar dessas preocupações e esclarecer até onde o modelo é capaz de aguentar uma investigação empírica.

O modelo do estilo líder-participação Outra abordagem contingencial à liderança enfoca o comportamento do líder e a participação do grupo na tomada de decisões.[38] Esse modelo, baseado no trabalho de Vroom e Yetton, procura delinear um "modo racional" de decidir quanto à forma e a intensidade da participação na tomada de decisões que *deveriam* prevalecer em diversas situações.

Com base nessa abordagem, há cinco estilos básicos de liderança decisória, que vão desde o altamente autocrático (A), passando pelo consultivo (C), até o orientado para o grupo (G). Esses cinco estilos são resumidos a seguir:[39]

AI: Você resolve o problema ou toma a decisão sozinho, usando as informações de que dispõe naquele momento.

AII: Você obtém as informações necessárias de seus subordinados e então decide sozinho quanto à solução do problema. Você pode dizer ou não aos subordinados qual é o problema ao obter as informações deles. O papel de seus subordinados na tomada de decisões é claramente o de favorecer as informações necessárias a você, e não o de criar ou avaliar soluções alternativas.

CI: Você compartilha o problema com os subordinados envolvidos, individualmente, obtendo as ideias e as sugestões deles, sem reuni-los como grupo. Então você toma a decisão, que pode ou não refletir a influência deles.

CII: Você compartilha o problema com seus subordinados como grupo, obtendo coletivamente as ideias e sugestões deles. Então *você* toma a decisão, que pode refletir ou não a influência deles.

GII: Você compartilha o problema com seus subordinados como grupo. Juntos, vocês geram e avaliam alternativas e procuram chegar a um acordo (consenso) quanto à solução. Seu papel é semelhante ao de um moderador. Você não tenta influenciar o grupo a adotar a sua solução e está disposto a aceitar e implementar qualquer solução que conte com o apoio do grupo inteiro.

O modelo supõe que qualquer um desses estilos pode ser apropriado a certa situação. Entretanto, como isso pode variar de caso a caso, é preciso contar com uma estrutura para orientar a escolha de um estilo apropriado. Dessa forma, o modelo é ampliado para englobar uma série de variáveis situacionais, na forma de uma árvore de decisões ou fluxograma. Assim, em razão da presença (ou ausência) de diversas contingências, um estilo específico de decisão é considerado o mais adequado para a solução de problemas que outro.

Conceitualmente, há três dimensões por trás dessa abordagem: (1) a qualidade ou racionalidade da decisão; (2) a aceitação ou compromisso, por parte dos subordinados, para sua implementação efetiva; e (3) as limitações de tempo. As perguntas ilustradas na Figura 7.3 servem para proteger a qualidade e a aceitação da decisão, eliminando estilos decisórios que possam, especificamente, pôr em risco um desses resultados. Há uma diferença, porém, no que é chamado implicações no curto prazo *versus* aquelas no longo prazo dessa abordagem. A árvore de decisões procura preservar a qualidade de uma decisão (se for relevante) e criar a aceitação necessária por parte dos subordinados. Mesmo assim, a abordagem específica à decisão que

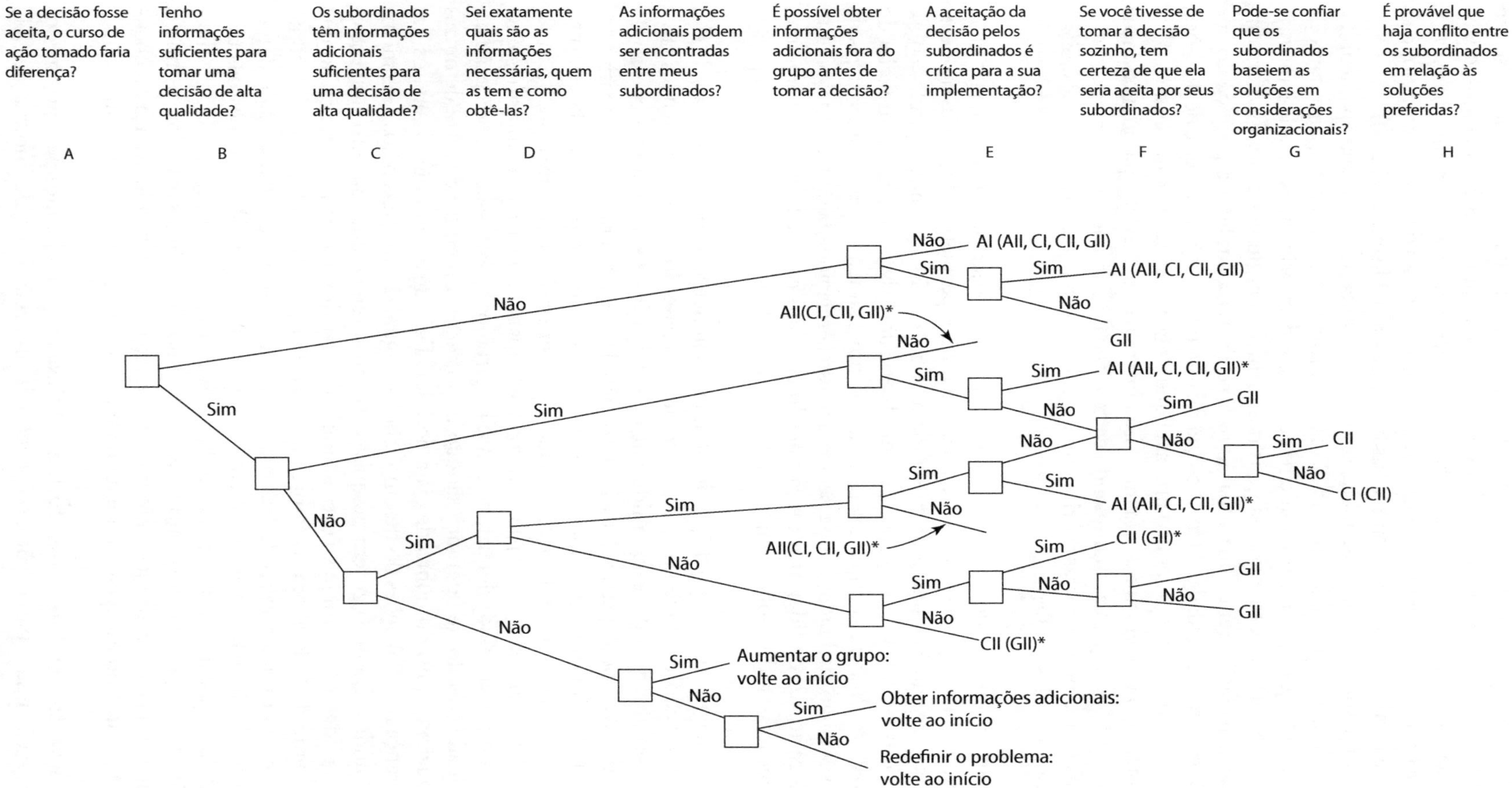

Figura 7.3 Modelo decisório de participação do líder.

Fonte: Adaptado de *Leadership and Decision Making* por Victor Vroom e Philip Yetton, sob permissão da University of Pittsburgh Press. Copyright 1973 by University of Pittsburgh Press.

OBS: O estilo de decisão primário é para o modelo no curto prazo. Os estilos decisórios para o modelo no longo prazo são indicados entre parênteses em seguida aos estilos primários. Os estilos decisórios no longo prazo assinalados com um asterisco são apropriados somente quando a resposta à pergunta G for afirmativa.

possa ser eficaz no curto prazo poderá não se mostrar tão eficaz no longo prazo (como se um gerente muito autocrático precisar que seus subordinados tomem uma decisão sozinhos, quando eles podem ainda não contar com o conhecimento necessário para isso). Portanto, *quando for adequado* e *se o tempo permitir*, o modelo no longo prazo sugere a adoção de uma orientação mais desenvolvimentista e participativa (por exemplo, usar CII quando AI seria aceitável).

A maior parte das pesquisas sobre esse modelo foi concentrada no seu desenvolvimento, e não em testá-la em situações gerenciais reais.[40] Uma das principais descobertas, entretanto, é que o modelo recomenda que os gerentes mudem seus estilos decisórios mais do que a maioria dos gerentes costuma fazer. Por essa razão, alguns dos primeiros argumentos de Fiedler, afirmando que pode ser mais fácil alterar uma situação para se ajustar a um líder específico do que o inverso, parecem ter alguma validade. Além disso, já foi dito que as regras da série de decisões, mesmo no formato de árvore, tornam pouco provável que os gerentes sejam capazes de usá-las na prática. Não obstante, o modelo apresenta uma visão interessante da participação na tomada de decisões e oferece uma base para avaliar quando certo estilo de liderança pode ser adequado. Contudo, da mesma forma que as outras teorias contingenciais, são necessárias mais pesquisas, até que se possa obter conclusões firmes.

Teoria da atribuição Outro modo de se ver a dinâmica do processo de liderança é por meio da teoria da atribuição.[41] Embora esse ponto de vista seja mais especulativo do que os modelos contingenciais anteriores, ele é similar à discussão da teoria da atribuição nos capítulos sobre motivação e percepção. Se um subordinado (ou um observador) tiver uma ideia implícita do que constitui a "boa" (ou "má") liderança e seus efeitos comportamentais, as características de liderança poderão ser então atribuídas a uma pessoa que esteja relacionada com a situação. Em outras palavras, se certo ato de liderança causa inicialmente um resultado comportamental, então, a cada vez que observador notar aquele resultado, ele atribuirá a liderança a uma pessoa próxima àquele resultado.

Como exemplo, imagine um grupo de produção que, atualmente, produz materiais de alta qualidade. Como observadores, podemos ter notado que, no passado, um dos principais fatores que levaram a essa alta qualidade foi a liderança participativa e seu efeito na coesão do grupo. Em virtude de nossa percepção seletiva e a opinião de que a liderança participativa era importante (no período anterior), podemos atribuir qualidades participativas ao líder atual, porque o resultado não se alterou em relação à qualidade anterior. Contudo, esse pode não ser o caso. Embora o líder atual *possa ser* (ou *possa não ser*) participativo, o fato de atribuirmos uma liderança de certo tipo a essa pessoa determina como reagiremos a ela. Assim, a percepção e a atribuição de qualidade e estilo de liderança são tão importantes do ponto de vista de outras pessoas da organização quanto do ponto de vista do líder. Foi constatado que os efeitos das atribuições da liderança nas avaliações do desempenho da organização, feitas pelos seus membros, são bem profundos. Como sugerem pesquisas recentes, temos um conceito suficientemente romântico da liderança, e muitas vezes atribuímos mais influência à liderança do que lhe poderia ser assegurado.[42] Embora os fatores que não pertencem à liderança, tais como forças ambientais, outras características da empresa ou mesmo a sorte, podem ter sido determinantes de certo resultado, particularmente em condições de ambiguidade, as pessoas têm propensão a ver a liderança como uma força causal provável, ao tentarem explicar o desempenho da organização. Esse tipo de efeito halo (veja o Capítulo 4) tende a ser maior quando o desempenho de uma empresa é extremamente positivo ou negativo, com a liderança recebendo o crédito pelo desempenho excepcionalmente bom ou a culpa quando esse é muito ruim.

Teoria do processamento de informações-sociais Ao examinar a liderança pelo prisma dos membros da organização e suas percepções, o conceito de processamento de informações [(1)

atenção seletiva, (2) compreensão, (3) codificação, (4) armazenagem e recuperação, e (5) julgamento] é útil.[43] Conforme indicado no Capítulo 4, à medida que as pessoas percebem outras pessoas ou coisas diferentes (neste caso, seus líderes) por meio do reconhecimento espontâneo, a maneira mais eficaz de entender a liderança é como algo cognitivo por natureza. Embora a nossa cognição sobre a liderança tenha tendência a ser organizada hierarquicamente, atributos similares associados aos líderes e expectativas mantidas em relação a eles existem em larga escala por toda a cultura ocidental. Pesquisas indicam, contudo, que o treinamento pode modificar nossas percepções dos líderes e da liderança.

Em resumo, essas pesquisas defendem que uma grande parte do que se chama liderança é perceptiva por natureza, no "olho do observador". Treinando pessoas para procurarem observar aspectos específicos da liderança ou do comportamento dos líderes, podemos começar a minimizar esse tipo de influência no processamento de informações. Essas questões são particularmente importantes ao treinar subordinados para compreender a natureza da liderança eficaz, e ao entrevistar e avaliar pessoas para suposições de liderança.

Relações líder-membro

Uma última forma de estudar a liderança é examinar a natureza das relações que um líder tem com seus subordinados. Segundo a abordagem da *Ligação Diádica Vertical* (VDL = *Vertical Dyadic Linkage*), um gerente ou supervisor tem uma relação diferente com cada subordinado.[44] Assim, se um supervisor tiver oito subordinados em sua equipe, ele estará envolvido em oito relações diádicas diferentes, cada uma das quais podendo ser bem diferente das demais. Ao longo do tempo, essas diferenças criam um *círculo interno* (relações mais positivas) e um *círculo externo* (relações mais negativas). Os integrantes do círculo interno tendem a receber trabalhos mais interessantes e desafiantes, mais autonomia no trabalho e melhores condições de trabalho. Por exemplo, uma pesquisa feita em um banco com diversas agências mostrou que aqueles que gozavam do *status* do círculo interno tinham rotatividade menor e estavam mais satisfeitos com suas chefias, se comparados aos do círculo externo. Além disso, os integrantes do círculo interno recebiam avaliações de desempenho melhores, se comparados a seus colegas do círculo externo, a despeito de as medidas objetivas de desempenho não mostrarem qualquer diferença entre os dois subgrupos.[45]

O que poderá surgir desse enfoque de pesquisa é o uso de variáveis moderadoras que fazem distinção entre as situações em que os líderes são realmente capazes de afetar o desempenho de seus subordinados e as em que eles não se envolvem diretamente. Além disso, a ideia básica de círculos internos e externos poderá ainda levar a uma medida de distância social, por exemplo, um contínuo de relações chefe-subordinado, que possa oferecer ilustrações e medidas do papel e efeito reais da liderança em diversas situações.[46]

LIDERANÇA E GERÊNCIA

Até aqui, este capítulo implicitou que as pessoas em posição de liderança não têm qualquer restrição à sua escolha de comportamento. De fato, os teóricos contingenciais afirmam que a eficácia é, em última análise, determinada pelo ponto até o qual os líderes podem adaptar seus padrões e comportamentos para se ajustar às necessidades e requisitos de certa situação. Podemos, entretanto, questionar a praticabilidade desses modelos pelos gerentes. Algumas das pesquisas recentes sobre o que os gerentes realmente fazem, por exemplo, sugerem que esses líderes operam em um contexto social que precisa ser mantido e negociado com outros grupos, e que há muito mais na gerência que a simples liderança.[47] De fato, considerando muitas das expectativas e recomendações conflitantes em relação ao que os gerentes *deveriam* fazer em diversas circunstâncias, o alto índice de conflito de papéis que pode ser encontrado por pessoas nessas posições de liderança traz dúvidas quanto à relação entre liderança e gerência.

Normalmente, pensa-se em um gerente como um indivíduo em uma organização, provido de poder legítimo (autoridade) para dirigir as atividades relacionadas ao trabalho de, no mínimo, um subordinado. Sendo assim, nesse contexto, um gerente é um líder. No entanto, há mais na gerência do que a simples liderança. Mesmo a visão tradicional da gerência sugere que os gerentes planejam, organizam, empregam pessoas, dirigem, controlam e coordenam.[48] O *planejamento* se ocupa do aspecto estratégico da gerência, escolhendo objetivos organizacionais e formulando maneiras de atingi-los. A *organização* refere-se ao desenvolvimento de papéis específicos por meio de descrições de cargo especificadas e inter-relacionadas. *Empregar pessoas* é a função de contratação e alocação de cargos. A *direção* é o componente de liderança do processo gerencial. O *controle* envolve comparar as atividades dos subordinados com as metas e objetivos organizacionais, para assegurar o progresso adequado e os ajustes necessários, tais como seguir um orçamento ou programa de produção. Finalmente, a *coordenação* trata de fazer que diversas pessoas (ou unidades) trabalhem em conjunto, e não uma contra a outra devido a cargos indefinidos, descrições de cargo imprecisas ou metas conflitantes. Embora essa visão tradicional da gerência dê a entender que há muitas outras atividades além da simples liderança, ela não deixa de ser mecanística, pois nos apresenta um ponto de vista *normativo*, que define o que os gerentes *deveriam fazer* em suas organizações.

Obras recentes sobre o que os gerentes *realmente fazem* em suas organizações mostraram diferenças entre esses pontos de vista normativos e as realidades descritivas da vida organizacional. Assim, para encaixar esse conceito de liderança em um contexto gerencial mais amplo, examinaremos dois aspectos do comportamento gerencial. Contrastando com a visão tradicional da gerência esboçada anteriormente, os comportamentos gerenciais reais se mostram caracterizados por longas jornadas de trabalho, atividades fragmentadas, preferência por ação e comunicação oral com os demais membros da organização.

O conjunto de papéis gerenciais de Mintzberg

Em uma tentativa de descrever o que os executivos principais efetivamente fazem em seu trabalho, Henry Mintzberg realizou uma série de observações intensivas estruturadas das atividades cotidianas desses gerentes de alto nível.[49] Em vez de descobrir que esses indivíduos se ocupavam de comportamentos caracterizáveis como planejamento, controle etc., Mintzberg constatou que suas atividades eram voltadas a relacionamentos interpessoais *(papéis interpessoais)*, à transferência de informações *(papéis informativos)* e à tomada de decisões *(papéis decisórios)*, que resultavam de seu *status* e autoridade formais na organização. Ele afirmou que esses papéis formavam uma *gestalt;* embora pudessem ser descritos individualmente, eles não poderiam ser isolados. Em outras palavras, na prática, esses papéis formavam um conjunto integrado. Com base no *status* e na autoridade formais de um gerente, surgem certos relacionamentos interpessoais que levam a diversos *inputs* informativos, os quais, por sua vez, conduzem a *outputs* informativos e decisórios.

O primeiro conjunto de papéis é interpessoal por natureza e descreve as relações do gerente com outros membros da organização e seu meio ambiente. Entre todos os papéis gerenciais, o mais básico deles é o de *figurão*, que envolve os aspectos simbólicos e cerimoniais da gerência (inaugurações, jantares formais). Como as organizações procuram sua cabeça formal em busca de orientação e motivação, outro papel interpessoal é o de *líder*, que define as relações gerente-

-subordinado. Finalmente, há o papel de *ligação*, que engloba a rede interpessoal de lidar com pessoas do mesmo nível (ou acima) e as de fora da organização. Embora essas atividades sejam diferentes, cada uma delas é diretamente ligada ao *status* e à autoridade formais do gerente, e cada uma envolve o desenvolvimento de relações interpessoais.

O conjunto seguinte de papéis é relacionado à recepção e à transmissão de informações. Os três papéis informativos caracterizam o gerente como um centro nervoso da organização. Como *monitor*, um gerente procura continuamente e é bombardeado com informações referentes ao que está acontecendo na organização (operações internas) e no seu meio ambiente (mudanças no mercado, interações políticas, avanços tecnológicos etc.). O segundo papel informativo é o de *disseminador*, que envolve a dispersão de informações pelos seus subordinados. Essas informações podem ser fatuais ou orientadas para valores (por exemplo, o que "deveria" ser). Finalmente, enquanto o papel de disseminador se ocupa de transmitir informações para baixo nas organizações, o papel de *porta-voz* trata de compartilhar informações com grupos do meio ambiente da organização. Essa comunicação externa é dirigida principalmente a dois tipos de grupos: os principais influenciadores (por exemplo, conselho de administração para um executivo principal, executivos de nível superior para um gerente médio e assim por diante) e públicos relevantes (por exemplo, clientes, fornecedores, autarquias etc.).

O conjunto final de papéis consiste dos aspectos de tomada de decisões do trabalho gerencial. Essas decisões podem ser distribuídas ao longo de um contínuo que se estende desde aquelas puramente voluntárias e inovadoras (por exemplo, a introdução de um novo produto) até aquelas involuntárias e reativas (por exemplo, lidar com uma crise). No papel de *empreendedor*, o gerente assume a responsabilidade pela mudança organizacional, agindo como iniciador e criador de mudanças específicas, tais como a exploração de oportunidades de mercado ou resolvendo problemas pouco prementes. Esse tipo de decisões é intimamente relacionado ao papel informativo de monitor. Em oposição à natureza proativa do papel de empreendedor, um gerente também atua como *solucionador de distúrbios*, alguém que precisa lidar com situações e mudanças involuntárias, frequentemente fora do controle do gerente. Tais situações reativas podem envolver conflitos entre subordinados, problemas competitivos entre organizações ("problemas de exposição") e perdas ou riscos de perda de recursos. Há dois papéis decisórios adicionais que podem ser colocados entre os extremos de empreendedor e solucionador de distúrbios. O gerente também funciona como *distribuidor de recursos*, decidindo "quem fica com o que" na organização, no que refere-se a dinheiro, tempo, materiais, equipamentos, pessoal, reputação e assim por diante. Finalmente, no papel de *negociador*, o gerente é responsável por representar a organização em negociações de rotina e de grande importância (por exemplo, negociar uma aquisição, um contrato de consultoria, acordos sindicais etc.).

Embora Mintzberg afirme que o volume de atividade em cada um desses papéis varia em razão do tipo específico de trabalho que certo gerente possa executar, essa visão geral do trabalho gerencial apresenta um quadro bem diferente da gerência, se comparado às definições tradicionais. Além disso, sugere que a liderança organizacional abrange um campo de atividades muito maior que um enfoque exclusivamente nas considerações de tarefa e manutenção.

O modelo do gerente geral de Kotter

Em outra tentativa de entender o que os gerentes gerais realmente fazem em seu trabalho, John Kotter fez uma pesquisa extensa (observações, entrevistas com os gerentes e outras pessoas com quem trabalhavam, questionários, documentos organizacionais etc.) com gerentes gerais de uma grande variedade de indústrias. Assim como Mintzberg, ele constatou que era difícil enquadrar os comportamentos desses indivíduos nas categorias tradicionais de planejamento, organização, controle etc. De modo geral, ele notou que havia dois tipos básicos de desafios e dilemas no trabalho gerencial: (1) descobrir o que fazer a despeito da incerteza, ambiguidade e sobrecarga de informações; e (2) obter resultados por meio de um grupo numeroso e diversificado de pessoas, apesar de ter pouco controle direto sobre a maioria delas. Kotter analisou as respostas eficazes a esses desafios no que refere-se ao "estabelecimento da agenda", "implementação da rede" e "implementação da agenda"[50]

Com base em suas pesquisas, Kotter defendeu que os gerentes eficazes inicialmente se ocupam do *estabelecimento da agenda.* Essas agendas consistem de objetivos e planos pouco conexos, que tratam das responsabilidades, em longo e curto prazos, por uma ampla variedade de questões financeiras, mercadológicas e organizacionais. Diversamente do processo de planejamento formal que, em muitas organizações grandes, é uma área funcional, as agendas gerenciais que de modo frequente contêm listas de metas ou planos que não são tão explicitamente interligados quanto seria sugerido pelo processo formal de planejamento. Ao formular esses planos, os gerentes se servem mais de discussões com outros do que relatórios, livros ou outras fontes de informação. Além disso, boa parte das informações usadas no estabelecimento da agenda é aplicada tanto de forma consciente (analítica) como inconsciente (intuitiva).

Além de estabelecerem suas agendas, os gerentes eficazes investem uma quantidade considerável de tempo e esforço no desenvolvimento de redes de relacionamentos cooperativos com outros, que eles julgam necessários para cumprir suas agendas. Essa atividade de *implementação de redes* se volta para um grupo de pessoas muito maior que os subordinados diretos daquele indivíduo. Kotter notou que os gerentes eficazes desenvolvem relacionamentos cooperativos com grupos bem variados como colegas, pessoas de fora, o chefe dos chefes destes, os subordinados dos subordinados deles e assim por diante. Além disso, os gerentes também procuram moldar essas redes, criando diversos tipos de relacionamento entre várias pessoas, em diferentes pontos da rede. Em outras palavras, os gerentes procuram criar um clima adequado (no que refere-se ao normas e valores) que encoraje as pessoas a implementarem suas agendas.

Uma vez estabelecidas a agenda e a rede, o conjunto seguinte de comportamentos se volta ao uso da rede para a implementação da agenda. Essa implementação se baseia nas habilidades interpessoais do gerente, nos recursos orçamentários, na base de informações e na capacidade de se usar informações simbólicas (veja o Capítulo 5) para influenciar as pessoas e os acontecimentos de maneira direta e indireta. Na maioria dos casos, a *implementação da agenda* envolve virtualmente a rede inteira de relacionamentos que foi desenvolvida ao longo do tempo. Kotter também descobriu que os gerentes gerais mais eficazes eram aqueles que se utilizavam de uma variedade mais ampla de técnicas para influenciar (habilidade de motivação, uso de diferentes tipos de poder, habilidade de comunicação etc.) que os outros, que dependiam de fontes de influência mais tradicionais (por exemplo, o uso do *status* e da autoridade formais).

Implicações para a gerência e a liderança

Um dos principais temas que emerge do estudo dessas pesquisas é que há uma diferença considerável entre o que as teorias tradicionais da administração sugerem que os gerentes deveriam fazer e os comportamentos reais dos gerentes de sucesso. Embora haja diferenças no modo como esses comportamentos são categorizados, pode-se extrair alguma relação entre o estabelecimento da agenda e os papéis informativos, a implementação de redes e os papéis decisórios (há, evidentemente, sobreposições entre essas categorias). Ambos os estudos caracterizam a gerência como algo bastante difícil, rápido, menos sistemático e mais informativo do que o implicitado pela interpretação dos livros-texto. Finalmente, essas descobertas sugerem que a gerência seja mais uma arte que uma ciência, apesar de as habilidades e funções formais, bem como as técnicas quantitativas desenvolvidas para treinar gerentes, sejam ferramentas importantes para o trabalho gerencial.

Se essas pesquisas representarem uma ilustração do comportamento gerencial, tudo nos leva a crer que a liderança, como foi tradicionalmente definida (e pesquisada), constitui apenas uma pequena parte do papel do gerente. De fato, a liderança, como foi exposta neste capítulo, pode ser mais propriamente classificada como supervisão do que gerência. Isso parece ser verdade, especialmente pelo fato de as pessoas que Mintzberg e Kotter enfocaram serem executivos de alto escalão e gerentes gerais (ou seja, em funções organizacionais diferentes). Assim, ao ver a liderança e a gerência em relação a seu próprio desenvolvimento de carreira, é importante ter em mente muitas das questões e preocupações mais amplas que envolvem a gerência atual.

Substitutos para a liderança como supervisão

Como destaca este capítulo, a pesquisa sobre a liderança proliferou com muitos modelos concorrentes que tentam explicar os comportamentos e resultados dos líderes. Infelizmente, as tentativas de criar modelos abrangentes e generalizáveis da liderança não têm tido muito sucesso em efetivamente prever os comportamentos, a produtividade e resultados correlatos dos subordinados. Na verdade, como sugeriu a exposição anterior sobre a teoria da atribuição, alguns críticos defenderam que as percepções sobre a eficácia do líder podem ser explicadas de maneira mais eficaz pelos tipos de coisas que atribuímos aos nossos líderes do que pelo seu comportamento ou atitude reais. Assim, o que chamamos capacidade de liderança pode ser algo muito mais perceptivo do que real.[51]

Essas preocupações levaram os pesquisadores a examinarem os tipos de fatores que podem aumentar ou compensar uma falta de liderança eficaz em nível de supervisão. Esses "substitutos" para a liderança abrangem três conjuntos de características do subordinado, da tarefa e da organização.[52] As *características do subordinado* que podem modificar o tipo de liderança ou controle gerencial necessário para um desempenho eficaz incluem, por parte do subordinado: (1) capacidade (quanto maior a capacidade profissional, menor a necessidade de liderança direta); (2) experiência (de modo geral, quanto maior a experiência, menos supervisão é necessária); (3) treinamento e conhecimento (a supervisão menos intensa é associada em níveis maiores de treinamento e conhecimento); (4) orientação profissional (quanto mais orientada profissionalmente a pessoa é, menor a necessidade de liderança direta); (5) necessidade de autonomia (quanto maior a necessidade de independência, menos supervisão direta é necessária); e (6) orientação para recompensas organizacionais (quanto maior a indiferença, maior a necessidade de supervisão e controle mais intenso).

As *características da tarefa* que podem substituir a liderança incluem altos níveis de: (1) repetitividade e clareza da tarefa; (2) satisfação intrínseca (veja o Capítulo 3); e (3) *feedback* incorporado ao processo de trabalho. Quanto maior for a presença desses fatores, menor será a necessidade de supervisão e controle direto. Finalmente, as *características organizacionais* que podem modificar o tipo de liderança exigida nas diversas situações de trabalho englobam: (1) formalismo (quanto maior a natureza burocrática de uma organização, menor o poder de decisão dos funcionários, individualmente); (2) grupos de trabalho coesos, onde as normas influenciam significativamente o comportamento dos seus integrantes (veja o Capítulo 6); (3) sistemas de recompensa organizacional (quanto menos controle sobre as recompensas organizacionais o líder tiver, menos influente ele tenderá a ser); e (4) a distância real entre os líderes e seus subordinados (quanto maior a distância, mais difícil será exercer a influência).

Liderança transformacional

Como mostra o relato anterior, boa parte da pesquisa nessa área equaciona a liderança com a supervisão. Há, contudo, um conjunto muito mais amplo de funções associadas a ser um líder que a supervisão direta das atividades e comportamentos dos subordinados. A distinção levou a avaliações de dois tipos básicos de liderança: transformacional e transacional.[53] Um *líder transacional* vê a relação líder-liderado como um processo de troca: trabalho por recompensas específicas, um favor por outro, e assim por diante. A liderança transacional reflete a visão relativamente estreita do líder como supervisor. Em contrapartida, os *líderes transformacionais* são figuras mais visionárias, inspiradoras, imbuídas de ideais e metas específicas e capazes de causar emoções intensas em seus seguidores. Esses indivíduos têm a capacidade tanto de articular como de comunicar uma visão que identifique as metas superiores de uma organização, que combine os interesses próprios, e o carisma para energizar e motivar pessoas a atingirem essas metas maiores. Os líderes transformacionais também parecem ter habilidades de empatia suficientemente desenvolvidas, de modo que tendem a ser bem precisos nas suas percepções das outras pessoas, muitas vezes eles sabem quais são as necessidades de seus subordinados, mesmo quando seus seguidores não estiverem muito bem conscientes dessas necessidades.

Pesquisas recentes sobre esse aspecto mais amplo da liderança identificaram diversas características que diferenciam esses indivíduos dos líderes transacionais:[54]

1. *Identificação como um agente de mudança.* Sua imagem pessoal e profissional é fazer uma diferença, criar uma organização que seja adaptativa, empreendedora, inovadora, bem-sucedida e assim por diante.
2. *Coragem* e *extroversão.* Esses indivíduos são capazes de assumir uma posição, aceitar riscos e se opor ao *status quo* em uma organização. Intelectualmente, conseguem obter uma perspectiva na qual é possível enfrentar a realidade, ainda que isso seja doloroso. Emocionalmente, são capazes de revelar a verdade a outros que podem não querer ouvi-la.
3. *Fé nas pessoas.* Embora poderosos, esses indivíduos são sensíveis às necessidades dos outros, procurando dar-lhes poder, em lugar de assumirem um papel ditatorial.
4. *Orientados por valores.* Esses indivíduos, tipicamente, articulam um conjunto de valores centrais, e exigem comportamentos congruentes com eles.
5. *Sempre aprendendo.* Os líderes transformacionais tendem a ver fracassos como experiências de aprendizado, mantendo um grande desejo de continuar aprendendo e se desenvolvendo. São capazes de autorreflexão, conseguindo fazer mudanças bastante dramáticas nos seus estilos e abordagens à gerência quando necessário.
6. *Capacidade de lidar com a complexidade*, *ambiguidade* e *incerteza.* Tais pessoas são capazes de enquadrar e lidar com os problemas de um mundo complexo e em mutação. Elas têm de lidar com os aspectos socioculturais e políticos das organizações, bem como com suas dimensões técnicas.
7. *Visionários.* Finalmente, essas pessoas são visionárias para serem não só capazes de criar um sonho, mas também de traduzir esse sonho em imagens que os outros possam compartilhar.

Como será visto no próximo capítulo, a natureza da mudança ambiental atual ressalta a necessidade de se aproximar dessas noções mais amplas de liderança. Os líderes transacionais podem ter sido bem adequados para uma era de mercados em expansão contínua e inexistência de concorrência no exterior. Considerando-se as frequentemente dolorosas realidades do nosso mundo dos negócios atual, a marca da liderança necessária para o sucesso em um mundo turbulento, muitas vezes caótico, é bem diferente. Pode haver, contudo, um "lado ruim" da liderança transformacional no aspecto de esses indivíduos poderem promover a *sua própria* visão do que é melhor para a empresa, à custa de uma visão compartilhada desse futuro.[55] Além disso, eles podem perfeitamente ignorar as atividades mais mundanas, porém ainda necessárias, dos líderes transacionais. O desafio é sermos capazes de nos adaptar às nossas organizações para atender às realidades mutantes do trabalho e do local de trabalho.

Gênero, poder e liderança

Uma das questões que surge com frequência sobre os temas de poder e liderança refere-se às diferenças potenciais entre homens e mulheres no trabalho. Não obstante o fato de as mulheres estarem desempenhando um papel de destaque crescente no trabalho gerencial, os estereótipos básicos, reforçados por um estudo sobre os papéis do sexo e as características gerenciais, destacam que temos tendência a identificar características "masculinas" (ou seja, agressivas) como gerenciais, e "femininas" (ou seja, cooperação e comunicatividade) como não gerenciais por natureza.[56] A crença subjacente é que as organizações empresariais refletem a definição feita por nossa sociedade do "machismo" (por exemplo, competitividade nos esportes, espírito de equipe, compartilhar riscos), as mulheres não são capazes de ser gerentes eficazes, porque há pouco na sua criação que as prepare para esse papel.[57] Assim, os homens têm sido vistos tradicionalmente como líderes "melhores" que as mulheres. Mesmo tentativas de refutar esses estereótipos com base no sexo encontraram provas razoavelmente fortes de que homens e mulheres podem, de fato, ter características de personalidade diferentes, as quais poderiam, na verdade, afetar o estilo gerencial.[58]

No entanto, estudos sugeriram que homens e mulheres com grandes necessidades de poder (veja o Capítulo 3) tendem a ter características bem semelhantes (têm mais cargos e posições de prestígio e procuram carreiras que lhes deem mais influência sobre outros), se comparadas a pessoas com menos necessidade de poder.[59] Além disso, embora os líderes do sexo masculino tenham tendência a serem avaliados como mais eficazes que mulheres, isso ocorre somente em situações de laboratório (veja o Capítulo 2). Em ambientes reais de organizações, homens e mulheres em posições semelhantes recebem avaliações semelhantes.[60] Foi sugerido que o principal motivo pelo qual não há mais mulheres em cargos de poder e liderança nas organizações é devido a um tipo de "sexismo" institucional, que as manteve na periferia dos cargos executivos, impedindo-as de se mover para cima na hierarquia organizacional.[61]

Entretanto, uma diferença que foi encontrada é que as mulheres, mesmo as com grande necessidade de poder, tendem a ser menos assertivas e competitivas que seus colegas do sexo oposto. Embora as expectativas do papel do sexo sejam sugeridas como a razão básica, visto que a sociedade tradicionalmente espera que as mulheres sejam menos agressivas e mais zelosas que os homens, isso está mudando, e as mulheres, em particular aquelas que buscam impulsos de si mesmas e não do mundo exterior, estão cada vez mais demonstrando padrões de trabalho e perfis profissionais iguais aos de seus colegas homens.[62] Ironicamente, à medida que o nosso sistema empresarial se torna mais global e internacional por natureza (veja o Capítulo 8), parece que muitas das orientações que a nossa sociedade tradicionalmente caracterizou como "femininas" tornam-se cada vez mais componentes importantes do sucesso organizacional. Os tipos de habilidades necessárias para o sucesso em um mercado global, por exemplo, a paciência para desenvolver relacionamentos, comunicações e sensibilidade social em culturas diferentes, são os pontos tradicionalmente fortes das mulheres. De fato, mesmo nos países em que habitualmente consideramos que haja discriminação sexual, as mulheres executivas expatriadas parecem ter sucesso *porque* são mulheres, e não apesar de o serem.[63]

RESUMO

Este capítulo examinou diversas fontes de autoridade e poder que fornecem a base para o exercício da influência e da liderança, bem como as teorias dos traços, comportamentais e contingenciais, da liderança. Com base nessa apresentação, é possível tirar algumas conclusões. Primeiro, embora as pesquisas não tenham identificado todas as contingências em situações de liderança, é cada vez mais evidente que *não há* um estilo de liderança que seja mais eficaz em todas as situações. Segundo, as dimensões da liderança totalitária e igualitária (e sua estrutura e consideração correspondentes) têm visto virtualmente parte da teoria da liderança desde o seu início. Finalmente, enquanto começamos a entender melhor a complexidade da liderança, ainda temos muito a aprender sobre as diversas limitações impostas às pessoas em papéis de liderança, os tipos de comportamento mais eficazes nas diversas posições e situações e o efeito real da liderança eficaz (competente) e ineficaz (incompetente) no desempenho do grupo e da organização. Embora alguns dos modelos mais recentes de liderança (tais como os modelos situacionais da teoria do caminho-meta, do ciclo de vida e do líder-participação, bem como a teoria da atribuição) sejam promissores nesse sentido, eles ainda precisam de mais pesquisas e apoio empírico. Em termos da relação entre liderança e gerência, parece que a visão tradicional da liderança pode ser mais propriamente caracterizada como supervisão, em vez de gerência. A distinção entre os líderes transacionais e os transformacionais enfatizam esse ponto. À medida que tivermos uma visão mais profunda dos comportamentos e atividades das pessoas em posições de gerência, o conceito de liderança nas organizações contemporâneas será desenvolvido mais plenamente, em particular no que refere-se a desenvolver grupos e organizações mais produtivas e eficazes.

NOTAS

1. Para uma boa revisão dessas questões, veja Marvin G. Evans. "Leadership". In: S. Kerr (Ed.). *Organizational Behavior* (Columbus: Grid Pub., 1979), p. 207-11; e H. Mintzberg. *The Nature of Managerial Work* (Englewood Cliffs: Prentice-Hall, 1980).
2. Fred E. Fiedler e Martin M. Chemers. *Leadership and Effective Management* (Glenview, IL: Scott, Foresman, 1974), p. 3-5.
3. Veja S. Srivastva e D. L. Cooperrider. "Ways of Understanding Executive Power". In: S. Srivastva and Associates. *Executive Power: How Executives Influence People and Organizations* (San Francisco: JosseyBass, 1986), p. 2-3.
4. J. R. P. French e B. Raven. "The Bases of Social Power". In: D. Cartwright (Ed.). *Studies*. In: *Social Power* (Ann Arbor: Institute for Social Research, University of Michigan, 1959).
5. Veja Evans. "Leadership", p. 212-14; R. F. Bales e P. E. Slater. "Role Differentiation. In: Small Decision-Making Groups". In: T. Parsons e R. F. Bales (Eds.). *Family, Socialization and the Interaction Process* (Nova York: Free Press, 1955); e R. M. Stogdill. *Handbook of Leandership* (Glencoe, IL: Free Press, 1975).
6. French e Raven. "Bases of Social Power".
7. Veja, por exemplo, D. J. Hickson, C. R. Hinings, C. A. Lee, R. E. Schneck e J. M. Pennings. "S Strategic Contingencies' Theory of Intraorganizational Power". *Administrative Science Quarterly* 16 (1971): 216-27.
8. Veja A. M. Pettigrew. "Some Limits of Executive Power In: Creating Strategic Change". In: Srivastva and Associates, *Executive Power*, p. 132-154.
9. D. C. McClelland. *Human Motivation* (Glenview, IL: Scott-Foresman, 1985).
10. Veja D. C. McClelland e D. H. Burnham, "Power is the Great Motivator". *Harvard Business Review* 54, n. 2 (1976): 100-110, 159-166. Como sugerem pesquisas mais recentes, o sucesso geral desse padrão de liderança pode

ser diferente para líderes técnicos, quando outros fatores como a contribuição para um projeto pode ser mais importante; veja D. C. McClelland e R. E. Boyatzis. "Leadership Motive Pattern and Long-Term Sucess In: Management". *Journal of Applied Psychology* 67 (1982): 737-743.

11. C. Barnard. *The Functions of the Executive* (Cambridge, MA: Harvard University Press, 1938).
12. A discussão que se segue foi extraída de J. Kotter. "Why Power and Influence Issues Are at the Very Core of Executive Work". In: Strivastva and Associates, *Executive Power*, p. 20-32; Srivastva e Cooperrider. "Ways of Understanding Executive Power"; e J. Kotter, Dependence, and Effective Management". *Harvard Business Review*, 55, n. 3 (1977): 125-136.
13. S. Srivastva e F. Barrett. "Functions of Executive Power: Exploring New Approaches". In: Srivastva and Associates, *Executive Power*, p. 313.
14. N. M. Tichy e M. A. Devanna. "The Transformational Leader". *Training and Development Journal* 40 (jul. 1986), p. 27.
15. R. M. Stogdill. *Handbook of Leadership* (Nova York: Free Press, 1974); e R. J. House e M. L. Baetz. "Leadership: Some Empirical Generalizations and New Research Directions". In: B. M. Staw (Ed.), *Research*. In: *Organization Behavior*, v. 1 (Greenwich, CT: JAI Press, 1979).
16. House e Baetz, "Leadership".
17. Veja T. Peters e R. H. Watermna. In: *Search of Excellence* (Nova York: Random House, 1982); M. Maidique. "The New Management Thinkers". *California Management Review* (1983); e D. E. Berlew. "Managing Human Energy: Pushing Versus Pulling". In: Srivastva and Associates, *Executive Power*, p. 33-50.
18. R. Lippitt e R. K. White. "An Experimental Study of Leadership and Group Life". In: T. M. Newcomb e E. L. Hartley (Ed.). *Readings*. In: *Social Psychology* (Nova York: Holt, Rinehart & Winston, 1947).
19. Veja R. Kahn e D. Katz. "Leadership Pratices". In: Relation to Productivity and Morale". In: D. Cartwright e A. Zander (Eds.). *Group Dynamics Research and Theory*, 2. ed. (Elmsford, NY: Row, Peterson, 1960).
20. E. A. Fleishman, E. F. Harris, e R. D. Burtt. *Leadership and Supervision* In: *Industry* (Columbus: Ohio State University Press, 1955).
21. Fleishman e Harris. "Patterns of Leadership Behavior Related to Employee Grievances and Turnover". *Personnel Psychology* 15 (1962); 45-53.
22. R. Blake e J. Mouton. *The Managerial Grid* (Houston: Gulf, 1964), veja também R. Blake and J. Mouton. "The Managerial Grid III". *Personnel Psychology* 39 (1986): 238-240. (Trad. Editora Pioneira, *Grid Gerencial III*, 1991).
23. Veja W. Bennis e B. Nanus. *Leaders: The Strategies for Taking Charge* (Nova York: Harper & Row, 1986); G. Yukl, *Leadership*. In: *Organizations* (Englewood Cliffs: Prentice-Hall, 1981); e J. Owens. "A Reappraisal of Leadership Theory and Training". *Personnel Administrator* 26 (nov. 1981): 78-82.
24. Veja C. Argyris. *Personality and Organization* (Nova York: Harper & Row, 1957); C. Argyris. *Interpersonal Competence and Organizational Effectiveness* (Homewood, IL: Irwin Dorsey Press, 1962); e C. Argyris. *Integrating the Individual and the Organization* (Nova York: Wiley, 1964).
25. Veja R. Likert. *New Patterns of Management* (Nova York: McGraw-Hill, 1961). (Trad. Editora Pioneira, *Novos Padrões de Administração*, 2. ed., 1986).
26. J. Kotter. "Managing Your Boss". *Harvard Business Review* 58, n. 1 (1980): 92-100.
27. R. Likert. *The Human Organization* (Nova York: McGraw-Hill, 1967).
28. Veja, por exemplo, Fiedler e Chemers. *Leadership*, capítulo 3, Stodgill. *Handbook of Leadership*.
29. Veja T. V. Bonoma e D. Slevin. *Executive Survival Manual* (Boston: CBI Pub., 1978).
30. F. Fiedler. *A Theory of Leadership Effectiveness* (Nova York: McGraw-Hill, 1967).
31. F. E. Fiedler, M. M. Chemers, e L. Maher. *Improving Leadership Effectiveness: The Leader Match Concept* (Nova York: Wiley, 1976).
32. F. E. Fiedler e J. E. Garcia. *New Approaches to Leadership: Cognitive Resources and Organizational Performance* (Nova York: Wiley, 1987).
33. Veja R. J. House e J. V. Singh. "Organizational Behavior: Some New Directions for I/O Psychology". *Annual Review of Psychology* (1987): 669-718.
34. R. J. House e T. R. Mitchell. "Path-Goal Theory of Leadership". *Journal of Contemporary Business* 3 (1974): 31-99.
35. Veja E. A. Locke, G. p. Latham, e M. Erez. "The Determinants of Goal Commitment". *Academy of Management Review* 13, n. 1 (1988): 23-39, e D. J. Campbell. "Task Complexity: A Review and Analysis". *Academy of Management Review* 13 n. 1 (1988): 40-52.
36. P. Hersey e K. Blanchard. *Management of Organizational Behavior: Utilizing Human Resources* (5. ed.) (Englewood Cliffs: Prentice-Hall, 1988).
37. Veja P. Hersey, A. L. Angelini e S. Carakushansky. "The Impact of Situational Leadership and Classroom Structure on Learning Effectiveness". *Group and Organization Studies* 7, n. 2 (1982): 216-24; e R. K. Hambleton e R. Gumpert. "The Validity of Hersey and Blanchard's Theory of Leader Effectiveness". *Group and Organization*

Studies 7, n. 2 (1982): 225-42. Para uma boa revisão desse debate entre Hersey & Blanchard e Blake & Mouton (*Grid Gerencial*), veja os dois artigos comparando "Grid Principles and Situationalism". In: *Group and Organization Studies* 7, n. 2 (1982): 207-15.

38. V. H. Vroom e P. W. Yetton. *Leadership and Decision Making* (Pittsburgh: University of Pittsburgh Press, 1973).
39. V. H. Vroom, "A New Look at Managerial Decision Making". *Organizational Dynamics* (1973).
40. V. H. Vroom e A. G. Jago. "On the Validity of the Vroom-Yetton Model". *Journal of Applied Psychology* 63 (1978): 151-62; A. C. Filey, R. J. House e S. Kerr. *Managerial Process and Organizational Behavior* (Glenview, IL: Scott, Foresman, 1976); e Evans, "Leadership", p. 226.
41. B. J. Calder. "An Attribution Theory of Leadership". In: B. M. Staw e G. R. Salancik (Eds.). *New Directions*. In: *Organizational Behavior* (Chicago: St. Clair, 1977), capítulo 5, p. 179-204.
42. J. R. Meindl e S. B. Ehrlich. "The Romance of Leadership and the Evaluation of Organizational Performance". *Academy of Management Journal* 30, n. 1 (1987): 91-109; e J. R. Meindl, S. B. Ehrlich e J. M. Duke-rich. "The Romance of Leadership". *Administrative Science Quarterly* 30 (1985): 78-102.
43. R. G. Lord. "An Information Processing Approach to Social Perceptions, Leadership and Behavioral Measurement. In: Organizations". In: L. L. Cummmings e B. M. Staw (Eds.). *Research*. In: *Organizational Behavior*, v. 7 (Greenwich, CT: JAI Press, 1985), p. 87-128. Veja também House e Stingh, "Organizational Behavior", p. 682-683.
44. G. Graen e J. F. Cashman. "A Role-Making Model of Leadership. In: Formal Organizations: A Developmental Approach". In: J. G. Hunt e L. L. Larson (Eds.). *Leadership Frontiers* (Kent, OH: Kent State University Press, 1975), p. 143-165.
45. R. P. Vecchio e B. C. Gobdel. "The Vertical Dyad Linkage Model of Leadership: Problems and Prospects". *Organizational Behavior and Human Performance* 34 (1984): 5-20.
46. Vecchio e Gobdel. "Vertical Dyad Linkage Model". Para uma boa revisão de pesquisas recentes nessa área, veja House e Singh. "Organizational Behavior", p. 679-680.
47. Veja Evans, "Leadership", p. 236-37.
48. Um bom exemplo dessa abordagem pode ser encontrado em H. Koontz e C. O'Donnell, *Principles of Management: An Analysis of Managerial Functions* (Nova York: McGraw-Hill, 1972), p. 47-52. (Trad. Editora Pioneira, *Princípios de Administração*, 3 v., 1990.)
49. H. Mintzberg. "A New Look at the Chief Executive's Job". *Organizational Dynamics* (1973); e Mintzberg. *The Nature of Managerial Work.*
50. J. Kotter. "What Effective General Managers Really Do". *Harvard Business Review* 60, n. 6 (1982): 156-67; e J. Kotter, *The General Managers* (Nova York: The Free Press, 1982).
51. Veja Calder. "Attribution Theory", p. 179-204.
52. S. Kerr e J. M. Jermier. "Substitutes for Leadership: Their Meaning and Measurement". *Organizational Behavior and Human Performance* 22 (1978): 375-403.
53. Veja J. M. Burns. *Leadership* (Nova York: Harper & Row, 1978); W. W. Burke. "Leadership as Empowering Others". In: Srivastva and Associates, *Executive Power*, p. 63-75.
54. N. M. Tichy e M. A. Devanna. *The Transformational Leader* (Nova York: Wiley, 1986); um bom resumo desse livro pode ser encontrado em N. M. Tichy e M. A. Devanna. "The Transformational Leader". *Training and Development Journal* (jul. 1986): 27-32.
55. Veja L. T. Perry. "Key Human Resource Strategies". In: an Organizational Downturn". *Human Resource Management* 23, n. 1 (1984): 61-75.
56. G. N. Powell e D. A. Butterfield. "The 'Good Manager': Masculine or Androgynous?" *Academy of Management Journal* 22, n. 2 (1979): 395-403.
57. Veja M. D. Fottler e T. Bain. "Sex Differences. In: Occupational Aspirations". *Academy of Management Journal* 23, n. 1 (1980): 144-149; e L. R. Gallese. "Women and the Race up the Corporate Ladder". *Wall Street Journal*, 3 nov. 1980, p. 30.
58. Para um bom resumo desta literatura, veja G. H. Dobbins e S. J. Platz. "Sex Differences In: Leadership: How Real Are They?" *Academy of Management Review* 11, n. 1 (1986): 118-127.
59. Veja D. G. Winter. *The Power Motive* (Nova York: Free Press, 1975); e S. Wilsnack. "The Effects of Social Drinking on Women's Fantasy". *Journal of Personality* 42 (1974): 43-61.
60. Veja L. McFarland Shore e G. C. Thornton. "Effects of Gender on Self and Supervisory Ratings". *Academy of Management Journal* 29, n. 1 (1986): 115-129; Dobbins e Platz. "Sex Differences In: Leadership"; K. Bartol. "The Sex Structuring of Organizations: A Search for Possible Causes". *Academy of Management Review* 3 (1978): 805-815; e K. Bartol. *Male and Female Leaders*. In: *Small Work Groups* (East Lansing, MI: Michigan State University Business Studies, 1973).
61. A. F. Buono e J. B.L Kamm. "Marginality and the Organizational Socialization of Female Managers". *Human Relations* 36, n. 12 (1983): 1125-1140; S. Riger e P. Galligan. "Women. In: Management: An Exploration of

Competing Paradigms". *American Psychologist* 35, n. 10 (1980); 902-910; R. M. Kanter. *Men and Women of the Corporation* (Nova York: Basic Books, 1977).

62. T. D. Jick e L. M. Mitz. "Sex Differences. In: Work Estresse". *Academy of Management Review* 10, n. 3 (1985): 408-420; D. D. Bowen e R. D. Hisrich. "The Female Entrepreneur: A Career Development Perspective". *Academy of Management Review* 11, n. 2 (1986): 393-407; D. C. McClelland. *Power: The Inner Experience* (Nova York: Irvington, 1975); e D. G. Winter e A. J. Stewart. "Power Motivation". In: H. London e J. Exner (Eds.). *Dimensions of Personality* (Nova York: Wiley, 1982).
63. M. Jelinek e N. J. Alder. "Women: World-Class Managers for Global Competition". *Academy of Management Executive* 2, n. 1 (1988); 11-19.

capítulo 8

Comportamento macro-organizacional: o ambiente da organização

O campo do comportamento organizacional surgiu como uma forma de compreender e administrar os diversos comportamentos que ocorrem em grupos e organizações. Pelo que este livro sugere até aqui, o enfoque principal desse estudo tem sido sobre os indivíduos, pequenos grupos e seus líderes. Essa perspectiva comportamental tradicional ou micro-organizacional foi substancialmente influenciada por dois fatores: (1) os fundadores da área, majoritariamente vindos da psicologia e da psicologia social; e (2) o contexto social do pensamento administrativo (veja o Capítulo 1). Com a evolução do comportamento organizacional, o trabalho de outros cientistas sociais, mais notadamente sociólogos e cientistas políticos, foi incorporado, o que trouxe questões relativas aos padrões de comportamento entre grupos maiores de pessoas e o comportamento de organizações como entidades, interagindo entre si e com seu meio ambiente. O resultado disso tem sido uma conceituação mais ampla do campo e o desenvolvimento de modelos para a compreensão, o projeto e a administração desses comportamentos macro-organizacionais.[1]

A importância desse macro-ocomportamento se reflete na ênfase recente à adaptação da estrutura de organizações para atender a diversas restrições e pressões ambientais, criando culturas organizacionais que refletem a missão e as metas globais da organização, e para administrar a influência crescente de fatores externos na tomada de decisões e eficácia da organização, bem como comportamentos micro-organizacionais em geral. Nesse contexto, o capítulo vai explorar a natureza mutante do ambiente e das relações da organização com o ambiente. O Capítulo 9 examinará a estrutura organizacional e a dinâmica interna da organização.

AMBIENTES ORGANIZACIONAIS

No pensamento da administração clássica, as organizações eram vistas como sistemas relativamente fechados. Visto que se defendia que a eficácia e o sucesso dependiam da eficiência das operações internas, as organizações e políticas administrativas eram criadas para realizar um conjunto estável de tarefas e metas organizacionais. Pouca, se é que alguma, atenção era dedicada à adaptação da organização às mudanças no ambiente externo.

Entretanto, como vimos no Capítulo 1, a teoria organizacional contemporânea toma uma perspectiva muito mais ampla das organizações e sua administração. As organizações são vistas como sistemas abertos, que precisam se adaptar a condições externas mutantes, para desempenharem, terem sucesso e até sobreviverem ao longo do tempo de forma eficaz. O macroambiente empresarial atual assume muitas formas diferentes. Embora alguns ambientes ainda possam ser relativamente simples e estáveis, outros tendem a ser muito mais complexos e dinâmicos por natureza. De fato, particularmente no nível de grandes corporações, é raro que alguma tendência, seja ela social, econômica, política, tecnológica ou internacional, deixe de afetar, de algum modo, as operações internas.[2]

Visto que as organizações são concebidas como parte de um universo ou ambiente maior, pode-se argumentar que qualquer coisa que aconteça no ambiente maior poderá afetar a organização (e vice-versa), ao menos levemente. Embora muitas ocorrências no ambiente, é claro, tenham pouco impacto direto sobre qualquer organização em particular, eventos significativos podem afetar as organizações muito mais profundamente que as políticas e melhorias internas. A escassez de petróleo, por exemplo, pode ter um impacto mais significativo sobre uma organização que qualquer tentativa interna de tornar o trabalho mais desafiante para os funcionários, de melhorar os canais de comunicação ou de implementar programas de treinamento para membros da organização.

O ambiente, como muitas áreas do comportamento organizacional, não é um conceito bem definido. Há controvérsias quanto ao que, efetivamente, constitui o ambiente de uma organização e os tipos de questões que devem ser incluídas em uma discussão dos ambientes organizacionais. Por exemplo, um estudo dos ambientes organizacionais aponta que a mudança tecnológica é considerada por alguns um fenômeno ambiental e por outros, um produto das organizações.[3] Isso levanta dúvidas quanto ao conceito dos limites entre as organizações e os seus ambientes, as características dos ambientes que devem ser consideradas pelos administradores, o modo como eles devem tentar lidar com essa mudança e assim por diante. Portanto, como parte do nosso estudo sobre os ambientes organizacionais, esta seção vai enfocar três áreas básicas: (1) formas de definir ambientes organizacionais; (2) mudança ambiental e incerteza; e (3) tipos de ambientes organizacionais.

A definição de ambiente organizacional

Embora haja muitas definições do conceito de ambiente, o tema básico é um enfoque nos fatores externos à organização. Uma definição, por exemplo, trata o ambiente organizacional como "todos os elementos existentes fora dos limites da organização e que tenham potencial para afetar a organização como um todo ou partes dela".[4] Outra visão, mais ampla, é que o ambiente é "qualquer coisa que não faça parte da própria organização".[5] As outras definições são mais dirigidas, voltadas para instituições específicas ou forças que afetam o desempenho organizacional, porém sobre as quais as organizações têm pouco ou nenhum controle.[6]

Como modo de definir o ambiente organizacional mais precisamente, recorremos a duas distinções analíticas feitas por muitos teóricos da organização: (1) o ambiente geral *versus* o específico; e (2) o ambiente real *versus* o percebido.[7]

Ambiente geral e específico O *ambiente geral da organização* refere-se aos fatores, tendências e condições gerais que afetam todas as organizações. Inclui coisas tais como condições tecnológicas, fatores sociais, interações políticas, condições econômicas, fatores demográficos, a estrutura legal, o sistema ecológico, fatores de mercado e condições culturais. O ambiente geral se volta para as condições que *potencialmente* podem afetar as organizações. Em muitos casos, contudo, a relevância desses fatores para certa organização pode não ser muito clara. Mesmo assim, visto que essas mudanças podem ter impacto profundo sobre uma organização (por exemplo, a mudança de um ambiente regulamentado para um desregulamentado, como na indústria do transporte aéreo), é importante para as organizações acompanhar as tendências e mudanças da sociedade. Como mostra a Figura 8.1, as esferas sociais e políticas são tão importantes para o planejamento e a estratégia empresarial quanto os domínios econômicos e tecnológicos.

Contrastando com a ambiguidade e incerteza relativas ao efeito do ambiente geral em uma organização específica, o *ambiente específico* (ou *da tarefa*) enfoca os fatores e as condições externas que tenham relevância imediata para a organização. Um ambiente específico como esse geralmente inclui os clientes, fornecedores, sindicatos, autoridades regulamentadoras, grupos de interesse público, associações de classe e outros públicos ou entidades relevantes da organização. Embora o ambiente geral seja semelhante para todas as organizações, o ambiente específico vai variar dependendo do domínio específico (ou seja, gama de produtos ou serviços oferecidos, mercados servidos) que a organização tiver escolhido. Portanto, a distinção entre o ambiente geral e o específico depende das atividades centrais de dada organização.

Elementos com interesses na organização. O conceito de um ambiente organizacional específico ressalta a necessidade de entender a relação entre as organizações e os diversos grupos sociais que são afetados pela sua operação: acionistas, funcionários, sindicatos, clientes, fornecedores, a comunidade local, entidades governamentais e assim por diante. A natureza exata dos laços entre as corporações e esses grupos, como seria de esperar, varia bastante no que refere-se a intensidade, duração e significado.[8]

Ao longo da nossa história, o *modelo do acionista* tem sido o nosso evangelho empresarial básico: uma corporação, em sua essência, é vista como uma porção de propriedade privada, possuída por aqueles que dela têm ações. Esses proprietários elegem uma diretoria cuja respon-

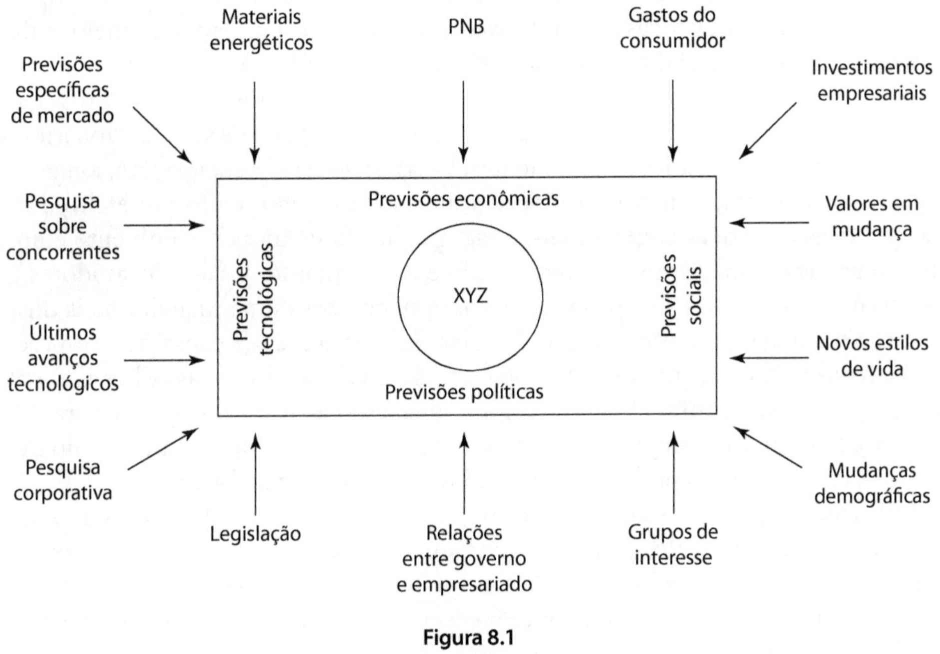

Figura 8.1

Fonte: Adaptado de Ian H. Wilson, "Socio-Political Forecasting: A New Dimension to Strategic Planning". *Michigan Business Review* 1974 (jul.), p. 163-164.

sabilidade é servir aos interesses dos donos. Esse modelo supõe que as interações entre as organizações empresariais e os diversos grupos afetados por suas operações (funcionários, consumidores, fornecedores) são mais efetivamente estruturadas como transações de mercado. As forças de oferta e procura, ou seja, as pressões de um mercado concorrido, assegurarão o melhor uso da empresa e de seus recursos econômicos. Em suma, a diretoria e seus gerentes designados são os agentes fiduciários ou executores dos proprietários. Eles cumprem suas obrigações básicas quando trabalham pelos interesses financeiros dos acionistas, em outras palavras, quando agem para maximizar os lucros. Os demais grupos do ambiente de uma empresa são relegados a um plano secundário.

De um ângulo diferente, há uma nova perspectiva, chamada *modelo dos interessados na organização* (*stakeholders*, em inglês), que sugere que as incorporações estejam a serviço da sociedade maior. Essa abordagem reconhece que as exigências sobre as organizações empresariais crescem continuamente, o que inclui uma variedade mais ampla de grupos que não eram tradicionalmente definidos como parte do interesse imediato da organização. Em um sentido estrito, eles são os grupos ou pessoas identificáveis, de que uma organização depende para sobreviver: acionistas, funcionários, clientes, fornecedores e entidades governamentais. Contudo, em um nível mais amplo, um interessado é qualquer grupo ou indivíduo que possa afetar ou ser afetado pelo desempenho da organização no que refere-se a seus produtos, políticas e processos operacionais. Nesse sentido, grupos de interesse público, grupos de protesto, comunidades locais, entidades governamentais, associações comerciais, concorrentes, sindicatos e a imprensa também são interessados na organização. Os acionistas continuam a ocupar um lugar de destaque, mas seus interesses específicos devem ser defendidos no contexto mais amplo do interesse público. A Figura 8.2 mostra a diferença genérica entre os "mapas" dos acionistas e dos interessados da empresa.

Os interessados e as decisões gerenciais. Como será exposto mais adiante neste capítulo, atualmente as organizações empresariais estão enfrentando um alto grau de turbulência ambiental. De fato, durante as últimas duas décadas, as organizações empresariais e sua administração enfrentaram muitas exigências novas, baseadas em expectativas da sociedade em mudança, sobre o papel apropriado das corporações na sociedade maior. As empresas, por exemplo, foram solicitadas a reavaliar seus processos produtivos à luz de riscos iminentes ao meio ambiente, a modificar a composição racial e sexual de sua força de trabalho, a melhorar a segurança dos produtos, a garantir uma representação mais exata nos seus argumentos de propaganda e a mostrar uma preocupação maior para com a saúde e bem-estar geral de seus funcionários. E essas são apenas algumas das questões mais evidentes. Essas pressões e preocupações, longe de serem acontecimentos que simplesmente ocorreram uma só vez estão tendo um efeito duradouro sobre as políticas e práticas empresariais. Essas grandes mudanças no ambiente empresarial requerem mudanças correspondentes nas mentes e na orientação dos administradores.[9]

A estrutura dos interessados propicia aos administradores uma maneira mais dirigida de pensar sobre o ambiente da organização. O raciocínio básico é ser capaz de compreender as maneiras em que os diversos interessados são ou podem ser afetados pelas políticas e práticas da organização, como vão provavelmente reagir, e quais são as próprias opções para lidar com essas reações. Essa abordagem provê aos administradores uma estrutura para examinarem essas questões e se tornarem mais proativos em suas interações com o ambiente.

Embora ainda haja tensões entre as interpretações do acionista e do interessado quanto ao papel da empresa na sociedade, o modelo do interessado parece estar ganhando aceitação por uma série de motivos.[10] Primeiro, o modelo do acionista não conseguiu lidar adequadamente com os nossos problemas sociais contemporâneos nem com a real complexidade das transações e interações econômicas. Segundo, é do interesse da empresa no longo prazo ter uma visão mais ampla do seu papel na sociedade. Se a empresa não se tornar responsável pelos seus atos, pres-

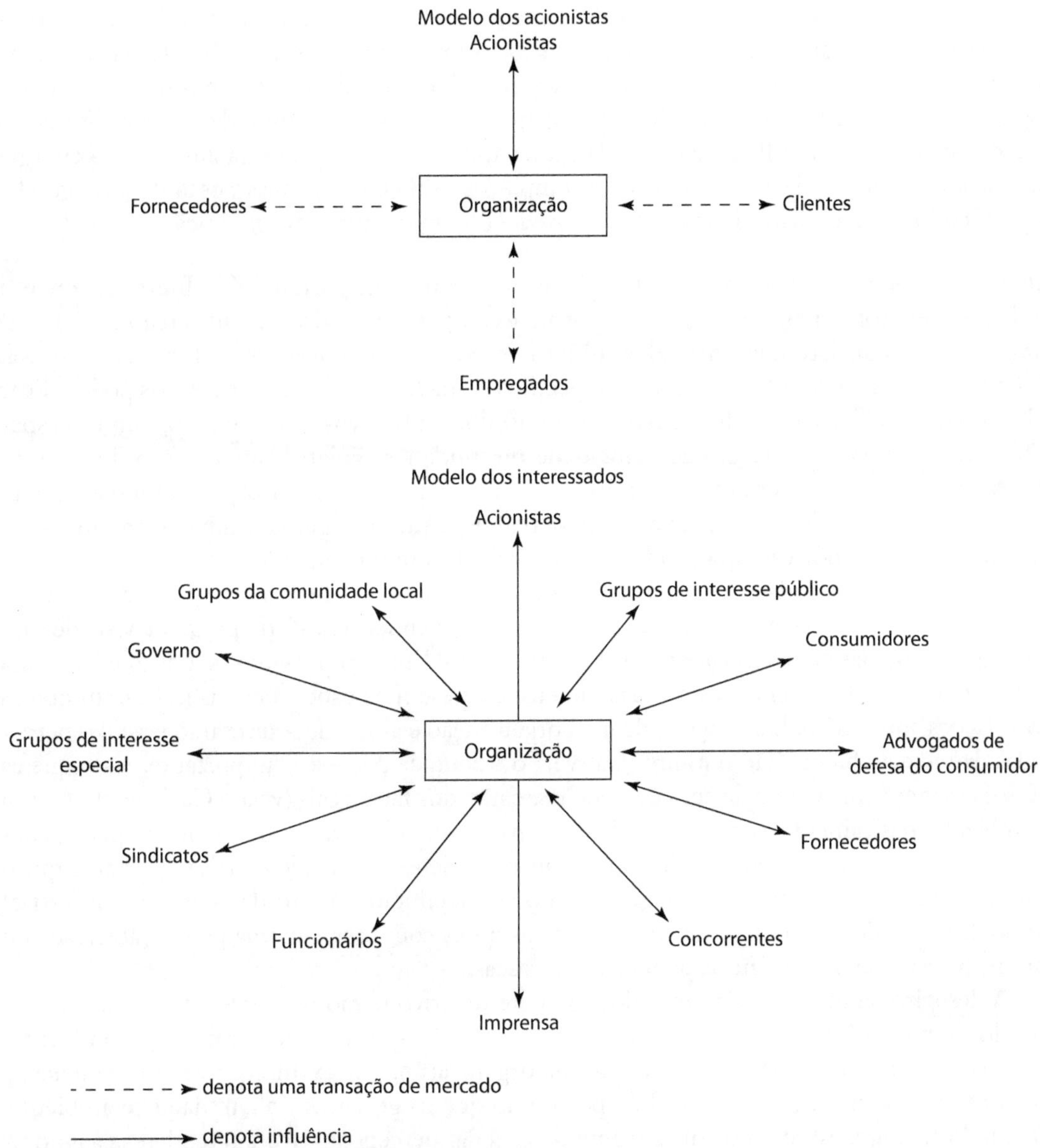

Figura 8.2 Comparação dos modelos dos interessados e dos acionistas de organizações empresariais.

sões crescentes por parte dos interessados vão assegurar responsabilidades impostas pelo governo por meio de leis e regulamentações. Terceiro, a compreensão e satisfação das necessidades dos interessados são importantes para o bem-estar da empresa. A conscientização sobre as múltiplas forças que influenciam os acontecimentos nos colocará em uma posição melhor para tomar decisões empresariais. Finalmente, o modelo dos interessados se alinha com as noções contemporâneas de justiça.

Funcionários, consumidores, comunidades locais e outros públicos relevantes não são apenas instrumentos para o enriquecimento dos acionistas e têm interesses e metas próprios bem legítimos.

Embora um número crescente de organizações concentre o acompanhamento e planejamento no seu ambiente específico, por meio de análise dos interessados, a importância do ambiente geral não deve ser negligenciada. De fato, o ambiente geral não só influencia a organização em si, mas também exerce influência sobre outros membros do ambiente específico da organização. Essa situação se torna ainda mais complexa quando percebemos que os diversos aspectos do ambiente geral também interagem entre si (por exemplo, decisões políticas ou atitudes sociais podem influenciar a mudança tecnológica, como vimos na indústria da energia nuclear). Portanto, embora sejam às vezes complexos e difíceis de analisar, os ambientes geral e específico formam o que é chamado *textura causal* dos ambientes da organização.

Ambiente real e o percebido Outra distinção analítica importante é a diferença entre o ambiente real (objetivo) e aquele visto por meio da percepção dos gerentes (subjetivo).[11] O *ambiente real* consiste das entidades, objetos e condições que existem fora da empresa. Concentrando-se nos ambientes geral e específico de dada organização, as pessoas podem ficar "do lado de fora" dela e, mediante o uso de indicadores objetivos (por exemplo, número específico de componentes da tarefa, velocidade de mudança, volatilidade da tecnologia e do mercado etc.), desenvolver uma descrição desse ambiente. Cada organização tem um ambiente que é "real", mensurável e externo a ela. Essa realidade impõe algumas limitações ao modo de operar a empresa (por exemplo, cada setor da indústria tem características técnicas definidas que precisam ser mantidas). O *ambiente percebido*, por sua vez, reflete a interpretação subjetiva do primeiro. Embora essas percepções também sejam eventos "reais", do ponto de vista de suas consequências, elas ocorrem *no interior* da organização. Embora possamos supor que haja uma correspondência direta entre essas duas dimensões, pesquisas experimentais indicaram que as correlações entre as medidas do real de uma organização e as medidas das características percebidas daquele ambiente não é muito alta (veja o Apêndice A). Isso é importante, visto que as pessoas reagem em virtude de suas percepções, e não dos fatos reais (veja o Capítulo 4). Como o ambiente, basicamente, se torna "conhecido" para uma organização por meio das percepções de seus gerentes, muitos teóricos defendem que o ambiente percebido é mais importante que o ambiente real. Entretanto, conforme indica o conhecimento, tanto da economia industrial como da teoria de marketing, quando se toma decisões com base em uma percepção errada do ambiente real, as consequências podem ser drásticas.

A despeito da importância tanto do ambiente objetivo como do percebido, a maioria dos estudos tem enfatizado uma única perspectiva. Pesquisas que se concentraram nos ambientes objetivos como determinantes das reações da organização, por exemplo, tiveram tendência a desconsiderar a influência potencial da percepção que os gerentes tinham daquele ambiente. De modo análogo, estudos que observaram o papel das percepções tiveram tendência a ignorar as influências dos ambientes objetivos.[12] Trabalhos recentes, em nível teórico, nessa área enfatizaram a importância da interação entre os atributos ambientais objetivos e as percepções dos gerentes, assim como outras variáveis moderadoras, tais como características individuais (veja o Capítulo 3), inércia organizacional e grau de discernimento gerencial como componentes distintos das reações da organização. Assim, tanto o ambiente real como o percebido das organizações são aspectos importantes da análise ambiental que deve ser explicitamente reconhecida nos processos de tomada de decisões.

Mudança ambiental e incerteza

Como implica a distinção entre o ambiente geral e o percebido, nem todos os ambientes organizacionais são iguais. Esses ambientes vão desde os quase estáticos (por exemplo, sem novos concorrentes nem novidades tecnológicas, pouca pressão social ou política) até os muito dinâmicos (por exemplo, mudanças rápidas, muitas vezes imprevisíveis, como o caso da indústria de computadores de uso doméstico). Em alguns casos, contudo, a transição de um ambiente relativamente estático para um em mudança rápida pode ser bem repentina, como mostram alguns eventos recentes nos ramos bancário e de transporte aéreo nos Estados Unidos. A desregulamentação desses dois setores alterou significativamente as práticas de concorrência, as considerações estratégicas e as oportunidades e limitações externas.

Estabilidade e complexidade Um modo de avaliar o efeito potencial dessa mudança ambiental sobre uma organização se baseia em duas dimensões: grau de estabilidade e grau de complexidade.[13] A dimensão da *estabilidade* refere-se a até que ponto os elementos do ambiente são dinâmicos. Um ambiente é considerado estável se permanecer relativamente o mesmo durante certo período (por exemplo, serviços públicos). Ambientes instáveis, por sua vez, são aqueles que passam por mudanças abruptas, que são rápidas e muitas vezes inesperadas (por exemplo, alta tecnologia).

A dimensão da *complexidade* refere-se à quantidade de elementos relevantes diferentes externos no ambiente de uma organização. Um ambiente complexo consiste de um grande número de elementos distintos que exercem influência significativa sobre a organização, ao passo que um ambiente simples se caracteriza por apenas alguns poucos fatores externos importantes. Uma mercearia de bairro, por exemplo, tem um ambiente relativamente simples (os principais fatores influentes são os fornecedores, os fregueses e os concorrentes locais); no outro extremo da escala, as grandes corporações têm ambientes muito mais complexos, caracterizados por entidades como autarquias governamentais, sindicatos, grupos de interesse público, comunidades locais, com acionistas, fornecedores, credores e revendedores.

Incerteza As dimensões de estabilidade e complexidade traçadas anteriormente têm significado para as organizações por determinarem a quantidade de *incerteza* que uma organização precisa enfrentar no seu ambiente. Em sua essência, a incerteza ambiental refere-se à falta de informações que os tomadores de decisões da organização podem ter sobre as tendências e as mudanças nas condições ambientais.[14] Assim, as alternativas para as decisões atuais e suas consequências se tornam mais imprevisíveis com maior incerteza ambiental, o que aumenta o risco nas decisões tomadas na organização. De modo geral, os ambientes instáveis e complexos apresentam mais incerteza que os mais estáveis e simples. Como foi sugerido na exposição sobre a teoria comportamental da decisão (Capítulo 4), considerando-se nossas limitações cognitivas e a influência delas nos nossos processos perceptivos, essa incerteza influencia sobremaneira o modo como os gerentes tomam decisões.

Uma tipologia do ambiente

Há diversas tipologias diferentes que caracterizam os ambientes organizacionais. A nossa explicação anterior dos diversos graus de estabilidade e complexidade ambientais combina-as de modo a formar quatro quadrantes, assim definindo uma tipologia (Veja a Tabela 8.1). Como existe uma sobreposição considerável entre esses diversos modelos, enfocaremos uma das principais contribuições, que reflete boa parte do pensamento nessa área: o modelo de incerteza de Emery e Trist, com quatro ambientes.

A tipologia ambiental formulada por Emery e Trist ilustra diferentes velocidades de mudança ambiental, variando de ambientes relativamente estáveis a outros em mudança constante.[15] Esse modelo é baseado na suposição de que, à medida que os ambientes se desenvolvem, suas partes se tornam cada vez mais interdependentes, o que aumenta a complexidade. Considere, por exemplo, nossas necessidades de combustível antes da Revolução Industrial. Ao

Tabela 8.1 Uma conceituação da incerteza ambiental e da estrutura organizacional apropriada

Mudança ambiental	Simples	Complexa
Estável	**Baixa incerteza** *Ambiente* Pequeno número de elementos externos Os elementos permanecem iguais ou mudam lentamente Estrutura organizacional Mecanística (formal, centralização) Poucos departamentos Mecanismos indiretos de integração	**Incerteza baixa moderada** *Ambiente* Grande número de elementos externos Os elementos permanecem iguais ou mudam lentamente Estrutura organizacional Mecanística (formal, alguma descentralização) Muitos departamentos Mecanismos de integração geralmente indiretos, com alguns diretos
Instável	**Incerteza moderada alta** *Ambiente* Pequeno número de elementos externos Elementos em mudança contínua Estrutura organizacional Orgânica (informal, centralização) Poucos departamentos Mecanismos de integração principalmente indiretos, com alguns diretos	**Alta incerteza** *Ambiente* Grande número de elementos externos Elementos em mudança contínua Estrutura organizacional Orgânica (informal, descentralização) Muitos departamentos (grande diferenciação) Mecanismos de integração principalmente diretos
	Complexidade organizacional	

Fonte: Adaptado com permissão do editor, "What is the Right Organization Structure? Decision Tree Provides the Answer" de Robert Duncan, *Organizational Dynamics*, 1979, p. 63, Copyright 1979 by AMACOM, uma divisão da American Management Association, New York. Todos os direitos reservados. P. R. Lawrence e J. W. Lorsch, *Organization and Environment: Managing Differentiation and Integration*, Boston: Division of Research, Harvard Business School, 1967; e Henry Mintzberg, *The Structuring of Organizations: A Synthesis of the Research*, Copyright 1979, p. 286, 446-447. Adaptado sob permissão da Prentice-Hall, Inc. Englewood Cliffs, NJ.

longo de nossa era agrária, o carvão e a madeira (nossos combustíveis primários) eram usados principalmente para fins de aquecimento. Quando as pessoas precisavam de madeira, simplesmente a cortavam ou se dirigiam a alguém que a tivesse. Não havia necessidade de uma administração florestal sistemática nem de planos de reflorestamento. Após a industrialização, entretanto, nossas necessidades de combustível mudaram substancialmente, de modo que o carvão, a madeira e o petróleo em ascensão passaram a ser usados não só para aquecimento doméstico, mas também para atender à demanda de energia da indústria. Como diversos setores da sociedade se tornaram cada vez mais dependentes da mesma fonte de energia (petróleo), a rede de interdependências resultante cria muitas dificuldades potenciais, frequentemente de modo imprevisto. Assim, como há tanto em nossa sociedade que depende do suprimento de petróleo, qualquer mudança em seu nível de oferta é altamente problemática.

Com base nessa perspectiva foram identificados quatro tipos de ambiente: (1) plácido, aleatório; (2) plácido, agregado; (3) perturbado, reativo; e (4) campo turbulento. Como já foi dito antes, cada um desses ambientes é mais complexo que o anterior.

O ambiente *plácido, aleatório* é relativamente estável, e não há uma interdependência significativa entre suas partes. Assim, esse tipo de ambiente ameaça pouco as organizações. As mudanças ocorrem lentamente com o passar do tempo (alta estabilidade ambiental) e são previsíveis (baixa complexidade).

O estágio seguinte é o ambiente *plácido, agregado*. Esse ambiente também muda vagarosamente (estabilidade), mas há uma interdependência maior (complexidade crescente) das partes do ambiente em diversos blocos agregados (por exemplo, cartéis de fornecedores ou distribuidores). Os acontecimentos no ambiente dessa forma não são mais completamente aleatórios como no primeiro tipo. Assim, o ambiente plácido, agregado começa a ameaçar (com incerteza no que refere-se às relações agregadas) as organizações.

O ambiente *perturbado, reativo* é muito mais complexo que os dois anteriores. Seu principal aspecto é o surgimento de diversas organizações semelhantes (concorrentes), que são suficientemente grandes para exercerem controle sobre o seu próprio ambiente, bem como sobre o das *outras* organizações. Como já foi mencionado anteriormente, isso cria uma situação na qual uma organização tende a influenciar tanto quanto a reagir a seu ambiente de maneira representativa. Os ambientes perturbados, reativos são característicos dos oligopólios (ramos de atividade dominados por três ou quatro empresas). Por exemplo, na indústria automobilística norte-americana, a "corrida da potência" da década de 1950, a "corrida da garantia" da década de 1960 (na qual uma fábrica de automóveis relativamente pequena introduzia uma garantia muito abrangente, apenas para que as outras a seguissem), a "corrida do consumo" do final da década de 1970 e a "corrida da qualidade" da década de 1980 são situações nas quais uma companhia, criando parte do ambiente, forçava as demais a reagirem de modo semelhante.

No último tipo de ambiente, o *campo turbulento*, as condições são tão complexas que é difícil entender a combinação de forças que criam a mudança constante. Esse ambiente é o mais dinâmico de todos e o que apresenta o maior grau de incerteza. E difícil dar um exemplo adequado de campo turbulento, visto que, teoricamente, um ambiente desses não "fica quieto" durante tempo suficiente para ser estudado. Contudo, a indústria dos processadores de texto e dos computadores pessoais é um bom exemplo da volatilidade da mudança que pode ocorrer.

Turbulência ambiental Diversos teóricos do comportamento macro-organizacional observaram que as organizações estão sendo confrontadas cada vez mais com *campos turbulentos*, caracterizados por altos níveis de instabilidade e complexidade. A popularidade de livros como *O choque do futuro*, de Alvin Toffler, e *Megatendências*, de John Naisbitt, aponta para a constatação de (alguns diriam a preocupação com) tais mudanças e suas implicações para diversas camadas da sociedade. O ponto principal é que as mudanças no ambiente têm efeitos dramáticos nas organizações. O movimento rumo a uma sociedade pós-industrial (veja o Capítulo 1) é complicado por uma concorrência crescente na arena mundial, aumentando a diversificação da força de trabalho, mudando as expectativas do trabalho, mudando as regulamentações e desregulamentações governamentais e diminuindo os recursos em meio a outras transições ligadas ao trabalho e à sociedade. Essas mudanças e as pressões decorrentes trouxeram uma situação na qual a constatação do ambiente e a ênfase nele é um aspecto de importância crescente na administração das organizações e dos comportamentos que ocorrem nelas.

Um exemplo de turbulência ambiental crescente é dado por um estudo interno feito por uma grande companhia petrolífera.[16] Para ajudar seus gerentes a compreenderem melhor o ambiente da empresa e suas implicações para a organização, a Major Oil Inc. realizou um estudo do ambiente da empresa de 1950 a 1980. Com base nessa análise, a corporação criou um "mapa de interessados" (veja a explicação anterior, neste capítulo) para cada período. Como mostra a Figura 8.3, a empresa tinha relações entre neutras e favoráveis com esses diversos grupos na década de 1950. Em razão das incontáveis mudanças que ocorreram nas três décadas seguintes, esse quadro relativamente estável evoluiu para um muito mais turbulento. Como mostra a Figura 8.4, não só muitas das relações positivas e neutras entre a empresa e os principais grupos de interessados se deterioraram para negativas e neutras, mas a quantidade e diversificação dos grupos também aumentou. Uma comparação entre esses dois "mundos" retrata vividamente os níveis de instabilidade e complexidade enfrentados pelos gerentes de hoje, se comparados aos das gerações anteriores.

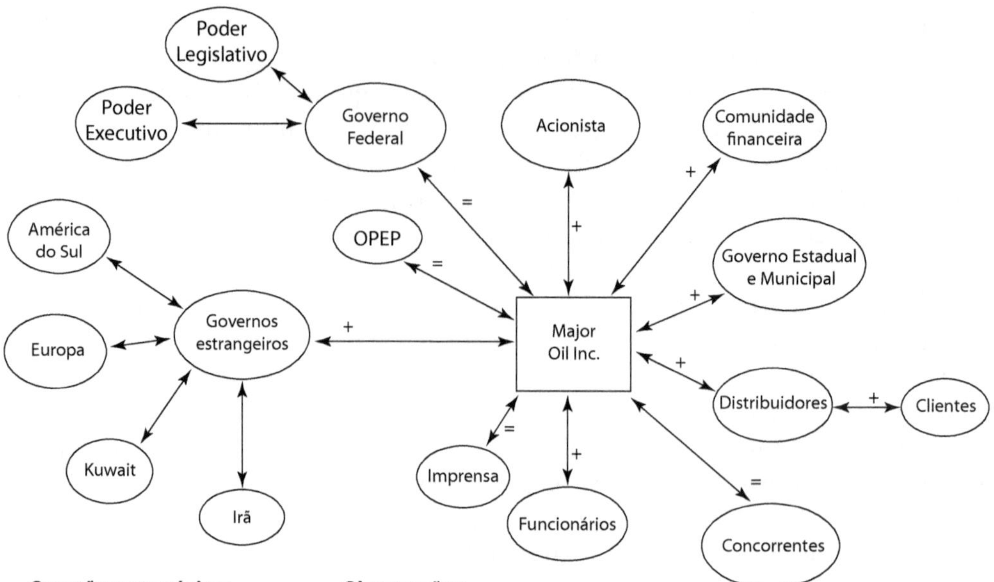

Questões estratégicas
- Novas fontes de produção
- Diversificação para baixo
- Políticas governamentais

Observações:
"+" significa relações geralmente positivas
"–" significa relações geralmente negativas
"=" significa relações geralmente neutras

Figura 8.3 Mapa dos interessados na Major Oil Inc., no final da década de 1950.

Fonte: Reproduzido de R. Edward Freeman, *Strategic Management: A Stakeholder Approach*. Boston: Pitman, 1984, p. 121.

RELAÇÕES ORGANIZAÇÃO-AMBIENTE

Durante a era da escola clássica da administração, os acadêmicos e especialistas concordaram, de modo geral, que havia uma forma ideal de administrar, especificamente uma liderança autoritária com controle rígido. Desse modo, havia uma estrutura organizacional genérica preferível às demais, denominada burocracia, na qual havia uma amplitude de controle de sete pessoas para cada supervisor de um nível hierárquico acima (veja o Capítulo 1). Esse estilo gerencial e organizacional funcionou razoavelmente bem durante os últimos estágios da revolução industrial. A ênfase estava na produção em massa de produtos uniformes, caracterizada pela frase de Henry Ford, que "o cliente poderia ter qualquer cor de carro que quisesse, desde que fosse preta". Contudo, Alfred Sloan revolucionou a indústria automobilística usando uma abordagem diferente à fabricação e comercialização de carros com base na descentralização de operações e responsabilidades sob um controle coordenado.[17] Rapidamente a General Motors deixou a Ford Motor Company para trás, principalmente porque a abordagem da Ford à produção de automóveis não se adaptou às exigências ambientais tão bem como a General Motors: o apego às regras tradicionais de estrutura organizacional não teve tanto sucesso quanto o desenvolvimento de uma organização mais adaptável, capaz de fabricar carros para diversos segmentos de mercado (por exemplo, Chevrolet para a classe assalariada, Oldsmobile para as pessoas em ascensão e Cadillac para os ricos). Desse modo, mudanças ambientais contínuas durante as décadas de 1970 e 1980 criaram uma situação na qual as fábricas de automóveis norte-americanas tiveram de fazer adaptações substanciais em suas estruturas organizacionais, nos projetos de seus produtos e nas técnicas de produção para se manterem competitivas em âmbito mundial.

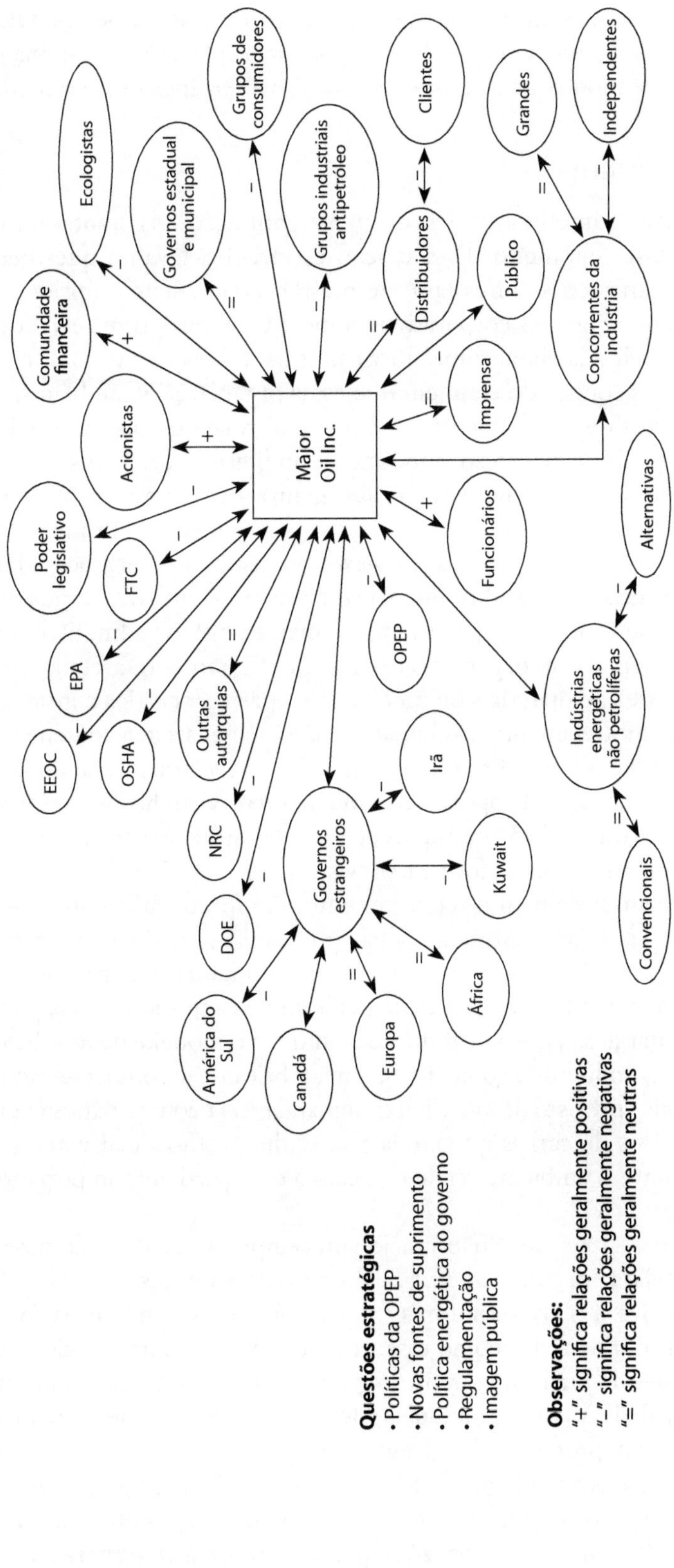

Figura 8.4 Mapa dos interessados na Major Oil Inc. na década de 1980.

Fonte: R. Edward Freeman, *Strategic Management: A Stakeholder Approach*. Boston: Pitman, 1984, p. 122.

Esta seção trata de algumas maneiras como gerentes e organizações lidam com seus ambientes no que refere-se a: (1) esforços gerenciais para reduzir a incerteza controlando o ambiente; (2) papéis de varredura de limites; (3) ligações ou alianças interorganizacionais; e (4) reação da organização à decadência do ambiente. O Capítulo 9 amplia essa explanação e examina tentativas de estruturar organizações de modo que se ajustem a pressões e exigências do ambiente.

O controle do ambiente

Como a incerteza ambiental ameaça a eficácia de uma organização, os gerentes frequentemente procuram minimizar esse fenômeno. Essa reação estratégica levanta questões relativas à extensão em que as organizações controlam, ou mesmo criam, seus próprios ambientes. É evidente, por exemplo, que gigantes corporativos como a General Motors e a Toyota têm um impacto significativo na indústria automobilística, em seus respectivos países e mercados mundiais. O que é menos conhecido é até em que essas organizações também são capazes de influenciar outros aspectos de seu ambiente, tal como controlando seus fornecedores a ponto de determinarem seus níveis de produção, e mesmo de auditarem seus livros.[18]

Thompson observou cinco maneiras em que as organizações tentam exercer controle sobre seus ambientes para reduzir o nível de incerteza em seu planejamento.[19] Primeiro, sob "normas de racionalização", as organizações procuram *amortecer* ou isolar sua tecnologia básica (operações internas) das influências externas. Por meio de mecanismos tanto de entrada (por exemplo, estoques reguladores) como de saída (por exemplo, marketing), os administradores buscam assegurar que a tarefa central da organização não seja diretamente afetada por condições externas, tais como escassez de materiais ou mudanças na preferência dos consumidores.

Se as estratégias de amortecimento dos impactos não funcionarem a contento, as organizações podem tentar controlar as flutuações ambientais *uniformizando* ou nivelando suas transações de entrada e saída. A programação de operações sem emergência em hospitais e as tarifas aéreas reduzidas durante a "baixa estação" são exemplos de recursos que as organizações recorrem para manter suas operações em um nível uniforme e previsível.

Se as estratégias de amortecimento e nivelamento não forem suficientes, os administradores podem passar a uma terceira estratégia, mais proativa: a *previsão*, que envolve tentativas de antecipar com mais precisão e se adaptar a mudanças ambientais que não possam ser resolvidas por meio de amortecimento e nivelamento. Na indústria automobilística, por exemplo, as vendas tendem a aumentar logo após a introdução de um novo modelo; depois disso vão caindo até o início da primavera no hemisfério norte. Se uma fábrica de automóveis puder ajustar sua produção para os períodos previsto de alta e baixa demanda, ela não terá pátios cheios de carros para vender nem períodos de carros que ainda não tenha produzido. Evidentemente, uma congruência próxima entre o ambiente real e o previsto é de particular importância para uma previsão eficaz.

Mesmo a previsão e a antecipação não funcionam sempre. Quando todo o resto falhar, as organizações podem apelar para o *racionamento*, a alocação de produtos ou serviços baseados em um sistema de prioridades. Os consumidores frequentemente veem isso na forma de "uma unidade por cliente". Em uma tática como essa, revendedores de automóveis podem receber apenas um carro por mês de uma linha muito popular. Na época das festas de fim de ano, o correio pode dar prioridade à correspondência, deixando as malas diretas para épocas mais tranquilas no tráfego postal, procurando concentrar seus esforços.

Os administradores podem também participar de uma série de *estratégias interorganizacionais* para possibilitar o ajuste da organização em épocas de mudança ambiental extremada. Isso pode ser feito por meio da formação de coalizões (por exemplo, o *joint venture* General Motors-

-Toyota), co-opções (por exemplo, fusões e aquisições), competições (por exemplo, liquidações, ofertas) ou negociações (por exemplo, empreitando serviços ou funções para outras organizações). A principal consideração é que a autonomia e o poder de decisão da organização quanto ao estabelecimento de metas serão menores em razão do grau de envolvimento com outras organizações.

Papéis de varredura dos limites O propósito essencial dos papéis de varredura dos limites é ligar e posicionar a empresa como elementos-chave de seu ambiente externo, canalizando as informações nos dois sentidos, de modo que os planos e os atos da organização possam ser coordenados de maneira mais eficaz, reduzindo a incerteza.[20] A premissa básica é que, como resultado dessa interação, a organização estará em uma posição melhor para se adaptar a mudanças ambientais e que alguns dos componentes ambientais poderão se adaptar às necessidades da organização.

Os papéis de varredura de limites atendem a dois propósitos básicos.[21] Primeiro, eles procuram detectar e processar informações sobre o ambiente e relacionar essas informações à organização. Muitas corporações, por exemplo, têm papéis e funções de *gerenciamento de questões*, que procuram identificar tendências emergentes, preocupações ou questões que tenham probabilidade de afetar a organização nos próximos anos e desenvolver reações em face desse futuro.[22] Segundo, os papéis de varredura de limites representam a organização para o seu ambiente, enviando informações e procurando influenciar esse ambiente. Muitas empresas e ramos da indústria, por exemplo, empregam lobistas para promover e defender seus interesses nas decisões de políticas governamentais. De fato, na reforma tributária dos Estados Unidos, em 1986, havia tantos lobistas tentando influenciar a legislação que o corredor diante do Comitê Financeiro do senado norte-americano foi apelidado de "Ravina Gucci", visto que estava constantemente cheio desses indivíduos com seus "ternos caros e sapatos reluzentes".[23] O departamento de *assuntos públicos* de grandes organizações frequentemente procura cumprir ambos os propósitos.[24] Essa função relativamente nova reflete uma evolução da área tradicional de relações públicas, com uma ênfase maior na coleta de informações, análise ambiental, interações com grupos-chave de interessados na organização e modificações apropriadas nas políticas e estratégias da companhia. Ao tentarem influenciar as percepções que outras pessoas têm da organização, os varredores de limites tentam administrar a forma como essas pessoas vão interagir com a organização.

Alianças interorganizacionais Alianças interorganizacionais são combinações entre organizações que se utilizam de recursos de duas ou mais organizações existentes. Às vezes chamadas organizações "híbridas", essas ligações entre empresas variam de relacionamentos formais (tais como contratos de suprimento ou licenças de fabricação), passando por *joint ventures*, até a criação de uma organização formal (como em uma fusão).[25] Como essas licenças simultaneamente unem organizações e produtos, elas criam um conjunto exclusivo de vantagens e desvantagens. Como as organizações "híbridas" aproveitam a capacidade de organizações múltiplas, independentes, elas oferecem uma grande variedade de soluções para problemas como ineficiência operacional, escassez de recursos, falta de espaço para aproveitar a economia de escala e assim por diante. Ao mesmo tempo, há uma fragilidade inerente nessas combinações entre empresas, que as torna bem complexas para se administrar.[26] O choque potencial de culturas organizacionais (veja o Capítulo 9), conflitos do tipo "nós-eles" entre integrantes de empresas diferentes, estilos gerenciais e expectativas diferentes, projeções ou expectativas irreais do resultado de fusão, nível reduzido de envolvimento e coalizão dos funcionários, liderança pouco efetiva, medo e ansiedade em face da possível perda de emprego, perda de *status* ou realocação, assim como muitas outras preocupações correlatas, podem facilmente solapar a mais "ideal" das alianças. Estudos demonstraram o nível de sucesso relativamente baixo das *joint ventures*, fusões e aquisições, em que apenas uma em cada três dessas combinações se mostrou profícua em longo prazo.[27] Apesar dessas dificuldades, as pressões crescentes sobre as empresas, tanto por aumento de eficiência como de flexibilidade, vêm influenciando de maneira crescente as empresas para experimentarem essas combinações híbridas.

As ambiguidades e incertezas geridas por um ambiente em mudança rápida influem bastante nas decisões de combinação interorganizacional. Uma aquisição vertical (ou seja, uma combinação entre empresas que tinham uma relação real ou potencial de comprador-vendedor, assim como um fabricante e um distribuidor), por exemplo, é associada a uma tentativa de absorver as interdependências da indústria e reduzir as incertezas entre fornecedor e revendedor; fusões e aquisições horizontais (ou seja, combinação de empresas semelhantes, como duas distribuidoras de petróleo) e as *joint ventures* são relacionadas a tentativas de reduzir incertezas competitivas. Assim, um determinante importante da criação de alianças interorganizacionais é a tentativa de reduzir ou evitar a incerteza ambiental; quanto maior a incerteza, maior será a tendência de procurar essas combinações entre empresas.[28]

As *joint ventures*, uma forma de aliança interorganizacional de popularidade crescente, se tornaram particularmente dominantes no comércio internacional, como modo de obter acesso a mercados anteriormente fechados, ampliar a presença geográfica, fortalecer os canais de distribuição e obter compromissos políticos das nações anfitriãs.[29] A *joint venture* entre a General Motors (GM) e a Toyota, para fabricar o Chevrolet Nova em Fremont, Califórnia, por exemplo, prometia benefícios potenciais a ambas as corporações. A GM viu o empreendimento como uma oportunidade de aprender mais sobre os sistemas de fabricação e controle de qualidade japoneses, ao passo que a Toyota viu a aliança como um modo de capitalizar na perícia mercadológica da GM e reduzir as hostilidades e a ameaça de barreiras comerciais formais (cotas, tarifas elevadas) entre os dois países. À medida que as forças de competição global continuam a crescer, os esforços de pesquisa e desenvolvimento se tornam maiores e mais arriscados, a tecnologia se torna cara demais para ser sustentada isoladamente e a capacidade de dominar mercados se torna cada vez mais difícil, entretanto, essas combinações entre empresas prometem bastante, como parte da estratégia competitiva das companhias norte-americanas.[30] A Microeletronics Computer Technology Corporation (MCC), por exemplo, é uma *joint venture* com base em pesquisa, composta de cerca de 24 das maiores empresas de alta tecnologia dos Estados Unidos (incluindo a Digital Equipment Corporation, Control Data Corporation, Honeywell e National Semiconductor). As metas básicas da MCC são repartir os custos de pesquisa e desenvolvimento, bem como os talentos de engenharia e capacidade científica das empresas participantes para desenvolver a próxima geração de computadores. Criada como parte de uma estratégia defensiva por essas empresas para derrotar um esforço semelhante pelo Instituto Japonês para a Tecnologia do Computador da Nova Geração (ICOT), essas alianças prometem oferecer uma base mais sistemática para examinar os esforços de pesquisa, refinar e transferir os resultados às empresas participantes.

Reações organizacionais à decadência ambiental Desde a década de 1970, o potencial para o declínio organizacional, como a necessidade de reduzir ou suprimir recursos inativos (como verbas contingenciais, reservas, fundos para novos produtos), tornou-se uma dura realidade para muitas empresas. A decadência organizacional pode ocorrer quando uma empresa tiver de enfrentar uma situação de influência e controle menores sobre os recursos ambientais (por exemplo, perda de participação no mercado em razão de uma maior concorrência internacional), mudanças no próprio ambiente (por exemplo, mudanças demográficas que acarretem um menor número de matrículas em escolas e universidades) ou uma empresa que tenha se tornado ineficiente devido a confiança no sucesso passado (atrofia organizacional).[31] Como demonstrou a profunda recessão nas indústrias metalúrgicas (por exemplo, siderurgia, automobilística) dos Estados Unidos no final da década de 1970 e início da de 1980, tornou-se cada vez mais claro que os gerentes precisam compreender as razões por trás da decadência organizacional, desenvolver estratégias para tentar evitar o declínio e saber administrar a eliminação de requisitos, se ele ocorrer. Infelizmente, pesquisas têm demonstrado que a maioria dos gerentes foi pouco instruída e está mal preparada para lidar com a decadência.[32]

Teoria da ecologia da população. Uma abordagem relativamente recente à compreensão do surgimento ou decadência de populações de organizações é chamada *ecologia da população.* Às vezes denominada teoria da "seleção natural", essa abordagem defende que o ambiente "escolhe" certos tipos de organizações para sobreviver e outros para perecer com base no grau de ajuste entre as características estruturais da empresa e as características do seu ambiente.[33]

As organizações que concorrem em um ambiente aberto são consideradas como tendo um nicho específico, um lugar ou uma posição no mercado.[34] Esse nicho pode ser grande ou pequeno e é determinado por fatores ou dimensões exclusivas àquela organização em seu ambiente. Portanto, devido a certas variáveis, tais como tecnologia ou disponibilidade de recursos, cada nicho tem certas características, ou um formato. As organizações precisam se encaixar nos seus nichos ou fracassarão. Por exemplo, embora muitos fatores tenham contribuído para a situação da indústria automobilística norte-americana no final da década de 1970 e no início da de 1980, três variáveis tiveram papel fundamental: a crise do petróleo, a mudança de tecnologia e a concorrência internacional. As crises do petróleo de 1972 e 1979 mudaram o enfoque da indústria de carros grandes para menores, mais eficientes no uso do combustível. Mudanças tecnológicas (por exemplo, a tração dianteira e a injeção eletrônica de combustível em comparação com a tração traseira e carburação), bem como a capacidade dos fabricantes alemães e japoneses de adaptarem rapidamente para tirarem proveito dessas necessidades e preferências influenciaram o tamanho e o formato do nicho. Ao longo de um período relativamente curto, o nicho dos carros grandes encolheu e o nicho dos carros pequenos cresceu. Entretanto, não foi só o tamanho do nicho que mudou, mas também o seu formato: não era o nicho do carro pequeno, com tração traseira, mas um carro pequeno com uma considerável sofisticação tecnológica (compare o Chevette e o Ford Pinto com os carros feitos pela Toyota, Nissan e Volkswagen). Em razão dessas mudanças, os fabricantes de automóveis teriam de adaptar rapidamente ou enfrentar a decadência.

Segundo essa perspectiva, há quatro tipos de decadência de nicho, baseados na continuidade da mudança e no impacto sobre o tamanho e formato do nicho. A *erosão* ocorre quando nicho encolhe gradualmente com o passar do tempo (mudança contínua). Nessa situação, as organizações frequentemente adotam uma estratégia ofensiva, tentando redistribuir ou sintonizar seus esforços. Em contrapartida, a *contração* ocorre quando o nicho encolhe repentinamente, as organizações são colocadas em uma posição defensiva, tipicamente caracterizada por cortes substanciais em áreas selecionadas ou por toda a organização. A *dissolução* ocorre quando o formato do nicho muda ao longo do tempo. Nessa situação, as empresas tentam inicialmente proteger o que já têm e gradualmente adotam uma estratégia de diversificação. Esse padrão é típico das indústrias de cigarros, à medida que a conscientização e preocupação crescentes da sociedade em relação a problemas de saúde gerados pelo fumo fez que muitas empresas procurassem novos produtos (por exemplo, experiências recentes com cigarros sem fumaça) e oportunidades de investimento em outras indústrias. Finalmente, o *colapso* ocorre quando certo nicho subitamente se desintegra, como aconteceu no final da Segunda Guerra Mundial com as empresas que produziam detonadores para bombas. A U. S. Time Company, que fabricava detonadores durante a guerra, percebeu que seu nicho estava prestes a entrar em colapso e começou a reorientar rapidamente suas operações. Atualmente, é mais conhecida como a fabricante de relógios econômicos Timex.

Uma descoberta básica de muitos estudos nessa área foi que o fracasso em se adaptar às mudanças no ambiente pode ser compreendido mediante o exame de certas características dos gerentes, da estrutura (veja o Capítulo 9), da estratégia e do ambiente de cada empresa. Assim, a ontogenia (ou seja, o ciclo de vida) de uma indústria, de maneira bem semelhante ao crescimento e desenvolvimento humanos, molda a capacidade de crescimento e adaptação posteriores.[35] Ao mesmo tempo, contudo, a teoria da ecologia da população é criticada pelo seu excessivo determinismo ambiental.[36] Essencialmente, essa abordagem sugere que a sorte e a aleatoriedade desempenham um papel importante no sucesso de uma empresa: se ela lançar um novo produto ou serviço e o ambiente a apoiar, ela terá sucesso; caso contrário, vai fracassar. Dessa forma, uma ideia que funcionou muito bem na década de 1950 poderá fracassar miseravelmente na de 1980 e vice-versa. O sucesso ou fracasso da organização, portanto, são determinados mais pelas características do ambiente e do nicho em particular do que por habilidades gerenciais e estratégias organizacionais.

A administração da decadência Há duas abordagens básicas para lidar com os efeitos da decadência organizacional: recentralização e realocação.[37] Como as decisões referentes à decadência precisam ser tomadas no topo da organização, os executivos do primeiro escalão geralmente retomam a autoridade de tomar decisões (*recentralização*). Muitas vezes é necessário fazer cortes de pessoal, eliminar departamentos, reduzir a folha de pagamento e os benefícios e assim por diante. Os recursos remanescentes na empresa terão então de ser *realocados* para maximizar o efeito. Se, por exemplo, a empresa tiver um nicho específico, os recursos muitas vezes são canalizados para tirar proveito dessa área. Embora isso possa representar o fortalecimento de certo componente da empresa, também significa o enfraquecimento ou esvaziamento de outra área ou departamento. Como resultado, as decisões ligadas à decadência geralmente trazem uma série de problemas e tensões à organização: aumento de conflitos, sigilo, "bodes expiatórios", distanciamento, rigidez e rotatividade; além do decréscimo no moral, na participação, na criatividade e no planejamento no longo prazo.[38]

Com base na avaliação de uma ampla variedade de setores, até mesmo indústrias de computadores, automobilísticas e serviços de assistência médica, foram sugeridas oito estratégias básicas para gerenciar o impacto da decadência organizacional nos recursos humanos de uma empresa:[39] (1) imparcialidade na implementação de políticas de corte de pessoal, distribuindo as reduções necessárias por toda a organização; (2) permitir que os funcionários saiam com dignidade (ou seja, despedindo-se de seus colegas, abrindo espaço para manifestações de tristeza e raiva); (3) ajudar os demitidos a encontrar novas colocações; (4) evitar o menosprezo a funcionários que tenham sido cortados (por exemplo, pondo a culpa nas vítimas, chamando-os de "peso morto" ou "maçãs podres"); (5) ter cuidado ao contratar executivos de fora; (6) manter os funcionários informados; (7) estabelecer expectativas realistas, informando os funcionários do que é provável que aconteça; e (8) usar de cerimônias para reduzir a raiva e a perplexidade (veja o Capítulo 5). O modo como essas decisões são administradas envia "sinais" aos membros da organização sobre os valores e as orientações da companhia (veja o Capítulo 9). O resultado é que esses esforços não só têm impacto sobre os que foram dispensados durante um declínio, mas também sobre os que permaneceram na organização. Durante os esforços de redução, um problema crítico no longo prazo que ainda precisa ser enfrentado é a necessidade de atrair e reter o quadro de gerentes, técnicos e outros elementos-chave cuja presença seja necessária para o sucesso da empresa no longo prazo.[40]

O AMBIENTE INTERNACIONAL

O mundo dos negócios não é mais limitado por fronteiras geográficas. Até meados da década de 1970, os Estados Unidos eram claramente a potência industrial dominante no mundo. Agora, entretanto, torna-se claro que o domínio industrial dos Estados Unidos diminuiu. Países industrializados como o Japão e a Alemanha (Ocidental) obtiveram sucessos impressionantes na conquista de fatias maiores de muitos mercados. Durante a década de 1980, diversos países em recente processo de industrialização, como Coreia do Sul, Taiwan, China, Brasil, Argentina e Índia, começaram a emergir como concorrentes importantes no comércio mundial.[41] Embora cada um desses países, individualmente, possa ter apenas uma pequena influência na economia global atual, coletivamente eles estão criando uma grande força econômica no comércio internacional. Embora muitos desses países enfrentem graves problemas internos (o México, por exemplo, não conseguiu pagar o serviço de sua dívida externa) e dependam muito do acesso aos mercados dos Estados Unidos para suas exportações, eles estão destinados a desempenhar um papel de importância crescente no mercado global.

Em razão do domínio inicial dos Estados Unidos no mercado mundial, a maior parte da nossa compreensão da administração e organização se baseia na experiência norte-americana.[42] A premissa básica era que as atitudes e comportamentos dos norte-americanos em relação ao trabalho eram semelhantes às dos povos de outros países. Essa "suposição de universalidade" um tanto simplista está sendo testada pelas novas realidades do mundo empresarial. Por exemplo, embora sistemas econômicos e práticos gerenciais diferentes possam ser parcialmente responsáveis por algumas das mudanças no sucesso empresarial em nível mundial, pesquisas recentes sugerem que o Japão e outros países da Ásia possam ter uma boa vantagem competitiva sobre os Estados Unidos e a Europa, por causa da ênfase na afiliação e na arte da síntese que se encontra incrustada em sua cultura.[43] Esses legados culturais criam orientações bem diferentes para o trabalho e para com o local de trabalho. Tais análises deixam claro que é preciso se conscientizar melhor das diferenças interculturais e das implicações dessas nas práticas administrativas e organizacionais.

Negócios internacionais e o comportamento organizacional

Os negócios internacionais consistem das atividades e interações, entre empresas públicas e privadas, que envolvem o fluxo internacional de recursos, informações, mercadorias e serviços com o propósito de obter lucro.[44] Quando se pensa em negócios internacionais, a maioria das pessoas tende a pensar em corporações multinacionais. Uma (corporação) multinacional é definida tipicamente como uma empresa em geral com matriz em um país, mas que se dedica à fabricação e atividades correlatas por meio de afiliadas localizadas em outros países.[45] A maioria das empresas, ao examinar a viabilidade do estabelecimento de operações em outro país, tende a se concentrar nas condições econômicas e estudos de mercado do país em consideração: a disponibilidade, a adequação e utilização atual (terra, mão de obra e capital), o potencial para criar novos mercados para produtos e serviços, a distribuição de renda, os padrões de consumo pessoal, o custo da mão de obra e as atitudes do governo em relação a investimentos privados.[46] Muitas empresas, contudo, negligenciam ou subestimam os fatores socioculturais envolvidos no sucesso de tais empreendimentos.

A capacidade e a habilidade de administrar por meio de culturas diferentes se concentra em questões e preocupações como:[47] (1) Os comportamentos organizacionais variam de uma cultura para outra? (2) Quanto de qualquer diferença observada pode ser atribuído a fatores culturais? (3) A variação no comportamento organizacional, em nível mundial, está aumentando, diminuindo ou permanecendo inalterada? (4) Qual é a melhor forma de os gerentes operarem ao trabalharem em culturas diferentes? (5) Qual é a melhor forma de os gerentes lidarem com a diversidade cultural, até mesmo usando as diferenças como um recurso da organização?

Se qualquer país tiver intenção de desenvolver como um concorrente de sucesso no mercado mundial, é crucial que comece a desenvolver gerentes e profissionais que compreendam a dinâmica associada a uma economia global e que sejam capazes de agir de acordo. Há uma necessidade crítica de gerentes que sejam relocáveis e adaptáveis, capazes de lidar de maneira eficaz com pessoas e grupos heterogêneos e que se sintam à vontade e no domínio da situação em culturas diferentes.[48] A importância da necessidade de treinamento e desenvolvimento nessa área é ressaltada por estudos que indicam que quase um terço das transferências consideradas erros nas multinacionais norte-americanas é em razão do fracasso dos funcionários em se adaptarem a uma nova cultura.[49] Esses esforços de treinamento intercultural incluem dimensões como (1) estudos de área, ou programas documentários, que expõem os funcionários a uma nova cultura por meio de material impresso sobre a história, geografia, economia e instituições culturais do país; (2) esforços de assimilação cultural, instrução programada que expõe as pessoas a incidentes específicos que sejam importantes para o sucesso na interação em diversos países; (3) preparação linguística; (4) treinamento de sensibilidade, no qual a autoconscientização do funcionário é enriquecida; e (5) experiências em campo, nas quais as pessoas são expostas a "miniculturas" em seus próprios países de origem.[50]

Transferibilidade das práticas gerenciais

O sucesso de concorrentes estrangeiros no mercado mundial levou a diversas análises dos modelos gerenciais e sistemas empresariais de outros países. As questões sobre as diferenças culturais entre diversas sociedades, contudo, trazem preocupações quanto à transferibilidade das práticas gerenciais de um país a outro. Sociólogos e antropólogos falam no que refere-se a um caráter nacional, as "características pessoais", atributos culturais ou estruturas institucionais relativamente duráveis e suficientemente distinguíveis na sua incidência ou distribuição para diferenciar uma sociedade de outra".[51] Embora o caráter nacional não seja unimodal (ou seja, nem todas as pessoas de certo país têm necessariamente todas as características associadas àquela cultura) e as características em questão possam não ser exclusivas a uma sociedade em particular, a interdependência entre personalidade, cultura e sistema social tem conquistado aceitação crescente.

Com base em um estudo extenso sobre quarenta países independentes, por exemplo, Hofstede encontrou diferenças significativas entre os caracteres nacionais ou culturais dos países que examinou.[52] Com base no seu estudo, ele descobriu quatro dimensões básicas que poderiam ser usadas para descrever e diferenciar as culturas desses países: (1) a *distância do poder*, ou seja, o grau em que o poder hierárquico põe as pessoas a certa distância psicológica umas das outras; (2) a *fuga à incerteza*, o grau em que a ambiguidade é vista como algo ameaçador ou gerador de ansiedade; (3) o *individualismo-coletivismo*, ou seja, o grau em que as pessoas ou grupos são vistos como recursos primários para o trabalho e a solução de problemas; e (4) a *masculinidade*, o grau em que os valores e comportamentos que parecem ser pertencentes aos traços do estereótipo masculino (por exemplo, independência, realização) são valorizados em comparação aos traços mais estereotipicamente femininos (por exemplo, ternura, compaixão). Para ilustrar rapidamente algumas das descobertas de Hofstede, foi constatado que os Estados Unidos tem um nível relativamente baixo de distância do poder (por exemplo, cargos importantes têm poucos privilégios), bastante baixo na fuga à incerteza (encoraja-se as pessoas a assumirem riscos e vê-se os conflitos como potencialmente geradores de resultados construtivos), muito alto de individualismo (espera-se que cada um cuide de si mesmo, e a autonomia é procurada) e acima da média em masculinidade (por exemplo, as pessoas devem ser movidas pela ambição, as realizações devem ser recompensadas). Em contrapartida, notou-se que a sociedade japonesa tinha um nível alto de distância do poder (por exemplo, os poderosos devem parecer e agir como tal), alto de fuga à incerteza (o consenso reduz os riscos a assumir), moderadamente baixo de individualismo (os valores e metas da organização são mais importantes que os individuais) e, de forma análoga aos Estados Unidos, alto de masculinidade.

Essas diferenças no caráter nacional podem ter impacto direto sobre as práticas e relacionamentos no trabalho.[53] Por exemplo, observando a visão de gerentes norte-americanos e japoneses sobre o compromisso com programações feitas, em uma empresa de transporte aéreo de carga por meio do Oceano Pacífico, os gerentes japoneses levam muito a sério esses compromissos: esperam que seus subordinados cumpram suas promessas, e é uma desonra grave quando os compromissos da organização não são cumpridos. Por sua vez, os gerentes norte-americanos parecem ver os mesmos compromissos de maneira bem diferente. Foram feitas promessas de "acalmar o cliente", com o "acordo" de que eles não seriam capazes de cumprir esses compromissos ou que seus funcionários não se incomodariam muito para cumprir as promessas que haviam feito. A expectativa subjacente é que todos serão "compreensivos", visto que isso tudo são apenas negócios, em que muitas vezes se faz compromissos que não será possível cumprir.

Estudos comparativos de diversas culturas em organizações semelhantes sugerem que os funcionários das diferentes sociedades podem ter expectativas bem diferentes sobre o trabalho e a satisfação que obtêm dele.[54] Com base em uma análise conjunta de oito estudos comparativos das atitudes da organização em sociedades diferentes, foram encontrados alguns agrupamentos distintos (veja a Figura 8.5) para variáveis como (1) importância das metas do trabalho; (2) deficiência de necessidades, realização pessoal e satisfação com o trabalho; (3) atitudes gerenciais e práticas organizacionais; e (4) papéis no trabalho e orientações interpessoais.[55] Alguns pesquisadores, contudo, alegam que essas análises coletivas exageram as diferenças entre os países e que muitas das diferenças encontradas nesses estudos são mais atribuíveis a diferenças individuais e ocupacionais que culturais dos pesquisados. Mesmo assim, a maioria dos estudos sugere que uma diferença significativa entre as metas de trabalho e atitudes gerenciais podem ser decorrência do país e de fatores culturais.[56]

Embora o agrupamento ou classificação dos diversos países na Figura 8.5 possa parecer baseado, em grande parte, na região geográfica, há diversas diferenças sutis. Por exemplo, com base exclusivamente na geografia, poderia se tentar classificar o Japão no grupo do Oriente.

Como foi destacado por pesquisas recentes, embora as empresas comerciais japonesas possam ser bem conhecidas por suas célebres práticas de tomada de decisões participativa, essas práticas não se estendem às suas operações do sudeste asiático.[57] De fato, nos países do sudeste asiático, uma objeção frequente dos funcionários de multinacionais japonesas é que os gerentes japoneses os excluem sistematicamente de discussões e decisões relativas ao trabalho. Os gerentes japoneses são retratados reunidos em cantos distantes do prédio, discutindo tudo em japonês e tomando todas as decisões eles mesmos. Essa prática parece ser baseada no alto nível de intimidade percebida ou coesão existente entre os gerentes japoneses. Embora os japoneses percebam que são capazes de trabalhar muito bem entre eles, os estrangeiros são vistos de maneira bem diferente e não são incluídos no mesmo nível de relacionamento no trabalho.

A cultura e a gerência

Para apreciar as diferenças entre a gerência doméstica e a internacional em sua plenitude, é importante compreender o papel da cultura, visto que a cultura de uma sociedade reflete os

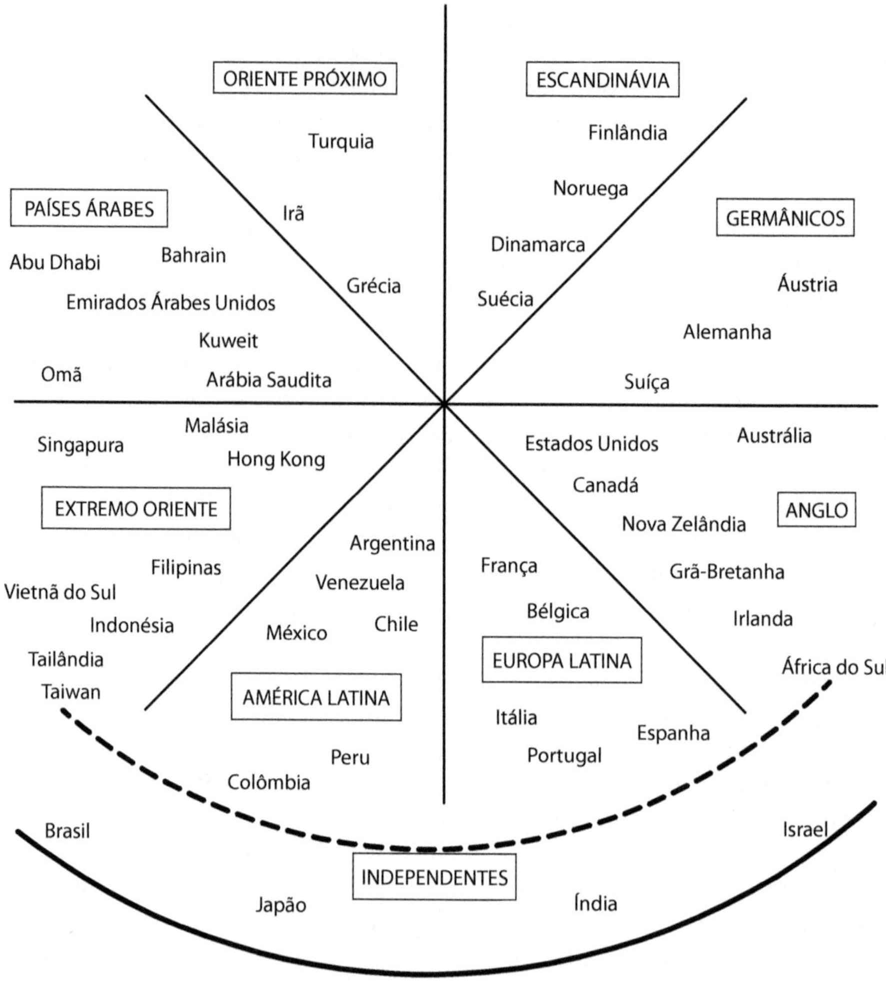

Figura 8.5 Uma síntese dos agrupamentos de países.

Fonte: Reproduzido de Simcha Ronen e Oded Shenkar, "Clustering Countries on Attitudinal Dimensions: A Review and Synthesis". *Academy of Management Review 10*, n. 3 (1985) p. 449.

valores, as atitudes e os comportamentos de seus integrantes. Há muito tempo os antropólogos e sociólogos reconheceram o significado da cultura como fator essencial das crenças, atitudes e comportamentos de uma população. De fato, a maioria das definições atuais de cultura são modificações da definição desse conceito dada por E. B. Tylor em 1871: "O todo complexo que inclui conhecimento, crença, arte, moral, leis, costumes e quaisquer outras capacidades e hábitos adquiridos por (pessoas como) membros de uma sociedade.[58] No seu sentido mais amplo, a cultura pode ser considerada a parte do repertório completo da atividade humana e seus produtos, que seja socialmente, e não geneticamente, transmitida. Há dois temas centrais que emergem da análise da cultura.[59] Primeiro, há o conceito integrativo de *costume*, ou seja, o modo tradicional e regular de fazer as coisas. A cultura pode ser considerada *adquirida* e não genética ou biológica por natureza. Ela pode ser *compartilhada* por pessoas como membros de um grupo social, não sendo uma idiossincrasia por natureza. A cultura também é *transgeracional* e *acumulativa*, sendo passada de uma geração a outra. Finalmente, é *simbólica* por natureza e *estruturada* (ou seja, organizada e integrada) em nossas vidas. Segundo, há uma distinção entre a cultura material ou objetiva e a idealista ou subjetiva. A *cultura objetiva* refere-se aos artefatos e produtos materiais de uma sociedade. A *cultura subjetiva*, por sua vez, refere-se à maneira característica de uma sociedade perceber seu ambiente, suas regras, normas, papéis e valores.

Como mostra a Figura 8.6, as pessoas exprimem a cultura e as suas qualidades normativas por meio dos valores que têm sobre a vida e o mundo social que as cerca.[60] Esses valores, por sua vez, afetam as atitudes e o que será visto como o comportamento apropriado para cada situação. Como foi enfatizado na exposição sobre a Teoria X e a Teoria Y, no Capítulo 3, os tipos de crenças que as pessoas têm sobre a natureza do comportamento humano influenciam muito a forma como abordam a gerência e a organização. Essa relação também prevalece para a maneira como a gerência e as organizações são vistas em sociedades diferentes.

Ainda resta uma questão intrigante quanto a até que ponto as práticas gerenciais são transferíveis de uma sociedade para outra. Em países em que integrantes de multinacionais estão acostumados a trabalhar com estrangeiros em sua terra natal, é mais provável que empresas estrangeiras incluam pessoal local nas decisões gerenciais e usem o mesmo tipo de abordagem gerencial que adotam na matriz. Além disso, no exemplo da resistência dos japoneses aos funcionários de suas operações no sudeste asiático, descrito anteriormente, o principal motivo de sua abordagem habitualmente participativa não ser adotada tem mais relação com a *suposição* de que ela não seria eficaz que com uma avaliação objetiva da situação.[61] Ao mesmo tempo, qualquer um que tenha vivido em uma cultura diferente pode apreciar as diferenças envolvidas. Existem diversas generalizações sobre as orientações culturais à gerência e às práticas geren-

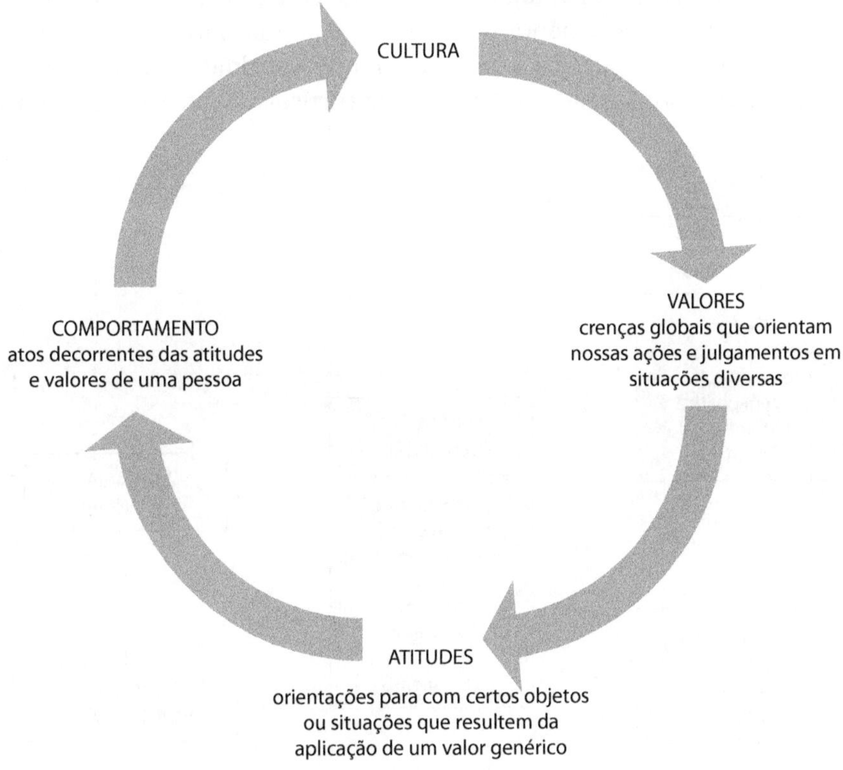

Figura 8.6 A influência da cultura no comportamento.

Fonte: Adaptado de Nancy J. Adler, *International Dimensions of Organizational Behavior* (Boston: Kent, 1986), p. 9; e Boris W. Becker e Patrick E. Connor, "A Course on Human Values for the Management Curriculum", *Exchange: The Organizational Behavior Teaching Journal* 8, n. 1 (1983), 10-16.

ciais, por exemplo: "Os franceses detestam a gerência por objetivos", "A família é essencial para os noruegueses", "O sucesso na Ásia significa a família em primeiro lugar", "A lealdade à organização é a chave para o sucesso no Japão" e "Os ingleses são muito individualistas, e o compromisso com suas empresas é relativamente fraco".[62] Embora os dados atuais sugiram que muitos desses estereótipos sejam sustentáveis de modo geral, também fica claro que é preciso muito mais pesquisa e visão sobre as diferenças interculturais no que refere-se a preferências gerenciais e organizacionais. De fato, como Hofstede argumentou, uma "desconsideração pelas outras culturas é um luxo a que somente os fortes podem se dar [...] e até em que vão as teorias da administração, o relativismo cultural é uma ideia cuja era já chegou".[63]

RESUMO

Um tema central deste capítulo enfoca o efeito significativo que o ambiente externo pode ter nas práticas gerenciais e no funcionamento organizacional. Como foi visto no Capítulo 1, as organizações são *sistemas abertos*, influenciados por uma multidão de forças e mudanças ambientais. Como foi resumido na Figura 8.7, há diversos fatores ambientais que influenciam a filosofia e a prática gerencial e, em última análise, a eficácia gerencial e organizacional. Essas pressões e forças têm grandes implicações no modo como pensamos nas formas adequadas de gerência e organização. Alguns dos principais fatores que influenciaram as maneiras com que os gerentes procuram lidar com e reagir ao ambiente são: uma ênfase maior nas mudanças políticas e sociais, além das considerações tradicionais da mudança econômica e tecnológica, uma consideração crescente dos interessados na organização, as tensões por eles geradas e as pressões crescentes da concorrência estrangeira, bem como um mercado emergente efetivamente global.

É importante perceber que, embora as organizações possam aprender sobre e se adaptar ao seu ambiente, elas também podem, em graus diferentes, igualmente modificar e controlar o ambiente.[64] Apesar de essas últimas estratégias serem particularmente verdadeiras para grandes

Figura 8.7 Influência ambientais na filosofia e prática gerenciais.

Fonte: Adaptado de R. N. Farmer e B. M. Richman, *Comparative Management and Economic Progress*. Homewood, IL: Richard D. Irwin, 1965, p. 35.

corporações, mesmo as organizações menores, por meio de ligações interorganizacionais e coalizões industriais, podem influenciar seu ambiente. Como enfatiza a exposição sobre a administração do ambiente, é importante para as organizações mudarem e se adaptarem quando necessário, mas é igualmente importante que elas sejam capazes de neutralizar ou alterar os aspectos problemáticos do seu meio. Espera-se que com a continuidade do desenvolvimento do campo do comportamento organizacional, dedique-se mais atenção e interesse aos aspectos macro das organizações e seu ambiente.

NOTAS

1. Veja R. H. Miles, *Macro Organizational Behavior* (Santa Monica: Goodyear, 1980), capítulo 1.
2. Para uma boa revisão dessas preocupações, veja H. L. Sawyer (Ed.). *Business*. In: *the Contemporary World* (Nova York: University Press of America, 1988); G. Starling. *The Changing Environment of Business: A Managerial Approach*, 2. ed. (Boston: Kent, 1984); F. Steckmest. *Corporate Performance: The Key to Public Trust* (Nova York: McGraw-Hill, 1982); e Miles. *Macro Organizational Behavior*, capítulos 7 e 8.
3. W. H. Starbuck. "Organizations and Their Environments". In: M. D. Dunnette (Ed.). *Handbook of Industrial and Organizational Psychology* (Chicago: Rand McNally, 1976), p. 1069-1123.
4. R. L. Daft. *Organization Theory and Design* (St. Paul, MN: West Pub., 1983), p. 42.
5. Miles. *Macro Organizational Behavior*, p. 195.
6. Veja, por exemplo, Starling. *Changing Environment;* e C. W. Churchman. *The Systems Approach* (Nova York: Dell, 1968).
7. Esta seção foi baseada em Miles. *Macro Organizational Behavior*, p. 195-98; e Robbins, *Organizational Theory*, 143-45.
8. Esta seção foi baseada em A. F. Buono e L. T. Nichols. *Corporate Policy, Values and Social Responsibility* (Nova York: Praeger, 1985); R. E. Freeman. *Strategic Management: A Stakeholder Approach* (Boston: Pitman, 1984); e R. E. Freeman e D. L. Reed. "Stockholders and Stakeholders: A New Perspective on Corporate Governance". *California Management Review* 25 (1983): 88-106.
9. Freeman. *Strategic Management*, p. 22-24.
10. A. F. Buono e L. T. Nichols. "Stockholder and Stakeholder Interpretations of Business's Social Role". In: W. M. Hoffman e J. M. Moore (Eds.). *Business Ethics: Problems*. In: *Corporate Morality* (Nova York: McGraw-Hill, 1990), p. 170-175.
11. L. J. Bourgeois, III. "Strategy and Environment: A Conceptual Integration". *Academy of Management Review* 5 (1980): 23-39; e K. Weick. "Enactment Processes. In: Organizations". In: B. M. Staw e G. R. Salancik. *New Directions*. In: *Organizational Behavior* (Chicago: St. Clair, 1977), p. 277-300.
12. M. Yasai-Ardekani. "Structural Adaptations to Environments". *Academy of Management Review* 11, n. 1 (1986): 9-21.
13. R. B. Duncan. "Characteristics of Organizational Environment and Perceived Environmental Uncertainty". *Administrative Science Quarterly* 17 (1972): 313-27; e R. Jurkovich. "A Core Typology of Organizational Environments". *Administrative Science Quarterly* 19 (1974): 380-94.
14. Veja J. F. March e H. A. Simon. *Organizations* (Nova York: Wiley, 1958), p. 136-42.
15. Fred. E. Emery e Eric L. Trist. "The Causal Texture of Organizational Environments". *Human Relations* 18 (1965): 21-32.
16. Veja Freeman. *Strategic Management*, p. 119-122.
17. A. D. Chandler. *Strategy and Structure* (Cambridge: MIT Pres, 1962), p. 160; e A. P. Sloan. *My Years at General Motors* (Nova York: Doubleday, 1963).
18. C. B. Perrow. *Organizational Analysis: A Sociological View* (Monterey, CA: Wadsworth/Brooks-Cole, 1970).
19. J. D. Thompson. *Organizations*. In: *Action* (Nova York: McGraw-Hill, 1967); e J. D. Thompson e W. J. McEven. "Organizational Goals and Environment: Goal-Setting as an Interaction Process". *American Sociological Review* 23 (1958): 23-31.
20. Veja R. L. Daft. *Organization Theory and Design*, 2. ed. (St. Paul: West, 1986), p. 60-61.
21. D. B. Jemison. "The Importance of Boundary Spanning Roles. In: Strategic Decision-Making". *Journal of Management Studies* 21 (1984): 131-152.
22. Para uma boa discussão do papel das responsabilidades da função da gerência de questões, veja J. F. Coates, V. T. Coates, J. Jarrat e L. Heinz. *Issues Management: How You Can Plan, Organize, and Manage for the Future* (Mt. Airy, MD: Lomond Publications, 1986).

23. J. H. Birnbaum e A. S. Murray. *Showdown at Gucci Gulch: Lawmakers, Lobbyists, and the Unlikely Piumph of Tax Reform* (Nova York: Random House, 1987).
24. L. E. Preston. *Social Issues and Public Policy*. In: *Business and Management* (College Park, MD: Center for Business and Public Policy, University of Maryland, 1986), p. 8-9; e E. A. Murray. "The Public Affairs Function: Report on a Large Scale Research Project". In: L. E. Preston (Ed.). *Research*. In: *Corporate Social Policy and Performance*, v. 4 (Greenwich, CT: JAI Press, 1982), p. 129-156.
25. B. Borys e D. B. Jemison. "Hybrid Organizations as Strategic Alliances: Theoretical Issues. In: Organizational Combinations". Tese apresentada na 48ª Reunião Anual da Academy of Management, Anaheim, CA – ago. 1988.
26. K. R. Harrigan. *Managing for Joint Venture Sucess* (Lexington, MA: Lexington, 1986).
27. A. F. Buono e J. L. Bowditch. *The Human Side of Mergers and Acquisitions: Managing Collisions between People, Cultures, and Organizations* (San Francisco: Jossey-Bass, 1989); N. Alster. "Dealbusters: Why Partnerships Fail". *Electronic Business* 12 (abr. 1986): 70-75; "Do Mergers Really Work?" *Business Week*, 3 jun. 1985, p. 88-100; A. M. Louis. "The Bottom Line on 10 Big Mergers". *Fortune*, 3 maio 1982, p. 84-89; P. Prichett. *After the Merger: Managing the Shockwaves* (Homewood, IL: Dow Jones-irwin, 1985).
28. Buono e Bowditch. *The Human Side of Mergers and Acquisitions;* M. Brenner e Z. Shapira. "Environmental Uncertainty as Determining Merger Activity". In*:* W. H. Goldberg (Ed.). *Mergers: Motives, Modes, and Methods* (Aldershot, England: Cower), 1983, p. 51-65; e J. Pfeffer. "Merger as a Response to Organizational Interdepence". *Administrative Science Quarterly* 17 (1972): 382-394.
29. Veja P. W. Beamish. "The Characteristics of Joint Ventures. In: Developed and Developing Countries". *Columbia Journal of World Business* 20, n. 3 (1985): 13-19; S. G. Connolly. "joint ventures with Third World Multinationals: A Negotiations Planning Paradigm". *Columbia Journal of World Business* 19, n. 2 (1984): 18-22; e O. Shekar e Y. Zeira. "International joint ventures: Implications for Organization Development". *Personnel Review* 16, n. 1 (1987): 30-37.
30. Veja K. R. Harrigan. "joint ventures and Global Strategies". *Columbia Journal of World Business* 19, n. 2 (1984): 7-16.
31. Veja D. A. Whetton. "Sources, Responses, and Effects of Organizational Decline". In: J. R. Kimberly e R. H. Miles (Eds.). *The Organizational Life Cycle* (San Francisco: Jossey-Bass, 1980), p. 342-374.
32. D. Whetton. "Organizational Decline: A Neglected Topic. In: Organizational Behavior". *Academy of Management Review* 5, n. 4 (1980): 577-588; R. L. Sutton, K. M. Eisenbardt e J. V. Jucker. "Managing Organizational Decline: Lessons from Attari". *Organizational Dynamics* 14, n. 4 (1988): 17-29.
33. H. E. Aldrich. *Organizations and Environment* (Englewood Cliffs, NJ: Prentice-Hall, 1979); e S. P. Robbins. *Organization Theory: Structure, Design, and Applications* (Englewood Cliffs, NJ: Prentice-Hall, 1987), p. 165-169.
34. Esta discussão é baseada em R. F. Zammuto e K. S. Cameron. "Environmental Decline and Organizational Response". In: L. L. Cummings e B. M. Staw (Eds.). *Research*. In: *Organizational Behavior* (Greenwich, CT: JAI Press, 1985), p. 223-262.
35. Veja J. Hage. "Responding to Technological and Competitive Change: Organizational and Industry Factors". In: D. D. Davis (Ed.). *Managing Technological Innovation: Organizational Strategies for Implementing Advanced Manufacturing Technologies* (San Francisco: Jossey-Bass, 1986), p. 44-71; e D. D. Davis. "Technological Innovation and Organizational Change". In: D.D. Davis (Ed.). *Managing Technological Innovation*, p. 8-9.
36. Robbins, *Organization Theory*, p. 168-169; Daft. *Organization Theory and Design*, p. 76-77.
37. C. H. Levine, I. S. Rubin: e G. G. Wolohojian. "Managing Organizational Retrenchment". *Administration & Society* 14 (1982): 101-136.
38. K. S. Cameron, D. A. Whetten e M. U. Kim. "Organizational Dysfunctions of Decline". *Academy of Management Journal* 30, n. 1 (1987): 126-138.
39. Esta seção foi baseada em Sutton, Eisenhardt e Jucker. "Managing Organizational Decline".
40. S. R. Sanderson e L. Schein. "Sizing Up the Down-Sizing era". *Across the Board* (nov. 1986): 15-23.
41. Veja T. F. Bradshaw, D. F. Burton, R. N. Cooper e R. D. Hormats (Eds.). *America's New Competitors: the Challenge of the Newly Industrializing Countries* (Cambridge, MA: Ballinger, 1987).
42. Veja N. J. Adler. *International Dimensions of Organizational Behavior* (Boston: Kent, 1986).
43. Veja, por exemplo, G. Hofstede e M. H. Bond. "The Confucius Connection: From Cultural Roots to Economic Growth". *Organizational Dynamics* 14, n. 4 (1988): 4-21; S. P. Sethi, N. Namiki e C. L. Swanson. *The False Promise of the Japanese Miracle: Illusions and Realities of the Japanese Management System* (Boston: Pitman, 1984).
44. R. Albanese. *Management* (Cincinnati: South-Western, 1988), p. 687.
45. J. J. Miller e J. A. Kilpatrick. *Issues forManagers: An International Perspective* (Homewood, IL: Irwin, 1987), p. 1.
46. Miller e Kilpatrick. *Issues for Managers*, p. 2-5.
47. Veja N. J. Adler, R. Doktor e S. G. Redding. "From the Atlantic to the Pacific Century: Cross-Cultural Management Revisited". *Journal of Management* 12, n. 2 (1986): 297.

48. R. M. Steers e E. L. Miller. "Management. In: the 1990s: The International Challenge". *Academy of Management Executive* 2, n. 1 (1988): 21-22.
49. Veja P. C. Earley. "Intercultural Training for Managers: A Comparison of Documentary and Interpersonal Methods". *Academy of Management Journal* 30, n. 4 (1987): 685-698; J. C. Baker. "Foreign Language and Predeparture Trainning. In: U. S. Multinational Firms". *Personnel Administrator* 29 (1984): 68-72; e E. R. Henry. "What Business Can Learn from Peace Corps Selection and Training". *Personnel* 42 (1965): 17-25.
50. R. L. Tung. "Selection and Training of Personnel for Overseas Assignments". *Columbia Journal of World Business* 16 (1981): 68-78.
51. G.D. Mitchell. A Dictionary of Sociology. Londres: Routledge & Kegan Paul, 1973. p. 123.
52. C. Hofstede. *Culture's Consequences: International Differences*. In: *Work-Related Values* (Beverly Hills, Calif: Sage, 1980).
53. Essa discussão utiliza bastante de L. D. Goodstein. "Commentary: Do American Theories Apply Abroad?" *Organizational Dynamics* 10, n. 1 (1981): 49-54.
54. Veja A. F. Buono, L. Nicolaou-Smokovitis e J. L. Bowditch. "A Comparative Quality of Work Life Survey of Banking Institutions. In: Technological Change: A Cross-Cultural Study". *Greek Review of Social Research*, n. 51 (1983): 59-99.
55. S. Ronen e O. Shenkar. "Clustering Countries on Attitudinal Dimensions: A Review and Synthesis". *Academy of Management Review* 10, n. 3 (1985): 435-454.
56. Compare G. W. England e A. R. Negandhi. "National Context and Technology as Determinants of Employee's Perceptions". In: G. W. England, A. R. Negandhi e B. Wilpert (Eds.). *Organizational Functioning*. In: *A Cross-Cultural Perspective* (Kent, OH: Kent State University Press, 1979), p. 175-190; D. Schaupp e A. I. Kraut. "A Study of the Community of Industrial Values Across Cultures". *Proceedings of the Academy of Management*, 1975, p. 291-292; e M. Haire, E. E. Ghiselli e L. W. Porter, *Managerial Thinking: An International Study* (Nova York: Wiley, 1966).
57. A discussão do "princípio da prática oposta" se baseia em M. Maruyama. "The Inverse Practice Principle. In: Multicultural Management". *Academy of Management Executive* 2, n. 1 (1988): 67-68.
58. E. B. Tylor. *Primitive Culture: Researches into the Development of Mythology, Philosophy, Religion, Language, Art and Custom*. v. 1 (Nova York: Henry Holt, 1871), p. 1.
59. Veja A. F. Buono, J. L. Bowditch e J. W. Lewis. "When Cultures Collide: The Anatomy of a Merger". *Human Relations* 38, n. 5 (1985): 477-500; V. Barnouw. *Culture and Personality* (Homewood: Dorsey Press, 1979); H. D. Iriandis, V. Vassilou, G. Vassilou, Y. Tanka e A. V. Shanmugan. *The Analysis of SubJective Culture* (Nova York: Wiley-Interscience, 1972); e N. C. Morey e F. Luthans, "Refining the Displacement of Culture and the Use of Scenes and Themes. In: Organizational Studies". *Academy of Management Review* 10, n. 2 (1985): 219-229.
60. Veja Adler. *International Dimensions of Organizational Behavior*, capítulo 1.
61. Maruyama. "The Inverse Practice Principle".
62. J. W. Hunt. "Commentary: Do American Theories Apply Aboard?" *Organizational Dynamics* 10, n. 1(1981): 62.
63. G. Hofstede. "Do American Theories Apply Abroad?: a Reply to GoodsteIn: and Hunt". *Organizational Dynamics* 10, n. 1 (1981): 68.
64. Daft. *Organization and Theory Design*, p. 81.

capítulo 9

Estrutura, projeto e dinâmica da organização

As organizações se tornaram a forma primária de instituição social na sociedade contemporânea. Virtualmente todos os aspectos de nossa vida, desde os hospitais no qual nascemos, as escolas onde estudamos, os lugares onde trabalhamos, compramos alimentos e roupas ou desfrutamos de nossas horas de lazer e até mesmo os cemitérios onde vamos repousar, ocorrem em um contexto organizacional. Essas organizações, sejam elas empresas, hospitais, escolas ou universidades, foram projetadas para continuidade e são gerenciadas por administradores profissionais.[1] Embora cada um tenha senso intuitivo dos comos e "porquês" das organizações, a maioria de nós não pensa sistematicamente em como nem por que uma organização foi construída do modo como é.

Em um sentido formal, as organizações apresentam quatro características essenciais. São entidades sociais dirigidas para metas, com sistemas de atividade deliberadamente estruturados, e com limite identificável:[2]

1. *Entidades sociais.* As organizações são compostas de pessoas e grupos de pessoas que interagem entre si para realizar as funções essenciais do empreendimento. O elemento básico de qualquer sistema social é o indivíduo (veja o Capítulo 3).
2. *Dirigidas para metas.* As organizações existem com um propósito. Embora os seus integrantes e grupos possam ter metas diferentes das da organização, e a organização por si pode ter diversas metas, as organizações existem para atingir certo fim.
3. *Sistema de atividade deliberadamente estruturado.* As tarefas da organização são divididas em departamentos e conjuntos de atividades separados com a intenção de atingir certa eficiência no processo de trabalho. A estrutura resultante é caracterizada por diversos mecanismos para coordenar e dirigir grupos e departamentos separados.
4. *Limite identificável.* Como foi exposto no Capítulo 1, as organizações são sistemas abertos que são afetados por uma multidão de forças externas. Há limites, contudo, à abertura de uma organização. O limite identifica os elementos que estão dentro e os que estão fora da organização, e é com base no processo de *input*-transformação-*output* que liga a organização aos outros sistemas. Quando as pessoas são organizadas para formar uma empresa ou atingir uma meta específica, elas se tornam uma entidade social distinta das outras empresas. Embora a noção de limite seja um tanto arbitrária e varie de sistema para

sistema, as organizações têm limites identificáveis, os quais não são afetados por qualquer força ou mudança externa.

Este capítulo oferece uma visão sistemática das organizações e da teoria da organização. As quatro áreas gerais cobertas são: (1) estrutura organizacional, (2) projeto organizacional, com ênfase na adaptação ao ambiente externo, (3) dinâmica interna da organização em relação à cultura organizacional, mudança da cultura, clima e identidade, e (4) eficácia organizacional.

ESTRUTURA ORGANIZACIONAL

Nesta seção examinaremos as dimensões e descrições da estrutura organizacional.[3] A *estrutura organizacional* pode ser definida genericamente como os padrões de trabalho e disposições hierárquicas que servem para controlar ou distinguir as partes que compõem uma organização. De modo geral, a estrutura é concebida em relação a divisão e especialização do trabalho (diferenciação) e a maneira como é coordenada e controlada (integração).

Diferenciação e integração

Um dos principais conceitos da estrutura organizacional é a *divisão do trabalho*.[4] Esta refere-se à especialização das tarefas e dos papéis dos integrantes da organização. Em uma grande oficina de automóveis, por exemplo, pode-se encontrar mecânicos gerais, recepcionistas, mecânicos de direção e suspensão, mecânicos de motor e especialistas em transmissões. Em uma oficina menor, um mecânico pode executar diversos trabalhos, ou seja, nesse caso o trabalho do mecânico será menos diferenciado que em uma oficina maior. A *diferenciação*, portanto, trata do grau de segmentação do trabalho que há em um sistema organizacional.

As organizações podem ser diferenciadas de diversas formas:[5]

1. *Diferenciação horizontal*, na qual o trabalho é dividido em certo nível da hierarquia organizacional.
2. *Diferenciação vertical*, na qual o trabalho é dividido por níveis da hierarquia organizacional; a distinção entre organizações verticais e planas refere-se à existência de, respectivamente, muitos ou poucos níveis nessa hierarquia.
3. *Diferenciação pessoal*, na qual o trabalho é dividido em virtude da especialidade das pessoas (por exemplo, um escritório de advocacia pode ter advogados causídicos, de família, de patentes e comerciais).
4. *Diferenciação espacial*, na qual o trabalho é dividido de acordo com a localização geográfica (como no caso de uma empresa que tenha várias fábricas espalhadas pelo país).

A Figura 9.1 ilustra essas formas de diferenciação.

Ao considerar a especialização e segmentação das atividades organizacionais decorrentes dessa diferenciação, a estrutura organizacional precisa comportar a coordenação e integração dessas atividades. A *integração* é definida como "a qualidade do estado de colaboração existente entre departamentos que precisem obter a unidade de esforço em razão das exigências do ambiente".[6] As organizações, contudo, são diferentes quanto às maneiras como integram ou coordenam essa especialização por meio do uso de diversos tipos de *mecanismos de integração*.

Esses mecanismos de integração podem ser genericamente classificados em dois tipos: indiretos e diretos. Os *mecanismos indiretos* são adequados para organizações que não sejam muito diferenciadas. Visto que há maior grau de similaridade entre as funções, os meios indiretos ou

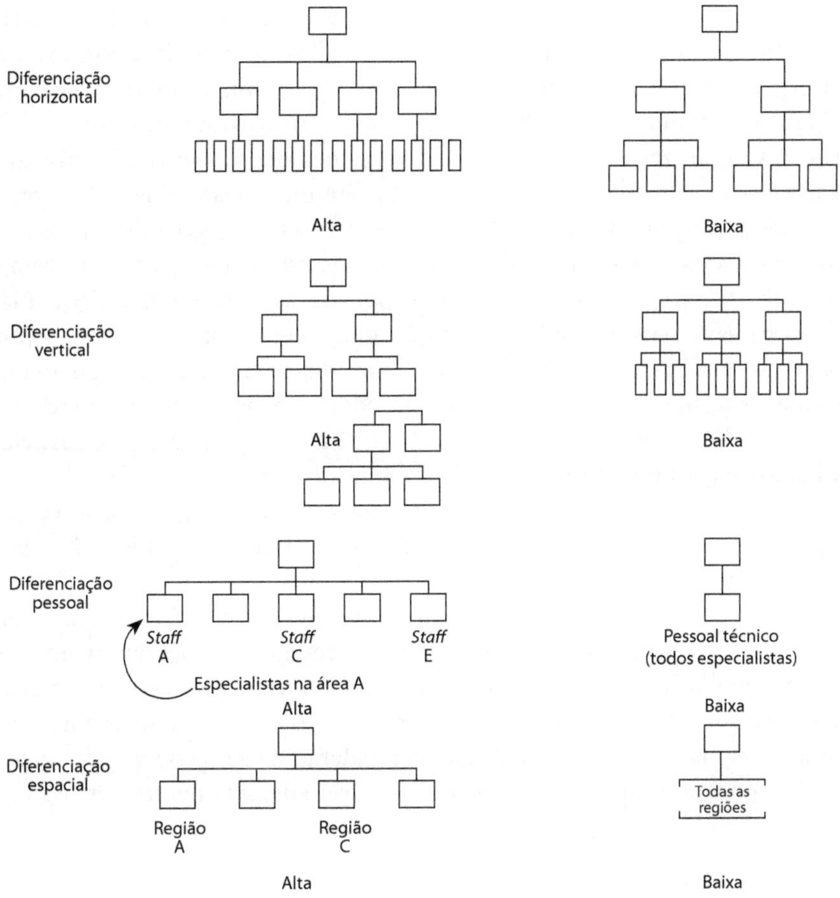

Figura 9.1 Tipos e graus de diferenciação.

Fonte: De Judith R. Gordon, *A Diagnostic Approach to Organizational Behavior*, p. 408. Copyright 1983 by Allyn and Bacon, Inc.

convencionais de coordenação se mostram suficientes: políticas e regras organizacionais, metas, procedimentos operacionais padronizados, subordinação hierárquica e assim por diante. Entretanto, no caso de estruturas altamente diferenciadas, esses mecanismos indiretos não são o bastante. Nessas situações, as formas convencionais de coordenação precisam ser suplementadas por mecanismos de integração mais *diretos* ou pouco convencionais, tais como a criação de papéis de "integração" (ou ligação), comitês ou equipes multifuncionais, afiliações intergrupais, o uso de sistemas de informações gerenciais e assim por diante.[7] Como veremos mais adiante neste capítulo, em ambientes dinâmicos, de mudança rápida (particularmente tecnológica), as organizações eficazes parecem ter alta diferenciação, porém, ao mesmo tempo, integração direta.

Estruturas mecanísticas e orgânicas

Outro modo de ver a estrutura organizacional é do aspecto de quanto é rígida (rotineira) ou flexível (não rotineira) por natureza. As estruturas organizacionais rígidas são chamadas mecanísticas, e as flexíveis são genericamente rotuladas de orgânicas.[8] Uma estrutura organizacional *mecanística* se parece muito com a descrição da burocracia de Weber (Capítulo 1), na qual (1) há uma definição clara dos cargos, (2) os administradores de nível mais alto têm mais conhecimento dos problemas que a organização enfrenta que os de nível inferior, (3) a tomada de decisões da organização é governada por políticas e procedimentos padronizados, e (4) as recompensas são determinadas pela obediência às instruções dos superiores.[9]

As estruturas organizacionais *orgânicas*, às vezes chamadas *adhocracias*, são montadas de maneira flexível para compatibilizar com ambientes em mudança rápida.[10] As estruturas orgânicas são caracterizadas por: (1) uma ausência de ênfase nas descrições de cargos formais e nas especialidades (as pessoas serão envolvidas na solução de problemas quando tiverem o conhecimento para resolver certo problema); (2) *não* se supõe que as pessoas em posições mais elevadas na organização estejam mais bem informadas que aquelas em postos mais baixos (muitas vezes com razão); (3) os relacionamentos horizontais (entre departamentos) são igualmente ou mais importantes que as relações verticais em cadeia de comando (as fronteiras interdepartamentais são flexíveis); (4) o clima organizacional é mais de coleguismo (não há ênfase nas relações superior-subordinado); e (5) a estrutura formal da organização é fluida e mutável.[11]

Levando-se em conta a diferença entre a gerência de uma tecelagem (provavelmente mecanística) e a gerência de uma empresa de *software* (provavelmente orgânica). Na tecelagem, os gerentes da fábrica provavelmente estarão no topo de uma organização vertical, na qual muita coisa é escrita e formalizada. A experiência em campo lhes proporciona o conhecimento. De outro modo, os gerentes da empresa de *software* provavelmente vão operar em uma organização plana, na qual a tecnologia se encontra em mudança acelerada e pouca coisa é anotada. Há pouca probabilidade de esses gerentes conhecerem tanto sobre os últimos avanços em *software* quanto seus programadores mais novos, de modo que dependerão desses programadores para resolver problemas, ainda que um programador possa não estar no departamento "certo".

Dimensões estruturais genéricas

A literatura sobre a estrutura organizacional enfoca primariamente três dimensões básicas: centralização, formalização e complexidade.[12] Essas dimensões são úteis para caracterizar as diferenças entre as divisões de uma organização específica, assim como para diferenciar organizações distintas. Entretanto, na verdade, as organizações não são simplesmente centralizadas ou descentralizadas, formais ou informais e assim por diante. Cada uma dessas dimensões precisa ser concebida como um contínuo; as estruturas organizacionais podem ser comparadas com base em seus *graus* de centralização, formalização e complexidade.

Centralização A centralização refere-se à localização da autoridade para tomar decisões na organização. Em uma organização centralizada, as decisões são concentradas em um ou poucos pontos; uma estrutura descentralizada dispersa a autoridade (baixa concentração) de tomada de decisões por diversas posições da organização. No que se refere a conceitos gerenciais, a *autoridade* de tomar decisões pode ser centralizada ou descentralizada, e a *cadeia de comando* traça o caminho da descentralização (quantidade de participação e contribuição de pessoas ou unidades de nível inferior).

Formalização Formalização é a extensão até a qual as expectativas relativas às atividades dos cargos são padronizadas e explícitas. Quanto mais claras e detalhadas forem essas especificações para certo trabalho ou função, maior será o grau de formalização. Assim, essa dimensão da estrutura organizacional reflete a quantidade de discernimento incorporada a cada grupo ou função. Cargos especializados, por exemplo, tendem a contar com maior liberdade de ação que cargos menos qualificados, mais rotineiros (por exemplo, cargos de linha de produção que necessitem de comportamentos relativamente simples e repetitivos).

A formalização também pode variar com a função organizacional. Por exemplo, o pessoal dos departamentos de contabilidade ou produção tem atividades muito mais padronizadas (métodos e procedimentos padronizados) que os integrantes dos departamentos de marketing, recursos humanos ou pesquisa e desenvolvimento (com atividades menos estáveis e menos repetitivas).

Complexidade A complexidade trata do número de componentes diversos ou da extensão da diferenciação que existe em certa organização. As estruturas organizacionais mais complexas apresentam grau maior de diferenciação (ao longo de linhas horizontais, verticais, pessoais ou espaciais), se comparadas a organizações com estruturas menos complexas. Quanto mais complexa for uma estrutura organizacional, maior será a necessidade de mecanismos de controle direto e indireto (para integração). Em estruturas organizacionais altamente complexas, portanto, os gerentes precisam dedicar mais tempo e atenção às necessidades de comunicação, coordenação e controle.

Inter-relações Essas três dimensões da estrutura organizacional representam uma forma básica de descrever e comparar a estrutura de organizações diferentes (ou suas divisões, unidades ou departamentos) com base em seus graus de centralização, formalização e complexidade. As inter-relações entre essas dimensões, contudo, não são perfeitamente claras. Por exemplo, embora pesquisas tenham apontado uma relação inversa comparativamente forte entre a centralização e a complexidade (ou seja, que a descentralização é associada à alta complexidade), as relações entre centralização e formalização e entre complexidade e formalização são mais ambíguas.

As pesquisas sobre a relação entre a centralização e a formalização trouxeram resultados inconclusivos: os primeiros trabalhos não encontraram qualquer correlação intensa, ao passo que tentativas posteriores sugeriram uma relação inversa (isto é, que a alta formalização era associada à centralização). Parece que a alta formalização pode ser associada tanto com uma estrutura centralizada como descentralizada. Em organizações nas quais predomine o trabalho não qualificado, podemos esperar que haja muitas regras e procedimentos governando o comportamento no trabalho com a tomada de decisões concentrada na gerência superior. Em outras empresas, nas quais predomine o trabalho especializado, algumas decisões básicas podem permanecer centralizadas (tais como planejamento estratégico ou decisões de recursos humanos sobre salários, avaliações de desempenho etc.), enquanto o trabalho do pessoal qualificado dá lugar a mais discernimento e participação em relação a como ele será executado, quando estará pronto e assim por diante.

Finalmente, o relacionamento entre complexidade e formalização também não está claro. Um ponto de vista afirma que as estruturas mais complexas apresentam menor formalização (ou seja, as formas mais complexas de organização têm mais especialistas ou profissionais que não precisam de uma série de regras e políticas). No entanto, outro parecer argumenta que, considerando-se essa especialização, os papéis são padronizados pela natureza do trabalho que, por si, leva a alto grau de formalização. Parece que o fator determinante por trás de tudo isso é o tipo de complexidade ou diferenciação. Tipicamente, organizações com grande diferenciação horizontal empregam pessoas menos qualificadas para executar tarefas rotineiras e repetitivas (alta complexidade e alta formalização). Por sua vez, organizações com grande diferenciação vertical empregam contingentes mais numerosos de gerentes, profissionais e técnicos, que se dedicam a tarefas menos rotineiras e repetitivas (alta complexidade e baixa formalização). Assim, o tipo de diferenciação (complexidade) parece determinar a relação entre essas duas dimensões estruturais.

Resumindo, há diversas configurações ou projetos estruturais diferentes, que abrangem vários graus de complexidade, formalização e centralização. Como veremos mais adiante, neste capítulo, com base em certas forças e condições ambientais, combinações diferentes dessas dimensões tendem a ser mais eficazes em certos ambientes que em outros.

Determinantes da estrutura

Como mostra a Figura 9.2, há quatro fatores principais que influenciam as decisões sobre a estrutura organizacional: o ambiente, o tamanho da organização, sua tecnologia dominante e a estratégia da organização. Como foi enfatizado no Capítulo 8, o ambiente envolve fatores sociais, políticos, tecnológicos, econômicos e internacionais. Da mesma forma, essa seção vai tratar do tamanho da organização, da tecnologia e da estratégia.

Tamanho da organização O tamanho da organização, tipicamente, é definido em relação ao número total de integrantes.[13] Essa definição parte da suposição que as organizações são entidades sociais; como são as pessoas e suas interações que são o padrão, sua quantidade deve ser mais diretamente relacionada ao modo como a organização é estruturada que outras medidas de tamanho. Embora outras medidas, tais como total do ativo ou volume de vendas, também reflitam a magnitude, os críticos alegam que estas não indicam realmente o tamanho da dimensão humana do sistema.

Ainda que o número total de funcionários seja um bom indicador do tamanho de uma organização, ele apresenta alguns problemas. Por exemplo, algumas empresas utilizam um número relativamente pequeno de funcionários em tempo integral, mas depende bastante de funcionários de meio período. De modo análogo, o número de funcionários em um negócio sazonal pode variar muito, dependendo da época do ano. Restam dúvidas quanto a como contar esses funcionários de meio período e sazonais. Finalmente, avaliações precisas sobre o tamanho relativo de uma empresa (se é pequena, média ou grande) exigem senso das normas da indústria. Uma oficina de automóveis, por exemplo, com apenas dois mecânicos, seria bem pequena em comparação à outra que tivesse 25 empregados, entretanto uma fábrica com 250 funcionários, que poderia inicialmente parecer grande, na verdade seria relativamente pequena se as outras fábricas do mesmo ramo geralmente empregassem milhares de pessoas.

Embora o tamanho não indique necessariamente tipo de estrutura específico, ele é importante para prever algumas de suas dimensões. Por exemplo, o tamanho, tipicamente, gera

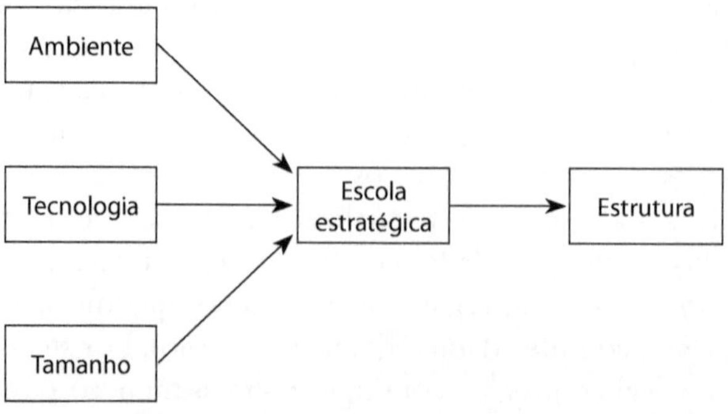

Figura 9.2 Determinantes da estrutura organizacional.

diferenciação nas organizações: há uma forte relação entre o tamanho e a diferenciação vertical, e uma relação moderadamente intensa entre o tamanho e a diferenciação horizontal. Embora se tenha constatado que a ligação entre tamanho e diferenciação espacial é bem forte (quanto maior a empresa, maior a tendência de suas operações serem geograficamente dispersas), essa relação parece ser explicada mais plenamente pelo tipo de organização envolvido que o tamanho por si só. As organizações maiores também tendem a ter estruturas de autoridade mais formalizadas que as menores. Além disso, o tamanho tende a levar à descentralização. Em organizações pequenas, a gerência normalmente pode manter o controle centralizando o processo de tomada de decisões. À medida que o tamanho das organizações aumenta, contudo, os gerentes percebem que não podem mais manter fisicamente o controle dessa maneira. Embora os problemas resultantes de modo frequente levem a uma maior descentralização, essa decisão é tipicamente acompanhada por uma formalização maior, como parte do processo de controle.

Tecnologia da organização A tecnologia da organização se baseia na natureza da tarefa do subsistema de produção ou serviço e engloba as operações, o conhecimento e as técnicas utilizadas para transformar os diversos *inputs* em *outputs*.[14] Embora tenhamos tendência a pensar em relação à alta tecnologia, como computadores, fibras ópticas, robótica e outras, a tecnologia cobre uma ampla variedade de atividades que as organizações utilizam para fornecer seus produtos ou serviços. Nesse sentido, a tecnologia pode consistir desde microcomputadores, ou processamento manual de formulários, até tecnologia pedagógica (exposição, estudo de casos, exercícios experimentais) que seu professor adotar. Além disso, em organizações grandes e complexas, muitas vezes cada área funcional depende de tecnologias distintas para realizar suas atividades.

Ao ultrapassar o senso geral de tecnologia, começam a surgir diversos problemas conceituais, visto que os pesquisadores utilizaram classificações de tecnologia bem diferentes. Vamos fazer um breve resumo dos principais paradigmas do debate sobre tecnologia e estrutura: complexidade técnica, tecnologia baseada no conhecimento, incerteza tecnológica e o contexto organizacional da inovação tecnológica.

Complexidade técnica. A complexidade técnica refere-se à extensão da automatização e previsibilidade de um processo de fabricação: a alta complexidade técnica significa que a maior parte do trabalho é executada por máquinas e é bem previsível, enquanto a complexidade técnica baixa representa que os funcionários desempenham um papel mais significativo no processo produtivo. Com base no estudo clássico de Joan Woodward sobre a administração e a tecnologia, há três categorias básicas de tecnologia:[15]

1. *Produção unitária e em pequenos lotes.* Operações artesanais que fabricam e montam pequenos pedidos para atender a especificações de cada cliente. Visto que o trabalho sob encomenda é a norma, os membros da organização desempenham um papel central: o processo é pouco automatizado e a previsibilidade dos resultados é relativamente baixa (por exemplo, produtos feitos sob encomenda).
2. *Produção em massa ou em grandes lotes.* Empresas que se dedicam à produção de grandes lotes de peças padronizadas, como se vê na maioria das linhas de montagem. Como os clientes não têm necessidade específicas, a produção costuma ser estocada com objetivo de atender pedidos.
3. *Produção em processo contínuo.* É o grupo tecnologicamente mais complexo, no qual o processo inteiro é automatizado. Essencialmente, não há uma partida ou parada do processo, o qual se baseia em um nível de automatização e padronização que vai além do

de uma linha de montagem (por exemplo, refinarias de petróleo, indústrias químicas), analogamente, as organizações têm um grande controle sobre o processo e os resultados são extremamente previsíveis.

Woodward constatou que havia uma relação bem definida entre essas categorias tecnológicas e a estrutura resultante da empresa. Por exemplo, as empresas de tecnologia de produção em massa tinham tendência a uma alta diferenciação, com grande formalização e pouca delegação de autoridade. Em contrapartida, as empresas de pequenos lotes ou de processo contínuo eram estruturadas de maneira menos rígida. Visto que a alta formalização e a centralização não pareciam ser exequíveis devido à tecnologia de fabricação sob encomenda, não rotineira, encontrada nas empresas de pequenos lotes, a flexibilidade era obtida por meio de menor diferenciação, menos divisão do trabalho, mais atividades em grupo, responsabilidades mais amplas e tomada de decisões descentralizada. Da mesma forma, devido à tecnologia altamente automatizada do processo contínuo, a formalização e a centralização intensas não eram necessárias.

Tecnologia baseada no conhecimento. Diferentemente do enfoque de Woodward à tecnologia de produção, o sociólogo Charles Perrow examinou a base de conhecimento da tecnologia em duas dimensões: variabilidade de tarefas e analisabilidade de problemas.[16] A *variabilidade de tarefas* refere-se à quantidade de exceções no trabalho de uma pessoa. Cargos altamente rotinizados tendem a ter poucas exceções (por exemplo, em uma linha de montagem), ao passo que cargos que envolvem um grau considerável de variedade (muitas situações inesperadas, problemas frequentes) tendem a ter um número maior de exceções (por exemplo, trabalho gerencial). A *analisabilidade de problemas* enfoca como são tomadas as decisões sobre o trabalho. Em um extremo da escala, os cargos e os processos de trabalho são bem definidos, o trabalho em si pode ser reduzido a uma sequência de passos e os ocupantes do cargo podem seguir procedimentos objetivos e matemáticos no trabalho (por exemplo, procedimentos padronizados de operação, manuais de instruções). No extremo oposto a essas tecnologias altamente analisáveis, outros cargos envolvem problemas e atividades difíceis de analisar para encontrar a solução "correta". Nesses trabalhos, o julgamento individual, a perícia e a experiência têm mais valia para a solução de problemas que procedimentos predeterminados passo a passo.

Com base nessas duas dimensões, Perrow formou quatro tipos de tecnologia: rotina, técnica, artesanato e sem rotina. As *tecnologias de rotina* têm poucas exceções, como é o caso da maior parte dos processos de cargos de produção em massa e de serviços de nível mais baixo (por exemplo, caixas de banco). As *tecnologias de técnica* envolvem um número maior de exceções, que podem ser resolvidas mediante técnicas e procedimentos sistemáticos preestabelecidos (por exemplo, engenharia, contabilidade). As *tecnologias de artesanato* têm um conjunto relativamente estável de atividades, porém com exigências relativamente difíceis, que não podem ser prontamente analisadas. Sendo assim, esses cargos exigem bastante treinamento e experiência, pois seus ocupantes terão de lidar com os problemas do trabalho contando com sua experiência e conhecimento (por exemplo, sopradores de vidro, restauradores de móveis, artesãos). Finalmente, a *tecnologia sem rotina* se caracteriza por muitas exceções, com problemas difíceis de analisar (por exemplo, pesquisa, planejamento estratégico).

Perrow defendeu que o controle organizacional e os esforços de coordenação deveriam ser baseados no grau de rotina envolvido na tecnologia. Como há uma forte correlação entre a variabilidade das tarefas e a analisabilidade dos problemas (ou seja, é raro encontrar situações nas quais as tarefas tenham poucas exceções e os problemas sejam evidentemente impossíveis de serem analisados, bem como casos de tarefas que tenham um grande número de exceções, mas que os problemas sejam claramente analisáveis), as quatro tecnologias poderiam ser combinadas em um contínuo entre rotina e sem rotina. Para realizarem suas tarefas de maneira eficaz, portanto, as organizações com tecnologias altamente rotinizadas devem ser altamente estruturadas. Por sua vez, tecnologias sem rotina exigem uma maior flexibilidade estrutural no que refere-se a (1) grau de discrição concedido aos funcionários para a execução de suas tarefas; (2) grau de poder concedido a grupos e departamentos para controlarem suas metas e estratégias; (3) nível de interdependência entre esses grupos; e (4) até que nível a coordenação intergrupal é obtida por meio de *feedback* e esforços compartilhados de planejamento e estratégia.

Incerteza tecnológica. Embora tanto o trabalho de Woodward como o de Perrow sugiram que a tecnologia deve determinar a estrutura organizacional apropriada, a pesquisa de Thompson sobre a incerteza tecnológica defende que a tecnologia determina a escolha estratégica. A estratégia escolhida, criada para reduzir essa incerteza, leva a decisões sobre a estrutura apropriada.[17] Como parte de seu trabalho, Thompson desenvolveu uma tipologia baseada nos tipos de tarefas realizadas por uma organização: tecnologia mediadora, de cadeia longa ou intensiva.

A *tecnologia mediadora* oferece produtos ou serviços que agem como uma função de intercâmbio, que interliga clientes que são de outra forma independentes (por exemplo, bancos, corretoras de bens e valores). Como parte do processo de trabalho, cada unidade ou departamento trabalha independentemente da outra (por exemplo, embora diversos corretores de imóveis na mesma empresa façam a mediação entre compradores e vendedores, eles trabalham independentemente uns dos outros).

A *tecnologia de cadeia longa* se caracteriza por uma sequência fixa de passos repetitivos, na qual uma unidade de trabalho precisa ter suas atividades concluídas antes de passar à seguinte, que também precisa concluir antes de passar à outra, e assim por diante, como em uma linha de montagem. Finalmente, a *tecnologia intensiva* trata de atividades em que o resultado de uma unidade se torna o insumo de outra e vice-versa. Como a tecnologia intensiva oferece uma gama variada de produtos ou serviços (por exemplo, hospitais, laboratórios de pesquisa, universidades), a natureza exata da reação das diversas unidades depende da natureza do problema e do grau de ajuste mútuo entre as unidades. Como mostra a Tabela 9.1, cada tecnologia cria um tipo de interdependência (veja o Capítulo 6) que, por sua vez, exige um tipo de coordenação e tem considerações estruturais diferentes.

Contexto organizacional da inovação tecnológica. Embora as tecnologias avançadas de serviços e de fabricação, como microcomputadores, projeto e fabricação auxiliados por computador (CAD/CAM), robótica, sistemas flexíveis de produção, fabricação integrada por computadores e outras sejam bastante promissoras para um melhor desempenho da organização, elas se tornaram complexas a ponto de exigirem uma distensão da capacidade dos sistemas gerenciais e organizacionais para absorvê-las.[18]

Tabela 9.1 Tecnologia, interdependência e considerações estruturais

Tipo de tecnologia	Nível de interdependência	Mecanismo de integração apropriado	Complexidade	Formalização
Mediadora	Combinada	Regras; procedimentos padronizados de operação	Baixa	Alta
Cadeia longa	Sequencial	Reuniões; planejamento; programação	Moderada	Moderada
Intensiva	Recíproca	Ajuste mútuo	Alta	Baixa

Fonte: Adaptado de J. D. Thompson, *Organizations in Action* (New York: McGraw-Hill, 1967); e S. Robbins, *Organization Theory: Structure. Design, and Applications* (Englewood Cliffs, NJ: Prentice Hall, 1987), p. 136-137.

Na verdade, um problema essencial é que, embora essas tecnologias estejam se tornando cada vez mais facilmente disponíveis, com poucas exceções, muitas empresas foram lentas na sua adoção, e aquelas que as adotaram muitas vezes a viram como pouco mais que sistemas prontos para uso, exigindo pouca ou nenhuma modificação nas práticas organizacionais vigentes. Entretanto, as organizações terão maior probabilidade de adotar e usar eficazmente essas tecnologias avançadas quando fizerem modificações apropriadas em relação a estratégias que enfatizem o progresso tecnológico e estruturas que facilitem a sua introdução, aceitação e difusão. De fato, pesquisas sugerem que certos tipos de inovação tecnológica exigem novas formas organizacionais para assegurar sua aplicação plena.

Uma abordagem à compreensão da inovação tecnológica e suas implicações para a estrutura organizacional é examinar o contexto organizacional da inovação. Com base em pesquisas recentes, foram identificados cinco tipos de inovação organizacional:[19] a organização como usuária da tecnologia inovadora, a organização como inventora da inovação, a organização como usuária e inventora, a organização como veículo da inovação e a organização como uma inovação. Para cada tipo, surgem desafios gerenciais e organizacionais específicos. Quando as organizações são *usuárias da inovação*, é preciso desenvolver flexibilidade suficiente para que inovações particularmente promissoras sejam identificadas, recebam apoio, sejam adotadas nas unidades apropriadas e sejam utilizadas de maneira produtiva. As organizações *inventoras* da inovação, por sua vez, precisam criar estruturas que fomentem a criatividade e a produtividade, particularmente no pessoal de pesquisa e desenvolvimento, e influenciar positivamente o processo de desenvolvimento científico. Em muitos casos, as organizações são tanto *usuárias* como *inventoras da inovação*, como quando criam soluções para problemas específicos próprios e decidem comercializar a inovação (por exemplo, a GM e a robótica, a GE os sistemas flexíveis de fabricação). Um dilema que resulta dessa situação é o direcionamento dos esforços para equilibrar as necessidades de controle (centralização, formalização) com as necessidades de inovação (descentralização, flexibilidade).

Os tipos de preocupações estruturais que surgem quando as organizações são o *veículo para a inovação* (por exemplo, organizações de assistência médica como o veículo para a assistência médica pré-paga, *joint ventures*) e a *própria inovação* (por exemplo, organizações semipúblicas, criadas para fomentar alianças entre a indústria e as universidades para gerar fundos e desenvolver avanços tecnológicos, como o MIT e os cinco Centros de Excelência Tecnológica do Estado de Massachusetts, EUA) são diferentes dos expostos anteriormente. Nessas situações, o desafio básico é assegurar estabilidade interna suficiente sem refrear a criatividade e a inovação, de modo que as pessoas possam realizar seus trabalhos de maneira eficaz, enquanto criam uma compreensão da aceitação da organização com o público externo. Um modo de formalizar a integração de unidades diferentes, como em uma *joint venture* voltada para a pesquisa, sem exagerar na centralização dos resultados das decisões, é criar estruturas específicas para encurtar os laços e facilitar a interação entre as diversas unidades. Como será visto na seção sobre projeto organizacional, essas disposições são frequentemente chamadas *estruturas organizacionais paralelas*. No entanto, como esses dois últimos tipos de organização-inovação são relativamente novos, são necessárias mais pesquisas antes de poder extrair quaisquer conclusões claras.

Estratégia A estratégia é tipicamente definida como a "determinação das metas e objetivos básicos no longo prazo de um empreendimento, e a adoção de linhas de ação e a alocação de recursos necessários para o alcance dessas metas".[20] Como fica implicitado pela definição, a estratégia requer sólidas habilidades de diagnóstico e astúcia. Baseando-se em uma análise do ambiente externo, os gerentes identificam as metas e os objetivos da organização e, então, elaboram estruturas e planos sistemáticos para atingir essas metas e objetivos.[21] Como mostra a Figura 9.2, essa visão, influenciada pelos primeiros trabalhos de Alfred Chandler, sugere que a estratégia define a estrutura.

Em sua pesquisa, Chandler constatou que as empresas geralmente iniciam suas operações com um produto ou serviço. Como dessa forma as metas e objetivos da empresa, e consequentemente sua estratégia, são comparativamente restritas, a estrutura da empresa é tipicamente de alta centralização e baixa complexidade e formalização. À medida que as empresas crescem e se desenvolvem, essas estruturas simples se tornam cada vez mais ineficientes e ineficazes. Chandler notou que estruturas altamente centralizadas se tornam progressivamente impraticáveis para lidar com a complexidade adicional da empresa, o que cria a necessidade de novas estruturas organizacionais. Assim, à medida que as empresas no seu estudo cresceram e se diversificaram, ele observou que elas também adaptaram suas estruturas de acordo, tornando-se mais descentralizadas, com um maior grau de complexidade e formalização. Embora pesquisas recentes tenham descoberto que a interação entre estratégia e cultura é mais complexa que se supunha em empresas de múltiplos produtos (influenciada, por exemplo, por disposições diferentes de controle, níveis diferentes de descentralização, amplitude de controle organizacional e incerteza ambiental), ainda se constatou que a estratégia era um fator influente na determinação da estrutura.[22]

Embora a maioria dos teóricos concorde com a proposição de Chandler, de que a estratégia deve gerar a estrutura, a implementação desse princípio na prática, muitas vezes, é complicada pelos diversos níveis de estratégia que existem nas organizações. As empresas tendem a ter uma série de estratégias, tanto documentadas como não, para moldar suas operações. Como resultado, essas preocupações com múltiplas estratégias e suas implicações frequentemente criam ambiguidades para os integrantes da organização. Além disso, pesquisas recentes também começaram a questionar a ideia de que a estratégia seja algo sistemático, cuidadosamente planejado e bem ponderado como foi sugerido anteriormente.[23] Uma visão comportamental da estratégia sugere que ela efetivamente evolui ao longo do tempo como parte de um padrão de decisões incrementais importantes. Entretanto, como a estratégia de uma organização muda ao longo do tempo, não importa se as mudanças forem parte de um plano sistematicamente desenvolvido ou algo que tiver evoluído implicitamente, as mudanças estruturais, tipicamente, vão acompanhar.

PROJETO ORGANIZACIONAL

A ideia básica do projeto organizacional enfoca o lado gerencial da teoria organizacional: a construção e a mudança da estrutura de uma organização para atingir suas metas.[24] Como foi mostrado na exposição anterior sobre as formas mecanística e orgânica de organização, bem como dos conceitos de diferenciação e integração, *não há* uma forma ideal de estrutura organizacional. De fato, a maioria dos teóricos organizacionais atualmente defende uma *teoria contingencial* do projeto organizacional, ou seja, que o modo como uma organização deve ser montada depende de seu ambiente, particularmente nas dimensões de mercado e tecnologia. Como foi argumentado por Burns e Stalker, a estrutura mais eficaz é aquela que se ajusta a esses requisitos ambientais: uma organização mecanística em ambientes estáveis e seguros e uma estrutura orgânica nos mais imprevisíveis e turbulentos.[25] De maneira semelhante, Lawrence e Lorsch observaram que em ambientes mais complexos e turbulentos havia uma maior diferenciação interna entre os subsistemas da organização. Esse alto grau de diferenciação, por sua vez, criava uma maior demanda por integração, que não poderia ser satisfatoriamente obtida por meio de mecanismos indiretos, convencionais.[26] Assim, um tipo de estrutura é adequado para ambientes estáveis e simples, ao passo que outro parece mais apropriado a ambientes complexos, em mudança rápida (veja a Tabela 8.1, no Capítulo 8).

Henry Mintzberg codificou cinco estruturas comuns de organizações e como a coordenação das atividades ocorre nessas organizações.[27] Como indica a sua tipologia, cada uma dessas formas tem seus pontos fortes e fracos e cada uma parece mais adequada a certos tipos de organizações, em relação a seu tamanho, ambiente e tecnologia. Esses tipos e as contingências e dimensões correlatas encontram-se resumidos na Tabela 9.2.

Estrutura simples

A estrutura simples é característica de empresas novas, criadas por um empreendedor. A organização é composta de um gerente geral (proprietário), um pequeno número de técnicos e algumas pessoas de apoio. O principal mecanismo de coordenação é a supervisão direta. A estrutura simples tem pouca complexidade, pouca formalização e a autoridade é centralizada em um único indivíduo. Frequentemente é retratada como uma estrutura plana, com virtualmente todos seus integrantes se reportando ao gerente geral. Embora essa forma de organização seja encontrada mais frequentemente nas fases iniciais do desenvolvimento de uma empresa, ela se torna cada vez mais ineficaz à medida que a organização cresce.

Essa forma é adequada para um ambiente relativamente simples, porém dinâmico. Como os membros da organização usam pouco o discernimento e participam pouco na tomada de decisões, o ambiente precisa ser suficientemente simples para ser completamente entendido pelo gerente geral (que toma todas as decisões). Mesmo assim, a natureza orgânica dessa forma de organização a torna capaz de manobrar rapidamente, o que a torna também eficaz em ambientes dinâmicos. Tais empresas, entretanto, não são normalmente muito poderosas e dependem muito da pessoa no topo.

Burocracia mecanizada

Uma burocracia mecanizada é característica da organização burocrática de Weber. Essa forma é apropriada para organizações grandes que utilizam tecnologia de rotina em ambientes simples e estáveis. Há especialização e formalização intensas: tarefas operacionais altamente rotinizadas, regras e regulamentos muito formalizados, autoridade centralizada e uma nítida demarcação entre as atividades de linha e *staff*. O procedimento principal de coordenação (integração) é a padronização dos processos de trabalho. Isso é feito por meio de manuais de políticas, descrições de cargo explícitas e pela especialização das tarefas por função (por exemplo, vendas, produção, pesquisa e desenvolvimento, pessoal). A burocracia mecanizada é uma organização mecanística, frequentemente encontrada em indústrias têxteis, de mobiliário, automotivas e do aço, bem como em grandes organizações varejistas e de prestação de serviços com atividades repetitivas (por exemplo, companhias de seguros, telefônicas, correios, departamentos de arrecadação de impostos).

Embora haja diversas críticas à burocracia mecanizada (uma falta de controle pelos empregados dos escalões mais baixos, falta de inovação, alienação dos funcionários), essa estrutura parece adequada a grandes organizações em ambientes estáveis. Como a maioria das contingências possíveis já ocorreu alguma vez, elas são previsíveis e podem ser tratadas eficazmente por meio de procedimentos formalizados. Da mesma forma, há grandes equipes de apoio e técnicas (especialização), embora a equipe técnica seja o grupo dominante.

Burocracia profissional

O terceiro tipo de organização é a burocracia profissional, que tem muitas das características da burocracia mecanizada, em particular a formalização e a padronização. Entretanto, em vez de padronização dos processos de trabalho (mecanizado), essa forma utiliza a padronização das habilidades de coordenação (ou seja, o trabalho complexo é executado por indivíduos com conhecimentos e habilidades bem desenvolvidos). Como esses indivíduos são especialistas e bem treinados realizando tarefas complexas e o seu trabalho não pode ser facilmente controlado, a burocracia profissional é caracterizada pela tomada de decisões descentralizada e uma formalização menor que a da burocracia mecanizada.

Essa forma estrutural parece mais adequada para as organizações prestadoras de serviços que para as que tenham produtos tangíveis. É provável que o ambiente seja complexo, porém relativamente estável e previsível. É característica de grupos de advogados, médicos, arquitetos com diversas especialidades e universidades. A burocracia profissional é relativamente plana, com alguma diferenciação vertical e muita diferenciação horizontal.

Forma divisionalizada

As organizações divisionalizadas tendem a ser empresas muito grandes, que são subdivididas em grupos por mercados ou produtos. O princípio básico de coordenação é a padronização dos resultados com base nessas linhas de mercado ou de produto. De modo geral, a forma divisionalizada é mecanística por natureza, mas pode incorporar alguns componentes orgânicos (por exemplo, o departamento de pesquisa e desenvolvimento). Há alguma diferenciação horizontal e vertical e um alto grau de formalização nas divisões porque a tecnologia é frequentemente rotineira. A centralização também existe principalmente nessas divisões, embora um *staff* corporativo possa reter algumas funções (tais como planejamento).

A estrutura divisionalizada parece ser a forma mais adequada para as divisões que tenham mercados relativamente simples e estáveis, embora a empresa inteira possa servir a diversos mercados. Muitas organizações grandes, tais como a General Motors, Ford, Procter & Gamble e Westinghouse têm estruturas divisionalizadas. Em muitos casos, cada divisão se torna uma burocracia mecanizada, com uma superestrutura administrativa no topo da organização.

Adhocracia

O último tipo de estrutura é montado de forma a ser flexível e capaz de adaptar a ambientes em mudança acelerada. Essa é uma forma orgânica de organização, e o principal mecanismo de coordenação é o ajuste mútuo. A adhocracia é caracterizada por forças-tarefa multidisciplinares formadas em base temporária, papéis de ligação e integração e estruturas matriciais. Sua complexidade é entre baixa e moderada, há pouca formalização e a tomada de decisões é descentralizada. Como essa forma de organização procura oferecer flexibilidade, ela tende a ser plana, visto que a existência de muitos níveis de administração iria limitar sua capacidade de adaptação.

Internamente, a adhocracia tem dois pontos de controle. Como as partes da organização são plenamente diferenciadas, tanto com base em projeto como em produto, elas exigem formas diretas de integração para funcionar de modo eficaz. Frequentemente um membro da organização tem dois chefes: seu gerente funcional (por exemplo, produção, vendas, pesquisa e desenvolvimento) e seu gerente de produto ou projeto (por exemplo, os gerentes de produto dos diversos tipos de computadores pessoais).

Tabela 9.2 Tipos de formas organizacionais

	Simples (agência)	Burocracia mecanizada	Burocracia profissional	Divisionalizada	Adhocracia (matricial)
Contingências					
Tamanho	Pequeno	Grande	De médio a grande	Muito grande	De médio a grande
Tecnologia	Simples	Relativamente pouco sofisticada; utiliza máquinas, contudo sem automatização	Relativamente pouco sofisticada; não utiliza máquinas	Divisível, porém relativamente pouco sofisticada	Altamente sofisticada
Ambiente	Simples e dinâmico	Simples e estável	Complexo e estável	Diversificado, porém relativamente simples e estável	Altamente complexo e dinâmico
Aspectos					
Dimensão principal da organização	Dono/alta direção	Pessoal de apoio técnico	Pessoal de produção (serviço)	Gerência média	Profissionais técnicos e pessoal de apoio
Linha de produtos/ serviços	Simples: um único produto/serviço	Relativamente simples: um só produto	Relativamente complexa: para serviço	Diversificada: muitos produtos/serviços	Diversificada: muitos produtos/serviços
Interdependência e coordenação	Combinada/em série: supervisão direta (dono)	Em série: supervisão direta, padronização do trabalho	Em série: padronização de habilidades	Em série/recíproca: alta direção e no mínimo um nível abaixo (gerentes de divisão), padronizarão de resultados	Recíproca: equipes multifuncionais, dupla cadeia de comando; ajuste mútuo de departamentos em sobreposição

Tabela 9.2 Tipos de formas organizacionais (continuação)

	Simples (agência)	Burocracia mecanizada	Burocracia profissional	Divisionalizada	Adhocracia (matricial)
Centralização	Centralização	Descentralização limitada	Descentralização	Descentralização limitada	Descentralização seletiva
Principais vantagens/ desvantagens	*Vantagens*: baixo custo; o trabalho é responsabilidade de todos os membros da organização; as responsabilidades são claras	*Vantagens*: eficiência; especialização do trabalho; economia de escala; rotinização das atividades	*Vantagens*: eficiência; especialização do trabalho; economia de escala; autonomia profissional e controle	*Vantagens*: atende às necessidades para diversas linhas de produtos e coordenação a nível de organização inteira; as divisões autônomas permitem uma grande amplitude de controle ao nível superior	*Vantagens*: flexibilidade para se adaptar a mudanças; capacidade de maximizar várias dimensões; facilita a coordenação
	Desvantagens: capacidade limitada para lidar com a complexidade; poder concentrado em uma pessoa	*Desvantagens*: subotimização; necessidade de reintegração de departamentos; menos flexibilidade na capacidade de reagir a mudanças; alienação dos funcionários; pouco discernimento por parte dos funcionários	*Desvantagens*: subotimização; necessidade de reintegração de departamentos; menos flexibilidade na capacidade de reagir a mudanças	*Desvantagens*: subotimização; necessidade de reintegração de atividades diferentes; a duplicação de esforços leva a custos mais elevados e menor eficiência	*Desvantagens*: *imprevisibilidade*; ineficiência; inconsistência em potencial; custos fixos gerenciais; estresse dos funcionários

Fonte: Henry Mintzberg, *The Structuring of Organizations: A Synthesis of the Research* Copyright 1979, p. 286, 446-47, adaptado sob permissão da Prentice-Hall, Inc., Englewood Cliffs, NJ; e M. Jelinek, "Organization Structure: The Basic Conformations", in M. S. Plovnick, R. E. Fry, e W. W. Burke. (Eds.). *Organization Development* (Boston: Little, Brown & Co., 1982), p. 293-303. Copyright do artigo 1982 by Mariann Jelinek. Usado sob permissão.

Cada grupo de projeto tem integrantes das diversas áreas funcionais, mas seu enfoque principal é aquele projeto específico. Como exemplo, o grupo de computadores pessoais teria integrantes de vendas, pesquisa e desenvolvimento, produção e outras funções da organização. Diferentemente da situação da burocracia mecanizada (no qual a experiência obtida com a fabricação de um produto leva a uma maior experiência, visto que as coisas mudam lentamente), em ambientes turbulentos a experiência é de menos valia com tecnologias novas e em mudança. Assim, é comum que as pessoas com treinamento mais recente em alta tecnologia, como engenheiros recém-formados, tenham mais conhecimentos sobre aspectos específicos do projeto. Sendo assim, pessoas com conhecimentos específicos das diversas funções são reunidas em um grupo de projeto. Embora os componentes do grupo possam ter níveis hierárquicos diferentes, o grupo é formado em torno daqueles com mais conhecimento sobre certo assunto, e não necessariamente aqueles que tenham mais experiência.

A adhocracia, portanto, permite a integração direta em ambientes turbulentos, nos quais haja muitas informações a serem processadas. Contudo, embora essa forma resolva problemas de comunicação e integração, ela cria as suas próprias dificuldades. Primeiro, há uma grande superestrutura organizacional, necessária para facilitar a comunicação e coordenação gerais. Isso pode custar caro. Segundo, a norma de ter um único chefe é violada. Como dois gerentes (o do produto e o funcional) precisam gerenciar, dirigir e avaliar um funcionário, isso pode criar situações ambíguas e de tensão para ele.

Estruturas organizacionais paralelas Mesmo que muitos teóricos da administração tenham feito previsões sobre o fim das organizações burocráticas tradicionais, devido à sua incapacidade de adaptar a ambientes internos e externos em mudança rápida,[28] essa forma tradicional de organização mostrou um elevado nível de persistência à mudança. Realmente, a despeito de mudanças amplas, e às vezes até turbulentas, que aumentaram a complexidade da vida das organizações, muitas empresas se tornaram mais burocráticas. Assim, passou-se a dedicar atenção a intervenções que pudessem ajudar as organizações a lidar com essas mudanças enquanto acomodavam as estruturas burocráticas tradicionais. Uma abordagem particularmente promissora é a criação de uma forma de adhocracia na estrutura tradicional, chamada organização paralela.

Em sua essência, uma *estrutura organizacional paralela cria* uma série de forças-tarefa em rodízio, dirigidas por um comitê da organização convencional.[29] Seu enfoque principal é preencher os vazios criados pelas estruturas burocráticas tradicionais, concentrando-se em preocupações dos empregados, coleta de dados, diagnóstico e solução de problemas, intervenções organizacionais, planejamento estratégico e implementação. De modo semelhante a uma estrutura matricial, essas estruturas rompem as relações tradicionais de autoridade, visto que os envolvidos ocupam duas posições coexistentes, desempenhando ambos os respectivos papéis. Entretanto, de maneira diferente das organizações matriciais, as estruturas paralelas não são ancoradas a produtos ou projetos por si, tanto quanto ao reexame e reavaliação contínua das rotinas organizacionais, explorando novas alternativas e desenvolvendo novas técnicas, ferramentas e abordagens para lidar com as condições organizacionais em mudança. As organizações paralelas tiveram grande sucesso na década de 1980, como parte de planos de incentivo e programas de qualidade de vida no trabalho (veja o Capítulo 11) no nível de sistema inteiro.

Há cinco elementos principais de estruturas organizacionais paralelas.[30] Primeiro, seu propósito essencial é melhorar as práticas organizacionais existentes que afetem mais de uma ou duas unidades funcionais. Essas preocupações podem variar desde a tomada de decisões estratégicas a simples questões operacionais do cotidiano. Segundo, as normas e procedimentos operacionais na estrutura paralela tendem a ser diferentes daquelas na organização formal, promovendo relações de cooperação eficazes, livres de hierarquia, para a solução de problemas em grupo. Terceiro, os integrantes das organizações paralelas também são membros da organização formal, embora em seus papéis da estrutura paralela eles operem fora da cadeia formal de comando. Quarto, usa-se um comitê diretor de nível mais alto para controlar e legitimar as atividades da estrutura paralela. Finalmente, são desenvolvidos mecanismos especiais (por exemplo, o uso de facilitadores e ligações) para assegurar que a estrutura paralela esteja ligada à organização formal.

Embora essas estruturas paralelas pareçam promissoras como facilitadores durante períodos de mudança e transição organizacional, há o risco de esses comitês tornarem-se repletos de profissionais de altos escalões.[31] Se esses comitês diretivos tiverem de ser bem-sucedidos, é preciso haver ênfase explícita na coleta de informações e na detecção e na solução de problemas. Além disso, é importante que os membros da força-tarefa sejam integrados tanto horizontal (gente do mesmo nível, mas de funções e departamentos diferentes) como verticalmente (níveis diferentes). Mesmo que seja vital contar com a apoio e a orientação da alta direção, a participação exclusivamente de pessoas dos altos escalões vai minimizar boa parte do potencial e da eficácia desses grupos.

Organizações em rede Uma forma nova de adhocracia é a rede, uma pequena organização central que depende de outras empresas e fornecedores para realizar suas funções de fabricação, distribuição, marketing ou qualquer outra com base em um contrato.[32] Basicamente, são empresas industriais, mas sem uma produção industrial. Como muitas empresas norte-americanas cada vez mais exportam o componente de produção de suas mercadorias, prevê-se que essas empresas em rede venham a se tornar progressivamente mais frequentes e mais influentes na comunidade empresarial do mundo. Embora a maioria das grandes corporações ainda seja verticalmente integrada (ou seja, envolvendo diversos estágios de uma operação, da matéria-prima ao usuário final), muitas estão mudando em direção a uma maior desagregação. Pressionadas pelos altos custos do desenvolvimento de produtos e da penetração em mercados mundiais, as empresas estão progressivamente recorrendo a fornecedores estrangeiros para obter produtos acabados e formando *joint ventures* e alianças temporárias com outras companhias (veja o Capítulo 8). A GM, que foi o protótipo de uma companhia verticalmente integrada, por exemplo, recentemente se envolveu em todas as três dessas estratégias. As vantagens básicas da organização em rede, se comparadas às formas tradicionais, são que elas (1) são mais ágeis e rápidas, (2) precisam de menos capital, (3) têm custos fixos mais baixos, (4) são mais empreendedoras por natureza, (5) podem facilmente empregar mão de obra barata, e (6) podem adotar tecnologia externa mais rapidamente. Contudo, apresentam algumas desvantagens: (1) são vulneráveis à concorrência por seus fornecedores, (2) têm menos controle sobre a produção, (3) podem perder a exclusividade na tecnologia de projeto e fabricação, (4) têm menor garantia de fornecimento, (5) não podem subsidiar linhas de produtos que não sejam lucrativas (como as empresas altamente diversificadas podem), e (6) têm resultados voláteis, visto que tipicamente aproveitam ondas de modismos ou tecnologia.

Em um nível, as organizações em rede têm sido usadas no ramo editorial, do vestuário e de construção por muitos anos. Além disso, muitos empreendimentos pequenos, iniciantes, frequentemente se organizam em rede para contarem com certa agilidade e controlam os custos. À medida que o desenvolvimento das telecomunicações continua a facilitar a coordenação entre fornecedores e clientes ao redor do mundo, o conceito de rede começa a se espalhar para mais e mais ramos da indústria.

Permanece para ser verificado se as organizações em rede são um precursor do futuro ou pouco mais que uma fase transitória em nível corporativo. O que fica claro é que, à medida que o ambiente continua a mudar, as estratégias inovadoras e estruturas organizacionais continuarão a surgir, trazendo novas preocupações e implicações para a administração.

Conclusões

Resumindo, há diversas maneiras de estruturar as organizações. O importante é assegurar que a estrutura seja adequada ao tipo de ambiente à organização em questão. Embora muitas pessoas pareçam ter preconceitos a favor de formas "mais novas" de organização, é tão impróprio criar uma organização matricial (adhocracia) para um ambiente estável quanto criar uma burocracia mecanizada, vertical, para um ambiente altamente turbulento.

Pode-se esperar que as organizações que operam em ambientes variados e dinâmicos sejam mais eficazes se tiverem estruturas flexíveis (orgânicas), altamente diferenciadas e altamente integradas. Em contrapartida, organizações que funcionem em ambientes relativamente simples a estáveis, no qual houver pouca incerteza na tomada de decisões, podem ser mais mecanísticas e menos diferenciadas por natureza. Além disso, os meios tradicionais, indiretos, de integração costumam ser suficientes. Cumpre observar, porém, que a diferenciação estrutural também pode ocorrer em organizações e departamentos. Várias partes de uma organização podem ser confrontadas com "subambientes", que criam problemas exclusivos além dos enfrentados por outros departamentos. Sendo assim, é bem possível encontrar uma organização que tenha alguns departamentos com estruturas mecanísticas e rotinizadas (por exemplo, finanças, produção) enquanto outros tendem a ser mais orgânicos e não rotinizados (por exemplo, pesquisa e desenvolvimento, planejamento no longo prazo). A consideração importante a fazer é que a forma como uma organização ou departamento são estruturados deve se ajustar a exigências, limitações e incertezas de seu ambiente.

DINÂMICA INTERNA DA ORGANIZAÇÃO

Ainda que intensidades e combinações diferentes dessas três dimensões estruturais exerçam uma influência significativa sobre as atitudes, os comportamentos e as interações dos membros da organização, esses fatores estruturais por si não explicam todas as variações nessas atitudes, comportamentos e interações. Na verdade, há diversas dinâmicas em nível macro, bem como fenômenos que também moldam e influenciam as atitudes e comportamentos dos integrantes da organização. Para os nossos propósitos, a dinâmica interna da organização será analisada nos contextos da *cultura organizacional*, do *clima organizacional* e da *identidade organizacional*. Esses conceitos caracterizam a atmosfera e os atributos que são exclusivos de uma organização específica, em relação a como ela lida com seus membros, suas metas e objetivos e seu ambiente.

Cultura organizacional

A cultura organizacional refere-se ao *padrão compartilhado* de crenças, suposições e expectativas tidas pelos membros da organização e a sua maneira característica de perceber os artefatos da organização e o ambiente, bem como suas normas, papéis e valores no modo como existem externamente ao indivíduo.[33] De certa maneira, a cultura organizacional é um reflexo da "personalidade" da organização e, de forma análoga à personalidade de um indivíduo, nos permite prever atitudes e comportamentos. De fato, pesquisas recentes destacaram a força da cultura organizacional, defendendo que a formulação de estratégias, o estilo de liderança preferido e as maneiras aceitas de realizar tarefas, entre outras facetas importantes da vida organizacional, são realmente reflexos da cultura específica da organização em questão.

Assim como a cultura é um fator importante, que influencia o modo como as pessoas agem e interagem em uma sociedade (veja o Capítulo 8), as culturas inatas evoluem nas organizações ao longo do tempo, de modo a afetar o comportamento de pessoas e grupos de maneira previsível, embora sutil. De maneira semelhante à cultura da sociedade, a cultura organizacional também é implicitamente difundida, sendo uma força penetrante e poderosa na moldagem do comportamento. Além disso, embora haja diversas definições e usos do conceito em nível organizacional, ainda há o conceito integrativo de *costume*. Esse "aglomerante normativo" mantém uma organização unida por meio de maneiras tradicionais de desempenhar as responsabilidades organizacionais, os padrões exclusivos de crenças e expectativas que surgem ao longo do tempo e as compreensões compartilhadas da realidade em certos momentos no tempo.

Para uma visão mais geral da sutileza desse conceito, precisamos examinar rapidamente três questões conceituais: (1) a exclusividade das culturas organizacionais; (2) as diferenças entre culturas organizacionais objetiva e subjetiva; e (3) as subculturas organizacionais.

Exclusividade das culturas organizacionais Embora o uso popular do conceito de cultura sugira que as diferenças entre culturas organizacionais existem primariamente entre ramos de atividade e não entre organizações diferentes do mesmo ramo, esse enfoque parece muito restrito. Deal e Kennedy, por exemplo, concebem quatro tipos gerais de cultura corporativa, com base em duas dimensões principais: grau de risco e velocidade de *feedback* característicos de certo ramo de atividade.[34] Em áreas no qual as decisões cotidianas envolvem grandes riscos e resultados rápidos (por exemplo, propaganda, entretenimento e construção), sugere-se a predominância de uma cultura de linha-dura.

Nesse mundo, define-se o sucesso como a capacidade de arriscar e conseguir. Por sua vez, empresas de seguros e serviços públicos, caracterizadas por poucos riscos e *feedback* lento, desenvolvem culturas de "processo", nas quais a capacidade de administrar detalhes é a chave para o sucesso. As culturas de "apostar a empresa inteira" tendem a evoluir em ramos de alto risco e *feedback* lento, como fabricantes de aviões literalmente "apostam" o sucesso da empresa em um novo projeto. Contrastando com as demais culturas, o sucesso depende da atenção aos detalhes e da capacidade de lidar com a incerteza por longos períodos. Finalmente, os ramos de atividade com risco relativamente baixo e *feedback* rápido, que incluem as organizações de vendas, desenvolvem culturas de "trabalhar duro e jogar duro", nas quais o sucesso depende de uma orientação para a ação e uma população de funcionários altamente motivada.

Embora Deal e Kennedy deem a entender que podem existir variações intracompanhia, com base em diferenças funcionais (tais como diferenças culturais entre vendas, pesquisa e desenvolvimento e operações) e geográficas (regionais ou internacionais), a posição básica que advogam é que "os padrões genéricos culturais evoluem para atender às demandas do local de trabalho".[35] As tendências mais amplas no ambiente social e empresarial que Deal e Kennedy visaram representam efetivamente uma influência importante no desenvolvimento da cultura de uma organização. Entretanto, embora essas diferenças entre organizações realmente existam sejam úteis para pesquisas empíricas iniciais, as diferenças culturais entre organizações do mesmo ramo de atividade podem ser tão grandes quanto as entre ramos distintos.[36] A fusão entre as corporações petrolíferas Gulf e Chevron foi inicialmente anunciada como a combinação perfeita, tendo em vista que as duas empresas tinham bens aproximadamente equivalentes e recursos mutuamente complementares. A fusão, contudo, foi descrita como um "casamento forçado", carregado de temores, ansiedade e frustrações, visto que as empresas faziam o mesmo trabalho com uma grande diferença em estilo, orientação cultural e estratégia.[37]

Culturas organizacionais objetiva e subjetiva As organizações têm culturas subjetivas e objetivas. A *cultura organizacional subjetiva* refere-se aos padrões compartilhados de crenças, suposições e expectativas dos seus integrantes e à maneira característica do grupo de perceber o ambiente da organização e seus valores, normas e papéis como eles existem exteriormente ao indivíduo.[38] Isso inclui coisas tais como heróis organizacionais (isto é, aquelas pessoas que encarnam valores culturais e se apropriam do modelo de outros), mitos e histórias sobre a organização e sua liderança, seus tabus organizacionais, ritos, rituais e percepções de Mecas (ou seja, locais simbólicos importantes e extensões da organização que sejam motivo de orgulho).

A cultura organizacional subjetiva também abrange o que pode ser chamado *cultura gerencial*, os estilos e orientações de liderança, esquemas mentais e maneiras de comportar e resolver problemas que são influenciados pelos valores defendidos pela organização.[39] Embora alguns aspectos da cultura gerencial possam ser compartilhados por meio das organizações, algumas facetas cruciais, embora sutis, tendem a ser inatas a certas organizações. Assim, embora duas organizações possam afirmar que o "bom serviço ao cliente" é a chave para o seu sucesso, pode haver diferenças gerenciais significativas, no que refere-se ao melhor caminho para atingir esse fim.

A *cultura organizacional objetiva* refere-se aos artefatos criados por uma organização. Por exemplo, a configuração modular de escritórios abertos da Digital Equipment Corporation; as áreas de lazer confortáveis da fábrica da British Leyland em Solihull durante a década de 1970; os vestiários do pessoal de montagem de chassis da fábrica da Volvo, em Kalmar, com sauna e salão de café; todos esses são reflexos objetivos (materiais) da cultura de cada organização. Essas instalações físicas, o local no qual fica o escritório e até a frota de carros posta à disposição dos executivos podem refletir os valores da organização.

Mesmo que ambos os aspectos da cultura sejam importantes para a plena compreensão de dada organização, o que denomina-se cultura organizacional subjetiva oferece uma base mais nítida para caracterizar e interpretar as semelhanças e diferenças entre as pessoas e as organizações. Embora a cultura objetiva possa conter semelhanças entre organizações, a cultura organizacional subjetiva é exclusiva de cada empreendimento. Entretanto, às vezes algo que é parte da cultura objetiva de uma organização pode começar a adquirir "vida própria". Quando isso ocorre, há um aumento distorcido da importância do artefato, que então passa a ser parte da cultura subjetiva da organização. Essa é uma parte do modo como se criam mitos relacionados à vida da organização.

Subculturas organizacionais Até aqui, tratamos a cultura organizacional como se ela fosse um fenômeno monolítico, ou seja, uma cultura para cada lugar. É importante, contudo, notar que frequentemente há diversas culturas em uma organização. Embora cada empresa, tipicamente, tenha uma cultura dominante (ou seja, os valores e normas centrais compartilhados pela maioria dos membros da organização), as corporações, divisões, fábricas, departamentos e assim por diante podem ter culturas diferentes da do grupo maior.[40] Ao examinar as organizações de uma perspectiva cultural, portanto, é importante distinguir as culturas dominantes das organizações das diversas subculturas que possam coexistir com elas.

Como as organizações, tipicamente, terão uma ou mais subculturas, essas serão geralmente de *realce* (um grupo no qual a adesão aos valores centrais da cultura dominante é mais fervoroso que no restante da organização) ou *ortogonais* (em que os membros simultaneamente aceitam os valores principais da cultura dominante e mais um conjunto separado de valores não conflitantes, exclusivo deles).[41] Esse pode ser especificamente o caso em organizações funcionalmente estruturadas, nas quais culturas funcionais diferentes podem conviver com a cultura organizacional dominante.[42] Por exemplo, os integrantes do departamento de pesquisa e desenvolvimento frequentemente têm crenças e expectativas bem diferentes sobre a vida da organização que os membros da contabilidade, marketing e outros departamentos. Embora todos esses grupos ainda possam compartilhar de muitos dos valores culturais da organização (por exemplo, os empregados são o nosso bem mais caro), pode se esperar que eles também tenham suas diferenças em alguns aspectos (por exemplo, nós não seguimos nenhuma rotina *nesse* departamento).

Contraculturas organizacionais Como acabamos de ver, as subculturas organizacionais são tipicamente de realce ou ortogonais por natureza. Entretanto, assim como as sociedades podem ter grupos cujas normas, valores e comportamentos contradizem as normas, valores e comportamentos da sociedade,[43] as organizações também podem ter subgrupos que rejeitem frontalmente aquilo que a organização representa ou o que ela tenta conseguir. Chamados contraculturas, esses grupos geralmente se dedicam a três formas de dissidência:[44] (1) oposição direta aos valores dominantes da empresa; (2) oposição à estrutura do poder da cultura dominante; e (3) oposição às interações e intercâmbios padronizados que se encontram enraizados nos valores da cultura dominante.

Os atos de John DeLorean contra os principais valores culturais da GM, por exemplo, foram analisados como contraculturais por natureza. DeLorean frequentemente agia em oposição aos valores centrais da GM: respeito pela autoridade, ajuste social, lealdade e trabalho em equipe, com os correspondentes rituais e expectativas. Articulando valores opostos, traduzindo-os em ação, facilitando sua implementação e agindo como modelo, ele conseguiu criar uma contracultura na GM.[45] De modo geral, contudo, seus atos ainda eram orientados para o sucesso final da empresa. Entretanto, como os valores e comportamentos contraculturais são inconsistentes com o que a cultura dominante procura atingir, eles podem influenciar as pessoas a, consciente ou subconscientemente, trabalhar contra o sucesso da organização.

As contraculturas organizacionais tendem a surgir quando indivíduos ou grupos vivem sob conjuntos de condições que eles acreditam firmemente que não lhes podem proporcionar as satisfações que esperam, ou a que estão habituados. De certo modo, as contraculturas organizacionais podem ser consideradas pedidos de socorro durante épocas de tensão, quando os sistemas de apoio à cultura existentes tiverem falhado e as pessoas estiverem tentando reconquistar alguma sensação de controle sobre suas vidas. Esses grupos contraculturais podem prevalecer de forma particularmente intensa durante transformações organizacionais de monta, tais como fusões e aquisições, que possam envolver mudanças significativas na natureza, forma ou característica da organização.

Resumo A cultura organizacional tende a ser exclusiva para cada organização específica, sendo composta de uma dimensão subjetiva e outra objetiva, ocupando-se dos costumes, tradições e crenças compartilhadas sobre a vida na organização. É um determinante poderoso do comportamento individual e grupal. A cultura organizacional afeta virtualmente todos os aspectos da vida organizacional, das formas em que as pessoas interagem entre si, realizam seu trabalho e se vestem, aos tipos de decisões tomadas em uma empresa, suas políticas, procedimentos e considerações estratégicas.

Diagnóstico da cultura organizacional Nem todas as culturas organizacionais são igualmente fortes. Há, na verdade, três fatores básicos que fazem diferença substancial em até que ponto uma cultura influenciará as atitudes e os comportamentos de seus integrantes.[46] Primeiro, a força cultural se baseia na *extensão* de valores compartilhados que existem na organização: quanto maior o grau de crenças e valores compartilhados, mais intensa será a influência da cultura, visto que haverá mais suposições básicas para orientar o comportamento. Por exemplo, a IBM, a Procter & Gamble e o Morgan Guaranty são descritos como possuidores de culturas "densas", em razão do alto nível de crenças e valores compartilhados que os membros da organização são socializados para aceitarem como próprios. As culturas "ralas", ou "pseudoculturas", por sua vez, têm poucas suposições compartilhadas e, como resultado, têm uma influência muito mais fraca sobre a vida organizacional.[47]

Segundo, as culturas organizacionais cujas crenças e valores são *mais amplamente compartilhadas* pelos integrantes da organização tendem a ter um efeito mais intenso porque há um contingente maior de pessoas que são orientadas por elas. Finalmente, nas culturas em que as crenças e valores são *claramente ordenados* (ou seja, no qual o significado relativo das diversas suposições é bem conhecido) o efeito no comportamento de seus membros será mais penetrante, visto que haverá menos ambiguidade sobre quais as crenças e os valores que devem prevalecer em situações de conflito. Por exemplo, em culturas "densas", a distinção entre valores centrais e essenciais é clara e as pessoas reagem de acordo, ao passo que em culturas "ralas" existe uma tendência a haver mais discórdia e ambiguidade.

A capacidade de analisar a cultura de uma organização é importante, uma vez que é difícil predizer, à primeira vista, se uma empresa terá uma cultura forte ou fraca. Como regra geral, as organizações menores, que operam em uma base localizada, tendem a ter culturas fortes, visto que é mais fácil para que as crenças e valores se tornem mais amplamente compartilhadas por seus integrantes. Entretanto, organizações significativamente maiores, com operações em nível mundial, como a IBM, podem ter culturas bem fortes. Particularmente se tiver havido uma continuidade de liderança forte, uma ênfase incessante nas mesmas crenças e valores, por meio de práticas de socialização e uma força de trabalho relativamente estável, um conjunto consistente de crenças e valores poderá se estabelecer, tornando-se amplamente difundido e compartilhado.

Decifrar a cultura de uma organização é um processo altamente interpretativo e subjetivo, que exige uma visão tanto histórica como das atividades atuais. Não se pode confiar simplesmente no que as pessoas relatam verbalmente sobre a sua cultura. Embora esses relatos reflexivos sejam importantes, o modo como as pessoas agem e interagem entre si, como a alta direção lida com diversas situações, como as pessoas efetivamente passam o tempo, o que a empresa diz de si mesma nos relatórios anuais, jornais internos e outros documentos e o ambiente físico da organização, tudo isso contribui para uma compreensão mais completa da cultura específica de uma empresa.

Embora existam diversas "estruturas de interpretação" propostas na literatura, algumas dimensões parecem ser bastante universais:[48]

1. *Valores organizacionais.* As crenças e os valores subjacentes de uma empresa são a essência da filosofia daquela organização para atingir o sucesso. Refletem a visão básica de "como as coisas devem ser" em uma empresa, compartilhada por seus membros. A filosofia de uma empresa dá a sensação de direção comum para seus membros e diretrizes para os comportamentos aceitáveis em suas operações cotidianas.
2. *Cultura gerencial.* Como reflexo da filosofia da organização, essa dimensão é voltada para o conceito básico de autoridade na organização, no que refere-se a estilos predominantes de liderança e orientações, estruturas mentais e maneiras de comportar e solucionar problemas que sejam influenciados pelos valores defendidos pela organização.
3. *Heróis organizacionais.* As organizações têm modelos de papéis que personificam o sistema de valores culturais e que definem o conceito de sucesso na organização de maneira tangível. Embora esses heróis frequentemente façam parte da alta direção, eles podem ser identificados por toda a organização. A chave é que esses indivíduos representam o que a empresa defende e reforçam os valores da cultura, ressaltando que o sucesso é atingível, agindo como um modelo de papel para os outros, estabelecendo um padrão de desempenho e motivando os integrantes da organização.
4. *Histórias e mitos da organização.* Em muitos casos, os funcionários não falam diretamente de valores, crenças e suposições, mas os implicitam mediante um conjunto diferente de

exemplos e histórias reais. Essas narrativas ordenam as crenças sobre a organização e o seu sistema de valores, funcionando como um "norteador", que ajuda uma pessoa a compreender como as coisas são feitas.[49] Essas histórias e mitos são frequentemente filtradas por meio de uma "rede cultural", que continua a reforçar e a lembrar as pessoas do "porquê fazemos as coisas assim". Os contadores de histórias da organização difundem o folclore da corporação e dramatizam as façanhas dos heróis e heroínas da empresa.

É importante observar que histórias bastante conhecidas não sustentam necessariamente as necessidades da organização. As "histórias negativas" podem ensinar às pessoas com o quê devem tomar cuidado, ou como "dar jeitinhos". Os mitos e histórias, portanto, podem ser tanto funcionais como disfuncionais para a organização. O importante é que eles oferecem um indicador bem forte de como os funcionários veem a empresa, sua cultura e sua gerência.

5. *Tabus, ritos e rituais da organização.* As organizações também têm atividades que são manifestações sociais das crenças e valores dominantes da cultura. Os rituais sociais, às vezes chamados "dança da cultura", definem as interações cotidianas e reforçam as orientações básicas da organização. As cerimônias especiais, tais como jantares de homenagem ou premiação, festas e reuniões anuais, e os ritos e rituais diários, tais como reuniões de departamentos e comitês, carregam simbolicamente a importância relativa dos valores, funções e atividades da organização aos seus empregados. No entanto, assim como as "histórias negativas" informam os membros da organização sobre as atividades ou as pessoas a evitar, os tabus organizacionais transmitem a ideia dos limites aceitáveis para os comportamentos e interações.
6. *Símbolos culturais* (*cultura objetiva*). Os artefatos materiais criados por uma organização também podem refletir seus valores e orientações. Podem ser representados por diversos ícones, desde automóveis de luxo e móveis de *design* para executivos até imagens como logotipo, estilo de vestuário, a estrutura da construção, escritórios abertos ou fechados, estacionamento com vagas privativas. As organizações procuram criar ambientes e imagens que digam algo sobre a sua empresa. As percepções de "Meca" por parte dos funcionários, os locais simbólicos importantes e as "extensões que são motivo de orgulho" da organização também indicam valores e orientações importantes. Os funcionários geralmente são bem explícitos sobre no qual a base de poder do escritório se encontra, no qual as pessoas podem estabelecer sua reputação e assim por diante. Analogamente, a designação de missões e locais de trabalho específicos, tipicamente, significam intenções no longo prazo e planos para funcionários de potencial para progredir em carreiras sem futuro.

Mudança cultural em organizações Culturas organizacionais mudam. Como a cultura é uma parte integrante do processo de aprendizado e experiência de um grupo, ocorrem mudanças ao longo do tempo à medida que as pessoas enfrentam mudanças no ambiente externo e problemas levantados pelos esforços internos de integração. Entretanto, visto que as suposições que servem de base para uma cultura não mudam facilmente, é importante notar que a transformação cultural é tipicamente um processo incremental e evolutivo. A verdadeira mudança cultural é frequentemente um processo que consome tempo e dinheiro, além de ser uma experiência emocionalmente extenuante. De fato, os esforços mais bem-sucedidos de mudança cultural parecem ter sido baseados em "redirecionamentos" incrementais e esforços para "honrar" o passado da empresa.[50]

Há dois modos básicos de efetuar uma mudança cultural em uma organização: (1) levando os integrantes da organização a "comprar a ideia" de uma nova configuração de crenças e valores, ou (2) recrutando e socializando novas pessoas para a organização (dando ênfase a essas novas crenças e valores) e removendo os membros antigos conforme necessário. Há cinco pontos-chave de intervenção e processos que podem ser utilizados para criar essa mudança: (1) mudar o comportamento dos membros da organização; (2) justificar as mudanças comportamentais; (3) comunicar mensagens culturais sobre a mudança; (4) contratar e socializar novos integrantes que "se encaixem" na cultura desejada; e (5) remover os integrantes que se desviem da cultura desejada.[51] Os gerentes que quiserem criar mudanças na cultura de uma organização devem intervir nesses pontos principais.

Mudança de comportamento. Na tentativa de introduzir grandes mudanças em uma organização, os gerentes frequentemente começam fazendo uma avaliação e então uma tentativa de mudar as atitudes dos funcionários. Essa abordagem é consistente com o conhecimento tradicional de que as crenças e atitudes influenciam o comportamento. Como destaca uma massa significativa de pesquisas em ciências sociais, uma das maneiras mais eficazes de mudar crenças e valores é começando por mudanças nos comportamentos correlatos. Embora as atitudes influenciem o comportamento, é importante enfatizar que o comportamento também influencia as atitudes.[52]

Os valores e atitudes individuais, particularmente aqueles bem arraigados, são notoriamente difíceis de serem mudados diretamente, visto que os valores das pessoas tendem a ser uma parte de um sistema inter-relacionado, no qual cada valor é amarrado a outros valores e reforçado por eles. Portanto, os gerentes terão de concluir que é virtualmente impossível mudar certo valor isoladamente dos demais valores de um indivíduo. Em contrapartida, concentrando-se nos comportamentos e interações relevantes, os gerentes poderão começar a moldar os resultados que desejam obter, estabelecendo expectativas e padrões de desempenho explícitos, recompensando os comportamentos apropriados e provendo canais pelos quais as pessoas possam contribuir para as metas e objetivos. A mudança nos comportamentos organizacionais, entretanto, não se traduz necessariamente em mudança cultural. Na verdade, as mudanças na cultura podem acontecer bastante tempo depois da mudança de comportamento, ou, em alguns casos, podem nem chegar a ocorrer. Especificamente nos casos em que uma empresa depende exclusivamente de motivadores extrínsecos, os membros da organização podem facilmente racionalizar por que "aceitaram" a mudança, deixando os valores e as orientações culturais intactos. Por sua vez, se os membros da organização puderem ver o valor inerente da mudança, terão muito mais probabilidade de aceitar e se identificar com aquilo que a organização se propõe a fazer.

Justificativa das mudanças comportamentais. Embora a mudança de comportamento seja um passo inicial importante para que a verdadeira mudança cultural ocorra, no longo prazo, as crenças, valores e atitudes dos integrantes da organização terão de reforçar e ser consistentes com o novo comportamento desejado (mudança de cultura). De fato, como já vimos, embora possa parecer que os membros da organização tenham "comprado a ideia" das mudanças, pelos seus comportamentos, eles podem estar simplesmente racionalizando suas atitudes porque "era preciso para não perder o emprego" ou porque "é isso que eles recompensam". Assim, embora eles possam se comportar de certo modo desejado pela organização, podem ainda estar mantendo as crenças e valores da cultura anterior. Por essa razão, pode haver uma subserviência de ordem superficial, mas de menos intensidade, se é que ocorre a aceitação da mudança cultural ou o compromisso com a empresa.

Se a mudança cultural tiver de ocorrer, os gerentes devem, na medida do possível, apoiar mudanças comportamentais relevantes com motivadores extrínsecos. Como parte desse processo, será preciso fazer explicações e justificativas da mudança cultural para os membros da organização. Uma abordagem é convencer os membros da organização a analisar suas crenças e valores, mostrando a eles que tais suposições conflitam com o que acontece a seu redor.[53] Para que a mudança cultural seja duradoura, os gerentes também terão de articular e comunicar as novas crenças e valores organizacionais para que as pessoas possam adotá-los.

O uso de comunicações culturais. As comunicações culturais ocorrem em nível tanto explícito como implícito. As *mensagens culturais explícitas* incluem proclamações, memorandos, discursos e outras formas diretas de comunicação. Embora os gerentes frequentemente se utilizem desses expedientes mais abertos, as *mensagens culturais implícitas*, como rituais, cerimônias, histórias, metáforas, heróis, logotipos, decoração, vestuário e outros atos simbólicos também agem como dispositivos importantes de mudança na cultura da organização. Tanto as formas explícitas como as implícitas de comunicação são importantes e devem ser usadas para induzir as pessoas a adotarem as novas crenças e valores culturais. A estratégia básica deve ser a promoção de uma sensação de propósito comum entre os membros da organização.

Um problema importante ao se tratar da aceitação das comunicações culturais por parte dos funcionários é a credibilidade, tanto da mensagem como do transmissor. As comunicações explícitas e implícitas frequentemente entram em choque mútuo, quando os gerentes dizem uma coisa e em seguida fazem o oposto. Visto que comunicações contínuas e consistentes são necessárias para a mudança cultural, é importante que as promessas, imagens e mensagens sejam sustentadas pelos atos. Reynolds, por exemplo, descreve uma empresa de informática que tentou criar uma conscientização e um compromisso com a qualidade do produto como parte da cultura da empresa. Embora a ideia de produtos de *alta* qualidade, isentos de defeitos, fosse verbalmente sustentada, com bastante espalhafato nas reuniões, os departamentos continuavam a fornecer *software* defeituoso. Virtualmente, nada *era* feito para encorajar ou apoiar atos de funcionários em prol da melhoria da qualidade. O resultado foi uma visão bastante cínica, por parte dos empregados, da diferença entre a cultura "oficial" e a real. Como disse um dos gerentes dessa empresa: "Nós temos um programa de defeito zero: É só não testar o produto, e não encontrará nenhum defeito"[54]

Na maioria dos casos, atos e símbolos têm um impacto mais forte nas pessoas que discursos de diretores. Por exemplo, o presidente de uma grande empresa de assistência médica, que tentou mudar o direcionamento de sua empresa, da administração de recursos médicos da comunidade para a administração de redes regionais, enfatiza a importância de rituais de transição, que permitem que as pessoas manifestem seus sentimentos e "guardem luto" pela mudança.[55] Um dos principais valores que sua empresa expressou, "as pessoas são mais importantes que a tecnologia", se refletiu em seus atos, no que refere-se ao modo como as pessoas foram apoiadas, treinadas e encorajadas durante essas sessões e o esforço de mudança. Para intensificar a mensagem transmitida, a empresa fez uso de mídia interna por meio de um vídeo, apresentando depoimentos de funcionários sobre suas experiências e como estavam inovando e mudando, com o objetivo de transmitir aos demais a ideia das metas almejadas pela organização. De modo geral, a melhor forma de assegurar que as comunicações culturais tenham credibilidade e sucesso é apoiá-las com atos e comportamentos consistentes, que correspondam a crenças e valores adotados.

Contratação e socialização. A mudança da cultura organizacional também é significativamente influenciada pela maneira como os recém-chegados se ajustam e são integrados à nova cultura. Particularmente quando houver tensões entre o grupo existente de membros da organização, é importante assegurar que não haja diferenças inconciliáveis entre a pessoa sendo contratada e a cultura desejada. Embora seja muito pouco provável e pouco desejável um ajuste "perfeito" entre pessoa e cultura,[56] é preciso ter cuidado e atenção nos processos de seleção e socialização. A Procter & Gamble (P&G), por exemplo, bem conhecida por sua cultura "densa", utiliza um processo exaustivo de recrutamento e seleção.[57] Os entrevistadores pertencem a uma elite altamente treinada e não se limitam a sondar com mais intensidade os candidatos (no que refere-se a qualidades como a "capacidade de produção de trabalho de qualidade excepcional" e a "identificação e compreensão dos problemas"), mas também revelam a realidade de trabalhar para a P&G nos seus aspectos positivos e negativos. Nesse sentido, a P&G facilita a desistência de candidatos, com base na suposição de que o candidato tenha uma melhor visão de que as crenças, os valores e os objetivos da empresa estejam alinhados aos seus próprios.

Remoção de dissidentes. Por fim, aqueles indivíduos que resistem continuadamente à mudança cultural e ao que a organização procura alcançar, podem ser excluídos. Embora as rescisões de contrato sejam frequentemente involuntárias, como quando uma pessoa é convidada a pedir demissão ou é sumariamente demitida, em grandes movimentos de mudança cultural, parte dessa rotatividade será voluntária, particularmente entre aqueles mais incomodados com a mudança. Entretanto, uma rotatividade grande, seja ela voluntária ou não, pode ter repercussões negativas. Primeiro, é difícil assimilar um número significativo de pessoas em pouco tempo. Além disso, um ingresso numeroso de recém-contratados pode intensificar as manobras políticas internas, à medida que as pessoas concorrem para conquistar posições, particularmente nos níveis gerenciais.

Clima organizacional

Mesmo que os termos cultura organizacional e clima organizacional sejam, às vezes, empregados como sinônimos, há diferenças importantes entre esses conceitos. O *clima organizacional* é uma medida de até que ponto as expectativas das pessoas, sobre como deveria se trabalhar em uma organização, estão sendo cumpridas.[58] Portanto, levando-se em conta o contexto apresentado anteriormente, a cultura organizacional se ocupa da *natureza* das crenças e expectativas sobre a vida organizacional, ao passo que o clima é um *indicador* de se essas crenças e expectativas estão sendo concretizadas. É uma percepção resumida da atmosfera e do ambiente da organização e tem implicações na satisfação com o trabalho e a organização no desempenho, nos padrões de interação em grupos e nos comportamentos de afastamento (por exemplo, absenteísmo, rotatividade).

Ainda que haja alguma controvérsia de o clima organizacional ser descritivo ou avaliativo, parece que ocorre um pouco de cada.[59] Muitos pesquisadores de clima organizacional pedem que as pessoas *descrevam* o que veem no seu ambiente de trabalho, em vez de pedir que avaliem explicitamente o que veem como "bom" ou "ruim". O clima organizacional, entretanto, é uma medida perceptiva. Como essas percepções podem variar entre os membros da organização e podem ser diferentes das condições reais da organização, na verdade as pessoas estarão avaliando e não descrevendo suas organizações. Além disso, a relação forte que há entre as medidas de clima e as de satisfação com o trabalho e a organização enfatiza a sua natureza avaliativa.

Também tem havido discussões sobre se o clima organizacional funciona como variável independente, interventora ou dependente (veja o Capítulo 2).[60] Embora parte dessa confusão possa ser esclarecida pela diferenciação entre clima e cultura, pesquisas indicam que o clima pode ser uma *variável dependente* (refletindo a materialização das expectativas culturais), *variável independente* (essa materialização leva a sensações de satisfação na organização e no trabalho) ou *variável interventora*, por exemplo, a percepção de um clima de apoio que incentive a aplicação de programas de treinamento gerencial (variável independente) e o desempenho e satisfação subsequentes (variável dependente).

Relação com a cultura organizacional O clima organizacional é frequentemente medido por meio de questionários feitos a diversos indivíduos e depois são compilados para oferecer um perfil da organização com base em dados que abrangem diversas dimensões diferentes (por exemplo, apoio, calor humano, relacionamento com colegas, recompensas, relação entre o desempenho e as recompensas, autonomia e estrutura).[61] Entretanto, culturas organizacionais diferentes podem produzir climas bastante parecidos. Os membros da organização veem a sua situação em virtude de suas expectativas, que são baseadas no tipo de contrato psicológico (Capítulo 3) realizado no momento de seu ingresso, nos processos de socialização organizacional (Capítulo 6) e em suas próprias experiências anteriores e percepções do ambiente maior. Por exemplo, uma organização pode ter um estilo gerencial relativamente autocrático e ser vista como autocrática, ao passo que outra pode ser mais democrática por natureza e ser percebida como tal. Mesmo assim, respostas à pergunta "Meu gerente me envolve nas decisões que me afetam sempre que é conveniente?" podem resultar em respostas parecidas nas duas organizações. Embora as situações e culturas possam ser bem diferentes, se elas forem congruentes com a natureza das expectativas dos funcionários sobre como a vida na organização *deveria ser*, os perfis de clima compilados serão semelhantes.

Identidade organizacional

Como foi indicado na exposição do projeto organizacional, anteriormente neste capítulo, a forma mais apropriada de estruturar e projetar uma organização depende da natureza do seu ambiente. Da mesma forma, as organizações estão cada vez mais tentando mudar suas culturas como parte de estratégias mais amplas que procurem encorajar a inovação, realçar a produtividade e, de modo geral, revitalizar suas operações.[62] À medida que os ambientes mudam, as organizações, como sistemas abertos, também precisam mudar se quiserem assegurar a continuidade da adaptação ao seu mundo circunvizinho. Contudo, antes que uma organização possa ser alterada, seja por meio de mudança estrutural, cultural ou combinação de ambas, é preciso chegar a um acordo geral a respeito do que trata a organização: sua missão básica, suas metas, seus valores e assim por diante. Visões e percepções diferentes de uma organização podem resultar prontamente em metas, contratos psicológicos e suposições disparatados em relação ao que é importante.

Para criar essas visões comuns de uma organização, diversos pesquisadores começaram a estudar as organizações de uma perspectiva metafórica. Nesse contexto, as organizações foram vistas de perspectivas variadas como máquinas, cérebros, organismos ou sistemas biológicos, sistemas políticos, entidades transformadoras ou até prisões psicológicas.[63] Outros pesquisadores enfatizaram que a melhor forma de entender as organizações é como híbrida, como características provenientes de duas ou mais metáforas.[64] Duas metáforas, por exemplo, foram propostas para uma universidade: uma é um modelo empresarial utilitário, que sugere que as decisões são baseadas em considerações sobre os resultados finais (*bottom line*); a outra é um modelo normativo, típico de organizações "expressivas", não lucrativas, como igrejas e alguns hospitais. Como vimos no Capítulo 3, o contrato psicológico para cada modelo é diferente: uma orientação calculista de "pagamento justo por um dia de trabalho honesto" para a organização utilitária; e um compromisso "moral" mais forte, com menor ênfase na remuneração, para a organização normativa.[65] Essas metáforas podem, portanto, começar a nos oferecer uma imagem da organização e de como ela funciona.

O modo como essas metáforas mudam também reflete o tipo de mudanças que ocorreram em certa instituição ou organização. As universidades, por exemplo, surgiram para oferecer oportunidades para estudo adicional por pessoas que não fizessem parte necessariamente de uma ordem religiosa.[66] Entretanto, por causa da influência da igreja na educação superior, as universidades funcionaram inicialmente como conventos e monastérios. Com o passar do tempo, elas gradualmente se deslocaram para fora da abordagem de "sociedade fechada" e começaram a funcionar cada vez mais como empresas, particularmente no que tange a atividades como propaganda e o desenvolvimento de programas rentáveis, simultaneamente com a dissolução ou diminuição dos não lucrativos. Como parte dessa transição, a relação que as universidades tinham com suas faculdades também mudou: de um compromisso "moral" no qual, uma vez instituída, esperava-se que a faculdade permanecesse naquela instituição para uma situação mais calculista, na qual a faculdade procurava melhores oportunidades em outras instituições. Embora as universidades, tipicamente, ainda funcionem, ao menos em parte, como organizações normativas, o compromisso das faculdades deixou de ser centrado na organização e voltado para uma instituição, passando para laços muito mais estreitos com sua disciplina específica, consequentemente enfraquecendo suas ligações com qualquer universidade.

Comparações semelhantes podem ser feitas com as organizações empresariais. Por exemplo, empresas caracterizadas pela metáfora da máquina tipicamente têm atributos bem diferentes daquelas que funcionam sob a metáfora do organismo. Como vimos na explicação anterior sobre as organizações mecanísticas e orgânicas, a empresa tipo "máquina" procura controlar o ambiente estabelecendo procedimentos burocráticos, ao passo que a empresa tipo "organismo" será mais flexível ao tentar se adaptar e responder às exigências do ambiente. Uma organização do tipo "cérebro", por sua vez, pode ter um sistema de informações altamente desenvolvido e o enfoque pode ser nas formas "inteligentes" de interagir na organização e com o seu ambiente.

Como sugere cada uma das metáforas, o modo como cada membro da organização, ou interessado, descreve uma organização reflete suas percepções daquela organização e suas interações com ela. De fato, com qualquer combinação de metáforas organizacionais, essas metáforas serão úteis para desenvolver uma compreensão (ou conjunto de compreensões) comum sobre a organização. Como as suposições feitas pelos diversos grupos de interessados sobre a organização são incorporadas às metáforas que eles usam para descrevê-la, esses modelos metafóricos podem ajudar bastante na conceituação e no entendimento da identidade de uma organização.

EFICÁCIA ORGANIZACIONAL

Um grande desafio para as tentativas de avaliação organizacional é a distinção entre as organizações eficazes e as ineficazes. Infelizmente, essas tentativas frequentemente se mostram ilusórias por natureza. Por exemplo, os pesquisadores ainda não conseguiram chegar a um consenso sobre os critérios mais importantes para tomar essas decisões. Na verdade, há bastante discórdia entre os teóricos da administração sobre o que efetivamente constitui uma organização eficaz.

Visões unidimensionais da eficácia

Há quatro abordagens unitárias principais à avaliação da eficácia organizacional:[67] alcance de metas, recursos do sistema, operações e processos internos e constituições estratégicas. Cada uma dessas abordagens oferece algumas diretrizes úteis para refletir sistematicamente sobre a eficácia organizacional. Nenhuma delas, contudo, é apropriada para todas as organizações durante todo o tempo.

Alcance de metas O método de alcance de metas é o mais adotado para a avaliação da eficácia organizacional. O enfoque geralmente é nos resultados da organização: a eficácia é ditada pela extensão até a qual a produção da organização atinge suas metas. Como esse modelo procura medir o progresso de uma organização na direção do cumprimento de suas metas, ele é uma medida lógica e intuitivamente atraente da eficácia. Ele é mais apropriado quando as metas são claras, condensadas e mensuráveis (ou seja, equipes esportivas cuja meta seja ganhar jogos).

Entretanto, a maioria das organizações empresariais tem metas múltiplas, muitas vezes conflitantes, que tornam as decisões sobre a eficácia em relação às metas extremamente problemáticas.[68] Por exemplo, pensemos no gerente que queira que sua empresa tenha um lucro substancial, enquanto cresce em tamanho, assegurando os ganhos futuros por meio de melhoria e desenvolvimento dos produtos, evitando riscos financeiros, pagando dividendos polpudos aos investidores, mantendo os funcionários satisfeitos, sendo respeitada na comunidade e assim por diante. Evidentemente, seria impossível maximizar todas essas metas ao mesmo tempo; tipicamente, são feitas concessões entre essas metas em uma base contínua. Muitas vezes há diferenças entre as *metas oficiais* (ou seja, a missão básica, o que ela deveria estar fazendo) e as *metas operacionais* (ou seja, práticas operacionais, o que a organização realmente faz).[69]

Outra limitação dessa abordagem trata da natureza das metas em si. Por exemplo, se as metas de uma organização forem muito baixas, ela poderá atingi-la com sucesso, mas será que isso significa necessariamente que a organização seja eficaz? Além disso, uma organização pode ter metas deslocadas ou nocivas, que podem torná-la eficaz, ainda que essas metas tenham sido cumpridas satisfatoriamente. Um bom exemplo é a Nestlé, cuja meta específica era ampliar o mercado de sua fórmula para lactentes nos países em desenvolvimento. A corporação teve tanto sucesso na substituição do leite materno por seus produtos que gerou um grande número de críticas com um eventual boicote de consumidores. A empresa foi acusada de ter perpetrado a subnutrição generalizada em nações em desenvolvimento, em virtude de sua campanha publicitária relativamente sofisticada, juntamente com os altos índices de analfabetismo e más condições de higiene em países em desenvolvimento, que levaram essencialmente a um mau uso do produto.[70]

Recursos do sistema A perspectiva de recursos do sistema vê a eficácia como até que ponto uma organização é capaz de obter os recursos necessários para atingir suas metas. O enfoque, portanto, é nos *inputs*, e não nos *outputs*, da organização: a eficácia é determinada pela capacidade da organização para obter os recursos necessários do ambiente externo. Esse modelo é mais apropriado para as organizações que têm uma ligação clara entre seus recursos e a sua produção (por exemplo, quanto mais clientes em cadernetas de poupança um banco tiver, mais lucrativo ele poderá ser). Também pode ser usado para comparar organizações que tenham metas diferentes. Alguns exemplos dos tipos de medida que são usados com esse método incluem a capacidade de uma organização[71] (1) adquirir recursos escassos e valiosos; (2) perceber e interpretar corretamente o ambiente real (veja o Capítulo 8); e (3) reagir a mudanças no seu ambiente.

Embora a abordagem de recursos do sistema ofereça uma perspectiva alternativa sobre a eficácia organizacional, um problema intrínseco é que ela proporciona uma visão limitada, baseada no *input* das organizações.[72] Alguns estudos também questionaram se a aquisição de recursos por si é tão importante quanto o efetivo uso e implementação desses recursos. Em muitos casos, o fluxo dos recursos para uma organização não é necessariamente relacionado ao sucesso no alcance das metas de produção (*output*).

Operações e processos internos Uma terceira perspectiva da eficácia organizacional enfoca a dinâmica interna da organização: uma ausência de tensões internas, boa integração dos seus membros, elevado nível de confiança entre os integrantes da organização e benevolência em relação a eles, fluxo regular de informações vertical e horizontalmente e assim por diante. Quanto mais uma organização tiver essas características, mais "saudável" e eficaz ela será considerada. Essa técnica é mais apropriada quando tais dinâmicas forem intimamente relacionadas à tarefa principal da organização (por exemplo, linha de montagem, no qual a produção depende muito dos processos internos).

A abordagem dos processos internos é útil, visto que a utilização eficiente dos recursos e o bom relacionamento entre os membros da organização são indicadores importantes de uma organização eficaz. Além disso, de maneira análoga ao método dos recursos do sistema, ela pode ser usada para comparar organizações com metas e objetivos diferentes. No entanto, essa técnica também oferece uma visão limitada às organizações, visto que ela omite a produção (*outputs*) e o relacionamento com o ambiente maior. Ainda mais, embora os economistas tipicamente equacionem a eficiência interna à "saúde" e eficácia da organização (ou seja, as organizações mais eficazes são aquelas que têm os processos internos mais regulares e geram menos desperdício) no longo prazo, as ineficiências aparentes podem levar à eficácia. Adaptação e inovação no longo prazo, por exemplo, frequentemente são realçadas pelo conflito (veja o Capítulo 6) e pela indolência organizacional (ou seja, recursos não aproveitados), indicadores que poderiam sugerir uma organização ineficaz.

Constituições estratégicas A abordagem final, às vezes chamada modelo de satisfação do participante, define a eficácia como até que ponto os principais interessados na organização (veja o Capítulo 8) estão, ao menos um pouco, satisfeitos com a organização. A eficácia é, portanto, definida como o nível a que uma organização consegue corresponder às exigências e expectativas de seus interessados e obter um equilíbrio satisfatório entre elas. Os critérios incluem preocupações variadas, como retorno sobre o investimento (proprietários), satisfação com o trabalho e a remuneração (empregados), satisfação com a qualidade e o custo dos produtos e serviços (clientes), contribuição para os negócios e a saúde da comunidade (governantes) e assim por diante. Essa abordagem é mais apropriada para situações em que os interessados em uma organização tenham forte influência sobre suas operações ou quando a tarefa primária de uma organização seja reagir a exigências de sua própria constituição (por exemplo, a legislatura de um estado).

Esse método toma uma visão mais ampla da eficácia que os três anteriores, porque (1) inclui o conceito de responsabilidade social e obrigação para com terceiros, e (2) reconhece que grupos e interessados diferentes podem ter metas bem variadas, cada uma das quais é importante.[73] Entretanto, a utilidade geral da abordagem das constituições estratégicas também é limitada na avaliação da eficácia de uma organização. Embora a suposição básica seja que as organizações serão mais eficazes se puderem satisfazer um mínimo das expectativas de seus interessados relevantes, as organizações ainda podem ser eficazes quando ignorarem essas exigências ou agirem em oposição a elas. A indústria do fumo, por exemplo, atraiu muitas críticas e hostilidade por parte de grupos de saúde e interesse públicos, embora ainda seja vista como muito eficaz (no que refere-se a produção e rentabilidade) pelos acionistas. Nesse contexto, qual desses interessados é mais "estratégico" e, portanto, mais importante? Assim, um problema básico dessa abordagem é que ela força as organizações a prestarem atenção a um conjunto limitado desses grupos. Além disso, essa visão supõe que as metas valorizadas por esses diversos grupos fazem sentido para a organização e outros interessados e podem ser "equilibradas" de modo racional e satisfatório.[74]

Valores concorrentes e a eficácia organizacional

Como foi visto antes, a eficácia organizacional envolve diversas dimensões e considerações diferentes. Não há uma única medida ou indicador capaz de efetivamente retratar a eficácia geral de uma organização. Assim, de forma bastante parecida com as teorias contingenciais da liderança e do projeto e estrutura organizacional tratados anteriormente, não há um critério "ideal" que possa ser usado para avaliar a eficácia organizacional. Uma tentativa de integrar empiricamente os diversos critérios refletidos na literatura sobre a eficácia e o desempenho organizacionais, contudo, levou à criação de um modelo alternativo, chamado *abordagem dos valores concorrentes.*[75]

A abordagem dos valores concorrentes surgiu de uma série de estudos, nos quais teóricos organizacionais foram solicitados a fazer julgamentos sobre a semelhança de diferentes critérios de desempenho organizacional. Usando técnicas de escala multidimensional, surgiram três dimensões de contínuos:

1. *Controle-flexibilidade*: relacionada à estrutura organizacional, essa dimensão indica até que ponto a organização dá importância ao controle (favorecendo a estabilidade, a ordem e a previsibilidade) ou à flexibilidade (favorecendo a inovação, a adaptação e a mudança).
2. *Interna-externa*: a segunda dimensão reflete o enfoque da organização e varia desde uma ênfase interna na coordenação e nos membros da organização até uma ênfase externa, enfatizando o bem-estar e o desenvolvimento da organização como um todo.
3. *Meios-fins*: a dimensão final reflete a ênfase diferenciada nos processos e procedimentos importantes (por exemplo, planejamento, estabelecimento de metas) e os resultados finais (por exemplo, produtividade, lucratividade).

Como ilustra a Figura 9.3, com base nessas diversas dimensões, surgem quatro modelos diferentes de eficácia organizacional: (1) o *modelo de relações humanas*, definido pela manutenção do sistema social, compromisso humano e descentralização-diferenciação, que enfatiza o desenvolvimento de uma força de trabalho altamente coesa e bem qualificada; (2) o *modelo de sistemas abertos*, definido pela descentralização-diferenciação, expansão-adaptação e a posição competitiva do sistema inteiro, que enfatiza a criação da flexibilidade e a capacidade de obter recursos; (3) o *modelo racional de metas*, definido por uma posição competitiva do sistema inteiro, maximização dos resultados e centralização-integração, que acentua o planejamento, a eficiência e a produtividade; e (4) o *modelo do processo interno*, definido por centralização-integração, consolidação-continuidade e manutenção do sistema social, que destaca a disseminação de informações, a estabilidade e a ordem. Essa estrutura, portanto, esclarece os valores implícitos em cada visão da eficácia e justapõe cada perspectiva em relação às outras.

Como o paradigma dos valores concorrentes foi operacionalizado por meio de um conjunto de questionários, cujas medidas refletem o critério de desempenho de meios-fins dos quatro modelos, ele pode ser usado como ferramenta de diagnóstico.[76] Com base nas medidas desses questionários, por exemplo, os gerentes podem avaliar o desempenho de suas empresas, as mudanças nesse desempenho ao longo do tempo, e como diversos indivíduos e grupos veem a organização. Sendo assim, ele supera as deficiências em potencial de simplesmente alcançar as metas, os processos internos e outros como medida da eficácia global da empresa. Entretanto, como essa abordagem é relativamente nova, é preciso contar com mais pesquisas antes de poder determinar sua utilidade real para os gerentes e suas organizações.

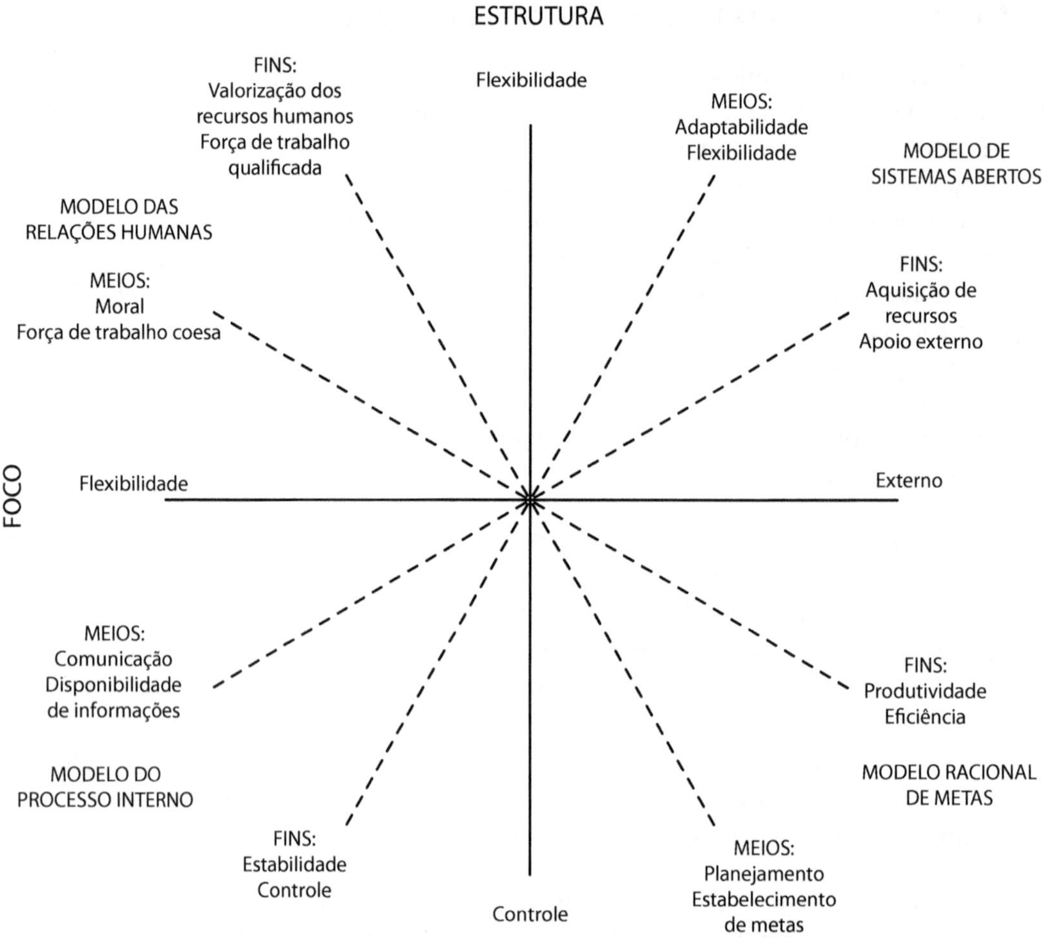

Figura 9.3 Abordagem de valores concorrentes à eficácia organizacional.

Fonte: Adaptado de: R. E. Quinn e J. Rohrbaugh, "A Spatial Model of Effectiveness Criteria: Toward a Competing Values Approach to Organizational Analysis", *Management Science*, v. 29, 1983.

RESUMO

Os dois últimos capítulos apresentaram uma visão geral de algumas das principais áreas do comportamento macro-organizacional. Como foi mostrado, o enfoque nesses aspectos "macro" da vida organizacional é um fenômeno relativamente recente. Sendo assim, é óbvio que não temos todas as respostas para as inúmeras perguntas trazidas por essa preocupação. O que se mostra evidente é que o campo do comportamento organizacional está em mudança.

O comportamento organizacional cada vez mais está posicionando muitas das preocupações enfrentadas pelas organizações atuais em quadros de referência, que ajudam a definir esses problemas e a estruturar alternativas para as pessoas dedicadas ao projeto, administração e mudança dos comportamentos que ocorrem nas organizações. Por essa razão, os dois últimos capítulos são dedicados a algumas das maneiras como essas matérias, que possam ser chamadas comportamento micro e macro-organizacional, podem ser aplicadas às organizações contemporâneas.

NOTAS

1. Veja P. Drucker. "We Have Become a Society of Organizations". *Wall Street Journal*, 9 jan. 1979, p. 26.
2. Veja R. L. Daft. *Organization Theory and Design*, 2. ed. (St. Paul: West Publishing, 1986), p. 9.
3. Essa conceituação da estrutura organizacional foi adaptada de R. H. Miles. *Macro Organizational Behavior* (Santa Monica: Goodyear, 1980), p. 18; e B. J. Hodge e W. P. Anthony. *Organizational Theory: an Environmental Approach* (Boston: Allyn & Bacon, 1979), p. 13.
4. D. S. Pugh, D. J. Hickson, C. R. Hinings, V. M. MacDonald, C. Turner e T. Lupton. "A Conceptual Scheme for Organizational Analysis". *Administrative Science Quarterly* 8 (1963): 189-315.
5. P. R. Lawrence e J. W. Lorsch. "Differentiation and Integration in Complex Organizations". *Administrative Science Quarterly* 12 (1967): 1-47.
6. P. R. Lawrence e J. W. Lorsch. *Organization and Environment* (Cambridge: Harvard University Press, 1967), p. 11.
7. Lawrence e Lorsch. *Organizations and Environment;* Miles, *Macro Organizational Behavior*, p. 21-22; J. Galbraith. *Designing Complex Organizations* (Reading, MA: Addison-Wesley, 1973).
8. T. Burns e G. M. Stalker. *The Management of Innovation* (Londres: Tavistock, 1966).
9. C. R. Gullet. "Mechanistic *vs.* Organic Organizations: What Does the Future Hold?" *Personnel Administrator* 20 (1975): 17.
10. H. Mintzberg. *The Structuring of Organizations* (Englewood Cliffs: Prentice-Hall, 1979), p. 431-67.
11. Gullet. "Mechanistic *vs.* Organic Organizations", p. 17.
12. Esta seção foi adaptada de S. Robbins. *Organization Theory: The Structure and Design of Organizations* (Englewood Cliffs: Prentice-Hall, 1983), capítulos 3-5; e Miles, *Macro Organizational Behavior*, 23-25.
13. Esta seção foi baseada em S. Robbins. *Organization Theory: Structure, Design, and Applications*, 2. ed. (Englewood Cliffs, NJ: Prentice-Hall, 1987), capítulo 5; Daft, *Organization Theory and Design*, capítulo 5.
14. A discussão que se segue foi adaptada de Robbins, *Organization Theory*, capítulo 6; Daft, *Organization Theory*, capítulo 4.
15. J. Woodward. *Industrial Organizations: Theory and Practice* (Londres: Oxford University Press, 1965); e *Management and Technology* (Londres: Her Majesty's Stationary Office, 1958).
16. C. Perrow. "A Framework for the Comparative Analysis of Organizations". *American Sociological Review* 32 (abr. 1967): 194-208; *Organizational Analysis: A Sociological Approach* (Belmont, CA: Wadsworth, 1970).
17. J. D. Thompson. *Organizations in Action* (Nova York: McGraw-Hill, 1967).
18. Veja D. D. Davis. "Technological Innovation and Organizational Change". In: D. D. Davis and Associates. *Managing Technological Innovation: Organizational Strategies for Implementing Advanced Manufacturing Technologies* (San Francisco: Jossey-Bass, 1986), p. 1-22.
19. J. R. Kimberly. "The Organizational Context of Innovation". In: D. D. Davis and Associates. *Managing Technological Innovation*, p. 23-43.
20. A. D. Chandler. *Strategy and Structure: Chapters in the History of the Industrial Enterprise* (Cambridge, MA: MIT Press, 1962), p. 13.
21. A discussão que se segue foi adaptada de Robbins, *Organization Theory*, capítulo 4.
22. C. W. Hill e R. E. Hoskisson. "Strategy and Structure in the Multiproduct Firm". *Academy of Management Review* 12, n. 2 (1987): 331-341.
23. Veja, por exemplo G. G. Dess e N. K. Origer, "Environment, Structure, and Consensus: A Conceptual Integration". *Academy of Management Review* 12, 2 (1987): 313-330; e D. Jemison e S. Sitkin. "Corporate Acquisitions: A Process Perspective". *Academy of Management Review* 11, n. 1 (1986): 145-163.
24. Veja Robbins. *Organization Theory*, p. 5.
25. Burns e Stalker. *Management of Innovation.*
26. Lawrence e Lorsch. *Organizations and Environments.*
27. Henry Mintzberg. *The Structuring of Organizations* (Englewood Cliffs: Prentice-Hall, 1979); e Henry Mintz-berg. *Structure in Fives: Designing Effective Organizations* (Englewood Cliffs: Prentice-Hall, 1983).
28. Veja, por exemplo, W. Bennis. "The Decline of Bureaucracy and Organizations of the Future". In: E. F. Huse, J. L. Bowditch e D. Fisher. *Readings on Behavior in Organizations* (Reading, MA: Addison-Wesley, 1975), p. 25-35.
29. Veja M. L. Moore. "Designing Parallel Organizations to Support Organizational Productivity Programs". In: J. J. Famularo (Ed.). *Handbook of Human Resources Administration* (Nova York: McGraw-Hill, 1986), p. 4-1 a 4-18.
30. G. R. Bushe e A. B. Shani. "A Review of the Literature on the Use of Parallel Learning Structure Interventions in Bureaucratic Organizations". In: F. Hoy (Ed.). *Best Papers Procedings 1988: Forty-Eighth Annual Meeting of the Academy of Management*, p. 258-262.
31. Veja A. F. Buono e J. L. Bowditch. *The Human Side of Mergers and Acquisitions: Managing Collisions between People, Cultures, and Organizations* (San Francisco: Jossey-Bass, 1989), p. 218-220.

32. Esta seção foi adaptada de J. W. Wilson e J. H. Dobrzynski, "And Now, The Post-Industrial Corporation", *Business Week*, 3 mar. 1986, p. 64-71.
33. Veja A. F. Buono, J. L. Bowditch e J. W. Lewis. "When Cultures Collide: The Anatomy of a Merger". *Human Relations* 38, n. 5 (1985): 477-500; T. E. Deal e A. A. Kennedy. *Corporate Cultures: The Rites and Rituals of Corporate Life* (Reading, Mass: Addison-Wesley, 1982); A. M. Pettigrew. "On Studying Organizational Culture". *Administrative Science Quarterly* 24, n. 4 (1979): 570-81; R. S. Bhagat e S. J. McQuaid. "Role of Subjective Culture in Organizations: A Review and Directions for Future Research". *Journal of Applied Psychology* 67, n. 5 (1982): 653-85; e H. Schwartz e S. M. Davis. "Matching Corporate Culture and Business Strategy". *Organizational Dynamics* (1981): 30-48. Para uma boa revisão dos usos antropológicos e sociológicos da cultura, veja E. B. Tylor. *Primitive Culture: Researches Into the Development of Mythology, Philosophy, Religion, Language, Art and Customs*, v. 1 (Nova York: Henry Holt, 1871); e V. Barnouw. *Culture and Personality* (Homewood, IL: Dorsey Press, 1979).
34. Deal e Kennedy. *Corporate Cultures.*
35. T. E. Deal e A. A. Kennedy. "Culture: A New Look through Old Lenses". *Journal of Applied Behavioral Science* 19, n. 4 (1983): 503.
36. A. F. Buono e J. L. Bowditch. *The Human Side of Mergers and Acquisitions: Managing Collisions between People Cultures and Organizations* (San Francisco: Jossey-Bass, 1989).
37. K. Wells e C. Hymowitz. "Takeover Trauma: Gulf's Managers Find Merger into Chevron Forces Many Changes". *Wall Street Journal*, 5 dez. 1984, p. 1, 24.
38. Veja Buono, Bowditch e Lewis. "When Cultures Collide"; H. D. Triandis et al. *The Analysis of Subjective Culture* (Nova York: Wiley-Interscience, 1972); Deal e Kennedy. *Corporate Cultures;* L. Smircich. "Concepts of Culture and Organizational Analysis". *Administrative Science Quarterly* 28, n. 3 (1983): 339-358; e A. L. Wilkins. "The Creation of Company Cultures: The Role of Stories and Human Resource Systems". *Human Resource Management* 23, n. 1 (1984): 41-60.
39. T. J. Peters. "Management Systems: The Language of Organizational Character and Competence". *Organizational Dynamics* (1980): 3-27.
40. J. Martin e C. Siehl. "Organizational Culture and Counterculture: An Uneasy Symbiosis". *Organizational Dynamics* 12, n. 2 (1983): 52-64; e A. L. Wilkins. "The Culture Audit: A Tool for Understanding Organizations". *Organizational Dynamics* 12 (1983): 24-38.
41. Martin e Siehl. "Organizational Culture and Conterculture".
42. V. J. Sathe. *Culture and Related Corporate Realities* (Homewood, IL: Irwin, 1985).
43. J. M. Yinger. *Countercultures* (Nova York: Free Press, 1982); e R. Cavan, "The Concepts of Tolerance and Contraculture as Applied to Delinquency". *Sociological Quarterly* 2 (1961): 243-258.
44. Yinger. *Countercultures*, p. 25.
45. Martin e Siehl. "Organizational Culture and Counterculture".
46. V. J. Sathe. "Implications of Corporate Culture: A Manager's Guide to Action". *Organizational Dynamics* 12 (1983): 12-13.
47. R. T. Pascale. "The Paradox of 'Corporate Culture'": Reconciling Ourselves to Socialization". *California Management Review* 27, n. 2 (1985): 26-41; e Sathe, *Culture and Related Corporate Realities.*
48. Deal e Kennedy, *Corporate Cultures;* Deal e Kennedy. "Culture"; M. Jelinek, L. Smircich e P. Hirsch. "Introduction: A Code of Many Colors". *Administrative Science Quarterly* 28, n. 3 (1983): 331-338; Sathe. *Culture and Related Corporate Realities;* e E. Schein. *Organizational Culture and Leadership: A Dynamic View* (San Francisco: Jossey-Bass, 1985).
49. Wilkins. "The Creation of Company Cultures".
50. A. L. Wilkins e N. J. Bristow. "For Successful Organizational Culture, Honor Your Past". *Academy of Management Executive 1*, n. 3 (1987): 221-228; Sathe, *Culture and Related Corporate Realities.* Buono, Bowditch e Lewis. "When Cultures Collide"; H. Trice e J. Beyer. "The Routinization of Charisma in Two Social Movements". In: B. M. Staw e L. L. Cummings (Eds.). *Research in Organizational Behavior*, v. 7 (Greenwich, CT: JAI Press, 1985); e P. C. Reynolds, "Imposing A. Corporate Culture". *Psychology Today* (1987): 33-38.
51. Esta discussão foi baseada em Sathe. *Culture and Related Corporate Realities*, p. 386-395.
52. Veja E. Aronson. *The Social Animal* (San Francisco: W. H. Freeman, 1976); D. J. Bem. *Beliefs, Attitudes, and Human Affairs* (Monterrey, CA: Brooks/Cole, 1970); e P. G. Zimbardo, E. B. Ebbeson e C. Maslach. *Influencing Attitudes and Changing Behavior*, 2. ed. (Reading, MA: Addison-Wesley, 1977).
53. Veja E. Schein. "Personal Change Through Interpersonal Relations". In: W. G. Bennis et al. (Eds.). *Interpersonal Dynamics* (Homewood, IL: Dorsey Press, 1973).
54. Reynolds. "Imposing a Corporate Culture", p. 36.

55. M. O. Bice. "The Transformation of Lutheran Health Systems". In: R. H. Kilmann, T. J. Covin and Associates. *Corporate Transformation*: *Revitalizing Organizations for a Competitive World* (San Francisco: Jossey-Bass, 1988), p. 435-450.
56. J. Falvey. "Best Corporate Culture is a Melting Pot". *Wall Street Journal*, 6 abr. 1987, p. 28.
57. Pascale. "The Paradox of Corporate Culture".
58. Schwartz e Davis. "Matching Corporate Culture", p. 32-34; W. F. Joyce e J. W. Slocum, Jr. "Climates in Organizations". In: S. Kerr (Ed.). *Organizational Behavior* (Columbus: Grid Pub., 1979), p. 317-33; e B. Schneider. "Organizational Climates: An Essay". *Personnel Psychology* (1975): 447-80.
59. Joyce e Slocum. "Climates in Organizations", p. 317-18; Schneider. "Organizational Climates" e J. E. Newman. "Development of a Measure of Perceived Work Environment (PWE)". *Academy of Management Journal* 20 (1977): 520-34.
60. Veja uma revisão geral deste debate em Joyce e Slocum. "Climates in Organizations", p. 325-31; e D. Hellriegel e J. W. Slocum. "Organizational Climate: Measures, Research, and Contingencies". *Academy of Management Journal* 17 (1974): 255-80.
61. G. H. Litwin e R. A. Stringer. *Motivation and Organizational Climate* (Boston: Harvard University Press, 1968), p. 45-65.
62. Veja exemplos em R. E. Walton. "A Vision-Led Approach to Management Restructuring". *Organizational Dynamics* 14, n. 4 (1986): 4-16; G. Akin e D. Hopelain. "Finding the Culture of Productivity". *Organizational Dynamics* 14, n. 3 (1986): 19-32; e W. Mastenbroek. "A Dynamic Concept of Revitalization". *Organizational Dynamics* 16, n. 4 (1988): 52-61.
63. Veja G. Morgan. *Images of Organization* (Beverly Hills, CA: Sage Publications, 1986).
64. S. Albert e D. A. Whetten. "Organizational Identity". In: L. L. Cummings e B. M. Staw (Eds.). *Research in Organizational Behavior*, v. 7 (Greenwich, CT: JAI Press, 1985), p. 263-295; e K. Weick. *The Social Psychology of Organizing* (Reading, MA: Addison-Wesley, 1969).
65. Veja A. Etzioni. *A Comparative Analysis of Complex Organizations* (Nova York: Free Press, 1961).
66. Albert e Whetten. "Organizational Identity".
67. A discussão dos quatro modelos de eficácia organizacional foi adaptada de K. Cameron. "Critical Questions in Assessing Organizational Effectiveness". In: P. L. Wright e S. Robbins (Eds.). *Organization Theory*: *Reading and Cases* (Englewood Cliffs: Prentice-Hall, 1987), p. 16-31.
68. Veja S. E. Seashore. "Criteria of Organizational Effectiveness". In: L. E. Boone e D. D. Bowen (Eds.). *The Great Writings in Management and Organizational Behavior* (Tusa, OK: PPC Books, 1980), p. 432-433.
69. C. Perrow. "The Analysis of Goal in Complex Organizations". *American Sociological Review* 26 (1961): 854-866.
70. Veja Post. *Corporate Behavior and Social Change* (Reston, VA: Reston Publishing, 1978), capítulo 13; Cameron, "Critical Questions in Assessing Organizational Effectiveness", p. 18.
71. J. B. Cunningham. "A Systems-Resource Approach to Organizational Effectiveness". *Human Relations* 31 (1978): 631-656.
72. Daft. *Organization Theory and Design*, p. 103-104.
73. Robbins. *Organization Theory*, p. 39-42; Daft. *Organization Theory and Design*, p. 110-111.
74. Veja uma crítica interessante dos problemas com essas análises de interessados em R. E. Freeman e D. R. Gilber. *Corporate Strategy and the Search for Ethics* (Englewood Cliffs, NJ: Prentice-Hall, 1988), capítulo 4.
75. A discussão e aplicação da abordagem de valores concorrentes foi adaptada de R. E. Quinn e J. Rorbaugh. "A Competing Values Approach to Organizational Effectiveness". *Public Productivity Review* 5 (1981): 122-140; R. E. Quinn e M. R. McGrath. "Moving Beyond the Single Solution Perspective: The Competing Values Approach as a Diagnostic Tool". *Journal of Applied Behavioral Science* 18 (1982): 463-472; e M. R. Grath. "An Application of the Competing Values Approach to Organizational Analysis as a Diagnostic Tool". In: J. A. Pearce e R. B. Robinson (Eds.). *Academy of Management Proceedings 1984*, p. 254-257.
76. Veja R. E. Quinn e M. R. McGrath. "Moving Beyond the Single Solution Perspective: The Competing Values Approach as a Diagnostic Tool". *Journal of Applied Behavioral Science* 18 (1982): 463-472; M. P. Thompson, M. R. McGrath e J. Wharton. "The Competing Values Approach". *Public Productivity Review* 2 (1981): 188-200; e McGrath. "An Application of the Competing Values Approach". *Public Productivity Review* 2 (1981): 188-200; e McGrath. "An Application of the Competing Values Approach".

capítulo 10

Desenvolvimento organizacional e a qualidade de vida no trabalho: filosofia e abordagens de intervenção

Como apontaram os capítulos anteriores, a nossa compreensão do comportamento humano em diversas situações organizacionais foi bastante ampliada pelo desenvolvimento e refino de diversos esquemas teóricos. Além desses modelos conceituais, o volume e a sofisticação de pesquisas experimentais contribuíram ainda mais para o nosso conhecimento dessa área. A plena utilidade da teoria do comportamento organizacional, entretanto, se encontra na sua efetiva aplicação nas organizações. De fato, embora a relação entre teoria e pesquisa seja evidentemente importante para nossa compreensão de certos fenômenos sociais, a capacidade de relacionar a teoria e a pesquisa à prática é a grande preocupação do comportamento organizacional.[1]

Nos últimos anos, boa parte dos conceitos gerenciais foi influenciada pelo trabalho dos cientistas sociais e comportamentais apresentado neste livro. A finalidade deste e do próximo capítulos é oferecer aos estudantes e profissionais uma visão geral do valor prático de muitas dessas técnicas das ciências comportamentais, bem como sua aplicação na solução de problemas em nível gerencial e nos processos de mudança organizacional. Este capítulo vai examinar as áreas do desenvolvimento organizacional e da qualidade de vida no trabalho. O capítulo seguinte vai investigar com profundidade as técnicas de diagnóstico e a solução de problemas atualmente utilizadas para melhorar a eficiência e a eficácia de organizações.

DESENVOLVIMENTO ORGANIZACIONAL

Um dos principais campos em que a teoria do comportamento organizacional tem sido aplicada é o desenvolvimento organizacional (DO), um processo por meio do qual se dá atenção planejada e sistemática ao desenvolvimento de maior competência, de melhoria da eficácia e do funcionamento em geral da organização. As bases do DO nos Estados Unidos surgiram em meados da década de 1940, levando-se em conta duas fontes básicas: (1) o movimento de treinamento em laboratório e (2) o desenvolvimento da metodologia de pesquisa e *feedback*.[2] Uma influência importante em ambas as áreas foi o trabalho de Kurt Lewin no desenvolvimento de uma teoria de campo da psicologia social e seu interesse nas ciências comportamentais aplicadas.

Treinamento em laboratório

O treinamento em laboratório envolve atividades não estruturadas em pequenos grupos, nas quais os participantes aprendem com base em suas próprias interações e na dinâmica evolutiva de seu grupo, para facilitar as mudanças comportamentais quando voltarem "à atividade normal". Inicialmente, Kurt Lewin e seus associados no MIT foram solicitados pela Comissão Inter-racial do Estado de Connecticut e pelo Comitê de Inter-relações Comunitárias do Conselho Judaico Norte-americano para ajudar em pesquisa e treinamento para líderes comunitários. Foi desenvolvida uma série de *workshops*, nos quais se reuniram diversos líderes comunitários para discutir seus problemas, enquanto pesquisadores observavam e discutiam as interações dos grupos. Com base nessas observações, foi formado o primeiro grupo de teste ("*T-group*") para dar *feedback* dessas informações aos participantes e para examinar como esses reagiam aos dados sobre seu comportamento. Como resultado dessa experiência, os pesquisadores tiraram duas conclusões principais sobre o processo: (1) o *feedback* de informações sobre a interação no grupo é uma experiência rica de aprendizado; e (2) o processo de formação do espírito de grupo apresentava um potencial de aprendizado que poderia ser transferido para situações organizacionais.

Levando-se em conta essa experiência inicial, a Divisão de Pesquisa Naval e a National Education Association financiaram a continuidade do trabalho na área, criando o National Training Laboratories (NTL) em Bethel, Maine, Estados Unidos. Embora houvesse muitos problemas e frustrações na transferência das habilidades do grupo de teste a situações organizacionais reais, defende-se que o treinamento de equipes a partir da mesma organização que emergiu no NTL seja um elo importante para o enfoque organizacional de teóricos como Douglas McGregor, Herbert Shepard e Robert Blake, entre outros.

Durante a década de 1950, desenvolveram-se três tendências principais: (1) o surgimento de laboratórios de treinamento regionais, que começaram a conduzir sessões durante o ano todo; (2) a expansão do treinamento de grupos de teste à indústria e ao comércio; e (3) a ênfase crescente nas relações intergrupais e interpessoais, à medida que o treinamento em laboratório foi ligado aos problemas e à dinâmica de segmentos mais amplos e mais complexos das organizações existentes. Subsequentemente, os grupos de teste foram usados em muitas outras formas, sendo frequentemente chamados "grupos de desenvolvimento". Assim, com base nessa terminologia e em muitas das ideias que surgiram nesse período, o conceito de desenvolvimento organizacional originou-se como um novo caminho à melhoria das organizações.

Análise e *feedback* da pesquisa

O segundo grande impulso do DO, paralelamente ao treinamento em laboratório, foi o uso de pesquisas de atitude e sessões de *feedback* de dados. A aplicação da análise das pesquisas em organizações também evoluiu a partir do trabalho de Kurt Lewin e do Centro de Pesquisas sobre Dinâmica de Grupo que ele fundou no MIT em 1945. Depois de seu falecimento, em 1947, a equipe dele mudou-se para Michigan, juntando-se ao Centro de Estudos de Pesquisas da Universidade de Michigan e formando o Instituto de Pesquisas Sociais.

Um dos primeiros exemplos desse tipo de pesquisa foi o trabalho de Floyd Mann na Detroit Edison Company durante o final da década de 1940 e o início da década de 1950.[3] Mann e seus associados começaram um *feedback* sistemático dos dados de uma organização com base em uma ampla pesquisa sobre as atitudes da gerência e dos funcionários. O processo decorrente, que foi chamado "cadeia entrelaçada de conferências", envolveu o relato das principais descobertas da pesquisa ao grupo que compunha a alta administração e, então, aos demais grupos envolvidos, descendo pela hierarquia da organização. As sessões de *feedback* foram realizadas em grupos-tarefa, com cada supervisor e seus subordinados diretos discutindo os dados em conjunto.

Levando-se em conta essa experiência, concluiu-se que as discussões intensivas em grupo das informações geradas por determinada pesquisa entre os funcionários pode ser uma ferramenta bastante eficaz para a introdução de mudanças positivas em organizações, particularmente porque lida com o sistema de relações humanas como um todo.

Sistemas sociotécnicos

Ainda que a evolução do DO nos Estados Unidos tenha sido primariamente influenciada pelo treinamento em laboratório e análise de pesquisas, como foi exposto antes, o DO na Europa, particularmente nos países da Escandinávia, foi influenciado pela orientação sociotécnica do Instituto Tavistock de Relações Humanas em Londres.[4] Em vez de ver as organizações como sistemas técnicos "fechados", aos quais as pessoas eram obrigadas a se adaptar, um conceito básico de Tavistock era o do "sistema sociotécnico aberto", que enfocava a interação e o inter-relacionamento das dimensões técnicas e humanas do trabalho. Essa pesquisa influenciou a reestruturação do trabalho e a reformulação de sistemas de trabalho nos níveis de grupo e de organização ao longo das linhas de grupos de trabalho autônomos e autogeridos, em vez de enfatizar o desenvolvimento individual ou gerencial como nos Estados Unidos.

Nos Estados Unidos, parecia haver uma crença implícita no determinismo técnico, a qual provavelmente desencorajou quaisquer tendências a se mexer com a tecnologia da tarefa. Em contrapartida, a abordagem mais holística adotada pelo grupo de Tavistock poderia se desenvolver mais facilmente em razão da aceitação cultural, na Europa, da influência mútua dos requisitos técnicos e sociais do trabalho. De fato, a preocupação com a organização como um todo e a constatação da importância do ambiente da organização surgiram muito mais tarde nos Estados Unidos que na Europa Ocidental. Na década de 1960, por exemplo, relativamente poucos pesquisadores de DO intervinham no nível do operariado ou se preocupavam com os problemas de estrutura organizacional. Durante o mesmo período, na Noruega, preocupações conjuntas em nível de gerência e sindicato se voltaram para as condições de trabalho na indústria e criaram o conceito de "democracia industrial". A experiência dessas tentativas escandinavas foi alvo de relativamente pouca atenção nos Estados Unidos naquela época, e somente no fim da década de 1960 e no início da de 1970 a abordagem sociotécnica ao DO ganhou impulso nos Estados Unidos.[5]

Durante a década de 1980, a abordagem dos sistemas sociotécnicos foi progressivamente mais enfatizada nos Estados Unidos, em virtude dos esforços de "otimizar conjuntamente" as estruturas técnicas e sociais das organizações.[6] Os valores tradicionais do desenvolvimento organizacional, centralizados na importância das pessoas e seus papéis na organização, embora ainda bastante influentes, começaram a ceder lugar à constatação de que a chave para as melhorias organizacionais era se concentrar tanto nos fatores humanos como nos de desempenho. De fato, um número crescente de acadêmicos influentes do desenvolvimento organizacional passou a argumentar que as questões de desempenho deveriam ser o centro principal das atenções, sendo a preocupação com as pessoas parte de uma visão estratégica no longo prazo, mas não explicitamente parte do componente operacional dos esforços de desenvolvimento organizacional. Esse enfoque trouxe um maior apoio à abordagem dos sistemas sociotécnicos em razão de sua integração incorporada das variáveis de tarefa e processo.

A natureza do desenvolvimento organizacional

Mesmo que o termo DO tenha assumido um significado razoavelmente específico em questões sobre o desenvolvimento da competência organizacional perante o aumento da eficácia organizacional e a melhoria do funcionamento da organização em geral, os limites ainda não estão muito claros, visto que as percepções dos diversos teóricos e profissionais da área variam, e ela ainda se encontra em evolução.[7] Huse, por exemplo, descreveu o DO como a "aplicação dos conhecimentos das ciências comportamentais em um esforço no longo prazo para melhorar a capacidade de uma organização de lidar com mudanças em seu ambiente externo e aumentar sua capacidade de solução de problemas.[8] Beckhard vê o DO como "um esforço (1) planejado, (2) de âmbito organizacional e (3) gerenciado pelo topo para (4) aumentar a eficácia e a saúde organizacional por meio de (5) intervenções planejadas nos 'processos' da organização, usando os conhecimentos das ciências comportamentais".[9] French e Bell são um pouco mais elaborados e veem o DO como "um esforço no longo prazo para melhorar os processos de solução de problemas e renovação de uma organização, particularmente por meio de um gerenciamento mais eficaz e colaborativo da cultura organizacional com ênfase específica na cultura dos grupos de trabalho formais, mediante o auxílio de um agente de mudança ou catalisador e o uso da teoria e da tecnologia das ciências comportamentais aplicadas até mesmo na pesquisa ativa".[10]

A lista poderia, evidentemente, continuar; contudo, em vez de apresentarmos outras definições do DO, uma opção mais produtiva é examinar as características das intervenções de desenvolvimento organizacional que o diferenciam das intervenções tradicionais nas organizações:[11]

1. Embora isso não seja uma exclusividade do DO, há ênfase nos processos do grupo e da organização, em vez do *conteúdo* substantivo. Essas intervenções são reflexivas, autoanalíticas e autocapacitantes por natureza.
2. Ênfase em *equipes relacionadas ao trabalho* como unidades-chave para o aprendizado de modos mais eficazes de comportamento organizacional e como pontos de apoio importantes para a mudança.
3. Ênfase no *gerenciamento colaborativo* da cultura dessas equipes relacionadas ao trabalho.
4. Ênfase na *gerência da cultura da organização* (como um todo) como um ponto de apoio estratégico para a mudança.
5. Atenção ao gerenciamento de ramificações de intervenções no *sistema.*
6. Aplicação do modelo de *pesquisa ativa* como parte da estratégia básica para o desenvolvimento e mudança.
7. Uso de um *agente de mudança*, um cientista comportamental às vezes chamado "catalisador" ou "facilitador", que procura manter um relacionamento colaborativo de igualdade entre os membros da organização.
8. Visão da *mudança* como um *processo contínuo*, no longo prazo, planejado e sustentado por natureza.
9. Conscientização crescente do *ambiente* da organização e do efeito desse ambiente e de outros sistemas organizacionais no funcionamento interno de certa organização.[12]
10. Finalmente, embora não seja exclusividade do DO, há a ênfase primária nos *relacionamentos humanos e sociais* como "metas" de intervenções específicas.

A prática do DO, portanto, enfoca (1) *um método de consulta* (as diversas técnicas e habilidades empregadas para facilitar a mudança), (2) a *relação* entre o agente de mudança e os membros da organização e, acima de tudo, (3) os *valores humanísticos* que refletem uma preocupação com a saúde e o bem-estar do indivíduo em um sistema social amplo.[13] Seus dois objetivos primários são voltados para melhorias no desempenho organizacional e na "condição humana" geral nas organizações.[14] Com o desenvolvimento e a evolução dessa área ao longo dos anos, houve uma integração sistemática crescente da abordagem tradicional de processo para a solução de problemas organizacionais com um enfoque mais específico na tarefa em nível geral de sistemas. Como mostra a Figura 10.1, a integração das variáveis e intervenções de estrutura e processo caracterizou cada vez mais a área na década de 1980. Finalmente, como o DO se tornou progressivamente entrelaçado com os esforços de DO, tem havido um interesse crescente na cultura organizacional e na mudança cultural (veja o Capítulo 8), como parte das intervenções relacionadas ao DO.

Estratégias de intervenção

Uma estratégia de intervenção é um esforço planejado que envolveu um conjunto de atividades ou técnicas estruturadas para trazer uma melhoria (mudança) ao funcionamento de um indivíduo, grupo ou organização.[15] Essas estratégias de intervenção foram desenvolvidas, em sua maioria, segundo o esquema de três fases de Kurt Lewin: descongelamento, mudança e recongelamento.[16]

O *descongelamento* consiste da diminuição da força dos antigos valores, atitudes ou comportamentos, que resultam de experiências ou dados novos, os quais desafiam as percepções individuais de si mesmo, de outras pessoas ou de eventos. Os agentes de mudança podem adotar diversas técnicas (por exemplo, reuniões de confronto, questionários de pesquisa) para aumentar essa conscientização e estimular um questionamento dos comportamentos e atitudes atuais que possam levar a uma maior disposição para mudar. Tão logo as pessoas tenham ficado insatisfeitas com o *status quo* (descongelamento), o potencial para uma mudança satisfatória será maior.

A *mudança* ocorre depois que as pessoas "descongelam" ou estão prontas para assumir novos valores, atitudes ou comportamentos dirigidos para o grupo, a unidade ou a organização como um todo. Esses valores, atitudes ou comportamentos normalmente são orientados para os

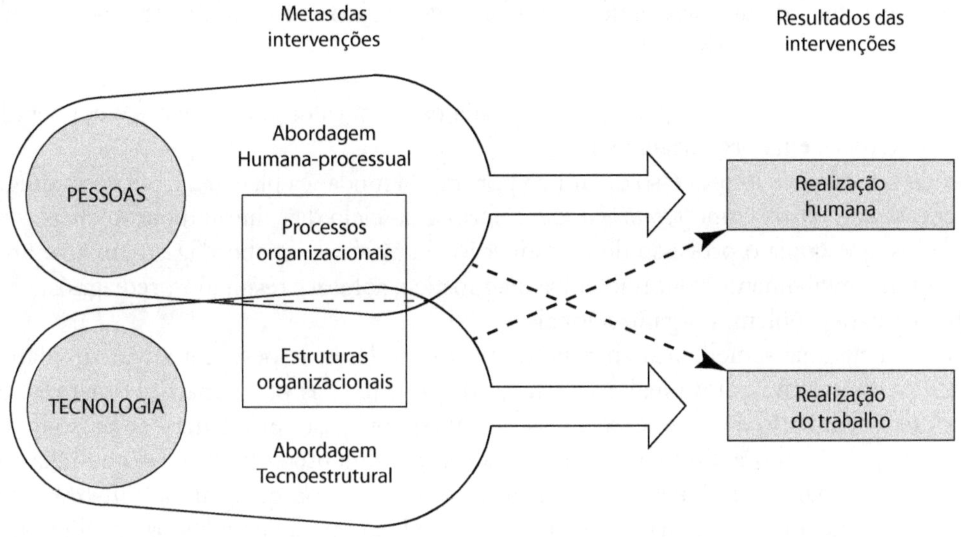

Figura 10.1 Relação entre as abordagens de desenvolvimento organizacional.

Fonte: Reproduzido com permissão de M. Sashkin e W. W. Burke, "Organization Development in the 1980s", *Journal of Management*, v. 12, n. 2 (1987), p. 396.

valores, atitudes ou comportamentos de algum modelo de papel e, seja por meio de identificação com ele ou com a internalização dele, eles são aceitos pelo grupo e seus integrantes. Esse processo frequentemente requer alguma facilitação (ajudar as pessoas a entenderem por que é necessária uma mudança) e treinamento (mostrar às pessoas como serão afetadas pela mudança, o que delas será esperado) para minimizar a resistência.

Finalmente, o *recongelamento* é a estabilização do esforço de mudança. As mudanças são, então, integradas aos processos e procedimentos operacionais normais do grupo ou da organização. É importante reforçar essas mudanças para assegurar que elas se tornem uma parte aceita e permanente do funcionamento da organização. Isso, evidentemente, não significa que o recongelamento vá impor rigidez à nova situação após a mudança; deve-se desenvolver estruturas que permitam à organização integrar e internalizar as mudanças desejadas.[17]

Assim, com base no modelo de Lewin, antes que qualquer mudança organizacional duradoura possa ocorrer, é preciso preparar a base para a mudança e acompanhar cuidadosamente o processo. Essa estratégia básica para o planejamento da mudança foi desenvolvida e modificada para compor um processo de sete passos, frequentemente chamado *mudança planejada*:[18]

1. *Exploração*: uma investigação conjunta sobre certo problema ou situação organizacional, pelo agente de mudança e pela gerência.
2. *Ingresso*: desenvolvimento recíproco de um contrato e das expectativas inerentes, pelo agente de mudança e pelos membros da organização, estabelecendo a relação entre esses indivíduos no que refere-se como as etapas seguintes serão executadas.
3. *Diagnóstico*: identificação de metas específicas para melhorar, começando pelos problemas percebidos do cliente.
4. *Planejamento*: desenvolvimento conjunto de um plano de ação e de maneiras de lidar com resistência potencial às mudanças planejadas.
5. *Ação*: a implementação do plano formulado no estágio 4.
6. *Avaliação*: avaliação do sucesso do programa de mudança e determinação da necessidade de ações futuras para a finalização.
7. *Término*: o final de um programa de mudança específico; o agente de mudança deixa a organização ou passa para outro projeto.

Assim, a base para a mudança planejada é voltada para um esforço consciente e deliberado de melhorar certo sistema organizacional.

De modo semelhante ao processo dinâmico por trás da mudança planejada, outra estratégia de intervenção, conhecida como *pesquisa ativa*, refere-se ao ciclo de solução de problemas com base em dados, que copia o processo de investigação científica. Essa abordagem envolve uma interação em desenvolvimento contínuo entre diagnóstico, solução, resultados, rediagnóstico e novas soluções para problemas organizacionais.

Ainda que haja uma semelhança aparente entre os modelos de pesquisa ativa e mudança planejada, a pesquisa ativa coloca maior ênfase no diagnóstico das preocupações organizacionais e no desenvolvimento de ações específicas para lidar com esses problemas, ao passo que a mudança planejada (embora ainda baseada em dados) geralmente enfatiza o uso de técnicas planejadas antecipadamente. A natureza cíclica do modelo de pesquisa ativa é ilustrada no diagrama de French, apresentado na Figura 10.2. De modo geral, são envolvidos os sete passos a seguir:[19]

1. *Identificação do problema.* No estágio inicial, um indivíduo da organização, geralmente um executivo do escalão superior, percebe que a organização tem certos problemas que

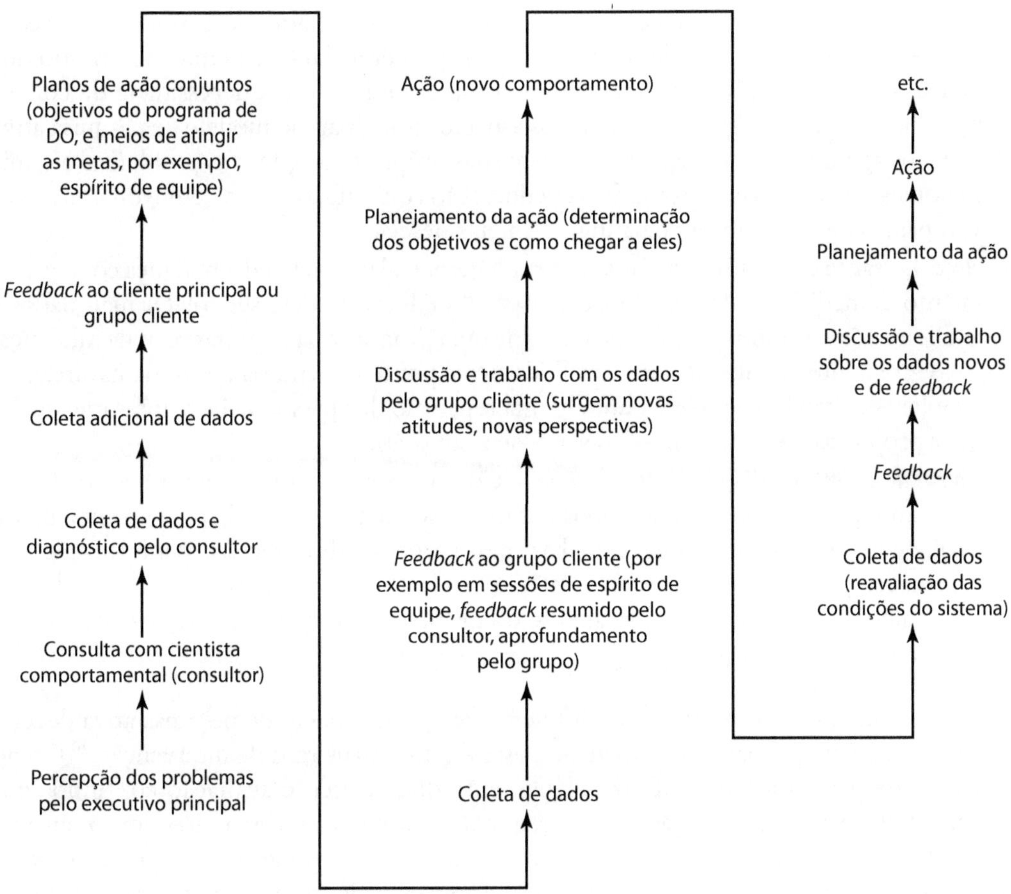

Figura 10.2 Modelo de pesquisa ativa para desenvolvimento organizacional.

Fonte: Wendell L. French, "Organization Development: Objectives, Assumptios, and Strategies". Copyright 1969 pelos Regentes da University of California. Reproduzido de *California Management Review*, v. XII, n. 2, p. 26.

precisam ser melhorados com a assistência de um agente de mudança, um cientista comportamental.

2. *Consulta.* A segunda fase costuma envolver uma discussão e colaboração conjuntas, entre o executivo e o agente de mudança, sobre os problemas percebidos na organização. Durante a discussão, as duas partes avaliam o grau de ajuste entre as necessidades da organização e a capacitação do agente de mudança.
3. *Coleta de dados e diagnóstico preliminar.* Essa fase normalmente é executada pelo agente de mudança, embora em muitas organizações ele seja assistido por um elemento interno capacitado. Particularmente nos casos em que for usado um agente de mudança externo, essa assistência facilita o seu acesso à organização. O agente de mudança procura obter dados iniciais por meio de entrevistas, observação de processos, questionários e dados de desempenho da organização. Com base nessas informações, ele se dedica a uma análise e diagnóstico preliminares da situação.
4. Feedback *à gerência.* A análise resultante do diagnóstico preliminar é então submetida à alta direção. Embora essas informações sejam apresentadas de modo confidencial e anônimo, as sessões de *feedback* e compartilhamento de dados são valiosas para facilitar o processo colaborativo de solução de problemas.

5. *Diagnóstico e planejamento conjuntos.* Tão logo os dados tenham sido passados aos executivos envolvidos, o agente de mudança e o grupo gerencial discutem o significado dos dados, suas implicações no funcionamento da organização e a necessidade de coletar mais dados e fazer diagnósticos. Um dos aspectos principais do modelo de pesquisa ativa é que os agentes de mudança não impõem suas próprias soluções aos problemas organizacionais; em vez disso, a partir dessa deliberação conjunta, o grupo desenvolve os possíveis planos de ação capazes de atingir as metas desejadas.
6. *Ação.* Durante essa fase do processo, o grupo gerencial e o agente de mudança concordam quanto às medidas que serão tomadas. Essas "medidas" podem ser coletar mais dados a analisar mais a fundo aspectos específicos de uma situação ou propostas reais de mudança. Evidentemente, a linha de ação escolhida nesse ponto dependerá muito da natureza do problema envolvido e pode incluir alguma repetição dos passos 3, 4 e 5 antes que quaisquer propostas específicas possam ser postas em prática.
7. *Coleta de dados e avaliação posteriores à ação.* Como a pesquisa ativa é um processo cíclico, também é preciso coletar dados após a tomada de qualquer medida para acompanhar e avaliar o impacto do programa. Com base nesse processo de avaliação, as informações são retornadas (*feedback*) ao grupo gerencial que, por sua vez, conclama diagnósticos e discussões adicionais da situação, nova análise do problema (ou de novos problemas) e novas medidas a tomar (soluções).

Apesar de a maioria dos teóricos do DO defender que o modelo de pesquisa ativa deveria ser a abordagem principal para suas atividades, esse é o tipo mais raro de intervenção.[20] Como a abordagem de pesquisa ativa enfatiza plenamente diagnóstico e avaliação contínuos dos problemas e soluções da organização, esse é frequentemente um processo caro e que consome tempo. Embora o desenvolvimento de modelos conceituais como parte desse processo possa acrescentar diversas vantagens a uma organização (por exemplo, posicionando a relevância de certas variáveis naquela organização em particular, oferecendo ao agente de mudança uma estrutura que permita a ele ver melhor o que pode e o que não pode ser realizado), muitas organizações simplesmente não estão dispostas a investir os recursos necessários a uma intervenção tão completa.

QUALIDADE DE VIDA NO TRABALHO

O termo Qualidade de Vida no Trabalho (QVT) foi inicialmente apresentado no final da década de 1960 para enfatizar a deficiência da qualidade de vida no local de trabalho.[21] A ênfase original (aproximadamente de 1969 a 1974) foi influenciada pela preocupação da sociedade norte-americana, genericamente afluente, em relação aos efeitos do emprego na saúde e no bem-estar geral dos trabalhadores e com os modos de melhorar a experiência de uma pessoa no trabalho. Essa preocupação foi precipitada por uma série de pesquisas nacionais de atitude, realizadas em 1969 e 1973 pela Universidade de Michigan, que chamou a atenção para o que foi denominado "qualidade de emprego", pelo relatório da pesquisa *Work in America* do Departamento de Saúde, Educação e Bem-estar Social, os quais destacaram que a mudança social estava ocorrendo em um ritmo muito mais rápido que a mudança organizacional. Como nossa sociedade também se conscientizou de diversas inovações no trabalho feitas na Europa, relativas a grupos de trabalho autônomos e tomada de decisões democrática no local de trabalho, questionamos como a experiência das pessoas no local de trabalho influenciava seu próprio bem-estar psicológico e a produtividade geral das organizações que as empregavam.[22]

No final da década de 1970, entretanto, houve uma queda considerável de interesse na QVT, à medida que nossa sociedade se tornou cada vez mais preocupada com a inflação crescente a crise energética. Empresas em apuros com regulamentações governamentais e contas elevadas de energia, sofrendo os males da concorrência crescente por parte de corporações estrangeiras e fusões ou aquisições pouco amistosas, duvidavam que suas chances de sobrevivência seriam maiores se seus funcionários ficassem satisfeitos com seus empregos e seu local de trabalho.[23] Assim, muitos administradores acharam que os interesses de seus empregados eram de importância secundária.

De 1979 até o momento, estamos atravessando o que foi chamado segundo ciclo de interesse na QVT.[24] Essa preocupação ressurgiu principalmente a partir do declínio da postura competitiva dos Estados Unidos e da constatação de que o compromisso para com o trabalho e o empregador lá era menor que em outros países. Embora o declínio competitivo fosse atribuído a pesadas regulamentações federais dos Estados Unidos, juntamente com subsídios governamentais e mão de obra barata nos outros países, começou-se a pensar que os concorrentes internacionais poderiam estar fazendo algo diferente do ponto de vista gerencial, o que influenciava sua eficácia.[25] Particularmente em virtude do fascínio que os norte-americanos têm pelos estilos e técnicas gerenciais do Japão, eles começaram a estudar abordagens alternativas à gerência. Em outro nível, muitos dos projetos de QVT iniciados no princípio da década de 1970 estavam começando a apresentar algum sucesso, um exemplo notável foi a fábrica de automóveis da General Motors em Tarrytown, Nova York.[26] Assim, os primeiros anos da década de 1980 testemunharam um interesse renovado e uma apreciação pela importância da qualidade de vida dos empregados. De modo semelhante às tendências do desenvolvimento organizacional, enfatizou-se a relação entre programas de produtividade centrados no empregado e os esforços de QVT, tanto em organizações pequenas como grandes.[27]

A natureza da QVT

Ainda que a qualidade de vida no trabalho tenha voltado a ser uma preocupação dos gerentes durante o início da década de 1980, há alguma incerteza quanto ao seu significado exato.[28] Em certo nível, defende-se que a QVT não passa de uma definição elaborada de desenvolvimento organizacional.[29] Outros, entretanto, argumentam que a QVT é muito mais ampla e diversificada que os esforços de DO e que é mais característica de um processo que envolva toda a organização.[30]

A literatura traça a QVT essencialmente em duas dimensões amplas. Um conjunto de definições equaciona a QVT com a existência de certo conjunto de condições e práticas organizacionais, tais como cargos enriquecidos, participação dos empregados nos processos de tomada de decisões, condições seguras de trabalho e assim por diante. Outra abordagem equaciona a QVT com os efeitos visíveis que as condições de trabalho têm no bem-estar de um indivíduo (por exemplo, manifestações de satisfação no local de trabalho, crescimento e desenvolvimento dos funcionários, a capacidade de atender a toda a gama de necessidades humanas apresentadas no Capítulo 3). As diferenças entre esses dois conjuntos de definições na maioria dos casos é mínima, visto que as condições e características do trabalho relacionadas a uma "boa" qualidade de vida no trabalho geralmente têm efeitos positivos na satisfação e na percepção dos empregados. A segunda orientação, entretanto, admite que nem todas as pessoas podem perceber intervenções, do tipo cargos enriquecidos, como componentes importantes de uma "boa" qualidade de vida no trabalho.[31] A despeito do conjunto de definições adotado, os elementos que distinguem as questões da QVT são: (1) uma preocupação com efeito do trabalho nas pessoas, bem como na eficácia da organização, e (2) a ideia da participação dos trabalhadores na solução de problemas e tomada de decisões da organização.[32]

Talvez um dos esboços mais abrangentes das condições de QVT tenha sido desenvolvido por Richard Walton. Essa definição é baseada em oito dimensões inter-relacionadas que, se tomadas em conjunto, apresentam uma visão geral do que frequentemente se entende por QVT:[33]

1. *Compensação justa e adequada.* A renda atinge níveis satisfatórios socialmente determinados ou alcança os padrões subjetivos de quem a recebe? O pagamento recebido por um tipo de trabalho tem uma relação condizente com o pagamento por outros tipos de trabalho?
2. *Condições de trabalho seguras e salutares.* Horários de trabalho razoáveis, condições de trabalho que minimizem riscos de doenças ou ferimentos e limites de idade fixados quando o trabalho for potencialmente nocivo ao bem-estar de pessoas acima (ou abaixo) de certa idade (a melhoria geral das condições de trabalho e a maturação precoce dos jovens pode levar ao relaxamento dos limites de idade em algumas áreas).
3. *Oportunidade imediata de utilizar e desenvolver a capacidade humana.* Reflete até que ponto os cargos têm autonomia (oportunidade de autocontrole, em oposição ao controle externo), necessidade de aplicação de habilidades variadas, oportunidades para o trabalhador obter informações significativas e perspectivas sobre o processo total de trabalho assumindo uma tarefa integralmente e até que ponto são incluídas as atividades de planejamento, assim como as de implementação.
4. *Oportunidade para continuidade de crescimento e desenvolvimento.* O enfoque é maior na carreira que em oportunidades, que inclui o desenvolvimento pessoal, a aplicação de novas habilidades, as oportunidades de progresso e a segurança no emprego.
5. *Integração social na organização de trabalho.* A possibilidade de um empregado alcançar a identidade pessoal e a autoestima é fortemente influenciada por atributos do local de trabalho, tais como a ausência de preconceitos, o igualitarismo, a mobilidade ascendente, o apoio de grupos primários (face a face), a sensação de comunidade, além desses grupos primários e o senso geral de franqueza interpessoal.
6. *Constitucionalismo na organização de trabalho.* Quais direitos um empregado possui e como pode protegê-los? Pode haver uma grande variação no nível em que a cultura de uma organização respeita a privacidade pessoal, tolera a dissidência, permite a liberdade de palavra, adere a sólidos padrões de igualdade ao distribuir as recompensas da organização e apresenta procedimentos adequados para todos os assuntos relacionados ao trabalho.
7. *Espaço do trabalho na vida como um todo.* Até que ponto há um equilíbrio do papel do trabalho nos outros níveis da vida do empregado; esse conceito de equilíbrio engloba horários e dias de trabalho, exigências da carreira e necessidades de viagem que não absorvam regularmente o tempo de lazer e familiar, bem como um progresso profissional que não exija mudanças geográficas sucessivas.
8. *Relevância social da vida no trabalho.* Sugere-se que as organizações que *não agem* de modo socialmente responsável façam que muitos de seus funcionários depreciem o valor de seu trabalho e suas carreiras, o que, por sua vez, vai afetar a autoestima de cada um. O trabalhador percebe a organização como socialmente responsável em seus produtos, eliminação de detritos, técnicas de marketing, práticas de relações industriais, participação em campanhas políticas e assim por diante?

Esses critérios específicos podem ser vistos como características da vivência do indivíduo no trabalho ou características do ambiente de trabalho. Da mesma forma, a QVT foi definida de maneira mais restrita como "o grau até onde os membros de uma organização são capazes de satisfazer necessidades pessoais importantes por meio de sua vivência nessa organização".[34]

Contudo, é igualmente importante examinar as questões da QVT não só do ponto de vista do empregado individual, mas também das perspectivas do empregador e da sociedade.[35]

Um modo de ter uma visão mais ampla da QVT é visualizar o conceito como um conjunto de questões e processos interativos, dirigidos ao objetivo geral de melhorar a vida no trabalho. Os diversos significados expostos parecem se agregar em quatro domínios distintos, porém relacionados, que enquadram a QVT como:[36]

1. uma *filosofia*, com valores e suposições subjacentes, que são colaborativas, humanísticas e igualitárias por natureza;
2. um conjunto de *estruturas e métodos* (metas compartilhadas, comitês conjuntos, uso de consultores, estratégias de DO etc.) para a mudança organizacional;
3. um conjunto de *processos humanos* (participação dos empregados na solução de problemas e tomada de decisões, relações intra e intergrupais melhores, maior competência interpessoal) funcionando, decorrentes de uma mudança planejada, e
4. um conjunto de *resultados* (com base em avaliações adaptativas longitudinais e holísticas, frequentemente dirigidas a questões como satisfação no trabalho, eficácia organizacional, produtividade individual) que pode ser acompanhado e avaliado.

Nurick defende que o desenvolvimento de qualquer programa abrangente de desenvolvimento organizacional resulta, efetivamente, em um novo subsistema organizacional, no qual esses quatro domínios básicos interagem. A filosofia e as suposições implícitas sobre o conteúdo de uma vida "ideal" no trabalho são derivadas da organização e de seu ambiente maior, tornando-se *inputs* para o sistema de mudança. Esses valores são então formalizados em um programa de ação, constituído de diversas estruturas e intervenções organizacionais. Com base nessas intervenções surge um sistema informal, caracterizado por uma série de processos humanos correlatos que ocorrem em níveis interpessoal e grupal. Finalmente, as variáveis de resultados, tais como atitudes em relação ao trabalho e ao local de trabalho, assim como as eficácias individual e organizacional decorrentes, influenciam a organização maior e oferecem *feedback* que pode afetar a filosofia, as estruturas e os processos no futuro.

Em resumo, podemos estabelecer alguns dos aspectos operacionais da QVT. Primeiro, embora as atividades da QVT pareçam abranger uma ampla variedade de ações, a ideia da tomada de decisões participativa e do envolvimento das pessoas nos diversos níveis da hierarquia das organizações nesse processo é um aspecto central. Em segundo lugar, outra preocupação básica da QVT trata da reestruturação da natureza do trabalho que os empregados realizam e do local de trabalho em si para tornar o trabalho mais compatível com as necessidades individuais e com as estruturas sociais maiores no ambiente de trabalho. Finalmente, um terceiro conjunto de questões envolve a estrutura de recompensas no local de trabalho, considerando maneiras inovadoras de recompensar o esforço do empregado.[37]

MODELOS DE ANÁLISE DE INTERVENÇÃO

Como há diversos modos diferentes de classificar as intervenções de DO e QVT, esta seção oferece uma visão geral de alguns desses esquemas e tipologias. Uma orientação bem difundida do DO é o que pode ser chamado abordagens do "cubo", aplicada por diversos teóricos e profissionais da área.[38] Embora existam várias diferenças nesses cubos em relação ao modo como as intervenções são classificadas e as dimensões são empregadas para montar as tipologias, também há vários pontos em comum. Desse modo, são apresentados dois esquemas de classificação como representativos dos trabalhos nessa área.

A tipologia de Schmuck e Miles é baseada na integração de três dimensões que formam seu esquema de classificação:[39] (1) os *problemas diagnosticados* pelo agente de mudança (por exemplo, dificuldade no estabelecimento de metas, planejamento, comunicação); (2) o *foco de atenção* da intervenção (por exemplo, em nível individual, grupal ou organizacional); e finalmente (3) o *modo de intervenção* especificamente escolhido. Por exemplo, um problema diagnosticado na tomada de decisões de um grupo de trabalho pode levar a diversas intervenções relevantes. Como eles destacam, os oito modos de intervenção que identificam "fluem" um para dentro do outro e não são mutuamente exclusivos. De fato, a maioria dos esforços intensos de DO adota uma abordagem eclética e, tipicamente, envolve grande número desses componentes em uma fase ou em outra.[40]

Outra abordagem de "cubo", desenvolvida por Blake e Mouton, é apresentada na Figura 10.3.[41] Embora eles também atentem para a *unidade de mudança* (correspondente ao que Schmuck e Miles chamaram foco de atenção), essa tipologia é ligeiramente diferente nas duas outras dimensões: (1) as *questões de enfoque*, que podem ser vistas como sociais e psicológicas; e (2) os *tipos de intervenções*, que são mais genéricos que os especificados por Schmuck e Miles, variando desde aqueles que exigem um mínimo de intervenção (aceitação) até os que requeiram direção extensiva pelo agente de mudança (teoria e princípios).

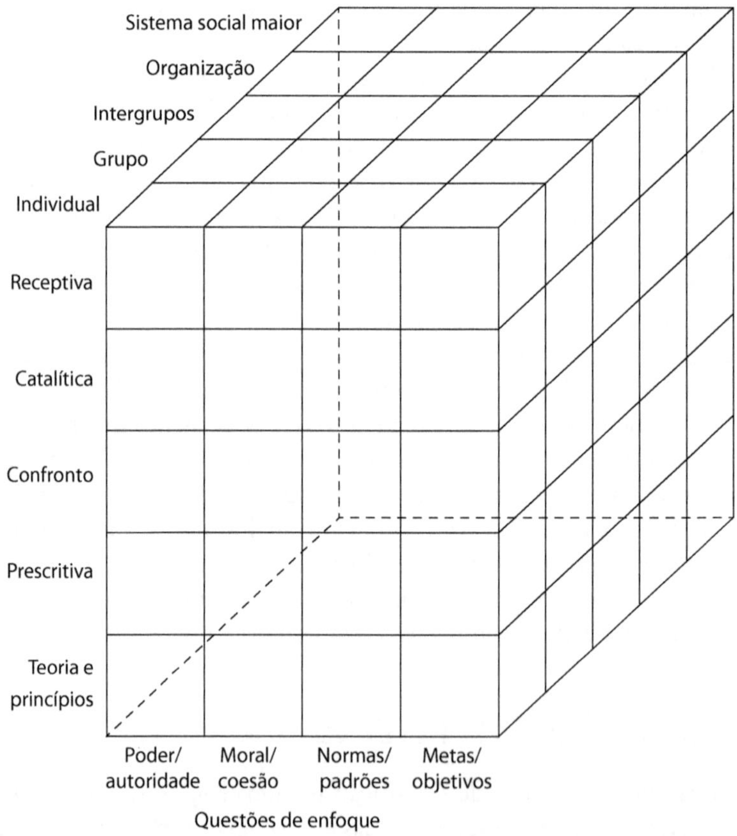

Figura 10.3 Esquema de classificação de DO, de Blake e Mouton.

Fonte: Robert R. Blake e Jane S. Mouton, *Consultation*, Reading, MA: Addison-Wesley Publishing Company, 1983, p. 11.

Embora vários outros teóricos também tenham desenvolvido tipologias similares,[42] um modo ligeiramente diferente de pensar sobre as intervenções de desenvolvimento organizacional se baseia na *profundidade* do envolvimento emocional individual no processo de mudança.[43] Embora o envolvimento emocional possa estar presente em qualquer nível de intervenção, a tipologia de Harrison se preocupa com até que ponto certa intervenção é *diretamente relacionada* a esse envolvimento. Como mostra a Figura 10.4, as estratégias que lidam com os aspectos mais externos do indivíduo e que enfocam os aspectos mais formais e públicos do comportamento do papel recaem perto da superfície do contínuo de profundidade, ao passo que as estratégias que tocam nos aspectos profundos, pessoais, particulares e centrais do indivíduo ou de suas relações com outros ficam na parte mais profunda do contínuo. A principal vantagem desse tipo de esquema é que ele oferece uma base racional para escolher uma estratégia de intervenção adequada. Harrison defende que dois critérios básicos devem ser usados para avaliar a profundidade adequada da intervenção: "primeiro, não intervir em um nível mais profundo que o necessário para produzir soluções duradouras para os problemas em mãos; e segundo, intervir a um nível que não seja mais profundo que o permissível pela disponibilidade de energia e recursos do cliente que possam ser comprometidos para a solução do problema e a mudança".[44] De fato, as estratégias de intervenção escolhidas não precisam apenas ser adequadas aos problemas especí-

Intervenções superficiais	Análise de operações	Intervenções em nível de sistema *Feedback* de pesquisa Reuniões de confronto organizacional Programas de qualidade de vida no trabalho Teorias contingenciais do projeto organizacional
	Avaliações de desempenho	Intervenções em nível de indivíduo-organização Reformulação de cargos Gerência por objetivos Centros de decisões organizacionais Análise de papéis e negociação
	Análise do processo instrumental	
	Relações interpessoais	Preocupação com o estilo pessoal de trabalho Consultoria de processos Intervenção de terceiros Edificação do espírito de equipe (*team building*) Gerência das relações intergrupais e interdepartamentais
Intervenções profundas	Relações intrapessoais	Análise intrapessoal e relacionamentos Planejamento de vida e carreira Treinamento em laboratório Grupos de encontro Esclarecimento de valores Consultoria pessoal

Figura 10.4 Tipologia da profundidade da intervenção.

Fonte: Adaptado de Roger Harrison, "Choosing the Depth of Organizational Intervention", *Journal of Applied Behavioral Science*, 1970, v. 6, n. 2, p. 181-202.

ficos que a organização enfrenta, mas devem ser cuidadosamente dosadas no que refere-se ao impacto emocional que terão sobre os membros da organização como indivíduos.

As tipologias expostas anteriormente refletem as perspectivas de alguns teóricos. Em contrapartida, com base em uma análise abrangente da literatura sobre o assunto, foi sugerido que as intervenções de DO podem ser agrupadas em dez categorias básicas:[45]

1. Atividades de *consulta individual*, que envolvem um tipo de relação de aconselhamento-treinamento e que incluem métodos como planejamento de carreira e de vida, informações e conselhos especializados e modificação do comportamento.
2. Atividades de *treinamento não estruturado em grupo*, que envolve indivíduos em um grupo sem uma tarefa ou finalidade específicas, apenas com a missão de entender a dinâmica grupal e/ou individual. Essas atividades podem incluir os grupos de teste, treinamento de sensibilidade e algumas intervenções de consolidação do espírito de equipe (*team-building*).
3. Abordagens de *treinamento estruturado em grupo*, que compreendem cursos de gerência e desenvolvimento em grupo, estruturados para mudar as atitudes dos participantes, transmitir certo elenco de conhecimentos ou desenvolver um conjunto de habilidades. Exemplos desse tipo de intervenção incluiriam palestras, exercícios situacionais, atividades de comunicação e solução de problemas, gerência por objetivos, técnicas de supervisão e consolidação do espírito de equipe (*team-building*).
4. Métodos de *consultoria de processos*, que abrangem uma variedade de intervenções específicas usadas em pequenos grupos ou equipes de trabalho para identificar e resolver problemas comuns. Essas abordagens podem variar desde processos de tarefa dirigidos a problemas técnicos, passando por processos interpessoais voltados para "problemas humanos", até um esclarecimento dos papéis que cada pessoa desempenha em um grupo para atividades de criação de espírito de equipe.
5. Esforços de *desenvolvimento guiados por pesquisa*, que envolvem a coleta de informações sobre o funcionamento de grupos de trabalho ou da organização e o *feedback* desses dados para o grupo de trabalho a fim de serem empregados na solução de problemas.
6. Métodos de *reformulação de cargos*, que incluem tentativas de mudar a tarefa, as responsabilidades, os padrões de interação e o ambiente técnico ou físico ou até o próprio trabalho. Essa categoria inclui intervenções como a ampliação de cargos, o enriquecimento de cargos, a arquitetura social (mudanças no ambiente físico), a criação de grupos de trabalho autônomos e a implantação de horários flexíveis, entre outras mudanças de processo ou estruturais.
7. Métodos de *sistemas de administração de pessoal* que incluem intervenções implementadas por meio de funções tradicionais de pessoal, tais como relacionamento, seleção, treinamento de novos funcionários, demissão ou reavaliação do pessoal existente e modificação dos sistemas existentes de recompensa (por exemplo, salários, distribuição de lucros, bônus, recompensas subjetivas como títulos etc.).
8. *Sistemas de informação gerencial e de controle financeiro* que incluam métodos para acompanhar e avaliar o desempenho de funcionários ou grupos de trabalho. Essa área engloba técnicas como a gerência por objetivos, avaliação de desempenho e a contabilidade de recursos humanos.
9. Abordagens de *projeto organizacional*, que incluem qualquer mudança estrutural na autoridade organizacional e nas relações de subordinação. Essa área envolve abordagens contingenciais ao projeto organizacional, a criação de equipes de projeto multi-

funcionais, organizações colaterais e a descentralização ou consolidação de unidades organizacionais.

10. *Abordagens integradas*, como uma categoria eclética, geral, de intervenções que incluam mais que um dos métodos anteriores. Convém observar mais uma vez que muitas categorias de intervenção se sobrepõem, e os métodos, em si, não são mutuamente exclusivos.

De maneira semelhante ao esquema de classificação do DO exposto anteriormente, uma revisão geral da literatura sobre a qualidade de vida no trabalho sugere que as intervenções na QVT podem ser classificadas em cinco categorias básicas (que se sobrepõem à classificação do DO):[46]

1. *Métodos de* feedback *de dados e solução participativa de problemas*, tais como programas de *feedback* de pesquisas, projetos participativos de diagnóstico organizacional, círculos de qualidade, grupos de trabalho conjuntos de mão de obra/gerência e outras formas de gerência participativa. A ênfase está em envolver os funcionários nas preocupações organizacionais na suposição de que, quanto mais pessoas puderem ser envolvidas nos processos organizacionais, maior será a motivação interna de todos para atingir as metas da organização.
2. *Esforços de reestruturação do trabalho*, tais como ampliação de cargos, enriquecimento de cargos e a criação de módulos de trabalho. Essas técnicas, baseadas principalmente nas obras de McGregor, Maslow e Herzberg, enfocam níveis crescentes de responsabilidade, variedade, autonomia e *feedback* nos cargos, com a suposição de que, quanto maior a extensão dessas características, mais interessantes e gratificantes serão os cargos.
3. *Intervenções no sistema sociotécnico*, que se concentram na mudança de tecnologia do trabalho ou do modo como esse é realizado para satisfazer mais plenamente as necessidades dos trabalhadores como indivíduos. Embora essas intervenções possam começar com esforços de reestruturação do trabalho como enriquecimento de cargos, elas vão além disso para incluir alterações na organização, no contexto ou no clima que cercam o trabalho. A ênfase é posta tanto nos aspectos técnicos como sociais dos processos operacionais, frequentemente levando à formação de grupos de trabalho autônomos.
4. *Sistemas de compensação inovadores*, tais como variações do Plano Scanlon (que divide com os trabalhadores os benefícios das inovações que venham a reduzir custos), programas de distribuição de ações aos funcionários e outras técnicas de distribuição de lucros.
5. *Melhoria do ambiente de trabalho*, em que refere-se ao contexto no qual o trabalho é executado: horário, condições, regras e assim por diante. Embora esse tipo de intervenção tenha um impacto geralmente mais restrito comparado aos quatro anteriores, se for usado em conjunto com outras intervenções pode ser bastante eficaz.

Análise de fluxo

Os críticos, no desenvolvimento organizacional, cada vez mais apontam para a necessidade de desenvolver uma compreensão melhor de por que e como as organizações mudam e se desenvolvem como o fazem. A área foi admoestada por colocar a maior parte de sua ênfase em uma faixa relativamente estreita de intervenções e modelos normativos, em detrimento de avaliações mais abrangentes de quando esses métodos são efetivamente úteis e benéficos às organizações, e quando seus custos podem não justificar os investimentos.[47] Nesse contexto, uma abordagem relativamente nova, abrangente, ao desenvolvimento organizacional, que tem suas origens na teoria dos sistemas, é chamada análise do fluxo.[48] A *análise do fluxo* procura (1) oferecer uma visão mais sistemática das múltiplas forças, muitas vezes concorrentes, que existem nas organizações; e (2) traçar uma sequência de eventos que precisam ocorrer para lidar de modo eficaz com as mudanças organizacionais e enfrentar os problemas da organização. Levando-se em conta um procedimento de mapeamento gráfico que mostra as interações entre os diversos componentes e fases em uma organização, essa abordagem tenta descrever graficamente as relações entre as partes importantes e os entendimentos na organização e seu ambiente. Como tal, é empregada para fins de diagnóstico, planejamento e implementação.

Há quatro componentes organizacionais básicos para a análise de fluxo: (1) *disposições de organização*, como metas, estratégias, estrutura formal da organização, políticas e procedimentos administrativos, sistemas administrativos (por exemplo, sistemas de finanças e contabilidade, sistema de recursos humanos) e sistemas de recompensa (por exemplo, salário e benefícios); (2) *fatores sociais*, que incluem a cultura organizacional, os processos de interação em nível interpessoal, grupal e intergrupal, padrões e redes sociais (por exemplo, padrões de comunicação, influência, *status*) e atributos individuais (por exemplo, atitudes, crenças, habilidades, emoções); (3) *tecnologia* em relação ao tipo de equipamento usado no trabalho, qualificação técnica dos trabalhadores, formulação de cargos, fluxo de trabalho (por exemplo, produção unitária, processamento de lotes, nível de interdependência), políticas e procedimentos técnicos e sistemas técnicos; e (4) *ambiente físico*, que trata dos aspectos de espaço, ambientação, decoração e *design* arquitetônico. Embora esse vasto número de variáveis gere uma visão um tanto complexa das organizações, por meio de processos de mapeamento, os observadores poderão visualizar e começar a compreender os efeitos simultâneos de diversas variáveis em certa situação.

Tipicamente, o processo funciona mediante uma equipe de gerência da mudança, entrevistas, observações e assim por diante. Os problemas reais e potenciais são então identificados e colocados em "fluxos" diferentes, sendo determinadas as ligações e direções causais entre os acontecimentos. O resultado é uma descrição dos problemas centrais na organização e dos diversos "fluxos" envolvidos. Levando-se em conta a análise, desenvolve-se um fluxo concomitante de planos de ação e passos de implementação, fazendo-se um acompanhamento da mudança organizacional. Ainda que seja semelhante ao processo de pesquisa da ação apresentada anteriormente neste capítulo, a análise de fluxo difere em relação a seu reconhecimento abrangente da interação de forças e questões diferentes, bem como a sequência de eventos necessária para lidar com elas. Desse modo, será mais provável descobrir as causas reais dos problemas e não os seus sintomas.

Intervenções e a política nas organizações

A exposição sobre o desenvolvimento organizacional e a qualidade de vida no trabalho até aqui se concentrou principalmente nas suas características socioculturais e estruturais-técnicas. Além dos diversos problemas e considerações relativos ao projeto técnico de uma intervenção e seu contexto cultural mais amplo, também há questões que precisam ser tratadas com relação à dinâmica política que há nas organizações.[49] Como todas as organizações precisam enfrentar o problema de alocar poder e recursos, muitas vezes são conceituadas como arenas políticas. Mediante processos contínuos de negociação e formação de coalizões, diversos grupos disputam o controle dos recursos da organização e a maneira como esses recursos serão utilizados.[50] Nesse contexto, ocorrem mudanças à medida que são feitos ajustes políticos (por meio de negociação e barganha) por essas coalizões.

Entretanto, em muitos casos, mudanças que seriam benéficas de um prisma técnico e cultural são solapadas devido a considerações políticas: mudanças potenciais nos centros de poder e resistência devido à necessidade de poder, questões de controle interno e externo, resistência a novas estruturas organizacionais ou estilos gerenciais, mudanças concomitantes na estrutura de recompensa, oposição correlata devido a limitações reais ou imaginárias nos recursos e assim por diante. Consequentemente, se essas intervenções e esforços de mudança tiverem de ter sucesso, essas três dimensões, técnica, política e cultural, terão de ser compreendidas e efetivamente integradas. De outra forma, a organização poderá perfeitamente estar trabalhando com propósitos conflitantes e, como resultado, enfraquecer a sua própria possibilidade de capitalizar nas mudanças desejadas.

Há diversos passos a seguir como parte de qualquer programa de mudança que enfoque a gerência dos aspectos políticos da transição:[51] (1) identificar pessoas e grupos cujo compromisso seja necessário; (2) definir a massa crítica para assegurar a implementação eficaz; (3) desenvolver um plano para obter o compromisso por parte da massa crítica; e (4) desenvolver um sistema de acompanhamento para avaliar o progresso. Baseando-se em uma análise das pessoas mais influentes, é importante determinar a distância entre suas atitudes existentes em relação à mudança e as atitudes que essas pessoas deveriam ter para que a mudança tivesse sucesso. A análise deve se concentrar nos motivos para apoiar ou não a mudança. Perguntas de diagnóstico podem incluir fatores como:[52] quem são as pessoas formal e informalmente influentes na organização? Como essas pessoas que apoiam a mudança podem ser mobilizadas? Como essas pessoas que se opõem à mudança podem ser influenciadas? A resistência é em razão de fatores políticos, técnicos e/ou culturais? Que meios (por exemplo envolvimento na mudança, recompensas, incentivos, negociação) podem ser úteis para influenciar o pessoal-chave?

A mobilização e a ativação de uma rede de pessoas que apoiem a mudança podem reforçar a probabilidade de que a intervenção seja promovida e aceita na organização. No entanto, uma atenção simultânea na dinâmica da política dessas pessoas não garantirá o sucesso do esforço de mudança. Para qualquer intervenção de desenvolvimento organizacional ou de QVT ser realmente eficaz e produtiva, as dimensões técnicas, culturais e políticas terão de ser identificadas, avaliadas e integradas.

RESUMO

O desenvolvimento organizacional significa uma tentativa sistemática de aumentar a eficácia organizacional por meio do emprego de diagnósticos e intervenções planejadas. O processo de DO geralmente inclui alguma forma de coleta de dados e diagnóstico, um plano de ação (programa de mudança) para lidar com o(s) problema(s) encontrado(s) no diagnóstico e um esforço de acompanhamento para avaliar e manter o programa de mudança. O principal objetivo do DO é "renovar" a organização, capacitando os gerentes a aplicar os conhecimentos das ciências comportamentais, à medida que influenciam a transição de sua organização, do presente para o futuro.[53] Como este capítulo também apontou, a qualidade de vida no trabalho é um conceito amplo e diversificado, que trata de diversos aspectos inter-relacionados da vivência das pessoas nos seus cargos e organizações. Tornou-se o foco de muitas pesquisas e bastante interesse, não apenas nos Estados Unidos, mas por toda a sociedade industrial do Ocidente. Embora pareça haver alguma discórdia referente a se a QVT é uma versão do DO, criada na década de 1980, se é algo coberto pelo DO ou se é algo mais amplo que o DO, existe uma sobreposição considerável em suas áreas de ação. Este capítulo procurou esboçar rapidamente a história e os parâmetros do DO e da QVT, bem como destacar algumas estratégias e intervenções utilizadas para atingir seus objetivos. O Capítulo 11 continua com esse enfoque e se aprofunda nos detalhes de diversos desses mecanismos de diagnóstico, solução de problemas e participação.

NOTAS

1. Diversos livros adotaram uma orientação aplicada como essa. Veja, por exemplo, Donald D. White e H. William Vroman. *Action in Organizations* (Boston: Allyn & Bacon, 1982); Andrew J. DuBrin. *Contemporary Applied Management* (Plano, TX: Business Publications, 1982); Douglas T. Hall, Donald D. Bowen, Roy J. Lewicki e Francine S. Hall. *Experiences in Management and Organizational Behavior* (Nova York: Willey, 1982).
2. A discussão das derivações de treinamento em laboratório e *feedback* de pesquisa, do desenvolvimento organizacional, foi extraída de Wendell L. French e Cecil H. Bell. "A Brief History of Organization Development". *Journal of Contemporary Business* (1972): 1-8; e Edgar F. Huse. *Organization Development and Change* (St. Paul, MN: West Pub., 1980), p. 30-33.
3. Para uma discussão mais completa sobre essa pesquisa, veja Floyd C. Mann. "Studying and Creating Change". In: Warren Bennis, Kenneth Benne e Robert Clin (Eds.). *The Planning of Change* (Nova York: Holt, Rinehart & Winston, 1961), p. 605-13.
4. Huse. *Organization Development and Change*, p. 33.
5. Claude Faucheux, Gilles e André Laurent. "Organizational Development and Change". *Annual Review of Psychology* 33 (1982): 347-49.
6. M. Sashkin e W. W. Burke. "Organization Development in the 1980s". *Journal of Management* 13, n. 2 (1987): 393-418.
7. Wendell L. French e Cecil H. Bell. "A Definition of Organization Development". In: Wendell L. French, Cecil H. Bell e Robert A. Zawacki (Eds.). *Organization Development: Theory, Practice and Research* (Plano, Texas: Business Publications, 1983), p. 27-30.
8. Huse. *Organization Development and Change*, p. 508.
9. Richard Beckhard. *Organization Development: Strategies and Models* (Reading, Mass.: Addison-Wesley, 1969), p. 9.
10. French e Bell. "A Definition of Organization Development", p. 27.
11. Adaptado de Wendell L. French e Cecil H. Bell. *Organization Development* (Englewood Cliffs: Prentice-Hall, 1978), p. 18; e Wendell L. French e Cecil H. Bell. "Mapping the Territory". In: French, Bell e Zawacki. *Organization Development*, p. 9-12.
12. Kurt K. Motamedi. "Development Relations Among Organizations". Tese apresentada na 43ª Reunião Anual da Academy of Management, Dallas, TX, 14-17 ago. 1983; Andrew Ven. "On the Nature, Formation and Maintenance of Relations Among Organizations". *Academy of Management Review* 4 (1976): 470-83; Thomas G. Cummings e Kurt K. Motanedi. "Transorganizational Development". In: Barry Staw (Ed.). *Research in Organizational Behavior*, v. 6 (Greenwich, CN: JAI Press, 1984).
13. Mark S. Plovnick, Ronald E. Fry, e W. Warner Burke. *Organization Development: Exercises, Cases, and Readings* (Boston: Little Brown, 1982), p. 5-6.
14. Veja Sashkin e Burke. "Organization Development in the 1980s".
15. Veja Chris Argyris. *Intervention Theory and Method* (Reading, MA: Addison-Wesley, 1970); e French e Bell. *Organization Development*, p. 102.
16. Kurt Lewin. *Field Theory in Social Science* (Nova York: Harper & Row, 1951), veja especialmente p. 228-29.
17. Veja Edgar Schein. "Mechanisms of Change". In: Bennis, Benne e Chin. *The Planning of Change*, p. 98-167; Edgar F. Huse e James L. Bowditch. *Behavior in Organizations: A Systems Approach to Managing* (Reading, Mass.: Addison-Wesley, 1977), p. 388-89; Plovnik, Fry e Burke, *Organization Development*, p. 12-14.
18. A discussão sobre a mudança planejada foi adaptada de R. Lippitt, J. Watson e B. Westley. *The Dynamics of Planned Change* (Nova York: Harcourt, Brace & World, 1958); Huse e Bowditch. *Behavior in Organizations*, p. 388-91; e James J. Bowditch e Anthony F. Buono. *Quality of Work Life Assessment: A Survey Based Approach* (Boston: Auburn House, 1982), p. 41-42.
19. Veja uma discussão mais completa do modelo de pesquisa de ação em Wendell L. French. "Organization Development Objectives, Assumptions, and Strategies". *California Management Review* 12, n. 2 (1969): 23-34; Huse, *Organization Development and Change*, p. 88-91; e Bowditch e Buono, *Quality of Work Life Assessment*, p. 42-45. A discussão que se segue foi baseada nessas obras.
20. Argyris. *Intervention Theory and Method*, p. 12-35.
21. Para uma boa revisão das preocupações iniciais com a QVT, veja Albert B. Cherns (Eds.). *The Quality of Working Life*, v. 1 e 2 (Nova York: Free Press, 1975); J. Richard Hackman e J. Lloyd Suttle (Eds.). *Improving Life At Work: Behavioral Science Approaches to Organizational Change* (Santa Monica: Goodyear, 1977).
22. David A. Nadler e Edward E. Lawler III. "Quality of Work Life: Perspectives and Directions". *Organizational Dynamics* (1983): 20-30.
23. Veja Grover Starling. *The Changing Environment of Business* (Boston: Kent, 1980), Cap. 10.
24. Nadler e Lawler. "Quality of Work Life", p. 21.

25. Robert H. Hayes e William J. Abernathy. "Managing Our Way to Economic Decline". *Harvard Business Review* (jul.-ago. 1980) 67-77; William J. Abernathy, Kim B. Clark e Alan M. Kantrow. "The New Industrial Competition". *Harvard Business Review* (set.-out. 1981): 68-81; Nadler e Lawler. "Quality of Work Life", p. 21.
26. Veja Robert H. Guest. "Quality of Work Life – Learning From Tarrytown". *Harvard Business Review* (jul.-ago. 1979): 76-87.
27. Veja G. D. Klein. "Employee-Centered Productivity and QWL Programs: Findings from an Area Study". *National Productivity Review* 5, n. 4 (1986): 348-362; P. F. Sorensen, Jr., T. C. Head e D. Stotz. "Quality of Work Life and the Small Organization: A Four-Year Case Study". *Group & Organization Studies* 10, n. 3 (1985): 320-339; D. A. Ondrack e M. G. Evans. "Job Enrichment and Job satisfaction in Quality of Working Life and Nonquality of Working Life Work Sites". *Human Relations* 39, n. 9 (1986): 871-889; e B. Jonsson e A. G. Lank. "Volvo: A Report on the Workshop on Production Technology and Quality of Working Life". *Human Resource Management* 24, n. 4 (1985): 455-465.
28. Veja Aaron J. Nurick. "Coming to Terms With Quality of Work Life Programs". Tese apresentada na Reunião Nacional Conjunta TIMS/ORSA, Detroit, MI, 18 a 21 abr. 1982); Nadler e Lawler. "Quality of Work Life"; J. Lloyd Suttle. "Improving Life at Work – Problems and Prospects". In: Hackman e Suttle. *Improving Life At Work*, p. 3-5.
29. W. Warner Burke. *Organization Development: Principles and Practices* (Boston: Little Brown, 1982), p. 322-23; Faucheux, Amado e Laurent. "Organization Development and Change", p. 344-52.
30. Richard E. Walton. "Criteria for Quality of Working Life". In: Davis e Cherns, *Quality of Work Life*, v. 1, p. 91-104; David A. Nadler. "Consulting With Labor and Management: Some Learnings From the Quality of Work Life Projects". In: W. Warner Burke (Ed.). *The Cutting Edge: Current Theory and Practice in Organization Development* (La Jolla: University Assoc., 1978), p. 262-77.
31. Edward E. Lawler III. "Strategies for Improving the Quality of Work Life". *American Psychologist* 37, n. 5 (1982): 486-93.
32. Nadler e Lawler. "Quality of Work Life", p. 26.
33. Walton. "Criteria for Quality of Working Life", p. 93-97.
34. Suttle. "Improving Life At Work", p. 4.
35. Stanley E. Seashore. "Defining and Measuring the Quality of Working Life". In: Davis e Cherns. *Quality of Working Life*, v. 1, p. 105-18.
36. A. J. Nurick. *Participation in Organizational Change: The TVA Experiment* (Nova York: Praeger, 1985), capítulo 1.
37. Nadler e Lawler. "Quality of Work Life", p. 26-27.
38. D. G. Bowers, J. L. Franklin, P. Pecorella. "Matching Problems, Precursors, and Interventions in OD". *Journal of Applied Behavioral Science* 11 (1975): 391-410; R. Lippit e G. Lippit. "Consulting Process in Action", partes 1 e 2, *Training and Development Journal* 29 (maio e jun. 1975): 48-54, 38-44 respectivamente; S. White e T. Mitchell. "Organization Development: A Review of Research Content and Research Design". *Academy of Management Review* 1, n. 1 (1976): 57-73.
39. Richard A. Schmuck e Matthew B. Miles (Eds.). *Organizational Development in Schools* (LaJolla: University Assoc., 1976), p. 7-10.
40. Edgar F. Huse e Michael Beer. "An Ecletic Approach to OD". *Harvard Business Review* (set.-out. 1971): 103-12; Schmuck e Miles, *Organization Development in Schools*, p. 10.
41. Robert Blake e Jane Mouton. *Consultation* (Reading, MA: Addison-Wesley, 1976), p. 7.
42. Bowers, Franklin e Pecorella. "Matching Problems, Precursors, and Interventions in OD"; Lippit e Lippit, "Consulting Process in Action:" partes 1 e 2. White e Mitchell, "Organization Development".
43. Roger Harrison. "Choosing the Depth of Organizational Intervention". *Journal of Applied Behavioral Science* 6, n. 2 (1970): 181-202.
44. Harrison. "Choosing the Depth of Organizational Intervention", p. 201.
45. Huse. *Organization Development and Change*, p. 111-13; veja também P. E. Connor e L. K. Lake. *Managing Organizational Change* (Nova York: Praeger, 1988).
46. William A. Pasmore. "Turning People on To Work". In: D. A. Kolb, I. M. Rubin e J. M. McIntyre (Eds.). *Organizational Psychology: A Book of Readings*, 3. ed. (Englewood Cliffs: Prentice-Hall, 1979), p. 101-15; Nadler e Lawler. "Quality of Work Life", p. 27.
47. Veja, por exemplo M. Beer. "Towards a Redefinition of OD: A Critique of Research Focus and Method". *Academy of Management OD Newsletter* (1988): 6-7.
48. J. L. Porras. *Stream Analysis* (Reading, MA: Addison-Wesley, 1987).
49. A discussão que se segue foi baseada em N. Tichy. *Managing Strategic Change: Technical, Political, and Cultural Dynamics* (Nova York: Wiley, 1983).

50. Para uma avaliação adicional da natureza política das organizações, veja R. M. Cyert e J. G. March. *A Behavioral Theory of the Firm* (Englewood Cliffs, NJ: Prentice-Hall, 1963); e Mintzberg. *Power in and Around Organizations* (Englewood Cliffs: Prentice-Hall, 1983).
51. R. Beckhard e R. T. Harris. *Organizational Transitions: Managing Complex Change* (Reading: MA: Addison-Wesley, 1977); e Tichy. *Managing Strategic Change*, p. 347-352. Veja também M. Beer, "The Critical Path for Change: Keys to Success and Failure in Six Companies". In: R. H. Kilmann, T. J. Covin e Associates. *Corporate Transformation: Revitalizing Organizations for a Competitive World* (San Francisco: Jossey-Bass, 1988), p. 17-45.
52. M. L. Tushman, W. H. Newman e D. A. Nadler. "Executive Leadership and Organizational Evolution: Managing Incremental and Discontinuous Change". In: Kilmann et al. *Corporate Transformation*, veja p. 120-121; Tichy. *Managing Strategic Change*, p. 348.
53. Para uma discussão interessante do conceito de renovação organizational veja em Gordon L. Lippit. *Organizational Renewal: A Holistic Approach to Organization Development* (Englewood Cliffs: Prentice-Hall, 1982).

capítulo 11

Aplicações organizacionais: diagnóstico, técnicas, gerência participativa e inovações no trabalho

O ambiente de trabalho atual cada vez mais se caracteriza pela mudança rápida e muitas vezes turbulenta. Os gerentes não só enfrentam a complexidade maior de suas funções sociotécnicas nas organizações, mas também inúmeras transições que ocorrem na sociedade. Muitos acadêmicos organizacionais, por exemplo, preocupam-se com a capacidade de nosso sistema empresarial para lidar com diversos desafios simultâneos: o acirramento da concorrência internacional; a exigência de uma qualidade melhor dos produtos e serviços e da entrega desses; a expansão de nossa base técnica e de conhecimento; e uma noção mais ampla dos "direitos" dos empregados e outras questões de qualidade de vida, além de outras pressões sociais e econômicas. Nesse contexto, uma compreensão de como as organizações podem mudar para suportar essas pressões externas e como essa mudança pode ser influenciada e administrada de modo eficaz tornaram-se áreas importantes da formação gerencial.[1]

Um ponto comum a todas essas preocupações é a competência organizacional. Como as organizações empresariais podem se tornar mais *eficazes* (atingimento de metas e adequação delas) e mais *eficientes* (o custo do atingimento de metas no que refere-se a dinheiro, pessoal, maquinário, fatores psicológicos etc.) nos ambientes em mudança acelerada?[2] Na sociedade contemporânea, um aspecto da competência organizacional envolve os aspectos técnicos do trabalho e da revitalização dele. Muitos observadores sociais relatam a respeito do comportamento dos trabalhadores com relação a dedicação ao trabalho e às organizações no Japão, e as comparam às correspondentes dos Estados Unidos, argumentando que é preciso adotar medidas igualmente abrangentes para melhorar o compromisso com a organização e com as atividades realizadas pela força de trabalho norte-americana, se for desejável obter empresas mais eficientes e eficazes.[3]

No capítulo anterior introduzimos o desenvolvimento organizacional (DO) e a qualidade de vida no trabalho (QVT) como duas áreas nas quais as pesquisas das ciências comportamentais foram aplicadas em uma tentativa de preparar as organizações para operarem de modo mais competente, atendendo o que se tornou uma demanda constante por mudança. Este capítulo oferece uma visão mais explícita da aplicação de algumas dessas técnicas e métodos. Baseando-se no material teórico e conceitual exposto ao longo deste livro, examinaremos algumas das abordagens que podem ser utilizadas para diagnóstico organizacional e solução de problemas, gerência participativa e envolvimento no trabalho, reformulação do trabalho, aplicações inovadoras de sistemas de recompensas organizacionais e, finalmente, a alteração do contexto no qual o trabalho é executado.

Cabe aqui, contudo, uma palavra de cautela. Tanto o DO como a QVT, além de diversas outras receitas para gerentes foram muitas vezes dominadas por uma série de "modismos" e técnicas que estavam "em voga" durante certo tempo. A própria administração tem sido criticada por "entrar e sair em uma série de correntes das ciências comportamentais", em sua busca pela eficiência e eficácia organizacionais.[4] Alguns gerentes frequentemente ficam entusiasmados com determinada forma de intervenção (geralmente depois de ela ter tido sucesso em outro contexto), querem ser vistos como "progressistas", desenvolvem preconceitos sobre a causa de um problema específico (o que pode incapacitá-los de enxergar o verdadeiro problema), ou percebem corretamente a situação, mas deixam de explorar suas causas a fundo antes de escolher uma lista de ação.

Quando isso ocorre, há uma tendência a ir buscar "alívio" em uma técnica em particular. O resultado é uma proporção desencorajante de fracassos no uso dessas ferramentas das ciências organizacionais em nossas corporações. O ponto importante a lembrar é que as abordagens que serão apresentadas neste capítulo *não* são panaceias para resolver todos os problemas organizacionais. Cada uma dessas intervenções tem suas vantagens e desvantagens, assim como custos e benefícios. No entanto, cada uma dessas técnicas pode ser usada de modo eficaz para lidar com problemas específicos de funcionários e organizações e, se aplicadas cuidadosa e ponderadamente, podem melhorar a competência dos empregados e da organização.

ABORDAGENS DE DIAGNÓSTICO E SOLUÇÃO DE PROBLEMAS

Como foi dito antes, as técnicas expostas neste capítulo representam ferramentas gerenciais valiosas. As maiores dificuldades se encontram no modo como essas técnicas são, muitas vezes, aplicadas. Um dos primeiros passos antes de escolher qualquer um desses métodos é um diagnóstico organizacional profundo para determinar se há um problema e, se houver, o que o causa.

Há dois passos básicos para esse diagnóstico: a coleta e a análise de dados.[5] As diversas abordagens para a coleta e análise de dados encontram-se no Capítulo 2 e no Apêndice A. Como nosso propósito nesta seção é mostrar alguns dos métodos de diagnóstico e solução de problemas que possam ser aplicados, e não o de cobrir um grande número de alternativas, nos limitaremos a três intervenções básicas: *feedback* de pesquisa, DO de *grid* e consultoria de processos.

Feedback de pesquisa

Como uma das principais metodologias dos esforços de DO e intervenções de QVT, os programas de *feedback* de pesquisa conquistaram grande destaque nas empresas contemporâneas. Ainda que muitas organizações frequentemente deixam de atentar para essa técnica simples, sua aplicação e o apoio para seu uso têm crescido.[6] Diversos estudos, por exemplo, mostraram seu potencial para melhorar a eficácia do pessoal nos meios militares,[7] na avaliação da maturidade para mudança em seguradoras[8] e no estabelecimento de uma base para uma melhor qualidade de vida no trabalho em ambientes industriais.[9] Em um nível mais genérico, o *feedback* de pesquisa também foi sugerido como modo de melhorar a eficácia global de organizações[10] para compor perfis baseados em dados sobre o clima organizacional,[11] melhorar as relações trabalhistas[12] e estabelecer uma abordagem pragmática ao tratamento de problemas relacionados a pessoas no local de trabalho.[13]

Basicamente, o *feedback* de pesquisa consiste na coleta de dados de uma unidade de trabalho específica da organização inteira, por meio do uso de um questionário estruturado. Os dados obtidos mediante esse questionário são compilados e realimentados aos participantes por meio de relatórios e *workshops*, e finalmente utilizados por diversos grupos e gerentes para confrontar os problemas organizacionais existentes e potenciais.[14] A abordagem inicial de *feedback* de pesquisa (veja o Capítulo 10) utilizava um questionário padronizado para a coleta de dados.[15] Como esse tipo de instrumento é algo prefabricado e com base em uma estrutura teórica, ele geralmente já foi submetido a um extenso processo de validação.* Assim, há um alto grau de confiança em que as perguntas gerem dados sobre as questões específicas a que são dirigidas. Contudo, como são prefabricadas, às vezes as perguntas deixam de enfocar questões importantes e enfatizam outras de relevância menor para aquela organização em particular. Pesquisas têm demonstrado que, apesar de esses instrumentos "enlatados" poderem apresentar grande eficiência, outros que reflitam maior familiaridade com as questões básicas de uma organização específica parecem obter informações melhores, tanto em relação à qualidade como à quantidade.[17]

Uma abordagem ao *feedback* de pesquisa envolve cinco etapas inter-relacionadas, que formam a base de um processo de DO participativo (veja a Figura 11.1).[18]

1. A *entrada* na organização cliente, em que são feitos o contrato inicial do agente de mudança com a gerência (quais são as metas e os papéis envolvidos, o cronograma, que espécie de dados será necessária, quem terá acesso aos dados, como será feito o *feedback* e assim por diante) e o diagnóstico preliminar (por meio de entrevistas com os gerentes e executivos e análise não invasiva de medidas organizacionais tais como organogramas, exemplares recentes do jornal interno etc.).
2. A *fase de planejamento e desenvolvimento*, na qual são realizadas reuniões com pessoas-chave de recursos humanos e com amostras aleatórias de funcionários para identificar as preocupações organizacionais relevantes. Com base nas informações assim obtidas (e nas questões de QVT discutidas no Capítulo 9), elabora-se um questionário.
3. A *fase de implementação e administração*, durante a qual um questionário passa por um teste-piloto e, então, é distribuído a uma amostra (em empresas muito grandes) ou a todos os funcionários (preferível).
4. A *fase de análise e* feedback, na qual é feita uma análise preliminar dos dados, a qual é realimentada (*feedback*), tão logo quanto seja possível, por meio de relatórios e reuniões, seguidos de análises e *feedback* mais profundos a comitês de planejamento de grupos de trabalho.
5. *Continuidade do programa e desenvolvimento organizacional*, em que as informações geradas pelo processo de pesquisa são usadas para lidar com problemas organizacionais, tais como reformulação de cargos, necessidades de treinamento, reestruturação organizacional e assim por diante. Sugere-se que o processo seja repetido em ciclos de dois anos.

Ainda que o *feedback* de pesquisa seja uma ferramenta prática de desenvolvimento organizacional bastante útil para diagnosticar os problemas organizacionais e conflitos potenciais existentes, bem como preparar um *forum* para a comunicação em ambos os sentidos, as pesquisas de opinião e atitudes dos empregados são frequentemente vistas apenas como instrumentos de coleta de informações para uso da administração. Mesmo com essa orientação um tanto restrita,

* Outros instrumentos padronizados de uso frequente são o *Job Description Index* (JDI) de Cornell, o *Minnesota Satisfaction Questionaire* (MSQ), o *Michingan Organizational Assessment Questionaire* (MOAQ) e o *Index of Organization Reactions* (IOR).[16]

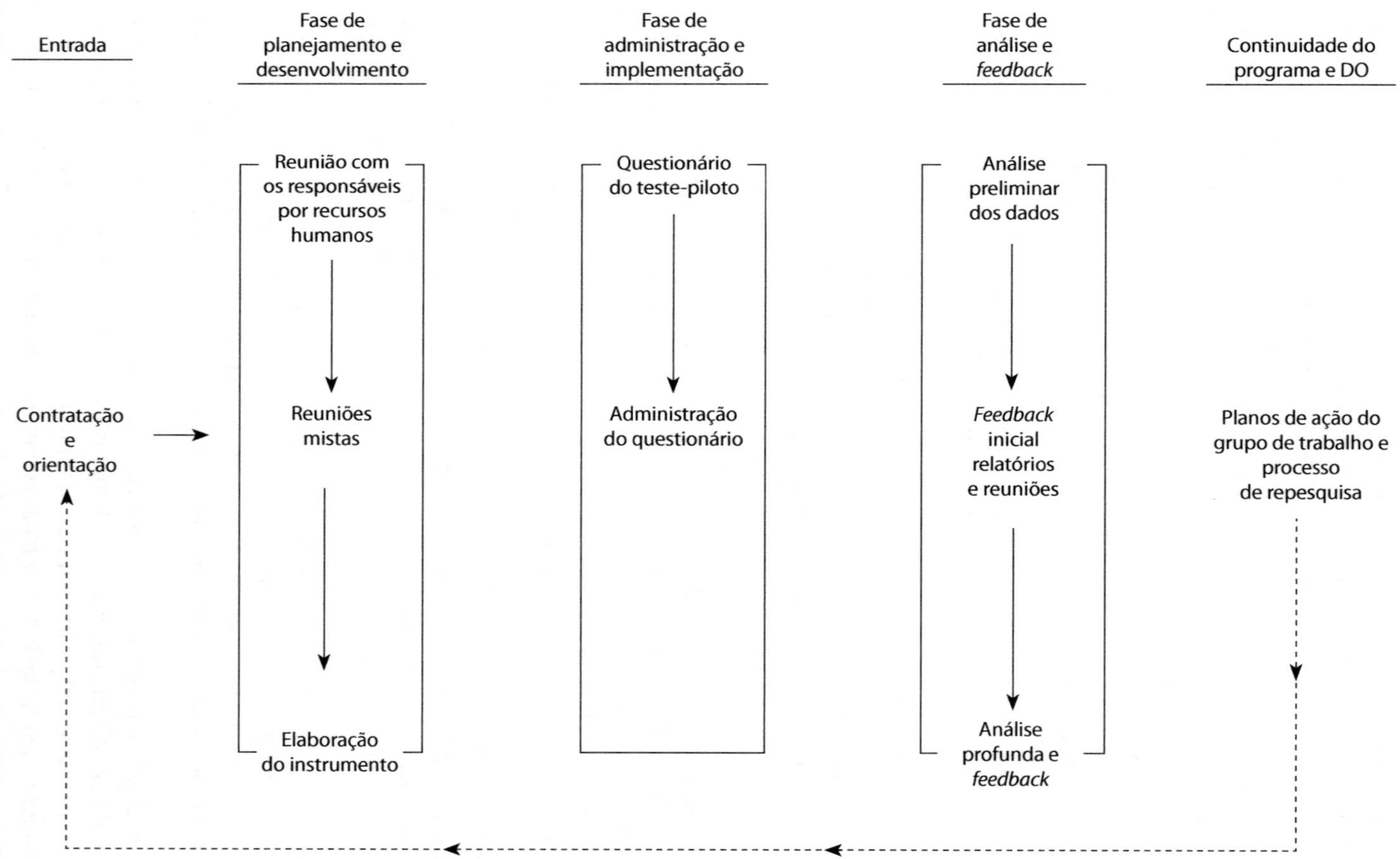

Figura 11.1 Um modelo integrado de *feedback* de pesquisa.

Fonte: Adaptado de J. L. Bowditch e A. F. Buono, *Quality of Work Life Assessment: A Survey-Based Approach* (Boston: Auburn House, 1982).

a maioria dos gerentes deixa de usar efetivamente os resultados de pesquisas para melhorar a satisfação dos empregados e o desempenho organizacional.[19] Há uma distinção importante a fazer entre a simples autorização para realizar uma pesquisa e a plena aplicação dos resultados para melhoria organizacional. Quando os empregados se dão ao tempo e trabalho de participar de um programa de *feedback* de pesquisa, surgem expectativas de que as informações geradas venham a ser *utilizadas* para melhorar diversos aspectos da vida organizacional. Se os resultados da pesquisa forem ignorados pelos gerentes, os empregados poderão depois sentir uma frustração ainda maior, que pode se manifestar por meio de comportamentos disfuncionais no trabalho como rotatividade, absenteísmo, apatia e até mesmo sabotagem entre outros. É preciso lembrar que o *feedback* de pesquisa *não* é uma panaceia para todos os males da organização. Entretanto, se corretamente usado, ele pode aumentar a probabilidade de envolvimento, compromisso e eficácia de gerentes e empregados no local de trabalho. Em particular, se forem utilizadas pesquisas ao longo do tempo (por exemplo, um programa de medição repetido a cada dois ou três anos), os gerentes poderão efetivamente rastrear as mudanças na satisfação e nas percepções dos membros sobre seus cargos e a organização.[20]

DO de *grid*

O DO de *grid* é baseado no conceito do "*grid* gerencial" de Blake e Mouton, apresentado no Capítulo 7. O programa de DO de *grid* consiste de seis etapas básicas que permitem a cada gerente identificar seu próprio estilo e abordagem para a solução de problemas, compará-los ao "estilo ideal de *grid*" e aprender maneiras de desenvolver características e estratégias de "*grid*". O princípio desse raciocínio é que, se essas fases forem realizadas de maneira sistemática, uma organização poderá sair do passo inicial de examinar seu estilo e comportamento gerenciais e chegar à implementação de um modelo organizacional estratégico ideal:[21]

1. *Seminário de* grid *gerencial.* Esse é um seminário altamente estruturado, que combina as abordagens experimental e prática do aprendizado: rápidas palestras sobre a teoria de *grid*, projetos de grupo, exercícios de solução de problemas, questionários de autopercepção e autoanálise. Como o seminário encoraja a competição e a confrontação entre os membros do grupo, ele pode ser uma experiência bastante intensa e emocionalmente desafiante. Os objetivos incluem: aprender a abordagem de *grid* à análise e à fase de DO de *grid*, aumentar a capacidade de autoavaliar objetivamente, aprender a ser um comunicador claro e um membro efetivo do grupo, aprender a gerenciar o conflito intergrupal e analisar uma cultura organizacional por meio da aplicação da estrutura do *grid*.
2. *Desenvolvimento do trabalho em equipe.* A segunda fase se ocupa da melhoria do trabalho em equipe e inclui reuniões conjuntas dos gerentes com seus subordinados (geralmente fora do local de trabalho, durante uma semana, para que os membros do grupo possam trabalhar livres de interrupções). Esse processo começa com o indivíduo no topo da organização e seus subordinados imediatos, que depois participam de sessões com seus respectivos subordinados, e isso prossegue descendo por toda a organização. Os grupos enfocam questões diretamente relevantes às suas atividades e comportamentos do dia a dia, recebem *feedback* dos participantes quanto aos seus estilos de *grid* em situações reais e estabelecem metas grupais e individuais a serem atingidas no trabalho.
3. *Desenvolvimento intergrupal.* Nas sessões de desenvolvimento do trabalho em equipes da fase 2, o enfoque era nos grupos de trabalho naturais. Como as pessoas também interagem com outros indivíduos (em unidades, departamentos ou divisões diferentes) de suas organizações, a coordenação, cooperação e colaboração entre os grupos também é

percebida como um componente importante da eficácia organizacional. Para facilitar esse desenvolvimento *intergrupal* são realizadas reuniões entre elementos-chave de dois grupos diferentes onde possa existir barreiras para diminuir a concorrência e o conflito que possam ter se desenvolvido casualmente entre os grupos. O objetivo é chegar a um consenso sobre os aspectos de um relacionamento ideal no trabalho entre os grupos e as providências específicas que permitirão que os grupos alcancem esse ideal. Da mesma forma que na fase de desenvolvimento de equipes, os participantes saem dessas reuniões munidos de metas e objetivos reais, além de uma melhor compreensão da comunicação entre eles.

4. *Desenvolvimento de um modelo estratégico ideal.* Essa fase permite que os gerentes do alto escalão de uma organização trabalhem para obter um modelo de excelência organizacional. O objetivo é suprir essas pessoas com os conhecimentos e habilidades necessários para passar de uma abordagem gerencial reativa, orientada para crises, a uma postura mais proativa, de desenvolvimento sistemático. Algumas das principais áreas enfocadas incluem definições claras e explícitas de: objetivos financeiros mínimos e ideais; a natureza das atividades da organização; mercados, fregueses ou clientes; estruturas organizacionais e políticas de tomada de decisões adequadas; e abordagens para implementar capacidade de crescimento e evitar a estagnação ou obsoletismo. Cada uma dessas áreas é analisada em detalhe pela alta gerência e, então, submetida a outros elementos da organização para avaliação, crítica e recomendações.
5. *Implementação do modelo estratégico ideal.* A maneira como o modelo estratégico é implementado depende, em última análise, do sucesso do programa do DO de *grid*. Blake e Mouton afirmam que, se as primeiras quatro fases tiverem sido satisfatoriamente concluídas, muitas das barreiras à implementação terão sido reduzidas (veja a seção sobre participação neste capítulo). O processo de implementação consiste em desmembrar a organização em unidades identificáveis, como centros de lucro, linhas de produto ou áreas geográficas. A alta gerência então designa uma equipe de planejamento a cada unidade, outra equipe de planejamento para a matriz da corporação e um coordenador, que recomenda as estratégias de implementação ao executivo principal. Com base no modelo estratégico ideal desenvolvido na fase 4, cada equipe de planejamento é responsável por analisar todos os aspectos das operações da sua unidade para identificar como aquele setor deveria, idealmente, funcionar. Essa interpretação se torna a base para a implementação do plano estratégico. O processo consome tempo: a conversão do modelo ideal em um plano de ação pode levar de três meses a um ano, ao passo que a implementação em si pode levar de seis meses a cinco anos.
6. *Crítica sistemática.* A fase final no DO de *grid* é examinar e avaliar criticamente o progresso da organização em direção a suas metas de mudança. Essa fase utiliza diversos instrumentos padronizados para medir a eficácia organizacional, sendo a ferramenta básica um questionário de cem itens que verifica áreas como comportamento individual, trabalho de equipe, relações intergrupais, solução de problemas, estratégia corporativa e cultura organizacional. Com o uso desses instrumentos (que são administrados ao longo de cada fase), é possível observar a mudança, assim como obter uma visão do processo global. A fase 6 também deixa espaço para o planejamento de atividades futuras de desenvolvimento.

Ainda que o *grid* gerencial seja uma abordagem popular para a mudança planejada, assim como muitas intervenções de DO, boa parte das provas relativas à sua eficácia consiste de casos isolados. Diversos estudos concluíram que o DO de *grid* pode levar a melhorias significativas na produtividade e nos lucros, a mudanças de estilo gerencial e uma melhora geral na saúde e eficácia da organização. Outros estudos, contudo, relataram resultados mistos e até desfavoráveis.[22] Um aspecto final que precisa ser lembrado sobre o DO de *grid* é a sua suposição básica de que há "um modo ideal" de gerenciar organizações. Como a discussão das contribuições mais modernas sobre o comportamento organizacional (Capítulo 1) apontou, a área tem se deslocado na direção que é chamado teoria contingencial da administração. Na abordagem do *grid* de Blake e Mouton, contudo, as estratégias para obter a produção com e por meio das pessoas são implementadas por meio de táticas que aplicam os princípios (estratégias) 9,9 em situações específicas.[23]

Consultoria de processos

Como foi mostrado no Capítulo 6, há aspectos tanto de *processo* como de *conteúdo* no comportamento de grupos. Em relação ao desempenho de tarefas, a eficácia de um grupo é influenciada pela natureza e pelas exigências de uma tarefa específica, bem como pelos recursos que o grupo tem à sua disposição (conteúdo). Os atos intrapessoais e interpessoais por meio dos quais os membros do grupo transformam esses recursos em um produto final e os atos improdutivos que são levados a cabo devido a frustração, motivações em conflito ou uma compreensão inadequada (processo) também têm um efeito significativo sobre o desempenho de um grupo.[24] A consultoria de processos é um conjunto de atividades criado para facultar a uma organização a capacidade de perceber, compreender e agir sobre esses eventos do processo. O objetivo é ajudar os gerentes a entender como os processos organizacionais e de grupo funcionam, de modo que eles (em vez de consultores) possam resolver problemas e melhorar esses processos.[25]

Há quatro abordagens básicas que podem ser utilizadas pelos consultores de processos:

1. *Intervenções de estabelecimento de agenda*, que voltam a atenção para questões interpessoais, testam os procedimentos do grupo e analisam os processos. Isso geralmente é feito mediante sessões restritas de perguntas e respostas, por meio das quais os consultores procuram intensificar a sensibilidade dos gerentes para seus próprios processos internos. Durante tais sessões, é comum os consultores oferecerem artigos ou comentários teóricos relevantes aos membros do grupo.
2. Feedback *de dados* sobre observações ou outras fontes de informação aos membros durante reuniões ou pessoalmente após reuniões. Esses dados geralmente enfocam os processos operacionais e são fornecidos aos gerentes para interpretação e utilização em melhorá-los, bem como melhorar outros processos correlatos.
3. *Aconselhamento ou treinamento* de pessoas ou grupos, às vezes em seguida a sessões de *feedback* de dados. Os dois aspectos principais aqui são a *receptividade* do grupo ou do indivíduo ao treinamento e a medida do próprio consultor quanto à extensão do programa alcançado na direção das soluções.
4. *Intervenções estruturais* às vezes são necessárias, em relação aos padrões de afiliação ao grupo ou interação com ele. Ainda que essa abordagem seja muitas vezes considerada inconsistente com as filosofias de "autoconsciência" e "automudança" da consultoria de processos, essa intervenção direta às vezes é necessária para a solução dos problemas envolvidos.

Mesmo que a literatura sobre consultoria de processos aponte uma série de problemas metodológicos na condução de pesquisas nessa área,[26] esse tipo de intervenção é considerado satisfatório quando os gerentes melhoram suas habilidades de resolver problemas individuais e do grupo por meio de técnicas de diagnóstico e solução de problemas. Há uma aplicação de consultoria de processo na seção sobre consolidação do espírito de equipe (*team building*) deste capítulo.

TÉCNICAS DE GERÊNCIA PARTICIPATIVA

Um dos aspectos centrais das intervenções de DO e QVT é a ideia de participação nos processos de solução de problemas e tomada de decisões na organização. O raciocínio que baseia essa abordagem é que a participação pode aumentar o conhecimento sobre as atividades organizacionais, a sensação de controle pessoal e confiança por parte da gerência, as percepções de satisfação do trabalho e compromisso com a organização, o desempenho e a aceitação das mudanças organizacionais.[27] O efeito, contudo, é um pouco ambíguo. De fato, ainda que alguns estudos tenham indicado que uma participação maior reforça os sentimentos positivos do trabalhador em relação ao trabalho e às organizações, outros concluíram que a participação só apresenta esses efeitos quando for percebida como legítima pelos envolvidos, adequada à situação específica e apoiada pela alta gerência.[28] Assim, ainda que a gerência participativa tenha se tornado progressivamente mais popular ao longo das últimas duas décadas, ainda há discussão sobre quando ela é mais apropriada.

Alguns teóricos defendem que a participação tem implicações morais. Sashkin, por exemplo, argumenta que como a participação satisfaz certas necessidades no trabalho (veja o Capítulo 3) e, quando bem desenvolvida e implementada, pode aumentar a produtividade da organização entre 10% e 50%, para os gerentes é "eticamente imperioso" trabalhar de modo aberto e participativo.[29] Nesse contexto, a participação é vista como muito mais que simplesmente outra ferramenta gerencial. Ainda que possa haver condições sob as quais a gerência participativa não vá funcionar, os gerentes têm a obrigação básica de criar condições que levem à gerência participativa. Outros pesquisadores, entretanto, veem a gerência participativa como uma técnica que só deve ser aplicada em certas situações.[30] A participação deve ser usada para: (1) permitir que indivíduos competentes contribuam para uma decisão; (2) tratar de abordagens ou pontos de vista conflitantes; ou (3) obter novas fontes de conhecimento e experiência. As decisões autoritativas, por sua vez, são preferíveis quando: (1) uma pessoa tem claramente mais conhecimento que as outras; (2) há pouco, ou não há, tempo para discussão; e (3) as pessoas preferem e são capazes de trabalhar sozinhas.

A questão de até onde os membros da organização devem ser envolvidos nas decisões da organização, e outras relacionadas ao trabalho, também foi analisada no que refere-se à interdependência do fluxo de trabalho e da estabilidade do ambiente. Segundo Lawler, a gerência participativa (chamada abordagem de envolvimento) tem maior probabilidade de ser eficaz quando: (1) há um grande nível de interdependência entre cargos diferentes; e (2) o ambiente da organização é dinâmico.[31] Assim, como mostra a Figura 11.2, o modelo de envolvimento de um funcionário é mais adequado a trabalhos de tecnologia complexa (grande interdependência, ambiente dinâmico), ao passo que as abordagens mais tradicionais de controle gerencial e obediência são mais eficazes com trabalhos simples e repetitivos (pouca interdependência, ambiente estável).

Desse modo, é importante não assumir uma visão exageradamente simplista do efeito da participação nos resultados no que refere-se a atitude (por exemplo, satisfação do trabalho) e trabalho (por exemplo, produtividade). Abordagens de "bombardeio" ou tentativas de utilizar a participação como uma panaceia para todos os problemas organizacionais não são maneiras eficazes de abordar essas dificuldades.[32] De fato, ainda que haja vários benefícios em ter a participação no local de trabalho, desde uma maior disposição para aceitar a mudança e um bom

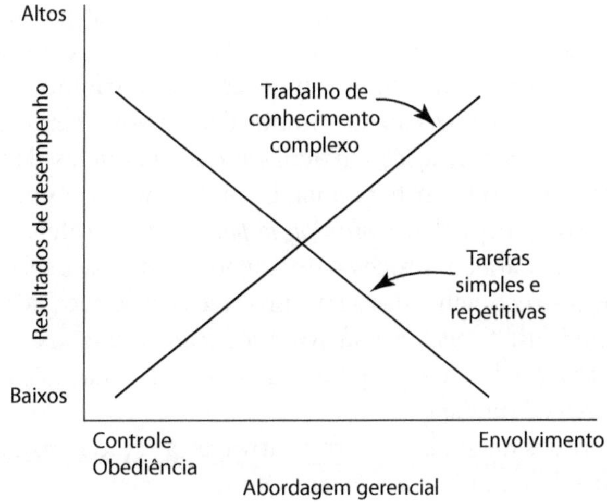

Figura 11.2 Eficácia das abordagens gerenciais no desempenho.

Fonte: Reproduzido com permissão de E. E. Lawler III. "Transformation from Control to Involvement". In: R. H. Kilmann, T. J. Covin & Associates. *Corporate Transformation: Revitalizing Organizations for a Competitive World* (San Francisco: Jossey-Bass, 1988), p. 54.

trabalho de equipe a uma melhor qualidade das decisões gerenciais e um maior compromisso com a organização por parte dos empregados, há diversas barreiras que precisam ser vencidas (veja a Tabela 11.1).

Tabela 11.1 Barreiras aos programas de gerência participativa

Barreiras da organização
- Organizações tradicionalistas
- Valores e filosofia autoritários
- Estruturas organizacionais burocráticas, excessivamente rígidas
- Falta de clima de apoio
- Falta de sistema de recompensas que encoraje a participação

Barreiras dos gerentes
- Hábitos gerenciais
- Mau entendimento da gerência participativa
- Suposições baseadas na Teoria X
- Percepções de insegurança em posições gerenciais
- Medo de perda de poder, falta de disciplina, pouca visibilidade, trabalho que não será concluído e assim por diante

Barreiras dos subordinados
- Falta de entendimento da gerência participativa
- Percepção de falta de competência
- Falta de vontade de participar
- Falta de conhecimento
- Falta de conscientização das expectativas quanto à participação
- Medo de falhar, de ter seu cargo eliminado, de ter de trabalhar mais, de sanções do grupo

Barreiras da situação
- Limitações de tarefa
- Limitações de tempo
- Influências externas, tais como ameaça à vantagem competitiva e a valores culturais, bem como leis e regulamentos que exijam obediência imediata

Fonte: William P. Anthony, *Participative Management*, Copyright © 1978 by Addison-Wesley, Reading, Massachussets, p. 48, Fig. 3.1 (versão adaptada).

A noção de *gerência participativa* frequentemente é vista por supervisores como uma "perda do controle" dos gerentes para os subordinados. Ela não deve ser considerada em termos tão absolutos. A participação nesse sentido *não* implica necessariamente participação plena, tomando todas as decisões da organização. O enfoque é no envolvimento das pessoas no *processo* de tomada de decisões da organização, particularmente naquelas decisões que os afetem pessoalmente.[33] Por exemplo, pode ser feita uma distinção entre a comunicação participativa e a tomada de decisão participativa.[34] A *comunicação participativa* refere se à oportunidade de contribuir com informações para um processo de tomada de decisão, seja sobre dado problema ou sobre como as soluções recomendadas serão provavelmente recebidas e qual será a forma mais eficaz de implementá-las. A *tomada de decisão participativa*, por sua vez, significa compartilhar o diagnóstico, a análise, o desenvolvimento e a escolha da solução para a implementação e administração do processo de mudança.

No contexto dos esforços de gerência participativa, esta seção enfocará duas abordagens: a consolidação do espírito de equipe (*team building*) que procura desenvolver uma base sólida para a participação entre os membros do grupo e os círculos de qualidade.

Gerência por objetivos

A gerência por objetivos (GPO) é um processo pelo qual membros da organização trabalham em conjunto para identificar metas e objetivos comuns e coordenar seus esforços para atingi-los. Desenvolvida inicialmente na década de 1950,[35] a GPO teve seu apogeu da moda durante a década de 1950 e início dos anos 1970, tendo caído em descrédito nos meios gerenciais da década de 1980. Entretanto, como foi demonstrado pela maioria das pesquisas, é a forma habitual de implementar a GPO que cria problemas, e não a ideia da GPO em si.[36]

Em um programa GPO, chefe e subordinado tentam chegar a um consenso sobre: (1) as metas que o subordinado vai tentar cumprir em certo período; (2) os meios que ele utilizará para atingir essas metas; e (3) como o progresso na direção dessas metas será medido e avaliado. Um fator básico desse método é o grau em que, durante o processo, há verdadeira participação: *envolvimento mútuo*.[37] No entanto, em muitos casos, os membros da organização são levados a acreditar que terão uma participação significativa na determinação de suas metas e objetivos, e depois descobrem que são forçados a aceitar as metas que seus chefes impõem. De fato, muitas pessoas frequentemente se sentem pressionadas a aceitar objetivos que realmente acham irreais ou indesejáveis.[38] Quando isso ocorre, o resultado geralmente é caracterizado por desconfiança, compromisso menor e afastamento, em vez de resultados positivos como melhor comunicação, maior participação, melhores desempenho e administração do tempo, e critérios objetivos aperfeiçoados para a avaliação de desempenho. Na verdade, muitos sistemas de GPO degeneram para pouco mais que simples rituais burocráticos, que não são apoiados nem levados a sério pela organização e sua gerência.[39]

Se tiver de ser bem-sucedida, a GPO deve ser caracterizada por: (1) uma troca ativa entre chefes e subordinados; (2) um alto nível de comunicação face a face; (3) apoio e envolvimento da alta direção; (4) flexibilidade no estabelecimento de metas; (5) atenção a detalhes de implementação (por exemplo, comunicação de sua importância, treinamento sobre a GPO, um prazo suficiente, acompanhamento); (6) um alto grau de ajuste com as necessidades específicas da organização; e (7) cultura e clima organizacionais que apoiem a abertura e participação.[40] Entretanto, a maioria das abordagens tradicionais à GPO é insuficiente para as exigências do ambiente altamente competitivo da atualidade.[41]

O programa típico de GPO conta com muito pouco apoio e envolvimento da direção, tem impacto apenas sobre uma pequena parte do cargo de um funcionário, determina, em vez de consensar, os objetivos de um indivíduo e tem uma tênue ligação com a avaliação de desempenho. Consequentemente, os esforços de GPO muitas vezes prejudicam o desempenho geral no trabalho, em detrimento tanto da organização como do indivíduo. Entretanto, com a continuidade da evolução da ideia básica da GPO, ela tem potencial para tornar parte de um sistema gerencial mais participativo e abrangente, que integre planejamento, estabelecimento de metas, padrões de desempenho gerencial, orçamento, cultura e clima organizacional, avaliação de desempenho e remuneração em uma abordagem unificada à gerência.

Consolidação do espírito de equipe (*team building*)

Um dos componentes essenciais da gerência participativa é fazer que os empregados colaborem e trabalhem juntos em diversos projetos da organização. Mesmo que ainda existam muitos cargos nas empresas atuais que podem ser desempenhados de modo mais eficiente e eficaz por uma única pessoa, um aspecto básico da vida organizacional moderna é que há menos tarefas integralmente desempenhadas por uma pessoa sozinha. Mais comumente, equipes (grupos de trabalho compostos por duas ou mais pessoas que precisem se coordenar reciprocamente para realizar a tarefa) são solicitadas a suprir diversas necessidades da organização.[42]

As equipes de trabalho podem ser caracterizadas de diversas formas: (1) grupos que envolvam pessoas com metas organizacionais comuns; (2) grupos subordinados ao mesmo indivíduo ou supervisor; (3) grupos formados em base temporária para realizar uma tarefa específica, porém limitada; (4) grupos constituídos por pessoas cujos trabalhos sejam interdependentes, e, finalmente, (5) grupos cujos integrantes não tenham qualquer ligação formal na organização, mas cujo objetivo global seja realizar tarefas que não possam ser conseguidas individualmente.[43] Sejam eles formais ou informais, permanentes ou temporários, esses grupos de trabalho precisam ser capazes de funcionar em conjunto de maneira eficiente e eficaz. Um caminho para facilitar a colaboração e a cooperação entre os membros de um grupo é mediante a *consolidação do espírito de equipe* (*team building*), um processo por meio do qual um grupo de pessoas analisa e avalia suas interações com o intuito de melhorar o processo pelo qual seus integrantes trabalham em conjunto.

Há duas suposições básicas nas intervenções de espírito de equipe. Como foi mostrado no Capítulo 6, há algumas funções essenciais que precisam ser cumpridas, caso os grupos precisem sobreviver e manter sua eficácia ao longo do tempo. Primeiro, se uma equipe tiver de ser eficaz e produtiva, seus membros deverão coordenar seus esforços na direção de metas de trabalho mutuamente aceitáveis (atividades de tarefa). Segundo, as necessidades sociais e emocionais dos membros do grupo também terão de ser atendidas (atividades de manutenção). Se essas necessidades socioemocionais não forem satisfeitas, por exemplo sendo negligenciadas ou sacrificadas em nome da produtividade, a eficácia e a sobrevivência do grupo ao tempo estarão ameaçadas. Sendo assim, é importante considerar tanto o *conteúdo* do trabalho do grupo como o *processo* por meio do qual esse conteúdo é realizado[44] (veja a explicação sobre a consultoria de processos anteriormente neste capítulo). Para assegurar que a consolidação do espírito de equipe não se torne um objetivo fútil, é importante desenvolver metas que proporcionem direção para análise e discussão.

Beckhard desenvolveu uma classificação de quatro *categorias principais de metas* dos objetivos essenciais das atividades de consolidação do espírito de grupo, sendo que cada uma delas deve ser vista da perspectiva do líder da equipe, dos membros individuais, de terceiros (ou do agente de mudança) e dos resultados possíveis:[45]

1. Estabelecer diversas metas e/ou prioridades para o grupo.
2. Analisar ou alocar a maneira como o trabalho é realizado.

3. Examinar o modo como um grupo trabalha (seus processos, como normas, tomada de decisões e padrões de comunicação).
4. Examinar as relações entre as pessoas que estão efetivamente realizando o trabalho.

Ainda que todos esses propósitos ocorram normalmente em um trabalho de espírito de equipe, é importante identificar o objetivo principal da intervenção. A menos que isso seja feito, haverá tendência a uma dispersão da energia do grupo. Correspondentemente, há algumas condições que podem servir de diretrizes para a consolidação eficaz do espírito de equipe:[46]

1. A meta principal da consolidação do espírito de equipe precisa ser explicitada e bem articulada para os integrantes do grupo.
2. O líder do grupo precisa perceber a *posse* da meta principal e esta precisa ser plenamente *compreendida* (e comprovadamente pactuada) pelos membros do grupo.
3. Os agentes de mudança externos devem trabalhar no objetivo primário definido pelo líder, que estabelece a agenda da sessão.
4. Se forem utilizados agentes de mudança para trabalhar com a equipe, eles deverão auxiliar o líder em definir e compartilhar o objetivo primário da intervenção tão explicitamente quanto for possível.

Em resumo, o espírito de equipe é obtido por um processo no qual os integrantes do grupo podem (1) desenvolver uma compreensão da natureza da dinâmica do grupo e do trabalho eficaz em equipe com ênfase especial na relação entre processo e conteúdo, e (2) aprender a aplicar diversos princípios e habilidades de processos grupais para maior eficácia da equipe.[47] Como os esforços de espírito de equipe geralmente são feitos sob medida para os problemas ou as necessidades de um grupo específico, pesquisas têm indicado que o espírito de equipe é frequentemente uma intervenção produtiva e satisfatória.[48] Entretanto, as conclusões geradas por essas pesquisas são baseadas principalmente nas atitudes e emoções dos membros do grupo, e não em dados explícitos que demonstrem que o grupo de fato se tornou mais eficaz. Além disso, o processo de consolidação do espírito de equipe não ocorre no vácuo; assim, é pouco provável que seja aplicado em situações extremas de falta de confiança, em que poderia mostrar alguns dos benefícios mais significativos. Finalmente, ainda que a consolidação do espírito de equipe seja uma das intervenções de DO mais poderosas e penetrantes,[49] geralmente é colocada em meio a outras intervenções ou esforços de mudança organizacional como a introdução dos círculos de qualidade.

Círculos de qualidade

Uma abordagem "redescoberta" de grupo de trabalho que se baseia no conceito de gerência participativa é o *círculo de controle de qualidade*, mais comumente chamado *círculo de qualidade*, um programa especificamente dirigido à melhoria da qualidade dos produtos ou serviços, mediante do compromisso dos empregados. Círculo de qualidade (CQ) é um grupo de cerca de dez trabalhadores relativamente autônomos, que se oferecem voluntariamente para reunir durante mais ou menos uma hora a cada mês, sob a liderança de seu supervisor. Durante essas reuniões, que são normalmente realizadas após o horário normal de trabalho e pelas quais os trabalhadores recebem horas extras, as discussões enfocam maneiras de melhorar a qualidade dos produtos (ou serviços), o processo produtivo em sua parte da organização e seu ambiente de trabalho. Os objetivos no longo prazo dos CQs são: (1) criar senso de responsabilidade pela melhoria da qualidade do produto; (2) gerar preocupação com a produtividade e os custos de produção; (3) aumentar a motivação dos empregados; e (4) desenvolver talentos de supervisão e gerência. A meta moral mais imediata, em contrapartida, é simplesmente a de incentivar a troca de ideias que não seja inibida por barreiras como posição hierárquica ou idade.[50]

Os círculos de qualidade foram utilizados com sucesso pela primeira vez no Japão, no início da década de 1960. É interessante observar que os CQs foram inicialmente experimentados e rejeitados nos Estados Unidos na década de 1950. O conceito básico dos CQs foi introduzido no Japão por três norte-americanos, Edward Deming e Joseph Juran da Universidade de New York, e A. V. Feigenbaum da General Electric, e foi refinado e desenvolvido por Kaoru Ishikawa, sob patrocínio do Sindicato Japonês de Cientistas e Engenheiros (JUSE).[51] Desde aquela época, o conceito se tornou tão difundido no Japão que se estima que haja atualmente mais de um milhão de CQs funcionando em organizações japonesas, envolvendo mais de dez milhões de trabalhadores.[52] A popularidade dessa técnica de gerência participativa levou à sua reintrodução nos Estados Unidos, com resultados iniciais promissores. Diversas empresas norte-americanas, mais notavelmente Lockheed Industries, Honeywell, Westinghouse, Bank of America, Polaroid Corporation e centenas de outras iniciaram o processo de CQ. Segundo uma pesquisa de 1982, havia cerca de 6.300 locais nos Estados Unidos com círculos de qualidade. Ainda que a abordagem tivesse sido inicialmente aplicada em ambientes industriais e manufatureiros no Japão, nos Estados Unidos houve grande interesse por parte de hospitais, bancos, organizações de prestação de serviços de contabilidade, engenharia e várias outras.[53]

O conceito infundido nos círculos de qualidade é que, dando-se treinamento adequado, os trabalhadores serão capazes de descobrir e corrigir problemas de qualidade anteriores. Assim, em vez de deixar o controle de qualidade a cargo de engenheiros de controle de qualidade, essa preocupação passa a ser também da responsabilidade de todos os funcionários. Ainda que o conceito seja absurdamente simples, sua aplicação eficaz já não é. Infelizmente, a aparente simplicidade levou a um abuso da técnica como uma panaceia para todos os problemas relacionados aos operários e à qualidade. Como consequência, há um ceticismo crescente quanto ao uso desses grupos de trabalho, tanto por parte das equipes de gerentes como dos grupos sindicais.[54]

Técnicas básicas dos círculos de qualidade Um requisito básico para círculos de qualidade eficazes é o treinamento de seus integrantes. Ainda que os membros do círculo não devam ser sobrecarregados com esquemas teóricos e conceituais, há algumas ferramentas básicas usadas pelos CQs cuja compreensão pelos participantes é de grande importância.[55]

1. Aplica-se o *brainstorming* para identificar áreas problemáticas, ainda que essas se encontrem fora do controle dos membros do círculo.
2. Usa-se um *checklist* para anotar problemas na área de influência do círculo e que ocorram em uma certa escala de tempo.
3. O *gráfico de Pareto* (*80/20*) fornece uma ilustração dos dados do *checklist*, para identificar os problemas mais graves, em outras palavras os 20% dos problemas que causam 80% dos grandes erros.
4. O *diagrama de causa – efeito* demonstra graficamente as causas de um problema específico.
5. Os *histogramas* ou gráficos de barras ilustram a frequência e a magnitude de problemas específicos.
6. Os *gráficos* identificam a localização dos principais defeitos, por meio de pontos nas figuras dos produtos, assim distinguindo nuvens densas de pontos (áreas mais problemáticas).
7. Os *gráficos de controle* acompanham os processos de produção e os comparam com as amostras de produção.

8. *A estratificação*, que geralmente é obtida pela inspeção dos mesmos produtos vindos de áreas de produção diferentes, tornando aleatório o processo.

Considerando-se a natureza dessas diversas técnicas, é importante que os membros do círculo estejam adequadamente versados nas técnicas matemáticas e estatísticas necessárias para uma análise eficaz.

Elementos principais de programas de CQs bem-sucedidos Como já apresentado ao longo deste livro, há algumas questões básicas comuns a todos os esforços de mudança organizacional eficazes e ineficazes. Mesmo assim, algumas medidas organizacionais que parecem apresentar sucesso em um ambiente específico podem não funcionar necessariamente em outra área aparentemente similar. De fato, todo o campo do desenvolvimento organizacional procura responder a perguntas relacionadas ao que pode ser chamado "efeito de transplante". Isso também vale para os CQs, que parecem funcionar em algumas empresas, mas não em outras. Há, entretanto, alguns elementos-chave diretamente relacionados aos conhecimentos das ciências comportamentais que os programas de CQ coroados de êxito têm em comum:[56]

1. Os CQs são utilizados como método de desenvolvimento dos funcionários. Como um dos propósitos essenciais desses grupos é fomentar o crescimento e desenvolvimento dos funcionários, a gerência não deve "usar" os círculos para dar andamento a seus projetos ou ideias pessoais. Os membros do círculo devem identificar, escolher e resolver problemas levando-se em conta suas áreas de especialização e enfocar projetos relacionados a seus cargos e responsabilidades reais.
2. A alta gerência se encontra disposta a apoiar, encorajar e escutar as recomendações do círculo. Além disso, é preciso dar o devido reconhecimento pelas ideias geradas pelas discussões e análises dele. Uma das maneiras mais rápidas de minar a confiança necessária aos CQs é o gerente tentar manipular membros do círculo ou buscar o crédito pelas melhorias alcançadas pelo círculo.
3. A afiliação deve ser voluntária. O próprio círculo vai lidar com a afiliação e a eficácia de seus integrantes no modo como as normas do grupo e pressões dos colegas afetarem os comportamentos dos outros em situações de grupo.
4. Informações compartilhadas são críticas ao sucesso no longo prazo dos CQs. Os membros deverão dispor de dados fatuais (tais como informações de garantia, produção e nível de perdas, em um ambiente fabril) se tiverem de efetivamente resolver problemas organizacionais. Frequentemente essas informações não se encontram disponíveis em termo oportuno ou em uma forma utilizável pelos trabalhadores.
5. Os líderes e os facilitadores de círculos precisam ser cuidadosamente escolhidos, bem treinados e ter credibilidade com os membros dos círculos. Os CQs não funcionam por si; eles precisam ser revitalizados e apoiados por facilitadores que treinam os membros dos CQs, coordenam as atividades dos círculos e ajudam em trabalhos intercirculares. Como parte desse processo, é preciso encorajar a participação, a criatividade e o trabalho de equipe.
6. Desenvolve-se um cronograma no longo prazo. As equipes de gerência precisam ser pacientes, pois os CQs não significam uma mudança de um dia para outro.
7. Finalmente, é preciso bastante treinamento para os membros dos círculos. Eles devem ser capazes de utilizar análises estatísticas e de engenharia industrial, ter consciência suficiente da dinâmica de grupo para poder realizar *brainstorms* eficazes. No mínimo, os líderes de círculos devem ser hábeis em processos participativos de grupo, caso contrário

é provável que se tenha palestras sobre melhoria da qualidade em vez de reuniões de solução de problemas.

Os gerentes japoneses costumam deixar bem claro que é preciso uma extensa preparação para a implementação eficaz de um círculo de qualidade. Pesquisas sugerem que cerca de um terço dos CQs no Japão funcionam muito bem, um outro terço não faz qualquer contribuição significativa.[57] Particularmente no caso em que houver suspeitas sobre os motivos da gerência ou ceticismo por parte dos gerentes quanto ao potencial desses círculos, é preciso desenvolver uma perfeita compreensão das estruturas, processos e técnicas dos CQs, para que eles tenham alguma probabilidade de sucesso. Ainda que os CQs possam ser um começo ideal para o estabelecimento de uma verdadeira base para a gerência participativa, a pesquisa sugere que não são necessariamente o melhor ponto para começar, além de não levarem automaticamente a outras formas de desenvolvimento dos empregados.[58] Se forem simplesmente enxertados em estruturas gerenciais tradicionais, em empresas norte-americanas, a probabilidade de sucesso será mínima. É preciso desenvolver e cuidar do clima de apoio e da dinâmica técnica, cultural e política para efetuar essa mudança (veja o Capítulo 10). Como relatado no início deste capítulo, a gerência norte-americana tem tendência a abusar de novas técnicas, as quais depois caem em desuso. Resta verificar se os círculos de qualidade seguirão ou não o caminho do treinamento de sensibilidade, grupos de confronto e outros modismos técnicos.

REESTRUTURAÇÃO DO TRABALHO

A estruturação ou reformulação do trabalho refere-se a qualquer conjunto de atividades que envolvam a alteração de cargos específicos ou sistemas independentes de cargos, no intuito de melhorar a qualidade da experiência e a produtividade do funcionário no cargo.[59] Enfocam-se os aspectos técnicos, sociais e estruturais do trabalho e o seu efeito no trabalhador como indivíduo. Como mostraremos nesta seção, o conceito de reformulação do trabalho é bem amplo e inclui uma variedade de mudanças e estratégias de mudança, tais como rotação de cargos, enriquecimento de cargos e a criação de módulos de trabalho. Como sugerido por essa variedade de intervenções possíveis, não há critérios simples ou universalmente aceitos para um cargo "bem projetado", nem há qualquer estratégia específica que seja reconhecida como método adequado para o melhoramento de um cargo. Em vez disso, como já visto no Capítulo 1 sobre a teoria contingencial, o que pode ser uma fórmula de cargo apropriada para uma situação organizacional, pode não ser necessariamente a mais adequada para outra organização. Como a formulação do cargo é afetada por fatores como tecnologia, condições de trabalho, envolvimento sindical, atitudes dos funcionários, diferenças individuais entre trabalhadores (por exemplo, idade, instrução, necessidades), estilo gerencial e assim por diante, é preciso ter uma perspectiva situacional ampla ao reformular cargos. De fato, atualmente, para reformulação do trabalho é essencial tanto criatividade como ciência.[60]

O modelo de características de cargos

O esquema mais conhecido e completo para a conceituação dos diversos aspectos dos cargos é o *modelo de características de cargos*. Essa teoria identifica cinco características básicas ou dimensões centrais dos cargos que devem ser consideradas na tentativa de reformular o trabalho:[61]

1. *Variedade de habilidades*: o grau em que certo cargo requer atividades diferentes que necessitem de habilidades ou talentos diversos do trabalhador.

2. *Identidade da tarefa*: o grau em que certa escala oferece a sensação de "conclusão": o término de um trabalho completo e identificável.
3. *Significado da tarefa*: o grau em que um cargo tem impacto perceptível nos outros, seja na organização ou no ambiente externo.
4. *Autonomia*: o grau em que um cargo dá a seu ocupante independência, liberdade e discernimento na programação das tarefas e nos procedimentos adotados para sua execução.
5. Feedback: o grau em que os trabalhadores recebem *feedback* claro e direto sobre a eficácia, qualidade e quantidade de seu desempenho no trabalho.

Afirma-se que essas dimensões centrais influenciam três estados psicológicos críticos dos empregados: (1) *reconhecimento do trabalho*, que é afetado pelos graus de variedade de habilidades, identidade da tarefa e seu significado; (2) *senso de responsabilidade pelos resultados do trabalho*, que é influenciada pela quantidade de autonomia no trabalho; e (3) o conhecimento do resultado efetivo do trabalho, que é função do *feedback*. Esses estados psicológicos, por sua vez, são manifestados por meio de resultados específicos em nível pessoal e do trabalho. Teoricamente, diz-se que altos níveis desses estados psicológicos críticos levam a resultados favoráveis, tais como grande motivação, desempenho de alta qualidade, alto nível de satisfação do trabalho e absenteísmo e rotatividade baixos (veja a Figura 11.3).

$$\text{Pontuação de Potencial Motivacional (PPM)} = \left(\frac{\text{Variedade de habilidade} + \text{Identidade da tarefa} + \text{Significado do trabalho}}{3} \right) \times \text{Autonomia} \times \textit{Feedback}$$

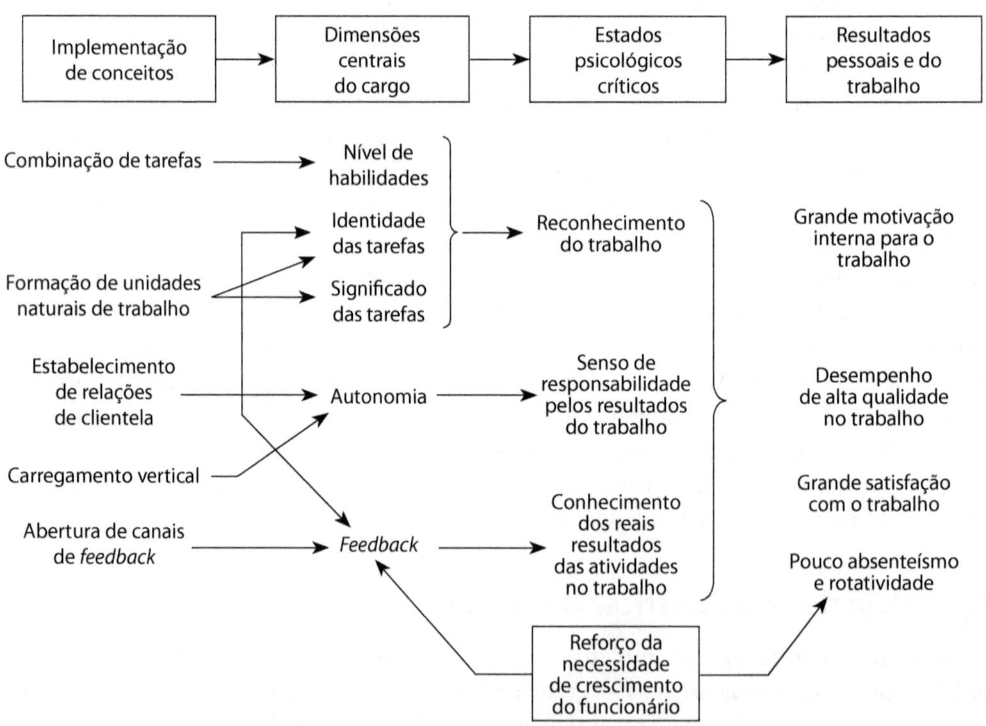

Figura 11.3 O modelo das características do cargo.

Fonte: J. R. Hackman, G. Oldham, R. Janson e K. Purdy, "A new Strategy for Job Enrichment". Copyright 1975 pelos regentes da University of California. Reproduzido de *California Management Review*, v. XVII, n. 4, p. 62.

Levando-se em conta o modelo de características do cargo, o potencial de motivação de um cargo específico pode ser calculado do seguinte modo:[62]

Cargos de alto potencial motivacional precisam ter nível alto, ao menos em um dos fatores que influenciam o significado sentido, além de altos graus de autonomia e *feedback*. Uma pontuação baixa em qualquer um dos componentes principais teria consequências negativas para o potencial geral de motivação do cargo.

Esse modelo pode ser aplicado como ferramenta de diagnóstico por meio da Pesquisa de Diagnóstico de Cargo, um questionário autoadministrado que mede o nível até o qual certo cargo atende às dimensões especificadas no esquema, segundo a percepção dos próprios trabalhadores.[63] Essa pesquisa pode ser aplicada para: (1) diagnosticar os cargos existentes *antes* da reestruturação planejada; e (2) avaliar os efeitos de intervenções de reestruturação do trabalho. Nessa pesquisa, o modelo pode ser aplicado ao analisar cinco questões básicas:[64]

1. *A motivação e a satisfação são realmente problemáticas?* Como o verdadeiro problema com o desempenho no trabalho pode ser devido a fatores extrínsecos à formulação do cargo (como o equipamento utilizado ou a tecnologia do cargo), é importante examinar os níveis de motivação e satisfação antes de tentar reformular o cargo.
2. *O cargo tem potencial motivador baixo?* Com base na fórmula PPM anterior, é preciso analisar o potencial motivacional de um cargo: se for baixo, o agente de mudança passa à questão 3, se o potencial for alto, examina-se outros fatores que possam levar a problemas motivacionais (por exemplo, o tipo de supervisão, o sistema de remuneração etc.).
3. *Quais aspectos específicos do cargo estão causando os problemas?* Essa fase examina as cinco dimensões centrais do cargo, apontando pontos fortes e fracos do cargo como é atualmente.
4. *Até que ponto os funcionários estão preparados para a mudança?* A pesquisa ajuda a identificar a força da necessidade de crescimento (a intensidade relativa das necessidades de um indivíduo por crescimento e o desenvolvimento por pessoa) dos funcionários, que deve ser levada em consideração antes da reformulação de cargos. Empregados com grande necessidade de crescimento tendem a reagir de modo mais favorável a tentativas de reestruturação do trabalho se comparados àqueles com necessidade menos intensa.
5. *Quais problemas* e *necessidades especiais ocorrem no sistema de trabalho atual?* Antes de partir para mudanças reais nos cargos, a unidade organizacional maior deve ser analisada quanto a barreiras potenciais, obstáculos especiais ou oportunidades que precisem ser aproveitadas ou incorporadas ao programa de mudança.

Uma teoria integrada do projeto de cargos

Ainda que o modelo de características do cargo e seu esquema de aplicação estejam em teste, as descobertas iniciais apoiaram moderadamente a teoria. Mesmo que os componentes críticos do estado psicológico tenham recebido uma confirmação relativamente limitada, a maior parte das pesquisas posteriores definitivamente sustentou a ligação entre as dimensões centrais do cargo e os resultados pessoais e profissionais.[65] Um dos problemas com essa abordagem é que, ainda que a *percepção* do ocupante do cargo em relação a seu trabalho seja um fator importante na determinação de como o trabalho é percebido, fatores externos, como influências sociais, que não são incorporadas ao modelo, podem ter a mesma influência. Parte do motivo pelo qual as pessoas podem considerar um trabalho monótono ou pouco interessante, por exemplo, pode ser um componente de uma profecia autocumprida (veja o Capítulo 4). Se tiverem dito a essas pessoas que um cargo não é muito desafiante ou se eles tiverem se baseado em expectativas pouco promissoras sobre o cargo, que evoluíram com o tempo, poderão desenvolver o que acham que sejam aspirações mais nobres. Como resultado, o cargo seria percebido como algo incapaz de atender às suas necessidades ou como algo que não estejam interessados em ir atrás.

Levando-se em conta a importância potencial desses fatores externos, foi desenvolvida uma alternativa ao modelo de características do cargo: a *abordagem de processamento de informações sociais.*[66] Ela considera explicitamente como as características individuais e os fatores sociais, tanto separadamente como em conjunto, podem afetar as percepções e atitudes em relação ao cargo. Assim, ainda que a abordagem de características do cargo se concentre principalmente nas percepções relacionadas às tarefas, esse modelo alternativo toma uma visão mais ampla dessas atitudes relativas às tarefas que incluem um componente social. Entretanto, nenhum modelo considera o papel do *tempo*.[67] Por exemplo, não fica claro se as mudanças feitas em determinado cargo continuarão a torná-lo mais interessante e desafiante ao longo do tempo. Talvez depois que as novas exigências do cargo se tornarem rotinizadas, um cargo que era visto como desafiante passe a ser visto como monótono. Em face dessas considerações, foi proposto um modelo integrado de tarefas, um tanto complexo, que combina diversas variáveis antecedentes, mediadoras, de resultados internos e externos (veja a Figura 11.4).[68]

Essa estrutura sugere que o modo como são percebidas as dinâmicas relacionadas à tarefa, ao cargo e ao papel, é afetada por fatores antecedentes como: (1) propriedades objetivas da tarefa; (2) o ambiente físico do cargo (por exemplo, contexto do cargo-papel); (3) as características e atributos individuais que uma pessoa traz para o trabalho; e (4) o ambiente social mais amplo do cargo. Os fatores que podem mediar as atitudes e as percepções de uma pessoa incluem: (1) as razões (instrumentais) por que o indivíduo trabalha (por exemplo, dinheiro, prazer, reconhecimento); (2) as comparações inevitáveis sobre a remuneração, que são feitas por pessoas que executam trabalhos semelhantes; e (3) diversas considerações contextuais, como a forma de conduzir a avaliação de desempenho, o *status* do trabalho, o tipo de supervisão e assim por diante. Levando-se em conta esses fatores, o modelo sugere que é possível inferir diversos estados internos interagindo (por exemplo, impressões cognitivas do cargo, tendências específicas e gerais de satisfação, propensões comportamentais) com base nos estados externos observados (por exemplo, expressões e comportamentos reais em relação ao cargo).

Ainda que o modelo integrado de projeto de cargo ofereça uma combinação bem equilibrada dos diversos focos de pesquisa nessa área, há uma limitação decorrente da complexidade do processo, particularmente em relação a sua atratividade para os profissionais. Como o modelo acaba de ser desenvolvido, é evidente que será preciso testar empiricamente sua estrutura antes de chegar a quaisquer conclusões claras. A variedade de questões e considerações, contudo, traz uma série de preocupações quanto às diversas formas de implementação dos esforços de reestruturação do trabalho.

Implementação da reestruturação do trabalho

Como já vimos, há diversas abordagens à reestruturação ou reformulação do trabalho. Algumas dessas intervenções envolvem a reestruturação do trabalho de um grupo de empregados e não simplesmente de cargos ocupados por pessoas, como em grupos de trabalho integrado, grupos de trabalho semiautônomos e círculos de qualidade.[69] Esta seção, contudo, vai enfocar apenas três estratégias para a reformulação do trabalho em nível individual: rotação, ampliação e enriquecimento de cargos.

Rotação de cargos Em sua essência, a rotação de cargos consiste em mudar as pessoas de cargo regularmente. Quando certa atividade não mais constituir um desafio para o empregado,

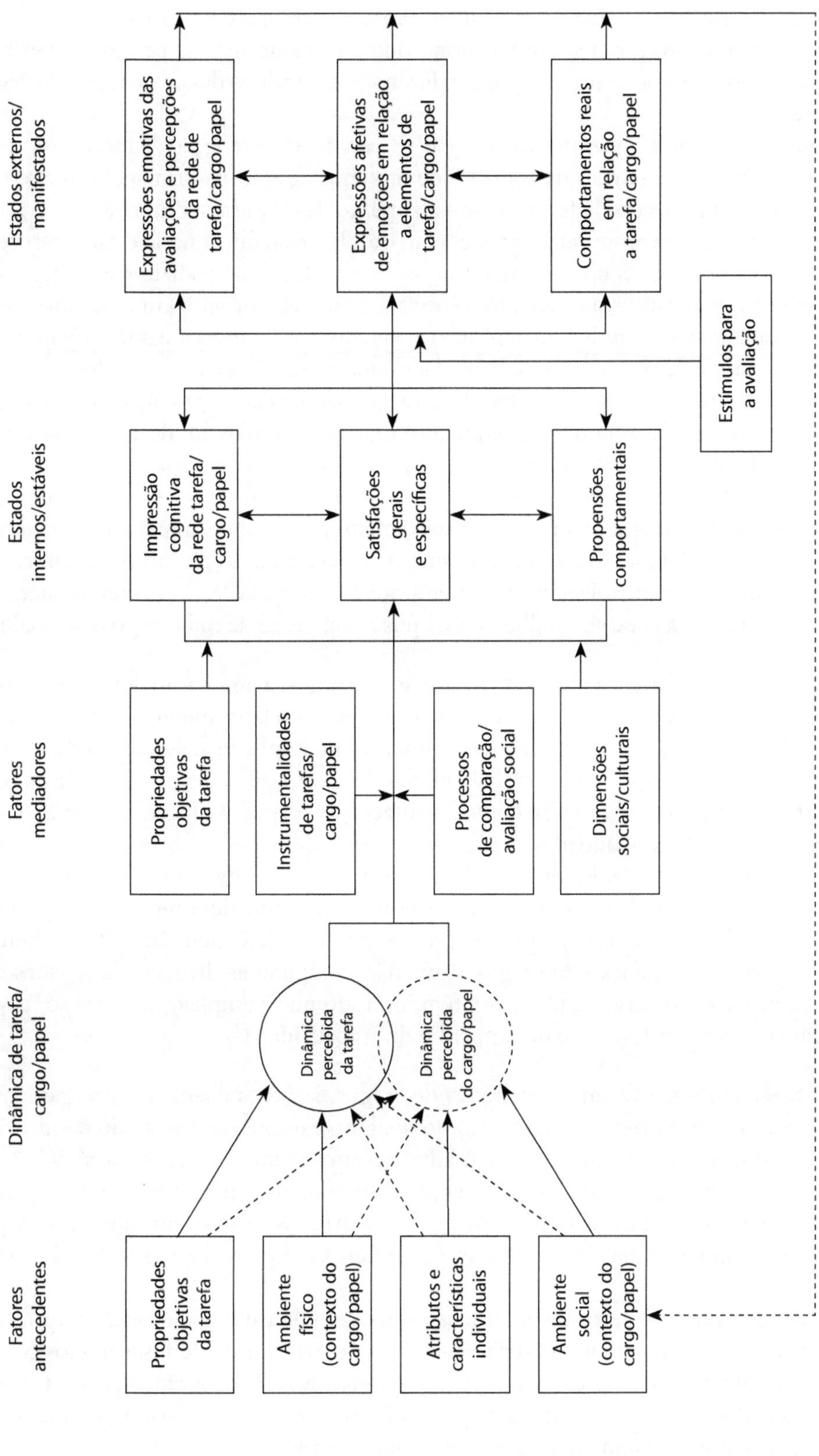

Figura 11.4 Um modelo integrado de projeto de tarefa.

Fonte: Reproduzido de R. W. Griffin, "Toward an Integrated Theory of Task Design". In: L. L. Cummings e B. M. Staw, (Eds.). *Research in Organizational Behavior*, v. 9, Greenwich, CT: JAI Press, p. 111.

ele será deslocado para outro cargo, no mesmo nível hierárquico, mas que exija habilidades diferentes. O raciocínio é que essa variedade vai melhorar a motivação e o moral, e o resultado subsequente será melhor que em cargos nos quais não haja variedade na demanda de habilidades. Ainda que certo cargo possa se tornar monótono e maçante se uma pessoa for permanecer nele muito tempo, isso pode ser minimizado fazendo-se o rodízio das pessoas por diversos cargos diferentes.[70]

Mesmo que um dos aspectos positivos da rotação de cargos seja a redução da monotonia por meio da diversificação das exigências de trabalho de um empregado, sua principal vantagem é diretamente relacionada às necessidades de desenvolvimento de carreira, tanto para o indivíduo como para a organização. Para proporcionar testes reais de talento ao funcionário e para oferecer-lhe uma ampla gama de experiências, as organizações podem fazer um rodízio sistemático das pessoas por meio de novos cargos ou trabalhos especiais. Isso pode ser feito em bases formais e informais, com a vantagem de o indivíduo aprender mais sobre as diversas áreas da organização e desenvolver uma variedade mais ampla de habilidades que a organização possa utilizar.[71]

Os principais aspectos negativos da rotação de cargos são os custos envolvidos no treinamento de funcionários, conflitos potenciais enquanto funcionários tiverem de adaptar a novos colegas, novos supervisores e novas tarefas, bem como sua relevância limitada no que refere-se a ressaltar o significado no trabalho.[72] Como o modelo de características do cargo infere, a variedade de habilidades, por si só, não costuma ter o efeito desejado de aumentar a satisfação e o desempenho do trabalhador. Além disso, mesmo quando a rotação de cargos for parte do plano de desenvolvimento de carreira de uma organização, para que o processo tenha sucesso, ele deverá incluir sólido *feedback* e aconselhamento após a conclusão de cada cargo ou trabalho.

Ampliação de cargo De forma semelhante à rotação de cargos, a ampliação deles acrescenta atividades do mesmo nível que as do cargo original. Um cargo relativamente simples, repetitivo, por exemplo, pode ser expandido horizontalmente ou ampliado pela adição de outras tarefas previamente realizadas por outros trabalhadores. As tarefas adicionais podem ser ou não relacionadas diretamente entre si e, assim como na rotação de cargos, a ideia é colocar alguma variedade no dia de trabalho do indivíduo.

Quando um cargo for ampliado a ponto de um indivíduo executar um trabalho inteiro, como no caso de um montador de linha de produção montar uma unidade completa, a ampliação pode oferecer *feedback* sobre o desempenho e alguma sensação de conclusão.[73] No entanto, assim como a rotação, a ampliação de cargos ainda não completa as diversas dimensões do modelo de características do cargo, e pesquisas têm indicado que a ampliação, por si só, pode ter efeitos negativos na motivação e no desempenho do trabalhador.[74]

Enriquecimento de cargos O enriquecimento de cargos, às vezes chamado carregamento vertical de cargos, é um procedimento por meio do qual um cargo é reestruturado de modo a incluir atividades que anteriormente ocorriam antes (planejamento) e depois (avaliação) da execução do trabalho em si. Isso pode dar uma sensação de conclusão maior, mediante a qual o empregado entende melhor o processo inteiro do trabalho. Muitas vezes se enriquece um cargo fazendo que seu ocupante assuma algumas das tarefas anteriormente realizadas no nível de seu supervisor.[75]

As dimensões centrais do cargo, especificadas no modelo de características de cargo, são diretamente vinculadas a um conjunto de princípios de ação, os quais podem ser usados como guia para o enriquecimento de cargos.[76] Como mostra a Figura 11.3, esses cinco passos traçam os tipos de mudanças no cargo que têm maior probabilidade de trazer melhoria às dimensões centrais do cargo e, consequentemente, a seu potencial motivador.

A *formação de unidades naturais de trabalho*, às vezes chamada módulos de trabalho,[77] envolve a decisão de como o trabalho será distribuído entre as pessoas que o realizam. Ao contrário das decisões de decompor o processo de trabalho em passos rotineiros, altamente especializados, essa medida procura aumentar a probabilidade de que os empregados vejam seus cargos como algo significativo e importante, em vez de irrelevante e maçante, agrupando as unidades de trabalho em categorias naturais e significativas. Criando uma sensação de realização do "trabalho inteiro", essas unidades naturais de trabalho podem aumentar a identidade e o significado da tarefa, o que é relacionado com a sensação de significado da tarefa.

A *combinação de tarefas* contribui para o significado sentido do trabalho, aumentando a identidade e a variedade de habilidades exigida para realizá-lo. De forma análoga ao raciocínio da formação de unidades naturais de trabalho, esse princípio se baseia na suposição de que os custos ocultos, tais como absenteísmo, rotatividade e tempo adicional de supervisão que ocorrem em virtude da especialização de tarefas, podem ser reduzidos pela combinação de tarefas existentes e fracionadas em módulos novos, mais amplos, de trabalho.

O estabelecimento de relações com clientes procura cuidar do problema de cargos formulados mediante critérios tradicionais frequentemente darem aos trabalhadores pouco ou nenhum contato com os usuários finais de seus produtos ou serviços. A criação de relações com clientes pode melhorar um cargo aumentando as oportunidades de *feedback*, a necessidade de desenvolver e utilizar habilidades interpessoais e a autonomia, pelo fato de as pessoas terem a responsabilidade pela decisão de como gerenciar suas relações com os clientes que recebem o resultado final de seu trabalho. Isso pode ser feito por meio de um processo de três etapas que envolve: (1) identificação dos clientes; (2) estabelecimento do contato mais direto possível entre funcionários e o usuário do produto ou serviço; e (3) o estabelecimento de procedimentos e critérios, de modo que o cliente possa julgar a qualidade do produto ou serviço e informar ao trabalhador diretamente o que acha dela.

O *carregamento vertical* procura diminuir a distância entre os aspectos de "fazer" e "controlar" do cargo; dando aos empregados responsabilidade sobre a escolha dos métodos de trabalho, aumentando a responsabilidade pela administração do tempo (por exemplo, quando começar e quando parar o trabalho, quando fazer intervalos, como estabelecer as prioridades) e encorajando-os a encontrar e resolver os problemas, a autonomia é inevitavelmente maior.

A *abertura de canais de* feedback facilita o conhecimento e a compreensão, por parte do empregado, sobre seu desempenho no trabalho, incorporando mecanismos de *feedback* ao próprio cargo. Como o *feedback* intrínseco ao trabalho fornece ao trabalhador informações diretas, à medida que o trabalho é realizado, de forma mais imediata e particular que se o seu supervisor o fizesse, aumenta-se a sensação de controle pessoal sobre o trabalho por parte do funcionário. Ainda que o modo exato como o *feedback* intrínseco ao trabalho pode ser desenvolvido varie de cargo a cargo e de organização para organização, algumas das maneiras como isso pode ser feito consistem em colocar o controle de qualidade nas mãos do trabalhador em vez de um departamento separado de controle de qualidade, estabelecer relações diretas com clientes (veja anteriormente) e fornecer resumos padronizados, que frequentemente são mantidos pelos superiores, diretamente a cada trabalhador.

O relato anterior sobre o enriquecimento de cargos e as diversas estratégias para fazê-lo, evidentemente, não esgota o assunto. Há diversos outros princípios para o enriquecimento de cargos que são extraídos de outros esquemas conceituais;[78] contudo, os princípios subjacentes e essas abordagens são geralmente bem semelhantes aos apresentados antes. Com base nesse aspecto, é preciso fazer algumas considerações importantes.

O primeiro ponto é a necessidade de abordar a reformulação do trabalho de maneira diagnóstica, concentrada. Mesmo que as pesquisas tenham mostrado resultados favoráveis da reformulação de cargos, de modo geral, com ênfase particular no enriquecimento de cargos,[79] a reformulação do trabalho não é necessariamente eficaz em todas as circunstâncias organizacionais. Na verdade, ao se observar especificamente os resultados da melhoria de produtividade, parece que o número de fracassos nas intervenções de enriquecimento de cargos é tão grande quanto o de sucessos.[80] Mesmo assim, ainda que haja concordância geral quanto a que esses esforços de reformulação de cargos devem ser executados somente depois de determinado diagnóstico meticuloso e apurado ter indicado a existência de um problema relativo à satisfação no trabalho, motivação interna do trabalho, compromisso com a organização ou qualidade do desempenho, raramente se faz um diagnóstico da necessidade e do potencial de reformulação do trabalho. A realidade é que muitos profissionais do enriquecimento de cargos são metodológica e teoricamente rígidos, acreditando que a única maneira de motivar trabalhadores é enriquecendo seus cargos, não importa se a situação efetivamente o exige ou não.[81]

No segundo ponto, é importante considerar os efeitos que as mudanças na formulação dos cargos podem ter em outros elementos da organização. Pesquisas, por exemplo, têm indicado que alguns esforços de reformulação de cargos trouxeram problemas aos supervisores dos cargos modificados. Como os subordinados frequentemente assumem diversas tarefas e responsabilidades de supervisão, muitos supervisores relataram uma satisfação diminuída com as relações interpessoais no local de trabalho e uma percepção de menor segurança no emprego.[82] Assim, em muitos casos, supervisores e gerentes podem criar uma barreira formidável à implementação satisfatória de determinada estratégia de enriquecimento de cargos, devido a temores quanto a um papel menor na organização e a perda de controle.[83] Sendo assim, como parte de uma sólida estratégia de implementação, é preciso avaliar o preparo de gerentes e supervisores para o enriquecimento de cargos e tratar das questões potencialmente problemáticas inerentes.

O impacto dos programas de reformulação de cargos nos sindicatos também precisa ser considerado. Ainda que haja uma tendência a favor da aceitação crescente da reformulação de cargos, mesmo em ambientes sindicalizados, o entusiasmo real varia bastante entre sindicatos ou locais diferentes.[84] O enriquecimento de cargos tem sido visto por muitos sindicalistas como um pouco mais que um modo de manipulação para acelerar o trabalho, como uma tentativa de desviar a atenção de questões como remuneração e segurança no trabalho e como um esforço velado de solapar os compromissos firmados durante a negociação coletiva. Considerando-se essas visões céticas, é importante que as intervenções de reformulação de cargos sejam baseadas em um bom relacionamento entre empregador e empregados. Se realizados em um clima de desconfiança e antagonismo, os esforços de reestruturação do trabalho poderão muito bem encontrar resistência por parte dos sindicatos, além de disputas sobre remuneração e jurisdição. O desafio é criar um plano de reformulação do trabalho que integre as metas da gerência e do sindicato.

No terceiro ponto, os esforços de reformulação do trabalho devem ser participativos por natureza. Há provas abundantes de que, quando as mudanças nos cargos são impostas pela gerência superior, as atitudes são muito menos favoráveis que quando essas são feitas mediante participação ou representação dos empregados.[85] Em outro estudo, os gerentes se mostraram inicialmente céticos quanto a mudanças nos cargos de modo geral, e particularmente em relação à participação dos empregados nessas mudanças. Depois de os trabalhadores terem sido envolvidos no processo, diversos gerentes se manifestaram favoravelmente sobre a disposição com que os empregados contribuíram durante as reuniões de planejamento e as atitudes construtivas que demonstraram.[86] Um problema potencial com essa estratégia de implementação, contudo, é que o potencial pleno do envolvimento dos empregados nos esforços de reformulação do trabalho custa muito caro à organização, tanto em relação a tempo como dinheiro. Pode ser necessário, por exemplo, que os trabalhadores compreendam os princípios da teoria da motivação, tenham um conhecimento prático das mais avançadas táticas e estratégias da reformulação do trabalho e contem com o treinamento e a experiência necessários em planejamento e implementação de mudanças organizacional.[87] Não obstante, essa participação, como já vimos, não deve ser considerada de modo absoluto, visto que há diversos pontos diferentes em que os empregados podem ser envolvidos na reformulação do trabalho. Esse envolvimento pode incrementar o compromisso geral deles com seus cargos, ainda que não estejam plenamente envolvidos com o conceito inicial do programa.

A inclusão das contribuições dos empregados nos esforços de reformulação de cargos pode facilitar a solução do problema das diferenças individuais. Já foi sugerido que há uma relação curvilínea entre a formulação do cargo e a reação dos trabalhadores. Em outras palavras, cargos com pontuação *excessiva* nas suas dimensões características discutidas anteriormente podem levar a atitudes e comportamentos desfavoráveis por parte do trabalhador.[88] Assim, é importante desenvolver processos de mudança de cargos compatíveis com os recursos da organização e com os objetivos de mudança. Desse modo, é importante criar processos de mudança de cargos que se encaixem nos recursos e objetivos de mudança da organização. O sucesso dessas tentativas depende, em parte, da *capacidade* e do *desejo* dos funcionários de lidar com cargos enriquecidos ou ampliados. Como indica a pesquisa, os programas de reformulação de cargos resultam na máxima satisfação e melhor desempenho quando há um bom ajuste entre o indivíduo e o cargo.[89]

Há, entretanto, um dilema subjacente à participação do empregado nos esforços de reformulação de cargos.[90] Ainda que seja tanto possível quanto desejável envolver os membros da organização no processo original de reformulação, assim que o projeto for implementado, na forma de cargos, departamentos, fábricas e outros reestruturados, a participação dos funcionários no processo necessariamente termina. Ainda que essa situação seja aceitável para o grupo existente de funcionários que participaram do processo, à medida que novos empregados ingressarem no sistema, eles estarão simplesmente herdando um sistema *criado por outras pessoas*. Em vista disso, a aceitação dos cargos reformulados por parte desse último grupo pode ser bem diferente da aprovação pelo inicial.

Em suma, a reformulação do trabalho não é uma panaceia para todos os problemas organizacionais. Somente deve ser realizada depois de um diagnóstico completo das circunstâncias da organização, depois de ter havido uma reflexão profunda dos problemas potenciais e depois de ter desenvolvido sistemas para avaliação. Como foi sugerido pelo capítulo anterior sobre a teoria dos sistemas, essas intervenções de escopo restrito raramente são tão eficazes quanto poderiam ser e, em muitos casos, podem efetivamente se mostrar nocivas à organização.

Cabe alertar que, ainda que muitas pesquisas e trabalhos tenham sido dedicados à reestruturação e reformulação do trabalho como tentativas de adaptar *os cargos às pessoas*, tornando o trabalho mais significativo e pessoalmente desafiante, já foi questionado até que ponto essas ideias serão largamente implementadas em organizações inteiras.[91] Como os gerentes frequentemente favorecem os sistemas e procedimentos com os quais estão familiarizados e as formulações tradicionais do trabalho se prendem a hierarquias burocráticas, as tentativas de formulação do trabalho ainda poderiam espelhar o esforço da administração científica de ajustar as *pessoas aos cargos*. À medida que um contingente maior de organizações adotar estruturas mais flexíveis, tais como matricial e por projeto, o próprio trabalho terá de ser reestruturado para atender a essas condições em mudança.

SISTEMAS INOVADORES DE RECOMPENSA E DISTRIBUIÇÃO DE LUCROS

Um termo de uso frequente na atualidade para expressar as diversas recompensas concedidas a empregados é a *remuneração total*. Esse "pacote" inclui três elementos básicos: (1) o *pagamento* em relação a salário; (2) *benefícios* tais como seguro, assistência médica, fundos de pensão, férias e outras recompensas "indiretas"; e (3) recompensas *não monetárias* tais como reconhecimento, condições de trabalho e elogios. Ainda que grande parte da atenção ao desenvolvimento organizacional, enriquecimento de cargos e outros aspectos não financeiros da motivação durante as décadas de 1960 e 1970 pareçam implicitar que o salário era menos importante que as recompensas não monetárias oferecidas por uma organização, este é um componente central do programa de remuneração de uma companhia. De fato, há amplas provas de que o salário tem influência determinante nas decisões de um empregado quanto a entrar, permanecer e desempenhar em uma organização.[92]

A satisfação com essas recompensas é parte de uma reação complexa a certa situação influenciada por diversos fatores. As pesquisas feitas nessa área podem ser resumidas em cinco conclusões:[93]

1. A satisfação com determinada recompensa é uma função de quanto se recebe e quanto a pessoa acha que deveria ter recebido.
2. A sensação de satisfação das pessoas é influenciada por comparações com o que aconteceu a outras.
3. A satisfação geral com o trabalho é influenciada pela satisfação, tanto com as recompensas intrínsecas como com as extrínsecas, que os empregados recebem.
4. As pessoas variam muito em relação às recompensas que desejam e com a importância que atribuem a cada uma delas.
5. Muitas recompensas extrínsecas são importantes e gratificantes porque levam a outras recompensas (tais como poder e *status*).

Por causa da natureza das reações das pessoas aos sistemas de recompensa, foram identificadas quatro propriedades importantes de qualquer sistema de recompensas de uma organização:[94]

1. É preciso haver a disponibilidade de recompensas suficientes para atender às necessidades básicas de um indivíduo.
2. Os níveis de recompensa em uma organização devem se posicionar de modo favorável em relação aos de outras empresas.
3. As recompensas disponíveis precisam ser distribuídas de modo que sejam percebidas como justa pelos empregados.
4. Os membros da organização devem ser tratados individualmente em relação a suas necessidades específicas.

À medida que suas necessidades pessoais e familiares mudarem, os empregados continuarão a pressionar por sistemas e políticas de compensação mais inovadores. Uma pesquisa recente entre consultores da área de benefícios e presidentes de empresas, por exemplo, sugere que, ainda que os benefícios principais de hoje (seguros de vida, saúde e invalidez; férias e fundos de pensão) provavelmente venham a permanecer, eles serão reestruturados, e os padrões das duas próximas décadas poderão perfeitamente incluir muitos benefícios novos, abrangendo talvez programas de cuidado de crianças e idosos, educação continuada, oportunidades de treinamento para dependentes e assistência hipotecária.[95]

Além disso, a popularidade crescente dos planos de benefícios de "contribuição definida", nos quais a empresa define a proporção dos custos que vai assumir para certo benefício, traz questões importantes para o planejamento e os pacotes de benefícios. Como resultado, as organizações terão de assumir um papel mais vigoroso em estruturar ativamente sistemas de recompensa que tornem o trabalho mais gratificante para as pessoas, assim como úteis para o atingimento de metas, tanto individuais como da organização.[96]

A ideia de pagar aos funcionários um bônus com base na melhoria das operações da organização não é uma inovação recente. Na verdade, nos últimos cinquenta anos, muitas organizações têm experimentado diversos métodos para obter um envolvimento dos empregados em melhorar, compartilhando o sucesso financeiro da empresa.[97] Esse tipo de intervenção é chamado *distribuição de lucros* e pode variar de planos relativamente simples mediante sistemas de incentivos individuais, como o usado pela Lincoln Electric, a planos com base no nível de grupo ou organização.

Sistemas de incentivos grupais

Muitas organizações estão utilizando, como parte de seu pacote de remuneração total aos empregados, sistemas variáveis de recompensa administrados em base grupal, para estimular um maior esforço e maior produtividade por parte dos funcionários. Como grande parte do trabalho realizado em nossa sociedade atual tem alto grau de interdependência com outras funções da organização, muitas vezes é difícil identificar a contribuição de certo trabalhador para o resultado final do processo de trabalho. Combinadas com uma vontade de dar tratamento igualitário entre os trabalhadores, as pressões dos grupos visando conformidade e a incerteza nas relações trabalhistas, os planos de incentivo individuais, tais como produção mínima garantida, planos padronizados para horistas e políticas de mérito não se mostraram tão eficazes quanto se pensava de início. Assim, muitos desses planos de incentivo com base individual passaram a ser aplicados em nível de grupo.[98]

Na administração desses sistemas de incentivos, o objetivo principal não é simplesmente recompensar os empregados pelos seus níveis melhores de produtividade, mas *causar* uma produtividade maior. Conceitualmente, o raciocínio por trás desses programas é explicado pelo condicionamento operante e pela teoria das expectativas (veja o Capítulo 3). Como já foi dito, a ligação percebida entre certos comportamentos e a expectativa de uma recompensa por aquele comportamento influenciam os atos de uma pessoa, enquanto o valor percebido das diversas recompensas dá a esse comportamento uma direção.

Os planos de incentivo grupais são particularmente úteis em cargos altamente interdependentes, nos quais todos os ocupantes precisam trabalhar juntos para completar um produto ou uma parte dele. Ainda que os sistemas de incentivos grupais apresentem diversas vantagens, eles também têm vários inconvenientes (veja a Tabela 11.2). Em uma tentativa de reduzir a divisibilidade da competição entre indivíduos ou grupos frequentemente encontrada em sistemas de incentivo com base individual ou grupal, muitas organizações estabeleceram sistemas de incentivo em nível de organização inteira. Estabelecendo-se metas superiores que criem medidas padronizadas de desempenho para a empresa inteira, o "adversário" é transferido dos colegas e outros grupos da companhia para a concorrência no mercado ou para as ineficiências organizacionais.[99]

Sistemas de incentivo para a organização inteira: o plano Scanlon

Um dos sistemas mais conhecidos de distribuição de lucros em nível de companhia ou fábrica é o plano Scanlon. O sistema foi originalmente lançado durante a depressão da década de 1930

Tabela 11.2 Vantagens e desvantagens de sistemas de incentivos baseados em grupo

Vantagens	Desvantagens
1. Mais fácil medir a produção. 2. Os integrantes do grupo podem ajudar no treinamento de membros novos e menos experientes. 3. Pode-se fazer rotação de cargos, utilizando efetivamente os talentos individuais dos membros do grupo. 4. Os padrões do grupo estabelecem metas para as quais os esforços de cada membro podem ser direcionados e coordenados. 5. Os membros podem dar apoio e incentivo mútuos, cada um ajudando outros com problemas do trabalho e externos que possam afetar o desempenho.	1. Indivíduos de alta produção podem ver os incentivos prejudicados por grupos medíocres, o que poderia levar a comportamentos disfuncionais como a rotatividade. 2. Os grupos, assim como os indivíduos, podem restringir a produção, resistir à revisão dos padrões e procurar obter recompensas à custa de outros grupos da organização. 3. Ainda que esforços em pequenos grupos geralmente encoragem o trabalho de equipe, há pouco nessas relações de trabalho que encoraje a cooperação entre grupos da mesma organização. 4. Os planos de incentivo aplicados a grupos maiores resultam em menores aumentos de produtividade que em grupos pequenos. Em boa parte, isso se deve à dificuldade de os funcionários em grupos mais numerosos perceberem a ligação entre o próprio desempenho e a remuneração.

Fonte: David W. Belcher, *Compensation Administration*, Copyright 1974, p. 326-327. Adaptado com permissão de Prentice-Hall, Inc. Englewood Cliffs, NJ; Richard I. Henderson, *Compensation Management: Rewarding Performance*, 3. ed., 1982. Reproduzido com permissão de Reston Publishing Company, uma empresa da Prentice-Hall, 11480 Sunset Hills Road, Reston, VA 22090; Wayne F. Cascio e Elias M. Awad, *Human Resources Management: An Information Systems Approach*, 1981. Reproduzido com permissão de Reston Publishing Company, uma empresa da Prentice-Hall, 11480 Sunset Hills Road, Reston, VA 22090.

por Joseph Scanlon, o presidente de um sindicato local que queria evitar as paradas sucessivas de uma usina siderúrgica com problemas financeiros. Mais recentemente, o plano foi novamente alvo de atenções devido às preocupações de gerentes com a produtividade em declínio e às dos sindicatos em relação a cortes de pessoal e fechamento de fábricas.[100] O Plano Scanlon gerencialmente é um esquema para a cooperação trabalhadores-administração por meio de um programa de divisão de ganhos de produtividade que oferece uma abordagem sistemática ao incremento da eficácia organizacional mediante programas formais de participação dos empregados e bônus financeiros. Ainda que possa ser aplicado a *qualquer* situação organizacional, um dos aspectos mais atraentes do plano é a sua capacidade de criar um clima organizacional orientado para o aumento da produtividade em organizações sob forte ação sindical. Isso é possível pelo fato de o programa envolver um sistema completo para facilitar a cooperação sindicato-administração em áreas onde tenham objetivos comuns.[101] Particularmente em razão de os sindicatos terem frequentemente levantado resistência a tentativas em QVT e DO, movidos pelos temores de exploração dos trabalhadores e um enfraquecimento de suas próprias posições na organização, esses esforços colaborativos podem ser extremamente úteis como modelos para outras abordagens.[102]

Mesmo que a maioria das discussões sobre o Plano Scanlon o cite como um sistema de incentivos em nível de organização inteira, o plano é muito mais que isso. De certo modo, o plano Scanlon pode ser considerado um precursor do DO, com sua ênfase em participação, envolvimento dos empregados e trabalho de equipe.[103] Há três elementos básicos no plano Scanlon:[104]

1. Um incentivo financeiro ou bônus mensal diretamente vinculado à produtividade da organização inteira. Aplica-se aos resultados de cada mês uma taxa histórica (geralmente chamada Taxa Scanlon) de custos de mão de obra em relação ao valor de venda da produção, e uma parte da economia nos custos de mão de obra é distribuída a todos os trabalhadores, proporcionalmente a seus salários-base.

2. Há um sistema interligado de comitês conjuntos operários-administração que ajudam a organização a "trabalhar melhor... não mais", sugerindo maneiras de aumentar a produtividade. São eleitos representantes de todos os departamentos, cada um devendo coletar as ideias de seus colegas. Esses representantes se reúnem mensalmente com seu supervisor imediato, na forma de um comitê de produção, para analisar e discutir essas sugestões. Os supervisores podem então implementar sugestões de âmbito local, enquanto mudanças maiores e desacordos são passados a um comitê superior, normalmente composto de representantes de todos os grupos envolvidos. Esse comitê superior analisa as sugestões implementadas ou discutidas nos comitês de produção e supervisiona o cálculo do bônus mensal.
3. O plano Scanlon é embasado em uma filosofia gerencial da Teoria Y (veja o Capítulo 3). Os defensores desse plano acreditam que *todos* os trabalhadores são capazes de autogestão no alcance das metas organizacionais, desde que o trabalho lhes dê uma oportunidade de assumir a responsabilidade por seus atos e a oportunidade de usar suas habilidades e talentos.

Com base em um estudo sobre as intervenções de plano Scanlon, foram identificados vários fatores que podem facilitar o seu sucesso:[105]

1. O apoio e o compromisso da alta direção e dos líderes sindicais a uma forma participativa de gerência da organização.
2. A aceitação, por parte da administração, da negociação sindical, em vez de tentar usar o plano para solapar o apoio do(s) sindicato(s). Da mesma forma, o sindicato precisar ter a impressão de que o plano vai fortalecer a sua posição.
3. Benefícios tangíveis, tanto para os trabalhadores como para os gerentes, cuja distribuição pareça justa.
4. Supervisores competentes e confiantes. Como o plano altera o papel do supervisor, questionando a situação vigente e trazendo sugestões para a mudança, supervisores despreparados para o novo papel podem prejudicar o sucesso do plano.
5. Intensa participação dos empregados. Isso envolve modos opcionais de contribuição individual, visto que os trabalhadores variam amplamente em seus desejos pessoais de participação e envolvimento no processo de tomada de decisões (por exemplo, uma variedade de comportamentos possíveis como simplesmente fazer sugestões, candidatar-se ao cargo de representante e até treinar novos funcionários ou cooperar com outros departamentos).
6. Grupos de trabalho especializados para resolver problemas em vez de comitês de queixas, excetuando-se aqueles que tratem de questões trabalhistas ou de segurança. É importante contar com estruturas organizacionais formais que exija interação e novos comportamentos entre grupos distintos, visto que um conjunto favorável de primeiras impressões do plano Scanlon é crítico para o seu sucesso.
7. Mesmo que as pesquisas sobre o tamanho da organização sejam um tanto inconclusivas, tudo indica que as organizações de porte pequeno a médio (com até 600 funcionários) têm maior chance de sucesso com planos do tipo Scanlon. À medida que a organização cresce, a relação percebida pelos empregados entre seus comportamentos e o salário, além das demais recompensas, se torna menos clara. Em organizações maiores, às vezes aplica-se o plano a suas divisões para manter um tamanho administrável.
8. Uma história organizacional de desempenho estável e mensurável, o qual possa ser usado como ponto de partida para os objetivos a estabelecer. Além disso, quanto mais

fácil for a apuração da performance da organização, maior será a probabilidade de sucesso.

9. Uma boa comunicação do programa e níveis suficientes de confiança por toda a organização para facilitar a implantação do plano.
10. Esforços de acompanhamento para evitar a estagnação de interesses e resultados durante um prazo relativamente longo, assim permitindo que o programa atinja a plenitude de seu efeito.
11. Ritmos suficientes de trabalho e mercados para absorver o aumento na produtividade. Ordenado para evitar dispensas, companhias e consumidores devem ser capazes de absorver efetivamente ganhos produtivos. Por razões óbvias, a conversão em relação à situação dos empregados deve estar focada na sobrevivência mais que em alta produtividade e objetivos organizacionais.

Como indicam esses critérios para o sucesso, ainda que o plano Scanlon seja dirigido a incentivos e recompensas, é uma combinação de técnicas de gerência participativa com sistemas de incentivos para a organização inteira. Assim, apesar de o plano Scanlon não ser uma panaceia organizacional, há provas de que, se corretamente aplicado, pode efetivamente contribuir para as relações trabalhistas e melhorar a coordenação do processo operacional, do trabalho em equipe dos membros da organização e a produtividade em geral.

INOVAÇÕES NO CONTEXTO DO TRABALHO

Como os critérios de Walton sobre a qualidade de vida no trabalho (Capítulo 10) destacam, além dos aspectos do trabalho, sua relevância para a vida de uma pessoa e o modo como são estruturados os sistemas de remuneração da organização, o contexto ou as condições em que os empregados cumprem suas obrigações são características importantes do clima geral do local de trabalho. Ainda que as intervenções nessa área possam estar contido no que Herzberg chama "fatores de higiene", se comparados com os "motivadores" mais intrínsecos (veja o Capítulo 3), pesquisas têm indicado que melhorias no ambiente de trabalho podem levar a maior produtividade, menor absenteísmo e rotatividade e, de modo geral, maior satisfação dos empregados.[106]

Na medida em que a força de trabalho se torna cada vez mais diversificada, esse tipo de intervenção no trabalho se torna progressivamente mais determinante. Dedica-se atenção gerencial maior a preocupações diversas, como gerenciar pessoal mais idoso, criar creches, programas para cuidar de pais idosos de funcionários, gerenciar a atração sexual no local de trabalho, proteger trabalhadoras grávidas, fornecer treinamento, colocação e emprego de deficientes, minimizar o estresse nos funcionários, facilitar o cuidado da saúde e o bem-estar dos funcionários e assim por diante.[107] Como a nossa sociedade continua a mudar e a nossa força de trabalho reflete essas mudanças, é importante que o sistema empresarial se mantenha atualizado em relação a essas transições. Mesmo que as organizações tenham se voltado mais para as pessoas que trabalham nelas, as tendências atuais apontam para a necessidade de continuar com essa preocupação. Os esforços para estabelecer programas para lidar com problemas dos funcionários, traçar carreiras mais claramente definidas e oferecer, de modo geral, mais flexibilidade ao lidar com os empregados serão os pontos altos dos esforços de recursos humanos na década de 1990. A seguir, exporemos rapidamente alguns desses programas e intervenções: horários de trabalho modificados, planos de assistência aos empregados, programas de planejamento e desenvolvimento de carreiras, administração do estresse e programas corporativos de boa forma física.

Horários de trabalho modificados

Atualmente, a maioria dos empregados nos Estados Unidos trabalha um total de quarenta horas em cinco dias da semana. Além disso, esse horário fixo é ainda mais limitado, das 9 às 5, e no qual o trabalho de uma pessoa deverá ser executado. Muitas organizações, contudo, têm experimentado maneiras de modificar esse arranjo tradicional. Com base em um conceito gerado na Alemanha, no meio da década de 1960, horários modificados ou variáveis permitem que cada empregado ajuste seu horário de trabalho às suas preferências pessoais e atividades paralelas. Até certo ponto, essas intervenções foram influenciadas por mudanças na sociedade maior, tais como a crise de combustível e de energia, tempos mais prolongados de ida e volta para o trabalho durante horários de *rush*, problemas enfrentados por famílias em que cada cônjuge tem sua própria carreira e uma exigência crescente dos empregados por maior controle sobre suas horas de trabalho e lazer.[108] Mesmo assim, muitos desses programas foram iniciados devido ao seu potencial para a motivação dos empregados e como modo de melhorar a qualidade de vida no trabalho.[109]

Ainda que haja uma grande variedade de opções que poderiam ser incluídas em uma discussão dos programas de horário modificado, como cargos compartilhados (nos quais duas ou mais pessoas compartilham certo cargo), trabalho permanente em meio-período e cargos divididos (em que duas ou mais pessoas compartilham as tarefas de certo cargo ou conjunto de cargos), as duas abordagens mais comuns são o horário flexível e a semana comprimida. O *horário flexível* permite que os empregados escolham suas horas de trabalho dentro de certos limites impostos pela organização. A forma básica incorpora "períodos-núcleo", geralmente duas ou três horas na parte da manhã e da tarde em que todos os empregados deverão estar a postos. Fora desses períodos, permite-se a flexibilidade (horas de início, almoço e término), e os empregados podem criar seus próprios horários, desde que trabalhem oito horas por dia.[110]

A *semana comprimida*, frequentemente chamada 4/40, comprime as horas trabalhadas da semana em um número menor de dias. O programa mais comum desses é o sistema 4/40, no qual os empregados trabalham 10 horas por dia em 4 dias da semana, em vez dos cinco dias de oito horas. Uma variação menos comum é o sistema 3/36, no qual os indivíduos trabalham doze horas em três dias da semana.[111] Algumas organizações usam a semana comprimida durante o ano inteiro, enquanto outras apenas o aplicam durante certas épocas. No Bentley College, por exemplo, o sistema tradicional de cinco dias de oito horas é usado durante o ano letivo, mas, durante as férias, a escola passa ao sistema 4/40, fechando às sextas-feiras.

Evidentemente, há vantagens e desvantagens no uso do horário flexível e da semana comprimida. No que refere-se a benefícios que podem ser obtidos levando-se em conta horários de trabalho modificados, pesquisas têm indicado que eles podem: (1) elevar o moral e aumentar a satisfação do trabalho; (2) reduzir significativamente os atrasos; (3) reduzir o absenteísmo e a rotatividade (ainda que menos intensamente a rotatividade); (4) reduzir o custo de horas extras; (5) reduzir o tempo de viagem de ida e volta ao trabalho, aumentando o tempo pessoal; (6) melhorar a produtividade dos funcionários (ainda que a maior parte desses resultados tenha sido baseada em opiniões dos empregados e seus supervisores, e não em dados concretos); e (7) melhorar as atitudes em relação a disposições modificadas de trabalho.[112] É preciso observar, contudo, que não há nenhum modelo teórico claro que faça a conexão entre o horário flexível e a motivação dos trabalhadores, os resultados do trabalho ou a produtividade da organização. Em contrapartida, parece que há uma contribuição para a melhoria da qualidade de vida no trabalho, dando maior autonomia e liberdade pessoal aos empregados na escolha de seus próprios horários.[113] Além disso, em relação ao contrato psicológico (Capítulo 3), esse tipo de intervenção parece facilitar a convergência das metas do empregado e do empregador, o que é um fator importante para o compromisso com a organização. Também pode *não significar mudança* para quem quiser continuar trabalhando no mesmo horário.[114]

Há também, é claro, alguns problemas e desvantagens com a implementação do horário de trabalho modificado.[115] Primeiro, qualquer intervenção desse tipo requer sistemas sofisticados de controle de horário, o que pode aumentar os custos e o tempo na área de administração de pessoal, além de, potencialmente, gerar ressentimentos. Mesmo que muitas empresas atualmente disponham de computadores *online* para controlar o tempo, trabalhadores técnicos e burocráticos frequentemente reagem de modo contrário à introdução de qualquer sistema formal de controle de horário. A menos que todos os integrantes da organização (departamento ou seção) sejam incluídos, pode se criar ressentimento se o sistema de controle de tempo se tornar um símbolo de *status* inferior. Segundo, em muitas organizações, horários variáveis podem trazer dificuldades para assegurar uma cobertura adequada, particularmente em empresas prestadoras de serviços. Alguns empregados resolvem não estar na empresa durante as horas em que a carga de trabalho é maior e eles são mais necessários. Outros trabalhos, tais como serviços de transporte e operações de vigilância, exigem pessoal durante 24 horas por dia. Terceiro, organizações fabris podem precisar de uma grande reestruturação de cargos, particularmente em trabalhos altamente especializados, comparáveis a uma linha de montagem. Quarto, ainda que tenha sido sugerido que os horários de trabalho modificados ajudem a promover a confiança entre chefes e subordinados, muitos supervisores resistem ao horário flexível por ser mais difícil supervisionar e, às vezes, até localizar funcionários. Finalmente, há diversas limitações impostas ao horário de trabalho mediante a legislação e acordos sindicais, que precisam ser cumpridas.

Por enquanto, são necessárias mais pesquisas e avaliações antes de chegar a quaisquer conclusões concretas sobre a modificação de disposições de trabalho. Algumas pessoas já afirmaram que o horário variável de trabalho tem sido nada mais que "promessa vazia", enquanto outros defendem que, se corretamente aplicado, o horário flexível e a semana comprimida podem desenvolver uma força de trabalho mais satisfeita e motivada, além de proporcionar aos trabalhadores a sensação de maior responsabilidade e autonomia no trabalho.[116] À medida que a força de trabalho se torna mais diversificada, contudo, parece que esse tipo de flexibilidade vai se tornar cada vez mais determinante para atender às necessidades emergentes dos empregados e das organizações.

Planos de assistência aos empregados

Os PAEs (planos de assistência aos empregados) são programas organizacionais internos desenvolvidos para ajudar os empregados a lidar com seus problemas pessoais. Ainda que a maioria dos membros da organização possa não precisar jamais dessa assistência, pesquisas têm indicado que aproximadamente um quinto da força de trabalho vivencia algum tipo de problema pessoal grave para desencadear dificuldades relacionadas ao trabalho e a seu desempenho.[117] Até certo ponto, esses programas foram desenvolvidos por razões humanitárias. Entretanto, a influência crescente dos PAEs também provém da constatação generalizada dos efeitos disfuncionais de diversos geradores de tensão e problemas pessoais no trabalho, tais como alcoolismo, uso de drogas, dificuldades financeiras, problemas conjugais e estafa.[118]

O raciocínio subjacente a esse tipo de programa é que, tanto em relação à produtividade organizacional como à qualidade de vida no trabalho, é mais eficaz ajudar os empregados durante períodos difíceis que demiti-los e deixá-los resolver seus problemas sozinhos. Considerando-se as despesas de hospitalização, auxílio-doença e de rescisão de contrato de trabalho, bem como o tempo da gerência em disciplinar e aconselhar membros da organização atormentados por problemas pessoais, os PAEs asseguram o acesso rápido e fácil à ajuda sempre que for necessário. Isso não equivale, evidentemente, a sugerir que um empregado com problema pessoal nunca deva ser demitido. Depois de um empregador ter dado a um "empregado problemático" uma oportunidade razoável de reabilitação, a demissão é um último recurso. Contudo, levando-se em conta os possíveis problemas sindicais e legais que uma demissão aparentemente arbitrária pode trazer, além do custo de reposição e treinamento do empregado em questão, os PAEs parecem um passo intermediário eficaz e cada vez mais popular. Além disso, como pesquisas têm indicado que muitos problemas pessoais enfrentados por empregados são induzidos pelo trabalho, as organizações têm a responsabilidade de ajudar as pessoas a enfrentar essas dificuldades.[119]

Os programas de assistência aos empregados podem assumir muitas formas diferentes. Os focos mais comuns dessas atividades são alcoolismo, uso de drogas, problemas financeiros e legais, problemas relacionados a estresse e saúde mental e desavenças conjugais. Em algumas organizações, a base para o contato é o aconselhamento, seja por telefone, e-mail ou pessoalmente com um profissional interno de modo confidencial. O início do aconselhamento parte do próprio empregado; o supervisor daquela pessoa não é informado. Em outras situações, o funcionário é dirigido a um PAE pelo supervisor, em decorrência de desempenho insatisfatório e uma análise pelo supervisor. Nesse caso, o gerente detecta o problema, diagnostica se ele é organizacional (por exemplo, recursos limitados, equipamento deficiente) ou pessoal por natureza, discute com o subordinado e sugere uma consulta com o conselheiro do PAE se necessário, acompanhando a evolução do caso. A confidencialidade, entretanto, continua sendo preservada. De fato, o aumento da preocupação com a privacidade do empregado e as leis que surgiram para protegê-la tornam crítico assegurar que todos os materiais e as informações relativos ao PAE sejam mantidos no mais absoluto sigilo.[120]

As principais limitações nesses programas são tempo e relutância de muitos supervisores em realizar as discussões iniciais e o aconselhamento a seus subordinados. Como muitos supervisores, particularmente os novos na função, não se sentem à vontade com esse tipo de atividade, o confronto de um subordinado com certo problema é adiado sucessivamente, até que seja tarde demais. Particularmente devido ao fato de os supervisores não estarem adequadamente preparados para lidar com esses problemas, convém envolver um profissional de aconselhamento tão logo quanto for possível. Mesmo com intervenção de início, contudo, os PAEs não são panaceias; é preciso tempo, aconselhamento constante e acompanhamento para lidar com os problemas sociais e psicológicos mais profundos que, frequentemente, ocorrem em comportamentos interiorizados disfuncionais como alcoolismo e uso de drogas.

Programas de planejamento e desenvolvimento de carreira

O planejamento e desenvolvimento de carreira é parte de um processo consciente efetuado pelas organizações a fim de contribuir para a escolha de uma carreira profissional para cada funcionário, para promover um ajuste salutar àquela escolha e para ajudar aquele indivíduo a crescer e se tornar mais envolvido com aquele papel.[121] O processo pode resultar em decisões de assumir ou renunciar a certas ocupações, aceitar ou recusar oportunidades de trabalho (até promoções e transferências de departamento ou local geográfico) ou mesmo de deixar uma empresa para ir ocupar outro cargo ou se aposentar. Tradicionalmente, a iniciativa e o conhecimento têm influenciado o planejamento de carreira, enquanto a educação, experiência profissional, contatos pessoais e a sorte (estar no lugar certo na hora certa) têm sido genericamente as chaves para o avanço profissional. Atualmente, contudo, muitas organizações estão se interessando mais em ajudar seus empregados a analisar e avaliar suas capacidades e interesses e a implementar suas atividades de planejamento de carreira.[122]

As atividades de planejamento de carreira *não* visam planejar carreiras para empregados. O objetivo desses programas é:[123]

- Ajudar os funcionários a fazerem seus próprios planos de carreira, fazendo perguntas e oferecendo informações sobre as oportunidades e os recursos existentes.
- Guiar os membros da organização para que eles aproveitem as vantagens dos sistemas existentes de desenvolvimento de carreira, tais como recrutamento interno, avaliações de desempenho, treinamento, programas de auxílio educacional.
- Aumentar a confiança dos empregados na administração de carreiras da organização e demonstrar a pessoas de fora que a empresa se preocupa com o desenvolvimento de carreiras, particularmente para mulheres e minorias.

Mesmo que a sistemática de planejamento e desenvolvimento de carreira varie muito de organização para organização, essas intervenções podem ser definidas, de modo geral, como qualquer atividade ou conjunto de atividades visando aumentar o conhecimento ou a satisfação dos empregados com o desempenho de suas funções atuais (ou futuras). As técnicas específicas empregadas para esse fim podem consistir no aconselhamento informal e comunicação dos requisitos do cargo por supervisores, no aconselhamento formal por profissionais treinados (frequentemente associados a testes e avaliação e aptidões, interesses etc.) ou até centros de avaliação e *workshops* de planejamento de carreira e vida.[124] Além disso, pesquisas recentes enfocaram a combinação de esforços de desenvolvimento de carreiras com tentativas para aumentar a participação dos funcionários e desenvolvimento organizacional mais amplo.[125] Por exemplo, os programas de "remuneração do conhecimento recompensam os indivíduos por desenvolverem suas habilidades e experiência como um modo de contribuir para as metas da organização: quanto mais qualificações e conhecimentos voltados para o trabalho um funcionário tiver, maior será o seu valor para a organização.

Há diversas razões pelas quais as organizações estão se engajando em atividades de planejamento e desenvolvimento de carreira:[126]

1. Muitos funcionários de alto escalão têm se tornado menos dispostos a deixar a administração de suas carreiras à sorte ou a seus empregadores. Essas pessoas cada vez mais querem tomar parte ativa no planejamento e na implementação de seu próprio crescimento profissional. À medida que o número dessas pessoas crescer e as práticas empresariais começarem a refletir essas preocupações, tais exigências terão um impacto substancial nas organizações empresariais.
2. Os requisitos de crescimento da empresa e de mudança do pessoal também podem exigir o desenvolvimento individual de carreiras para ajudar a assegurar que se disponha de empregados com as habilidades e conhecimentos adequados para certos cargos. De fato, para muitas organizações, esse tipo de atividade de planejamento de carreira se tornou um componente importante dos processos de planejamento de recursos humanos.
3. As intervenções de planejamento e desenvolvimento de carreira também podem facilitar a integração das metas do indivíduo e da organização, de modo a criar níveis mais profundos de compromisso (contrato psicológico), que levarão a um melhor desempenho, a uma maior lealdade e uma retenção mais eficaz.
4. Considerando-se a influência crescente de regulamentos contra a discriminação, as atividades de planejamento de carreira podem orientar a implementação de programas nessa área. Isso pode refletir mais claramente o compromisso da organização com a sua responsabilidade social perante os empregados.

5. Finalmente, esses programas podem ajudar os funcionários a desenvolver expectativas mais realistas sobre seus cargos e suas carreiras, de modo a reduzir problemas de meio de carreira como obsoletismo e estafa.

Assim como com as outras intervenções apresentadas neste capítulo, há também alguns problemas e riscos.[127]

1. Em algumas organizações, os supervisores têm uma imagem negativa do planejamento de carreira, visto que acham que vai aumentar sua carga de trabalho, forçando-os a dar aconselhamento e mais treinamento no trabalho. Essas sensações são transferidas aos subordinados, que então ficam desiludidos com o processo inteiro.
2. As atividades de planejamento de carreira podem levar a tensões maiores em diversos sistemas de administração de pessoal, tais como programas de auxílio educacional, recrutamento interno, treinamento e assim por diante. O uso (e a necessidade) de conselheiros pode aumentar, à medida que mais funcionários procurarem utilizar do sistema.
3. Há o risco de criar uma profecia autorrealizada para os funcionários "de ascensão meteórica" e outros que, subsequentemente, não recebam a mesma consideração, apesar de a merecerem.[128]
4. Um dos perigos mais significativos do planejamento de carreiras é a criação de expectativas que não possam ser cumpridas. Ainda que o aumento das expectativas dos funcionários sobre suas carreiras possa ser um motivador poderoso, as expectativas que não forem cumpridas podem precipitar a desilusão, a insatisfação e um compromisso menor com a organização. Essas sensações frequentemente são manifestadas por meio de desempenho pior, absenteísmo e rotatividade. A chave para o planejamento de carreira eficaz é desenvolver expectativas *realistas* e não simplesmente criadas.

Ainda que a maioria dos esforços de planejamento e desenvolvimento de carreira atuais seja experimental e de âmbito relativamente limitado, parece que sua influência está crescendo. À medida que nossa força de trabalho se torna mais diversificada, a existência de duas carreiras em um casal se torna mais frequente e a mudança dos requisitos dos cargos exige análise mais profunda dos recursos humanos necessários, parece que esse processo pode ajudar as organizações a reforçar o compromisso de seus empregados e a oferecer caminhos para o desenvolvimento, tanto de cada funcionário como de uma força de trabalho interna.

A administração do estresse gerado pelo trabalho

Ainda que nossa vida cotidiana sempre tenha certo grau de tensão, o impacto e o controle do estresse na vida da organização têm sido alvo de atenção e preocupação crescentes. De fato, as consequências negativas, e muitas vezes dispendiosas, do estresse no trabalho se refletem nos números crescentes de acidentes de trabalho, rotatividade e absenteísmo, nos custos de assistência médica aumentando vertiginosamente, na queda da quantidade e qualidade da produção e dos serviços e em honorários advocatícios maiores.[129] Como resultado, muitas organizações começaram a perceber que poderiam fazer uma economia substancial se diminuíssem a quantidade de estresse enfrentada por seus funcionários. O interesse crescente nos planos de assistência aos funcionários e o uso desses planos refletem parte da preocupação nessa área.

O estresse é um estado psicológico que se desenvolve quando um indivíduo é confrontado com situações que esgotam ou superam os recursos internos e externos que ele percebe. É precipitado por uma série de fatores ambientais, chamados estressantes, cujos efeitos isolados são difíceis de separar e medir. Os estressantes relacionados ao trabalho, por exemplo, podem ocorrer em diversos níveis organizacionais, incluindo: (1) *intrínsecos ao trabalho* (por exemplo, conflito de papéis, ambiguidade, sobrecarga, falta de controle); (2) associados a *estrutura* e *controle* da organização (por exemplo, burocracia, políticas rígidas, política interna da organização); (3) relacionados às facetas do *sistema de recompensas e* feedback, envolvendo preocupações com equidade e imparcialidade; (4) associados a *preocupações de recursos humanos* sobre treinamento, desenvolvimento e progresso profissional; e (5) ligados a *relações de liderança.* Mesmo que os estressantes extraorganizacionais (por exemplo, relações familiares, mudanças no ritmo de vida, dificuldades financeiras, problemas legais) também possam ter efeito significativo no indivíduo, esses últimos aspectos de outro modo poderão afetá-lo no trabalho, o que depende de uma série de fatores, incluindo como o trabalhador consegue lidar com os estressantes, diversos atributos afetivos e cognitivos (por exemplo, nível de necessidades, ponto de controle, personalidade; veja os Capítulos 3 e 4), e variáveis sociodemográficas (por exemplo, idade, sexo, profissão, saúde e nível de instrução).[130]

Ainda que o estresse possa trazer consequências graves tanto para o indivíduo como para a organização em que trabalha, o estresse por si não é necessariamente nocivo. Por exemplo, níveis moderados de estresse podem reforçar o interesse de uma pessoa, o esforço que ela empenha e, em última análise, o desempenho, o crescimento e o desenvolvimento. Além disso, como foi sugerido antes, as pessoas variam bastante em relação a sua capacidade de controlar e dominar o estresse.[131] Algo que pode ser percebido como altamente estressante por uma pessoa, pode ser visto como irrelevante, ou até benigno, por outra.[132] Entretanto, a atenção crescente aos estressantes relacionados ao trabalho se volta para as atividades, eventos e condições que geram situações estressantes para os membros da organização.

Em nível individual, as situações estressantes podem levar a problemas fisiológicos (por exemplo, doenças cardíacas, hipertensão, enxaqueca, insônia), dificuldades psicológicas (por exemplo, ansiedade, depressão, medo) e reações comportamentais adversas (por exemplo, alcoolismo, uso de drogas, excesso de fumo). Portanto, ainda que o estresse possa se manifestar em muitas formas diferentes, um dos sintomas mais significativos, do ponto de vista da organização, é o esgotamento de funcionários. O *esgotamento*, um conceito relativamente novo na área de estresse psicológico, se caracteriza pela deterioração do desempenho e um nível de energia em declínio, devidos ao efeito cumulativo de pressões diárias contínuas.[133] Ainda que as fontes do estresse possam ser diferentes entre cargos e profissões diversas, os resultados de esgotamento são bem semelhantes: (1) o entusiasmo acaba; (2) aumentam as sensações de impotência e desânimo; (3) desenvolve-se uma autoimagem negativa; (4) a exaustão física e mental se torna rotineira; e (5) os níveis anteriores de envolvimento, seriedade e responsabilidade são substituídos pela rotina e indiferença. De modo geral, os sinais característicos do esgotamento em nível organizacional são uma ética de trabalho inferior, baixos níveis de desempenho e aumento no absenteísmo e na rotatividade.

Ainda que o esgotamento tenha sido criticado como pouco mais que um conceito amplo e generalizado para qualquer espécie de fenômeno psicológico indesejável, sua principal contribuição se volta mais para o modo como ele se desenvolve que para suas manifestações psicológicas e físicas por si. O esgotamento é baseado em "desajustes contínuos, dificilmente identificáveis e geralmente negados entre as características pessoais e as exigências do ambientei",[134] que conduz a um processo lento, literalmente invisível de erosão psicológica. Portanto, como o esgotamento é cumulativo por natureza, as pressões e tensões sobre o indivíduo, que normalmente não seriam estressantes por si, assumem um novo significado ao serem associadas a outras tensões e ambiguidades.

Levado-se em conta essas preocupações, tem havido maior atenção e intervenção da gerência para controlar os aspectos negativos do estresse no trabalho.[135] As diversas tentativas de administrar o estresse e o esgotamento, tipicamente, voltam-se para: (1) *mudar o ambiente* no qual o estresse existe (por exemplo, transferir pessoas de cargos altamente estressantes, realocar as responsabilidades); (2) *mudar a avaliação que o indivíduo* tem do ambiente (por exemplo, sugerir maneiras para ele controlar melhor a situação, aconselhamento, *workshops*, de redução de estresse); ou (3) *mudar as atividades* e *comportamentos* que possam alterar o ambiente (por exemplo, mudar políticas da organização, desenvolver redes de apoio social). Entretanto, para que esses programas sejam eficazes, é importante identificar as pessoas estressadas ou de alto risco, envolvê-las no programa, dar-lhes treinamento em técnicas de controle do estresse (por exemplo, relaxamento, meditação, ginástica, discussões interpessoais em pequenos grupos) e implementar estratégias para minimizar problemas futuros com o estresse.[136] As políticas e estratégias gerenciais específicas para reduzir o estresse negativos incluem: (1) melhor comunicação bidirecional com os subordinados para reduzir a incerteza; (2) sistemas de avaliação de desempenho e recompensa que diminuam os conflitos e as ambiguidades de papéis; (3) maior participação na tomada de decisões para dar aos subordinados a sensação de mais controle sobre o próprio trabalho; (4) iniciativas de enriquecimento de cargos para dar maior significado ao trabalho de cada um; e (5) melhor combinação de habilidades, personalidade e trabalho, por meio de aconselhamento e desenvolvimento de carreira elaborado com mais cuidado.

Programas corporativos de boa forma

Como parte de muitos esforços para controlar o estresse, *os programas corporativos de boa forma* se voltam para o desenvolvimento da saúde e do bem-estar geral dos membros da organização. Ainda que as atividades esportivas e recreativas com o intuito de promover a lealdade, a amizade, o moral e a vitalidade física e mental datem do final da década de 1880,[137] esses programas tiveram crescimento rápido nas décadas de 1970 e 1980. Estudos recentes, por exemplo, relatam que dois terços de todas as empresas com mais de cinquenta funcionários atualmente realizam alguma espécie de campanha para melhorar a saúde de seus funcionários, encorajando-os a avaliar seus riscos de saúde, parar de fumar, controlar a pressão arterial, verificar o colesterol e adaptar a alimentação de acordo e fazer exercícios.[138]

Mesmo que tenham sido levantadas dúvidas sobre a eficácia global desses programas, um estudo amplamente divulgado, feito pela Prudential Insurance Company, de Houston, EUA, destaca benefícios significativos.[139] Comparando um grupo de empregados sedentários com outro, ativamente envolvido em um programa de exercícios físicos patrocinado pela empresa, a Prudential descobriu que os funcionários "em boa forma", em média, apresentavam menor número de ausências por doença durante cada ano, tinham um nível de produtividade maior, e demonstravam uma atitude mais positiva em relação a si mesmos que o grupo sedentário. Outros estudos relataram resultados semelhantes.[140]

Ainda que os programas de boa forma física continuem a ter aceitação crescente e sejam benefícios para melhorar a capacidade dos funcionários para lidarem com o estresse, os críticos defendem que esses planos muitas vezes desviam recursos que poderiam ser utilizados de maneira mais eficaz na prevenção de riscos do trabalho.[141] Ao se concentrar na boa forma dos funcionários, individualmente, os perigos mais amplos, frequentemente mais nocivos, associados aos diversos cargos, às vezes perdem sua ênfase. Portanto, a maioria dos proponentes defende uma abordagem equilibrada, de modo que o bem-estar e a boa forma complementem, e não substituam, esforços mais abrangentes pela segurança. Contudo, ainda que esses programas não sejam uma panaceia para todos os males relacionados à organização e ao trabalho, eles representam outra forma em que o contexto do trabalho e do local de trabalho continua a evoluir e se desenvolver.

RESUMO

Estes dois últimos capítulos procuraram mostrar a aplicação do comportamento organizacional na prática, nas organizações da atualidade. O Capítulo 10 traçou a filosofia e a evolução do desenvolvimento organizacional, o movimento em prol da qualidade de vida no trabalho e os conceitos e estratégias usados para atingir esses objetivos. O Capítulo 11 ofereceu uma visão mais detalhada de algumas intervenções específicas que podem ser aplicadas para diagnosticar situações organizacionais, envolver os funcionários no processo de solução de problemas e melhoria organizacional, reformular cargos, criar sistemas de recompensa mais significativos e influenciar o contexto no qual o trabalho é realizado. Há, obviamente, muitas outras técnicas e intervenções sendo aplicadas atualmente em organizações e que não foram apresentadas aqui. A intenção foi demonstrar os tipos de intervenção possíveis, e não a de esgotar o assunto.

O ponto mais importante a ser lembrado é que um diagnóstico inicial é necessário. É bem possível, e até provável, que certa intervenção que seja eficaz em uma organização não funcione da mesma forma em outra. Mesmo que as técnicas e as ferramentas apresentadas nestes capítulos tenham sido utilizadas com sucesso, a menos que os problemas de uma organização sejam adequadamente diagnosticados e analisados, e as intervenções sejam então adaptadas aos problemas específicos encontrados, será provável ter frustração e desencanto com os conceitos relacionados ao comportamento organizacional em vez de satisfação pessoal e melhoramentos na organização.

NOTAS

1. A natureza mutante da vida organizacional é o tema de diversas receitas para gerentes. Para indicação de algumas dessas orientações, veja Gordon L. Lippitt. *Organizational Renewal: A Holistic Approach to Organization Development* (Englewood Cliffs: Prentice-Hall, 1982); Grover Starling. *The Changing Environment of Business: A Managerial Approach* (Boston: Kent, 1980); Stanley E. Seashore, Edward E. Lawler III, Philip H. Mirvis e Cortlandt Cammann (Eds.). *Assessing Organizational Change: A Guide to Methods, Measures, and Practices* (Nova York: Wiley-Interscience, 1983).
2. Amitai Etzioni. *Modern Organizations* (Englewood Cliffs: Prentice-Hall, 1964), p. 8-10. (Trad. Editora Pioneira, *As Organizações Modernas*, 8. ed., 1989) e William P. Anthony. *Participative Management* (Reading, MA: Addison-Wesley, 1978), 1978), p. 17-19.
3. Robert H. Hayes e William J. Abernathy. "Managing Our Way To Economic Decline". *Harvard Business Review* (jul.-ago. 1980): 67-77; William J. Abernathy, Kim B. Clark e Alan M. Kantrow. "The New Industrial Competition". *Harvard Business Review* (set.-out. 1981): 68-81; William G. Ouchi. *Theory Z: How American Business Can Meet the Japanese Challenge* (Reading, MA: Addison-Wesley, 1981); e Ezra Vogel. *Japan as Number One: Lessons for America* (Cambridge: Harvard University Press, 1979).
4. Esta discussão foi extraída de David Sirota e Alan D. Wolfson. "Pragmatic Approach to People Problems". *Harvard Business Review* (jan.-fev. 1973): p. 120-23; veja também Edgar H. Schein. *Organizational Psychology* (Englewood Cliffs: Prentice-Hall, 1980), p. 240.
5. W. Warner Burke. *Organizational Development: Principles and Practices* (Boston: Little, Brown, 1982), p. 161-62.
6. David Sirota. "Why Managers Don't Use Survey Results". In: Saul W. Gellerman. *Behavioral Science in Management* (Baltimore: Penguin Books, 1974), p. 86-98; M. Zippo. "The Employee Attitude Survey: Cure for Labor/Management Blues?" *Personnel* 57, n. 2 (1980): 75-76.
7. J. Adams e J. Sherwood. "An Evaluation of Organizational Effectiveness: An Appraisal of How Army Internal Consultants Use Survey Feedback In a Military Setting". *Group and Organization Studies* 4, n. 2 (1979): 170-82; S. L. Cohen e J. R. Turney. "Intervening At The Bottom: Organization Development With Enlisted Personnel in an Army Work-Setting". *Personnel Psychology* 31 (1978): 715-30; D. Umstot. "Organization Development Strategies in the U. S. Military". *Group and Organization Studies* 4, n. 2 (1979): 135-42.
8. Randall B. Dunham, J. E. Newman e R. S. Blackburn. "Employee Reactions to Technological and Organizational Change" (Tese apresentada na Midwest Psychological Association, Chicago, IL, 1978).

9. E. Mollander. *Responsive Capitalism* (Nova York: McGraw-Hill, 1980); Robert H. Guest. "Quality of Work Life – Learning From Tarrytown". *Harvard Business Review* (jul.-ago.): 76-87.
10. David G. Bowers. "OD Techniques and Their Results in 23 Organizations: The Michigan JCL Study". *Journal of Applied Behavioral Science* 9, n. 1 (1973): 21-43.
11. Randall B. Dunham e Frank J. Smith. *Organizational Surveys: An Internal Assessment of Organizational Health* (Dallas: Scott, Foresman, 1979); T. Rickards e J. Bessant, "A Mirror for Change: Survey Feedback Experiences". *Leadership and Organization Development Journal* 1, n. 2 (1980): 10-14.
12. Zippo. "The Employee Attitude Survey".
13. Sirota e Wolfson. "Pragmatic Approach to People Problems".
14. Para uma discussão mais completa do processo de *feedback* de pesquisa, veja James L. Bowditch e Antony F. Buono. *Quality of Work Life Assessment: A Survey-Based Approach* (Boston: Auburn House, 1982); David Nadler. *Feedback and Organization Development* (Reading: Addison-Wesley, 1977): R. Golembiewski e R. Hilles. *Toward the Responsive Organization: The Theory and Practice of Survey Feddback* (Salt Lake City: Brighton, 1979); David G. Bowers e J. Franklin. *Survey-Guided Development I: Data-Based Organizational Change* (La Jolla: University Associates, 1977); e Dunham e Smith, *Organizational Surveys.*
15. Veja um exemplo do questionário em J. Taylor e D. Bowers. *The Survey of Organizations: A Machine Scored Standardized Questionnaire Instrument* (Ann Arbor: Institute for Social Research, 1972).
16. F. J. Smith. "The Index of Organizational Reactions". *JSAS Catalog of Selected Documents in Psychology* 6 (1976): 1265; P. C. Smith, L. M. Kendall e C. L. Hulin. *The Measurement of Satisfaction in Work and Retirement* (Chicago: Rand McNally, 1969); D. J. Weiss, R. V. Davis. G. W. England e L. H. Lofquist. *Manual for the Minnesota Satisfaction Questionaire* (Minnesota Studies for Vocational Rehabilitation, 22, University of Minnesota Industrial Relations Center, 1969).
17. C. P. Alderfer e L. D. Brown. "Questionaire Design in Organizational Research". *Journal of Applied Psychology* 56, n. 6 (1972): 456-60.
18. Bowditch e Buono. *Quality of Work Life Assessment.*
19. Sirota. "Why Managers Don't Use Attitude Survey Results".
20. Veja Bowditch e Buono. *Quality of Work Life Assessment;* N. Rosen. "Employee Attitude Surveys; What Managers Should Know". *Training and Development Journal* (nov. 1987): 50-52.
21. Esta seção foi baseada em Robert R. Blake e Jane S. Mouton. *The Managerial Grid* (Houston: Gulf Pub., 1978). (Trad. Editora Pioneira, *O Grid Gerencial III*, 1990); Robert R. Blake e Jane S. Mouton. *Corporate Excellence Through Grid Organization Development: A Systems Approach* (Houston: Gulf Pub., 1968); Robert R. Blake e Jane S. Mouton. *Building a Dynamic Corporation Through Grid Organization Development* (Reading, Mass.: Addison-Wesley, 1969).
22. Robert Blake, Jane Mouton, L. Barnes e L. Greiner. "Breakthrough in Organization Development". *Harvard Business Review* (nov.-dez. 1964): 133-55; R. Blake, J. Mouton, L. Barnes e L. Greiner. "Using the Managerial Grid to Ensure MBO". *Organizational Dynamics* (1974): 54-65; P. Kreinick e N. Colarelli. "Managerial Grid Human Relations Training for Mental Hospital Personnel". *Human Relations* 24, n. 1 (1971): 91-104; Michael Beer e S. Kleisath. "Effects of the Managerial Grid on Organizational and Leadership Dimensions" In: S. Zalkind (Ed.). *Research on the Impact of Using Different Laboratory Methods for Interpersonal and Organizational Change* (Simpósio apresentado em American Psychological Association, Washington, D. C., set. 1967).
23. Blake e Mouton. *The New Managerial Grid*, p. 145.
24. I. D. Steiner. *Group Process and Productivity* (Nova York: Academic Press, 1972), p. 7-9.
25. Edgar H. Schin. *Process Consultation: Its Role in Organization Development* (Reading, MA: Addison-Wesley, 1969), p. 9. A discussão que se segue foi extraída da obra de Schein.
26. R. Kaplan. "The Conspicuous Absence of Evidence that Process Consultation Enhances Task Performance". *Journal of Applied Behavioral Science* 15, n. 3 (1979): 346-60.
27. Edward E. Lawler III. "Pay, Participation, and Organizational Change". In: E. L. Cass e F. G. Zimmer (Eds.). *Man and Work in Society* (Nova York: Van Nostrand Reinhold, 1975); F. C. Mann e F. W. Neff. *Managing Major Change in Organizations* (Ann Arbor: The Foundation for Research in Human Behavior, 1961); R. M. Powell e I. Schlacter. "Participative Management a Panacea?" *Academy of Management Journal* 14 (1971): 165-73; George Strauss. "Managerial Practices". In: J. Richard Hackman e J. Lloyd Suttle (Eds.). *Improving Life at Work: Behavioral Science Approaches to Organizational Change* (Santa Monica: Goodyear, 1977), p. 323-39; Aaron J. Nurick. "Participation in Organizational Change: A Longitudinal Field Study". *Human Relations* 35, n. 5 (1982): 413-30; John P. Kotter e Leonard A. Schlesinger. "Choosing Strategies For Change". *Harvard Business Review*, v. 57 (mar.-abr. 1979): 106-14; A. J. Marrow D. G. Bowers e Stanley E. Seashore. *Management by Participation* (Nova York: Harper & Row, 1967).

28. J. R. French, J. Israel e D. As. "An Experiment on Participation in a Norweigian Factory". *Human Relations* 13, n. 1 (1960): 3-20; Strauss. "Managerial Practices", 326; Nurickw. "Participation in Organizational Change".
29. Veja M. Sashkin. "Participative Management Is an Ethical Imperative". *Organizational Dynamics* 12, n. 4 (1984): 5-22; e M. Sashkin. "Participative Management Remains an Ethical Imperative". *Organizational Dynamics* 14, n. 4 (1986): 62-71.
30. E. Locke, D. Schweiger e G. Latham. "Participation in Decision Making: When Should It Be Used?" *Organizational Dynamics* 14, n. 3 (1986): 65-79.
31. Veja E. E. Lawler. "Transformation from Control to Involvement". In: R. H. Kilmann, T. J. Covin and Associates. *Corporate Transformation: Revitalizing Organizations for a Competitive World* (San Francisco: Jossey-Bass, 1988), p. 46-65.
32. Stanley E. Seashore. "Participation in Decision Making: Some Issues of Conception, Measurement, and Interaction" (Tese apresentada na Reunião Anual da Academy of Management, agosto de 1977); Strauss. "Managerial Practices", p. 326.
33. David A. Nadler e Edward E. Lawler III. "Quality of Work Life: Perspectives and Directions". *Organizational Dynamics* (1983): p. 27.
34. Burke. *Organization Development*, p. 54-55; veja também J. L. Cotton, D. A. Vollrath, K. L. Froggatt, M. L. Lengnick-Hall e K. R. Jennings. "Employee Participation: Diverse Forms and Different Outcomes". *Academy of Management Review* 13, n. 1 (1988): 8-22.
35. Veja P. Drucker. *The Practice of Management* (Nova York: Harper & Row, 1954). (Trad. Editora Pioneira, *Prática de Administração de Empresas*, 1981.)
36. Veja um bom resumo da literatura sobre GPO em S. J. Carroll e H. L. Tosi. *Management By Objectives: Applications and Research* (Nova York: Macmillan, 1973); R. C. Ford, F. S. McLaughlin e J. Nixdorf. "Ten Questions About MBO", *California Management Review* (1980): 88-94; e J. N. Kondrasuk. "Studies in MBO Effectiveness". *Academy of Management Review* 6, n. 3 (1981): 419-430.
37. Veja G. S. Odiorne. *M. B. O. II* (Belmont, CA: Pearson, 1979); e G. S. Odiorne. "Management by Objectives for HR Managers". In: W. R. Tracey, (Ed.). *Human Resources Management and Development Handbook* (Nova York: Amacom, 1985), p. 101-110.
38. Veja H. Levinson. "Management By Whose Objectives?" *Harvard Business Review* 48, n. 4 (1970): 125-134; e C. D. Pringle e J. G. Longnecker. "The Ethics of MBO". *Academy of Management Review* 7, n. 2 (1982): 177-186.
39. Veja, por exemplo, J. M. Ivancevich. "A Longitudinal Assessment of Management by Objectives". *Administrative Science Quarterly* 17 (1972): 126-138; e J. M. Ivancevich. "Changes in Performance in a Management by Objectives Program". *Administrative Science Quarterly* 19 (1974): 563-574.
40. Odiorne. "Management by Objectives for HR Managers"; e Pringle e Longnecker. "The Ethics of MBO."
41. D. A. Hallowell e H. E. Miler. "Workplace Improvement". In: Tracey (Ed.). *Human Resources Management*, p. 691-692.
42. Boa parte da discussão que se segue foi extraída de Wayne Dyer. *Team Building: Issues and Alternatives* (Reading, Ma: Addison-Wesley, 1971); e Mark S. Plovnick, Ronald E. Fry e W. Warner Burke. *Organization Development: Exercises. Cases and Readings* (Boston: Little Brown, 1982), capítulo 13.
43. Huse. *Organization Development and Change*, p. 343.
44. Edgar F. Huse e James L. Bowditch. *Behavior in Organizations: A Systems Approach to Managing* (Reading, MA: Addison-Wesley, 1977), p. 407-08.
45. Richard Beckhard. "Optimizing Team-Bulding Efforts". *Journal of Contemporary Business* 1, n. 3 (1971): 23-32.
46. Beckhard. "Optimizing Team-Building Efforts", p. 23-24.
47. Burke. *Organization Development*, p. 282.
48. *Executive Effectiveness and Organizational Team Building* (Washington, D.C.: U.S. Government Printing Office, 1977); Beckhard. "Optimizing Team-Building Efforts" e Richard Beckhard e D. Lake, "Short-and Long-Range Effects of a Team Development Effort". In: H. A. Hornstein, B. B. Bunker, W. W. Burke, M. Gindes e R. J. Lewicki. *Social Intervention: A Behavioral Science Approach* (Nova York: Free Press, 1971), p. 421-39.
49. Huse. *Organization Development and Change*, p. 353.
50. Edwin G. Yager. "The Quality Control Circle Explosion". *Training and Development Journal* (abr. 1981): 98-105; Kenichi Ohmae. "Quality Control Circles: They Work and Don't Work". *Wall Street Journal*, 29 mar. 1982, p. 18; e George Munchus III, "Employer-Employee Based Quality Circles in Japan: Human Resource Policy Implications For American Firms". *Academy of Management Review* 8, n. 2 (1983): 255-61.
51. Peter F. Drucker. "Learning from Foreign Management". *Wall Street Journal*, 4 jun. 1980, p. 24; Yager. "Quality Control Circle Explosion"; Robert E. Cole. *Work, Mobility, and Participation: A Comparative Study of American and Japanese Industry* (Berkeley: University of California Press, 1980).

52. David Hutchins. "Quality Circles: The Missing Link". *Leadership and Organization Development Journal* 1, n. 4 (1980): v-viii; U. C. Lehner. "Japanese Firms' Estresse on Quality Control is Reflected in Dogged Vying for *Award*". *Wall Street Journal*, 24 set. 1980, p. 52.
53. Robert E. Cole. "A Japanese Management Import Comes Full Circle". *Wall Street Journal*, 22 fev. 1983, p. 30; Yager, "Quality Control Circle Explosion", p. 99; Don McCormick e Julie Spoth. "Evaluating Hospital Quality Circles" (Tese apresentada na Reunião Conjunta Nacional TIMS/ORSA, Chicago, IL, 27 abr. 1983); M. L. Marks, P. H. Mirvis, E. J. Hackett e J. F. Grady. "Employee Participation in a Quality Circle Program: Impact on Quality of Work Life, Productivity, and Absenteeism". *Journal of Applied Psychology* 71, n. 1 (1986): 61-69.
54. Robert S. Greenberger. "Quality Circles Grow, Stirring Union Worries". *Wall Street Journal* 22, set. 1981, p. 29; Ohmae. "Quality Control Circles"; Cole, "A Japanese Management Import"; E. E. Lawler e S. A. Mohrman. "Quality Circles: After the Honeymoon". *Organizational Dynamics* 15, n. 4 (1987): 42-55.
55. Veja uma discussão mais completa das técnicas de solução de problemas dos CQs em Kaoru Ishikawa. *QC Circle Activities* (Tokyo: Union of Japanese Scientists and Engineers, 1968); Hutchkins. "Quality Circles"; e Munchus, "Employer-Employee Based Quality Circles".
56. Esta discussão foi baseada em Edwin G. Yager. "Examining the Quality Control Circle". *Personnel Journal* (out. 1979): 684; Yager. "Quality Control Circle Explosion", 100-103; Cole, "Japanese Management Import"; e Ohmae, "Quality Control Circles".
57. Veja R. E. Cole. "Will QC Circles Work in the U.S.?" *Quality Progress* (jul. 1980): 30; J. D. Blair e C. J. Whitehead. "Can Quality Circles Survive in the United States?" *Business Horizons* 27, n. 5 (1984): 17-23.
58. Lawler e Mohrman. "Quality Circles", p. 49-52.
59. J. Richard Hackman. "Work Design". In: Hackman e Suttle. *Improving Life At Work*, p. 98-100; veja também D. Umstot, "Job Design". In: D. Hellriegel e J. Slocum, Jr., *Organizational Behavior*, 2. ed. (St. Paul, MN: West Pub., 1979).
60. Randall B. Dunham. "The Design of Jobs". In: Wendell L. French, Cecil H. Bell, Jr. e Robert A. Zawacki (Eds.). *Organization Development: Theory, Practice, and Research* (Plano, TX: Business Publications, 1983), p. 311.
61. J. R. Hackman e G. R. Oldham. "Developing the Job Diagnostic Survey". *Journal of Applied Psychology* 60 (1975): 159-70.
62. Hackman. "Work Design", p. 131.
63. A Pesquisa de Diagnóstico do Cargo (JDS) é descrita detalhadamente em Oldham. "Developing the Job Diagnostic Survey".
64. Hackman, "Work Design", p. 133-36.
65. Veja uma revisão de pesquisas subsequentes em Dunham, "Work Redesign", p. 306-10; J. L. Pierce e R. B. Dunham, "Task Design: A Literature Review". *Academy of Management Review* 1, n. 1 (1976): 83-97; J. R. Hackman e G. R. Oldham. "Motivation Through the Design of Work: Test of a Theory". *Organizational Behavior and Human Performance* 16 (1976): 250-79; Hackman. "Work Design", p. 132-33; P. C. Bottger e J. K. Chew. "The Job Characteristics Model and Growth Satisfaction: Main Effects of Assimilation of Work Experience and Context Satisfaction". *Human Relations* 39, n. 6 (1986): 575-594; F. Luthans, B. Kemmerer, P. Paul e L. Taylor. "The Impact of a Job Redesign Intervention on Salespersons' Observed Performance Behaviors". *Group & Organization Studies* 12, n. 1 (1987): 55-72.
66. Veja G. Salancik e J. Pfeffer. "An Examination of Need-Satisfaction Models of Job Attitudes". *Administrative Science Quarterly* 22 (1977): 427-456; e J. Thomas e R. W. Griffin. "The Social Information Processing Model of Task Design: A Review of the Literature". *Academy of Management Review* 8, n. 4 (1983): 672-682.
67. R. W. Griffin. "Toward an Integrated Theory of Task Design". In: L L. Cummings e B. M. Staw (Eds.). *Research in Organizational Behavior*, v. 9 (Greenwich, CT: JAI Press, 1987), p. 79-120.
68. Griffin, "Toward an Integrated Theory of Task Design".
69. Veja Stephen P. Robbins. *Organization Theory: The Structure and Design of Organizations* (Englewood Cliffs: Prentice-Hall, 1983), p. 252-60; exemplos empíricos de diversos tipos de tentativas de reestruturação podem ser encontrados em Louis E. Davis e Albert B. Cherns (Eds.). *The Quality of Working Life: Cases and Commentary*, v. 2 (Nova York: Free Press, 1975), p. 270-315.
70. Hackman, "Work Design", p. 106.
71. John Van Maanen e Edgar H. Schein. "Career Development". In: Hackman e Suttle (Eds.). *Improving Life at Work*, p. 88-89.
72. Robbins. *Organization Theory*, p. 253.
73. Robbins. *Organization Theory*, p. 254.
74. Huse. *Organization Development and Change*, p. 310.
75. O enriquecimento de cargos recebeu a maior das atenções entre as estratégias de reformulação de cargos em uma tentativa de melhorar a qualidade de vida das pessoas no trabalho. Veja uma boa revisão da teoria e das pesquisas que baseiam o enriquecimento de cargos em Frederick Herzberg, B. Mauser e B. Snyderman. *The*

Motivation to Work (Nova York: Wiley, 1959); R. N. Ford. *Motivation Through the Work Itself* (Nova York: American Management Association, 1969); e J. R. Maher (Ed.). *New Perspectives in Job Enrichment* (Nova York: Van Nostrand Reinhold, 1971).
76. A discussão dos cinco princípios de ação subjacentes ao enriquecimento de cargos foi extraída de Hackman, "Work Design", p. 136-40.
77. Huse. *Organization Development and Change*, p. 313.
78. Veja outras discussões sobre estratégias de enriquecimento de cargos em Ford. *Motivation Through the Work Itself*; Frederick Herzberg. "One More Time: How Do You Motivate Employees?" *Harvard Business Review* (jan.-fev. 1968): 53-62; Frederick Herzberg. "The Wise Old Turk". *Harvard Business Review* (set.-out. 1974): 70-80; R. A. Katzell e D. Yankelovich. *Work, Productivity, and Job Satisfaction* (Nova York: The Psychological Corporation, 1975): e M. A. Campion e P. W. Thayer. "Job Design: Approaches, Outcomes, and Trade-offs". *Organizational Dynamics* (1987): 66-79.
79. Dunham. "Design of Jobs"; R. Ford. "Job Enrichment Lessons from AT&T", *Harvard Business Review* (jan.-fev. 1973): 96-106; W. Paul, K. Robertson e F. Herzberg. "Job Enrichment Pays Off". *Harvard Business Review* (mar.-abr. 1969): 61-78; E. Lawler. "Job Design and Employee Motivation", *Personnel Psychology* 22, n. 4 (1969): 426-35; e E. E. Lawler III, J. R. Hackman e S. Kaufman. "Effects of Job Redesign: A Field Experiment". *Journal of Applied Social Psychology* 3 (1973): 49-62.
80. R. E. Kopelman. "Job Redesign and Productivity: A Review of the Evidence". *National Productivity Review* 4, n. 3 (1985): 237-255.
81. Veja D. Sirota e A. Wolfson. "Job Enrichment: What Are the Obstacles?" *Personnel* 49, n. 3 (1972): 8-17; Hackman, "Work Design", p. 148-150.
82. Lawler et al. "Effects of Job Redesign"; veja também J. A. Klein. "Why Supervisors Resist Employee Involvement". *Harvard Business Review* 62, n. 5 (1984): 87-95.
83. Sirota e Wolfson. "Job Enrichment"; George W. Bohlander. "Implementing Quality-of-Work Programs: Recognizing the Barriers". *MSU Business Topics* (1979): 33-40.
84. Kopelman. "Job Redesign and Productivity", p. 246; A. J. Nurick. *Participation in Organizational Change: The TVA Experiment* (Nova York: Praeger, 1985).
85. D. T. Hall, J. G. Goodale, S. Rabinowitz e M. A. Morgan. "Effects of top-Down Departmental and Job Change Upon Perceived Employee Behavior and Attitudes: A Natural Field Experiment". *Journal of Applied Psychology* 63 (1978): 62-72.
86. Hackman. "Work Design", p. 157.
87. Hackman. "Work Design", p. 158.
88. D. P. Schwab e L. L. Cummings. "Impact of Task Scope on Employee Productivity: An Evaluation Using Expectancy Theory". *Academy of Management Review* 1 (1976): 23-35.
89. Kopelman. "Job Redesign and Productivity", p. 247.
90. W. F. Whyte. "Work Redesign and Cross-Cultural Lessons". In: R. Schrank (Ed.). *Industrial Democracy at Sea: Authority and Democracy on a Norwegian Freighter* (Cambridge, MA: MIT Press, 1983), p. 156-170.
91. J. Richard Hackman. "The Design of Work in the 1980's". *Organizational Dynamics* (1978): 3-17.
92. James W. Walker. *Human Resource Planning* (Nova York: McGraw-Hill, 1980), capítulo 10.
93. Edward E. Lawler III. "Reward Systems". In: Hackman e Suttle. *Improving Life at Work*, p. 164-66.
94. Lawler. "Reward Systems", p. 167-168.
95. J. Solomon. "The Future Look of Employee Benefits". *Wall Street Journal*, 7 set. 1988, p. 29.
96. L. W. Porter. "Turning Work into Nonwork: The Rewarding Environment". In: M. Dunnette (Ed.). *Work and Nonwork in the Year 2000* (Monterey, CA: Brooks/Cole, 1973), p. 113-133; veja uma avaliação atualizada dessas questões em H. R. Nalbantian (Ed.). *Incentives, Cooperation and Risk Sharing: Economic and Psychological Perspectives on Employment Contracts* (Totowa, NJ: Rowman and Littlefield, 1987).
97. Veja Edward E. Lawler III. *Pay and Organization Development* (Reading, MA: Addison-Wesley, 1981), capítulo 9; R. J. Buillock e Mark E. Tubbs. "A Meta-Analysis of Gainsharing Plans as OD Interventions" (Tese apresentada na 43ª Reunião Anual da Academy of Management, Dallas, TX, 14-17 ago. 1983). C. S. Miller e M. H. Schuster. "Gainsharing Plans: A Comparative Analysis". *Organizational Dynamics* 16 (1987): 44-67.
98. Wayne F. Cascio e Elias M. Awad. *Human Resources Management: An Information Systems Approach* (Reston, VA: Reston Pub., 1981), capítulo 15; T. H. Patten, Jr. *Pay: Employee Compensation and Incentive Plans* (Nova York: Free Press, 1977); Lawler. *Pay and Organization Development.*
99. Cascio e Awad. *Human Resources Management*, p. 387-390.
100. F. Lesieur (Ed.). *The Scanlon Plan: A Frontier in Labor/Management Cooperation* (Cambridge: MIT Press, 1958); James W. Driscoll. "Working Creatively with a Union: Lessons from the Scanlon Plan". *Organizational Dynamics* (1979): 61-80; J. Kenneth White. "The Scanlon Plan: Causes and Correlates of Success". *Academy of Management*

Journal 22, n. 2 (1979): 292-312; C. Bull. "Business Cycles and Wage Determination in the United States". In: H. R. Nalbantian (Ed.). *Incentives, Cooperation and Risk Sharing*, p. 219-221.

101. C. P. Alderfer. "Group and Intergroup Relations". In: Hackman e Suttle, *Improving Life At Work*, p. 289-90; Driscoll. "Working Creatively with a Union", p. 61.
102. Veja a Parte 7 "Quality of Working Life – A Central Issue in Industrial Relations". In: Louis E. Davis e Albert B. Cherns (Eds.). *The Quality of Working Life*, v. 1 (Nova York: Free Press, 1975), p. 390-438.
103. White. "The Scanlon Plan", p. 293.
104. Driscoll. "Working Creatively with a Union", p. 61-63; Alderfer. "Group and Intergroup Relations", p. 287-88.
105. A discussão que se segue foi extraída de White. "The Scanlon Plan", p. 298-305; Driscoll. "Working Creatively with a Union", p. 68-80; Lawler. "Reward Systems", p. 205-07; Lawler. *Pay and Organization Development*, p. 134-46; M. R. Dulworth e B. L. Usilaner. "Federal Government Gainsharing Systems in an Environment of Retrenchment". *National Productivity Review* 6 (1987): 144-152; e M. Schuster. "Gain Sharing: Dot It Right the First Time". *Sloan Management Review* (1987): 17-25.
106. Stephen N. Gerberding. "Communicate Your Benefits Program Through an Employee Fair". *Personnel Administrator* 28 n. 5 (1983): 51-53; Helen LeVan, Nicholas Mathys e David Drehmer. "A Look At The Counseling Practices of Major U. S. Corporations". *Personnel Administrator* 28, n. 16 (1983): 76-81, 143-46; David E. Nelson. "Employee Control Is An Important Option in Variable Work Schedules". *Personnel Administrator* 28 n. 6 (1983): 118-23; David J. Reed. "One Approach to Employee Assistance". *Personnel Journal* 62, n. 8 (1983): 648-52; e Robert Lawrence. "Flexible Working Hours: A New Key to Productivity". *Best's Review* 77, n. 1 (1976): 77; Steven L. Shapiro. "Pfizer's Corporation Campus Builds Skills and Morale". *Personnel Administrator* 28, n. 6 (1983): 49-53; e C. Finney. "Corporate Benefits of Employee Recreation Programs", *Parks & Recreation* (ago. 1984): 44-46, 71.
107. Nicholas J. Beutell. "Managing the Older Worker". *Personnel Administrator* 28, n. 8 (1983): 31-38, 64; Robert A. Rodriguez. "How to Judge Your Day Care Operations". *Personnel Administrator* 28, n. 8 (1983): 41-44; Kaleel Jamison. "Managing Sexual Attraction in the Workplace". *Personnel Administrator* 28, n. 8 (1983): 45-51; Rebecca Anderson. "A Primer on Protecting the Pregnant Workers". *Personnel Administrator* 28, n. 6 (1983): 61-64; S. M. Freedman e R. T. Keller. "The Handicapped in the Workforce". *Academy of Management Review* 6, n. 3 (1981): 449-458; J. Solomon. "The Future Look of Employee Benefits"; e M. Crary. "Managing Attraction and Intimacy at Work". *Organization Dynamics* 15, n. 4 (1987); 26-41.
108. Jeffrey L. Sheler. "Flexible Work Hours Gather Momentum". *U. S. New & World Report*, 28 set. 1981, p. 76-77; Patricia Gatto. "How To Fit Your Job Into Your Schedule". *Boston Globe*, 3 set. 1979, p. 1, 16; Nelson. "Employee Control Is An Important Option in Variable Work Schedules".
109. Lawrence. "Flexible Working Hours"; A. Elbing, H. Gadon e J. Gordon, "Special Report: The Flexible Working Hours System Is on its Way – U. S. Managers Should Anticipate Less Absenteeism, Happier Employees". *Harvard Business Review* (jan.-fev., 1974): p. 19ss.; Donald J. Petersen. "Flexitime in the United States: The Lessons of Experience". *Personnel* (jan.-fev., 1980): 21-31.
110. Para uma discussão mais profunda sobre horário flexível, veja Petersen. "Flexitime in the United States"; Cary B. Bard, "Flexitime Under Scrutiny: Research on Work Adjustment and Organizational Performance". *Personnel Administrator* 25, n. 5 (1980): 69-74; S. J. Baum e W. M. Young. *A Practical Guide to Flexible Working Hours* (Park Ridge, NJ: Noyes Data, 1973).
111. Veja mais detalhes sobre a semana comprimida de trabalho em B. J. Hodge e R. D. Tellier. "Employee Reactions to the Four-Day Week", *California Management Review* (1975): 25-30; J. M. Ivancevich e H. L. Lyon. "The Shortened Work Week: A Field Experiment". *Journal of Applied Psychology* 62 (1977): 34-37.
112. Petersen. "Flexitime in the United States", p. 24-28; Bard. "Flexitime under Scrutiny", p. 72-74; R. T. Golembiewski e C. W. Proehl. "A Survey of the Empirical Literature on Flexitime Workhours: Character and Consequences of a Major Innovation". *Academy of Management Review* 3 (1978): 837-53; Lawrence. "Flexible Working Hours", p. 77; W. D. Hicks e R. J. Klimoski. "The Impact of Flexitime on Employee Attitudes". *Academy of Management Journal*, 24, n. 2 (1981): 333-341; e J. R. Turney e S. L. Cohen. "Alternative Work Schedules Increase Employee Satisfaction". *Personnel Journal* (mar. 1983): 199-207.
113. Huse. *Organization Development and Change*, p. 321.
114. Andrew J. DuBrin. *Contemporary Applied Management* (Plano, TX: Business Publications, 1982), p. 206.
115. Albert S. Glickman e Zenia H. Brown. *Changing Schedules of Work: Patterns and Implications* (Kalamazoo, MI: W. E. Upjohn Institute, 1974), p. 36-39; Robert J. Donahue. "Flexible Time Systems: Flex Time Systems in New York". *Public Personnel Management*, 4, n. 4 (1975): 214; Petersen. "Flexitime in the United States", p. 22-23; DuBrin, *Contemporary Applied Management*, p. 206-07.
116. Sheila Tefft. "The Hollow Promise of the 4-Day Workweek". *Boston Globe*, 6 dez. 1981, p. A33, A45; Petersen. "Flexitime in the United States", p. 31.

117. Esta discussão foi extraída de David J. Reed. "One Approach to Employee Assistance", *Personnel Journal* 62, n. 8 (1983): 648-52; LeVan, Mathys e Drehmer. "Counseling Practices"; Robert Whitte e Marsha Cannon, "Employee Assistance Programs: Getting Top Management's Support". *Personnel Administrator* 24, n. 6 (1979): 23-26, 44; DuBrin. *Contemporary Applied Management*, capítulo 17.
118. Veja H. Shore. "Employee Assistance Programs – Reaping the Benefits". *Sloan Management Review* (1984): 69-73.
119. Herbert K. Freudenberger. *Burn Out. The High Cost of High Achievement* (Garden City, NY: Anchor/Doubleday, 1980); Arthur P. Brief, Randall S. Schuler e Mary Van Sell. *Managing Job Stress* (Boston: Little, Brown, 1981); Suzanne Gordon. "Workplace Fantasies". *Working Papers For a New Society* (set.-out., 1980): 36-41.
120. Veja P. Adler, Jr., C. K. Parsons e S. B. Zolke. "Employee Privacy: Legal and Research Developments and Implications for Personnel Administration". *Sloan Management Review* (1985): 13-22.
121. Douglas T. Hall. *Careers in Organizations* (Santa Monica: Goodyear, 1976), p. 4, veja também John Van Maanen e Edgar H. Schein. "Career Development". In: Hackman e Suttle. *Improving Life at Work*, p. 30-95.
122. James W. Walker. *Human Resource Planning* (Nova York: McGraw-Hill, 1980), p. 326-27; LeVan, Mathys e Drehmer, "Counseling Practices".
123. Walker. *Human Resource Planning*, p. 333-34.
124. James W. Walker e Thomas G. Gutteridge. *Career Planning Practices* (Nova York: Amacon, 1979).
125. R. J. Mirabile. "New Directions for Career Development". *Training and Development Journal* 41, n. 12 (1987): 30-33; e M. B. Arthur. "Career Development and Participation at Work: Time for Mating?" *Human Resources Management* 27, n. 2 (1988): 181-199.
126. Warren R. Whilhelm. "Helping Workers to Self-Manage Their Careers". *Personnel Administrator* 28, n. 8 (1983): 83-89; Walker. *Human Resource Planning*, p. 334-35; DuBrin. *Contemporary Applied Management*, p. 181.
127. Walker. *Human Resource Planning*, p. 348-49; DuBrin. *Contemporary Applied Management*, p. 182.
128. P. Thompson, K. Kirkham e J. Dixon. "Warning: The Fast Track May Be Hazardous to Organizational Health". *Organizational Dynamics* 13, n. 4 (1985): 21-33.
129. Veja um bom resumo da literatura sobre estresse em M. Matteson and J. M. Ivancevich. *Controlling Work Stress: Effective Human Resource and Management Strategies* (San Francisco: Jossey-Bass, 1987). Uma discussão interessante sobre estresse que pode ser precipitado por intervenções "positivas" como equipes de trabalho e outras técnicas gerenciais japonesas correlatas pode ser encontrada em M. Parker e J. Slaughter. "Management by Estresse". *Technology Review* (out. 1988): 37-44.
130. Matteson e Ivancevich. *Controlling Work Stress.*
131. Veja B. S. Dohrenwend e B. Dohrenwend (Eds.). *Stressful Life Events: Their Nature and Effects* (Nova York: Wiley, 1974); e A. P. Brief e J. M. Atieh, "Studying Job Estresse: Are We Making Mountains Out of Molehills?" In: J. A. Pearce and R. B. Robinson, Jr. (Eds.). *Academy of Management Best Paper Proceedings, 1986* (Academy of Management, 1986), p. 170-174.
132. Veja R. S. Lazarus e S. Folkman. *Stress Appraisal, and Coping* (Nova York: 1985); e J. M. Ivancevich, D. M. Schweiger e F. R. Power. "Strategies for Managing Human Resources during Mergers and Acquisitions". *Human Resources Planning* 10, n. 1 (1987): 19-35.
133. A discussão que se segue foi baseada em D. Etzion. "The Experience of Burnout and Work/ Non-Work Success in Male and Female Engineers: A Matched-Pairs Comparison". *Human Resource Management* 27, n. 2 (1988): 163-179.
134. Etzion. "The Experience of Burnout", p. 165.
135. H. L. Tosi, J. R. Rizzo e S. J. Carroll. *Managing Organizational Behavior* (Boston: Pitman, 1986), p. 314-317; veja também A. M. Freedman, "Estresse-Management Training". In: Tracey. *Human Resource Management and Development Handbook*, p. 1221-1240.
136. C. Dubnicki e L. D. Prince. "Personal Growth Training". In: Tracey, *Human Resource Management and Development Handbook*, p. 1211-1212.
137. M. T. Murphy. "The History of Employee Services and Recreation". *Parks & Recreation* 19 (ago. 1984): 34-39.
138. S. Feinstein. "Labor Letter: Wellness Programs are Promoted by More Firms". *Wall Street Journal*, 17 jan. 1989, p. 1.
139. Veja B. Lau. "Corporate Fitness Programs". *NRECA Management Quarterly* (1985): 20-24.
140. C. Finney. "Corporate Benefits of Employee Recreation Programs". *Parks & Recreation* 19 (ago. 1984): 44-46, 71.
141. Feinstein. "Labor Letter: Wellness Programs", p. 1.

apêndice A

Análise estatística

Há diversas técnicas estatísticas comumente empregadas em pesquisas de comportamento organizacional.[1] Esses métodos variam desde distribuições marginais e tabulações cruzadas relativamente simples dos dados em bruto até técnicas mais complexas, como correlação, regressão e análise da variância. As análises mais sofisticadas são desejáveis quando pesquisadores querem determinar (1) quais as variáveis que são inter-relacionadas; (2) se há diferenças entre subamostras da população em estudo, que possam ser atribuídas ao acaso; ou (3) se certas variáveis são previsíveis, sabendo-se os valores de outras.

O propósito deste apêndice é familiarizar o leitor com algumas das técnicas estatísticas mais comumente utilizadas em pesquisas de comportamento organizacional. O intuito não é explicar cada uma dessas técnicas e sua aplicação. Recomenda-se ao leitor que consulte algumas das muitas fontes de referência sobre como trabalhar com dados quantitativos para obter mais informações e esclarecimentos.

Visto que os dados são frequentemente coletados de uma amostra da população de interesse, a maioria das técnicas descritas neste apêndice é empregada para fazer uma estimativa de quais as conclusões aplicáveis à população como um todo. Da mesma forma, exporemos rapidamente as técnicas de amostragem e o seu significado estatístico, antes de passarmos a uma visão geral dos diversos métodos estatísticos comumente aplicados em pesquisas de comportamento organizacional.

AMOSTRAGEM

O propósito básico da amostragem é examinar uma população inteira, estudando uma porção do grupo maior, de modo que os dados coletados possam ser empregados para fazer estimativas precisas da população toda. Para garantir essa generalização, é preciso adotar procedimentos confiáveis para aumentar a probabilidade de que a amostra estudada efetivamente seja representativa da população total. Nesses trabalhos de pesquisa, podem ocorrer influências na seleção se (1) a amostragem for feita com base não aleatória (ou seja, se a seleção for consciente ou inconscientemente influenciada pela escolha humana), ou (2) o quadro de amostragem utilizado como base para a seleção não abranger adequadamente a população. Portanto, a *amostragem probabilís-*

tica é o principal método que pode ser usado para obter dados de um conjunto da população, que represente precisamente as respostas que poderiam ser obtidas da população inteira.[2]

Amostragem aleatória

A forma mais comumente aplicada de amostragem probabilística é chamada amostragem aleatória simples, um processo no qual cada elemento da população tem a mesma chance de ser selecionado. É realizado por meio de amostragem *sem* reposição, ou seja, um indivíduo (ou uma coisa) não pode comparecer à mesma amostra mais de uma vez. Para assegurar a aleatoriedade, os indivíduos são escolhidos com base em uma tabela de números aleatórios (que pode ser encontrada em livros básicos de estatística) ou por sorteio (cada elemento da população é representado por uma ficha, que é posta em uma urna – são retiradas fichas até que a amostra necessária tenha sido selecionada).

Ainda que a amostragem aleatória seja frequentemente equiparada à "escolha ao acaso", e muitas pessoas acreditem que, enquanto o pesquisador não escolher conscientemente alguns indivíduos, a aleatoriedade estará garantida, isso não é verdade. As pessoas inconscientemente tendem a favorecer certos indivíduos, ou unidades, de uma população, ainda que pensem que estão escolhendo ao acaso. Somente adotando um procedimento independente da escolha humana será possível afirmar que uma amostra é realmente aleatória.

Amostragem estratificada

Uma variação importante da amostragem probabilística, frequentemente utilizada em pesquisas de comportamento organizacional, é a *amostragem estratificada*. Usa-se essa abordagem para aumentar a precisão de uma amostra, assegurando que certos grupos sejam suficientemente representados. Essa abordagem não representa um afastamento do princípio da aleatoriedade. Em vez disso, *antes* da seleção, a população é dividida em grupos críticos (por gênero, raça, grupo de cargos, e assim por diante), o passo seguinte é obter uma amostra aleatória de *cada* grupo. Dessa forma, Ainda que o método possa aumentar a probabilidade de que a amostra represente a população maior em estudo, a escolha nos grupos precisa ser feita aleatoriamente.

Amostragem agrupada

Outra variação da amostragem probabilística, frequentemente usada para reduzir os custos da pesquisa, é a amostragem agrupada. Ainda que o uso desse procedimento seja menos comum que a amostragem aleatória simples ou estratificada, a amostragem agrupada é um processo de tomar amostras de unidades ou grupos inteiros em certa população. Isso é frequentemente feito por meio de um processo de vários estágios, no qual diversos grupos são escolhidos ao acaso e incluídos na amostra. Entretanto, se a pesquisa for feita em uma organização, costuma haver a dúvida sobre o que realmente constitui um grupo apropriado para análise. Como essa é uma decisão muito pessoal, a perícia do pesquisador assume particular importância nessa técnica.

SIGNIFICADO ESTATÍSTICO

Uma das tarefas da pesquisa em comportamento organizacional é descrever o que ocorreu em um grupo ou parte da organização. Isso, contudo, é apenas o início desse trabalho de pesquisa. O passo seguinte é chegar a conclusões que se estendam além da amostra em si e fazer generalizações sobre a população maior. Para fazê-lo, os pesquisadores dependem da *estatística inferencial*, técnicas estatísticas que permitem inferir ou induzir algo sobre a população maior, com base nas observações feitas na amostra.

Existem duas questões críticas na estatística inferencial: (1) até que ponto as variáveis incontroláveis (frequentemente chamadas "sorte") influenciam as conclusões do estudo?; e (2) se o estudo fosse repetido, teríamos confiança em predizer que os mesmos resultados ocorreriam? A dúvida por trás dessas questões é até onde podemos inferir algo sobre a população maior. A resposta a essa preocupação revela a natureza básica das pesquisas em ciências comportamentais, ou seja, uma orientação probabilística e não absolutista. Em outras palavras, usa-se a *probabilidade* para determinar se a "sorte" influenciou os resultados da pesquisa.[3]

As afirmações de probabilidade, apresentadas na forma de (in)equações estatísticas, são usadas para indicar se os dados da amostra podem ou não ser aplicados para fazer inferências sobre a população maior. Em artigos ou relatórios de pesquisa, a afirmação aparece da seguinte forma:

$$p < 0{,}05$$
$$p < 0{,}01$$
$$p < 0{,}001$$
$$p = \text{NS}$$

Isso é uma versão telegráfica de dizer que há uma probabilidade de 5% ($p < 0{,}05$), 1% ($p < 0{,}01$) ou 0,1% ($p < 0{,}001$) de os resultados terem decorrido da "sorte". $p = \text{NS}$ quer dizer que os resultados *não são* estatisticamente *significativos* (ou seja, que a probabilidade da "sorte" é maior que 5%). Como deve ter ficado evidente, o nível de 5% ($p = 0{,}05$) é o ponto até onde os cientistas comportamentais concordam que haja uma diferença que permita fazer inferências dos dados. Uma probabilidade maior que essa (por exemplo, $p = 0{,}1$), ainda que não seja muito grande, é, por convenção, alta demais para que os cientistas comportamentais aceitem generalizações.

É preciso fazer uma ressalva sobre o significado estatístico.[4] Os resultados são considerados significativos se atenderem ao padrão de $p < 0{,}05$. Há ocasiões, contudo, em que os pesquisadores atingem o significado estatístico, mas não haverá uma diferença significativa de importância prática (*significado substantivo*). Por exemplo, uma avaliação da eficácia de um programa de treinamento para trabalhadores em linha de montagem pode comparar aqueles que tiveram um programa formal de treinamento com um grupo de controle que apenas recebeu treinamento prático no trabalho. O programa formal seria a variável independente, e os dados coletados (a variável dependente) poderiam ser as taxas de erros no trabalho. Poderia haver uma diferença significativa entre a taxa de erros do programa de treinamento experimental e o grupo de controle (treinamento prático no trabalho); digamos que a taxa de erros dos que participaram do programa formal seja 2% menor. Ainda que isso possa ter significado estatístico, uma redução de 2% nos erros poderia não valer a pena o esforço e o custo de elaborar o programa de treinamento. Desse modo, essa diferença estatisticamente significativa tem pouca *importância prática*. Em vista disso, muitos profissionais de comportamento organizacional estão calculando as razões de custo/benefício para os programas de treinamento e outras intervenções para avaliarem a sua utilidade global.[5]

TÉCNICAS ESTATÍSTICAS COMUNS

Passaremos agora a um breve estudo de algumas técnicas estatísticas comuns e como interpretá-las. Os dois primeiros métodos (distribuições de frequência e tabulações cruzadas) são *estatísticas descritivas*, e os seguintes (correlações, regressões, testes-t e testes-F) são *estatísticas inferenciais.* Mesmo que também sejam utilizadas outras técnicas estatísticas, a compreensão básica desses métodos proporcionará uma base razoável para comparar os resultados desses estudos com outras pesquisas.

Como a estatística inferencial se baseia em certas suposições sobre os dados em análise, cabem aqui alguns comentários.

A estatística inferencial supõe que:

1. Os dados são em intervalos (veja o Capítulo 2, seção "Dados em nível ordinal").
2. Os dados são normalmente distribuídos. Em relação à Figura A.1, isso quer dizer que a distribuição da amostra se apresenta em uma curva em forma de sino *(a)*, e não oblíqua *(b)*, retangular *(c)* nem multimodal *(d)*.
3. Além disso, as técnicas de inferência se baseiam em *correlações* que pressupõem relações lineares entre duas variáveis e variância constante ao longo da distribuição dessas duas variáveis. Variância ou dispersão iguais ao longo de uma distribuição recebem o nome de *homoscedacidade*. A Figura A.2 mostra diversas distribuições de relações hipotéticas entre o tempo no emprego e a satisfação com o trabalho: (*a*) ilustra uma relação linear, (*b*) mostra uma relação não linear ou curvilínea, (*c*) uma relação homoscedática (em leque), (*d*) uma relação não homoscedática. Esse tipo de diagrama é utilizado para apresentar a relação entre duas variáveis e, acima de tudo, mostrar se a relação é linear ou não.

Distribuições de frequência

Provavelmente, a técnica mais simples e mais amplamente difundida para a descrição de dados é a distribuição de frequência. As distribuições de frequência indicam o número e a porcentagem de pesquisados, objetos ou acontecimentos que recaem em cada uma das categorias disponíveis. Esses dados dão uma ampla visão dos dados da pesquisa sem fazer distinção entre os diversos grupos estudados.

A Tabela A.1 apresenta um exemplo da distribuição de frequência de uma série de perguntas relacionadas ao trabalho contidas em uma pesquisa organizacional recentemente realizada. Como a tabela indica, esse procedimento mostra diretamente a proporção de pessoas que responderam favorável ou desfavoravelmente a certo conjunto de perguntas. A distribuição das respostas no geral é indicada de modo percentual, embora possa ser apresentada também em números absolutos.

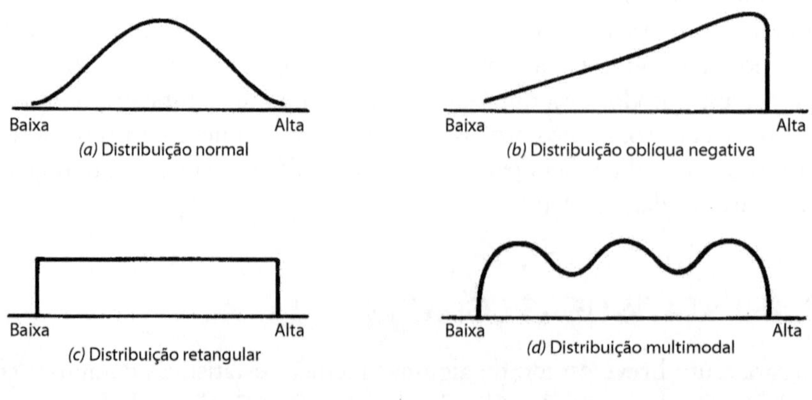

Figura A.1 Tipos de distribuição de frequência.

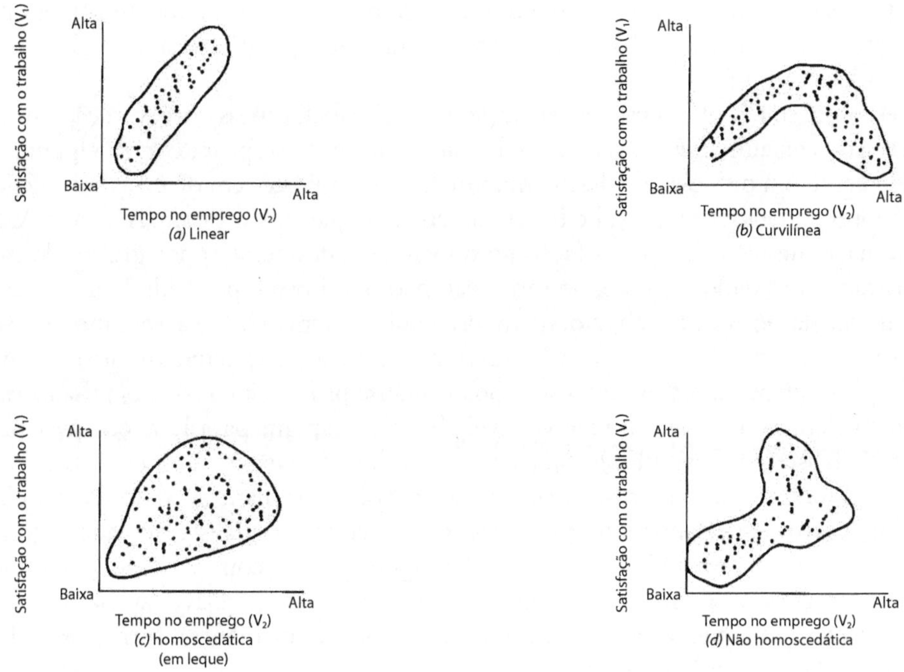

Figura A.2 Diagramas que apresentam as relações possíveis entre tempo de permanência no emprego e a satisfação com o trabalho.

Tabela A.1 Distribuição de frequência para itens selecionados da pesquisa

	Resposta (percentual)				
Constatação	**concordo totalmente**	**concordo**	**neutro**	**discordo**	**discordo totalmente**
Em geral, estou satisfeito com meu trabalho	15	48	19	12	6
Há desafio suficientemente no meu trabalho	20	43	17	14	6
Acho que estou adequadamente treinado para meu trabalho	20	60	12	6	2
Meu horário de trabalho é satisfatório	22	58	6	8	6

Tabulações cruzadas

Ainda que as distribuições de frequência forneçam informações que descrevem a amostra inteira, ou a população em estudo, a tabulação cruzada é uma técnica visual que permite que os pesquisadores examinem as relações *entre* variáveis. Por exemplo, na Tabela A.1, a primeira constatação. "Em geral, estou satisfeito com meu trabalho" indica que 15% do grupo pesquisado "concorda totalmente" que estão satisfeitos com seus trabalhos, 48% "concordam" e assim por diante. Entretanto, será que essa distribuição representa todos os cargos da organização? Os funcionários mais antigos estão mais satisfeitos que os que entraram mais recentemente para a organização? Os que dizem que *não* estão satisfeitos são os mesmos que *não* acham que haja desafio suficiente em seus cargos?

Para descobrir se há diferenças na satisfação com o trabalho nessa organização em particular, é preciso fazer uma *tabulação cruzada* da distribuição da resposta contra alguma outra variável. Mediante um processo de desmembramento das respostas em diversas subcategorias, os pesquisadores podem ser mais explícitos em descrever o que encontraram. A Tabela A.2, por exemplo, toma a questão sobre a satisfação no trabalho e a desmembra por grupos de cargos. Como mostram esses dados, o nível de satisfação não é uniforme por toda a organização: a percepção de satisfação com o trabalho, de modo geral, aumenta com o acréscimo de responsabilidade organizacional. Entretanto, os supervisores de caixa estavam menos satisfeitos que os funcionários dos outros cargos. Assim, esse tipo de análise proporciona aos pesquisadores uma indicação mais clara das relações entre as variáveis. Também aponta para áreas em que é preciso aprofundar a análise (por exemplo, *por que* os supervisores de caixa estão menos satisfeitos; o que indica o grande número de respostas neutras; e assim por diante). Além das tabulações cruzadas simples, os pesquisadores frequentemente querem fazer análises de dados agregados ligeiramente mais complexas. Um modo de isolar alguns grupos com precisão ainda maior é *controlar* certas variáveis. Assim, se na Tabela A.2 também fosse desejável avaliar o efeito de mais uma variável (tal como gênero, tempo de casa e assim por diante), seria possível fazer tabulações cruzadas "triplas" dessas variáveis.

Essas duas técnicas estatísticas básicas são aplicadas para descrever os dados obtidos durante a pesquisa. Entretanto, como já dissemos, esse é apenas o início da missão do pesquisador. O passo seguinte é explicar essas descobertas e ter condições de generalizar para a população maior. Para fazê-lo, usa-se a estatística inferencial, mais complexa.

Tabela A.2 Exemplo de uma tabulação cruzada de satisfação no trabalho por grupo de cargos

Em geral, estou satisfeito com meu trabalho.					
Grupos de cargos	**concordo totalmente**	**concordo**	**neutro**	**discordo**	**discordo totalmente**
Administrativos	12	42	23	15	8
Secretárias	14	46	20	10	10
Caixas	13	48	16	12	11
Supervisores de caixa	8	42	38	10	2
Pessoal técnico	18	55	9	16	2
Subgerentes	22	69	4	5	0
Chefes de seção	20	63	17	0	0

Correlação

A primeira técnica, que pode ser usada de maneira inferencial ou descritiva, é chamada correlação. Esse método descreve *quantitativamente* a associação ou relação de uma variável em nível de intervalo com outra. Como exemplo, podemos examinar uma relação hipotética entre o tempo no emprego e a satisfação com o salário. Um coeficiente de correlação (r) indicará quanta correspondência há entre essas duas variáveis. A faixa possível é de +1,00 a –1,00. Uma correspondência perfeita daria um coeficiente de correlação de +1,00; uma alta correspondência ou correlação daria algo em torno de +0,60; nenhuma correlação daria um coeficiente de 0,00; e uma alta correlação negativa daria um coeficiente na faixa de –0,60.

A Figura A.3 ilustra alguns resultados hipotéticos da plotagem e as correlações entre o tempo no emprego e a satisfação com o salário. Em cada um dos gráficos, os pontos representam a relação de cada pesquisado entre o seu tempo no emprego e a respectiva satisfação com o salário. Suponha, por exemplo, que a correlação entre as duas variáveis seja alta. Como indica o exemplo (*a*), dando-se certo tempo no emprego é possível predizer, em uma faixa estreita, a satisfação com o salário. Em outras palavras, nesse exemplo, funcionários com muito tempo de casa tendem a estar mais satisfeitos com seus salários que seus colegas mais recentes. Esse tipo de análise de correlação de duas variáveis oferece uma estatística que resume a relação entre as duas variáveis. O *número* ou *valor* do índice de correlação indica a força da relação; e o sinal (+ ou –) diz que as variáveis são positivas ou negativamente correlacionadas (ou seja, se ambas crescem simultaneamente ou se uma cresce enquanto a outra diminui).

Significado das correlações Como parte do processo de interpretação das correlações, é preciso determinar (veja o Capítulo 11, seção "A administração do estresse gerado pelo trabalho") o significado estatístico. O significado estatístico depende de dois fatores: a *intensidade da relação* (quanto maior o índice de correlação, maior a probabilidade de que seja significativo) e o *número de observações emparelhadas* que compõem a correlação (quanto maior o número de pares, menor o índice de correlação exigido para ter significado). Como já foi dito, entretanto, é preciso não confundir o significado estatístico com o significado substantivo.

Como um guia *grosseiro* para os valores do índice de correlação, foi sugerido o seguinte sistema:[6]

+/– 0,80 a 1,00 = correlação muito alta
0,60 a 0,79 = correlação alta
0,40 a 0,59 = correlação moderada
0,20 a 0,39 = correlação pequena
0,01 a 0,19 = correlação muito pequena

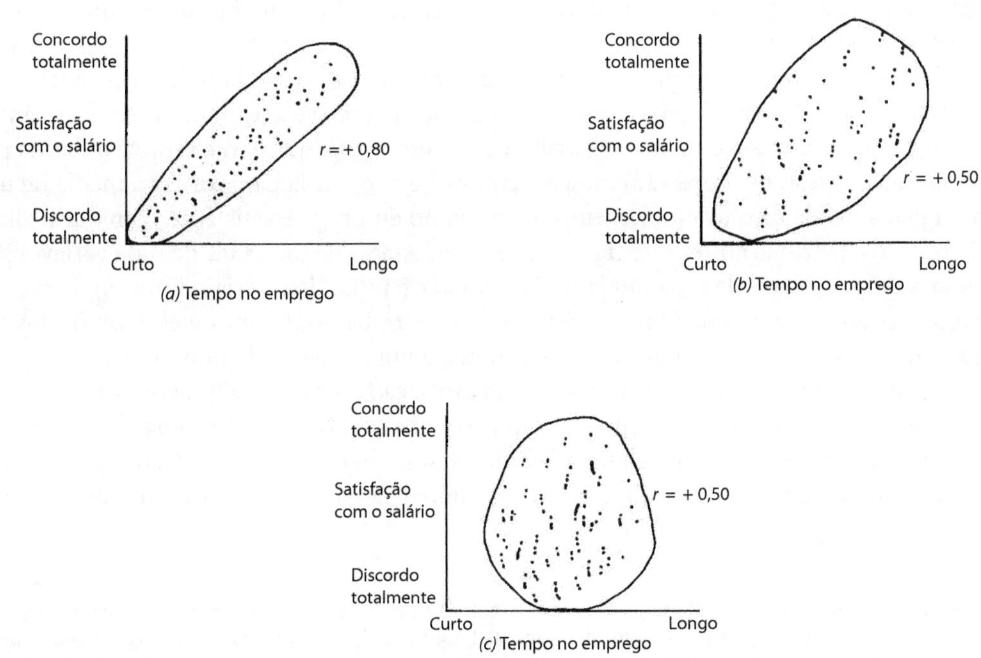

Figura A.3 Diagramas ilustrando correlações hipotéticas entre a satisfação com o salário e o tempo no emprego.

Causalidade O risco de usar a análise da correlação simples é atribuir causalidade a uma relação. Por exemplo, se a satisfação com o salário e o tempo no emprego tivessem uma correlação de +0,70, alguém poderia ficar tentado a defender que o tempo no emprego causa a satisfação com o salário. Entretanto, a causalidade *não pode ser* determinada pela correlação simples. Tudo que o exemplo anterior indica é que há uma relação entre o tempo no emprego e a satisfação com o salário, mas não que o tempo no emprego leva à satisfação com o salário. Ainda que seja possível que uma dessas variáveis leve, ou cause, a outra, também é possível que ambas sejam afetadas por alguma outra variável (ou variáveis) (tais como o nível real de salário, aspirações ocupacionais bem adaptadas e assim por diante) e que as duas não tenham relação entre si.*

Regressão

Intimamente ligada ao conceito de correlação, há a análise da regressão. A regressão é usada quando pesquisadores querem predizer resultados de certas variáveis, usando outro conjunto de variáveis. Na sua forma mais simples, apenas duas variáveis são envolvidas, tais como tempo no emprego e satisfação com o salário. A regressão simples tentaria predizer a satisfação com o salário a partir do tempo no emprego. Entretanto, como se imagina que a satisfação no trabalho seja influenciada por uma série de outros fatores, é pouco provável que uma equação de duas variáveis como essa traga conclusões significativas.

Em vez disso, gostaríamos de observar o efeito de diversas variáveis, como tempo no emprego, nível de responsabilidade do cargo, atribuições, satisfação com o salário, relacionamento com o chefe e assim por diante, em relação à satisfação com o trabalho. Esse processo se chama *regressão múltipla*. Ainda que seja esperado que a análise da regressão múltipla melhore a previsibilidade, em comparação com a regressão simples, é preciso tomar cuidado ao acrescentar variáveis. De forma análoga ao conceito econômico dos "lucros decrescentes", há um ponto além do qual a adição de variáveis à análise de uma regressão não melhora sua capacidade de previsão.

Há três conceitos básicos importantes para a compreensão da análise da regressão: a linha de regressão, a intercepção e o declive. A *linha de regressão* é a linha hipotética que atravessa centro da distribuição, às vezes chamada "linha do melhor ajuste". Se fossem somadas as distâncias verticais de cada ponto do gráfico a essa linha (os pontos acima da linha com sinal + e os pontos abaixo da linha com sinal –), o total seria igual a zero (veja a Figura A.4). Enquanto a linha de regressão atravessa o meio da distribuição, a *intercepção* (que geralmente é indicada pela letra *a* ou *c* na equação de regressão) indica a constante necessária para tornar a média de uma variável igual à média da outra (por exemplo, tempo no emprego e satisfação com o trabalho).

O *declive* da distribuição representa o número necessário de unidades de uma variável para aumentar a outra variável de uma unidade. No nosso exemplo, isso seria o número de anos no emprego necessário para aumentar a satisfação com o trabalho de um nível. Como mostra a Figura A.4, a linha de regressão não está a 45 graus, e um aumento de dois anos no tempo no emprego resulta em um aumento de um ponto na satisfação com o trabalho. Isso seria calculado multiplicando-se o tempo no emprego por um peso, chamado *b* (beta), e somando a constante de intercepção, para predizer o nível de satisfação. Assim, neste exemplo, o declive é a mudança esperada em uma variável para cada unidade de mudança na outra. Neste exemplo ainda, se

* Uma causalidade tentativa pode ser inferida de um procedimento estatístico mais complexo, chamado correlação com retardo cruzado, que requer um projeto de pesquisa longitudinal, ou com retardo. As correlações parciais também podem controlar a influência de uma terceira variável (ou mais). Como essas técnicas fogem ao escopo deste livro, recomendamos que o leitor consulte obras específicas sobre estatística.

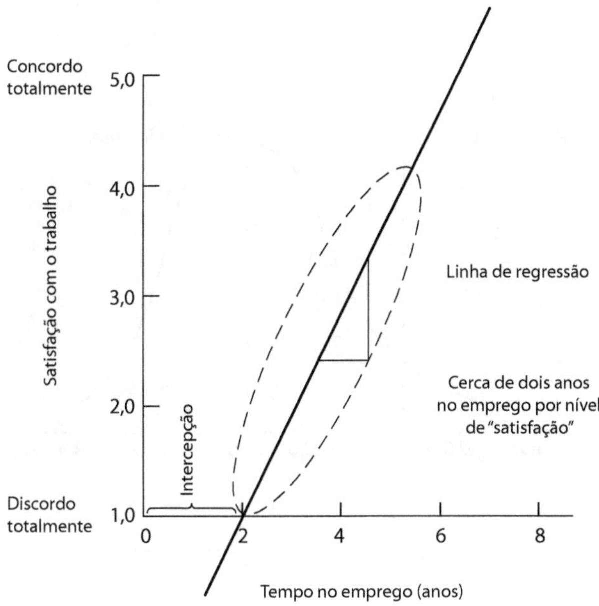

Figura A.4 Uma regressão simples entre satisfação no trabalho e tempo no emprego.

alguém quisesse predizer o reverso (ou seja, predizer o tempo no emprego pela satisfação no trabalho), a equação de regressão seria diferente, com declive e intercepção diferentes.

A regressão se torna uma estatística inferencial quando se calcula a *análise da variância* para a equação inteira de regressão. O peso associado às variáveis em uma regressão múltipla, *b* (beta), dá uma indicação relativa da importância da variável na eficiência de previsão da equação de regressão completa. De forma simplificada, como na avaliação da satisfação do trabalho entre gerentes e não gerentes, a análise da variância permite ao pesquisador calcular a variância em torno das médias dessas variáveis. Essa análise oferece uma indicação de os gerentes e os não gerentes apresentam uma diferença significativa nos seus níveis de satisfação com o trabalho manifestados.

A importância das médias e da variância dentro de distribuições e entre elas é refletida nas Figuras A.5 e A.6. Suponhamos que se queira avaliar como os gerentes e não gerentes de certa corporação percebem os seus trabalhos. Olhando a Figura A.5, parece que os não gerentes apresentam um nível de satisfação médio de 2,4, enquanto os gerentes apresentam um nível de satisfação médio de 3,4. Em contrapartida, também fica claro, pela distribuição, que há uma sobreposição entre os dois níveis. Se fosse feito um teste estatístico nos dois grupos (digamos, com 250 pesquisados em ambos), seria observada uma diferença significativa (ou seja, não devida à sorte). Entretanto, considere-se a situação ilustrada na Figura A.6, na qual a variância interna em cada uma das amostras é muito maior. Nesse caso, embora a diferença entre as médias seja semelhante à da Figura A.5, a grande variância interna de ambas as distribuições resulta em uma sobreposição tão grande dos dois grupos, que não se pode afirmar que os não gerentes tenham um nível significativamente menor de satisfação com o trabalho que os gerentes.

Em resumo, a análise da regressão indica a importância relativa de uma ou mais variáveis na previsão de alguma variável resultante, como a satisfação no trabalho. A análise da variância na regressão indica quais das variáveis de previsão (independentes) fazem uma contribuição significativa para predizer um resultado na variável dependente. Quando aplicada adicional-

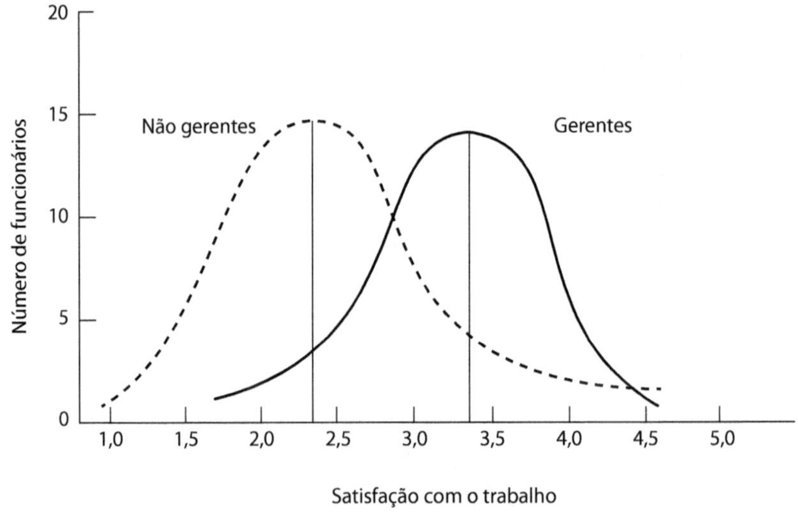

Figura A.5 Médias e variâncias hipotéticas de gerentes e não gerentes quanto ao nível de satisfação no trabalho.

mente como estatística inferencial, a análise da variância indica se a contribuição da variável foi estatisticamente significativa ou se poderia ser considerada fortuita.

Testes-*t* e testes-*F*

Um corolário da análise da variância é o *teste-t.* Ainda que os dois procedimentos sejam próximos, teste-*t* só é usado para situações de duas amostras e não se aplica à análise de regressão. Em alguns casos, pesquisadores vão querer avaliar as diferenças entre efeitos, em vez dos efeitos em si. Por exemplo, um pesquisador pode estar interessado nas diferenças de satisfação com o trabalho entre pessoas com níveis de instrução diferentes. Uma das técnicas mais comuns para esse tipo de análise é uma comparação dos dois grupos, digamos os com instrução de nível superior e os que não a tenham, aplicando as médias dos grupos como base de comparação. O teste-*t* indicaria se a diferença entre os dois grupos é estatisticamente significativa ou não.

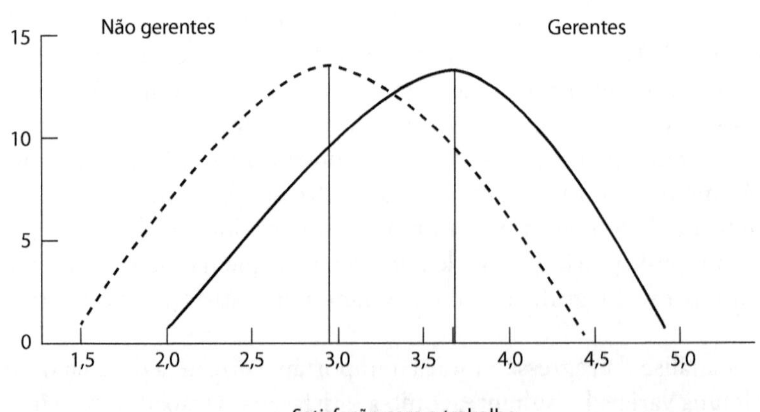

Figura A.6 Diferenças hipotéticas insignificantes entre gerentes e não gerentes.

Em análises de regressões múltiplas, são usados os índices *F* para medir o significado estatístico. Como há três índices *F* possíveis, um para o peso beta ou declive, outro para o subconjunto de declives e um para a equação de regressão inteira, o pesquisador precisa saber se uma variável, um grupo de variáveis ou todas as variáveis independentes contribuem significativamente para a previsão do resultado da variável dependente.

Um teste-*F* (*análise da variância*) na equação da regressão inteira simplesmente verifica se é provável que a população da qual a amostra foi retirada tenha um índice de correlação múltipla (*R*) igual a zero ou se há uma relação significativa entre as variáveis de previsão (independentes) e as variáveis de resultado (dependentes). Usando o exemplo da satisfação com o salário, com o cargo e o tempo no emprego, se o *R* múltiplo for significativamente diferente de zero, haverá um *F* significativo.

Com o uso dos diagramas de Venn, a Figura A.7 mostra as correlações múltiplas possíveis entre essas variáveis. A inferência esquemática mostra que, quanto maior a sobreposição entre as variáveis, maior a correlação múltipla. De fato, o quadrado do índice de correlação múltipla (*R*) representa a quantidade de variância da medida dependente causada pela medida independente.

Além do simples teste da equação de regressão, um pesquisador pode querer saber se certos declives de regressão (betas) específicos contribuem significativamente para a equação de regressão composta. Ao examinar os betas individuais e os índices *F* a eles associados, é possível determinar se certa variável faz uma contribuição significativa para a correlação múltipla total.

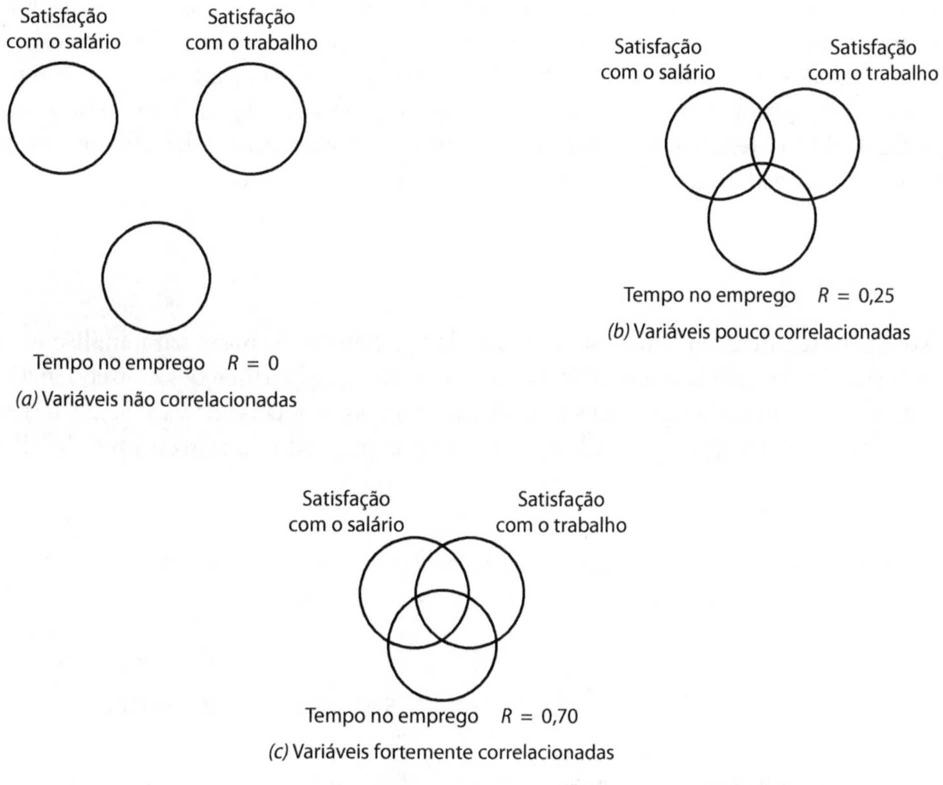

Figura A.7 Diagramas de Venn mostrando as relações entre variáveis não correlacionadas, pouco correlacionadas e fortemente correlacionadas.

Tabela A.3 Número médio de erros em indenizações por gerentes e funcionários administrativos em função da satisfação com o trabalho (Efeito Principal)

		Gerentes		
		Satisfeitos	**Insatisfeitos**	**Total**
Funcionários administrativos	Satisfeito	5	5	10
	Insatisfeitos	10	10	20
	Total	15	15	30

Interações Ao fazer uma análise da variância em um projeto experimental testando a manipulação de duas ou mais variáveis, o pesquisador pode constatar que as manipulações não produzem qualquer efeito na variável de resultado, mas que a *combinação* de duas ou mais variáveis produz determinado efeito. Por exemplo, um pesquisador pode querer estudar a relação entre a satisfação no trabalho entre funcionários gerenciais e administrativos em uma empresa de seguros e a quantidade de erros em indenizações por semana (medida dependente). Com base em pesquisas de atitude feitas com todos os funcionários, podem ser formulados dois grupos entre as categorias gerencial e administrativa: os satisfeitos com seus trabalhos e os que relatam não estarem satisfeitos. Como mostra a Tabela A.3, os níveis médios de erros para cada grupo podem, então, ser comparados. Com base nesses dados (hipotéticos), o exemplo indica que a satisfação dos funcionários parece ser um fator significativo no nível de erros.

Se, por sua vez, não houvesse diferença nos totais marginais, mas as células individuais fossem bem diferentes, haveria a presença de uma interação. Considere os dados da Tabela A.4. Os totais marginais (15 cada) representam números iguais de erros em ambos os níveis de satisfação para gerentes e funcionários administrativos. Entretanto, verificando as células, há algo evidente. Os dados sugerem que a combinação de funcionários administrativos e gerentes com níveis de satisfação semelhantes parece ser mais eficaz (menos erros) que ter gerentes com níveis de satisfação diferentes de seus funcionários administrativos. Assim, há uma interação entre gerentes e subordinados em relação à satisfação relativa no trabalho.

RESUMO

Este apêndice ilustrou o uso de algumas das principais técnicas para análise estatística. Foram apresentados rapidamente dois métodos descritivos (distribuições de frequência e tabulações cruzadas) e quatro inferenciais (correlação, regressão, análise da variância e testes-t e F). Como a análise da variância é usada para testar o significado da regressão, é difícil separar

Tabela A.4 Nível médio de erros em indenizações por gerentes e funcionários administrativos em função da satisfação com o trabalho (Efeito da Interação)

		Gerentes		
		Satisfeitos	**Insatisfeitos**	**Total**
Funcionários administrativos	Satisfeito	5	10	15
	Insatisfeitos	10	5	15
	Total	15	15	30

completamente as duas técnicas. Um projeto de análise da variância sem regressão é empregado habitualmente em experiências de laboratório e pesquisas de campo, quando as variáveis se encontram sob o controle do pesquisador. Recomenda-se aos leitores a consulta a um dos muitos textos sobre estatística para mais esclarecimentos e aprofundamento nessas técnicas mais sofisticadas.

NOTAS

1. A discussão sobre análise estatística foi adaptada de James L. Bowditch e Anthony F. Buono. *Quality of Work Life Assessment*: A Survey Based Approach (Boston: Auburn House, 1982), apêndice.
2. A seção sobre procedimentos de amostragem foi extraída de C. Moser e G. Kalton. *Survey Methods in Social Investigation* (Nova York: Basic Books, 1974), capítulos 5-7.
3. R. P. Runyon e A. Haber. *Fundamentals of Behavioral Statistics* (Reading, MA: Addison-Wesley, 1972), p. 4-5, 163-66.
4. W. L. Hays. *Statistics for Psychologists* (Nova York: Holt Rinehart & Winston, 1963), p. 323-35.
5. W. F. Cascio. *Costing Human Resources*: The Financial Impact of Behavior in Organizations (Boston: Kent Pub., 1982).
6. B. Turney e G. Robb. *Research in Education* (Hinsdale, IL: Dryden Press, 1971), p. 99-100.

apêndice B

Como ler um artigo orientado para pesquisa em revistas técnicas

O propósito deste apêndice é ajudar o leitor a aplicar os conhecimentos básicos sobre comportamento organizacional apresentados nos capítulos anteriores para a leitura e compreensão de artigos orientados para pesquisa em revistas especializadas. Ainda que muitos desses artigos sejam conceituais por natureza (sem qualquer coleta empírica direta de dados), outros são baseados em projetos relativamente sofisticados de pesquisa e análise estatística. O enfoque deste apêndice é nos artigos mais quantitativos. Assim, é preciso contar com uma compreensão básica de estatística, bem como dos métodos de pesquisa organizacional, para extrair o máximo desses relatos de pesquisa experimental. O Capítulo 2 e o Apêndice A esboçam algumas das questões que devem ser consideradas. Contudo, recomenda-se ao leitor que consulte obras sobre estatística básica e metodologia de pesquisa para um melhor esclarecimento sobre esses temas. Para facilitar a discussão, faremos comentários gerais sobre a natureza desses relatos de pesquisa, bem como comentários específicos sobre um artigo escrito por A. J. Nurick, "Participação na mudança organizacional: um estudo longitudinal em campo", *Human Relations* 35, n. 5, 1982: 413-30 (O artigo encontra-se transcrito no final deste apêndice.) *Human Relations* é uma revista acadêmica sobre comportamento organizacional que enfoca tanto os aspectos descritivos como analíticos da pesquisa.

INTRODUÇÃO

O formato exato e a estrutura dos artigos podem variar muito, dependendo de políticas editoriais, especificações institucionais e preferências individuais. A maioria dos artigos voltados para pesquisa empírica, com pequenas variações, segue esse esquema: (1) título e sumário; (2) introdução e bibliografia; (3) projeto e metodologia do estudo; (4) resultados; e (5) discussão e conclusões.

Na maioria dos casos, o artigo é precedido de um *sumário*, que descreve rapidamente do que trata o estudo, como foi conduzido e suas principais descobertas. O objetivo do resumo é esboçar o tema central do estudo. A *introdução* descreve a questão ou o problema envolvido e o que estudos anteriores encontraram (com referência a esses trabalhos). Essa seção frequentemente conterá as hipóteses a serem testadas, em sua forma funcional. A seção de *metodologia* dá uma visão geral do projeto de pesquisa e dos métodos de coleta de dados. As revistas de psicologia são conhecidas pela preponderância de estudos em laboratório rigidamente controlados, ao passo que as revistas de sociologia se dedicam mais a estudos em campo. As revistas voltadas para pesquisas em comportamento organizacional utilizam as duas abordagens. A seção de metodologia também descreve a natureza dos assuntos (organizações, grupos ou indivíduos) em estudo e o método usado para a análise dos dados. Geralmente são fornecidos detalhes suficientes para permitir a repetição do estudo.

A seção seguinte enfoca os *resultados* do estudo. A seção de resultados mostra as principais descobertas do estudo. Descreve o resultado do estudo e se hipóteses específicas são ou não são sustentadas pela análise dos dados. Finalmente, a seção de *discussão e conclusões* se concentra nas implicações da pesquisa e sua relação com trabalhos anteriores. Os autores procuram explicar seus resultados: o motivo pelo qual os dados surgiram dessa forma, o significado para o comportamento organizacional e sugestões para pesquisas futuras. Nos casos em que houver sustentação parcial da hipótese, essa seção vai indicar as condições em que a hipótese em questão foi ou não sustentada. Ocasionalmente, os resultados e a discussão são combinados em uma única seção, geralmente em artigos mais curtos; porém normalmente são mantidos separados.

Um modo eficaz de começar é ler o resumo e verificar rapidamente as hipóteses, os resultados e as conclusões. Inicialmente, o leitor não deve se preocupar muito com os detalhes dos métodos empregados para a coleta e análise dos dados. O importante é ter uma ideia geral do estudo, sem se embrenhar em detalhes. Ajuda bastante contar com uma compreensão geral da pesquisa antes de partir para uma leitura mais crítica e profunda do artigo.

APLICAÇÃO E DISCUSSÃO

Ler e compreender artigos de revistas com base em pesquisas empíricas não é um processo simples. De fato, profissionais do comportamento organizacional frequentemente trabalham com afinco sobre esses artigos para obter a plenitude de seu significado. Eles leem em voz alta, sublinham e buscam informações adicionais para esclarecer e assegurar que entenderam as intenções do autor. Às vezes, tentam até retrabalhar ou reescrever o artigo para ressaltar seus pontos principais.

Para facilitar esse processo, há diversas perguntas que podem ser consideradas para uma avaliação completa:

1. Que pesquisas de apoio são usadas para expandir o significado da questão central?
2. Como foram usadas as pesquisas anteriores para o desenvolvimento da hipótese desse estudo?
3. Quais são as expectativas sobre os resultados do estudo antes da análise dos dados?
4. Como os dados foram coletados e analisados?
5. O que constatam os resultados?
6. Como os resultados diferem do que foi previsto?
7. Que tipo de pesquisas adicionais seria útil para ampliar os conhecimentos obtidos desse estudo?
8. Quais são as limitações desse estudo?
9. Como você modificaria o estudo para testar melhor a hipótese?

Essas perguntas, ainda que não sejam exaustivas, definem o espírito para a leitura do artigo.

É verdade que a compreensão da metodologia de pesquisa comportamental ajuda a entendê-la. Infelizmente, o simples estudo de metodologias comportamentais e da estatística empregada na sua análise pode ser um modo árido de aprender. Portanto, o que se segue é uma análise do artigo de Nurick, uma seção por vez, com sugestões sobre o que o leitor pode fazer para aumentar sua compreensão desses artigos. Recomendamos enfaticamente que o leitor se familiarize com o conteúdo deste livro antes de prosseguir, de modo que os termos e conceitos sejam compreendidos.

Título e resumo

Como o título retrata o tema do artigo, ele deve identificar precisa e exatamente a natureza do estudo de modo conciso e descritivo. Neste caso, o título indica claramente o foco do estudo e o projeto de pesquisa. É um estudo longitudinal em campo, o que significa que os dados foram coletados em duas (ou mais) vezes em vários intervalos de tempo em um ambiente natural.

O resumo é uma descrição bem concisa do artigo. É bastante útil, pois fornece ao leitor uma breve sinopse da pesquisa. Como acontece no resumo de Nurick, este deve dar informações gerais sobre o estudo: o objetivo geral da pesquisa, como foi feita, suas principais descobertas e a conclusão. Esse artigo em particular também observa que o estudo foi parte de uma experiência maior (presumivelmente, no qual algumas variáveis foram controladas) em uma empresa de serviços públicos. O principal objetivo era examinar o efeito da participação formal da implementação da mudança, nos membros da organização, em bases direta (participação em um comitê ou força-tarefa) e indireta (sem participação). O resumo indica como tal fator foi examinado e apresenta a conclusão de que a participação direta foi eficaz.

Depois de ler o resumo, comece a fazer as perguntas esboçadas anteriormente em sua mente, a fim de preparar para ler o artigo.

Introdução e bibliografia

A seção introdutória levanta as questões a serem tratadas e posiciona o estudo no contexto das descobertas de pesquisas anteriores. De certo modo, estabelece o ponto de partida para a pesquisa. No artigo de Nurick, a sentença levanta questões relativas à eficácia das organizações que colocam virtualmente todo o poder de tomada de decisões nas mãos de sua alta direção. O restante da exposição inicial dirige a atenção do leitor para uma abordagem não tradicional, participativa, à tomada de decisões, como parte de um programa maior de Qualidade de Vida no Trabalho (veja o Capítulo 10).

Base teórica A parte seguinte do artigo de Nurick é uma revisão da literatura relevante sobre a participação na mudança organizacional. Muitas vezes essa revisão é parte da introdução, mas nesse caso é colocada como segunda seção. Como o objetivo da revisão bibliográfica é posicionar o estudo no contexto de trabalhos anteriores e estabelecer o significado do estudo, essas revisões devem ser meticulosas, porém seletivas. Em outras palavras, o foco deve ser voltado para as contribuições conceituais e empíricas anteriores, que se relacionem diretamente à questão em estudo, e não qualquer outro trabalho remotamente referido. Além de citar teorias e pesquisas anteriores, uma boa revisão bibliográfica também deve destacar questões teóricas ou metodológicas que tenham sido sugeridas nesses trabalhos.

Por causa da natureza abreviada desses artigos, os trabalhos de pesquisa anteriores são apenas rapidamente indicados. No artigo de Nurick, por exemplo, os trabalhos anteriores de Lewin e seus colegas, bem como os de Coch e de French, são empregados para apontar uma tendência importante da pesquisa sobre a participação dos funcionários na tomada de decisões sobre a mudança organizacional. O autor precisa supor que o leitor médio conheça o suficiente sobre esses estudos para compreender a sua importância. Contudo, é evidente que o aluno principiante não contará necessariamente com esse conhecimento. Assim, muitas vezes vale a pena rever os estudos citados nesses artigos para desenvolver uma base mais sólida.

O restante desta seção no artigo de Nurick tem o objetivo de definir o que se entende por participação e como esta se relaciona com as mudanças organizacionais nesse estudo. São descritos um modelo básico do processo de mudança e os focos dos modelos de participação, bem como as razões pelas quais frequentemente há resistência à mudança. Como algumas das referências são resumos e não artigos de pesquisa (as referências de Lewin e Huse, por exemplo), estas podem dar uma boa visão geral do processo de mudança para leitores com pouca base ou conhecimento do assunto.

Como já dissemos, as revisões da literatura relevante também destacam as limitações e as qualificações sugeridas por pesquisas anteriores. No artigo de Nurick, por exemplo, o último parágrafo observa que a participação no processo de mudança não é necessariamente uma garantia do fim da resistência à mudança. Há uma breve observação sobre as situações ou condições específicas sob as quais a participação é e não é eficaz em reduzir a resistência à mudança. Assim, levando-se em conta esse artigo, o leitor tem condições de estabelecer uma base teórica ou racional sob a qual as hipóteses e a análise dos dados podem ser avaliadas.

Projeto do estudo e metodologia

O objetivo da seção sobre projeto e metodologia em um artigo é definir explicitamente onde e quando os dados foram coletados, a quantidade e as características dos elementos envolvidos e os métodos e materiais utilizados para a coleta dos dados. Esta seção deve conter informações suficientes sobre a condução da pesquisa, de modo a permitir que o leitor avalie e repita as descobertas. Portanto, é preciso fornecer uma descrição clara do processo de pesquisa: decisões tomadas sobre os dados necessários para o estudo, os dispositivos usados para a sua coleta, como os dados foram coletados, o relacionamento entre pesquisador e pesquisado, a época e o tempo em que foi feito o estudo, a natureza e o número de situações e pesquisados, bem como as verificações no processo de coleta de dados.

No artigo de Nurick, esta seção é desmembrada em duas partes principais: a *experiência e metodologia*. Isso foi feito porque esse estudo específico foi parte de um projeto maior de pesquisa e, para ter uma visão adequada do estudo de Nurick, é importante perceber o programa de pesquisa completo.

A experiência Ainda que a pesquisa seja chamada experiência, o estudo de Nurick é, na verdade, uma mistura de estudo em campo com experiência em campo (veja o Capítulo 2). Mesmo que houvesse três períodos de medição e coleta de dados ao longo de 36 meses, nem sempre havia um grupo de controle ("onde possível, organizações semelhantes são medidas, como ponto de comparação"). Nesse estudo houve uma medida preliminar, uma manipulação experimental, uma medida pós-experimental, 18 meses depois do início do estudo, e mais uma, 18 meses depois desta, sem qualquer intervenção no período entre 18 e 36 meses. Portanto, como não houve um verdadeiro grupo de controle, o leitor nem sempre pode ter certeza de um controle rigoroso.

Como foi exposto no Capítulo 2, os verdadeiros projetos experimentais em campo são raros, por causa das circunstâncias fora do controle do pesquisador. No estudo de Nurick, essa dificuldade é reconhecida e destaca-se o esforço para assegurar a uniformidade entre os locais de pesquisa. Além disso, é preciso enfatizar que essa pesquisa é longitudinal por natureza, e não transversal, o que permite a análise da mudança e a dinâmica de como ela ocorre. Os leitores devem considerar cuidadosamente o escopo do projeto de pesquisa e suas limitações ao tomarem suas próprias decisões sobre a aplicabilidade dos resultados a outras situações.

Nurick fornece uma descrição clara dessa pesquisa em particular: a natureza das circunstâncias, o tempo e a extensão do estudo, como o projeto foi definido e orientado e o processo de pesquisa. Também é dada a hipótese global que orientou o projeto maior de pesquisa que, em sua essência, diz que os trabalhadores que tiverem a oportunidade de contribuir para a mudança organizacional sentirão uma melhor qualidade de vida no trabalho (QVT) e contribuirão também para uma melhor eficácia organizacional. As partes principais dessa pesquisa que devem levantar dúvidas são: (1) O que se quer dizer com "contribuição"? (2) Como se mede a eficácia? e (3) Como se sabe que a qualidade de vida no trabalho melhorou? O primeiro ponto se refere à variável independente e os outros dois às variáveis dependentes. O leitor deverá identificar os principais elementos da contribuição, da eficácia e da QVT, como são empregados nesse estudo.

O processo de participação. Esta seção detalha como a participação foi incentivada e desenvolvida por meio do Comitê de Qualidade do Trabalho (Quality Of Work Committee - QOWT). Ainda que esteja claramente explicado, para entender melhor, o leitor pode fazer um diagrama das relações entre o QOWT e as forças-tarefa e traçar o processo de desenvolvimento e refinamento das questões (veja a Figura B.1). Como foi citado anteriormente, esse tipo de representação esquemática pode facilitar uma melhor compreensão do processo de intervenção e pesquisa. Esta seção também descreve a base para participação *direta* e *indireta*.

Esse aspecto é importante, visto que é preciso fazer definições cuidadosas para todas as variáveis essenciais, particularmente se estas forem passíveis de diversas interpretações. Como mostram as definições claras dessas variáveis por Nurick, deve-se evitar o jargão esotérico.

Nesse momento, o leitor já tem uma ideia do projeto do estudo e da principal variável independente (processo de participação), bem como de um conjunto de medidas dependentes (pesquisa da QVT). Além disso, sabemos que alguns dos participantes foram mais diretamente envolvidos com o processo de mudança que outros.

Modelo conceitual e hipóteses. Nesta seção, o autor identifica um aspecto importante do plano de conceituação e análise da pesquisa: a diferença entre a participação objetiva (real) e a psicológica (influência percebida). Ao combinar essa distinção conceitual com a definição anterior da

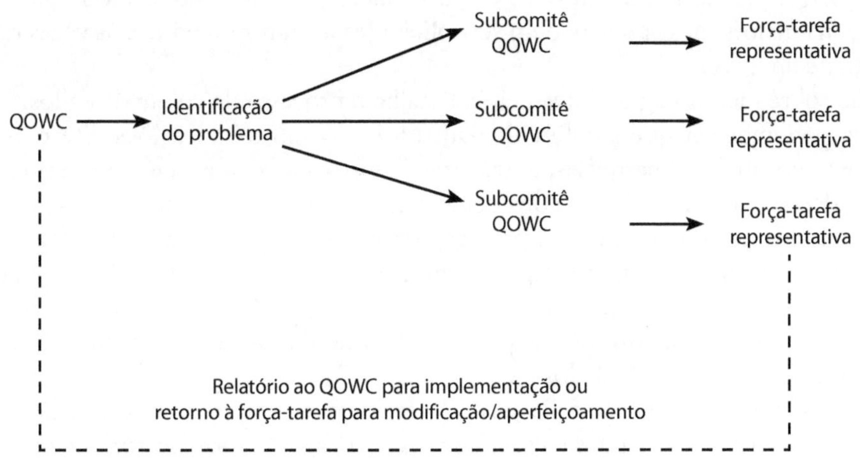

Figura B.1 Processo de desenvolvimento de questões no QOWC.

participação direta e indireta, desenvolvem-se as questões ou hipóteses específicas que orientam esse estudo em particular.

Uma parte do processo de desenvolvimento de teorias é a criação de hipóteses. Isso é feito por meio de revisão das pesquisas anteriores e/ou por pesquisas piloto que, tentativamente, sugiram uma relação entre variáveis. As hipóteses são criadas aos pares e, tomadas em conjunto, são *mutuamente exclusivas e exaustivas.* Em outras palavras, o par de hipóteses esgota todos os resultados possíveis, visto que uma hipótese explica os resultados se a outra não o fizer. Essas hipóteses mutuamente exclusivas e exaustivas são chamadas hipótese *nula* e hipótese *funcional* (às vezes chamada alternativa).

Nesse estudo, as três hipóteses são formuladas em sua forma *funcional.* Em todos os casos, prevê-se que os participantes diretos tenham (1) uma maior influência percebida, (2) uma aceitação percebida maior de sua influência, e (3) uma maior satisfação do trabalho em diversas dimensões, se comparados aos participantes indiretos. A hipótese *nula* diria que os participantes diretos perceberiam influência igual ou menor que os indiretos. O estudo de Nurick emprega o que é chamado hipótese de um extremo, que (1) prevê uma diferença nas percepções dos participantes diretos e indiretos e (2) a direção dessa diferença (que os participantes diretos perceberão maior influência e satisfação que os indiretos). Nesse estudo, uma hipótese de *dois extremos* seria a previsão de uma diferença entre participação direta e indireta, mas sem especificar a diferença (ou a sua direção). As hipóteses de dois extremos são mais fracas que as de um extremo e são empregadas mais frequentemente para estudos piloto ou pesquisa exploratória. No artigo de Nurick, os efeitos da participação direta são amplamente documentados mediante o uso de pesquisas prévias e o raciocínio é claramente declarado, de modo que é possível formar a hipótese direcional de um extremo.

Agora, o leitor já deve ter uma boa compreensão do cenário e das perguntas levantadas pela pesquisa. Prevê-se que a participação direta na realização da mudança organizacional gere atitudes e sentimentos mais favoráveis que a participação indireta. O passo seguinte é examinar a metodologia que será usada para testar essa previsão.

Metodologia O propósito da seção sobre metodologia é explicar detalhadamente como os dados foram coletados e como serão analisados. Como já foi observado, o leitor deve ter condições de repetir o estudo com base nas informações dadas nas seções de projeto e metodologia. Entretanto, devido a limitações de espaço, *não* se costuma incluir questionários específicos e outros instrumentos de coleta de dados (particularmente os que tenham reserva de direitos autorais *copyright*). Esses instrumentos de coleta de dados, contudo, ainda devem ser claramente descritos e, na maioria dos casos, podem ser solicitados ao autor ou editor, às vezes mediante o pagamento de uma taxa.

A seção sobre metodologia, tipicamente, detalha o processo de coleta de dados. No estudo de Nurick, podemos ver que a coleta de dados foi feita em três ocasiões diferentes (estudo longitudinal), por meio de pesquisas, entrevistas, registros da empresa e observações. O modo como os dados são coletados é uma consideração importante. Em geral, aceita-se que o uso de diversos métodos de coleta de dados para explorar um problema (ou hipótese) específico é preferível ao uso de um único método para minimizar o risco de o método determinar os resultados (veja, por exemplo, as críticas à pesquisa de Herzberg, no Capítulo 3). O estudo de Nurick emprega cinco abordagens diferentes para a coleta de dados, um número suficientemente grande de técnicas de coleta de dados (veja o Capítulo 2).

Amostra. Neste parágrafo, são dadas as características relevantes da amostra. Como foi visto no Apêndice A, em muitos estudos os pesquisados serão amostrados aleatoriamente, ainda que esse não fosse o caso na presente pesquisa. A amostra de Nurick se baseia nos membros da organização que participaram do processo de coleta de dados inteiro. Nesse momento, cabe perguntar quantos funcionários foram omitidos por não terem respondido à pesquisa durante o período de 36 meses. Em muitos casos, há razões subjacentes para as pessoas deixarem de responder a pesquisas organizacionais que não façam parte de um processo aleatório. Assim, uma abstenção significativa pode criar preconceitos ou dúvidas quanto à representatividade dos dados. No entanto, no estudo de Nurick, somos informados na seção seguinte de que a taxa de retorno para os três questionários foi superior a 85%. Essa é uma taxa de retorno alta para um estudo longitudinal, visto que os pesquisados são frequentemente perdidos durante o processo (rotatividade, transferências intraorganizacionais e assim por diante).

Nurick também menciona que os pesquisados foram "casos emparelhados". Isso quer dizer que os participantes diretos e indiretos foram emparelhados segundo características sociodemográficas importantes, que poderiam influenciar suas respostas. Assim, o efeito dessas características (por exemplo, situação sindical ou nível de instrução) foi minimizado.

Medidas. Esta subseção identifica a pesquisa de atitude especificamente empregada e algumas das principais áreas que ela cobre. Como o Michingan Organizational Assessment Questionnaire (MOAQ) já foi utilizado em diversos projetos de pesquisa e é relativamente bem conhecido, não é preciso qualquer informação adicional. O MOAQ utiliza uma escala tipo Likert (veja o Capítulo 2), e Nurick avisa que combinou itens distintos em escalas ou índices diferentes para análise. A nota de rodapé nº 4 explica como isso foi feito e onde podem ser encontradas informações adicionais sobre o processo e o questionário. Em muitos casos, leitores com perguntas adicionais são convidados a consultar o autor.

Procedimentos de análise. O modo como os dados são analisados precisa ser lógico e objetivo. O leitor deve ter condições de avaliar como e por que isso foi feito, e se há quaisquer limitações ou pontos fracos no projeto e na metodologia do estudo.

Nurick reafirma o propósito geral do estudo e algumas das limitações do seu projeto (por exemplo, a amostra não aleatória). Normalmente, se a aleatorização entre os grupos (ou seja, participação direta e indireta) tivesse ocorrido, seria apropriado usar a análise da variância ou testes-*t* para observar diferenças entre os grupos (veja o Apêndice A). Entretanto, como não foi possível assegurar o posicionamento aleatório dos pesquisados nos dois grupos (diretos e indiretos), o autor teve de controlar estatísticamente (manter constantes) quaisquer variáveis diferentes da participação que pudessem influenciar os resultados. Nesse caso, Nurick defende que o nível do cargo dos pesquisados e o resultado do pré-teste na pesquisa poderiam influenciar as medidas dependentes. Portanto, é preciso controlar essas variáveis e fazer comparações entre os grupos de participação direta e indireta. Como os testes-*t* não são capazes de controlar a variância indesejável introduzida por fontes não aleatórias, é necessário um procedimento analítico mais complexo, a *análise da covariância.* Como relata o artigo, quando essas técnicas estatísticas sofisticadas são necessárias, o leitor deve ser informado dos motivos e provido de referências sobre como a técnica é aplicada em pesquisa. Como essa pesquisa específica é longitudinal por natureza, Nurick destaca que o mesmo procedimento foi empregado nos diversos intervalos de tempo.

Resultados

O propósito da seção de resultados é apresentar as descobertas da pesquisa tão clara e objetivamente quanto possível. Devem ser examinadas as provas relevantes a cada hipótese, incluindo quaisquer dados que possam contradizer os resultados previstos. É preciso tomar cuidado para distinguir fatos de opiniões, visto que as opiniões ou interpretações do autor não são apropriadas para essa seção. Ainda que seja esperado que os autores relacionem seu trabalho a descobertas de pesquisas anteriores, essas generalizações e qualificações devem ser feitas na seção de discussão e conclusões.

No artigo de Nurick, os resultados são desmembrados em três partes: a análise preliminar dos participantes diretos e indiretos nos períodos *T*1, *T*2 e *T*3, sem *controle* sobre o nível do cargo e as pontuações prévias, e a análise controlada de *T*1 a *T*2 e de *T*2 e *T*3. Em muitos artigos, os pesquisadores começam com as descobertas relativamente simples e diretas, antes de passarem às análises mais complexas e sofisticadas. Embora essa análise preliminar não ofereça controle sobre o nível do cargo e as pontuações prévias, os resultados são fáceis de entender e dão uma indicação geral do que se seguirá. Entretanto, é preciso observar que essa análise não oferece informações *entre* os grupos direto e indireto, apenas análises *dentro* dos dois grupos ao longo do tempo.

Esses resultados preliminares apontam a ocorrência de mudanças positivas, tanto para o grupo de participantes diretos como indiretos de *T*1 para *T*2. Essas mudanças, contudo, foram mais substanciais para os participantes diretos em todas as escalas de influência e satisfação/atitude, em comparação com os participantes indiretos. Não ocorreram mudanças significativas entre *T*2 e *T*3 para os participantes diretos, ainda que tenha havido uma mudança significativa (confiança) para os indiretos durante esse período.

Levando-se em conta a apresentação das descobertas iniciais, o leitor pode levantar algumas questões. (1) Por que as comparações são feitas apenas entre *T*1 e *T*2, e entre *T*2 e *T*3, e não entre o ponto de partida (*T*1) e o resultado final (*T*3)? (2) Ainda que tenha sido mencionada uma medida geral de eficácia como parte da hipótese mestra do estudo maior (veja "A Experiência"), por que ela não foi incluída como parte dessa análise? (3) Por que há tamanhos de amostra diferentes entre *T*1 e *T*2 e entre *T*2 e *T*3 (ainda que elas sejam pequenas em sua maioria)? Finalmente, cabe observar que há um erro de impressão na apresentação dos dados da Tabela 1 (os níveis de significado estão titulados incorretamente) e há inconsistência no uso do subscrito e superscrito entre os períodos de tempo nas Tabelas 1 e 2. Ainda que os autores e editores sejam muito cuidadosos na revisão de artigos e relatórios de pesquisa, muitas vezes os erros tipográficos são inevitáveis (como pode ter sido o caso neste livro!). Isso acontece com frequência em tabelas e figuras, que são consistentemente mais difíceis de revisar que textos. Sendo assim, o leitor deve examinar com cuidado essas tabelas para assegurar uma interpretação exata do seu significado.

A análise principal nesse estudo é a da covariância, que mantém a pontuação prévia (*T*1) e o nível do cargo constantes. Como já foi observado, esse procedimento foi adotado em razão da preocupação com a possibilidade de o nível do cargo e as pontuações prévias poderem ser diretamente relacionadas ao efeito do tratamento (participação direta ou indireta). Assim, com esses efeitos não aleatórios sob controle, o pesquisador pôde obter uma compreensão mais clara dos efeitos da participação direta e indireta no processo de mudança. Como mostra a Tabela 3, foram observadas algumas diferenças estatisticamente significativas *entre* os participantes diretos e indiretos entre *T*1 e *T*2, ao passo que apenas duas diferenças significativas ocorreram entre *T*2 e *T*3. Evidentemente, isso traz diversas questões relativas ao *significado* dessas descobertas, que são aprofundadas na seção de discussão.

Discussão e conclusões

Discussão A seção de discussão de um artigo é o ponto os autores se aprofundam na sustentação ou não de suas hipóteses, relacionam os resultados a pesquisas anteriores e ampliam as suas constatações (qualificações e generalizações). Nesse estudo, as hipóteses foram genericamente sustentadas, ainda que os efeitos positivos da participação pareçam ter mais significado no primeiro período (entre *T*1 e *T*2). Como essa tendência favorável não continuou entre *T*2 e *T*3, uma interpretação é que, além de certo ponto, a participação não melhora necessariamente as percepções de influência e satisfação. Entretanto, outra interpretação (que Nurick propõe) é que as mudanças significativas que ocorreram para os participantes diretos de *T*1 a *T*2 foram *mantidas* no período subsequente (*T*2 a *T*3). Isso indica que a participação pode resultar em uma melhoria no longo prazo das atitudes e da satisfação.

Um modo de o leitor perceber plenamente os resultados e as implicações da pesquisa é examinar as hipóteses que *não* foram sustentadas. No artigo de Nurick, isso se refere à influência sobre os recursos (apenas no curto prazo), influência sobre o horário de trabalho, envolvimento no trabalho e intenção de rotatividade. Se algumas das constatações esperadas não forem corroboradas, o leitor deve fazer perguntas relativas às razões desse aspecto e à situação específica que pode ter contribuído para os resultados.

Na discussão, Nurick observa a ligação entre a participação objetiva (observada) e a psicológica (percebida), o que é uma contribuição importante desse trabalho para o conhecimento da área. Ele também é franco em relação à diferença entre participação direta e indireta, observando que havia barreiras estruturais que impediam os participantes diretos de interagirem com os seus colegas indiretos. Portanto, uma das conclusões práticas, aplicadas, resultantes desse estudo é o reconhecimento de que são necessários meios de integração melhores (entre participantes diretos e indiretos) para incentivar a solução de problemas em colaboração. Ainda que a seção de análise utilize os dados da pesquisa para discutir e explicar os resultados, Nurick se utiliza de suas outras técnicas de coleta de dados, particularmente a observação.

Como a seção de discussão é o ponto que cabe editorializar, Nurick se aprofunda na natureza longitudinal do estudo, nas mudanças entre *T2* e *T3*. Muitas pesquisas das ciências comportamentais enfocam os resultados obtidos imediatamente após a manipulação de uma variável de tratamento (por exemplo, de *T1* a *T2*) sem avaliar as mudanças a prazo mais longo (por exemplo, de 72 a 73). Esses estudos longitudinais são muito mais caros e difíceis de administrar, em relação a dinheiro, pessoal, trabalho e controle. Essa discussão sugere que uma tabela indicando as mudanças de *T1* a *T3* teria sido benéfica. Mesmo que esses dados possam ter feito parte do estudo original, os artigos em revistas, por sua natureza, precisam ser curtos, de modo que, por algum motivo, essa tabela foi excluída da publicação.

Conclusões Ainda que as conclusões extraídas da pesquisa frequentemente sejam incluídas na seção de discussão, em muitos artigos o comentário final é feito isoladamente. As conclusões resumem, de modo geral, o estudo e suas constatações: uma paráfrase sucinta do núcleo e das inferências da tese. Também se apresentam rápidas observações sobre qualificações, limitações e generalizações das descobertas. Em muitos casos, os autores preferirão sugerir trabalhos adicionais que precisem ser executados ou o passo seguinte na pesquisa que tenha sido sugerido pelas constatações. Como indica o artigo de Nurick, muitas vezes são feitos comentários sobre a área de pesquisa que são editoriais por natureza. Nesse caso, o estudo é novamente relacionado ao projeto maior de qualidade de vida no trabalho, do qual faz parte.

PARTICIPAÇÃO NA MUDANÇA ORGANIZACIONAL: UM ESTUDO LONGITUDINAL EM CAMPO[1]

AARON J. NURICK[2]

Bentley College

Este estudo foi realizado como parte de uma experiência a longo prazo de Qualidade de Vida no Trabalho (QVT) em uma divisão de uma empresa de serviços públicos. A experiência faz parte de

[1] Participation in Organizational Change: A Longitudinal Field Study. Human Relations, May 1982; vol. 35, 5: pp. 413-429. Dr. Aaron J. Nurick, Bentley College, Waltham, Mass. 02154, USA. Este estudo se baseia na dissertação de doutorado do autor, concluída na Universidade do Tennessee. O autor agradece às contribuições de Michael E. Gordon, Barry A. Macy, John M. Larsen, H. Dudley Dewhirst e William Calhoun. Também agradece a Edward E. Lawler e Stanley E. Seashore, do Instituto de Pesquisa Social (EUA) por terem tornado esse trabalho possível.

[2] Solicitações de *reprints* devem ser encaminhadas ao Dr. Aaron J. Nurick, Bentley College, Waltham, Mass. 02154, USA.

um esforço nacional para examinar a solução colaborativa de problemas entre gerência e sindicato, e a implementação da mudança. O objetivo do estudo foi determinar o impacto de um processo formal de participação na implementação da mudança estabelecida como parte da experiência. A participação ocorreu em dois níveis ou intensidades: (1) direta, via participação em um comitê conjunto ou uma das diversas forças-tarefas, e (2) indireta ou sem afiliação. Os pesquisados foram medidos em três pontos do tempo, em relação a diversas dimensões de percepção e atitude. Uma análise da covariância revelou que, quando o nível do cargo e as pontuações prévias eram mantidas constantes, os participantes diretos aumentaram suas percepções de influência na tomada de decisões e nas atitudes da organização, se comparados aos participantes indiretos. Uma segunda análise revelou que as mudanças persistiram durante um intervalo de tempo adicional. Concluiu-se que o processo participativo foi uma grande intervenção na experiência. Foram dadas recomendações de reforçar os modos formais de participação.

INTRODUÇÃO

Desde o surgimento da escola teórica das Relações Humanas, há cerca de quarenta anos, têm havido perguntas persistentes sobre a eficácia dos projetos tradicionais de organização que colocam o grosso do poder de tomada de decisões nas esferas mais altas da hierarquia. Uma área de tomada de decisões particularmente saliente trata do planejamento e da implementação de diversas mudanças em um sistema ou subsistema organizacional.

O valor do envolvimento dos funcionários nos processos de mudança foi reconhecido recentemente no movimento em prol da melhoria da qualidade de vida no trabalho. O propósito deste estudo é investigar os efeitos do processo de participação em um projeto experimental de Qualidade de Vida no Trabalho (QVT).

BASE TEÓRICA: A PARTICIPAÇÃO NA MUDANÇA ORGANIZACIONAL

Desde os estudos pioneiros de Lewin, Lippitt e White (1939) e de Coch e French (1948), tem havido um grande número de estudos de pesquisa e artigos populares dedicados ao tema "participação". Contudo, ainda está para surgir uma teoria integrada e bem articulada englobando essa área. Um tratado conceitual realizado por Dachler e Wilpert (1978), descreve a literatura sobre participação como carente em definição e "estruturas teóricas explicitamente descritas" (p.1). Entretanto, eles logo acrescentam que a natureza fragmentada da pesquisa sobre participação pode ser um indício dos problemas inerentes ao exame de um fenômeno multidimensional dos pontos de vista divergentes. Seashore (1977, p. 3) comentou que o "rótulo genérico da participação", aplicado indiscriminalmente às suas diversas formas, não tem utilidade para argumentação conceitual nem análise empírica. Portanto, nesse estudo, a participação será examinada na sua relação com as mudanças que estejam ocorrendo em uma organização.

O advento de uma grande mudança, como um Programa de Qualidade de Vida no Trabalho, traz à luz novas ideias, estruturas e comportamentos que podem diferir significativamente dos padrões usuais de funcionamento da organização. Assim, são necessários novos comportamentos por parte dos membros da organização para lidarem de maneira eficaz com as mudanças. Grande parte da literatura sobre mudança organizacional se baseia no processo de três fases de Lewin (1967): *descongelar* as velhas atitudes, valores ou comportamentos, *mudar* esses fenômenos e *recongelar* os novos padrões, criando um novo estado de equilíbrio. A mudança organizacional pode encontrar resistência por diversos motivos. Se certa mudança for percebida como imposta pela gerência ou vista como uma ameaça à segurança no emprego, prestígio ou autoridade dos funcionários, a resistência pode aumentar (Huse, 1975). Esses fatores prevalecem particularmente em programas cooperativos entre gerência e operariado, visto que os gerentes podem senti-los como uma violação das suas prerrogativas. Além disso, uma maior facilidade nas relações de negociação pode levar os líderes sindicais a sentir um enfraquecimento da sua posição em face da gerência. Foi teorizado que a participação de todas as partes relevantes no processo de mudança é um meio de reduzir a resistência a ela (Coch e French, 1948, Lawrence, 1948; Lawrence, 1954; Lippitt, 1969).

Os modelos de participação (por exemplo, Lawler, 1975; Mann e Neff, 1961) especificam que a participação aumenta a sensação de controle pessoal, o conhecimento sobre as mudanças e sentimentos de confiança na gerência. Supõe-se que a participação reduza a ambiguidade e assim alivie o medo de que as mudanças tragam consequências negativas. Muitas dessas previsões teóricas foram consubstanciadas por estudos de pesquisa que demonstraram relações positivas entre a participação e o desempenho (Coch e French, 1948; Marrow, Bowers e Seashore, 1967), as atitudes dos funcionários (Morse e Reimer, 1956; Powell e Schlacter, 1971; Seigel e Ruh, 1973; Tosi, 1970) e a assiduidade desses (Lawler e Hackman, 1969; Scheflen, Lawler e Hackman, 1971).

Mesmo que as descobertas tenham sido consistentes, não foram completamente inequívocas. Por exemplo, French, Israel e As (1960) não conseguiram reproduzir os resultados anteriores de Coch e French (1948), concluindo que a participação só era eficaz para os funcionários que a sentissem como um processo legítimo. Também foram apresentadas evidências sugerindo diferenças de personalidade em relação à participação. Vroom (1960) descobriu que indivíduos mais igualitários (em oposição aos mais autoritários) que tinham maiores necessidades de independência reagiam mais positivamente à participação. Jenkins (1974) observou que em muitas das experiências da democracia industrial europeia, que dependiam muito de formas mais distantes de participação, surgiram problemas quando os funcionários tinham pouca influência real sobre as decisões. Aparentemente, pessoas que participam mais diretamente do projeto de novos sistemas de trabalho ou remuneração extraem mais benefícios do processo (por exemplo, Coch e French, 1948; Powell e Schlacter, 1971).

A EXPERIÊNCIA

O American Center for Quality of Work Life (ACQWL) iniciou diversos projetos experimentais em organizações existentes, lidando com maneiras colaborativas (por exemplo, sindicato e gerência) de solução de problemas e implementação da mudança. O Institute for Social Research (ISR) da Universidade de Michigan serve como um componente independente de pesquisa e avaliação em muitos dos locais, aplicando um processo de medição padronizado de 36 meses. Cada local experimental, com o auxílio de seus próprios consultores internos e/ou externos, desenvolve um programa de mudança exclusivo, consistindo de duas fases distintas: um período de ação, de 18 meses, no qual as mudanças são efetivamente implementadas; e um período adicional de "destilação", de 18 meses, durante o qual as mudanças se espalham pela organização. São feitas medições antes da implementação de qualquer mudança (Tempo 1), depois do período de ação de 18 meses (Tempo 2) e ao final dos 36 meses da experiência (Tempo 3). Onde possível, organizações semelhantes são medidas como ponto de comparação. As avaliações dos projetos experimentais não são publicadas antes do fim do período de avaliação de 36 meses. Ainda que os programas experimentais e as estratégias de mudança sejam diferentes entre os diversos locais, cada projeto é elaborado segundo uma hipótese básica:

> [...] que quando os funcionários de qualquer tipo de organização, pública ou privada, tiverem uma oportunidade profissionalmente estruturada de contribuírem para o projeto e a implementação de atividades para a mudança organizacional, a organização se tornará mensuravelmente mais eficaz e a qualidade de vida no trabalho para todos os funcionários vai melhorar. (National Quality of Work Center, 1975, p. 3).

A experiência em Qualidade de Vida no Trabalho sobre a qual este estudo se baseou ocorreu em uma divisão de uma empresa de serviços públicos localizada no sudeste dos Estados Unidos. A divisão contava com cerca de 380 funcionários, entre os quais cerca de 50 gerentes e supervisores; 145 engenheiros, técnicos e assemelhados; 145 funcionários de apoio técnico; e 40 funcionários administrativos. A distribuição do pessoal dessa divisão permaneceu bem estável durante a última década. A principal responsabilidade da divisão é o planejamento e o projeto de instalações de transmissão de energia elétrica para o sistema gerador da empresa.

A experiência de Qualidade do Trabalho foi um esforço colaborativo da empresa e dois sindicatos: uma associação local de engenheiros e um sindicato internacional de trabalhadores administrativos afiliado à AFL-CIO (American Federation of Labor e Congress of Industrial Organizations). A empresa oferecia um local raro para determinado projeto de Qualidade do Trabalho, devido à sua longa história de cooperação entre a gerência e os empregados.

Foi estabelecido um Comitê de Qualidade do Trabalho (Quality Of Work Committee = QOWC) conjunto, gerência e empregados, nessa divisão em junho de 1974, como principal veículo para a mudança organizacional. Esse comitê, de 14 membros, contava com representação igual dos empregados e da gerência. Os representantes da gerência foram indicados pela alta direção, ao passo que os dos empregados foram eleitos por seus colegas.[3] A primeira atividade do QOWC foi a escolha de uma equipe de consultores externos para auxiliar na implementação das mudanças na divisão. O comitê fazia reuniões semanais, frequentemente dedicando um dia inteiro de trabalho ao Programa de Qualidade do Trabalho. O programa de mudança implementado pelo QOWC e os consultores se estendeu por cerca de 18 meses, abrangendo o período de setembro de 1974 a março de 1976, ainda que houvesse algumas mudanças a prazo mais longo no processo.

A fase inicial das atividades de consultoria (set.-out. 1974) envolveu a familiarização com a divisão experimental e a empresa como um todo. Isso foi feito principalmente por meio de uma série de entrevistas individuais e em grupo, conduzidas pelos consultores com 228 funcionários da divisão escolhidos pelo Comitê de Qualidade do Trabalho, pela alta direção da empresa e pelos dois sindicatos. Durante esse período, o Institute for Social Research (ISR) fez a medição do ponto de partida empregando uma pesquisa de atitude ampla (Tempo 1).

Os resultados das entrevistas foram combinados com itens selecionados da pesquisa do ISR no Tempo 1, os consultores deram *feedback* ao QOWC e outros por meio de um *workshop* de uma semana. Nesse *workshop*, os participantes discutiram as observações mais salientes dos consultores e identificaram os pontos principais para a agenda de 1975 para o plano de mudança, bem como as possíveis barreiras à sua implementação. A lista que se segue apresenta os pontos ou temas principais identificados pelo QOWC para o procedimento de mudança.

1. Procedimento de tomada de decisões para a Qualidade do Trabalho.
2. Missão e metas da divisão.
3. Estilo e práticas gerenciais.
4. Estrutura da organização (pessoal, fluxo de trabalho e comunicação).
5. Desenvolvimento de carreiras.

---

[3] Em meio ao programa de mudança, três membros originais da gerência (supervisores) foram substituídos por gerentes de nível mais alto.

6. Sistemas de recompensa-reconhecimento.
7. Relações gerência-sindicato.
8. Problemas envolvendo equipes de topografia.

A fase de implementação da experiência ocorreu principalmente no período de janeiro de 1975 a março de 1976. Foram lançadas diversas forças-tarefa especiais durante esse período e iniciados novos programas, incluindo um novo procedimento para a avaliação individual de desempenho, um prêmio de mérito para desempenho excepcional e um programa de horário flexível.

Em novembro de 1975, os consultores resolveram conduzir um segundo *workshop*, tratando explicitamente da estrutura e do fluxo de trabalho da organização. Durante esse *workshop*, vieram à tona diversas questões novas, incluindo métodos melhores para a previsão da carga e trabalho e o desenvolvimento de procedimentos de contabilidade de custos. Os consultores externos terminaram o trabalho contratado no início de 1976 e deixaram de ter contato direto com o local da experiência.

O processo de participação

No primeiro *workshop* citado anteriormente, os consultores e o QOWC estabeleceram um procedimento formal para a identificação de problemas e a implantação de mudanças subsequente. Identificado determinado problema, o QOWC designava um subcomitê de seus próprios integrantes para abordar aquela área problemática em particular. O subcomitê designaria uma força-tarefa composta de funcionários da divisão e lhes daria uma "carga", com a definição do problema e as estratégias possíveis. Ao escolher os membros da força-tarefa, cada subcomitê do QOWC tentaria fazer o grupo tão representativo da divisão quanto possível. Cada força-tarefa trabalhava independentemente, comunicando-se com o QOWC quando necessário. Os membros da força-tarefa serviriam até que essa terminasse o seu trabalho e apresentasse o seu relatório final ao QOWC que, então, decidiria se implementaria o programa ou o desenvolveria à força-tarefa para aperfeiçoamentos. Cada força-tarefa apresentava relatórios periódicos de seu progresso durante as reuniões semanais do QOWC. Nessas ocasiões, a força-tarefa inteira (geralmente 6 a 8 pessoas) podia participar da reunião e tinha acesso direto ao QOWC. Os funcionários da força-tarefa tinham *input* direto e podiam obter *feedback* imediato da gerência e dos funcionários por meio de sua participação no processo de mudança.

O procedimento formal de mudança resultou em distinções relativamente bem definidas quanto à intensidade da participação dos funcionários no Programa de Qualidade do Trabalho. Era claro que uma parte substancial da divisão (ou seja, QOWC e os membros das forças-tarefa) estava contribuindo ativamente para o planejamento e a implementação de novas ideias. Os membros restantes da organização dependiam de seus representantes para se informarem das atividades de mudança, à medida que essas ocorriam. Ainda que soubessem do esforço de mudança por meio de vários meios (jornal da empresa, comunicações informais, sessões de *feedback*), eles serviram mais como receptores que iniciadores das mudanças. Neste estudo, os membros do QOWC e das forças-tarefa (cerca de um terço da divisão) serão chamados *participantes diretos*, enquanto os membros restantes da organização serão citados como *participantes indiretos*.

Modelo conceitual e hipóteses

Seguindo a definição teórica de French, Israel e As (1960), este estudo faz distinção entre a participação *objetiva* e a *psicológica*. A participação objetiva é definida operacionalmente conforme o nível de envolvimento no processo de mudança, nesse caso, participação direta ou indireta. A participação psicológica é definida e medida como a quantidade de influência sentida ou percebida que um indivíduo pode exercer sobre certo domínio de decisões. São especificados quatro domínios principais: (1) influência sobre recursos (ou seja, contratações, promoções, aumentos de salário); (2) influência sobre atividades de trabalho (ou seja, mudança de procedimentos de trabalho, métodos empregados, programação); (3) influência sobre atividades de coordenação (ou seja, resolver conflitos, como as tarefas são divididas, resolver problemas relacionados ao trabalho); e (4) influência sobre o horário de trabalho. Além disso, tira-se a média das escalas de influência para compor uma escala de influência total.

> *Hipótese 1*: Os participantes diretos sentirão maiores acréscimos na influência percebida sobre: (a) recursos, (b) atividades de trabalho, (c) atividades de coordenação, e (d) horário de trabalho do que os participantes indiretos. Os participantes diretos também sentirão maiores acréscimos no (e) índice de influência que os participantes indiretos.

French, Israel e As (1960) especificaram que a participação é um processo de duas vias, implicando não só o exercício da influência, mas a aceitação dessa influência por outra pessoa. Portanto, prevê-se que aqueles que participarem mais diretamente sentirão que sua contribuição é bem recebida, particularmente por aqueles nos escalões mais altos da hierarquia organizacional.

> *Hipótese 2*: Os participantes diretos sentirão um acréscimo maior na aceitação percebida da influência que os participantes indiretos.

A pesquisa tem demonstrado que a participação melhora as atitudes individuais, aumentando as recompensas pessoais. Lock e Schweiger (1979) observam que a participação ressalta as atitudes dos funcionários oferecendo oportunidade para a conquista de valores (ou seja, recompensas intrínsecas derivadas de uma influência maior nas decisões). Portanto, poderia se prever efeitos positivos da participação na *satisfação do trabalho* (Morse e Reimer, 1956; Powell e Schlacter, 1971) e sua contrapartida em pesquisa, uma menor *intenção de rotatividade* (Porter e Steers, 1973).

Diversos modelos (por exemplo, Mann e Neff, 1961) especificam que a participação aumenta a sensação de posse e controle pessoal sobre decisões. Essas sensações têm probabilidade de aumentar o *envolvimento* pessoal com o trabalho e a organização (Patchen, 1965; Seigel e Ruh, 1973). Finalmente, como a participação aumenta o conhecimento sobre as mudanças, as pessoas têm menos probabilidade de achar que a gerência esteja escondendo alguma coisa delas (Lippitt, 1969). Portanto, espera-se que o grau de *confiança* na organização aumente (Lawler, 1975).

> *Hipótese 3*: Os participantes diretos sentirão aumentos maiores em (a) satisfação do trabalho, (b) envolvimento com o trabalho, (c) envolvimento organizacional e (d) confiança; e diminuição da (e) intenção de rotatividade que os participantes indiretos.

METODOLOGIA

O processo de medição desenvolvido pelo ISR acompanhou de perto o padrão das atividades de mudança na empresa. As pesquisas foram administradas antes do início do programa (*T*1 – setembro de 1974), ao final da primeira fase do programa (*T*2 – junho de 1976) e no final do período experimental formal (*T*3 – janeiro de 1978). Além das pesquisas, foram coletados dados no local por meio de entrevistas estruturadas e não estruturadas, registros da empresa e observações.

Amostra

A amostra para este estudo consistiu dos funcionários que responderam às três ondas de medição (*T*1, *T*2 e *T*3) na avaliação do ISR do Projeto de Qualidade do Trabalho ($N = 246$ casos emparelhados). Dessa amostra, 85% eram do sexo masculino, mais da metade tinha instrução de nível superior e 75% eram sindicalizados.

Medidas

As medições foram feitas por meio do Michigan Organizational Assessment Questionnaire – MOAQ, um questionário de atitudes amplo, cobrindo muitos aspectos da vida organizacional, como atributos da tarefa, supervisão, relacionamento entre grupos etc. Todos os itens foram medidos em escalas Likert de 7 pontos e extraíram-se médias para compor as diversas escalas para esse estudo.[4] A taxa de retorno para as três aplicações do questionário superou 85% da divisão.

Procedimentos de análise

O propósito deste estudo é comparar participantes diretos e indiretos no processo de mudança em relação a diversas medidas de resultado em três pontos ao longo do tempo. Como os pesquisados nesse estudo quase experimental não foram aleatoriamente escolhidos para o tratamento (ou seja, participação), é preciso controlar as fontes indesejáveis de variação. O procedimento recomendado para um caso como esse é a análise da covariância (Lord, 1963). O modelo adotado controla duas variáveis concomitantes: (1) o nível do cargo[5] e (2) a pontuação no pré-teste (*T*1) na variável dependente. Supõe-se que essas variáveis reflitam diferenças iniciais do grupo que poderiam ter seu efeito sobre as variáveis dependentes. O procedimento específico utilizado é a abordagem de regressão múltipla à análise da covariância de Cohen e Cohen (1975). A variável codificada do grupo é colocada na equação de regressão depois de compensar o efeito dessas duas covariáveis. Supondo que se encontre homogeneidade de regressão, examina-se a variância incremental causada pela variável de tratamento (nesse caso, a participação direta ou indireta), que é testada por uma razão *F*. Se a razão incremental *F* for significativa, então pode-se concluir que há diferença entre os grupos "equacionados" sobre a variável dependente (Cohen e Cohen, 1975). Examinar as pontuações pós-teste com os efeitos do pré-teste removidos tem sido um método recomendado para determinar a mudança. (Linn e Slinde, 1977; Lord, 1963). Portanto, as hipóteses neste estudo são expressas em relação a aumentos nas variáveis dependentes ao longo do tempo. O procedimento é aplicado aos dados em ambos os intervalos de tempo (ou seja, *T*1-*T*2 e *T*2-*T*3).

RESULTADOS

Antes de serem submetidos à análise da covariância, os dados foram examinados, comparando-se as variáveis ao longo do tempo para cada subgrupo. Os resultados são mostrados nas

---

[4] Uma lista dos itens escalares, juntamente com as medidas de confiabilidade da consistência interna e correlações ao longo do tempo encontra-se em Nurick (1978), apêndice C. Foram feitas análises preliminares de fatores dos itens para a elaboração das escalas. A comparação das estruturas dos fatores ao longo do tempo indicaram um alto grau de congruência deles e, portanto, estabilidade de medidas. Os dados podem ser fornecidos mediante solicitação.

[5] O nível do cargo é codificado para quatro categorias discretas: gerência e supervisão, engenheiros e técnicos, pessoal de apoio técnico e cargos administrativos. Esses dados foram obtidos dos arquivos da empresa.

Tabelas I e II. Os testes-*t* em pares, comparando as variáveis entre *T*1 e *T*2 na Tabela I indicam aumentos substanciais para o grupo de participação direta em todas as escalas de influência, bem como satisfação com o trabalho, envolvimento com o trabalho e confiança. Ainda que os participantes indiretos tenham mostrado ganhos em cinco das seis escalas de influência durante o mesmo intervalo de tempo, não ocorreram ganhos de atitude significativos nesse grupo. O mesmo teste no intervalo entre *T*2 e *T*3 (Tabela II) indica apenas um aumento significativo. Os participantes indiretos ganharam em confiança nesse período. O padrão indica poucas mudanças significativas, tanto na direção positiva como negativa, durante *T*2-*T*3. *É preciso observar que o teste-*t *em pares* é uma comparação do ganho bruto em certa escala e não controla fontes estranhas de variação, como a pontuação anterior em uma variável. As variáveis foram então testadas pelo método mais rigoroso da análise da covariância.

Resultados da análise da covariância: participantes diretos contra indiretos (*T*1-*T*2)

A Tabela III fornece os resultados da análise da covariância para cada variável dependente. As razões *F* incrementais testam as diferenças entre participantes diretos e indiretos nas variáveis dependentes, enquanto igualam esses grupos em nível de cargo e pontuação prévia. Os resultados indicam diferenças significativas entre os participantes diretos e indiretos quanto à influência sobre atividades do trabalho, atividades de coordenação e no índice de influência. Portanto, os participantes diretos tiveram aumentos maiores nessas variáveis.

Também foram encontradas diferenças significativas entre os participantes diretos e indiretos na aceitação percebida da influência. Conforme os números da Tabela III, esse foi o efeito mais intenso encontrado ($F = 13,82$, $p < 0,01$). Os participantes diretos aumentaram mais a sua percepção de que sua influência nas decisões era aceita pelos níveis mais altos da organização durante aquele período de tempo.

A Tabela III também revela os efeitos positivos previstos nas variáveis de atitude. Foram encontradas diferenças significativas entre participantes diretos e indiretos para satisfação com o trabalho, envolvimento com a organização e confiança, depois de os efeitos das duas covariáveis terem sido atenuados. O maior efeito parece ser na confiança na organização ($F = 8,47$, $p < 0,01$). As diferenças previstas em intenção de rotatividade e envolvimento com o trabalho não foram encontradas.

Resultado da análise da covariância

A análise da covariância comparando os participantes diretos e indiretos foi repetida para os dados entre *T*2-*T*3.[6] Os resultados são mostrados na segunda coluna da Tabela III. São mostradas diferenças significativas entre os dois grupos na influência sobre recursos ($F = 6,19$, $p < 0,05$) e na influência sobre as atividades de coordenação ($F = 6,94$, $p < 0,01$). Não foi encontrada mais nenhuma diferença significativa durante esse intervalo de tempo.

[6] Para esta análise, as pontuações de *T*2 foram mantidas constantes, com os valores do pré-teste.

Tabela I Médias, desvios padrões e testes-*t* emparelhados (T^1 *versus* T^2)

Variável	Média (T^1)	*DP* (T^1)	Média (T^2)	*DP* (T^2)	*N*	$t(T^1$ versus $T^2)$
Participantes diretos						
Influência – recursos	*2,12*	*1,31*	*2,40*	*1,49*	*78*	*2,68*[b]
Influência – atividades de trabalho	3,43	1,50	4,12	1,36	78	4,96[c]
Influência – coordenação	3,27	1,59	3,78	1,52	78	3,84[c]
Influência – horário	1,58	1,24	2,95	1,79	77	5,56[c]
Influência – índice	2,62	1,12	3,32	1,10	77	6,54[c]
Aceitação da influência	3,85	1,43	4,50	1,27	79	5,06[c]
Satisfação no trabalho	5,17	1,32	5,52	1,05	80	2,66[b]
Envolvimento com o trabalho	3,69	1,12	3,93	1,08	80	2,71[b]
Envolvimento com a organização	6,13	0,91	6,12	0,77	80	−0,14
Confiança	4,32	1,44	4,55	1,33	78	2,09[a]
Intenção de rotatividade	2,15	1,39	2,08	1,11	80	0,52
Participantes indiretos						
Influência – recursos	2,34	1,15	2,37	1,20	138	0,27
Influência – atividades de trabalho	2,51	1,25	3,05	1,32	144	5,11[c]
Influência – coordenação	2,09	1,05	2,57	1,27	144	5,10[c]
Influência – horário	1,39	0,96	2,90	1,67	140	9,63[c]
Influência – índice	1,81	0,77	2,47	0,99	139	8,39[c]
Aceitação da influência	3,20	1,37	3,50	1,21	145	3,37[c]
Satisfação no trabalho	4,99	1,24	4,98	1,23	147	−0,11
Envolvimento com o trabalho	3,58	1,06	3,50	1,10	146	−1,00
Envolvimento com a organização	5,71	1,31	5,56	1,11	148	−1,69
Confiança	3,65	1,35	3,62	1,30	144	−0,31
Intenção de rotatividade	2,52	1,42	2,56	1,33	149	0,50

[a] $p < 0{,}01$.
[b] $p < 0{,}001$.
[c] $p < 0{,}05$.

Tabela II Médias, desvios padrões e testes-*t* aos pares (T_2 *versus* T_3)

Variável	Média (T_2)	*DP* (T_2)	Média (T_3)	*DP* (T_3)	*N*	$t(T_2$ *versus* $T_3)$
Participantes diretos						
Influência – recursos	2,35	1,47	2,52	1,65	82	1,54
Influência – atividades de trabalho	4,10	1,34	3,96	1,29	82	−1,38
Influência – coordenação	3,74	1,52	3,79	1,45	82	0,51
Influência – horário	2,94	1,80	3,11	1,88	81	0,82
Influência – índice	3,29	1,10	3,36	1,22	81	0,71
Aceitação da influência	4,50	1,25	4,53	1,27	82	0,27
Satisfação no trabalho	5,52	1,04	5,54	1,18	82	0,20
Envolvimento com o trabalho	3,93	1,07	3,89	1,08	82	−0,53
Envolvimento com a organização	6,09	0,79	6,16	0,85	82	0,87
Confiança	4,56	1,30	4,56	1,34	82	0,00
Intenção de rotatividade	2,06	1,11	2,07	1,27	82	0,10
Participantes indiretos						
Influência – recursos	1,36	0,76	1,37	0,80	156	0,16
Influência – atividades de trabalho	3,03	1,32	3,00	1,23	158	−0,38
Influência – coordenação	2,55	1,24	2,54	1,15	158	−0,14
Influência – horário	2,80	1,63	2,93	1,68	155	0,93
Influência – índice	2,42	0,94	2,44	0,90	153	0,33
Aceitação da influência	3,47	1,15	3,56	1,27	156	1,13
Satisfação no trabalho	5,00	1,23	5,08	1,15	158	0,92
Envolvimento com o trabalho	3,50	1,07	3,54	0,99	157	0,62
Envolvimento com a organização	5,56	1,11	5,59	1,10	159	0,48
Confiança	3,59	1,26	3,79	1,31	156	2,46[a]
Intenção de rotatividade	2,58	1,34	2,47	1,38	159	−1,10

[a] $p < 0,05$.

Tabela III Análise da covariância: participação direta *versus* indireta, com controle sobre o nível do cargo e a pontuação prévia.

	$T_2 - T_2$		$T_2 - T_3$	
Variável	N	F^a *Incremental*	N	F
Influência – recursos	220	2,05	238	$6{,}19^c$
Influência – atividades de trabalho	222	$8{,}73^b$	240	0,98
Influência – coordenação	222	$5{,}03^c$	240	$6{,}94^b$
Influência – horário	217	0,10	236	0,21
Influência – índice	216	$4{,}60^c$	234	2,84
Aceitação da influência	224	$13{,}82^b$	238	1,93
Satisfação no trabalho	227	$5{,}37^c$	240	0,71
Envolvimento com o trabalho	226	3,22	239	0,12
Envolvimento com a organização	228	$4{,}28^c$	241	1,83
Confiança	222	$8{,}47^b$	238	0,25
Intenção de rotatividade	229	1,09	241	0,17

[a] Para cada variável dependente, os testes indicaram interação insignificante entre as covariadas e a variável de tratamento, o que indicou homogeneidade dos coeficientes de regressão. A análise da covariância foi, portanto, interpretada diretamente.

[b] $p < 0{,}01$.

[c] $p < 0{,}05$.

DISCUSSÃO

Os resultados apresentados na seção anterior indicam efeitos genericamente positivos da participação nos processos de mudança organizacional durante os primeiros 18 meses do programa. Os funcionários que participaram mais diretamente do programa de mudança organizacional, aparentemente, obtiveram mais benefícios do processo. Os participantes diretos perceberam ter mais influência, particularmente, sobre decisões relativas a atividades de trabalho, acharam que suas contribuições foram aceitas por seus superiores e indicaram atitudes mais favoráveis para com seus trabalhos e a organização que os participantes indiretos. A análise dos dados na segunda fase (*T*2-*T*3) indica que as mudanças foram bastante duráveis ao longo do tempo. A maioria das variáveis manteve em *T*3 os níveis atingidos em *T*2. Também há sinais de que os participantes diretos cresceram mais que os indiretos, durante o segundo período, em influência sobre recursos e atividades de coordenação.

Tem significado teórico o fato de que os resultados estabelecem uma ligação entre a participação objetiva (ou seja, observada) e a participação psicológica (ou seja, aumento percebido na influência). O maior impacto da participação parece ser na influência sobre as decisões relativas ao trabalho. Esse é um resultado provável, visto que a maior parte das atividades iniciais de mudança do QOWC e das forças-tarefa eram voltadas para a melhoria do planejamento, do desempenho e da avalição do trabalho realizado pela divisão. As forças-tarefa atuaram em áreas como estabelecer diretrizes para procedimentos de engenharia e melhorar as previsões e carga de trabalho. O foco das atividades de mudança passou para questões mais complexas de estrutura, fluxo de trabalho e equidade salarial. Essa evolução explica um pouco melhor os aumentos posteriores na influência sobre recursos (por exemplo, salários, promoções) e atividades de coordenação para os membros de participação direta. Além disso, os resultados sustentam conclusões de pesquisas anteriores (por exemplo, Patchen, 1970; Powell e Schlacter, 1971; Seigel e Ruh, 1973) que a participação aumenta variáveis de atitude, como satisfação, envolvimento e confiança.

Os resultados ganham maior destaque ao serem interpretados no contexto dos atributos estruturais do processo de mudança. Ainda que os participantes diretos representassem uma proporção considerável de divisão (33%), um grande número de funcionários permaneceu isolado do processo de mudança. O processo de participação formal foi prejudicado por deficiências estruturais, que criaram barreiras entre os representantes da participação direta (ou seja, QOWC e membros das forças-tarefa) e seus eleitores. A separação entre os participantes diretos e indiretos resultou em uma falta de comunicação, gerando sentimentos de desconfiança e apatia nos participantes indiretos em relação ao programa de mudança. Dachler e Wilpert (1978) identificaram o afastamento e o elitismo como consequências problemáticas da participação formal. Mesmo que fosse impraticável que todos os integrantes da organização participassem diretamente, ainda havia a necessidade de dispositivos de integração que facilitassem o processo interpessoal para a solução de problemas colaborativa. Uma possibilidade é o estabelecimento de comitês menores, ou grupos-núcleo em níveis organizacionais inferiores, que pudessem ser ligados diretamente ao grupo organizacional maior e a forças-tarefa especiais por meio da sobreposição de afiliações. Um projeto como esse, reminiscente do princípio dos elos de ligação (Likert, 1961), ampliaria os canais de comunicação e daria mais acesso às informações pertinentes às mudanças propostas. Diversos locais de ACQWL/ISR utilizam uma estrutura de comitês de múltiplas ligações (Drexler e Lawler, 1977). Mais perto do final do período experimental, a divisão reconheceu a necessidade de institucionalizar o processo de mudança experimental do Programa de Qualidade do Trabalho. Para ajudar nessa transição, outro consultor foi contratado para trabalhar com o QOWC. Uma característica importante da nova estrutura permanente de mudança foi o desenvolvimento de comitês menores, de nível inferior, na esperança de diminuir alguns dos problemas de comunicação.

Os resultados desse estudo também demonstram a utilidade da medida longitudinal da mudança organizacional. Já foi reconhecido que a mudança de comportamento e de atitude pode exigir um tempo considerável, e que nem todas as variáveis mudam à mesma velocidade (Lawler, 1977). Medições repetidas reduzem a aparência de mudanças de vida curta que podem ser devidas à euforia inicial de participar de uma experiência importante. As medidas *T*3, ou "posteriores", oferecem uma visão melhor da permanência ou "durabilidade" das mudanças (Seashore e Bowers, 1970).

Dos resultados obtidos, parece que a maior parte das mudanças ocorreu durante os primeiros 18 meses da experiência, especialmente para o grupo de participação direta. Ainda que tenha havido pouca alteração durante o intervalo *T*2-*T*3, parece que as mudanças iniciais estabilizaram nessa fase da experiência. Segundo textos recentes sobre a persistência da mudança organizacional (Conlon, 1980; Goodman, Bazerman e Conlon, 1980), os membros da organização tomam decisões conscientes de continuar com as novas atitudes ou comportamentos com base em uma reavaliação de suas decisões originais de adotar essas novas formas. Aparentemente, o aumento na influência e nas atitudes, percebido pelos participantes diretos persistiu, visto que não houve diminuições sensíveis na medida *T*3. Houve aumento em duas medidas de influência, identificado no período *T*2-*T*3, que não estavam presentes no intervalo inicial *T*1-*T*2, indicando um efeito retardado. Portanto, há razões para concluir que as mudanças sentidas não foram devidas a artefatos da experiência.

CONCLUSÕES

Este estudo demonstrou que funcionários que foram observados participando mais diretamente de um programa de mudança organizacional planejada sentiram mais benefícios psicológicos, em forma de maior influência sobre decisões relativas ao trabalho e atitudes melhores. Foi demonstrado que essas mudanças duraram por um segundo período de 18 meses. Os resultados apresentados aqui precisam ser complementados por pesquisas adicionais, dirigidas à relação entre a participação e outros critérios. Por exemplo, ainda há incerteza quanto aos efeitos da participação nas medidas de produtividade. Parece, contudo, que se as maneiras formais de participação (ou seja, comitês) forem utilizadas em um programa de mudança, serão necessárias disposições estruturais adequadas para integrar as diversas partes. Embora esse estudo não seja uma avaliação de todas as mudanças organizacionais iniciais nesse local específico, é evidente que o processo de mudança em si foi uma grande intervenção. Os resultados desse estudo terão um significado maior quando forem considerados parte da avaliação inteira desse projeto de qualidade do trabalho.

REFERÊNCIAS

COCH, L.; FRENCH, J. R. P. "Overcoming Resistance to Change". *Human Relations*, 1948, 1, 512-32.

COHEN, J.; COHEN, P. *Applied Multiple Regression Correlation/Analysis for the Behavioral Sciences*. Hillside, NJ: Lawrence Erlbaum Assoc., 1975.

CONLON, E. J. "Feedback about Personal and Organizational outcomes and its Effect on Persistence of Planned Behavioral Changes". *Academy of Management Journal*, 1980, 23, 267-86.

DACHLER, H. P.; WILPERT, B. "Conceptual Dimensions and Boundaries of Participation in Organizations: A Critical Evaluation". *Administrative Science Quarterly*, 1978, 23(1), 1-39.

DREXLER, J.; LAWLER, E. E., III. "A Union-Management Cooperative Project to Improve the Quality of Work Life". *Journal of Applied Behavioral Science*, 1977, 13(3), 373-87.

FRENCH, J. R. P. ISRAEL, J.; AS, D. "An Experiment on Participation in a Norweigian Factory". *Human Relations*, 1960, 13, 3-20.

GOODMAN, P. S.; BAZERMAN, M.; COLON, E. "Institutionalization of Planned Organizational Change". In: B. M. SHAW; L. L. CUMMINGS (Eds.). *Research in Organizational Behavior*. (v. 2) Greenwich, CT: JAI Press, 1980.

HUSE, E. F. *Organizational Development and Change*. St. Paul: West Publishing Co., 1975.

JENKINS, D. *Job Power: Blue and White Collar Democracy*. Nova York: Penguin Books, Inc., 1974.

LAWLER, E. E., III. "Pay, Participation, and Organization Change". In: E. L. Cass; F. G. Zimmer (Eds.). *Man and Work in Society*. Nova York: Van Nostrand Reinhold Co., 1975.

LAWLER, E. E., III. "Adaptive Experiments: An Approach to Organizational Behavior Research". *Academy of Management Review*, 1977, 2(4), 576-85.

LAWLER, E. E. III; HACKMAN, J. R. "The Impact of Employee Participation in Development of Pay Incentive Plans: A Field Experiment". *Journal of Applied Psychology*, 1969, 53, 467-71.

LAWRENCE, P. R. "How to Deal with Resistance to Change". *Harvard Business Review*, 1954, 32, 49-57.

LEWIN, K. "Frontiers in Group Dynamics". *Human Relations*, 1967, 1, 5-41.

LEWIN, K. LIPPIT, R.; WHITE, R. K. "Patterns of Aggressive Behavior in Experimentally Created Social Climates". *Journal of Social Psychology*, 1939, 10, 271-99.

LIKERT, R. *New Patterns of Management*. Nova York: McGraw-Hill, 1961. (Trad. Editora Pioneira, *Novos Padrões de Administração*, 2. ed., 1989.)

LINN, R. L.; SLINDE, J. A. "The Determination of the Significance of Change Between Pre and Posttesting Periods". *Review of Educational Research*, 1977, 47, 121-50.

LIPPIT, G. L. *Organizational Renewal*. Nova York: Appleton-Century Crofts, 1969.

LOCKE, E. A.; SCHWEIGER, D. M. "Participation in Decision Making: One More Look". In: B. M. Staw (Ed.). *Research in Organizational Behavior* (v. 1). Greenwich, Conn.: JAI Press, 1979.

LORD, F. M. "Elementary Models for Measuring Change". In: C. W. Harris (Ed.). *Problems in Measuring Change*. Madison, WI: University of Wisconsin Press, 1963.

MANN, F. C.; NEFF, F. W. *Managing MaJor Change in Organizations*. Ann Arbor: The Foundation for Research on Human Behavior, 1961.

MARROW, A. J., BOWERS, D. G.; SEASHORE, S. E. *Management by Participation*. Nova York: Harper and Row, 1967.

MORSE, N. C.; REIMER, E. "The Experimental Change of a Major Organization Variable". *Journal of Abnormal and Social Psychology*, 1956, 52, 120-29.

NATIONAL Quality of Work Center. *The Quality of Work Program: The First Eighteen Months*, Washington, D. C., 1975.

NURICK, A. I. "The Effects of Journal Participation in Organizational Change on Individual Perceptions and Attitudes: A Longitudinal Field Study". Tese não publicada, University of Tennessee, 1978.

PATCHEN, M. "Labor-Management Consultation at TVA: Its Impact on Employees". *Administrative Science Quarterly*, 1965, 10, 149-74.

PATCHEN, M. *Participation. Achievement, and Involvement on the Job*. Englewood Cliffs: Prentice-Hall, Inc., 1970.

PORTER, L. M.; STEERS, R. M. "Organizational, Work and Personal Factors in Employee Turnover and Absenteeism". *Psychological Bulletin*, 1973, 80(2), 151-76.

POWELL, R. M.; SCHLACTER, I. "Participative Management: A Pannacea?" *Academy of Management Journal*, 1971, 14, 165-73.

SCHEFLEN, K.; LAWLER, E. E., III; HACKMAN, J. R. "Lond Term Impact of Employee Participation in the Development of Pay Incentive Plans: A Field Experiment Revisited". *Journal of Applied Psychology*, 1971, 55, 182-86.

SEASHORE, S. E. *Participation in Decision Making: Some Issues of Conception, Measurement, and Interaction.* Tese apresentada no 37th Annual Meeting, Academy of Management, agosto, 1977.

SEASHORE, S.; BOWERS, D. "Durability of Organizational Change". *American Psychologist*, 1970, 25, 227-33.

SEIGEL, A. L.; RUH, R. A. "Job Involvement, Participation in Decision Making, Personal Background and Job Behavior". *Organizational Behavior and Human Performance*, 1973, 9, 318-27.

TOSI, H. A. "A Reexamination of Personality as a Determinant of the Effects of Participation". *Personnel Psychology*, 1970, 23, 91-99.

VROOM, V. *Some Personality Determinants of the Effects of ParticiPation.* Englewood Cliffs, NJ: Prentice-Hall, 1960.

Índice onomástico

T

U

V

Índice remissivo

D

E

V